泰州文獻

第二輯

泰州鄉會同登録　泰州鄉會騈批試題彙録
泰州鄉會制藝選鈔
捐修泰州考棚徵信録
泰縣方言補　吴陵語録
泰縣公共圖書館工作報告
泰縣圖書館書目
江蘇省泰州市圖書館古籍地方文獻目録
江蘇省泰州市圖書館古籍善本書目
泰州公私藏書考略
泰州版本考
泰縣刊版書録　清代泰縣禁書述要
泰州報刊調査録
新泰州學案

鳳凰出版社

ISBN 978-7-5506-2039-1

圖書在版編目（CIP）數據

泰縣圖書館書目、泰州版本考、新泰州學案等 / 泰縣圖書館編 ; 陸銓撰 ; 柳詒徵撰. -- 南京 : 鳳凰出版社, 2014.10
（泰州文獻）
ISBN 978-7-5506-2039-1

Ⅰ. ①泰… Ⅱ. ①泰… ②陸… ③柳… Ⅲ. ①泰州市－地方史－史料 Ⅳ. ①K295.33

中國版本圖書館CIP數據核字(2014)第231596號

責任編輯　王愛榮
裝幀設計　姜　嵩
出版發行　鳳凰出版傳媒股份有限公司
　　　　　鳳凰出版社(原江蘇古籍出版社)
　　　　　發行部電話025－83223462
出版社地址　南京市中央路165號　郵編:210009
出版社網址　http://www.fhcbs.com
印　　刷　揚州文津閣古籍印務有限公司
　　　　　揚州市開發區鴻揚路22-2號(6幢)　郵編:225009
開　　本　889毫米×1194毫米　1/16
印　　張　42.5
版　　次　2014年10月第1版　2014年10月第1次印刷
標準書號　ISBN 978-7-5506-2039-1
定　　價　600.00圓
（本書凡印裝錯誤可向承印廠調換,電話:0514－87969255）

《泰州文獻》工作委員會

主　　任

藍紹敏　陸志鵬

常務副主任

盧佩民

副 主 任

戴勝利　王學鋒　張培成　佘江涛

委　　員（按姓氏筆畫为序）

丁少華　方標軍　成愛君　季春芳　周興安

查學斌　姜小青　奚愛國　陳士宏　黃林華

曹茂良　曹學賦　許大才　張國祥　萬永良

程榮穩　鄒祥龍　費振鐘　劉　玲　劉仁前

劉宏鳴　潘時常　薛金林　顧維中

《泰州文獻》編纂委員會

主　編

盧佩民

副主編

黄林華　姜小青

執行主編

成愛君　費振鐘

編　委（按姓氏筆畫为序）

王　飛　王　劍　王正奎　卞惠興　朱長順　全　勤
李文華　李明官　吴　迪　吴小晴　吴雙林　汪　政
沈　俊　林世田　莫其康　倪培翔　徐一清　徐同華
高　峰　陳　立　黄　靖　曹學林　常　康　張　定
張永龍　劉仁前　劉春龍　潘浩泉　薛　飛　謝冬榮
竇立成　顧寄南

《泰州文獻》學術指導委員會

（按姓氏筆畫为序）

江慶柏　金良年　茅家琦　華學誠　徐　雁　畢飛宇

程章燦　楊九俊　魯國堯　劉玉才　顧　農

總序

泰州古稱海陵，漢初（公元前一一七年）置縣，晋末（公元四一一年）設郡，南唐（公元九三七年）建州，始稱泰州。

泰州濱江近海，物阜民豐。漢唐以來，糧鹽並舉，商貿繁榮，爲溝通南北的重要港口城市。

泰州素爲文教昌明之邦。唐初立州學，北宋建貢院，明清開學政試院，産出大批科舉優秀人才。

泰州自古人文薈萃。走進泰州的，從范仲淹、富弼、陸佃，到孔尚任、吴讓之、蔣春霖，都留下深遠影響。走出泰州的，從張懷瓘、胡瑗、施耐庵、王艮，到李清、吴嘉紀、柳敬亭、黄龍士、李鱓、鄭燮、劉熙載、李詳、梅蘭芳、高二適，都在各自領域爲中國文化作出巨大貢獻。

泰州遺存的文獻也很豐富。僅據《江蘇藝文志》所載，便有二千七百餘種，涵蓋經、史、子、集的方方面面。其中，尤以明清時期爲夥，占到百分之九十九以上。這當中不排除由於種種原因，致使元以前的一些著述湮没無聞，但明清兩代，確是泰州文化的繁盛期。在這些文獻中，如《書斷》（張懷瓘）、《水滸傳》（施耐庵）、《王心齋先生遺集》（王艮）、《宗子相集》（宗臣）、《陋軒詩集》（吴嘉紀）、《板橋全集》（鄭燮）、《藝概》（劉熙載）、《李審言文集》（李詳）、《黄龍士先生棋譜》等，在中國文化史上都有重要地位和深遠影響。

與此同時，對鄉邦文獻進行整理的也代不乏人。自宋至清，周氏（周麟之等）、宫氏（宫偉鏐等）、陳氏（陳應芳等）、徐氏（徐鳴柯等）等都曾致力其事，爲泰州留下了許多寶貴的文化財富。清嘉道間，鄉人夏荃編輯《海陵文徵》二十卷、附録十二卷，《海陵詩徵》十卷。民國初年，曾任江蘇省省長的鄉人韓國鈞歷經十餘年編成《海陵叢刻》計二十三種六十六册。

二〇一一年九月召開的中共泰州市第四次代表大會，提出了建設文化名城的任務。爲此，中共泰州市委、泰州市人民政府決定編纂《泰州文獻》。這是泰州有史以來對本土文獻最大規模的整理和彙編。它對於保存、利用、研究和開發泰州的歷史文化，尋繹泰州獨特的地方文化價值，爲泰州文化建設提供歷史人文資源，意義重大。

爲了保證編纂工作的順利進行，市委、市政府專門成立了工作委員會、編纂委員會和學術指導委員會。工作委員會由市委、市政府領導和相關部門負責同志組成，負責對編纂工作的領導和協調。編纂委員會由相關專家、學者組成，具體負責《泰州文獻》的編纂出版工作。學術指導委員會由江慶柏、魯國堯、程章燦、茅家琦、華學誠、徐雁、金良年等國内知名文史專家組成，負責對編纂工作的指導和把關。

編纂工作按如下幾個步驟進行：（一）進行文獻調查，建立文獻檔案；（二）精選有代表性、有學術價值的作品影印出版，選目由編纂委員會和學術指導委員會共同審議確定；（三）編輯出版《泰州文獻總目》。

《泰州文獻》分爲四輯：

第一輯『官修舊志』，收録泰州地區現存所有官修地方志。

第二輯『地方史料文獻』，收録泰州地區歷代重要的筆記和史料。按内容又可分爲史地類：收録有關泰州歷史地理方面的著作，包括小志、專志、雜志等；政情類：收録有關泰州政治、經濟等方面的著作；文教類：收録有關文化、教育、圖書館等方面的著作。

第三輯『家族文獻』，收録泰州地區重要的家譜、家傳、家集與名人年譜。按内容又可分爲家乘傳記類：擇要收録泰州家族譜牒中的譜序、家規、家訓、箴言、族約、族記、祠田記、塋田記、雜記、著述等資料；家族總集類：以家族姓氏筆畫爲序。

第四輯『泰州文存』，收録泰州地區作者的詩文著作及其他代表性著作。按内容又可分爲學術論著類：收録泰州作者的經史雜著；文集類：收録泰州作者的詩文集；地方總集類：收録泰州作者的詩文合集。

考慮到《水滸傳》、《封神演義》（《辭海》云『一説陸西星作』）、《檮杌閑評》（學界多謂李清所作）等小説流傳甚廣，版本豐富，故不再收録。其他如堪輿、術數類著作，泰州人撰泰州地區以外的地方志、地理志類著作，一般性的彙編、摘鈔類著作，亦不予收録。

《泰州文獻》原則上收録現轄區内的作家作品。但從尊重歷史出發，泰州學派創派人物、明代思想家、哲學家王艮，平民詩人吴嘉紀等人，歷史上均屬於泰州地區，對泰州地區具有深遠的文化影響，他們的作品亦予收録。

前人給我們留下了豐厚的文化遺産，我們既要加以珍視和傳承，更要在前人的基礎上，創造出無愧於今天這個偉大時代的新篇章。這是我們更重要的使命，讓我們爲之努力。

《泰州文獻》編纂委員會

二〇一三年十月十八日

凡例

一、《泰州文獻》（以下簡稱《文獻》）分爲《官修舊志》、《地方史料文獻》、《家族文獻》和《泰州文存》四輯。

二、《文獻》收録範圍原則上爲現行政轄區内作者的著述和與泰州有關的重要著述，但考慮到歷史上曾屬於泰州地區的人物，如泰州學派的代表人物王艮、平民詩人吴嘉紀等對泰州文化深具影響，對他們的作品亦予收録。

三、所收著作成書年代限於一九四九年以前。

四、《文獻》所收著作，以學術價值、使用價值較高爲原則，適當兼顧版本價值。

五、《文獻》以影印方式出版。如有蠹損、殘缺、漫漶不清處，原則上以相同版本予以補配，以保證完整、清晰。

六、《文獻》對所收每種著作均撰寫提要，置於該著作前面，以方便讀者瞭解作者生平、主要内容、學術價值等。

七、《文獻》除保留所收著作原有頁碼外，均新編頁碼，每册頁碼自爲起訖。

八、《文獻》最後一册編有書名索引和作者索引，以方便讀者使用。

目録

泰州鄉會同登録
泰州鄉會駢批試題彙録
泰州鄉會制藝選鈔

戈講武 編

《泰州鄉會同登録》二卷 《泰州鄉會駢批試題彙録》不分卷 《泰州鄉會制藝選鈔》不分卷，民國戈講武編，據南京圖書館藏鈔本影印。

戈講武，字秋農，民國泰縣人。

《泰州鄉會同登録》，戴次青題簽作《清代泰州鄉會兩試同登録》。載録清代歷次鄉試、會試、殿試中式者中之泰州籍人，歷科主考官、副主考官之銜名爵里和各場試題，亦時有缺載或考官只及姓氏而無全名者。並載中式後被欽點某官及進身履歷表，截止於光緒三十年（一九〇四）。《泰州鄉會駢批試題彙録》，收録各場房官對中式考卷的駢文批語，是爲駢批，又不限於泰州籍考生。並録光緒二十三年（一八九七）丁酉科各省鄉試各場試題，各省前三名及江南鄉試中泰州籍之中式者，二十四年戊戌科會試考官銜名爵里及試題，會元及朝考（即殿試）之前三名。二十八年辛丑恩科、壬寅科並科各省鄉試各場試題，光緒二十九年癸卯恩科各省鄉試考官銜名爵里、解元及副榜第一名，各場試題。清科舉之用，至此已欲改革，於試題重史論和時務策，四書五經義題已退至第三場。科舉之最終廢除，於此已可見端倪。《泰州鄉會制藝選鈔》，選鈔錢桂森、朱元治、萬人傑、顔馴、戈静安等人試卷及考房師批語、聚奎堂選本批語等，又不僅限於泰州籍。後收揚州府學、泰州縣學歲試之佳者之詩文，又以戈姓者爲多，即編者之族人。以上全部彙總爲四册，書中所輯，對泰州一地的科舉、文化和歷史研究皆可供取資。

（顧聲）

泰州鄉會同登録
上卷

清代泰州鄉會兩榜同登録
戴次青署

清代歷朝鄉會科試主考彙録

順治朝

鄉科總目

順治二年　乙酉科

三年　丙戌科

五年　戊子科

八年　辛卯科

十一年　甲午科

十四年　丁酉科

十六年　己亥科

十七年　庚子科

一

順治朝

會科總目

順治三年　丙戌科

六年　己丑科

四年　丁亥科

九年　壬辰科

十二年　乙未科

十五年　戊戌科

十六年　己亥科

十八年　辛丑科

二

康熙朝鄉科總目

康熙二年　癸卯科
八年　己酉科
十四年　乙卯科
十七年　戊午科
二十三年　甲子科
二十九年　庚午科
三十五年　丙子科
四十一年　壬午科
四十七年　戊子科
五十二年　癸巳科
五十六年　丁酉科

五年　丙午科
十一年　壬子科
十六年　丁巳科
二十年　辛酉科
二十六年　丁卯科
三十二年　癸酉科
三十六年　己卯科
三
四十四年　乙酉科
五十年　辛卯科
五十三年　甲午科
五十九年　庚子科

康熙朝會科總目

康熙三年　甲辰科
九年　庚戌科
十五年　丙辰科
二十一年　壬戌科
二十七年　戊辰科
三十三年　甲戌科
三十九年　庚辰科
四十五年　丙戌科
五十一年　壬辰科
五十四年　乙未科
六十年　辛丑科

六年　丁未科
十二年　癸丑科
十八年　己未科
二十四年　乙丑科
三十年　辛未科
三十六年　丁丑科
四十二年　癸未科
四
四十八年　己丑科
五十二年　癸巳科
五十七年　戊戌科

雍正朝
鄉科總目

雍正元年 癸卯科
四年 丙午科
七年 己酉科
十年 壬子科
十三年 乙卯科

雍正朝
會科總目

雍正元年 癸卯科
二年 甲辰科
五年 丁未科
八年 庚戌科
十一年 癸丑科

五

乾隆朝
鄉科總目

乾隆元年 丙辰科
六年 辛酉科
十二年 丁卯科
十七年 壬申科
二十一年 丙子科
二十五年 庚辰科
三十年 乙酉科
三十五年 庚寅科
三十九年 甲午科
四十四年 己亥科
四十八年 癸卯科
五十三年 戊申科
五十七年 壬子科
六十年 乙卯科

三年 戊子科
九年 甲子科
十五年 庚午科
十八年 癸酉科
二十四年 己卯科
二十七年 壬午科
三十三年 戊子科

六

三十六年 辛卯科
四十二年 丁酉科
四十五年 庚子科
五十一年 丙午科
五十四年 己酉科
五十九年 甲寅科

乾隆朝

會科總目

乾隆元年	丙辰科	二年	丁巳科
四年	己未科	七年	壬戌科
十年	乙丑科	十三年	戊辰科
十六年	辛未科	十七年	壬申科
十九年	甲戌科	二十二年	丁丑科
二十五年	庚辰科	二十六年	辛巳科
二十八年	癸未科	三十一年	丙戌科

七

三十四年	己丑科	三十六年	辛卯科
三十七年	壬辰科	四十年	乙未科
四十三年	戊戌科	四十五年	庚子科
四十六年	辛丑科	四十九年	甲辰科
五十二年	丁未科	五十四年	己酉科
五十七年	戊戌科	六十年	辛丑科

嘉慶朝

鄉科總目

嘉慶三年	戊午科	五年	庚申科
六年	辛酉科	九年	甲子科
十二年	丁卯科	十三年	戊辰科
十五年	庚午科	十八年	癸酉科
二十一年	丙子科	二十三年	戊寅科
二十四年	己卯科		

八

嘉慶朝

會科總目

嘉慶元年	丙辰科	四年	己未科
六年	辛酉科	七年	壬戌科
十年	乙丑科	十三年	戊辰科
十四年	己巳科	十六年	辛未科
十九年	甲戌科	二十二年	丁丑科
二十四年	己卯科	二十五年	庚辰科

道光朝鄉科總目

道光元年	辛巳科	二年	壬午科
五年	乙酉科	八年	戊子科
十一年	辛卯科	十二年	壬辰科
十四年	甲午科	十五年	乙未科
十七年	丁酉科	十九年	己亥科
二十年	庚子科	二十三年	癸卯科
二十四年	甲辰科	二十六年	丙午科
二十九年	己酉科		

道光朝會科總目

道光二年	壬午科	三年	癸未科
六年	丙戌科	九年	己丑科
十二年	壬辰科	十三年	癸巳科
十五年	乙未科	十六年	丙申科
十八年	戊戌科	二十年	庚子科
二十一年	辛丑科	二十四年	甲辰科
二十五年	乙巳科	二十七年	丁未科
三十年	庚戌科		

咸豐朝
鄉科總目
咸豐元年 辛亥科 二年 壬子科
五年 乙卯科 八年 戊午科
九年 己未科借浙闈

十一

咸豐朝
會科總目
咸豐二年 壬子科 三年 癸丑科
六年 丙辰科 九年 己未科
十年 庚申科

同治朝
鄉科總目
同治三年 甲子科 六年 丁卯科
九年 庚午科 十二年 癸酉科

十二

同治朝
會科總目
同治元年 壬戌科 四年 乙丑科
七年 戊辰科 十年 辛未科
十一年 癸亥科 十三年 甲戌科

光緒朝

鄉科總目

光緒元年	乙亥科	二年	丙子科
五年	己卯科	八年	壬午科
十一年	乙酉科	十四年	戊子科
十五年	己丑科	十七年	辛卯科
十八年	壬辰科	十九年	癸巳科
二十年	甲午科	二十三年	丁酉科
二十八年	壬寅辛丑科	二十九年	癸卯科

十三

光緒朝

會科總目

光緒二年	丙子科	三年	丁丑科
六年	庚辰科	九年	癸未科
十二年	丙戌科	十五年	己丑科
十六年	庚寅科	十八年	壬辰科
二十年	甲午科	二十四年	戊戌科
二十九年	辛丑壬寅科	三十年	甲辰科

十四

順治二年　乙酉正科　江南鄉試

大主考

副主考

試題　其養民也惠 二句

中式者

丁日乾 明崇禎五年 附生

順治三年　丙戌科　北京會試

大主考

副主考

試題

百姓足一節

中式者

一

順治三年　丙戌　恩科　江南鄉試

大主考

副主考

試題　禮以行之 三句

中式者

徐我達 明天啟元年諸生

張幼學 明崇禎六年諸生

陳忠靖 明崇禎十二年諸生

王相呂 明萬歷四十六年諸生

二

順治四年　丁亥科　北京會試

大主考

副主考

試題

堯舜帥天下以仁 二句

中式者

陳忠靖　徐我達

附　録　陳忠靖進身履歷表

陳忠靖字曉堂　江蘇揚州府泰州民籍

明崇禎十二年己卯　亓學院科試入學第十四名

順治三年　丙戌科　鄉試中式第　名舉人

四年　丁亥科　會試中式第　名進士

殿試第　甲　第　名

朝考第　等　第　名

欽點　刑部主事　給事中

附　録　徐我達進身履歷表

徐我達字兼善　江南揚州府泰州民籍

明天啟元年辛酉　毛學院科試入學第五名

順治三年　丙戌科　鄉試中式第　名舉人

四年　丁亥科　會試中式第　名進士

殿試第　甲　第　名

朝考第　等　第　名

欽點　即用　知縣

順治五年　戊子正科　江南鄉試

大主考

副主考

試題　夫子循循然一節

中式者

李嘉蔭

黃　鐈　俞　釪

三

順治六年　己丑科　北京會試

大主考

副主考

試題　湯之盤銘曰全章

中式者

李嘉蔭

附　丁亥科　拔貢

陳凝祉　李拔卿

附録　李嘉蔭進身履歷表

李嘉蔭字爾孚　江南揚州府泰州民籍

明天啟六年丙寅　周學院歲試入學第一名

順治五年　戊子科　鄉試中式第　名舉人

六年　己丑科　會試中式第　名進士

殿試

朝考

欽點　直隸順德府知府

順治八年　辛卯科　江南鄉試

大主考

副主考

試題　君子學道則愛人

中式者

劉懋勛　陳凝祉

朱淑熹

順治九年　壬辰科　北京會試

大主考

副主考

試題　君子有大道

中式者

俞鐸　明崇禎壬午舉人

四

附録俞鐸進身履歷表

俞鐸字天木 江南揚州府泰州民籍

前明天啓四年甲子 孫督學院科試 入學第一名

明崇禎十五年 壬午科鄉試中式第 名

舉人

順治九年 壬辰科 會試中式第 名進士

覆試

殿試第二甲第四十五名

朝考第 等 第 名

欽點

順治十一年 甲午正科 江南鄉試

大主考

副主考

試題 士不可以不一節

中式者 陳忠居 見陳氏硃卷

許光裒 陳伯龍即日琬

是科順天北榜中式者附録

陸舜 宮開宗副榜 五

順治十二年 乙未科 北京會試

大主考

副主考

試題 詩可以興二句

中式者

許光裒 陳伯龍即日琬副榜進士 見陳氏硃卷

附甲午科 拔貢

沈喬生

附録　許光震進身履歷表

許光震字震青　江南揚州府泰州民籍

明崇禎六年癸酉　廿學院科試入學第二十四名

順治十一年　甲午科　鄉試中式第　名　舉人

十二年　乙未科　會試中式第　名　貢士

覆試

殿試第　甲第　名

朝考第　等第　名

欽點　即用知縣

附録　陳伯龍進身履歷表

陳伯龍字爾猷 更名日琬　江南揚州府泰州民籍

順治七年庚寅　李督學院歲試入學第八名

十一年　甲午科　鄉試中式第　名　舉人

十二年　乙未科　會試中式第　名　副進士

欽用　內閣中書舍人

副進士　三字是否有出处 科名似宜直書當时規定科目名称 如岁貢亦有称岁進士者 據此而修称 副進士 或即明通進士之別称

王錦萇注

順治十四年　丁酉正科　江南鄉試
大主考

查順治十四年丁酉科鄉試十五年戊戌科并行会試十六年己亥科又并行会試其中少并行鄉試一次或係漏載亦未可知待考
秋農謹註

全章

朱扶上

陳志紀

六

順治十五年　戊戌科　北京會試
大主考
副主考
試題　無為而治一節

中式者

順治十四年　丁酉正科　江南鄉試
大主考
副主考
試題　貧而無諂全章

中式者
楊爾時
朱扶上

陳志紀

六

順治十五年　戊戌科　北京會試
大主考
副主考
試題　無為而治一節

中式者

順治十六年　己亥科　北京會試
大主考
副主考
試題　欲脩其身者　六句
中式者
陳志紀

七

附錄　陳志紀進身履歷表

陳志紀字雁群　江南揚州府泰州民籍

順治三年丙戌　陳督學院歲科併入第十三名
十四年　丁酉科　鄉試中式第　名　舉人
十六年　己亥科　會試中式第　名　進士
覆試
殿試　第　甲　第　名
朝考　第　等　第　名
欽點　翰林院庶吉士

王堯　順治庚子科副榜州志有傳稱其三中副車選舉表亦稱其為庚子科副榜並未中式舉人

王鎬謹注

順治十七年　庚子正科　江南鄉試
大主考
副主考
試題　缺
中式者　正榜　無
王堯　副榜
陳純祉　副榜
王孫馴　副榜

八

順治十八年　辛丑科　北京會試
大主考
副主考
試題　知止而后有定一節
中式者
田顯吉　崇禎己卯科舉人

附録　田顯吉進身履歷表

田顯吉，字樹百，原名毓蕙，江南揚州府泰州民籍
明天啟七年丁卯　陳學院科試入學第二十四名
崇禎十二年　己卯科　鄉試中式第　名
舉人
順治十八年　辛丑科　會試中式第　名
進士
殿試第　甲　第　名
朝考第　等　第　名
欽點　即用知縣
附註　山東嶧縣知縣
崇祀鄉賢

康熙二年　癸卯正科　江南鄉試
大主考
副主考
試題　女與回也全章
中式者
張琴

康熙三年　甲辰科　北京會試
大主考
副主考
試題　缺
中式者
陸舜

九

附録　陸舜進身履歴表
陸舜字吳州　江南揚州府泰州民籍
明崇禎十四年辛巳　張大宗師科試入學第十名
清順治十一年　甲午科　順天鄉試中式第　　名
舉人
康熙三年　甲辰科　會試中式第　　名　貢士
殿試第　甲　第　　名
朝考第　等　第　　名
欽點　　部主事

康熙五年　丙午正科　江南鄉試

大主考

副主考

試題　缺

中式者

田鋐　陳宸（見陳氏硃卷）

十

康熙六年　丁未科　北京會試

大主考

副主考

試題

中式者

康熙八年　己酉正科　江南鄉試

大主考

副主考

試題　君子之于天下一節

中式者

徐紹孫　王孫駿

順天北榜　中式者

宮夢仁　葉蔭生

十一

康熙九年　庚戌科　北京會試

大主考

副主考

試題　巍巍乎（三句）

中式者

宮夢仁

附錄　宮繼蘭　進身履歷表

宮繼蘭字鸞翀江南揚州府泰州民籍原籍北直隸靜海縣人

查宮氏族譜及宮氏各碑卷均載明始祖智達公由明

初以孝廉判揚州府事署泰州事遂家焉

繼蘭　係宮氏七世祖　官至中憲

入學案　無考

前明萬歷四十六年　戊午科　舉人

崇禎十年　丁丑科　進士

欽點　工部主事　廣東兵備道

附錄　宮偉鏐　進身履歷表

宮偉鏐字紫元

前明崇禎二年己巳　李學院歲試入學第八名

十五年　壬午科　舉人

十六年　癸未科　進士會魁

欽點　翰林院　檢討

附錄　宮夢仁進身履歷表

宮夢仁原名弘宗字定山　江蘇揚州府泰州民籍

順治八年辛卯　李督學院科試入學第二十七名

康熙八年　己酉科順天北榜中式第　名　舉人

九年　庚戌科　會試中式第一名　會元

覆試

殿試

朝考

欽點　翰林院　庶吉士

康熙十一年　壬子正科　江南鄉試

大主考

副主考

試題　我非生而知之者一節

中式者

王一经　陳瑤笈副榜

副榜　張世爵

十二

康熙十二年　癸丑科　北京會試

大主考

副主考

試題　所謂平天下一節

中式者

張琴

附壬子科　拔貢　沈嘉植

附錄　張琴進身履歷表

張琴字桐仙

順治八年辛卯　李督學院科試入學第一名

康熙二年　癸卯科　鄉試中式第　名　舉人

十二年　癸丑科會試中式第　名　進士

欽點　中書科中書

康熙十四年　乙卯正科　江南鄉試
大主考
副主考
試題　樂其可知也一節
中式者

康熙十五年　丙辰科　北京會試
大主考
副主考
試題　君子義以爲質一節
中式者

十三

康熙十六年　丁巳正科　江南鄉試
大主考
副主考
試題
子路問政一章
中式者

十四

康熙十七年　戊午正科　江南鄉試
大主考
副主考
試題　抑爲之不厭三句
中式者
張之易

康熙十八年　己未科　北京會試
大主考
副主考
試題　視其所以全章
中式者

十五

康熙二十年　辛酉正科　江南鄉試
大主考
副主考
試題　點爾何如一節
中式者
王孫驥
陳廷範見陳氏硃卷

康熙二十一年　壬戌科　北京會試
大主考
副主考
試題　瞻彼淇澳一節
中式者

十六

康熙二十三年 甲子正科 江南鄉試
大主考
副主考
試題 述而不作一節
中式者

十七

康熙二十四年 乙丑科 北京會試
大主考
副主考
試題 顔淵問仁一節
中式者

康熙二十六年 丁卯正科 江南鄉試
大主考
大主考
試題 子路曾晳三句
中式者
孫掄
副榜 周祜 張勇 張彪
附丁卯科 拔貢 杜履祥

十八

康熙二十七年 戊辰科 北京會試
大主考
副主考
試題 樊遲問仁三節
中式者

康熙二十九年　庚午正科　江南鄉試

大主考

副主考

試題　先進於禮樂全章

中式者　正榜　無

副榜　張龐　上科副榜

十九

康熙三十年　辛未科　北京會試

大主考

副主考

試題　顏淵季路侍全章

中式者

康熙三十二年　癸酉科　江南鄉試

大主考

副主考

試題　畏天命

中式者

杜光先　唐鱗翔　張洙　張霦

附順天鄉試　北榜　李兆驥　副榜

二十

康熙三十三年　甲戌科　北京會試

大主考

副主考

試題　大哉堯之為君也全章

中式者

康熙三十五年　丙子正科　江南鄉試
大主考
副主考
試題　鄉也吾見二節
中式者
宮懋言　王譽處
順天北榜　中式者
俞梅　蘇亮禮

康熙三十六年　丁丑科　北京會試
大主考
副主考
試題　參乎吾道全章
中式者

二十一

康熙三十八年　己卯正科　江南鄉試
大主考
副主考
試題　吾未見剛者全章
中式者

康熙三十九年　庚辰科　北京會試
大主考
副主考
試題　知者不惑一節
中式者
杜光先　史泓

二十二

附録　杜光先進身履歴表

杜光先字海樹　江南揚州府泰州民籍

康熙七年戊申　梁學院科歳併行入學第一名

康熙三十二年　癸酉科　鄉試中式第　名舉人

三十九年　庚辰科　會試中式第　名貢士

殿試第　甲第　名

朝考第　等第　名

欽點　即用知縣

附録　史泓進身履歴表

史泓字紫濤　江南揚州府泰州民籍

康熙三十年辛未　許學院歳試入學撥府第三名

康熙三十九年　庚辰科　鄉試中式第　名

舉人

康熙四十一年　壬午正科　江南鄉試

大主考

副主考

試題　知者動　四句

中式者

楊　淮

副　榜

景　星　　朱士模

康熙四十二年　癸未科　北京會試

大主考

副主考

試題　禹無閒然矣

中式者

唐麟翔　　宮懋言

俞　梅

二十三

附錄　唐鱗翔進身履歷表

唐鱗翔字石郊　江南揚州府泰州民籍

康熙十五年丙辰　鮮學院歲科併行入學第四名

康熙三十二年　癸酉科　鄉試中式第　　名

舉人

康熙四十二年　癸未科　會試中式第三名　會魁

殿試

朝考

欽點　即用知縣

附錄　宮懋言進身履歷表

宮懋言字書升　江南揚州府泰州民籍

康熙二十八年己巳　高學院歲試入學第十六名

康熙三十五年　丙子科　鄉試中式第　　名舉人

四十二年　癸未科　會試中式第十八名會魁

覆試

殿試第　甲　第　　名

朝考第　等　第　　名

欽點　江西袁州府知府

附錄　俞梅進身履歷表

俞梅字斯鹽號太羹　江南揚州府泰州民籍

康熙二十一年壬戌　趙學院試歲入學撥府第一名

康熙三十五年　丙子科　鄉試中式第　　名

舉人

康熙四十二年　癸未科　會試中式第十三名　貢士

會試覆試第　等第　　名

殿試第　甲　等　　名

朝考第　等　第　　名

欽點　翰林院庶吉士

康熙四十四年　乙酉正科　江南鄉試
大主考
副主考
試題　子謂子夏曰一節
中式者
杭　蕃　陳厚耀
順天北榜中式者
宮鴻歷　繆　沅

康熙四十五年　丙戌科　北京會試
大主考
副主考
試題　不知命全章
口式者
陳厚耀　宮鴻歷

二十四

附録　陳厚耀進身履歷表
陳厚耀字泗源　江南揚州府泰州民籍
康熙十五年丙辰　督學院歲科併行入學第一名
四十三年　乙酉科　鄉試中式第　名舉人
四十四年　丙戌科　會試中式第　名進士
殿試第　甲第　名
朝考第　等第　名
欽點　翰林院庶吉士　某年受　聖祖特達之恩
復授　翰林院脩撰

附録　宮鴻歷進身履歷表
宮鴻歷字友鹿號恕堂　江南揚州府泰州民籍
康熙十一年壬子　督學院歲科併行入學第十四名
康熙四十四年　乙酉科順天北榜鄉試中式第　名舉人
四十五年　丙戌科　會試中式第　名進士
會試覆試
殿試第　甲第　名
朝考第　等第　名
欽點　翰林院庶吉士

查康熙十年癸未簡學院歲科併行學案錄全案題名錄內載第十四名宮友鹿字憩堂又查新學案題名錄內載第十四名宮鴻歷字友鹿又攷宮　序先生江南鄉試嘉慶丙子科硃卷履歷欄刻叔高高祖友鹿並無鴻歷名又攷宮玉華先生江南鄉試道光辛卯科硃卷履歷欄友鹿　鴻歷兩名皆無不知何故待攷

康熙四十七年　戊子科　江南鄉試

大主考

副主考

試題　有一言而至于人

中式者

徐景羲

順天北榜　中式者

宮懋諒

康熙四十八年　己丑科　北京會試

大主考

副主考

試題　知者樂水一節

中式者

繆沅

二十五

附録 繆 沅進身履歷表

繆 沅字湘芷 江南揚州府泰州民籍
康熙二十五年丙寅 李學院 歲試入學第十二名
康熙 年 乙酉科 鄉試中式第 名舉人
康熙四十八年 己丑科 會試中式第 名 貢士
覆試
殿試第一甲 第 三 名
朝考 等第 名
欽點 探花及第 授職 翰林院 編修

附録 陳 晋 進身履歷表

陳 晋字似武 江南揚州府泰州
康熙四十八年己丑 楊督學院 歲試入學灶籍第三名
乾隆四年 己未科 會試中式第 名 貢士

按 陳 晋 查泰州入學同登録康熙四十八年己丑 楊督學院 歲試入學共入宮殿對張文成吳儒清等二十名 又府學杜 陵 蔡 滋二名 又灶籍 盛 紹 王 凱 陳 晋喬國璉等四名 但陳 晋 某科鄉試中式尚在待攷中 但乾隆四年己未會試中式亦在待攷中 會試己未中式係在古同登録上註明亦需待攷 秋注

康熙五十年　辛卯科　江南鄉試
大主考
副主考
試題　能行五者一句
中式者
俞　焯　劉之滂
仲蜀巖
順天北榜　中式者　田廣運
康熙五十一年　壬辰科　北京會試
大主考
副主考
試題　事父母能竭其力　二句
中式者
田廣運

二十六

附錄　田廣運進身履歷表
田奮庭
查泰州學案錄無田廣運之名，又中康熙五十年辛卯科順天北榜舉人（照原誌所述），又中五十一年壬辰科進士，殿試列何等俱待攷，朝考
（补註）

附録　田廣運進身履歴表

田廣運

康熙五十二年　癸巳恩科　江南鄉試
大主考
副主考
試題　富而可求也一節
中式者
劉浩　戈鏜
副榜　宮　俞椿
順天北榜　中式者　沈默　宮雖 二十七

康熙五十二年　癸巳科　北京會試
大主考
副主考
試題
中式者

康熙五十三年　甲午科　江南鄉試

大主考

副主考

試題　缺

中式者

順天鄉試　中式者　張符驤

康熙五十四年　乙未科　北京會試

大主考

副主考

試題　缺

中式者

宮　雝　戈　鍹 明通榜

二十八

附錄　宮雝進身履歷表

宮雝

康熙五十二年　癸巳科 順天鄉試 中式第　名舉人

五十四年　乙未科　會試中式第　名貢士

會試覆試

殿試第　甲　第　名

朝考第　等第　名

欽點　中書科中書

附録　戈鍠進身履歴表

戈　鍠字虎田　江蘇揚州府泰州民籍

康熙三十一年壬申　許督學院　科試入學第八名

四十年辛巳　張督學院　科試取一等第一名　補廩

五十二年　癸巳科江南二月鄉試中式　第

三十四名舉人

年　乙未科會試中式明通榜進士

欽點　即用知縣

康熙五十六年　丁酉科　江南鄉試

大主考

副主考

試題　巧言令色一節

中式者

王家相　宮煥文

順天北榜　中式者

沈遴　宮櫂亮

康熙五十七年　戊戌科　北京會試

大主考

副主考

試題　缺

中式者

康熙五十九年　庚子科　江南鄉試

大主考

副主考

試題　歲寒一節

中式者

程盛修　副榜　宮殿對

順天北榜　中式者

李四載

三十

康熙六十年　辛丑科　北京會試

大主考

副主考

試題　據於德三句

中式者

張符驤　沈遴

附録　張符驤進身履歷表

張符驤字良御

康熙二十二年癸亥　趙學院科試入學撥府學第五名

五十三年　甲午科順天鄉試中式第　名舉人

六十年　辛丑科　會試中式第　名貢士

殿試第　甲第　名

朝考第　等第　名

欽點　翰林院庶吉士

附録　沈遴進身履歷表

沈遴字緝之原名熙　江南揚州府泰州民籍

康熙二十五年丙寅　李學院連仕科試入學革四名學業録名沈熙　名

康熙五十六年　丁酉科順天鄉試中式第　名舉人

六十年　辛丑科　會試中式第　名貢士

殿試第　甲　第　名

朝考第　等　第　名

欽點　即用知縣

雍正元年　癸卯科　江南鄉試
大主考
副主考
試題　道之以德一節
中式者
王晉元　繆集　陳瓚　繆琬
何本思　順天北榜　仲鼎龍
拔貢　韓湅

三一

雍正二年　甲辰科　北京會試
大主考
副主考
試題　子張問仁至敏惠
中式者

雍正四年　丙午科　江南鄉試
大主考
副主考
試題　賜也女以予　全章
中式者
繆梓　陳晉魁
副榜　宮懋傳

三二

雍正五年　丁未科　北京會試
大主考
副主考
試題　人能弘道　二句
中式者
繆集

查宮氏硃卷履歷數內無懋傳之名祇有懋讓（雍正丙午副榜）姑俟之詳

附録繆集進身履歷表

繆集字義圃　江南揚州府泰州民籍

入學案　無攷　貮納監　侍攷

雍正元年　癸卯科北順天榜鄉試中式第　名舉人

五年　丁未科　會試中式第　名　進士

殿試第　甲第　名

朝考第　等第　名

欽點

查泰州學案録康熙二十五年後各學院入學提名並無繆集之名惟康熙朝各學案中繆姓入學者如四十二年繆　楚繆　傑等有十餘人之多甚難考核姑録之以待後世熟於我泰掌故者再為研究耳　秋注

謹按

繆集　司寇公　長公子　秋又註

附録繆梓進身履歷表

繆梓字楚材　司寇公　二公子

康熙四十六年　魏學院歲試入學第十六名

雍正四年　丙午科　鄉試中式第　名舉人

附録繆琬進身履歷表

繆琬字香令　司寇公　三公子

康熙四十七年　楊學院、歲試入學第十九名

雍正二年　甲辰科　鄉試中式第　名舉人

又查繆文煥先生嘉慶己卯科硃卷履歷欄刊明

繆琬中康熙丁酉科副榜　秋注

附録 繆 檉 進身履歴表

繆 檉字海峯 號曉巖 司寇公 四公子

康熙五十八年 謝學院科試入學第十八名

雍正七年 己酉科

欽賜 舉人

以上四公 科分 泰州學案録未載明

係查 退庵筆記 特録之 再待考

雍正七年己酉科 江南鄉試

大主考

副主考

試題 生而知之者一句

中式者

劉育然 王九鵬 欽賜 繆 檉

拔貢 王九鵬 宮大鵬

雍正八年 庚戌科 北京會試

大主考

副主考

試題 志於道三句

中式者

劉育然 程盛修

附録　劉育杰進身履歷表

劉育杰，字藹若　江南揚州府泰州民籍

雍正四年丙午　鄧學院科試入學第一名

七年　己酉科　鄉試中式第　名舉人

八年　庚戌科　會試中式第　名貢士

會試覆試

殿試第　甲第　名

朝考第　等第　名

欽點　翰林院庶吉士　知府

附録　程盛修進身履歷表

程盛修，字楓儀，號鳳沂　江南揚州府泰州民籍

康熙五十三年甲午　胡學院科試入學第五名

五十九年　庚子科　鄉試中式第　名舉人

雍正八年　庚戌科會試中式第　名貢士

會試覆試

殿試第　甲第　名

朝考第　等第　名

欽點　翰林院庶吉士　順天府府尹

雍正十年　壬子科　江南鄉試

大主考

副主考

試題　鄉也吾見一節

中式者

劉育渠　唐悊

雍正十一年　癸丑科　北京會試

大主考

副主考

試題　為君難二句

中式者

劉育渠　宮煥文

王家相

三四

附　録　劉育渠進身履歴表

劉育渠字木若　江南揚州府泰州民籍
雍正二年甲辰　法學院歲試入學第三名
十年　壬子科　鄉試中式第　名舉人
十一年　癸丑科　會試中式第　名貢士
會試覆試
殿試第　甲　第　名
朝考第　等　第　名
欽點

附　録　宫煥文進身履歴表

宫煥文字觀成
康熙五十五年　林學院科試撥廩入學第二名
康熙五十六年　丁酉科　鄉試中式第　名舉人
雍正十一年　癸丑科　會試中式第　名貢士
會試覆試
殿試第　甲　第　名
朝考第　等　第　名
欽點　工部主事

附　録　王家相進身履歴表

王家相字擬庠號蒙齋　江南揚州府泰州民籍
康熙四十二年癸未　張督學院　歲試入學第二名
年　試　補廩
五十六年丁酉科　江南鄉試中式第六名　舉人
雍正十一年癸丑科　會試中式第六十三名貢士
殿試　三甲
朝考　第　等　第　名
欽點　即用知縣

雍正十三年　乙卯科　江南鄉試

大主考

副主考

試題　據於德三句

中式者　本科　無

順天北榜　中式者　陳浮海

拔貢　張興宗

乾隆元年　丙辰科　北京會試

大主考

副主考

試題

中式者

三五

乾隆元年　丙辰科　江南鄉試

大主考

副主考

試題　不忮不求二句

中式者

副榜　繆百朋

乾隆二年　丁巳　恩科　北京會試

大主考

副主考

試題　既庶矣二節　人皆有所不忍三句

中式者

三六

乾隆三年　戊午科　江南鄉試
大主考
副主考
試題　行之以忠　五畝之宅 三段
中式者
張文成 第十二名　徐述夔 第十三名
陳　鑾 第十四名

三七

乾隆四年　己未科　北京會試
大主考
副主考
試題　生而知之 二句　舜好問 四句
中式者
查舊草業錄中
乾隆四年己未會試中式者
陳　晉　待攷

乾隆六年　辛酉科　江南鄉試
大主考
副主考
試題　飯疏食 二句
中式者
吳儒清 第三十七名　顏　釬 副榜第二名
拔貢　李　成

三八

乾隆七年　壬戌科　北京會試
大主考
副主考
試題　如保赤子 四句
中式者
張文成 明通榜
吳儒清 同上

附録　張文成進身履歷表

張文成字若采　江南揚州府泰州民籍

康熙四十八年己丑　揚督學院歲試入學第六名

補廩　詩考

乾隆三年　戊子科　鄉試中式第十二名　舉人

七年　壬戌科　會試中式第　名

明通榜　進士

欽用　截取知縣

乾隆九年　甲子科　江南鄉試

大主考

副主考

試題　樂則韶舞

中式者

宮煥采第七十一名

乾隆十年　乙丑科　北京會試

大主考

副主考

試題　孰爲夫子至而立

中式者

宮煥采明通榜

三九

附録　宮煥采進身履歷表

宮煥采字惠時　江南揚州府泰州民籍

康熙五十八年己亥　謝學院科試入學第十九名　補廪

乾隆九年　甲子科　鄉試中式第乂十一名　舉人

十年　乙丑科　會試中式明通榜　副進士

欽用　截取知縣

乾隆十二年　丁卯科　江南鄉試

大主考

副主考

試題　缺

中式者

宮煥業第五十一名

順天北榜　中式者

宮玉超即乘輅第一百六十二名

乾隆十三年　戊辰科　北京會試

大主考

副主考

試題　好仁之所惡一節

中式者

四〇

乾隆十五年　庚午科　江南鄉試
大主考
副主考
試題　致遠恐泥二句
中式者
侍　朝第五十一名　宮煥綸第九十一名

乾隆十六年　辛未科　北京會試
大主考
副主考
試題　賢者辟世全章
中式者
吳儒清壬戌科明通榜

四一

附　錄　吳儒清進身履歷表
吳儒清字宇安　江南揚州府泰州民籍
康熙四十八年己丑　楊學院歲試入學第七名
乾隆六年　辛酉科　鄉試中式第三十七名舉人
七年　壬戌科　會試中式明通榜　副進士
乾隆十六年　辛未科　會試中式第　名　進士
殿試第　甲第　名
朝考第　等第　名
欽點

附　錄　張文成履歷進身後表
張文成字若采　江南揚州府泰州民籍
康熙四十八年己丑　楊學院歲試入學第六名
乾隆二年丁巳　張學院科試取一等第二名補廩
五年　戊午科　鄉試中式第十二名　舉人
七年　壬戌科　會試中式明通榜　副進士
欽用　截取知縣

乾隆十七年 壬申 恩科 江南鄉試

大主考

副主考

試題 可與言而不言 全章

中式者

仲鶴慶 觧元

乾隆十七年 壬申 恩科 北京會試

大主考、

副主考

試題 君子有三畏

中式者

四二

乾隆十八年 癸酉科 江南鄉試

大主考

副主考

試題 子路宿於石門 三句

中式者 唐嘉珽 第三名 宮震基 第卅二名 程嗣斐 第六十七名 北榜

順天北榜 中式者 宮柳晟 第一百四十五名 宮增祜 副榜

拔貢 葛維熙

四三

乾隆十九年 甲戌科 北京會試

大主考

副主考

試題 唐棣之華 至 思也

中式者

仲鶴慶

附録 仲鶴慶進身履歴表

仲鶴慶字品崇 江南揚州府泰州民籍

乾隆十一年丙寅 崔學院歲試入學第三名

十四年己巳 莊學院科試取一等第五名補廩

十七年 壬申科 鄉試中式第一名 解元

十九年 甲戌科 會試中式第一百六名 進士

殿試第 甲第 名

朝考第 等第 名

欽點

乾隆二十一年 丙子科 江南鄉試

大主考

副主考

試題 攝齊以升堂一節

中式者

乾隆二十二年 丁丑科 北京會試

大主考

副主考

試題 臧文仲其一句

中式者

四四

乾隆二十四年　己卯科　江南鄉試
大主考
副主考
試題　君子之于天下也三句
中式者
杜明德第六十九名　儲廷桂第六十七名
張應詔第七十一名
副榜　俞培　四五
乾隆二十五年　庚辰科　北京會試
大主考
副主考
試題　既而曰至已矣
中式者
侍朝

俞培係俞堉之誤
特此更正

附録侍朝進身履歷表
侍朝字潞川　江南揚州府泰州民籍
乾隆十一年丙寅　雀學院歲試入學第七名
十五年　庚午科　鄉試中式第五十一名舉人
二十五年　庚辰科　會試第　名進士
殿試　第甲第　名
朝考　第等第　名
欽點

乾隆二十五年 庚辰科 江南鄉試

大主考

副主考

試題 黄衣狐裘

中式者

丁㮚 第七名

宫晋基 第六十六名 宫鏡基 第四十五名

宫晋基係晋颺之訛 查宫氏族譜及宫氏名鄉會硃卷只有宫晋颺並無晋基之名特此更正

四六

乾隆二十六年 辛巳 恩科 北京會試

大主考

副主考

試題 紅紫二句

中式者

乾隆二十七年 壬午科 江南鄉試

大主考

副主考

試題 鄉人儺二句

中式者 無

副榜 王廷墉 灶籍 係由泰州舊學案錄查出待攷 秋注

四七

乾隆二十八年 癸未科 北京會試

大主考

副主考

試題 寗武子二句

中式者

乾隆三十年　乙酉科　江南鄉試
大主考
副主考
試題　缺
中式者
俞墒第十一名　吴為專第二十六名
拔貢　宫為坊　宫鑑桂

乾隆三十一年　丙戌科　北京會試
大主考
副主考
試題　君子周急至九百
中式者

乾隆三十三年　戊子科　江南鄉試
大主考
副主考
試題　憲問恥二句
中式者
孫喬年第十九名

乾隆三十四年　己丑科　北京會試
大主考
副主考
試題　子在陳曰至狂簡
中式者

乾隆三十五年 庚寅 恩科 江南鄉試

大主考

副主考

試題 六十而耳順 三節

中式者

陳瑄第十四名 劉司燮第九十八名

燮

乾隆三十六年 辛卯科 北京會試

大主考

副主考

試題 明乎郊社之禮二句

中式者

五〇

乾隆三十六年 辛卯科 江南鄉試

大主考

副主考

試題 子所雅言 二句

中式者

陳友夏第六十名

乾隆三十七年 壬辰科 北京會試

大主考

副主考

試題 君子求諸己 二句

中式者

五一

乾隆三十九年　甲午科　江南鄉試
大主考
查·甲午科北榜中式者
宮爲坊　繆祖誥　鍾·堪　合邑
鍾堪係從泰州高學錄中
查出　再待攷
十四名
順天北榜　中式者
宮爲坊第二十八名　繆祖涪第一百二十六名
五二

乾隆四十年　乙未科　北京鄉試（會）
大主考
副主考
試題　茍日新三句
中式者

乾隆三十九年　甲午科　江南鄉試
大主考
副主考
試題　享禮有容色
中式者
黄佐九第四十四名
順天北榜　中式者
宮爲坊第二十八名　繆祖涪第一百二十六名
五二

乾隆四十年　乙未科　北京鄉試（會）
大主考
副主考
試題　茍日新三句
中式者

乾隆四十二年　丁酉科　江南鄉試

大主考

副主考

試題　譬如爲山一節

中式者

陳詞第二十一名　桂天根第四十一名

燮

拔貢陳爽

乾隆四十三年　戊戌科　北京會試

大主考

副主考

試題　子曰其言之不怍一節

中式者

繆祖培

五三

拔貢陳爽

係陳燮之誤

附録　繆祖培進身履歷表

繆祖培字情嵐　江南揚州府泰州民籍

乾隆　　年　納監

乾隆三十九年　甲午科順天北榜中式第一百二十六名

舉人

四十三年　戊戌科　會試中式第一名

會元

乾隆四十四年　己亥科　江南鄉試

大主考

副主考

試題　巍巍乎至名焉

中式者

錢棨第四十九名

乾隆四十五年　庚子科　北京會試

大主考

副主考

試題　缺

中式者

乾隆四十五年　庚子科　江南鄉試

大主考

副主考

試題　「譬如為山」　譬諸草木　二句

中式者

宮協華第四十二名　俞大鏞第六十一名

五五

乾隆四十六年　辛丑科　北京會試

大主考

副主考

試題　所臧乎身不恕

中式者

孫喬年

附録　孫喬年進身履歷表

孫喬年字幼彭　江南揚州府泰州民籍

乾隆十二年丁卯　尹學院科試入學第六名

三十三年　戊子科　鄉試中式第十九名舉人

四十六年　辛丑科　會試中式第五十八名進士

乾隆四十八年　癸卯科　江南鄉試
大主考
副主考
試題　周監於二代二句
中式者
順天北榜　中式者
沈成渭　　沈謙
乾隆四十九年　甲辰科　北京會試
大主考
副主考
試題　知止而后有定一節
中式者
沈謙

五六

附録　沈謙　進身履歴表
沈　謙字　江南揚州府泰州民籍
查泰州學案録　沈謙　汪明　附監生
乾隆四十八年　癸卯科順天北榜鄉試中式第六名舉人
四十九年　甲辰科　會試中式九十八名進士
又查沈謙係　乾隆三十五年　庚寅
景學院　科試入學第五名

乾隆五十一年　丙午科　江南鄉試
大主考
副主考
試題　過位一節
中式者

乾隆五十二年　丁未科　北京會試
大主考
副主考
試題　缺
中式者

五七

乾隆五十三年　戊申　恩科　江南鄉試
大主考
副主考
試題　巍巍乎其有一節
中式者
潘世求第五十六名　黃蕙友第八十四名
副榜　陸詔熊第十五名
順天北榜　中式者　宮秉鑑第三十七名

乾隆五十四年　己酉科　北京會試
大主考
副主考
試題　缺
中式者

五八

乾隆五十四年　己酉科　江南鄉試

查嘉慶泰州學案錄乾隆廿八年李學院歲試入
學案內第十三名韓敦之下注補貢中己酉科
順天北榜選上元縣教諭并無韓均之名或韓
敦之入學後改擇均耳　再待改
又查泰州藝香詩鈔先識集中有韓敦之字詒也
擇原泉乾隆丙子科舉人官上元教諭或即
其擇均亦未可知　均待考　秋注

二句
至所視

[illegible]榜無　副榜　高翔第十九名

順天北榜　[illegible]　韓均第五名

拔貢　仲振猷

五九

乾隆五十五年　庚戌科　北京會試

大主考

副主考

試題　皆自明也

中式者

乾隆五十四年　己酉科　江南鄉試

大主考

副主考

試題　將民之義二句
夫義路也至所視

中式者　正榜無　副榜　高翔第十九名

順天北榜　中式者　韓均第五名

拔貢　仲振猷

五九

乾隆五十五年　庚戌科　北京會試

大主考

副主考

試題　皆自明也

中式者

乾隆五十七年 壬子 恩科 江南鄉試
大主考
副主考
試題 舜有臣五人 二節
中式者
宮錫祚第八名 陳詔熊第十二名 陳師虞第六十四名 朱蕙馨第九十六名
順天北榜
中式者 宮穀錦第五十四名

乾隆五十八年 癸丑 恩科 北京會試
大主考
副主考
試題 缺
中式者

六〇

乾隆五十九年 甲寅 恩科 江南鄉試
大主考內閣學士兼禮部侍郎南書房行走瑚 印
副主考翰林院編修 國史館纂修加三級顧 印
試題 公西華曰至行之
中式者
王 福第四十四名 秋見硃卷 宮景鐸第七十七名
宮運錦第四十七名 宋 越第七十九名

六一

乾隆六十年　乙卯科　江南鄉試
大主考
副主考
試題　從之三句　　旅酬下爲上
周人百畝至徹也
中式者
高　筍第六十九名　　宮　庭第七十二名

——六二

乾隆六十年　乙卯科　北京會試
大主考
副主考
試題　紫也惡全章　　民之所好二句
齊人曰所以爲一節
中式者
沈成渭

附録　沈成渭進身履歷表
沈成渭字南谷　江南揚州府泰州民籍
乾隆十七年壬申　雷學院科試入學第五名
二十九年甲申　李學院科考一等第四名補廩
乾隆四十八年　癸卯北榜順天鄉試中式第一百六十九名
舉人
乾隆六十年　乙卯科　會試中式第四十九名進士
殿試第　甲　第　名
朝考第　等　第　名

泰州鄉會同登錄 下卷

嘉慶元年 丙辰科 北京會試

大主考

副主考

試題

中式者

嘉慶三年　戊午科　江南鄉試　本科　恩廣三十名

大主考

副主考

試題　曰如斯而已乎五句　上律天時二句

無以

中式者

陳　燮第五十九名　宫彦超第一百十六名

優貢　俞國鑑

嘉慶四年　己未科　北京會試

大主考

副主考

試題

中式者

嘉慶五年、庚申　恩科　江南鄉試

大主考　兵部左侍郎上書房行走加三級陳印

副主考　翰林院檢討記名御史加三級國史館纂修官何印

試題　子曰述而不作至老彭　序爵所以二句

景公說大戒至相說之樂　詩　江南江北青山多秋

中式者　薛兆南第八十乂名

順天北榜　中式者　王世豫第四十乂名　見王氏硃卷

按此科陸氏抄本所缺予親見王君子京家藏薛兆南江南鄉試硃卷故録此待攷

又按此科除薛君中式外不知尚有何人再待攷

順天　中式者　俞國鑑第一百十名

嘉慶六年　辛酉科　北京會試

大主考

副主考

試題

中式者

嘉慶六年　辛酉科　江南鄉試

大主考　經筵講官禮部左侍郎內務府大臣理藩院侍郎　英

副主考　戶部員外郎記名道新任安徽學政教習庶吉士　湯

試題　卑宮室而盡力乎溝洫　鮮能知味也

放勳曰至如此　詩題　亦在車下得旋字

中式者

潘慶齡第一百五名

欽賜副榜　俞一圻

拔貢　葉茂蘭

嘉慶七年　壬戌科　北京會試

大主考

副主考

試題

中式者

嘉慶九年　甲子科　江南鄉試

大主考戶部右侍郎管理錢法堂事務兼管樂部加四級　戴印

副主考戶部江南司員外郎加二級　涂印

試題　謹權量一節　振河海二句

天之高也一節　詩　春華秋實成

中式者

仲振履第七十四名　金　源第九十名　吳　會第一百名　副榜　江德懋第二名

欽賜　副榜

俞　至　鄭侯奇　任志尹

嘉慶十年　乙丑科　北京會試

大主考

副主考

試題

中式者

嘉慶十二年　丁卯科　江南鄉試
大主考
副主考
試題　為君難二句　郊社之禮二句
湯以七十里二句
中式者
程應佐第一名解元
萬　榮第三十名　副榜陳　琥第十四名
順天北榜　中式者　彭壽山第一百五十八名　繆成琦
江南榜
欽賜舉人
任志尹

嘉慶十三年　戊辰　恩科　江南鄉試
大主考　工部右侍郎翰林院掌院學士管理錢法堂事務加三級陳印
副主考　日講注官翰林院侍講學士周印
試題　子曰可與言一節　詩曰奏假無言一節
孔子曰唐虞禪一節　詩　雲水光中洗眼來
中式者
仲振猷第六十六名　親見硃卷
郭元基第八十七名

嘉慶十三年　戊辰科　北京會試
大主考
副主考
試題
中式者
仲振履

附録 仲振履 進身履歷表

仲振履字雲江 江蘇揚州府泰州民籍

乾隆四十七年壬寅 彭督學院 科試入學第十一名

乾隆五十七年壬子 胡督學院 科試補廩第壹等第十二名

嘉慶九年 甲子科 江南鄉試中式第七十四名

舉人

嘉慶十三年 戊辰科會試中式第二百五十五名

貢士

殿試 甲 第 名

朝考 第 等 第 名

欽點 即用知縣 籤分廣東

嘉慶十四年 己巳 恩科 北京會試

大主考經筵講官太子少保體仁閣大學士管理工部戶部三庫事務加三級 費 印

大主考經筵講官太子少保禮部尚書加三級 王 印

副主考經筵講官戶部左侍郎內務府大臣 英 印

副主考內閣學士兼禮部侍郎加三級 貴 印

試題 君子喻於義二句 思知人二句

得天下有道至斯得民矣 詩 一意同欽

第二三場 經文策問題 未錄

中式者

是科 中式第四十三名貢士吳慈鶴丁卯科本省鄉試

中式第十九名舉人江南蘇州府吳縣監生

殿試第二甲 第二名 朝考 等第十八名

欽點翰林院庶吉士

親見硃卷 秋注

嘉慶十五年　庚午科　江南鄉試
大主考　經筵日講起居注官户部右侍郎兼理錢法堂事務總管内務府大臣翰林院學士桂　印
副主考　翰林院編修　國史館修錢　印
試題　才難至於斯爲盛　射有似乎一節
我亦欲正人心五句　詩　八月萑葦鹽
中式者
程紹芸第十一名　親見硃卷　陳琥第四十九名　丁卯科副榜　秋見硃卷
副榜
吴林蘭第十六名　親見硃卷　陳瑞芝第十九名

嘉慶十六年　辛未科　北京會試
大主考
副主考
試題
中式者
陳師慶第一百三十五名

嘉慶十八年　癸酉科　江南鄉試
大主考
副主考
試題　子路問政一節　肫肫其仁三句
春省耕二句　詩
中式者
欽賜舉人　繆代琦
拔貢　高銘　沈三祝

嘉慶十九年　甲戌科　北京會試
大主考
副主考
試題
中式者

嘉慶二十一年 丙子科 江南鄉試

大主考 文淵閣直閣事上書房行走內閣學士兼禮部侍郎現任江蘇提督學院 湯印

副主考 刑部四川司員外郎 陸印

試題 殷因於夏禮 四句 大明堂者 二句

惟天下至誠 六句 詩 其穀宜稻 宜

中式者

宮庠第八十一名 〔予親見硃卷〕

副榜

張家駒第三名 同 上

嘉慶二十二年 丁丑科、北京會試

大主考

副主考

試題

中式者

嘉慶二十三年 戊寅科 江南鄉試

大主考 刑部左侍郎翰林院掌院學士加三級 帥

副主考 湖廣道監察御史加三級 盧

試題 君子和而不同 二句 追王大王至之禮

孟子居鄒一節 詩 一樹百穫 人

中式者

劉壂第二十一名 親見硃卷

副榜

王世豐第十四名 李慶華第十七名 親見硃卷

副榜

李孟英

欽賜

嘉慶二十四年 己卯科 北京會試

大主考 經筵講官太子少保協辦大學士 戴印 兵部尚書 戴印

副主考 禮部左侍郎翰林院掌院學士 王印 日講起居注官詹事府詹事 那印

試題 曰脩己以安百姓 人之為道 二句

誠身有道 三句 詩題 敦俗勸農桑 敦

中式者

劉壂第三十五名

附錄劉鋆進身履歷表

劉鋆字檢亭號酉門

嘉慶十六年　文大宗師　歲試　入學撥府學第十七名

二十三年　戊寅科中式第二十一名　舉人

二十四年　已卯科中式第三十五名　貢士

覆試　等第　名

殿試　第三甲　第　名

朝考　第　等第　名

欽點　即用知縣　籤分

嘉慶二十四年　已卯科　江南鄉試

大主考　工部右侍郎兼管錢法堂事翰林院掌院學士宗室學陸印

副主考　翰林院編修　國史館纂修廖印

試題　行夏之時三句　文理密察二句

夫義路也至小人所視　詩　桂馨一山馨

中式者

王世豐第四十八名

繆文煥第九十三名　覲見珠巷

嘉慶二十五年　庚辰科　北京會試

大主考

副主考

試題

中式者

道光元年 辛巳 恩科 江南鄉試 本科恩廣三十名
大主考經筵講官吏部左侍郎湯 印
副主考翰林院編修 國史館纂修熊 印
試題 君子之於天下也全章 郊社之禮一節
無為其所二句 詩 所寶惟賢得賢字
中式者
王佐業第六名
是科中式第八十九名張高鑄儀徵縣附生 親見硃卷 补注

道光二年 壬午科 北京會試
大主考
副主考
試題
中式者

道光二年 壬午科 江南鄉試
大主考經筵講官戶部右侍郎穆 印
副主考翰林院編修徐 印桐
試題 先有司三句 德為聖人二句
是集義所生者至餒矣 詩 清露被蘭皋
中式者
沈三祝第七十九名 徐升堂第十二名 任鈺第八十四名
是科中式第七十七名姚黃道安徽池州府貴池縣附生 親見硃卷 补注

大總裁經筵講官太子太傅武英殿大學士文淵閣領閣事翰林院掌院學士國史館總裁軍機大臣加三級曹 中
大總裁經筵講官太子太保禮部尚書實錄館武英殿總裁上書房行走署理國子監事務教習庶吉士加三級汪
副總裁經筵講官吏部左侍郎實錄館國史館副總裁王 取
副總裁經筵講官戶部左侍郎管理武英殿御書處內務府事務正藍旗滿洲副都統教習庶吉士穆
同考試官翰林院編修南書房行走加三級許 吏部考功司郎中翰林院庶吉士尹 薦

道光二年　壬午科　江南鄉試

大主考經筵講官戶部右侍郎穆印

副主考翰林院編修徐印桐

試題　先有司三句　德爲聖人二句

是集義所生者至餒矣　詩　清露被蘭皋

中式者

沈三棿第七十九名　徐升堂第十二名　任　鈺第八十四名

是科中式第七十七名姚黄道安徽池州府貴池縣附生　親見硃卷 朴注

道光三年　癸未科　北京會試

大主考

副主考

試題　切問而近思二句　知遠之近四句

入則孝至之道　詩題　雲隨波影動得波字

中式者

王佐業第六十二名　親見硃卷

道光三年　癸未科　北京會試

大主考

副主考

試題　切問而近思二句　知遠之近四句

入則孝至之道　詩題　雲隨波影動得波字

中式者

王佐業第六十二名　親見硃卷

附錄 王佐業進身履歷表

王佐業更名廣業 字子勤 江蘇揚州府泰州民籍 世居北門外石頭巷

嘉慶二十五年 姚大宗師 歲試 入學第三名

道光元年 辛巳科 中式第六名舉人

道光三年 丙戌科 中式第六十二名貢士

覆試 第 等第 名

殿試第二等甲 第二十四名

朝考 第 等第 名

欽點 主事 簽分 部

道光五年 乙酉科 江南鄉試

大主考

副主考

試題 賢者識其大者三句 宗廟之禮四句

壯者以暇日四句

中式者

道光六年 丙戌科 北京會試

大主考

副主考

試題

中式者

此科 順天北榜
中式者 丁楚玉 原籍泰州
丁君入宛平縣籍
(中式第 名 持玟)

道光八年 戊子科 江南鄉試
大主考刑部右侍郎兼正白旗蒙古副都統鍾印
副主考翰林院編修 國史館纂修黄印
試題 視其所以 三句 故天之生物 三句 詩 雨侵秋山淨得山字
有反五八焉至者也
中式者
程祥鏊第十八名 经魁 親見硃卷 秋注
黄 軺第八十九名
陳兆鰲第一百名

道光九年 己丑科 北京會試
大主考
副主考
試題
中式者

道光十一年　辛卯　恩科　江南鄉試

大主考　吏部右侍郎兼順天府府尹加三級申 印

副主考　掌福建道監察御史新授江西提督學院加三級鄭 印

試題　子曰君子不重全章　凡事豫則立

所謂人皆至之心　詩　采菊東籬下得東字

中式者

宫玉華第六名經魁　親見硃卷　秋注

張家駒副貢生第五十五名　親見硃卷　秋注

陳金詔第六十三名　親見硃卷　秋注

道光十二年　壬辰科　北京會試

大主考

副主考

試題

中式者

道光十二年　壬辰　恩科　江南鄉試

大主考經筵講官吏部右侍郎湯 印

副主考翰林院檢討武英殿纂修龔 印

試題　與於詩三句　旅酬下為上

食之以時　詩　三峽江聲筆底流得流字

中式者

吉如楠第〤十〤名

副榜

潘曜三第二十名

附錄

是科中式第十八名副榜吳存義江蘇通州直隸州泰興縣優廩生

親見硃卷　秋注

道光十三年　癸巳科　北京會試

大主考

副主考

試題　、

中式者

道光十四年　甲午科　江南鄉試

大主考

副主考

試題　執圭一節　上律天時二句

召太師曰三句　詩　江南江北青山多秋

中式者

道光十五年　乙未科　北京會試

大主考

副主考

試題

中式者

道光十五年　乙未科　江南鄉試

大主考　翰林院編修　國史館協修單印懋謙字地山

副主考　內閣學士兼禮部侍郎文淵閣直閣事稽察右翼宗學　卓印

試題　君子不以言舉人　柔遠人四句

有安社稷一節　詩　江面山樓月照時得樓字

中式者

萬德基第一百十一名　唐煥章第一百十五名　親見硃卷　秋涯

副　榜　韓慶魁第五名

道光十六年　丙申科　北京會試

大主考

大主考

試題

中式者

丁楚玉

附錄　丁楚玉　進身履歷表

丁楚玉字　原名錦　江蘇揚州府泰州民籍世居姜堰鎮

楚玉原名錦嘉慶十九年王大宗師歲試入學第三名後因訟案被革納監應順天鄉試

道光八年　戊子科中式順天鄉試第　名舉人

覆試第　等第　名

道光十六年　丙申科中式第　名　貢士

覆試第　等第　名

殿試　甲第　名

朝考　等第　名

欽點　翰林院　庶吉士

道光十七年　丁酉科　江南鄉試

大主考禮部右侍郎新任安徽學政王 印

副主考内閣學士兼禮部侍郎柏 印俊

試題　博學而篤志 二句　禮儀三百 二句

昔者有饋 至 所哉

中式者

黄梯雲 第四十三名　親見殊卷　秋註

順天北榜　程宇光 第一名

道光十八年　戊戌科　北京會試

大主考

副主考

試題

中式者

道光十九年　己亥科　江南鄉試

大主考

副主考

試題　子曰吾之於人也 全章　動則變 三句

再命曰 二段　詩　重興細論文時

中式者

章　驥 第八名

道光二十年　庚子科　北京會試

大主考

副主考

試題

中式者

道光二十年 庚子 恩科 江南鄉試

大主考 國史館副總裁文淵閣提舉閣事戶部左侍郎總管內務府大臣滿洲副都統文

副主考 翰林院編修 國史館協修胡印

試題 論篤是與全章 必得其名二句

無非事者至不給 詩 恭儉惟德得心字

中式者

唐震之第一百十一名 親見硃卷 秋汪

順天北榜 王寶禾副榜第四十三名

道光二十一年 辛丑科 北京會試

大主考

副主考

試題

中式者

道光二十三年 癸卯科 江南鄉試

大主考 工部右侍郎上書房行走加三級兼錢法堂事務賈印楨

副主考 翰林院編修 國史館協修徐印桐

試題 顏淵問仁至為仁 上律天時四句

詩云雨我公田至公田 詩 政如農功得農字

中式者

俞雲錦第一百一名 袁懷仁第一百四名 陳文田第九十七名

順天北榜 中式者 丁廷表

是科中式第十四名舉人孫奎光鎮江府丹徒縣人 親見孫君硃卷 秋汪

道光二十四年 甲辰科 北京會試

大主考

副主考

試題 下學而上達二句 有所不足二句

詩云王赫至天下

中式者

俞雲錦

附録　俞雲錦進身履歷表

俞雲錦字　江蘇揚州府泰州民籍

道光三年　周大宗師　歲試　入學第十三名

年　癸卯科　中式第一百一名　舉人

年　乙巳科　中式第七十四名　貢士

覆試

殿試第三甲　第四十三名

朝考　入選

欽點　即用知縣　一　簽分

道光二十三年　癸卯科　順天鄉試

大主考禮部尚書兼管太常寺鴻臚寺事務麟印

大主考經筵講官兵部尚書加三級許印

副主考通政使司通政使署副都御史加三級花印

試題　足食足兵二句　助之長者至害之　曰思無邪　詩　一庭中竹撼一窗秋　得声字

中式者

按是科中式第六十七名周循方　貴州府貴陽府貴筑縣監生

又查周循方字汝凝號怡生係

嘉慶戊午科舉人辛酉　恩科進士歷任河南江蘇

知縣又署泰州監掣周際華之孫

嘉慶己卯科舉人　庚辰科進士翰林院庶吉士歷

任鄉試大主考署理江南塩巡兵備道授常鎮通海

兵備道周　頊之子

道光二十四年 甲辰科 江南鄉試

大主考

副主考

試題 對曰有政至事也 詩曰在彼至如此

庠者養也三句

中式者

李裕泰第四十九名

道光二十四年 甲辰科 北京會試

大主考

副主考

試題

中式者

道光二十五年 乙巳科 北京會試

大主考經筵講官太子太保文華殿大學士穆印 兵部尚書許印

副主考户部左侍郎上書房行走賈印 工部右侍郎署兵部右侍郎加三級周印

試題 人焉廋哉二句 詩曰妻子好合至樂爾妻帑

至於國家一節 詩凡百敬爾位得賢字

中式者

泰州人 無

附録

是科 中式第七十二名貢士 朱枏江蘇高郵州附生民籍

又附 朱君 進身履歷表

道光二十年 庚子科 中式第五十六名 舉人

乙巳科 中式第七十二名 貢士

殿試 第三甲 第五十三名

朝考 二等 第二十五名

欽點 主事 簽分 户部貴州司

秋親見硃卷

道光二十六年　丙午科　江南鄉試

大主考

副主考

・試題　子貢問師愈與　蓋曰天之一句

王在靈囿　六句

中式者

道光二十七年　丁未科　北京會試

大主考

副主考

試題

中式者

道光二十九年　己酉科　江南鄉試

大主考　經筵講官戶部右侍郎兼錢法堂事務總管內務府大臣正白旗護軍統領福印

副主考　日講起居注官文淵閣直閣事務詹事府詹事稽查左翼宗學杜印

試題　曾子曰唯　至　已矣　執其兩端　二句

無若宋人然　至　寡矣　詩　老木清霜鴻雁秋　得亭字

中式者

史長華第十四名　經魁　親見硃卷　秋注

錢桂枝第四十一名

本科拔貢　沈濚、　陳文澤

附　道光　己酉科　順天、北榜　鄉試

中式者

高錫康第七十名　泰州監生　親見硃卷　秋注

大主考　經筵講官禮部尚書武英殿總裁上書房行走翰林院掌院學士加三級孫

副主考　都察院左都御史加三級王

副主考　工部右侍郎署刑部左侍郎兼錢法堂事務蒙古副都統加三級宗室靈

試題　為君難為臣不易　小人反中庸

苟能充之　二句　詩　月中桂　得香字

道光三十年 庚戌科 北京會試

大總裁經筵講官武英殿大學士順天府府尹管理戶部三庫事務翰林院掌院學士卓印

大總裁經筵講官吏部尚書上書房行走加三級賈印楨

副總裁都察院左都御史對引大臣加三級花

副總裁兵部左侍郎翰林院侍讀學士加三級孫印詒經

欽命 四書詩題

子曰泰伯其可謂至德也已矣 一章

所謂誠其意者毋自欺也

五十而慕者予於大舜見之矣

賦得取人以身 得賢字 五言八韻

中式者

錢桂森第十二名

附錄 錢桂森進身履歷表

錢桂森 原名桂枝 字樺庵 號馨伯 江蘇揚州府泰州民籍 世居泰州姜堰鎮 現移泰城北門外籃子行街

道光十八年 祁大宗師歲試入學第八名

二十九年 己酉科 備取優貢第四名

二十九年 己酉科 本省鄉試中式第四十二名 舉人

覆試 第二等 第三十八名 貢士

道光三十年 庚戌科 會試中式第十二名 會魁

殿試 第二甲 第二十名

朝考 第一等 第十八名

欽點 翰林院庶吉士

咸豐元年　辛亥　恩科　江南鄉試
大主考日講起居注官翰林院侍讀金印
副主考吏部右侍郎翰林院庶吉士瑞印常
試題　子曰父母之年一章　去讒至貴德
弁斤至用也　詩　家在江南黄葉村　秋
中式者
崔　辰第四十四名　親見硃卷　秋注

咸豐二年　壬子科　江南鄉試
大主考吏部右侍郎南書房行走江西學政沈印秉臣
副主考翰林院編修實録館提調國史館協修萬印
試題　道之以政一章　布在方策
其實皆什一也三句　詩半潭秋水一房山得居字
中式者
儲樹人第一百十名　親見硃卷　秋注

咸豐五年　乙卯科　順天鄉試
附録
大主考
副主考
試題　缺
中式者
朱葆祺

咸豐二年　壬子科　北京會試

大主考

大主考

試題

中式者

咸豐三年　癸丑科　北京會試

大主考

大主考

試題

中式者

咸豐五年　乙卯科　江南鄉試

大主考

副主考

試題　缺

中式者　無

咸豐六年　丙辰科　北京會試

大主考

大主考

試題

中式者

戈尚志

附　錄戈尚志進身履歷表

戈尚志改名 字最山 請　雲南省　府保山縣學優增生

原籍江蘇揚州府泰州民籍

道光二十三年　癸卯科雲南鄉試中式第一名解元

咸豐六年　丙辰科中式第五十五名貢士

覆試

殿試三甲　第四十四名

朝考　二等　第十八名

欽點　主事　簽分　禮部儀制司行走

咸豐八年 戊午科 江南鄉試

未舉行

附錄

咸豐八年 戊午科 順天鄉試

大主考

副主考

試題 吾未見剛者 數其所尊 曰敢問夫子一節

中式者

王 桐

咸豐九年 己未科 北京會試

大主考

大主考

試題

中式者

咸豐九年 己未科 江南鄉試 借浙江省舉行

大主考國史館副總裁禮部右侍郎楊印

副主考國子監祭酒翰林院學士卑印保

試題 子謂子夏曰至焉爾乎 武王纘太王二句

我豈若處至之道 詩 江風吹月海初潮得潮字

中式者

王維翰 單渭南第一百八十一名

陳篤慶 親見碌卷 秋汪

副 榜 王鶴齡

咸豐十年 庚申科 北京會試

大主考經筵講官太子少保協辦大學士吏部尚書管國子監事務加三級周印 全印

副主考禮部尚書兼署兵部尚書軍機大臣吏部右侍郎加三級杜印 朱印

試題 大學之道 植其杖至而立

定於一 詩 聚米為山得波字

中式者

陳文田第十名

王 桐

附録 陳文田進身履歷表

陳文田 字硯鄉 號止室 江蘇揚州府泰州民籍 世居城内稅務橋

道光九年 由大宗師 歲試 入學第×名

科 拔貢 内閣中書 國史館分校

道光二十三年 癸卯科 順天鄉試中式第一百九十×名 舉人

咸豐十年 庚申科 中式第十名 貢士

覆試 第二等第十四名

殿試 第三甲 第八十三名

朝考 第一等 第三十二名

欽點 主事 簽分 刑部湖廣司行走

附録 王棡進身履歷表

王棡 原名楓 字子實 江蘇揚州府泰州民籍 原名柱 更名桐

道光二十四年 張大宗師 歲試 入學第四名

咸豐 戊午科 順天鄉試中式第 名舉人

庚申科 中式第 名貢士

覆試 第 等第 名

殿試 甲 第 名

朝考 等 第 名

欽點 翰林院 庶吉士

咸豐十年 己未科 順天鄉試

大主考經筵講官太子少保協辦大學士周印 戶部尚書武英殿總裁加三級

大主考經筵講官刑部尚書兼武殿總裁瑞印常

副主考戶部左侍郎兼署吏部右侍郎梁印

副主考刑部右侍郎滿洲副都統宗室靈

試題 郁郁乎文哉 二句 魚躍于淵 至 察也

辭十萬而受萬 詩 長伴雲衢萬里明 得分字

中式者 泰州人 無

親見中式第一百八十三名 胡昌銘硃卷 胡係江西建昌府南豐縣附監生

咸豐十一年 辛酉科 江南鄉試未舉行

大主考

副主考

附錄

咸豐十一年 辛酉科 順天鄉試

大主考兵部尚書都察院左都御史加三級萬印青藜

副主考兵部尚書協辦大學士加三級麟印 兵部右侍郎加三級畢印道遠

試題 不以禮節之 二句 肫肫其仁 三句

非事興道 詩

中式者

錢桂楨

又是科中式第一百九十五名范志熙係湖北武昌、府武昌縣副貢生民籍 親見硃卷 秋注

同治元年 壬戌科 北京會試

大主考

大主考

試題

中式者

同治元年 壬戌 恩科 江南順天鄉試未舉行

大主考戶部尚書羅印

副主考經筵講官 太子太保武英殿大學士賈印楨 武英殿總裁兼滿洲都統瑞印常

試題 吾斯之未 至 子說 及其至也 二句

保民而王 二句 詩 賡歌樂歲豐 歌

中式者

陳文霦第九十四名 親見硃卷 秋注

拔貢 曹餘慶

同治二年 癸亥科 北京會試

大主考

大主考

試題

中式者

同治三年 甲子科戊午丙辰正科補行 江南鄉試
大主考太僕寺卿 實錄館提調劉 印
副主考翰林院編修國史館協修工書房行走平 印
試題 葉公問政 兩章 有餘不敢盡
湯執中 二句 詩 桂樹冬榮得風字
中式者
鄭 康 萬 澐
李寶琛第十七名 親見硃卷 李沛深第一百一名 親見硃卷 秋涯

附 錄
是科 中式第二十六名舉人任 凱 江蘇常州府荊溪縣廩生 親見硃卷
查 任 凱字提三又字澤甫 任泰州學正

同治四年 乙丑科 北京會試
大主考 經筵日講起居注官太子太保武英殿大學士上書房總師傅國史館正總裁賈 印楨
大主考 閣戶部尚書太子太保實錄館總裁文淵閣提舉閣事兩藍滿洲都統軍機大臣寶 印鋆
副主考刑部右侍郎加三級譚 印鈞培
副主考內閣學士兼禮部侍郎銜加三級桑 印春榮
試題 孝慈則忠 二句 必得其壽
不違農時 二句 詩 蘆筍生時柳絮飛
中式者 泰州人
是科 中式第一百二十四名貢士顧 奎 字甄璧
江南揚州府甘泉縣優貢 本省鄉試中式第八十三名舉人
是科 中式第二百七名貢士黃 峻 字屺孫號嶽生
江西南昌府南昌縣 同治甲子科江西
省鄉試中式第七十八名舉人監生民籍
欽點翰林院庶吉士顧 奎
欽點戶部 主事黃 峻 親見硃卷 秋涯

同治六年　丁卯科補行辛酉科　江南鄉試
大主考翰林院編修功臣館纂修王印
副主考通政使司副使劉印
試題　子曰脩己以至百姓　有弗思至措也
省刑罰三句　詩　江西山樓月照時得樓字
中式者
顏　馴第一名解元　王貽清第三名
顧履祥第九十八名　韓兆庚第二百七十七名
王貽璋第二百三十七名　朱　霈第二百七十四名
副榜
王國楨　鄒炳鑄第四十六名

同治七年　戊辰科　北京會試
大主考經筵講官體仁閣大學士上書房總師傅宋印鳳標
大主考太子太保吏部尚書對引軍機大臣文
副主考兵部尚書兼署戶部尚書加三級董印恂
副主考都察院左副都御史加三級繼
試題　畏大人二句　君子未有至者也
以予觀於夫子二句
詩題　千林嫩葉始藏鶯得藏字
中式者　泰州人
是科　中式第一百三十一名楊際春江南揚州府高郵州增生
楊君字鳳山號樹勳　本省鄉試中式第十一百三名舉人
是科　中式第四十八名貢士丁立幹江南鎮江府丹徒縣監生
丁君字桐生號寶夫　甲子科順天鄉試中式第十一百四六名舉人
欽點　翰林院庶吉士〔楊丁二君均點翰林院〕
親見硃卷　秋汪

同治九年　庚午科　江南鄉試並補行壬戌　恩科

大主考内閣學士正白旗漢軍副都統銘 印

副主考詹事府右贊善林 印

試題　周公謂魯曰 一章　修道之謂 至 道也

而况於親 一句　詩　千古江山北固多 得多字

中式者

陳　芾　李金台

朱慶鏞第二百五十二名　親見硃卷　秋注

同治十年　辛未科　北京會試

大主考 經筵講官體仁閣大學士文淵閣領閣事 上書房總師傅翰林院掌院學士加三級朱 印鳳標

副主考 經筵講官工部尚書兼吏部尚書國史館 總裁總理各國事務大臣翰林院學士毛 印昶熙

副主考 都察院左都御史頭品頂戴加三級皁 印保 内閣學士兼禮部侍郎銜文淵閣直閣事常 印恩

試題　有子曰信近 全章　人一能之 至 道矣

天下之善士 至 善士　詩　移花便得鶯 移

中式者

王貽清第三名

朱慶鏞第一百二十六名

附錄　王貽清進身履歷表

王貽清字筱岑　江蘇揚州府泰州民籍 世居北門外石頭巷

咸豐三年　李大宗師　歲試　入學 第七名 州試第一名

同治六年　丁卯科　第三名　舉人

同治十年　辛未科　第三名　貢士

覆試一等第二十三名

殿試第二甲第九十一名

朝考第一等第四十七名

欽點　翰林院　庶吉士　國史館協修

附録　朱慶鏞進身履歷表

朱慶鏞字友笙江蘇揚州府泰州民籍

咸豐八年　李大宗師達任歲試第八名入學

同治九年　庚午科中式第二百五十二名舉人

覆試第　等第　名

同治十年　辛未科中式第一百二十六名貢士

殿試第二甲　第一百九十名

朝考　入選

欽點　即用知縣　籤分廣東　改省浙江

附録

同治辛未科

保和殿　覆試

閱卷大臣　提名録

經筵講官　太子太保文淵閣大學士稽察欽奉上諭事件處總管內大臣藍旗滿洲都統總理刑部事務加三級　瑞 印 常

經筵講官　刑部尚書正白旗漢軍都統城內官房新營房大臣稽察火藥局官兵大臣加三級　全 印 慶

戶部尚書　太子少保方略館總裁文淵閣提舉閣事管理雍和宮甯壽宮中正殿

經筵講官　清漪園等處事務廂藍旗滿洲都統軍機大臣加三級　寶 印 鋆

經筵講官　吏部尚書管理國子監事務教習庶吉士加三級　單 印 地山

經筵講官　兵部尚書方略館總裁加三級　沈 印 秉臣

戶部尚書　加三級　董 印

刑部左侍郎　加三級　賀 印

刑部右侍郎　加三級　桑 印

經筵講官　戶部左侍郎兼管三庫事務南書房行走　加三級　潘 印

兵部右侍郎　上書房行走管理火藥局事務加三級　黃 印

公閱進呈

欽命四書詩題
吾豈若是君爲堯舜之君哉吾豈若使是民爲堯
舜之民哉
賦得陰陰夏木囀黃鸝 得鸝字五言八韻
錄江蘇太倉州嘉定縣　朱元治　會試硃卷
並　覆試卷
又按　朱元治　中式三十一名貢士　保和殿
覆試　第一等　第一名　殿試　第二甲
第九十四名　朝考二等　欽點翰林院
庶吉士
丁卯科　順天鄉試中式第十名舉人
保和殿　覆試第一等第六名　附監生民籍

附錄

同治十一年　癸亥　恩科　北京會試
大主考工部尚書實錄館總裁軍機大臣李 印 文田
大主考經筵講官左都御史紅旗漢軍都統載
副主考都察院左都御史實錄館副總裁畢 印 地山
副主考戶部左侍郎兼管三庫事務加級 三沈
試題　大畏民志 二句　其養民也惠 二句
於是始興 至 相說之樂
詩題　譬海出明珠 得材字
中式者　泰州人
是科　中式第六十二名貢士趙國華 直隸省遵化州豐潤縣廩膳生
又趙君 字菁衫 號戚木　戊午科順天鄉試中式第四十六
名舉人
殿試　朝考入選
欽點　即用知縣　籤分山東
親見硃卷　秋注

同治十二年　癸酉科　江南鄉試
大主考都察院左副都御史劉印
副主考翰林院編修武英殿協修黃
試題　菲飲食而致　一句　武王纘太王一句
以天下養二句　詩　波光搖海月　樣
中式者
黃玉振　陳槐林第三十四名
黃葆年　仲福謙第八十一名
黃群燕第一百六十一名　游　鍾第一百六十二名
戈靜安第一百六十三名
副　榜
袁登庸第二名
本科拔貢　陸　英

附　録

同治十二年　癸酉科　順天鄉試
大主考經筵日講起居注官協辦大學士刑部尚書
翰林院掌院學士正白旗漢軍都統加三級全慶印
大主考經筵講官都察院左都御史加三級胡
副主考經筵講官吏部右侍郎上書房行走童華印
副主考經筵講官戶部左侍郎南書房行走潘祖蔭印
試題　回也其心　一句　凡為天下國家有九經　二句
孟子曰人有恒言　至　家之本在身
詩題　湖色宵涵萬象虛　得涵字
中式者　泰州人　無
是科中式第六十五名舉人延　煜內務府正白旗滿洲
文虎佐領下監生
親見硃卷　秋注

同治十三年 甲戌科 北京會試
大主考經筵講官禮部尚書兼順天府府尹萬 印青藜
刑部尚書廂白旗蒙古都統崇 印
副主考經筵講官太子少保工部尚書軍機大臣李 印文田
副主考吏部侍郎滿洲副都統總管內務府大臣魁 印章
試題 子曰君子坦蕩蕩 自誠明謂之性
君仁莫不仁 二句 詩 無逸圖得勤字
中式者
朱 霈第二百四十四名 親見硃卷 秋注

又見是科中式第九名貢士朱百遂 會試硃卷
按朱君江蘇揚州府寶應縣附貢生 四品銜戶部郎中
殿試 二甲 第三十二名 朝考 一等
四十名 欽點翰林院庶吉士 秋注

附録朱 霈 進身履歷表
朱 霈 字雨樵 號霖臣 江蘇揚州府泰州民籍
咸豐五年 李大宗師 科試 入學第七名
同治 丁卯科 中式第二百七十四名 舉人
同治 甲戌科 中式第二百四十四名 貢士
覆試第 等第 名
殿試第三甲 第 名
朝考 入選
欽點 即用知縣 簽分 廣東

光緒元年　乙亥　恩科　江南鄉試

大主考太常寺少卿軍機處行走方略館提調周印

副主考翰林院編修國史館纂修武英殿協修王印

試題　子謂子夏曰 二句　官盛任使 二句

王子墊問曰 至 尚志　詩 重與細論文 論

中式者

黃　樺　張文杰 第一百五十五名

陳彝範　徐永炘 第四十四名

光緒二年　丙子科　北京會試

大主考戶部尚書總理各國大臣管理三庫事務董印恂

大主考經筵講官刑部尚書加三級桑印春榮

副主考禮部左侍郎　上書房行走黃印倬

副主考吏部右侍郎兼散秩大臣加三級崇印

試題　康誥曰克明 至 明命　施於有政 二句

惟義所在　詩 南山曉翠若浮來 來

中式者　泰州人

黃犀杰、

是科中式第二百四十七名貢士凌兆熊會試硃卷　甲子

又查凌兆熊居字仲桓號鳳巢安徽鳳陽府定遠縣監生　甲子

科江南鄉試中式第九十二名舉人

殿試　三甲　朝考二等　第七十二名

欽點　戶部主事

親見硃卷　秋注

附録　黄犀炎進身履歴表

黄犀炎字秀生江蘇揚州府泰州民籍世居姜堰鎮

同治七年　童大宗師　歲試　入學第二名

同治十二年　癸酉科　中式第一百六十一名舉人

光緒二年　丙子科　中式第三百三名　貢士

保和殿　覆試第一等　第二十八名

殿試第二甲　第二十七名

朝考　第一等　第二十四名

欽點　翰林院　庶吉士

光緒二年　丙子科　江南鄉試

大主考內閣學士兼禮部侍郎銜稽察中書科事務文淵閣直閣事稽查覺羅學龔印

副主考戶部給事中遲印

試題　子貢曰有美玉一節　旅酬下為上至齒也

秋有斂而助不給　詩　依舊青山渌樹多　多

中式者

王敬淵第二名　羅星煒第三十四名

仲璧第三十一名　繆鋸第九十八名

副榜

章京

附　順天北榜　中式者

尤錫蕃　高彝尊

光緒三年　丁丑科　北京會試
大主考經筵講官　太子太保武英殿大學士寶　印鋆
吏部尚書　實錄館總裁毛　印昶熙
副主考　刑部右侍郎加三級　錢　印
文淵閣直閣事禮部侍郎內閣學士崑　印
試題　脩己以安百姓　二句　言而世為天下則
見賢焉然後用之　詩　露畬畑蕊滿春山　烟
中式者
游鐘

附録
是科　中式第二百五十三名貢士高仕坊　江南揚州府東台縣附生
鄉試　科　中式第一百二十四名舉人
殿試　二甲　朝考　等
欽點　工部主事
親見硃卷　秋汪

附録　游鐘　進身履歷表
游鐘　字聲甫　江蘇揚州府泰州民籍　世居東鄉西莊
同治十二年　癸酉科　中式第一百六十二名　舉人
光緒三年　丁丑科　中式第一百五十名　貢士
覆試
殿試　三甲　第　名
朝考　等　第　名
欽點　主事　簽分　禮部儀制司行走

光緒五年　己卯科　江南鄉試
大主考刑部左侍郎兼署吏部左侍郎馮印
副主考翰林院編修　國史館纂修許印
試題　樊遲請學稼一章　誠者自成也至無物
猶蓋之於負至周縋　詩　江南江山青
山多得遊字
中式者
陸　英第八名　陳士穀第九十一名
韓國鈞

光緒六年　庚辰科　北京會試
大主考經筵講官戶部尚書國史館正總裁景印善
軍機大臣正白旗漢軍都統加三級
大主考經筵講官毓慶宮行走工部尚書翁印同龢
頭品頂戴
副主考吏部左侍郎查城大臣滿洲副都統麟印
副主考兵部左侍郎翰林院編修加三級許印
試題　子曰吾與回言至不愚　柔遠人至天下畏之
又尚論古之人至世也
詩題　靜對琴書百慮清得清字
中式者
李沛深　泰州人
按是科杜親見中式第一百四十一名貢士陳鴻緩
會試硃卷
又按陳君字翁漁號少秋江蘇鎮江府丹徒縣民籍
己卯科中式第一百十六名舉人廩膳生
又見是科中式第六十一名貢士胡文淵會試硃卷
又胡君字深卿號鏡塘江蘇揚州府甘泉縣附生
中式第一百卅七名舉人

附録　李沛深　進身履歴表

李沛深字雨人號梅初　江蘇揚州府泰州民籍世居北門外西倉大街

咸豐六年　李大宗師　科試　入學第四名

甲子補行戊午科　中式第一百一名　舉人

光緒　庚辰科　中式第十三名　貢士

覆試

殿試三甲第二十一名

朝考　二等　第三名

欽點　主事　簽分　禮部

光緒八年壬午科　江南鄉試

大主考禮部右侍郎許印庚身

副主考侍讀銜翰林院編修國史館協修譚印鈞培

試題　子曰小子何莫兩章　尊賢之等二句

命也有性焉二句　詩　袖中吳郡新詩本得新字

中式者

李恩涵　王貽哲第九十二名

副榜

陳士杰　王　蓀第四名

光緒九年　癸未科　北京會試

大主考

大主考

試題

中式者

黄葆年　陳槐林

附錄黃葆年進身履歷表

黃葆年字隱朋　江蘇揚州府泰州民籍世居姜埝鎮

同治七年　童大宗師　歲試　入學第二十六名

同治十二年　癸酉科　中式第　名舉人

光緒　癸未科　中式第　名貢士

覆試

殿試第　甲第　名

朝考　入選

欽點　即用知縣　籤分山東

附錄陳槐林進身履歷表

陳槐林字蔚山　江蘇揚州府泰州民籍

咸豐九年　孫大宗師　歲試　入學第二十四名

同治十二年　癸酉科　中式第三十四名舉人

光緒九年　癸未科　中式第　名貢士

覆試

殿試

朝考

欽點　主事　簽分　部

光緒十一年　乙酉科　江南鄉試
大主考翰林院編修戴 印丙燁
副主考大理寺少卿馮 印桂芬
試題　子夏曰可者 至 不能　使天下仕者 四句　詩　子曰舜其大知也與　山向吾曹分外青 山
中式者
王貽典　管得泉第七十八名
王曾言　崔保齡

光緒十二年　丙戌科　北京會試
大主考吏部尚書廂白旗滿洲都統加三級錫 印
大主考經筵講官都察院左都御史加三級祁 印世長
副主考戶部左侍郎總管內務府大臣 加三級 嵩 印
副主考經筵講官工部左侍郎軍機大臣 孫 印
試題　子張問行 至 諸紳　中庸不可能也
取諸人以為善 至 與人為善
詩題
報雨早霞生 得生字
中式者
李承恩　欽賜翰林院編修
泰州人
是科　中式第二名貢士于齊慶 江南揚州府江都縣塘頭鎮附生
又　于君字安甫號海颿　癸酉科本省鄉試中式第三十六名
舉人　庚辰科　大挑二等　欽用教職
殿試　二甲第十六名
朝考一等第七名
欽點　翰林院庶吉士

親見硃卷　秋注

附録　同郡江都縣　于齊慶進身履歷表

于齊慶字安甫號海颿亦字伯思　江蘇揚州府江都縣民籍世居塘頭鎮

同治十二年　彭大宗師印久條科試入江都縣學第　名

十二年　癸酉科中式第三十六名舉人時年十六歲

鄉試覆試第二等第　名

光緒六年　庚辰科　大挑二等　欽用教職

光緒十二年　丙戌科　中式第二名　貢士

覆試　二等　第十名

殿試　二甲　第十六名

朝考　第一等　第七名

欽點　翰林院庶吉士

光緒十四年　戊子科　江南鄉試

大主考翰林院侍讀學士南書房行走李印文田

副主考翰林院修撰上書房行走王印

試題　子曰可與共學二章　（及其廣厚）載華嶽二句

堂高數仞至不爲也　詩　金罍浮菊催開宴得鳴字

中式者

袁街　劉法曾

錢錫峙

附録本科儀徵縣劉顯曾（富）第三十九名（六、二）同懷硃卷　秋農親見

又見本科中式第十二名陳廷焯硃卷

按陳君名廷焯字亦峯號伯與鎮江府丹徒縣民籍

世居泰州城内八字橋西小街　秋汪

光緒十五年　己丑科　北京會試

大主考

大主考

試題

中式者　泰州人　無

光緒十五年　己丑科　江南鄉試

大主考

副主考

試題　君子有三畏一節　明乎郊社之禮二句

天子適諸侯至職也　詩　江涵秋影雁初飛秋

中式者

宋學賢第四十七名　單文煋

顏文炳

光緒十六年　庚寅科　北京會試

大主考

大主考

試題　子貢曰夫子之文章至惟恐有聞　知所以治人至凡為天下國家有九經

詩題　霸者之民驩虞如也王者之民皞皞如也　城闕參差曉樹中得門字

中式者　王貽典第二名　亞元

錢錫爵

附録 王貽典進身履歷表

王貽典字石逸 江蘇揚州府泰州民籍世居北門外禎祥巷

同治十三年 林大宗師 歲試 入學第十六名

光緒十一年 乙酉科 中式第 舉人

光緒十六年 庚寅科 中式第二名 貢士

殿試

朝考

欽點 主事 簽分刑部

附録 錢錫爵進身履歷表

錢錫爵字 江蘇揚州府泰州民籍

同治十三年 林大宗師 歲試 入學第十九名

光緒十四年 戊子科 中式第 名舉人

光緒 庚寅科 中式第 名貢士

覆試

殿試 三甲 第 名

朝考 等 第 名

欽點 主事 簽分 部

光緒十七年　辛卯科　江南鄉試

大主考　內閣侍讀學士兼襲都尉世職軍機處行走　金印

副主考　翰林院編修　李印

試題　子曰桓公九合一節　考諸三王四句

經界既正分田制祿三句　詩　鼉背參差日亂紅得紅字

中式者

王烜

光緒十八年　壬辰科　江南鄉試

大主考

副主考

試題　子曰巍巍乎兩章　上律天時

何獨至於人二句　詩　江上飛雲來北固　雲

中式者

陳恩熙第七名

光緒十八年　壬辰科　北京會試

大主考

大主考

試題

中式者　泰州人　無

光緒十九年　癸巳　恩科　江南順天鄉試
江南　大主考　侍攷
順天省　錄後
大主考經筵講官毓慶宮行走會典館總裁戶部尚書管理國子監事務翁印同龢
大主考經筵講官太子少保軍機大臣八旗官學大臣管理各國事務大臣刑部尚書孫印詒經
副主考戶部右侍郎兼理錢法堂事務陳印
副主考刑部右侍郎管理戶部三庫事務裕印
試題　故君子必慎至嚴乎　子曰為政以德至無邪
伯一位子男同一位　詩　秋鷹整翮當雲霄得翔字
中式者
秋親見本科順天榜中式第八十九名章　華　硃卷
章係湖南長沙府長沙縣監生民籍

光緒二十年　甲午科　北京會試
大主考
大主考
試題　達巷黨人曰大哉孔子　子曰道不遠人至忠恕違道不遠　慶以地　詩　雨洗亭皋千畝綠得皋字
中式者
管得泉

附　録管得泉進身履歴表

管得泉字石卿　江蘇泰州民籍
光緒八年　黄大宗師建侯歲試　入學
光緒　乙酉科　中式第七十八名　舉人
光緒二十年　甲午科　中式第　名　貢士
覆試
殿試第三甲　第　名
朝考第　等第　名
欽點　即用知縣　簽分山東

光緒二十年　甲午科　江南鄉試
大主考日講起居注官翰林院侍讀學士咸安宮總裁國史館纂修本衙門撰文庶吉士　馮印桂芬
副主考翰林院編修黄印俾
試題　夫子之墻至寡矣　故君子語大一句
有布縷之征至其二　詩　大將龍旗掣海雲得雲字
中式者
陳思治第一百名

光緒二十一年　乙未科　北京會試
大主考經筵講官太子太保賞戴双眼花翎協辦大學士吏部尚書上書房總師傅加三級徐印
大主考經筵講官理藩院尚書管理雍和宮咸安宮事務壇廟大臣崇文門監督加三級啟印
副主考禮部侍郎南書房行走賞戴花翎李印內閣學士禮部侍郎文淵閣直閣加三級唐印
試題　主忠信上論語　優優大哉二句
居天下之廣居四句　詩題褒德録賢得廣字
中式者
陳思治第十　名
崔保齡第四十七名

附　録陳昰洽進身履歷表

陳昰洽字融齋　江蘇揚州府泰州民籍世居北門外小天德巷

光緒五年　夏大宗師　科試　入學第十七名時年十二歲

光緒二十年　甲午科　中式第一百名　舉人

光緒二十一年　乙未科中式第　十　名　貢士

覆試

殿試第　甲第　名

朝考第　等第　名

欽點　主事　籤分　部

附　録　崔保齡進身履歷表

崔保齡字鶴第號與之　江蘇揚州府泰州民籍世居東鄉海安鎮

同治九年　童大宗師　科試　入學撥府學第七名

年　科　舉優行　補廩

光緒十一年　乙酉科　中式第三十四名　舉人

二十一年　乙未科　中式第四十七名　貢士

覆試二等　第四十二名

殿試三甲　第四十八名

朝考　二等　第十名

欽點　即用知縣　籤分安徽

光緒二十三年　丁酉科　江南御試
大主考太僕寺卿稽察右翼宗學會典館提調劉印
副主考翰林院編修朱印
試題　文學子游　為能聰明　二句
食之以時　三句　詩　多少樓台烟雨中　中
中式者
高炳華第四十二名　王諶謀
王耀鑾

光緒二十四年　戊戌科　北京會試
大主考
大主考
試題
中式者　泰州人　無

光緒二十八年　壬寅科辛丑恩正並補行庚子正併科　江南御試
由是科　改試　史論　時務策　經義　仍分
第一場　第二場　第三場　考試
大主考戶部右侍郎兼管錢法堂事務戴印鴻慈
副主考三品銜鴻臚寺少卿黄印
試題
第一場　史論
漢文帝減租除税而物力充羨武帝算舟車榷鹽鐵
置均輸而財用不足論
唐楊綰疏停明經進士請令州縣學孝廉論
宋神宗置太學三舍厥後陳東率諸生伏闕上書請
起李剛即出自太學論
元初遣速不台拔都等西征其兵力之盛直至斡羅
思以西論
明以尚寳少卿徐貞明領墾田使督治京畿水田論
第二場
時務策　五道　未録

第三場

四書義 二篇　五經義 一篇　未錄

中式者

沈秉乾 第二十三名　徐俊彰

葉承年　陳玉章

李炳南　袁焜

夏惟默 第二百六十九名

副榜　單毓同 第四名

光緒二十九年 辛丑壬寅 恩正併科　北京會試

大主考

大主考

副主考

副主考

試題

第一場　史論

管子內政寄軍令論

漢文帝賜南粵王佗書

威之以法法行則知恩限之以爵爵加則知榮論

劉光祖言定國是論

陳恩謙言銓衡之弊論

第二場

時務策 五道　未錄

第三場 四書五經義 三篇

敘事而信 二句　故為政在人 二句

化而裁之謂之變 至 謂之事業

補録　光緒二十九年　癸卯科　會試

第二場　時務策題

泰西最重游學斯密氏為英大儒所論游學之損亦最摯切應如何固其質性限以年例以期有益無損策

日本學制改用西法收效甚速然改制之初急求進境不無躐等偏重之弊東國名宿類自言之取長舍短宜宗宗旨策

各國商會銀行皆財政之大端預算決算又合古制用古法然所以能行之故必有本原試參酌中國商賈官民情形以期推行無阻策

警察之法於政治關係極多憲兵之設尤足輔警察所不足試詳言其典則事務以便仿行策

工藝商賈輪船鐵路輔以兵力各國遂以富强其所以富强者果專恃此數者歟抑更有立國之本歟觀國者無徒震其外宜探其深微策

中式者　泰州人

按是科計中式貢士三百六名

會元　周蘊良　浙江省會稽縣人

光緒二十九年　癸卯　恩科　江南鄉試

大主考内閣學士署兵部右侍郎楊印佩璋

副主考國史館纂修外務部左丞紹印昌

試題　第一場　史論

漢武帝時徵吏民有明當世之務習先聖之術者縣次續食令與計偕論

識時務在乎俊傑論

謝安登冶城悠然遐想有高世之志論

張九齡上千秋金鑑錄論

明太祖詔商稅毋定額論

第二場

時務策五道　未錄

第三場

四書五經義三篇　未錄

中式者

陳希璽第一百三十二名

光緒三十年　甲辰　恩科　北京會試

大主考

大主考

大主考

大主考

試題　第一場　史論

周唐外重内輕秦魏外輕内重各有得失論

賈誼五餌三表之説班固譏其疏然秦穆用之以霸西戎中行説亦以戒單于其説未嘗不效論

諸葛亮無申商之心而用其術王安石用申商之實而諱其名論

裴度奏宰相招延四方賢才與參謀議請於私第見客論

北宋結金以圖燕南宋助元以攻蔡論

第二場

時務策五道　未錄

第三場

四書五經義　三篇

大學之道在明明德在親民在止於至善

中立而不倚强哉矯
致天下之民聚天下之貨交易而退各得其所

中式者
沈秉乾第七十九名

是科計中式二百七十六名貢士
會元　譚延闓湖南茶陵人

附録　沈秉乾進身履歷表
沈秉乾字暢齋　江蘇揚州府泰州民籍世居城内昭昭汪

光緒十一年　黄大宗師匯佐科試　入學第十名
光緒十　年　大宗師　試　補廩第一名
光緒二十八年　壬寅辛丑庚子併科　中式第二十三名舉人
三十年　甲辰科　中式第七十九名　貢士

欽點　主事　籤分禮部

補録　光緒三十年　甲辰科　會試

第二場　時務策題　彙録

周禮言農政最詳諸子有農家之學近時各國研究農務多以人事轉移氣候其要曰土地曰資本曰勞力而能善用此三者實資智識方今修明學制列為專科冀存要術之遺試陳教農之策

泰西外交政策往往藉保全土地之名而收利益之實盍縷舉近百年來歷史以證明其事策

美國禁止華工久成苛例今屆十年期滿亟宜援引公法駁正原約以期保護僑民策

日本變法之初聘用西人而國以日強埃及用外國人至千餘員遂失財政裁判之權而國以不振試詳言其得失利弊策

學堂之設其旨有三所以陶鑄國民造就人才振興實業國民不能自立必立學校以教之使皆有善良之德忠愛之心自養之技能必需之知識蓋東西各國所同日本則尤注重尚武之精神此陶鑄國民之教育也講求政治法律理財外交諸專門以備任使此造就人才之教育也分設農工商礦諸學以期富國利民此振興實業之教育也三者孰為最急策

泰州鄉會騈批試題彙録

錢桂森　會試　房官總批

據神淵而吐滿兹靈液以播雲理既鬱其紆盤詞華以貴寧璧王
之宇乃開五丁陷鐵之力鋭陷重二三藏銜華佩實雅雅珍珍八十字
摘髓量禹與雅雅往郢斋叙於登高齋之堂汴府珍羅互奪江都之
席得卷共推佳士通名果屬英才　生蘊稟神駒材儲天驥行看遠用
通經列類署典雙旗倉垂髮獻賦而校擊第一柴天香于月窟鵠薦鶚
膺傳試讀于風層鴻鸞篇久播俊行甫歸夫京樹嘉名位列於賢書方桂
樹之天葉聲聽鳴鹿文杏苑之春早人羨登龍奎宿高標雲梯躡步
以南宮之碩彥列東觀之清班躋達蓬瀛十八同天衢直上祥微棒
里百廿耳地運剛將慶溫華陵歆承泰嶽看山日光分蓮炬鳥台呈圭
璧之奇卜他年治東梅羹麟閣焚　然論之矣

附録　本房銜名

同考試官翰林院侍講　實錄館提調加三級　蔣　印

許擴身　浙江仁和人　鄉試　本房選批

蒼々排々其氣騰也炳々蔚々其光燭也申々燕々其向舒也稚々魚々其詞藝也八十字敲金戛玉以諧以和二三場倒峽傾匡六醇六肆淸瑟賞房債承題士揭曉知出華宗兩浙馳芳一門濟美集吟丁卯趙庭自昔聞詩里挑高陽廣海交稱通德上數科名之記此揭家四世公卿傳耻昆弟之班存吾又賢品望年々桂子長留雨風徑々竹筠無慚東箭詞文壇之盛事實寰宇之高門喜前兆之達手愛振家聲而鵬起金眉龍躍茂歲其所圖士以鳴騰推不勉稱敢予望之

吳慈鶴　吳縣人　監生　會試　本房選批　嘉慶己巳科　第四十三名

咀腴遣簡推秀江施諧音則鳳琯龍鹿調味則金膏玉髓是能手程月至意織霞梭彩也詮義與麟鴻通來對衡洋虎炳望而知為著作之才騰雲五色玉堂高寄五之名衡鳳双清金鉉魁無雙之采文章報國尚其勉旃

朱柟　高郵人　會試　房官選批

命意深沉故無浮藻寄情幽遠故無雕音於兵實中出清新於樸學中生光彩二三藝凌雲筆健八十字被張聲和詮義微引浩繁義類高古策對指陳剴切本末詳明合歐曾體々工岂僅後學之宗揭曉來謁知生敦崇實行屏棄浮華泛覽群書詳明大義此日地官分職華彩有用之材他時天府藏書不負生平之學

徐永炘　鄉試　房官選批

寶鏡當胸智珠在握司馬淸雲々氣而鴻戲海々姿二三藝淸光大來八十字逸情遠到說詮奪侍中之席射策壯太傅之堂揭曉後知生系傳東海品重南金研京鍊都早噪詞壇之譽懷珠蘊玉果成藝苑之珍此時桂子秋高青雲於焉之地會見杏林春滿名標杖榜之天勉旃鵬搏副予鶴跂

宮玉華

元圃閬風，不借高於垣埒；懸黎結綠，不假飾於環瑤。大用外腓，真氣內充。本風骨之堅凝，為吐詞之廉鍔。韻語遒逸，溫李經義，雅擅匡劉。三隅觸處，兼江五采紛敷，每屆揭曉。知生御賢，你裔科第名門，追承先澤之光，炳近接銀台之家範。此日東籬採菊，華拔江南；轉瞬上苑簪花，群空冀北。

史長華

魄力沉雄，龍文百斛；精旨精湛，鳳羽九苞。說經則炳炳麟麟，匡劉讓席；壯采更蔚蔚
本之雲臺，嗣音韻語，法華空凡，古雅揭曉來。知生文武家聲，蓉門一木關係
有自行學俱優，官手似瀛一籍注第傳萬選之青。佇看閬苑花簪，直步三台之榮

李沛深　鄉試　本房總批

才雄力厚，體大思精，邁古今體而兼長，合名大家為一手。洵文章之有價，此圭璧以無瑕。八十字玉戛金相，二三藝筆歌墨舞。說經則壁壘森嚴，籍見平生磨琢功夫；對策則玉蓋齊言，啟弁日拜颺風骨，鋒芒當為讀學揭曉。知出名門，祖德洋溢，播聲香於邑乘；文書紀績，抱祖蔭於庭聞。賞序早躋庠軍，即冠歲科屢拔，餘廩旋分。賦遊三唐，登瀛冠宗工之選；書摹兩晉，龍翔來直士之榜國。盛世之全材，於鄉年之妙選。此日株園初到，已佔北阮凋登；來年燕榜重標，定許南宮高捷。生其勉矣，手日望之。

王敬淵　光緒丙子科第二名舉人　本房總批

清思逸月，健筆凌雲，精理內充，英光外露。二三藝肅括宏深，金陳卓識；八十字清新俊逸，庾鮑嗣音。說經則炳炳烺烺，鏤金錯采；對策則原原本本，稱見洽聞。一知生詩禮家聲，瑯琊世胄，妙齡嘹譽，弱冠蜚英，律宮早擢，入選鶚薦之知，閬苑分香，祖豆龍飲之選。此日桂林獨步，已於名滿江南；來年蓬島高騫，定只群空冀北。鵬博霄奮，翮飛不殺。

仲福謙　御試　本房總批

（上略）知生先賢嫡裔，科第傳家，牛刀小試，曾名噪乎燕京；馬帳宏開，業久傳於鄉里。此日蜚聲南國，先飄丹桂之香；來年接武雲清，宮奪瓊林之席。

于崇慶　拔優貢　總批

（上略）知生簪纓世冑，詩禮家聲，璞協氣於重闈，集奇珍於手軸。遊庠詩歲，掌握文柄；食餼英年，前茅履隽。徵凡較藝，平生早搏乎心；秋試衡文，益次特冠乎首列。際此群空冀北，已登拔萃之科；猶期名噪江南，更播聯芳之譽。

鄧炳鑄副榜　　本房總批

合歡十四藝，均負筆有古香，不同凡豔。故非知時下諸工所能為。闈中僅此滿擬冠軍。此發榜折對墨卷，全同只其字迹模糊，恐遭磨勘，遂抑置為之扼腕。欲嗟者累日。揭曉來謁，知生髫從世父家塾，淵源早蜚聲北之歸，名噪江南。己丑歲童子試時，曾為淮陽少司空信公擊節贊賞，拔置第一。乃竟蹭蹬名場，屢遭顛躓。今者雖屈鴞薦，猶借鵬搏，可謂文章憎命運矣。然而年華未艾，此後終闈，予于生有厚望焉。

李寶琛

詞修玉粹，意鍊金精，叔旋從心，錘鑪在手。雍容華貴，璨風采之九苞；博大昌明，扛龍文之百斛。二三藝書初風者，健筆凌雲；八千字敲金戛玉，清思涼月。挽經獺濱，唐之秘玉府，窮搜射策，探靈臺之精。殊觥倒瀉，闈中得卷，傳歎決為名宿。榜後知名噪黌，詢是經術，來謁知士係出名門，風承庭訓，髫年冠童子之軍，已信文章有價；壯歲拔諸生之幟，益知名下無虛。藥之銘采讀金獻，瑞澧長作庚，駝鈞鉤鐵，畫揮毫，取法於歐，歎圓廉劍氣之必騰，羨章冰衡之允協。此日名崇桂樹，已欣譽滿江南；來年春滿杏林，定許群空冀北。

據聞鄧炳鑄原名福海，入學以後改今名，此科抑置副車，殊為扼腕，詎料榜發以來有數月，氣鬱成病，遂歸道山。

（此語聞前輩所言，特敘。）　秋汪

程應佐　鄉試　嘉慶丁卯科第一名解元

副主考　刑科給事中會典館纂修趙　取批

博大昌明元家矩度

大主考　經筵講官太子少保吏部右侍郎新任浙江提督學政劉　中批

文字之祥風會之正

本科衡鑑堂總批

書藝五言有體與轉才驚博者不同要為有氣功深之士詩格清穩經訓明通五策暢洽分明上問尤見根柢實求世爭當信傳家有自之徵斕蔭驛偷勉副為國家得人之致

附録

同考試官安徽滁州來安縣知縣伍　薦批

精心結撰高挹群言

王蓀　副榜　鄉試　房官總批

本原以思無邪之旨合吏部正而葩之解可續西河序文用代東魯家刺二三藝華實記護區宗丞庶子以同工八十字筆藻翔班會閎府參軍於異代談經則擊擅無雙連奪五十餘席射策則投不失一輒贏千二百驍揭曉來謁知生青箱世傳詠樹競爽童子軍中為文多冠長老座上言無寫蒋宮嗣步盾皆近特達之知米廩行遊有亦才異等之目此日桂輪未展已窺秋士一斑來年花榜高騫定見月娥真面博依功知無自逸也廣寒風氣跂予望之

魏論元　湖南鄉試　房官總批

根柢盤深丰神俊逸鬱撐蘇之奇氣擬班馬之雄才文既破地倚天詩更敲金戛玉無美不備淑六藝以窮經有語必詳出萬千言而射策具此傑構推為雋才揭曉以知生世業儒湘家聲重璧郡邵競爽濂國之而得有父風多治集休承燕翼而克繩祖武從此聲名鵲起　麈苑視草蘭臺文章經濟此生有厚望焉

高錫康 監生 本房總批

衿平躍釋，氣靜神怡，使筆則庠畫双流，運思則蟻穿九曲，杜元凱武庫，五千霞標，孫手李鄴侯牙籤十萬，星海羅胸，詩情俊逸，艷摘江花，注義引論，博通鄭箋，五采緣珠，貫極雲雕月鏤之神，三場完璧無瑕，信玉粹金昭之選。知生家世清華，才華超邁，行見闢善門，久著於吳陵。父溪歙，遺澤尚流於暨水，宜吾序報允符，前薇此日桂林香滿於秋賓之場，戊辰來年杏苑芳濃於春明之日再捷

單渭南

才思橫溢，氣體該酣，相題則眼底無花，制局則胸中有竹，二三作珍同拱璧，八十字律比長城，說經允奏無双，對策豈惟停九。一知生傳家忠厚，合拔科名，薦履風和，青年擬秀，榜護日永，白首承歡，融班簡之英，兆榜花之瑞，此日應占香滿，攀桂樹非今朝，來年定錢祥徵，簪杏苑於春中

宮庠 御試 本房總批

英思偉論，古腴勁拔（二藝），匠虞入渾，積健為雄（三藝），藻東鏡珍，氣麗清瀚，詩律兼賡既之長，經義入鄭賈之室（三場），臨對詳明，考據精確，榜發來謁，知生早歲蜚聲，已更十載，文壇樹幟，屢冠一軍，一時哲匠宗工，有五經無知之目，今果晴中相識，益徵名下無虛，從此春林連步，更肩上苑之花，即示桂堂揭榮，光掇科名之草

仲振猷

松柏有節，竹箭有心，春華秋實，出古入今，揚搉知生，童承庭訓，家有元燈，兄弟同題，是父是子，春秋聯捷，難兄難弟，早歲明經，久擅無双之目，來年射策，宮牆第一之枝

繆文煥

探喉而出，縱筆直書，蘇海韓潮之氣，班香宋艷之才，所謂以古文為時文者也。揭曉來，知生英年積學，蓄有成書，定當播藻蓬瀛，仰冀攀花上苑

韓紹奎 江都人 鄉試 本房總批

積思慧海，染筆靈淵，琢句為詞，比壺冰之潔白；鎔金作句，驗爐火之純青。律詩妙擅受辛，隨肩鉅謝；經義洗盡餘子，擬足匡劉。隨五采而數珍，綜三場為完璧。揭曉來謁，知生世守書香，家傳忠厚，早年失怙，頼伯父以訓成，未冠游庠，列茂才之異等；文場角藝，久擅鴻名，試院掄英，曾邀鶚薦。此日華實秋賦，同賡鳴鹿之章；來年岩錢春闈，快執登龍之選。勉示鵬程，慰余鶴跂。

黃景 興化人 鄉試 本房總批

獨抒精蘊，自鑄偉詞，運鍊局之匠心，闡詰題之生面。務平經釋仁人之言，藹如色正；茫寒智者之珠在握。二三藝墨無旁瀋，先正遺型；八十字筆有餘妍，雅人深致。讀經醇懿，學具淵源；射策宏通，語徵根柢。揭曉來謁，知生標湘世胄，詩禮家傳，儁穫丁年，騰芹宮之令譽；功深午夜，邀鐃廉之榮施。屢躋鶚薦於棘闈，頓奮鵬博於雁榜。此日探蟾月窟，初攀桂之枝；來年走馬雲程，貺赴看花之宴。

顔馴 泰州人 鄉試 本房總批 同治丁卯科第一名解元

（上略）知生儒門力學，鄉黨流芳，往歲游庠，同賦入冠軍之選；適年負識文章，超匠哲之知，院推繡虎；才奇早卜登龍，價重此日，桂林初步，已欣名冠江鄉；來年杏苑高騫，定見群空冀北。冠示他遜，副予厚望。

萬人傑 鹽城人 鄉試 本房總批 光緒乙亥科第一名解元

（上略）統觀四藝，知為績學之士，錄之以冠，猶見先正典型。

周循方 貴州人 監生 順天鄉試 本房總批

結體廉悍，運思駿敏，義研精於理窟，詞獨雋於書厨，根深柢固，擇取采魁炳。詩語則受辛妙擅，叶律鏘洋；經義則諸子兼包，八韻騰躍五采，論若貫珠，策同月鏡。合觀三場，完璧無瑕，允玉粹金昭之選。揭曉來謁，知生久勤鉛槧，夙具箕裘，擢秀質於黔南，靈椿重蔭；振英聲於冀北，丹桂分香。今秋丹桂一枝，固已攀芳蟾窟；來春青錢萬選，定當珥筆嬌協。

按周循方係翰林院編修常鎮通海兵備道周頊之子 補註

于齊慶　鄉試　房官總批

鳳采九苞龍文百斛守挾風霜之氣筆騰雲漢之華二三藝玉質金相八十字珠聯璧合截長通者五經久從無變割題者八十事宜推對九撤棘來謁知其習易世胄詩禮家聲方當舞象之年即與登龍之選。類宮夜雨。甫擷芹芳。閬苑秋風。旋踏桂籍。香分京樹。河光名在月中。美係棠華。有弟詩吟池上。嘉今科目。手明經文學孝廉。肩來歲狀元。魁南國更魁天下。鵬搏自奮。佇跂躍之。

繆錕　鄉試　房官總批

欲材就範鍊氣歸神精理內法宗先正藝二三凌雲筆健八十字洗月思清經搜萬軸陳庚之伏案功深策對千言董子之下帷本富詢所謂眷列木雞才宏繡虎者矣揭曉來謁知生蘇林嘯聲翰苑蜚聲早歲明經久擅双雙之目來年射策豈攀丁桂一枝勉之跂予厚望

袁懷仁　鄉試　房官總批

如納水瓘。如走丸珠。傳心鳥聲之中。徵詩鱼澗之上。由其入之也深。故其出之也。頌詩登小謝之堂。詩奪大春之席。五策洽聞。淹貫博奧。詳明揭曉來謁。知生幼年失怙。母教居多。弱冠游庠。文名夙擅。此際蜚聲南國。梓荒寒桂。院之香來年頭筆。西清曉日。例見傳之影。

宮士炘　優貢　會考總批

理明辭達氣足神完經義羽翼論詩才經擇摘衣長謁拾知門閥高華素履謹遵行想見書香奮蔚已蒞一鶚之雋光登五貢之科允叶芳徵行看秀發秋風閬苑筆花開跳採青蓮春雨草堂瑞木兆一枝紅杏

陳文鐸　優貢　會考摳批

鑪錘在手，規矩從心，有日光玉潔之觀，具地負海涵之勢。談經射策，信是解人；協律諧聲，允推雅製。華實並茂，文質相宜，欽推其才，此爲佳士。榜發，來謁，知生家傳禮法，幼讀父書，惟爾梓以馳芳，乃抽華而競秀。早標駿骨，三週後行，照題鳳樓鴻文，試前茅，聲擅冠闈，直奇摛石室之蘊，望著韓壇，斯爲庠序之英，洵是東南之美。鷄干驅政，勉尔鵬搏。

王維翰　鄉試　房官摳批

識力清超，局度整飭，朗暢清華，文品和平中正之音，韻語清新俊逸。經義淵雅宏通，五策詳明，三場並美，詢乃華實兼存，春蕃兼優者矣。揭曉來謁，知生方安弱冠，早飲芹香，藉德行挹庭之慶，孝友敦詩，齡頌芹泮之芬，誦經史輸作，沃泮於黄卷，甚至宜中大有，録山自桂宮秋老已欣香滿江南，來年杏苑春濃，定許聲冀北。

程紹芸　本房摳批　嘉慶庚午科　第十一名舉人

氣體深厚，詞藻高翔，蔚然而龍虎雄鳴，然而韶鈞鳴，詩律玉節金和。經義蘇鏗，春聲，五策暢是西京宗法，謝榜發，來謁，知生繼承舊德，家有賜書，步大院之後塵，元燈五色，繼祖武之前美。芸葉十華，山眉花擅譽聲，行兄瑤林之錦。

程祥棻　本房摳批　道光戊子科　第十八名

詩言端直，列文骨成焉；意氣駿爽，則文風清焉。昔人所謂詠玄玉之文予之祥者，詩登小謝之壇，賦奪大看之席。五策具有言也，典其致也博。揭曉來謁，知生繼承庭訓，家有賜書，詩崇游庠，萬言試藝早，發軔一鳴驚人，此日蜚聲南國，早飄桂苑之香；來年聯步西清，定奪瓊林之錦。

吴官燕 儀徵人 鄉試 房官挃批中式第六名 咸豐乙未科

蒼蒼雄雄其氣騰也炳炳麟麟其光燭也申申燕燕其局舒也稚稚魚魚其詞妙也詩追唐律經凝漢儒三場璧合珠聯五策儷子儷眂得登賞為讀者之士揭曉允合掄神欲逢梅嶺傳香空辟北野會看杏林赴宴連捷南宫惟不勉厲致于望矣

陳篤慶 鄉試 房官挃批

首藝精理内含寶光外發次三藝博大光明八十字清新俊逸經文炳炳烺烺矣匡劉策對本本原原追蹤賈董揭曉來謁知生科名世家海陵望族
……曰桂林擷秀鳳蟾宫來看蓮炬分輝 思永 北闕

楊保貞 丹徒人 鄉試 本房總批 同治甲子科 第二百三名

精理内充英光外露風裁峻整局度端凝燦鳳采之九苞杜龍文之百斛詢所謂粟作穀式而富稚言者矣 揭曉來謁知生夙承家學克紹淵源得意雍庠郡邑早驚拔幟超遷 思錄科岁屢列前茅碧為吾儕雕博砍兆立名砥行允推南國之英騰寔馨声宣入西清之選

儲樹人

理扶質以立幹文垂條而結繁運腕則筆若風生剝根則題皆雪亮詩擷三唐之秀經研兩漢之腴五策鉤貝淪聞合今叶古 知生弱年失恃悼痛抱苴藝壯歲無室家復深長嘆青燈為趣萍宗早播陽声白屋窮經林院勞迸鴻鵠此日秋风桂月行見春年春雨杏花天衢直上

徐福辰　儀徵人　鄉試　本房總批

清思泛月，健筆凌雲。相題則眼底無花，制局則胸中有竹。御師制勝，造精鋭於雷霆；餘味曲包，淨聰明於冰雪。二三藝意精筆甲，杼柚從心；八十字詞妙蕤華，鑪錘在手。漢筆唐經，允推經五；無奴買菲薄，豈惟十事對九詢。所謂毫髮無憾，波瀾老成者矣。撤棘來謁，知其中深藕苑，名噪詞壇，宜科名列前茅，姓字競登拔萃。吟工黄絹，集已刊夫棗梨；教設絳帷，化偏霑夫桃李。此日雲程呵凍，玉龍奪麈戰之雄；來年丹陛承恩，金馬備清華之選。

黄炳勳　甘泉人　監生　鄉試　本房總批

制局則旋折如志，措詞則騁含入神。垂紳搢笏之容，佩玉鳴鸞之度。次三藝珠連璧合，八十字磬澈鈴圓。解經海博，虎配熊雄；射策詳明，兔園宏秘。通謁始知生江反遣，賢後則吳錫傳家。有硯九留，燕翼之謀早歲；附文風，擅風毛之譽。是以成均肄業，雅化新沾；宗國敷光，高魁科捷。此日攀香蕊府，騰驊足之聲；來年擷秀瓊林，快龍頭之獨步。

徐振鏞　興化人　鄉試　本房總批

鑪錘在手，杼柚從心。相題則眼底無花，制局則胸中有竹。墨垂珠露，蓋章成絕妙之辭；筆吐詩霞，學甲運生新之意。中藏老堅，實切風馳九霄。孟文机旺，神流霜蹄千里。珍披設府，玉字敲金；銓秘啟經，部珠連璧合。敦陳五策，具徵籌辯之才；兼較三場，洞澈雕龍之技。生成家學，筍班秋選傳芳，華標湘書府，價溯聲名。郡試四冠，庠軍超食，餼於英年；首標驥望。此日香分丹桂，勲材掄南國之英；來春安踏杏林，櫻插廉下西清之選。

田登瀛　江都人　鄉試　本房總批

（上略）生世守書香，家傳忠孝。早年失怙，全賴母教之賢；未冠游庠，共許德門之秀。又書能讀，是文史於三冬；祖武克繩，已貢春於累世。又闢角藝，久擅鴻名。試院掄魁，廣遊賢薦。此日蟾宮獨步，科名呈瑞草之祥；來年雁塔連登，及第遂聲名之慶。

潘寶琛　寶應人

（上略）德門善慶，家學淵源。鯉庭之訓誨，欽承螢案之功。修基密壁，沼初歡；雅遊旨篤，文壇屢戰。苦費心哉，此日探桂宮之花，喜聽鹿鳴雅奏；來歲赴杏林之宴，定看雁塔名題。

鄭雅南 甘泉人 副榜 鄉試 本房選批

識解高超，氣機渾厚，製局則淵渟嶽峙，措詞則水淨沙明。二三藝佩實銜華，八十字鏗金戛玉，經術奪匡劉之席，詞條登賈董之堂，深慶犀芳，自勝江之照。秋風鶚薦，乃誤投博浪之椎，敢云仲石非遜，未信文章有價。揭曉來謁，知生英年偉器，騰實蜚聲，將庠序搵鴻才，名看鶚起，雖劍藏秋水，龍文未能以千金而動，發雲程鵬翮，終期於萬里。予為生惜，予轉為生望焉。

許士熊 常州人 鄉試 本房選批

拔一品衣花九似肩風書意郊之度，金和玉節毛晉。二三藝博大昌明，八十字清新俊逸，說經則亘之雅之，力追兩漢之遺；對策則炳之麟之，兼擅六朝之勝。……知生早歲游庠，英年食餼，才呈鶚薦，賞屬姿於宗工，訓式虔趨，保克承夫家學，傑出某數桂樹，椿庭博一夜日之雍行，將宴集杏林，再戲快書雲之慶，香分蟾窟，翱發鵬程，勉之識之，副予翹跂。

唐寅之 鄉試 本房選批

樹骨訓典之區，選言宏富之路，筆能扛鼎，腸百斛之龍文，手許造情，揭五層之鳳采。八十字鋤擬庾鮑，班看香草。二三場說經匡劉，首屈一指。富揭曉後，知生英年敦篤，積學深醇，夙稟訓於庭，曾受知於郭。薦今嘉桂輪秋月，高摹金粟之香，豫占芳鏡春風，速掇瓊林之豔。寄於生，不厚望焉。

王世豐 鄉試 嘉慶戊寅恩科 本房選批 中式第十四名副榜

擷經史之膏腴，闡宋程之義蘊，胸富有詩律，清新經奪劉匡之席，案具賈董之材。揭曉來謁，知生樹幟文壇，允推宿學，設帳於名邑，群推經師，茲因額備，故不暫屈副車，轉瞬秋風定欠扶搖直上。

陳鴻綬　丹徒人　鄉試　本房總批　光緒己卯科第一百十六名

（上略）知生富讀楹書，世承家學，鹽衡堂上，祖德猶存；詔對庭前，義方克秉。擷芹香於垂髫髫之歲，食廩餼於弱冠之年。鴞薦曾膺，鵬搏暫阻。賦成五色，蔚爲冠乎群英；捷報三秋，旋手攀乎仙桂。卅日南邦譽甄，不虚湖海豪名；來年北闕恩徼，定見瀛洲聯步。

陸英　御試　本房總批

（上略）知生御賢世胄，績學名家。早歲游庠，英年食餼。香分京樹，榮膺拔萃之科；賦奏彤廷，屢秉貼文之鐸。鈞陳叠邀，鴞薦之榮；久著鴻才，燕榜捷高；已折蟾宮之桂，杏林春暖，待看上苑之花；奮乘鵬搏，覽手觀收。

李黼酧　丹徒人　鄉試　本房總批　同治庚午科第四十六名

（上略）知生世德傳家，英年釋菜。謀詒授硯，訓稟熊丸。早游鴞序，文知侍尉堂之韻，卅日聲聲桂苑，黄絹詞工；來年聯步蓬瀛，紅綾餅賜。余有厚望，生其勉旃。

陳寶　東台人　鄉試　本房總批　同治丁卯科第一百六十六名

（上略）知生富讀楹書，早游璧水。偶戴戎旃之筆，遂秉鴞序之珍。板輿侍養，手河陽。棘院高開，於江左卅際。秋風渋墨，果不虚湖海豪名；來年日煖銀宫，再見蓬瀛聯步。

按陳寶係四品衔升用知縣，分發試用，遇缺即補訓導。

姚黄道　貴池人　安徽　鄉試　本房總批　道光壬午科第七十七名

誤證者讓其精醇，選詞者遜其渊雅。證扶質以立，矜又垂條而挺枝。詩律則帖體三唐，經義則會經二鄭。五乘搜羨，取玉倒海，擢纖摘精，後知生英年績學，叠經文壇，從兹冠苑揚鑣，詞成白鳳，瑋見丹廷攝藻，餅賜紅綾。

王福琦 紹興府會稽縣 浙江鄉試 本房薦批 同治丁卯科 第六房

懷文抱質渊古雕今佐佑六經牢籠百代厚奇采於鴻律儷韶響於鳳鈞洵所謂
傳衣六鉢霞光蘊玉山千尺虹氣騰輝君矣談經得小慶之清詩經義追大春之博洽
聞殿綱以五策舉目詩談殿誦韵作三場全神畢致棘闈揭曉并契儀知生甲一第
唱珂丁年儲為燕頌澤厚乃祉遂讀奏句宣鶴唳聲清徹文心芳傳子十六葉纏綿
世業風雅科一第人材一萬言錦繡連篇卻秋文章宜練江花斷草枝而薄夫雕蟲
蘇海韓潮才更推夫倚馬裳封試律初屬飈竹院掄英庠軍紹冠此年薦鵝綠纓
穎而遂珠比日搏鵬狀揚眉而破眼夜將戢人遙卧居士之腰吕之才枝先春夫郊
林瓊延宗鳳毛之目為懷華堂鶉奏南北試有榜畢登更顧著錢同 大小院
連鑣諸美從此雲書五色瞻雲而識奏清雲印看目召入執掲日而
畀承試日

王佐業 會試 道光癸未科 本房總批 中式一百六十二名

性靈鎔匠文章奧府盤隆心以凝思御衆虐而為言剖造詔之門徑義海道淵記全
之庵詩才震別五策炳麟千言倚馬鏡陵學奇擬虞文壇若將造門來倘所當
弱冠芳齡探秋桂鏡里引超垣武訓植庭素承家學空乎往名千佛風箏者
苑之夜位看雲蒸三台春滿蓬山之草

光緒二十三年 丁酉科 直省鄉試

順天省 丁酉科 鄉試

大主考

大主考

頭場 試題

子莊子之勇 三句 思知人不可以不知天

夫物之不齊 至 或相千萬 詩題 妙句鏗金和八墨得金字

是科中式 計 名

沈輝曾 第一名 秦翔 第二名 王有德 第三名

江南省 丁酉科 鄉試

大主考

大主考

頭場 試題

文學子游 為能聰明睿知 二句

食之以時 三句 詩題 雨中多少樓臺烟 得中字

是科中式 計

楊炎昌 第一名 潘堦（或作壿） 第二名 吳鴻昌 第三名

泰州 中式 高炳華 王諶謀 王耀鑾

江西省　丁酉科　鄉試

大主考

大主考

頭場　試題

是故財聚則民散 二句　子曰關雎

孟子曰舜發於畎畝 至 亂其所為　詩題 一心憂國願年豐 得豐字

是科中式　計　名

宋名章 名第一　夏承慶 名第二

浙江省　丁酉科　鄉試

大主考

大主考

頭場　試題

子曰道之以政 兩章　及其廣大 四句

悅周公仲尼之道 至 豪傑之士也

詩題　又見承平大有年 得年字

是科中式　計

鄭永禧 名第一

福建省　丁酉科　鄉試

大主考

大主考

頭場　試題

子曰歲寒 兩章　宗廟饗之 兩句　大孝章

書信書則不如無書　詩題 閩雲連越邉 得連字

是科中式　計

鄭書祥 名第一　徐友桐 名第二　邵繼溥 名第三

附録　陳敬革 副榜八名 第一場三藝極佳 置副車不知何故

湖北省　丁酉科　鄉試

大主考

大主考

頭場　試題

因民之所利而利之 至 又誰怨

語小天下莫能破焉　水由地中行

詩題　水上青山如削鐵 得山字

是科中式

王葆清 名第一　何煜閣 名第二　丁保樹 名第三

湖南省　丁酉科　鄉試

大主考

大主考

頭場　試題

子曰述而不作　一章　不動而變無爲而成

挾太山以超北海至非不能也　詩題山街好月來得來字

是科中式

黃運藩名第一　楊仁俊名第二　梁昌駿名第三

山東省　丁酉科　鄉試

大主考

大主考

頭場　試題

殷因於夏禮至雖百世可知也　仁者人也至尊賢爲大

及是時明其政刑至爲此詩者其知道乎　詩題宣房塞兮萬福來得房字

是科中式

杜光斗名第一　李維璋名第二　林基逵名第三

廣東省　丁酉科　鄉試

大主考

大主考

頭場　試題

言寡尤三句　優優大哉三句

故理義之悅我心二句　詩題琴餞鳴空山得鳴字

是科中式

曾對顏名第一

廣西省　丁酉科　鄉試

大主考

大主考

頭場　試題

曰禮後乎　質諸鬼神而無疑知天也

孔子曰爲此詩者至誰敢侮之　詩題蟬聲驛路秋山裏得秋字

是科中式

蔡桐昌名第一

四川省　丁酉科　鄉試

大主考

大主考

頭場　試題

子路宿於石門一章　博厚所以載物也三句

詩云迨天之未陰雨至誰敢侮之　詩題正直原因造化功得功字

是科中式

周慶雲第一名

雲南省　丁酉科　鄉試

大主考

大主考

頭場　試題

子路曾晳至則何以哉　敬大臣也至來百工也

晏子對曰至無非事者　詩題潤色鴻業寄賢才得才字

是科中式

第一名　缺　張崇仁第二名

河南省　丁酉科　鄉試

大主考

大主考

頭場　試題

孔子謂季氏　兩章　故君子尊德性而道問學

皆古聖人也吾未能有行焉至孔子也　詩題山河影在月中看得看字

是科中式

陳善同第一名

附録　楊建中副榜第一名

山西省　丁酉科　鄉試

大主考

大主考

頭場　試題

賢者識其大者三句　故君子內省不疚至其為人之所不見乎

市廛而不征至皆悅而願出於其道路矣　詩題山河影在月中看得看字　天闕月徐行得行字

是科中式　計

阮汝濬第一名　張友桐第二名

陝西省　丁酉科　鄉試

大主考

大主考

頭場　試題

綏之斯來二句　朝聘以時二句

父母俱存至三樂也　詩題西嶽崚嶒竦處尊得尊字

是科中式

馬進脩名第一

甘肅省　丁酉科　鄉試

大主考

大主考

頭場　試題

事父母能竭其力至言而有信　誠者不勉而中至聖人也

我非堯舜之道不敢以陳於王前　詩題一雁過連營得營字

是科中式

梁登瀛名第一

貴州省　丁酉科　鄉試

大主考

大主考

頭場　試題

忠信重祿四句　可使有勇二句

達則兼善天下　詩題黔江秋水浸雲霓得秋字

是科中式

劉培良名第一　陳國祥名第二

光緒二十四年　戊戌科　北京會試

大總裁　銜名爵里録

經筵講官毓慶宫行走吏部尚書　孫家鼐　字燮臣安徽壽州己未狀元

經筵講官　都察院　左都御史　徐樹銘　字壽蘅湖南長沙丁未進士

經筵講官吏　部　右　侍　郎　徐會澧　字東甫山東諸城戊辰進士

兵　部　右　侍　郎　文　治　字叔平滿洲廂紅乙丑進士

同考官　銜名爵里録

翰林院編修　檀璣　字斗生安徽望江甲戌進士

翰林院編修　戴兆春　字青來浙江錢塘丁丑進士

翰林院編修　朱祖謀　字古薇浙江歸安癸未傳臚

翰林院編修　趙士琛　字直隸天津壬辰進士

翰林院編修　吳士鑑　字綱齋浙江錢塘壬辰榜眼

翰林院編修　夏寅官　字虎臣江蘇東台庚寅進士

翰林院編修　張學華　字漢三廣東番禺庚寅進士

翰林院編修　李家駒　字漢軍正黄甲午進士

翰林院編修　宗室毓隆　字滿洲正藍甲午進士

翰林院編修　鄭沅　字叔進湖南長沙甲午探花

翰林院編修　李灼華　字笑峯安徽霍邱甲午進士

翰林院編修　徐蔭桐　字閬枝江蘇江甯壬辰進士

翰林院編修　駱成驤　字四川州乙未狀元

户部員外郎　吳保齡　字佑之江蘇丹徒庚辰進士

刑部員外郎　伍兆鰲　字江西安福庚辰進士

刑部主事　景褑　字滿洲廂藍甲午進士

刑部主事　劉瞻漢　字叔南江蘇陽湖庚寅進士

內閣中書 渠本翹字 山西祁縣 壬辰進士

是科共中式貢士三百三十七名

會元 陸增煒 江蘇鎮洋人 丁酉科江南鄉試中式第六名舉人

是科 朝考 欽點

狀元 夏同龢 貴州麻哈州人 會試中式第一百三十四名

榜眼 夏壽田 湖南貴陽人 會試中式第八名

探花 俞陛雲 浙江德清人 會試中式第五十八名

傳臚 傅增湘 四川江安人 會試中式二十九名

頭場 試題

子曰放於利而行至如禮何

二題

不誠無物

三題

所以動心忍性曾益其所不能

詩題

雲補蒼山缺處齊 得山字五言八韻

光緒二十八年 辛丑壬寅 恩正併科 鄉試

直省 第一場 史論題 彙録

順天省

漢高祖命叔孫通起朝儀論

漢文帝詔議可以佐百姓者論

唐太宗令魏徵品藻群臣論

宋仁宗除越職言事之禁論

宋仁宗詔天下州縣立學行科舉新法論

山東省

越王勾踐之謀生聚秦商鞅之崇告訐皆急於圖强敗風壞俗論

秦并天下幣為二等黃金為上幣錢為下幣而銀不為幣論

漢文帝遺匈奴書言和親之後漢過不先論

李吉甫上元和會計簿論

王安石青苗法誤會周禮論

江南省

漢文帝減租除稅而物力充羨武帝算舟車榷鹽鐵置均輸而財用不足論

唐楊綰疏停明經進士請命州縣學孝廉論

宋神宗置太學三舍厥後陳東率諸生伏闕上書請起李剛即出自太學論

元初遣速不台拔都等西征其兵力之盛直至斡羅思以西論

明以尚寶少卿徐貞明領墾田使督治京畿水田論

江西省

和五典叙百揆論

孝弟力田論

光武帝初起太學論

陶侃用法恒得法外意論

租庸調法論

浙江省

漢宣帝信賞必罰綜核名實論

張蒼領主郡國上計論

唐太宗盟突厥於便橋宋真宗盟契丹於澶州論

開元四年召興除縣令試理人策論

元代分封諸王論

福建省

漢唐宋開國用人論

句踐焦思嘗膽論

子貢使外國論

唐藩鎮論

籌邊防論

湖北省

大司徒以土會之法辨五地之物生論

文化治術之美唐宋並稱然其國力質之强弱程度迥異厥故安在論

關中稱西北隩區長江為東南天塹其物土之肥瘠形勝之險夷試以歷朝陳蹟證之近今大勢博考精求為講習政治地學之一助論

富强基於興學推比較中國學派性情風俗之異同參互損益以定教育之宗旨論

强國之道財政為先試取泰西理財之法參以中國情勢通盤籌畫分别其緩急利病之宜以濬利源而裨國計論

湖南省

理財論

周禮六官與今六部同異論

馮異願國家毋忘河北之難論

諸葛亮開誠心布公道論

唐太宗書督守之名於屏論

四川省

漢置博士弟子論

集衆思廣忠益論

唐租庸調兩稅法論

翟方進孔光論

胡瑗立經義治事齋論

河南省

漢武帝詔州郡察吏民茂才異等論

趙充國屯田湟中論

開元二十九年立賑錢法論

士當先天下之憂而憂後天下之樂而樂論

山西省

潘季馴治河以借水衝沙築堤束水為河漕兼河利論

漢宣帝謂政平訟理唯良二千石唐太宗命五品以上舉堪
為縣令者以名聞論
諸葛亮陸贄范仲淹司馬光論
訓師如子料敵如神論
士之致遠者當先器識而後才藝論
種穀必雜五種以備災害論

陝西省

勸農桑慎選舉論
建中元年始作兩稅法論
韓琦陳救弊八事論
尚文言蒲口不塞便論
明孝宗傳納粟例論

直省　第二場　時務策題　彙録

順天省

各國錢幣異同策
東西洋商務日興其要何在策
各國選將練兵皆出學校其要指若何策
東南海島壁壘之地屬於何國為多策

山東省

泰西商務競爭謂之商戰中國應如何講求為抵禦之
術策
泰西稅重而民樂輸宜考求其道以順輿情而裕國帑策
公法內有人民僑居異邦保護之例宜切實講明以安
客民策
造山東鐵路以收利權策
研究化學之有關農務者俾助興農業策

江南省

中外刑律互有異同自各口通商交涉日繁應如何參
酌損益妥定章程令收回治外法權策
証明公法他國能否干預內政之例以慎邦交而維國

柄策

各國改用金幣始於何日金價日增其故安在主之者何人若中國償款用金虧損甚鉅擬亟籌抵制之方策

農商之學泰西講求極精其見諸著述者不少江南地大物博易於推行何者當擴充仿辦策

歐洲格致多源出中國精研絶學以為富强之基策

江西省

歐洲學派導源希臘師徒授受以何人為最精學校規模以何國為最善異同得失試詳言之策

萬國公法一書西人交涉視為準繩然所以用公法之柄則仍以國勢為斷强者每取益於公法之外弱者每受損於公法之中必如何始剂其平策

泰西各國導民生財莫善於輸出製造之物而輸入製造之材應如何仿行馴致富强之益策

西國精求格致類多就物土之宜悟出農工專門之業然新藝之振興無論繁簡若何利用若何必通譯其字義乃得端倪試証其理策

西國賦税極重取於民而民不怨國債極多貸於民而民不疑其故安在策

浙江省

西國學術導源希臘其流派若何學校興廢若何教育名家孰為最著宗旨孰優方今博采良法釐定學制試陳蘄嚮之策

西國財政合於計學達例若何得失安在今日度支奇絀理財尤亟富强之術雖多而措施宜有次第權衡緩急孰為重要策

西國法律原為羅馬沿革若何今法律之學為科凡幾自治外法權行於通商口岸受病甚深規復主權宜有良策

地理之學首資測繪何器最要何法最簡今天下大洲者五始夫地域形勢之殊爰有風俗政教之異試原關係之理兼籌因革之策

格致之學通諸制器名理迭出成器日新試舉新製簡其理用與商約有内地製造之條利權益將不振欲圖補救宜操何策

福建省

格致之學中西異同以中學

以周禮春秋證公法策

興利為當今急務西人礦務鉄路及農工商諸政中國漸次舉行收效尚緩近年攤派償款各省籌辦不同其大宗如鹽房糧膏等捐能否經久此外有何良法足以開利源而行之無弊策

擬仿英國泰晤士日報例各省徧設官報局與電報郵政並行以期廣開風氣策

中國礦地甚多而實力興辦者尚少近人建礦屯之議是否可行統籌利弊得失策

湖北省

俄主專制英主立憲美主共和政策之宗旨不同國民之感動頓異試為抉其利病得失之數策

日本新政之行何者最先何者成效最著其一切改從西法識者論其不無過當而與之伏於其間者何事近今有無補救之方試條分縷析切實指陳以為中國考鏡之資策

近自和議告成朝廷軫恤民教無微不至然教徒挾制干預之風較前益甚禍機所伏至為可憂攷之東瀛自變法以來西教盛行而未聞有以教務釀成交涉之案者歐洲則德相畢士馬克之待教徒操縱任意內則收其重權外特增其保護剛柔互用國事反賴以濟今試抉我受病之源合之東西二國之已事設法限制以弭隱患而保內權策

弧角之法傳自泰西參以和較入尤簡中土有其法否中法開方自正方帶縱以及奇零之根諸法莫不詳備西書顧從簡略優劣之數可得而陳數有十進變曲線二種道咸諸儒各立新術已開微積之先橢圓求周質氏至精之詣中西各有幾術凡此皆算學中之犖犖大者試為歷舉其法加以平議策

東西政藝之書新舊迻譯卷累千百然其中有立說偏宕不合中國之情勢者有新說盛行舊說已成筌蹏者議論政出折衷匪易試為擬其菁英略其蕪雜分別部居論定大旨為學人導其門徑策

湖南省

中西兵政得失策

議院利弊策

各國商戰宜籌抵禦策

歐美治河諸法可否採用策

中西質學異同策

四川省

養材任地樹藝孰先策

開礦利弊策

周秦諸子工藝之學與泰西異同策

立公司以維商務策

泰西兵法按之古兵家言孰合策

河南省

泰西以鐵路為富强基礎中國貸款興修以路為質股本至數百萬磅為期至數十年必本息清償然後利權屬我先事綢繆何為良法策

振興商務自工藝始泰西製造各廠其大者固宜集股仿行或擬就各郡縣先立勸工廠以養貧民二者設施孰宜先後策

各國水師專隸海部中國訓練海軍南北戰艦應否議設專員統轄以一事權而資戰守策

鈔票之用徧於歐美中國宜以何法推行為有利無弊策

泰西各國有公法以治國家交涉之事便法以治兩國人民交涉之事中國宜如何博採事例輯訂章程以理人民交涉策

山西省

中學西學互有體用西人中如倍根之講求實驗笛卡兒之專務心安未嘗不與中學通今普建學堂兼取西人所長補我所不逮何以不病迂疏不涉誕妄義理明而格致精體立用行以備朝廷任使策

泰西各國陸軍艦隊相輔而行其得力全在鍊將量能授職各視所學從未有行間武夫驟升上將者今陸師水師學堂次第擴充何以使赳桓之士各有心得以為聖世整軍經武之用策

植物動物致富之原西法種樹致雨肥料化土配種改良開湖通道用能變荒瘠為腴壤晉省土厚水深廣

濬泉源實利農業種樹以引空氣穿井以通地脈庶幾可救亢旱又邊徼廣谷畜牧所資何以參用西法使動植阜繁策

西人謂中華多生貨無熟貨識我工藝之不振興也若民生計日窒何以因地制宜化粗為精自無而有或參新意而改舊歛或取棄材而制利用或仿造外埠之物以有轉輸或揣摩西人所喜以廣銷售必使貨不棄地人鮮游惰籌抵制而蘇民困策

西商越重洋而致富華商在本土而坐困西商設公司而子母日贏華商合公司而本利盡耗其故安在銀行興則鈔票可全通國債行則利權不外溢晋商素善經營何以合群力昭大信化成見籌公司上下不隔貿富相資以興商務而裕國用策

陝西省

富國當創立商務公司策

槍礮藥彈何國所製最精策

各國律例異同擇其可行不可策

採礦策

種樹宜仿西法策

直省　第三場　四書五経義題　彙録

順天省

百工居肆以成其事君子學以致其道義

因民之所利而利之義

通其變使民不倦神而化使民宜之義

山東省

言忠信行篤敬雖蠻貊之邦行矣義

人人親其親長其長而天下平義

繫于苞桑義

江南省
人之言曰為君難為臣不易如知為君之難也不幾乎
一言而興邦乎義
左右皆曰賢未可也至然後去之義
是故形而上者謂之道形而下者謂之器義
江西省
己欲達而達人義
德之流行速於置郵而傳命義
備物致用立成器以為天下利莫大乎聖人義
浙江省
生財有大道至則財恒足矣義
惟仁者為能以大事小義
是月也易關市來商旅納貨賄以便民事義
福建省
子曰中人以上至可謂仁矣義
高子曰禹之聲至兩馬之力與義
篤公劉既溥既長既景迺岡至度其夕陽豳居允荒義
湖北省
質勝文則野文勝質則史文質彬彬然後君子義
謹庠序之教申之以孝弟之義義
張而不弛文武弗能也弛而不張文武弗為也一張一
弛文武之道也義
湖南省
君子博學於文約之以禮義
保民而王莫之能禦也義
君子以辨上下定民志義
四川省
為人臣止於敬義
君子博學於文約之以禮義
先知稼穡艱難義
河南省
行己有恥使於四方不辱君命義
及是時明其政刑雖大國必畏之矣義
有備無患義
山西省
夫子之道忠恕而已矣義

爲天下得人者謂之仁義
易窮則變變則通通則久是以自天祐之吉无不利義

陝西省
立不中門行不履閾義
樂天者保天下畏天者保其國義
荆岐既旅義

海陵戈講武編

清光緒癸卯科直省主考銜名三場試題彙録

秋農自署

光緒二十九年 癸卯恩科 直省鄉試

直省 大主考 提名錄 爵里俱詳

順天 大主考

太子少保協辦大學士禮部尚書 徐 郙 江蘇嘉定 壬戌狀元

刑 部 尚 書 葛寶華 浙江山陰 癸未翰林

都察院左都御史正黃旗蒙古都統 宗室溥良 正藍旗人 庚辰翰林

內閣學士兼禮部侍郎銜加三級 熙 瑛 滿洲廂藍 己丑翰林

是科共中式二百三十一名

解元 梁廷華 直隸 安州

又中式副榜四十二名

第一名 王宗祐 直隸 棗强

江南 大主考

內閣學士兼禮部侍郎銜 楊佩璋 河南長葛 丁丑

外 務 部 左 丞 覺羅紹昌 正白旗人 己丑

是科共中式一百四十五名

解元 陳康祖 靖江

又中式副榜二十二名

第一名 韓保琛 丹徒

山東 大主考

侍郎銜裁缺通政使司通政使 郭曾炘 福建侯官 庚辰

翰 林 院 編 修 吳懷清 陝西山陽 庚寅

是科共中式七十四名

解元 趙正印 泰安

又中式副榜十三名

第一名 于元芳 登州

山西　大主考

翰林院編修鄭沅　湖南長沙甲午探花

江西道監察御史周樹模　湖北天門己丑

是科共中式七十名

解元　楊大芳　平定

又中式副榜十二名

第一名　景雒月　芮城

陝西　大主考

翰林院侍讀管廷鶚　山東莒州丙子

翰林院編修楊家驥　浙江慈谿庚寅

是科共中式五十三名

解元　房森林　渭南

又中式副榜八名

第一名　栢堃　咸陽

甘肅　大主考

翰林院編修馬吉樟　湖南安陽庚辰

湖廣道監察御史朱錫恩　浙江海甯甲午

是科共中式四十二名

解元　鄧隆　河州

又副榜六名

李繼祖　蘭州

福建　大主考

內閣學士兼禮部侍郎銜加三級李聯芳　陝西平利辛未

禮科給事中劉學謙　直隸天津丙戌

是科共中式九十六名

解元　林志烜　閩縣

又副榜十七名

林焜　福州

工翰

浙江 大主考
部 左 侍 郎 唐景崇 廣西灌陽 辛未
林 院 編 修 齊忠甲 吉林伊通 甲午
是科共中式一百乂名
解元 吳敦義 仁和
又副榜十八名
張樹森 海甯

左翰

江西 大主考
都 御 史 張仁黼 河南固始 丙子
林 院 編 修 李家駒 漢軍正黃 甲午
是科共中式一百四名
解元 熊元鍔 南昌
又副榜十八名
張甘澍 瑞府

翰同

湖北 大主考
林 院 編 修 李翰芬 廣東香山 乙未
上 錢芝祥 江西南城 甲午
是科共中式六十名
解元 張瀫川 黄陂
又副榜九名
齊家璧 黄陂

翰翰

湖南 大主考
林 院 侍 講 支恒榮 江蘇丹徒 丁丑
林 院 編 修 呂佩芬 安徽旌德 庚辰
是科共中式五十乂名
解元 汪根甲 湘潭
又副榜九名
何潤 衡山

四川 大主考 翰林院侍讀 王榮商 浙江鎮海 丙戌
翰林院編修 張世培 順天通州 乙未
是科共中式九十九名
解元 蒲殿俊 廣安
又副榜十一名
蘇開基 廣安

廣東 大主考 翰林院侍講 達壽 滿洲正紅 甲午
翰林院編修 景方昶 貴州興義 己丑
是科共中式八十八名
解元 李應庚 香山
又副榜十四名
譚開福 開平

貴州 大主考 翰林院編修 李哲明 湖北漢陽 壬辰
湖廣道御史 劉彭年 直隸天津 己丑
是科共中式五十名
解元 王其泉 大定
又副榜八名
陳德堃 貴定

河南 大主考 翰林院侍講 于齊慶 江蘇江都 丙戌
翰林院修撰 劉福姚 廣西臨桂 壬辰
是科共中式八十一名
解元 常三省 杞縣
又副榜十四名
李壽卿 河南

光緒二十九年　癸卯恩科　直省鄉試　試題彙録

順天省

第一場　史論題

漢初弛商賈之律論

龔遂治渤海虞詡治朝歌論

東漢中興功臣多習儒術論

隋唐二史不為王通立傳論

吴兢上貞觀政要張九齡上千秋金鑑録司馬光上通鑑真德秀上大學衍義論

第二場　時務策題

學堂宜設國文專科策

泰西商品以動物為大宗畜牧以時培養有術與天温度雨量之差區域性質之别罔不精參密測劭為專書宜比較短長為商業求其補助策

泰西諸國最重專門實學策

奧相梅特涅普相畢士馬克兩人均以才智雄略佐成伯業其政策設施試詳其梗概策

第三場　四書五經義題

寬則得衆信則民任焉敏則有功公則説義

日省月試既廩稱事所以勸百工也義

是故天時有生也地理有宜也人官有能也物曲有利也義

江南省

第一場　史論題

漢武帝時徵吏民有明當世之務習先聖之術者縣次續食令與計偕論

識時務者在乎俊傑論

謝安登冶城悠然遐想有高世之志論

明太祖詔商税毋定額論

張九齡上千秋金鑑録論

第二場　時務策題

中國郵政逐漸擴充現郵路縱横約若干里各項局所共若干處應否再事推廣並变通辦法以保郵權策

書籍報章持論貴乎平正若誣及朝政有礙治安實為煽亂之根試詳言一律嚴禁之法以正人心而維風俗策

高加索為朔方何部譯音有無他名俄取其地設有新例其例若何並設於何年策

泰西皆設商部而輔以公司以鉄路輪船為轉運之樞紐以銀行報紙為流通之關鍵而又郵電以速之學校以教之中國振興商務先後次第宜如何規模西制策

近年攤派償款各省籌辦情形固有不同顧籌款非難而能得籌款之人為難即如塩房粮膏等捐辦理稍有不同善動輒欺壓勒派苦累斯民應如何慎選行法之人以妥籌便民之法俾治人與治法相輔而行策

第三場　四書五经義題

言忠信行篤敬義

見其禮而知其政聞其樂而知其德義

綏萬邦屢豐年義

山東省

第一場　史論題

司馬遷述儒林不取游夏文學著循吏不言冉季政事至於貨殖為傳獨以子貢居先論

漢昭帝詔問賢良文學民間疾苦論

李德裕張居正相業孰優論

沈括上使契丹圖論

遼金元開國兵力論

第二場　時務策題

民生在群群則必爭英儒斯賓塞尔力倡群學其言兵戰可以合群合群而民業進又曰與戰之國群業必愈益敗其旨歸究安在策

西國計學家論生利三物曰地曰力曰母財中國則母財日匱路礦諸務多集於外國商而失業貧民反傭力於他國應如何通籌全局固邦本而挽利權策

東西刑律輕重不同日本改訂律例遂收回治外法權今但更定人民交涉各條專理通商口岸則內治未免兩歧若概從變革于國俗民情能否推行無礙策

自立約傳教以來教案日多愚民倚入教為護符奸民或假仇教以煽亂西人至譏中國為無教化之國然彼國之讀儒書者嘗謂五百年後孔教將徧行全球是今日之患仍在吾教之不修而非彼教之能為害欲經正而民興其道奚由策

自環瀛交通防陸變為防海近則海軍散失炮台撤毀軍港租借海上門戶既已洞開且沿邊各國鐵路直達內地蒙古藏衛交迫强鄰大陸藩籬尤難足恃欲兼籌海陸之防有何良策

第三場　四書五經義題

蓋均無貧和無寡安無傾義

知恥近乎勇義

凡事官先事士先志義

山西省

第一場　史論題

仲尼之徒皆忠於魯國論

韓信引兵下井陘口如陳餘用李左車策信將何以待之論

趙武靈王謂制國有常利民為本從政有經令行為上論

元祐諸賢不和是以為紹聖小人所乘論

陸贄事唐德宗於奉天言無不盡未聞請召還李泌其

後沙入相亦不舉贊自代論

第二場　時務策題

中土礦產之富甲於五洲洋商已辨名為華洋合股其實洋商股多華商股少洋商權重華商權輕且開礦必築鉄路築路必設護兵數事相因流弊甚大宜籌限制之方策

西人賽會羅致各國製造物產互相比較於通商之中寓勸工之意應否於內地仿行開會逐漸推廣以為振興工藝之助策

泰西學校大抵專門之業歲時考試及格者予以學憑號其人為學士為教師為文學其仕進則或出鄉舉或出明律或出軍功勞勣不必盡由學校試詳考之以資參證策

西人用電愈推愈廣極其功力將來能至何等地步試言其理策

西人用金華人用銀以致洋債賠款受虧甚鉅今欲改用金與則產金無多欲收聚舊金則金價必貴宜如何整頓幣制以裕國用而塞漏卮策

第三場　四書五經義題

使於四方不辱君命義

禹稷顏回同道義

興事勸功尊君親上然後興學義

陝西省

第一場　史論題

管仲霸齊以禮義廉恥為四維論

王猛治秦論

富弼使契丹論

元創海運論

漢武封田千秋為富民侯以趙過為搜粟都尉論

第二場　時務策題

西國錢財律重中國錢財律輕以故商家集股多被司

事者侵吞乾沒股東受累無如之何今欲公司振興
商務刑律輕重應否釐訂策
西國農學最精泰中沃野千里地利不殖宜如何參用
其法以振農業策
西國法禁森嚴如鄉社議事至二十人以上非報巡警
官核准不得聚會或著書立說亦非呈巡警官核閱
不得板行其壓力亦云甚矣所謂自由者何說策
中國格致之說始於大學先儒研求至精與西學異同
安在西學起於何人至何時而學始精策
改用金幣策

第三場　四書五經義題

孝弟也者其為仁之本與
我亦欲正人心息邪說距詖行放淫辭義
為雷義

甘肅省

第一場　史論題

漢趙充國屯田十二便宜論
宋神宗更定科場舉法專試經義論策論
唐劉晏理財以愛民為先論
明洪武二十年命國子生分行州縣量度田畝論
宋富弼使契丹論

第二場　時務策題

西陲幅員遼闊荒山曠土地利湮鬱宜推廣種植畜牧
參用西法變瘠為腴以期富庶策
博覽賽珍之會創於何時始於何地以何國為最善以
何會為最盛中國欲開民智可否仿行策
中國變通兵制改用西法一切海軍陸軍練將練兵之
制若何整頓以資有用策
西國稅章必加重入口稅減輕出口稅以保護已國利
權而英國獨行平稅其故何在今欲加稅以足用必
如何而能有利無弊策
學堂之設工仿周官王制遺意仿采東西各國成法瀧

右風氣初開規模草創宜如何定其宗旨得其會通期有實效而無流弊策

第三場　四書五經義題

居之無倦行之以忠義

學則三代共之皆所以明人倫也義

德懋懋官功懋懋賞義

福建省

第一場　史論題

太宰以九職任萬民論

太史公為貨殖立傳論

真西山作大學衍義明人補之較原書若何論

陳同甫上孝宗書論

漢文帝唐太宗宋仁宗明孝宗論

第二場　時務策題

泰西各國學校孰多其成效若何策

泰西各國多有屬地其馭治之道孰優策

英俄德法各建陸軍試詳其制度考其異同策

茶桑為利源大宗近年東西各國極意講求其種植之法製造之方試究其詳以備采擇策

瑞士壤地較狹而能特立於列强之間其政治藝學必有可觀試悉述之策

第三場　四書五經義題

躋彼公堂稱彼兕觥萬壽無疆義

天下有道則見義

孟子道性善言必稱堯舜義

浙江省

第一場　史論題

食足貨通然後國實民富而教化成論

漢取匈奴唐取突厥宋取契丹其策孰優論

張居正請居將才汰冗官立章奏考成法内外官行久任法均能切中時弊論

唐太宗敕百司詔敕未便者皆執奏論

齊履謙吳澄在國學教養有法論

第二場　時務策題

孔子之道合哲學政治為一家中庸稱祖述堯舜憲章文武蓋原教以立為政憲又託於政以綱紀人倫是以六經垂教論政者過半乃舊學家專已守殘以箋注性理自封新學家見異思遷薄視經學為無用今欲折群言之淆亂先明聖書之宗旨試舉六經之要言以發政教之一貫策

泰西立國其制度法律於周礼春秋為近其權謀綜核攻守製造於管商申韓孫吳輪墨為近其政治家論立法宗旨不外公意公益又與聖人絜矩與民同好惡並無異理是其治術人才不出中國模範今取資西國仍宜還證中國庶推廣真切而得牢世綱領策

輿地之學與政治兵法相表裏西人述亞洲山川物産分類十七華人攷歐洲不能似此精博果何故歟泰東西諸强國凡聯合小邦收集諸部翦滅島國窺伺我中國攬方輿之全勢運智略於先機用能拓土開疆長駕遠馭試考其國勢徵之近事詳確縷陳以覘學識策

日人論學堂謂以東洋道德西洋工技合之始成是其得力西學凡體育智育而德育仍屬之本國中國倫理至粹惟博採西法應與日同然日能合并東西陶鎔一治非徒恃美備之法度尤在運用之精神今學堂設仿日制應如何考鏡以握其要策

今之策富强者言練兵則侈談英水軍德陸軍之制言理財則首舉斯密原富之篇然習洋操製洋礮兵威其果振歟講商務勤工藝興礦政修鉄路財源其果濬歟試探厥本原應如何實事求是始收成效以挽

貧弱策

第三場　四書五經義題

羣而不黨義

我知言我善養吾浩然之氣義

何以守位曰仁何以聚人曰財義

江西省

第一場　史論題

崔寔謂文帝以嚴致平非以寬致平論

李德裕制御三鎮論

宋設制置三司條例司論

張居正當國務尊主權課吏職信賞罰一號令論

陳思謙言古者刺史入為三公郎官出宰百里蓋使外職識朝廷治體內官知民間利病論

第二場　時務策題

西國學術有形上形下之分其已成科學者凡幾要旨若何何者最為切用宜審其先後緩急之序以資采擇而收實效策

西國兵制視敵國之强弱為轉移論者謂近世政治亦因兵事而日進其說然否今各國多尚徵兵其編設之制與教育訓練之方宜採其要領以合兵民而保主權策

歐洲近世交涉最重要者前有維也納之會後有柏林之約政策若何主持者何人始惟均勢於歐陸今乃并力於遠東而美利堅外交亦不盡循孟祿之旨其於亞洲關係尤鉅審時制變何以應之策

英握海權論者謂其據地中海之形勢其設施之策若何要區安在自西伯利亞鐵路尼加拉瓜運河次第經營情勢變遷將趨重於東亞應如何先事預防以維全局策

保商之法但求貨獎外輸務令出口之貨常多於進口乃徵諸英吉利自行平稅之政而商務大興其進出之差為負而商利自厚其故何歟然則塞漏卮之說

果非計歟試權其利害維商政策

第三場　四書五經義題

其惟吉士用勵相我國家義

蓋均無貧和無寡安無傾義

有成德者有達財者義

湖北省

第一場　史論題

管仲為政四民不使雜處論

蕭何收秦圖籍具知天下阨塞戶口多少強弱之處論

李泌擬結回紇大食雲南與共圖吐蕃論

狄青奏罷交阯助兵討儂智高論

耶律楚材請一衡量立鈔法定均輸論

第二場　時務策題

泰西小學教育之旨斯巴達雅典寬嚴異尚教育名家或主家庭教育或主學校教育或主體育智育德育諸義孰得孰失宜融會貫通折衷至當以端蒙養之基策

水師根據之地要領有幾英國水師雄長歐亞其占地中海東西兩洋形勝者何在今欲重整水師扼江海之要衝固南北之鎖鑰當以何地為適中重鎮策

日本自改修刑律後收回治外法權近朝廷以交涉日繁酌定通律如礦律路律商律教律實為今日之急務亟應參攷中外章程分撮旨要以備採擇策

印花稅創於東羅馬各國行之均著成效為歲入款大宗其章程以何國為最詳最便今分別緩急輕重試辨何以尚多窒礙試參酌情形籌所以推行盡善之策

格致家以掘地代讀史法考地球有酷熱奇冷兩世界遞分為洪水時代古石代新石代黃銅代鐵代諸說因而推究乎埃及巴比侖中國文字之源流試以史傳確證之策

第三場　四書五經義題

于曰君子之於天下也無適也無莫也義之與比義
大哉聖人之道洋洋乎發育萬物峻極于天義
水火金木土穀維修正德利用厚生惟和義

湖南省
第一場　史論題
夏少康年四十以一成一旅致中興論
三國人才優劣論
唐明皇制選京官有才識者除都督刺史有政迹者除
京官使出入常均論
新城三老壺關三老論
不加賦而國用足其害乃甚於加賦論
第二場　時務策題

泰西以統計之法編次為表為一切施政之方近日本
亦設統計院是否便於仿行策
漢之傅介子陳湯甘延壽班超諸人出使外國皆以便
宜行事方今歐西之使類多頭等或加全權有事可
以專決吾國使多二三等設有事或不關白使者徑
達樞府應何如選使材而重使權策
子産不毁鄉校以為吾師今之報館亦鄉校之類惟報
律不明往往簧言雜出宜用何術整齊之使裨治理
策
擴湘省商務以輔農工籌湘省邊防以固疆圉策
國債一事中國列使不經見而英法二國庚寅辛卯之
間英之債至六百八十兆鎊法之債至一千二百六十
五兆鎊中國較英得三之一較法得六之一而英法未
嘗言疲則中國所以處此者當必有道可歷言其清還
之法與興利之方策
第三場　四書五經義題
舉直錯諸枉則民服義
所以動心忍性曾益其所不能義

懋乃攸績睦乃四鄰義

四川省

第一場　史論題

子產不毀鄉校論

李悝盡地力論

蘇武留匈奴常持漢節論

范仲淹以左氏春秋授狄青論

陸贄諫置瓊林大盈庫論

第二場　時務策題

東西洋報館多有裨於國政其體例若何中國可否仿而行之以廣流通而資採擇策

外國機器日新月異其切實可用者有幾彼創我因宜擇善而從勿作無益有害策

泰西兵制甚精而不輕於開釁與司馬法不忘戰不好戰之義是否相合策

泰西最重藝學然公卿大夫之選仍以通達政治為主其義安在策

周官泉府即今之官銀行其貸民取息斂貨待時皆足以維持商務行之何地尤為相宜策

第三場　四書五經義題

舉直錯諸枉則民服義

能言距楊墨者聖人之徒也義

濬畎澮義

廣東省

第一場　史論題

管仲相桓公通輕重之權論

俠以武犯禁論

張説奏罷邊兵二十餘萬使還農論

蘇軾呂希哲等乞校正陸贄奏議進御論

許衡為國子祭酒諸生尊師敬業下至童子亦知三綱五常為生人之道論

第二場　時務策題

泰西徧行金磅以先令本士佛郎生丁互易各有定價中國議行金幣銀圓銅圓宜酌定價值以便輸納而裨國政策

天下大利必歸農工商皆其委也中國地大物博宜如何兼採泰西農學各任土宜種植以盡地力策

自各國治外法權得行於通商口岸華洋涉訟莫得其平宜參用中西法律商訂通行律例以理交涉而免庇縱策

粤東為瀕海要衝守口門設礮台自是有防先務若增置戰艦控制南溟可以遏敵船之往來作閫閾之屏蔽經畫佈置其要安在策

工藝局廠有裨貧民生計兼塞洋貨漏卮為利甚溥各郡縣以卹孤貧何多善舉若酌移經費以資興辦凡得教養兼盡之意此外集貲推廣有何良法策

第三場　四書五經義題

推而行之謂之通義

欲速則不達見小利則大事不成義

經正則庶民興義

廣西省

第一場　史論題

東周七國五代十國形勢異同論

晉王導自比管仲魏崔浩自比張良論

管子言軍先言政孫子言兵先言將商君言戰先言耕論

漢高帝困於匈奴而宣帝時呼韓邪來朝唐高祖屈於突厥而太宗時頡利成擒論

晉杜預謂黜陟之法宜委任達官各考所統唐陸贄謂

撿擇之法宜委任長官慎柬僚屬論

第二場　時務策題

泰西以商戰立國必統以商部能言其立法之精意與保商之實政否今方擬(設)商部修商律試約舉東西洋商部規制以資考鏡策

西人講求重學始於何人中心之法有與中國之書與器相合者能證其說否重學分靜重動重兩科試歷究所用之器所推之力以引伸其旨策

方程天元式不同而執簡馭繁之理同代數對數法不同而化繁為簡之理同及垛積以立方為根抵海鏡以容圓為進退三角八綫以句股為樞紐試明其理策

泰西法律有公法便法之別其體例若何或謂法國律最為精審日本律尤與我相近能縷舉其大綱否今方改訂刑律試採取東西律之有關交涉者以期無損主權策

泰西以工藝致富廠會林立以何國為最著孜求物產以何書為最精今方舉辦工藝局宜如何製造土貨聯集公司以收利權而等抵制策

第三場　四書五經義題

物有本末事有終始義

天子一位公一位侯一位伯一位子男同一位凡五等君一位卿一位大夫一位上士一位中士一位下士一位凡六等義

夫礼者所以定親疏決嫌疑別同異明是非也義

貴州省

第一場　史論題

漢宣帝信賞必罰唐宣宗用法無私論

唐宋開國兵制得失論

元祐君子黨論

元世祖令江南諸路學及各縣學內設立小學選老成之士教之論

蘇綽奏行六條詔書論

第二場　時務策題

日本學界以歐化國粹為主義而醉心歐化與固守國粹均不免有所偏重應如何日進文明保存固有期於折衷至當策

俄羅斯對外政略嘗欲制土耳其通地中海以擴歐洲勢力英法抗之而復圖波斯窺阿富汗均不得逞至是經營極東西伯利亞鐵路關鍵尤著盍撮其顛末究其本謀以資考鏡策

貨幣本位金銀迥殊近時各國大抵用金本位惟中國用銀出入相權輒至虧累或謂亟圖補救非鑄金幣不可試籌其緩急利弊策

泰西重商特設商部以維持之而斯密氏原富則曰國助不日民自助豈商務可聽民自為歟抑其時政令約束之未善歟試攷今昔時勢捧其要略以期有裨商務策

泰西立法判以公私號稱精密中國欲收治外法權既議纂新律以便交涉有謂宜參酌中西即釐訂全律者試求西律義例述其概略是否可行策

第三場　四書五經義題

有土此有財義

孝子之至莫大乎尊親尊親之至莫大乎以天下養義

惰農自安不昏作勞不服田畝越其罔有黍稷義

河南省

第一場　史論題

周秦學術百家雜出漢興後何以儒術獨尊論

商鞅王安石論

中州形勢論

唐太宗詔定律令論

元世祖詔御史台得自選其屬明成祖詔御史勿復用吏論

第二場　時務策題

泰西學校有政府倡設者有民間私立者中國從事教育而各省有小學堂設立尚少宜如何獎勵激勸俾州縣遍立小學策

歐洲列國頗近縱橫近百年來如維也納會議東歐同盟西歐同盟柏林會議皆關係全局試參酌情事以覘世變策

化學家六十四原質關於農學者凡幾其效用若何農務化學多合周礼試參酌中西研求理化晰言之以資實驗策

西人經營殖民地如澳洲如非洲如南洋群島一經開闢便成屬土中國商民旅海外者甚夥將欲維持固结之為我國殖民計其道何由策

鎊價之昂官商交困美國近派專員平金值其宗旨若何我國定幣制列入商约試權衡輕重以期推行無滯策

第三場　四書五經義題

百姓足君孰與不足義

天時不如地利地利不如人和義

六府三事允治萬世永賴義

泰州鄉會制藝選鈔

清代东西乡会制艺选钞 惠龙书

子曰泰伯其可謂至德也已矣三以天下讓民無得而稱焉

溯周有天下之原，聖人表微之意深矣。夫泰伯之讓，民莫稱之，而夫子表之，德至己耳可及也已。昔周之有天下也，頌曰御推穆考，亦曰率時昭考，其德之無遠弗届者，蓋民到於今稱之矣。今試從追王之初，溯作邦之始，爲問雍岐百里，得以貽我周王者，伊何人之力得及此？夫子曰：吾觀周室，再思泰伯矣。夫泰伯之時何時哉？商道寖衰，而天作高山，歸化者久傾西土，伯苟順天承命，奉吾考以集大勳，則創業之難，並致守成之樂也，而伯不願也。岐封甫闢，而長子主器，定位者久在青宮，伯即薦器待時，守先業而安故土，則大宗之受本循世及之常也，而伯仍不願也，由今思之，始三以天下讓者也。嗚乎！此何如之德哉？謂太王有翦商之志，而伯故避之者，其說本近於誣。夫以吾身潔清自好，而轉貽吾親以不臣不父之名，吾其何以爲人子？伯也計之深矣。吾違親之志，而吾之親不安；吾成親之志，而吾之親仍未安。託故而逃，吾非敢自居於孝，吾庶幾依吾親不失爲慈也，此真善處父子之間者也。謂太王有立幼之心，而伯始逃之者，其說亦鄰於私。夫以高堂鍾愛少子，而歐啟吾弟以不恭不友之嫌，而又何以爲人兄？伯也處之深矣。周吾而弗去，而承統者固有嫌，吾而獨去，而循序者仍非弱弟。挾仲以行，吾非敢自居爲友，吾庶幾使季不失爲悌也，此真善處兄弟之間者也。溯景運於中天，讓位者有虞舜，欣欣也，傳賢爲重，汙異姓以登庸，此也。讓善而行下同，懷之傳美，讓不同而德則同也。今日者，芳躅已杳，而誦詩而賦皇矣，刪詩書而讀武城，要不過於遍禋而對之，俾聯謨想像而其德究莫可名言也。有爲之神往焉已矣。表逸民於孤竹，讓國者有其所，欣欣也，陽遜爲高，不過偏隅之韓迹，此也。焉慶有詩，實留累世之靈長，儀同而德則，畫國也。今日者軼事云遥，而溯十四世積累之基，涵八百載神靈之祚，未嘗不於人往風微之下，遥爲擬者，而其德終莫能窺測者也。有爲之心焉已矣。嗚呼！何其至歟。

聚奎堂原批　　此文原刻

思精筆鋭，字句紙上皆軒昂

賦得取人以身　得賢字五言八韻　　鍾桂森

聖治隆千古　脩身集大全　取人勤好問　虞已切求賢　慎厥修思永

祇台德作先　杆繩猶待鑒　鞀鐸許同懸　闢四掄才日　登三樹績年

宸衷方若渴　皇極本無偏　夫輔資調鼎　單心勵法乾　緝熙欽

帝學　百爾肅班聯

保和殿覆試題

吾豈若使是君爲堯舜之君哉吾豈若使是民爲堯舜之民哉

朱元治

印樂道而轉計之有不忘夫君民者也夫堯舜君民之道即行樂之道也因三聘而轉計焉不有可使者在乎且自欽明表德而洽泰時雍濟哲升聞而儀臻風勳休哉得道之深微抑知企想華之事業不難上擬於唐禹精揖讓之休和自可復見草野轉計焉而竟爲之務者亦靜念焉而神爲之往矣慶吠畝而樂堯舜之道夫道也者歸之於堯舜而不遠乎君民者也必乃堅乃神而仍爲堯之君必不徹不知而仍爲堯之民則道何難期然而無難也但使出處之離悉以道爲難繫則古人可作七十載上隆猶能必無此無爲而仍爲舜之君必乳之看遠而仍爲舜之民則道非而及世而自而也但今者上全下以道爲依歸則古治常留五十載之鴻猷未遠且夫君猶是君也民猶是民也而君不爲堯舜之君民不爲堯舜之民非堯舜之不可爲實使之無其道也則試印是君是民而方之堯舜上即使爲堯舜而貴之於吾蓋性善之端凡不判於庶儻已往而王之隆無殊帝之升況心傳之蘊涵法有年故出處徵蘭而非之非可決今之是豈其君之明通讓二帝以相隆乎夫豈也既慕往啟亦祇以精一危微默參於宸衷而隱以求志不若出而致君矣判是君性成智勇何難上契夫道心不以吾匡衡之忱進溯夫中天之盛轉移如有術也非不望闕廷而奮然起哉豈其民之喜矣必五教之是從乎夫豈也胼胝自瑞亦惟以鑿井耕田相忘於帝力而遺世何不若與民同樂矣判是民也深惧非吾治竟不明夫道義則以吾撫綏之切遠寄於文之休軀業有事也能不對蒼庶而情殷哉於吾身親見之樂更何如乎

賦得陰陰夏木囀黃鸝 得鸝字五言八韻

朱元治

百囀聽何處，陰陰古木垂。遠看飛紫蝶，近反看黃鸝。掃石眠琴地，攜柑載酒時。蔭遮紅日遠，聲度綠雲遲。一串珠成曲，千章錦作帷。管弦調宛轉，門巷遠迷離。葉暗巢原穩，林深暑不知。美哉依上苑，清咏輞川詩。

子謂子夏曰女為君子儒

光緒乙亥恩科解元 萬人傑 鹽城人

進之學以德行先以君子正其為儒焉夫子夏文儒也子欲以德行進之不可先以為君子者勗之乎且上古無所為儒之名也自周礼以九兩繫民儒之名始著而究不指為儒之人亦無訓為儒之語有聖人起以一身造儒極立儒宗垂儒訓而其徒徒與吾儒相昭勉者不惟其名惟其實使天下咸曉然於儒術之歸焉蓋自學校興則人才盛而先則古聖焉只大雅之名抑知未深學問先課性情而有真識始有真修故信守不慊於篤謹斯道立則善人多尊聞行知雖然有進修之志抑知未詣精微先講趨向而以身教並以言教俾篤實術進於高明夫然而子夏異矣而子之謂子夏者異矣似子夏之為儒當自無愧君子善有隱議乎君子之心則樂遠者不違當求君子之成乎於本原則推學自宏又豈有士習華文豈尤貴有實行也性分本自有我不庭大造之生聖賢非異人學豈限三代以後女而孜孜自守也尚其對君子而圭臬奉之若小人儒則弗為之矣

者而子循惕以女且深以為也昔叔帝王傳治法重布傳心法無非切己之辭故昭臣工曰女為昭弟子曰女為其根本同也明健者之陶成沈潛者之懋勉各有致力之端故品數子以為仁卜商以為儒其淵源合也微然曰女為儒女亦知君子之所為乎大抵學術之大防持之在畢生而爭之則在一念修己者其未可淺嘗試矣女自命必為君子則女有踰念當法君子之操女自思雖為君子則女有怯心當效君子之勇謹嚴其規模恐失居士有操持居士伏貴有進取也纂述在名山明道兼體道宏漠在後進經師不愧人師女而孜孜弗忘也尚其望君子而儀型矣大抵從道之得力研之在究竟而辨之則在始基入德者豈猶可冒昧參乎女有獨私乎君子之心則固執其多近當思君子之擇

官盛任使所以勸大臣也

以盛所使者優大臣、即敬以行其勸矣、夫大臣無所使、則體弗尊矣、以官之盛者任之、非由敬以行其勸乎、且聖王之待臣也、重勞其身者不必過勞其心、而專勞其心者不欲偶勞其身、非其身之不可勞也、必欲使眾人之勞其身者分其心之勞、蓋代其身之勞而後一二人之身可不勞、一二人之心乃益勞、此其事必歸之大臣、夫大臣豈必待君勸之哉、其體與國脈相維繫、即使優崇弗至、而耿耿者自矢公忠、循然効腹心干城之用焉、如必謂尊其禮而始致其情、則已替其德與主志相感通、即使事勢維艱、而懔懔者自明大義、仍不忘耳目股肱之寄焉、如必謂隆其文而乃篤其志、則已濡一欣不待勸者大臣之心也、而必用勸者敬大臣之事也、其事維何在官盛以任其使而已、蓋職詳者不同職要、必使一長一枝自効於銓敘之朝、而歸以叢羣材、即總以崇碩、輔大君者不可以知、即云不累不官莫、則高深之量而力不瘁於琐屑、必益專於國家、於此而大臣有不淫其勸哉、功名者天下所必爭、而勞苦者天下所必避、任使者盛則百官樂得其功名、而大臣因樂異於勞苦焉、而要非故事鋪張、漫以我朝得人之盛也、聖天子當陽出治、槐有三棘有九、濟濟者其慶彈冠、而匪躬之論直有常、祇自安播揚垂仰之度、念及此、榮何矣、天下惟彤被其榮者、最足深國家之情耳、而主德於天惘怳益明於夙夜、臣心似水、請何更示諸後人、況是君盛世所必哉、而附吏者盛世所必備、盛附任使既無慶況是之沐、而因得享附吏之成焉、而又非高談坐鎮、以遂一己燕息之私也、聖天子優禮元臣、曰三公曰三孤、赫赫者屢邀異數、而百爾之承宣有分、祇共襄爾熙保障之勞、念及此、選何如矣、天下惟自處於逸者、愈足深篤棐之忱耳、而從容爽理、常懷補袞之心、懔懔從我、弥凜鞠躬之義、此即敬以行其勸者也、而待大臣之終備矣

王子墊問曰士何事孟子曰尚志

疑士者詢其事、知士者特明其志焉、夫王子以何事問士、是存疑士之心、而未知士有最尚者在也、孟子曰予亦知士之有志耶、且自營利之說起、易王霸而為士前、則一有兄為士者而士卑矣、然果有兄為士者而士仍尊矣、非士之浸為尊卑也、卑士者徒紹其迹、尊士者要窺其微、古大儒自命不凡、則有懷抱矣、何遂以瑣瑣之經營漫相推測也、今天下有最高之一境焉、聖人出其中、賢人出其中、即私淑聖賢亦莫不出其中、此必有接落一世之精神、超出一世之識見、足溉一世之流、至而曼乎莫尚者、穿鑿其勢事則猶未見也、迫求其事則益難解也、宜王子墊不知士而以何事疑之乎、鐘鼎之熏心日甚、安所得詩書之氣味與之陶鎔、王子或心慕乎士而為此問也、雖狃於習若誘其衷、則君澄別有深情矣、膏粱之溺志已深、乃益覺草芥之風裁不堪依附、王子殆心薄乎士而有此問也、本安家若消素養、則諮詢無非隱諷矣、曰士何事、是未知士固有其最尚者在也、夫見於身者為事、而存於心者為志、一家廢豈無抱負、苟況其迹而計一手一足之烈、則名山之歲月皆虛、一生人祇此性情、苟原其心而思不及之風、則不宣之襟期自遠、孟子曰予亦知士之志乎、嘻尚已、然則士正以無事、乃得尚其志也、假令馳騖玩弦之會、或為縱橫之事、或為富國兵之事、動業隆而天懷益陋、應之者安有窮乎、否則置散投閑、而理亂不知、默涉不聞、一切富貴功名雖接胸懷之淡定、是天下歉士之降其志而做巧接以無事之時也、故風雨一廬、結想在羲皇以上、釣游千古、放懷於華渭之間、然而士惟存尚志、乃相安於無事也、假令匡居廛念之訂、或以刑名為志、或以法衛為志、或以兼愛為志、氣節靡而習尚日歧、庸庸乎誰有底乎、今則高騖遠騁、而獨寐寤歌、寐寤語、惟是樂天知命、坐消絃誦之寬閑、使人曉疑士之廢其事而漫託於立志之高也、而名教有樂地、襟懷可爭日月之光、巖穴豈虛聲、遂廬已繫蒼生之望乎、亦可恍然於士之無事矣

賦得重與細論文　得論字　萬人傑

自別青蓮後　文章孰與論　重來尋舊約　細處得真源
蝸角名同寄　牛毛理或存　寸心參得失　分手幾寒溫
唾拾珠璣屑　功除斧鑿痕　律嚴仍守律　棄豈忘言
神妙毫巔倒　波瀾舌底翻　載吟工部句　獻賦沐天恩

子曰修己以敬至以安百姓

同治丁卯辛酉解元　顧駉　泰州

修己有全功、極言之而量宜審矣、夫修己而要諸敬、其體已立矣、推之安人、更極之安百姓、其量可不審乎、今夫自修之功言之而可盡也、自修之量諳之而不能遽盡、何則功本諸一身、言其功即已該其量、量周夫四海、言其量轉莫罄其功、聖與賢遞推遞進、而及物彌廣、即自課彌嚴、蓋至是而顧望之懷乃無不盡也、亦至是而稱量之思乃愈無遺矣、子路之問君子、其意中蓋早挾一君子之全功、所謂天地立心、生民立命之景象、而素者也、惟夫子其何以告之、一在夫子綏我化神、齋莊中正之體、已自具立綏動之體、至神所彌之物、已屢其懷、其性所通、盼識骨融其逝者安之少者懷之、此境久縈諸寤寐也、則君子之全量、未或忘也、而吾在覺下學上達、幕布治心之要、即已括帝王制治之原、不擾於匹夫乃能擾於天下、不愧於不室乃能不愧於斯民、如見大賓、如承大祭、此身正猶有持循也、則君子之實功、宜先盡也、然則先人與百姓、而責之於己、先安而審之以修、且約之以敬、子所明言者、止於斯、子所神游者、已不止於斯矣、何子路未三復斯言、而於斯而已之問、乃一再請也、蓋至博之功、寓諸至約、故聖人所言之未盡者、吾覺聞之而覺無奇、至大之業、本諸至精、故吾覺所聞、而快心者、聖人言之而轉彌高、望曰修己以安百姓、於斯而子路所深服於君子者、可以已已、於斯而子所富量於君子者、轉難已矣、斯人皆吾與耳、即今函宇之中、寧無不得施與不博、而嗟自修之性分、於何敢望安之果至於斯也、信於斯言、深宮勤劬、覺無一事不協於中、薄海興雍熙、無一夫不被其澤、物與民胞之象、抗論焉、而莫罄形容、則郅治之隆、不禁悵慨想哉、一望治而安危耳、欲使寰海之內、康樂成書、兵刑不事、庶足儒者敬之功、能然而何當謂修之必期於斯也、詞於斯言、君則無虞、長論拱揮、思德於無名、民則鼓腹嬉遊、泯知識於何有、存神過化之功、從言言、而以慰心目則滿志之下、不致躊躇哉、一言安百姓而難修之量、以足而修之功愈難矣、夫君子亦惟修己而已

省刑罰薄稅斂深耕易耨　顏駉

去不仁之政民乃安於為農矣夫刑與稅之重民且不自保遑耕耨乎省焉薄焉斯深且易矣非仁政所宜先哉且聖王治國無不重農農固政之先務也而在挫斂之秋則尤無頃施重農之政而不失去妨農之政將見耒之身困於縲絏盡其田之費竭於追呼雖有土田草宅之矣民固無所利而王亦何利乎惟然而仁政之施於民者有其所宜先矣夫王之民王之農也王之農非不欲盡力於農也特無以農望方趨乎南畝而旋赴公庭暴肉捋餉乎東菑而已罄杼柚刑罰也稅斂也不僅妨於農而實大妨於農也然則仁政之施宜何如者必欲盡去科條亦斯民以慈愛非特國法不容不立而姑息必反因以為奸但使刑罰之用也常慎然於國猶德濟由於兵刑之不甚民生不且迫於彫敝之日形所有則省之刑罰幾其不濫矣夫民有手足與其收之圜圄使為無罪之日徒何如釋之田間使為有用之亟務也則省之當急也必欲盡蠲租賦俾藏富於閭閻非特國用不得不備而根株亦非所以為治但使稅斂之收也常慎然於採擷無盡國屢革設於荒蕪藝暴無人子弟之疲於征戍可薄則薄之稅斂庶幾其不重矣夫民有脂膏與其深之府庫封殖為漫何如留之田廬補助無曠土也則薄之宜切也夫至是而王之民非僅得盡力於農矣然亦先得盡力於農矣向非無于耜舉趾之功而苞迫之餘情亦安於閭井今也雖安乎終歲不登士師之堂衙門不驚悍吏之呼從春省無闕而三之日四之日有以盡耒耜之利者皆君賜也

鐵耕而有制也蠡者世世桑者閑閑庶與歌十畝之章矣河內河東之地何至棄為石戍而非無或耘或耔之力而彫殘之際事或不及术詳茲也井疆乎畎畝無稼累之憂溯者有擊擊之壽從有畦或病而野之南陌之北有以竭播飾之勤者皆君惠也以耨有方也禾三百廛禾三百億已足詠稷饋之什矣湯遺跛來之鄉皆至鞠為茂草哉而今則深矣獨是耨也而今則易矣向非省刑薄斂則身家不保田畴何論焉臣願施仁政者使民皆為農而農又為士也

賦得江南山樓月照時 得樓字　顏駉

江月何時有年年照此樓青山何對面皓魄恰當頭欲浣淨平鋪練廬闌猶下鉤餘輝衔峭壁危影壓寒流雲起魚龍睡誰乘鶴鶴起遊明生夕峰多人倚一天秋程記依洲步輪思桂府情今宵知盡望萬處是神州

江南鄉試原卷　同治癸酉科

中式第一百六十三名舉人　戈靜安　江蘇揚州府

泰州優增生民籍

同考試官運同銜江蘇候補知縣丁　閱

薦

大主考翰林院編修武英殿協修　黃　批

取　中　正　圓　和

大主考都察院左副都御史　劉　批

中　安　詳　妥　貼

本房原批

第一場義精詞暢出色當行次三亦有書卷詩律工雅第二場詩禮二藝斂佶生新餘亦條暢策對援據詳博汎覽騈羅工整望而知為積學之士

衡堂原批

局正詞圓三藝一律詩有唐音經藝典贍風華詩禮二藝尤佳五策引用詳贍筆亦整飭知非率爾操觚者可比

鄧勤加批

氣靜神恬　慮周藻密

菲飲食而致孝乎鬼神　　戈靜安

夏王儉於自奉聖人推本於孝焉夫禹之孝何足為禹異之其由菲飲食致耳子故首舉之曰聖天下躬受泰尊首隆圖援五味辨三禮修豈必薄於自奉乃不薄於奉先哉抑知惟存一不敢自奉之志清心寡欲齋莊敬密於宸衷於是導其奉先之忱合漠通微精誠上格於聖祖設非合以相觀安疑古聖王之旨甘御者枕是即儉之恒而不屑之深衷轉無以昭然於天下何則中古以前下民困於台墊故啜惟鉶而飯惟簋猶是菲毛飲血之風而於艱鮮之奏無知也迨水土平而稼穡興萬方所以仰奠定之功而特以崇報維殷者隆其典於粟米稻粱三代以上祀典缺於修明故裘名帝而援名官無非援德弗庸之意雖祇蔬菜之供亦取也惟濡味分而氣與貴盛世所以有明禋之典而非陸清潔是尚者表其誠於粢食太羹蓋禹固闢飲食之源而承祭於鬼神者也禹之致孝夫何足為禹異哉不知五行百產祇此菁華耳於彼必需於此神明冀通夫肸蠁而獨以膏粱之以養奪其省性祝饗之誠無論德薄弗歆也即此酬答中於隱微已足累中懷之競業而奉匜奉盥之際黯香亦鬱而不相一肇祀居歆邑閟亦味殷以通必偏以心神志久溺於食饕而侵以鼎俎之豐盈將夫肆觀禋宗之意無論崇德報功也即佚樂偶闢於當境已難狃其志之慎皆而告嘉告潔之作精神亦漠而不聚蓋僅曰致孝非所謂孝也以菲而致孝吾固有以觀夫禹矣推四海奉養之私稍從其欲而何過極一人飢渴之應日安其素而猶慚庶饈所為戒

踰牲也而要非榮從其菲也以厭飫無求者甘一心之淡泊可以珍奇羅列者隆九廟之烝嘗明志胥以明度則粗糲自甘何莫非致齋敬齋之意也故推其宗堯之意覺心傳治精一敢以肥甘侈口腹之私推其郊祭之心覺乎澤淵懷衷敢以嗜味侔髮膚之愛備微水雞豚之養尚竭子職以得所安諒槃盛肥腯之供當準人情以思所嗜王祭所以重微廟也而又非虛致其孝也以防其不足者薦祖廟之牲牢實以措其有餘者即王心之醉能備物緣於情物雖珍饈蠢屏要循是不甘不樂之情也故例以前聖之章程而永盛畏生存犧一㕥榮望之儀循其迹例以後王之從述而益懸張齋美將百世禋嘗之義持其文而禹之無間猶不止此

本房加批

慶周藹察三氣盛言宜具遠發而字處尤見識高非頂力大不身

武王纘大王王季文王之緒

戈靜安

觀周王之所纘子述之事明矣夫周之緒至文而盛而實不自文始也纘文王即以纘大王王季武非善述者哉且以聖德之承傳也有一聖人以開其先即有一聖人以繼其後有數聖人以開一聖人之先即有一聖人以繼數聖人之後而以一聖人繼數聖人之後者仍不啻以一聖人繼一聖人之後雖聖不一聖實聖以繼聖善善創垂者非一聖而繼似續者則在一聖夫而後聖人之統緒明夫而後聖人之纘承見翻此可與言武王矣述之事夫武之先代傳以厚祖宗之緒造雖艱世篤忠貞居岐之尊基重此何如已即也此即周之所謂緒也天而篤生武王矣夫豈非爲述文計哉夫豈僅爲述文計哉十三年動止澤思東洛之懷遷何莫非西京之怙冒顧其昌厥後其緒由文繼之非由文開之也承累代之鴻模猶於遷岐胥宇以還而思夫忠厚之基所自始七十里舊封是守遵時之素厥惠卒於服事之振衰顧多福聿懷其緒自文張之非自文啟之也始一家之燕翼胡弗於篤慶錫光之日而溯夫流傳之澤所由來蓋文王之緒即大王王季之緒也誰歟其纘之者今夫祖宗經緯之事不下萬端而纘要提綱得以循循延之有條而不紊此緒之一說也今夫道統絕續之交祇爭一綫惟承先啟後有以繩繩繼繼相引於長者此又纘緒之一說也吾觀此而知武之纘緒武其善述者矣榮室而與篡者猶代謀而穀馬酬功至大畏小懷始以無逸開無疆之烈則承遺休於往哲夫豈易言曰纘者有武之纘而豈屢遺休之隆手以纘文王者纘太王成肇造之休

猶是成肇基之迹以纘文王者纘王季懋錫功予之績猶是懋錫纘之勳惟
曾孫之有道而不忘不世前光所以光迪也保澤而久長也文王曰丕哉武王亦曰
丕哉此猶述之跡久者亦與宅而化成四方作伯而影膺九命至明德慎罰遂
以有聲莫有後之基則然世澤於小人夫亦難期日替耳有武之纘而紹虞世
澤之替乎以紹心法者為纘遂常謂之格即以遂帝有之志以承治法者為纘
仰作人之德即以仰作對之休惟祀武之克繩而寢熾寢昌世德所以作求也闡燕
而有自也文王曰敬止武王即曰敬勝此非述之所以者其哉歟武王之纘而子述之
事見矣

本房加批
應有盡有不蔓不支題無剩義筆有餘妍此是火到功深之候

以天下養二之至也　弋靜安

歟虞帝之養親其養為獨至矣夫人孰不養其親而以天下養者則惟舜
者極其至豈但尊親云乎哉且惟一人不私天下之奉斯天下乃不忘一人之
親而天下之所以奉一人者一人即以之奉其親焉當日者土物定萬方之貢
仰中國有聖人殿庭稱萬歲之觴知天子之有父既以恩若事以禮備其物者
盡其心於中立立君道之隆正為千古立子道之極也瞽瞍為天子父此固
為尊親之至已然虛奉以美名而未實將以美報子心仍未安也貴為天子夫天位
而未富膺夫天祿親心猶未愜也惟然而舜之養親可知矣憶自歷山居耕
以來何不可藉菽水之歡僦雖卿之奉然有躬耕未膺所錫縱飯糗茹草亦可
承歡究於何以惻愐既揚得以華兩閣水陸之陳供奉於燕寢抑自沛納歡並而
後又何難備珍羞之味博父母之歡然瞽子未卜升聞即倉廩牛羊亦堪備物
要不若受堯虞告有以合萬國靡二之貢遂起慕於焉私其奉舜之養親固
以天下養也養以竭其情而情每為分所限舜則分定而情亦伸焉想其時膺
圖受籙海宇昇平聖天子端拱無為因以龍衮修儀居問寢三朝之禮哭餘
介壽佑吾親一日之饔吾知臣牧諸侯莫不拜手而交頌曰我后之奉養為
獨隆也養以合其禮而禮或為制所拘舜則制備而禮特隆焉推其意被袗揮
絃庭闈雍睦子一人思渺罔極得以晨昏視膳四方之精課咸登冥藻閣安堂
上之春秋無恙一時閭閻父老相與扶杖而稱慶曰吾皇之所養為最真也蓋

乎此君牧與爲帝嚳之嗣美哉爲君必爲之堯然一堯將潔蠶香以崇祀未嘗
備品物以奉親也而舜則大寶郿膺凡百產之菁英胥足以承二人之底豫所以
山珍海錯饔飧迴越恒纾薑酥吳酸風味備陳方物則知合四海之芹以爲壽其
其壽乃至無以尚也夫豈尋常浅勝之意所得而同一陵乎此有反隆邵駁之
儀美致敬者必歸之禹然禹則隆姻至於身後未及承色笑於生前也而舜則
乎成乎足宜凡海隅之供獻悉足以給堂陛之趨承所以貢錫蠙魚進宮庭
之脯臘燭陳橘柚佐晨夕之旨甘則知集九州之貢以爲壽者其壽儀至無以
加也大豈一切世子之文所得而擬一壽之至耶尊之至此其所以爲大孝歟

本房加批

華實相宣声光並茂有筆有書想見三條燭尽得意疾書之樂

賦得波光搖海月 得搖字五言八韻

戈静安

看慣當頭月欣從海上遨光嫌人世小波雜水雲搖島嶼增秋色天風
漱暖潮珊撑孤髮破船瀉寸珠跳驟睡眠難穩麗更憐氣蒸荒洲陰尖
還前路廣寒逞沫流迎秋日飛騰燭九霄得身勤待旦待偏早趨朝

本房加批

思沉力厚通近唐音

于齊慶 入學 試卷

四書題

臣始至於境 八股文一篇 未録

次題 五经文 缺

詩題

賦得紅見海東雲 得東字五言六韻

縷縷紅雲見晴光曙半空章依湖以外得傍海之東虹彩平舁映
蘇波潮瀬迥揚輝丹穴近吐氣絳霄沖萬里洪流漲三竿曉日烘徵祥
書五色社向付詩筒

文 鄉試 硃卷

四書題 八股文 未録

五經

賦得波光搖海月 得搖字五言八韻

白鷺仙遊景晶瑩當此宵寒光浙海出皓月逐波搖壁水千潭印珠丸
一顆跳桂輪懸碎藻叢戰蘭影動連三峽輝揚萬九霄雲拔天半
翳風捲夜來潮出波光閃空明照氣清詞似任詠麝得付詩瓢

【聚奎堂原刊】賦得報雨早霞生 得生字五言八韻　于齊慶 会試

報曉華聽罷檐稀鵲噪晴雨和晨氣護霞趁早涼生宿靄青浮郭朝
暉赤映城畫疇同異色鳩羽讓先聲旭尚烘彤豔風兼引竹鳴斷役
泝桂礎餘倚射簾催春信江南遍雲章海上呈甘霖全遂
聖代紀瑞嘉年慶

黃犀杰　會試硃卷
四書 五經題　八股文　未錄

賦得南山曉翠若浮來 得來字五言八韻　黃犀杰

秋望皆蒼翠南山霽色開曉光遙照徹嵐氣若浮來螺影懷疑滴雖
聲曙欲催空庭外浴水小浣不飛埃送傍蓋風到迎函別雨回鬱葱當
戶牖隔幕遠樓台得詩情初定纔畫手栽
上林新氣象歡聲畢集
蓬萊

光緒丙子科　江南鄉試　內監試　胡有誠擬作

子貢曰有美玉於斯　至　我待賈者也

聖賢同一用世之心，特借玉以定論焉。夫子貢豈不知玉之不宜藏、賈之更不可求者，乃啟而有是說，子故以待賈慰之歟。且知者君子特達之知，使必以知希為貴，則非希世之珍也，而韞其良者，日見懷瑾握瑜之士所遇往往塵於是，以不忍忘世之心激而成問世之人。抑知忘世者自重而輕天下，問世者重天下而自輕，皆非能用世者也，而聖人之權衡我是乎出矣。試在子貢與夫子論美玉，亦秀鍾靈之氣，關產精英，應運而生，不知幾經磨礪，知在成此玉者，亦明知抱負非凡，若抑或亦遲回焉，以所當待之位置何華有於斯也。一種山輝澤之姿，人既遇待賈拔尤而取，不知幾費推衡矣，在用此玉者，又明知使羅非偶，若故為審慎焉，以老藏穴之珍奇，何竟有於斯也。乃子貢姑以韞藏進質矣。夫知音誠罕，斯而其抑鬱難伸，何以秘而不宣者，都俟當途之自悟，此其意非不與夫子大釋嫌疑之猜隱相符也，然而疑矣。乃子貢更以求沽自明矣。夫知己既難逢，與其抱璞自賞，何妨以急於一試耶，蓋信物道之有真，此其心非不與夫子可懷寶之言默為契也，然而殊矣。然則子貢豈不知玉之不宜藏、賈之更不可求哉，殆激而有是說耳。夫子曰：玉不宜藏也，而直沽即宜沽也，仍不妨於藏，我亦惟待之而已。且夫說論者不欺自新花璞，會天每情，悅奇以激世，亦之秘藏而不能沽，特藉山林以掩其拙，而自信無真耶。惟以待為者，付之遭遇，將硃則作於藏，而厚其價者，良相賈則鈞於渭，而豈其值者後車為非為應世之需，安敢與諸國並重乎，從有時藏焉以終，難必其沽之自

至百世下肝衡物采抗謂其可法之班自存也繫而乃舊解文所以有待於之義也夫
且夫炫耀者趨於自憐庸夫利涉無市待采以留人完之財求而不游藏待邀道路以增
其榮而自持無其耳惟以待售於所之材數將韋韓其望始為綢於四方廣邵勵其
其乃雖渲於畢世高非有自全之來又且於夙藝鳴乎張有材未求而得竟令其法
之自來章以者崇仰物華皆謂其可法之真早裕也行被而陳論行所以有待聘之
文也夫今觀之聖賢同一用世之心歟

大主考　龔自閎評
精心融法超詣而題於聖賢當論身分恰合至運筆之妙純以神行
俯仰情深一唱三歎尤令人尋味不盡

副主考　畢寶泉評
看題深入一層心精而果湛於老堅非尋常數墨家所能幾步

祁世長評
處處說玉處處說人聖賢心事兩面俱見

龐際雲評
識高氣渾老筆紛披

外監試　范志熙評
摹繪聖賢口角傳寫用世深情俱從論玉中看出無一語虛張無一字
矜肆是畫家之能畫心佛者

内收掌　傅炳坤評
識既超拔力透紙背此大匠中老斲輪也

第一房　王蓀辰拜讀
喻中語語中意以遏抉之筆出之精采十倍乃不丹黃填斐
鬭直如金鏤刻根也

第二房　扎廣鑑敬注
詞意精湛氣機圓暢非學有素養到者不辦

第三房　徐景福敬注
神味閑永局度雍容題隱題神兩無遺憾

第四房　王聚奎敬注
蓬萊文章建安骨珊瑚碧樹交枝柯藻不妄抒天然筆妙

第五房　劉　粲敬注
理精法密氣靜神閑是炉火純青之候

第六房　丁廷鸞敬注
融會全題獨抒妙論一噴一醒一字一珠的是妙手

第七房　傅覲光敬注
風骨遒峻局勢渾成沉實高華兼擅其勝洵為多士楷模

第八房　潘樹辰敬注
精氣盤結發為偉詞興高采烈得未曾有

第九房　胡瀛士敬注
法脉遊於尺素吐濤沛乎寸心於此道三折肱矣欽佩之之

第十房　朱昌霖敬注
温潤而澤縝密以栗

第十一房　周良玉敬注
精心融洽餘味曲包讀之令人神致悠然

第十二房　錢家琦敬注
振才千仞閎深萬里流渾灑中有夭矯之致非讀書者氣十年者不辨

第十三房　謝永泰敬注
字字錘鍊仍復清真一氣洵虛揚之高華按之沉實

第十四房　沈偉田敬注
見第九房批

第十五房　丁　維拜讀
精理為文秀氣成采非避千春重隱者不辨

第十六房　李文耀拜讀
將聖賢用世苦心曲曲寫出往復低徊深情若揭非好學深思者不辨

第十七房　符兆鵬拜讀
理扶質以立幹文垂條而結繁的是佳構

第十八房　陸元鼎敬注
筆兩中鋒題無剩義精思激氣相輔而行

外有　內收掌官　傅炳坤　擬作

子貢曰有美玉於斯　未抄錄

賦得依舊青山綠樹多得舟字五言八韻　內監試　胡有誠　擬作

綠與青無出。多迎雨外舟。山光依舊在。樹影更彌稠。天公成是雲浮辨。不首仍施古寺。碧文錄唐樓。桂傍情猶戀。眠琴迎尚留。蒼崖曾滿夏。黃葉未經秋。堪向屏誌繪。都峰眼底收。桂岡欣競秀。鰲鳳轉呈州。

前題　內收掌　傅炳坤　擬作

依舊江南北。山多樹更稠。青連橋外岸。綠到水邊舟。排闥光猶送。行村翠未收。幾番蒼蘚路。一樣碧蘿牆。雲路曾迷雁。煙叢憶喚鳩。翠微亭自古。白下境原幽。畫稿新晴展。詩篇昔日留。閑從堪獻賦。好向上林遊。

右兩君詩皆得四首錄一

前題　　第一名 楊毅榮

憶昨風兼雨，飄然一葉舟。忽看山色出，依舊樹陰稠。郭外青疑遠，村前綠意浮。波停帆在耳，晴霽已當頭。峰聳思前度，林泉又幾秋。有情雲鶴伴，無恙雪鴻留。抑櫂尋歡樂，乘槎賦壯游。江湖何足慕，最好是瀛洲。

又　　第二名 王敬淵

綠影青光裏，今朝又放舟。溪分山更色，依舊樹陰稠。雨洗嵐容淨，煙籠畫尚稠。蔚然曾入畫，蒼翠幾經秋。樣在題新句，攀條憶昔游。林巒鶯正暖，歲月憶經游。列岫微茫處，環村碧欲浮。梅花堪眺處，遺跡待何留。

子貢曰有美玉於斯至我待賈者也　　第二名 王敬淵

聖人以藏爲沽，非賢者所及料也。夫美玉豈援言沽者？藏固非，求更非也。以待沽者乎？蓋子之藏即其沽，而且聖賢總無模棱兩可之見，而其大不得已於天下者，賢人疑焉，聖人決焉；賢人迫焉，聖人安焉。望聖人之決，故其詞若疑；度聖人之安，故其情迫。夫處知權在人非物所能主，而物在我亦非人所能主也，則決焉而毋庸疑矣，且安焉而毋庸迫矣。不然，美玉之宜沽，沽之必待善賈者也，盡人而知之矣。知聖如子貢，乃特惜其有於斯也，而故想其瑚璉之器，宗廟之不偶，而周急反溯周遊，必非廟堂久棄之材，則代當局以權衡，而矢口已形其深；且明識韜光匿采之非宜，而抑或怵種種瑜剖有身世難言之故，則亦兩途爲位置，而撫心深嘆其望之一藏，諸沽，諸是未知子之以藏爲沽，乃先沽而言藏也。曰韞匱何其疑，曰求賈又何其迫乎。夫子聞之體然一矣。知懷寶久珍之說，豈謝者所樂聞？挾所有以轄天下，既未免失之驕；私所有以忘天下，又未免失之吝也。斯何地也，而勞勞然久居乎？知帝爲貴之謀，尤吾人所不敢據所有以爲獨有者，惟其視人若薄，故所有已無有矣。又惟其與己若卑也，斯何時也，而處處遂自騁乎？曰我之欲沽久矣，然吾言賈以沽也，又久矣。豈異夫炫之又能待也歟？時有何定哉？世有愛玉之人而我不知，世有收玉之我而人亦不知，直目謀矣。炫言求識沽之極致耶？然而我收回自爲焉，目抱此器於君頭，殘殘之秋，善哉！有我固自若，忘我有我仍自若。樓望列國，豈若頓而初心乎？斯世無頃刻之遺，遑待之念不以久而或衰；沽之念自不以違而或變，非謂其易於沽也，則無俟炫之爲我計耳。

物色㢡何遠哉我秘其玉而欲賈之自來入其秘其賈而欲玉之自往更兩漢矣陽言
識亦由之微詞耳然而我志固常炫焉日守其真於澤畔山輝之際用於斯我何
敢益答非斯我何覬尤希望林泉何必植於徐含乎君子有自完之分際待之至
不必數彥靜俟待之之至何妨姑與從君而謂其近於藏也則無怪賜之爲哉屢
乎沽之哉沽之哉我待賈者也蓋子之以藏爲沽誠非子貢所及料也

子貢曰有美玉於斯至我待賈者也　三十二名　仲璧

賢者微而論玉聖人平情以斷焉夫美玉宜沽不宜藏賜詎不知而韞匵求賈之聞微詳
也子故以待賈示之歟且士君子席珍待聘知遇難之非人而權衡則操之在己其隱而不遠隱
非以怀奇希當世之知其見而不遽見非以抱璞高名山之要蓋願爲世用者固不輕於離
世而勇爲乘時者尤倘忌於詭得隱見之分此中自有定衡焉無事也說在子貢問
夫子論玉今夫至寶不虛生什襲必藏重諱之益奇珍無輕試私謹守諸堅白之真吾未
子大美在躬誰知璧之子貢所深惠者乃抱以藏與沽問也何哉情尚寧知希爲貴非怀
寶者所願爲乎藏之囊匣誰爲賞識與其善諸素韞者太璞之不完何如秘之
金縢自含章之可貴曰韞匵而藏賜明知夫子不以韞爲藏也特不過引伸其
說也詎不謂媒值相欣非奇者亦樂就而論之斯世時屬知者與其抱此孤芳
慨述邦之致請何如公諸同好就奇以奇之可居曰求善賈而沽賜非謂夫子果以此
爲沽也要不妨姑極其辭也斯言也斯意也微論甘心韜晦殊尤日慨況論即今要語
能工而炫耀在當途名巧精英之太露微論役志聲華厚值難期遇即今奇
贏可卜而賞識成未路何由應理之不遍子慨然曰我思美玉藏矣爲君沽之可矣
我思善賈求矣爲君待之可矣所不容必者遭逢屢無定而怀珍守璞誰辞崇
於厚冀願沽在人而玉在我儲其具以待之而人世之升沉有何加損焉賞音可難廟
廊固足渾樸堪含無期山林自堪希望殊珍不世出惟不爲人情所顧倒乃所抑
制夫人情又況世運之無從塞也他山有石我亦深獻璞之思相事輔行我非守倉

良之義懷才待試時昔有明徵矣而猶炳燭之時躊躇也哉所不可知者氣數或有偏而
憤懣握瑜不與晶瑩於壇坫願雲在天而待旦我洪其汁以沾之而從遇之窮通何
關茗序焉始邑既加意實增大十倍崔衛武之駢青拔以再年宗貴自可珍惟
不為運會所轉移恪循維持夫運會又從風氣之有所因也尹鼎堪調我願兼有
華之聘呂璜所釣我更希渭水之蹤藏而待時古今如一轍矣而豈釣我之寓意
也哉

進呈原卷 為君難為臣不易

嘉慶丁卯科第一名解元 程應佐

論君之難於所為為臣之所以交盡也夫君之難難於其所為耳至於為臣之不易非因難
而安於之哉常思上下交而其象為泰君臣間豈有異道哉於其所為而已矣而其原要自
一人宰之蓋當宁實操爵化之柄而追光用錫九疇之福主治建其極斯輔治襄其功盛世
之所以上倡而下應者恃此也今夫君統一尊尊無二上臣修一德德有同心君多之所由嚴
措施之所由大也人言最君以立臣之則所為不綦重哉宮府為毓化之基王道隆而配以日
月聖功備而參以風雷穆穆皇皇遜先乎左史所記右史所書而非起居言動之微乃謹其一乾
官師為多獻之佐大人造而御以六龍兆民臨而馭若六馬明明赫赫遜冠乎大而之綱小而
之紀而非百辟卿士之眾共勵其修蓋為君者握陶鑄之權為臣者自在群策群力之
事為君作曰深曰明之意為臣者敢忘夕惕自懼之忱為君難為臣不易所稱石交都俞
俗臣克艱厥臣者其斯之謂歟從來獻謨贊媚之文皆聖朝所不尚正之以撰獻之協贊
則昭示者精也承昊蒼之眷佑何以無愧於天紹蒼宗祖之神謨何以無慚於先德一嚬一笑
無在不凜旦明偏之度此太傅所以在前少傅所以在後以至斯簡燦洵周歷正人聖天子
之旰食宵衣與一日萬事之夙興夜寐原交勉焉而不容暇豫者也宰化者本崇清淨之
名承流者亦無為治安之業道之所為叶於賢也斯何於之上說也哉從來持盈戒滿之訓
尤聖主所樂聞道之以事業之宏施則表率共專也遠稽諸唐虞之前何以此隆於五帝
近監諸夏商以降何以踰盛於三王一步一趨無在不惕虎尾春冰之凜此三公所以在朝三
老所以在擊以至鄉校趨焉罔非吉士聖天子之恭己垂裳與宰執之策名委贄原並勗焉

而不容諉焉者也有戒者曰冀股肱之喜載賡者已躬逢元首之明義之所為孚於嘉也斯何如之郅治也哉有嚴有翼而邦其昌不驕不倦而國以理視於人言豈非三代盛時之君臣哉

衡鑑堂原評　器識端醇識見其大

二題　郊社之礼所以事上帝也

三題　湯以七十里文王以百里

賦得白露横江　得秋字五言八韻

萬里澄空碧煙波夜放舟白迷江上露横到水邊秋斷岸渾無際明河淡不收恰當斜月起疑帶片雲流信訴霜華遠光連灝氣浮拖來飄匹練散去點輕漚泛欲騰犀渚寒初冪鷺洲欲隨天路近許泛斗槎遊

清氣卷舒　原評

才難不其然乎唐虞之際於斯為盛　程紹芸

才以難而愈形其盛聖人借唐虞以美周也夫孔子之嘆才難於周信其然也古無唐虞周才不已盛乎所為以難形其盛耳且古人歷覽元会之運深感鍾毓之奇其欠為千載一時者莫不有遇以存乎其間如王朝之楨幹不必遠逊帝廷而帝陛之賡颺已若特超王会夫乃嘆功名作合之難不難於一王之興少名世難於二聖之繼在得人也不然我周之致治也亦有道矣漢下集同心之佐氣運所由開即人才所由盛也吾而推驗於才難之說者何哉運会隆則英豪出經天緯地讀史者每盱衡一代以彰風雲會合之奇顧何以祖宗積累閱千百年而始與子孫蒙休歷數十年而始遇可知生才不偶也時功業而衡論氣機原不祝為聖主賢臣之點綴動獻集則賢哲生攷古証今論世者嘗深求數朝以致堂陛相需之意顧何以三后協心至今僅存舊相一德咸有維商專美阿衡可知用才有待也哀詩書而别持衡鑑曾不啟辛壯王降之疑然則為才難之說其有見於斯乎其不僅有見於斯乎不其然乎且夫才之難也難於當今才之代尤難於值此才之時難於承堯才之朝尤難於繼治才之世蓋唐虞之際自昔為昭而以吾論之盛於斯者亦惟其際也吾於是更穆然於斯之盛矣二典並入虞書三謨不同湯誥當日史臣載筆已無不分合之殊而由才難之說推之亦不無分合也假令丹侯嗣位則先朝岳牧豈必佐命乎湯歧仙緒所列合朝清明寫必賡功冊野而無為廣帝載者自耻嘉謨賡王猷者特舊升祖無得不於上下古今之辨而微分升降一禪讓實惟帝世征誅再見成周徐曰儒者參稽尚難況參者之見而由才難之說繹之亦難言參考也何使望哉其覽乎成

未必不以紀綱之敷和乎八佾而卑下成官禮亦祇可以聖賢之化被乎二南而無於脩府事者治法無為稱樂作者功成有象而得不綜前代異同之迹而慨想隆平一要之虞廣之際乃盛於斯也然則周之盛何如乎才之難又何如乎

衡鑑堂評　融鍊精實

二題　射有似乎君子失諸正鵠反求諸其身

三題　我亦欲正人心至以承三聖者

賦得八月萑葦　得蘆字五言八韻　　程琚芸

萑葦豳民詠家家汁有蘆秋深看返棹春暖待眠鳧三曲傳先時備寒蘆處深浴千頃捲霜重一肩擔粉雪花留路連雲葉裊嵐腸声渡水北橋鄉懷江南棲張柔陰近流黃掃織請吳卿成八繭衣被聖恩覃

程祥鏊

道光戊子科中式第十八名注祥

頭塲三藝未録

賦得雨洗秋山淨　得山字五言八韻

洗得層巒淨秋深見郭山偶逢新雨霽頓覺遠峰開望渚清疑洗蒼濃畢若斑水声喧澗底嵐氣斂雲間風柔塵都淨情怀描盡刪蘿青分鳥道樹翠指螺鬟綺散霞千縷冰階月一彎呼嵩逢聖日世忱澤聖恩頒

聚奎堂原刻 植其杖而芸子路拱而立

會試十名 陳文田

芸者無復答，立者亦不復問矣。夫丈人之芸，亦自事其事而已，而子路自此遠矣。其拱而立也固宜。且甚哉，世外之動，動非有心人之所及窺，抑亦非有心人之所敢褻也。夫器者有餘閒，尚與耰耡之宜，而閒者無俾望轉章者艾之可親而相違也。而若兩相忘，何依者自依，而芸者自芸也。孰為夫子，丈人非有意於責子路，蓋對時目中所見之子路，固猶是望望然從夫之子路也。其殆不勤四體者，而我之勤四體也自若；是殆不分五穀者，而我之分五穀也自若。夫子殆有心人也，自從游列國以來，聆晨門之諷，則愀然於世之不可為；聞桀溺之詞，則慨然於世之誰與易者。槃阿之下，一二君子託處其間，其偶以農圃見耶？抑不竟以農圃終耶？蓋斯時丈人目中之子路，非復望望然從夫之子路矣。其拱而立也，有然空山之中，蕭然自得，往往乘耡而犁雲之月，而自適其板方，其隴上倦游，奚有於無端之酬答，而藏鋤非種祇草，其任天而動之常，而非必以此拒人也。若夫丈人之芸，固絕無成見也。冠蓋之列，泊焉寡歡，往往但田夫野老之儔，而必逢其故方，其風塵困悴之人，嘅天同志之無徒，而瞻顧非常，轉若有斯人不出之感，而安得不流連不去也。若子路之立，固別有深情也，以斯世之各有所營也，違者自遠，勞者自勞，本然於兩不相喻之地，欣何為而然相喻乎？一手足之力，而芸者不惜勤劬；一進退之儀，而立者欲申情愫。言不必合，而意則相傾，何所遇之大異也。而芸者何心矣，而立者又何心矣，以斯人之各成其是也，靜者自靜，動者自動，隱若有兩不相諒之情歟？何為而轉相諒乎？小人有事，芸則方傑，稼圃之功，長者可依；立則深幸，詳之合事不相謀，而情相視何所遇之甚奇也。而芸者自芸矣，而立者仍自立矣。蓋斯時之子路，非復望望然從夫之子路，而丈人且止之宿矣。

聚奎堂原刻 定于一

會試二篇 陳文田

推統於一，天下所由定也。蓋不一則爭，爭則不定。一天下者，斯足以定天下。與子孟子述所以對襄王曰乎，天下亦多事矣。縱人橫人，耆乎日思以興兵搆怨之術定天下，而諸侯王榮感於其說，而卒無以闔其口而奪其氣。夫秦六國以擯張秦，務既盛於太源，而舉強秦以抑六國，力亦疑其不均。其於宅中國大之理，均未之知也。吾膺之抱腕矣久矣。王義為疑天下之不定哉？吾竊印魏以秦之一魏，慶大河安邑之闕，其地足以抱中原之要，而桂陵之役敗於齊，元里之役挫於秦，襄陵之役辱於楚，兩河之膏腴無以為，而鳩集日蹙，時復進而議東書之眾。一魏庫雖承城濮之烈，其勢足以控強霸之勢，而一居於田忌之伐，再制於孫臏之伏，三辱於馬陵之圍。赤子之瘡痍已甚，而鴻嗷遍野，曷復趨而望琛賷之來？天下之不定，吾謂其不一也。寧甚且夫椎不下於宇內，所以奉一尊也。國有興亡，王者所以大一統也。古有以攝宗而專制一方者，以彼區嶼自固，亦足爭長於偏隅，而卒之閫罍書而歛轍，早欵舉其高陵之氣，盡歸已攝於一也。矧夫潰池之衆不過偶然，夫鈇鉞之誅一臨以聖世之刑，咸鮮不投戈而服，矧普天王土，率土王臣，吾得為定於一者揚於及之。古有以方鎮而稱兵起事者，以彼帶甲自雄，亦足震驚乎遐邇，而卒之播天戈而戢，藏已無補於覆載之寬。蓋力屈於一也。矧夫藺艾之生不過步稍，夫陽和之澤一臨以朝廷之撫諭，仍復效日而傾誠。天無二日，土無二王，吾得為定於一者頌禱陳之。由是而封建之興，以資屏翰；井田之制，以靖閭閻。純乎畫一之規矣。一人撫膺天位，而群雄聽命，罔敢逞角材角智之心，斯何如綏靖也。周先王之宅鎬也，據上游而制六合，實為天地形勝之區，武功者定之，隆其以此也哉。由是而文闈之賢，殿虞來庭，山海之珍，梯航效順，草乎統一之盛矣。一人式布德音，卿辟士獻謨，無復進爭城爭地之議，斯何如父母也。周先王之營洛也，宅土中而冀四方，實萃天地沖和之氣，永清大定之庥，其以是也哉。有之對王者以此揚乎王之永其一而不亂其所以一也。

詩曰妻子好合如鼓瑟琴兄弟既翕和樂且耽宜爾室家樂爾妻帑

會試　朱桐

大賢欲申卑邇之義，而因述常棣之詩焉。蓋惟不泥於卑邇，斯可與言卑邇已然。常棣之詩，不必專為妻子兄弟詠耶。且昔荇菜揚淑女之休，而友恭之義弗及；葛藟思本根之庇，而閨房之好弗詳。誠以意有專歸也。乃詩又有相因而並及，且為之連類以推，一若一端不備即無以表燕禒之情，而著太和之景者，若常棣之篇可述焉。夫是詩也，為兄弟而作也。昔周公弔二叔之不咸，故糾合宗族於成周而作詩。以曰莫如兄弟，再則曰兄弟孔懷，及急難此義於脊令，禦侮致傷於朋友，凡以為兄弟詠也。乃於其篇末又若不專論乎兄弟者，而因及妻子。言妻子，則乎詠妻子可矣。乃又若不專論夫妻子者，而復及兄弟，而復及兄弟，且併若不專論乎妻子兄弟者，而復廣及於室家妻帑。嘗覽陰雨據怀，角弓構怨，集瞿賦哀於鴻雁，取子託諷於鴟鴞，未嘗不掩卷而嘆焉。即舉此數者，而一旦悉乎其憾，其為快意何如也。然而槃然陳之，或且疑其少文之寡要矣。嘗懷鍾鼓無聲，頌寵遂奏，苿莒志和平之福，竊斯美性靖之林，未嘗不望古而慕焉。誠舉此數者而一旦備致其祥，其為慶幸何如也。然而仍然賦之，或莫得其主名之所在矣。而詩固不厭其繁也，而詩固不嫌於偏也。其詠妻子也，有旅宮莫繫之致焉，則曰妻子好合，如鼓瑟琴。其詠兄弟也，有已加無已之情焉，則曰兄弟既翕，和樂且耽。其繼詠乎室家妻帑也，有不歇希得優游不休之意焉，則曰宜爾室家。豈宗妻婦。僅合之家九作一室，而妻子兄弟室家妻婦之列，不知其遠一人也。天倫之幸華作一樂，而妻子兄弟室家妻婦之分，不更覺一辭也。噫，微夫子言，孰得而知其父母之順乎。欲此而行遠自邇，登高自卑之證益信。

賦得凡百敬爾位　得字五言八韻

朱枏

戴詠春暘句，臣工尚敬循。一心齊乃位，百職任惟賢。展吉宏猷播，寅清合德宣。虞廷庭制仿，周雅靖共傳。馭馬神常肅，從龍象乾。地迎桑梓重，班好棘槐聯。播蕩垂紳度，鴻書演範年。緝熙昭聖學，人共凜冰淵。

賦得敦俗勸農桑　得敦字五言八韻

會試三十五名　劉鋆

勸相農桑重，民勤俗乃敦。杏花啼鵓鴿，烟水浴鵝豚。劍賣牛誰佩，絲成貼又喧。携鋤雲卷隴，理杼月當門。畫出豳風古，中重漢詔溫。織耕惟仕女，勸農課田園。事以春分賦，人丞不刻論。熙朝崇本業，康阜述開元。

賦得靜對琴書百慮清　得清字五言八韻

會試第十三名　李汧深

酒賦琴歌地，圖書擁百城。瑤琴塵慮靜，對此道心清。逸調弦弦遠，奇文汗簡精。境從歡擾習，慝為飲茶生。宿雨含餘潤，激冰澄瘠盟。陽關懷自在，樓從古軟隆。肅曾傳柳子州，頻偶墻剛宗，辰傍勤勸育，傳誨暢由庚。

又尚論古之人，頌其詩，讀其書，不知其人可乎？是以論其世也。

會試第十三名　李汧深

論古必先論世，知人之識出矣。夫古人之言在詩書，而未必盡概其人也。尚論而欲知其人，不又以論世為準乎。若謂士生三代後，不獲親見古人，是以今人之不盡遇。然古人在三代之上，其流風餘韻往往散見於篇章，倘之人於其里居，詳其出處，以為古人既往，必有不與之俱往者，亦不得已置身睽隔，遂無庸衡量於其間也。以天下之善士為未足，亦謂善之量不可以世限之也。吾又穆然於古之人矣。命駕而深延溯，千里一壁，百里一賢，羞華遇，欽曲耳，至於先朝杏獻，忽而動高山景行之思，則作述相承，非徒以琴夢如歆望前哲而已，殷勤對一壺，遙廬而奉依歸。梢焉與居，蒼焉與處。然豈知其老儀身至於異代，風流忽而寄西方美人之慕，則典型雖遠，亦得以詞章所託，從載籍而上溯淵源。是則尚論古人，而因以頌其詩，讀其書，亦可想見其為人矣。而以言知人之識，則不專恃此。蓋以著作久垂，綜列聖之家傳，已無復承訛之失，使竟略詩書以評量，抑恐浮游鮮據，而古人反設其真。故品論與簡冊俱傳，論古者有研究之學焉。無諛此流，靡定徙儒之附會，或轉於信之偏。陵必泥於讀，以崇尚徹悲，屬今所趨，而古人孰彰其實。故藝苑非文章所擊，論古者有參酌之宜焉。有其世在，陵諸之曷於頌讀可乎。從而斷編殘簡，又闕錯出。每易滋衆說之紛然，而頌讀之餘，能衡定當矣。詰訓不鄰於穿鑿，斯辭無害意已。夫君何必補其亡，紀載不浚於浮夸，斯學貴闕

疑晚出者仍必譽其偽從來一篇章所載原自有精神專注之端論世者貴觀
其大耳。歷代之形族雖偽名山之聲欲如聞於志遠希古往事之靈於精粗哉一
音況寧言寂而還。文獻難稽。乃有叙傳聞之誤。然而披讀之下感喟大深矣。時
勢不忍明言而諷諫主闇。又乃托為言情之作也。孝有時濡諒而史臣秉筆足
葛其懇惻之辭。從來家國所關。岩或有委曲難明之隱。論世者貴曲而原其寸
衷之營營非虛千載之心。旅若揭乎。生雖晚尚延澤於聞知哉。至是而友善之心
益矣。

賦得秒花便得鶯 得秒字五言八韻 會試 東廣鏞

從得名園裡。流鶯已便知。不須垂柳待。只共好花期。化鵲分三徑。西樓
托一枝。鶺鴒經尚淺。蝶夢夜爭遲。桃李枝斜蔭。鶯聲語歲詞。陰深春雨
後。歌此曉風時。剛記書墻字。旅魔出居詩。上林春植滿。鳴盛傍州墀。

賦得 前無遺圖 得勤字五言八韻 會試第九十二名 詹嗣賢 儀徵人

儀式成周訓。陳圖宋相殷。有秋時可服。無逸業惟勤。十幅春耕樣。三朝從
舊聞。游盤徵曉日。璀筆勝書雲。宵旰艱難意。臣工獻替文。前型留
粉墨。餘事寫耕耘。拜手裘乘勵。輸丹頌子芸。阿逢堅代奏。賦頌銘勳。

子曰君子坦蕩蕩 會試第九十二名 詹嗣賢 儀徵人

理得者心安。聖人欲君子之心焉。蓋君子之心純夫理者也。擬之曰坦蕩蕩。非君子其
孰與之。且吾論言君子詳矣。曰周曰群。以度量言也。曰和曰泰。以性情言也。顧但論
於見之微而不深究心體之大。則人亦只見君子者疑為有所矯飾於其間而於然漠然
之真。轉無以表見於天下。夫子知之。爰揭以示人曰。夫君子者。境無論順與逆。事
者志趣之優游也。無論險與夷。所恃者天性之安適。大抵只為無入不得而已。方寸
之為地無多。惟積理既深。從有以擴虛靈之域。蓋理循則心靜。靜則與事相忘其
似迫。靜則與事相忘其情。寬舒也。而一切拘執之衰惹化焉。世路之困心最甚。惟去
私務盡。乃不能陷溺淡定之天。蓋私遏則心純。純則不與物偶。其外似狹。純則不與物忤。
其中甚寬也。而一切險阻之私不設焉。今夫天地之成化也。風霆雨露互酌其平。而其漠
之機。識坊自安無臭無聲之素。因物以付。寬無為而成化工。所以稱蕩蕩也。帝王之出
治也。禮樂政刑各守其宇。而淵衷之默運。總不外無偏無黨之中。皇極所適。其平康
共用。王道所以號蕩平也。惟君子偏私不雜。故安恬之志氣悠然與兩大為儔。惟居
不倚御無慚。故寬廣之襟期廓然與百王爭量。聯而觀之。蓋不只其蕩蕩也。從
而察之。則實徵其坦蕩蕩也。而君子初不自知也。慕坦平之名而矜心顯為必異諦
淡忘之學。必不可律儒修所謂蕩蕩者。蓋即戚慽以懼以來。惟心而出者也。入不覺
一心之疚。故寤寐胥恬。出不召萬物之爭。故起居自適。從遑皇於參聞。時以慎
樂相尋之故。暫觸懷來而志之舊者心自寬。只為蕩蕩而處世意出以從容見。

為坦蕩蕩，而宅心早安於平易也。君子其殆合履道之吉也夫。而君子仍不自恃也。昧坦懷之實，而溺志寬閒，此俗儒荒怠之為，奚亦可以例成德所謂蕩蕩者，又印戒欺求慊之功相區而呈者也。無所求於人，則嘯歌亦樂，有所得於己，則樂學而忘縱揚而旺居恒，時以晏安坐誤之身，遂為儆警，而力之勤者神愈暇，以為蕩蕩，而流露不拂於真機，以為坦蕩蕩，而充周自根諸天性也。君子其殆於康莊之道也夫。若小人則異是。

子曰君子坦蕩蕩

會試第九名　朱百遂　興化人

君子有真樂，聖人擬其宅心之象焉。夫君子非故以蕩蕩者自居，而其坦也有然。人何不勉為君子乎？且以君子求慊戒欺，而不遑暇逸，雖吾道之足以善人矣，抑知持守嚴則天懷自定，且明早絕夫馳驅，而存養熟則天性皆融，寤寐悉徵其愉快。境惟詎有窮期，而求放心方樂境，特未至其境者不能發也，亦未閱其境者不能言也夫子曰世之憚為君子者多矣，亦思君子固何如者乎？君子不至以嗜好玩偶役諸慾之累，而欲撰由外至，境過而情亦遷，樂易出中，藏情通而形於暢，會剝膚乃愈從容，在當局莫明其故也，而馴致者有由矣。君子不至以形骸秘迷致懈惰之影，而防檢既嚴，舉動自於其適意，憂虞悉泯，遭逢可以諧俗，處限寬閒，自能悠久，而旁觀亦捻其神也，而歎其若何知矣。君子之心，其殆所謂蕩蕩者乎？夫君子何由而得此也？其平日讀書考古，亂化事變於無形，而不恐不尤，宇宙是平陂之域，其臨事度理，審機妙權衡，以順應，而無廣無詐，寸衷闢空大之程，其蕩蕩也，其坦也。獨無君子窮不自知，適居編之升沉倍增，故於晏安匡居之指摘，秦嚴故於暇逸，而其意境固已不迫矣。豈無事多紛擾，而君子安危定之天，豈無遇涉艱危，而君子自適優游之性，乃知無心之坦，而流露自有真也夫。倚蘭作撰，傳嘯野之絃歌，疏水怡情，寄浮雲於富貴，我生平甘苦備嘗矣，而惟此悠遠之況味，老者不改其怡愉，其體會君子之全神也哉。抑君子非不自知也，嗜欲無所乘，志氣之清明，益若宦況得所東陰陽之診，戾骨平此其氣象，豈能自關乎時數，不能以力爭，而君子安之若素事會，不能以逆料，而君子俾焉若忘，乃歎自得之坦懷，形容雖遠聲也夫，陋巷閒居，未改簞瓢之樂，歌聲中輟，如傳金石之音，二三子稱躁肩平矣，而既知道味之淵深，動作謝徹，其內適盡並宛君子之全量也哉，若夫戚戚以殉其身者，其亦未有稽於君子也矣。

周監於二代郁郁乎文哉

同治甲戌科歲貢第一名　戈永平

禮至周而大備，天與人交際其盛也。夫文不自周始也，取二代而監之，郁郁之美非天時人事之交底歟？且夏尚忠，商尚質，至周而尚文，說者疑風會所趨，聖人有不能主者矣。不知風會待聖人而創，其尚忠實已探制之原；聖人值風會而啓其華，豈徒忠質之迭合而相而治，集一朝合數聖而始成一聖。政由舊者命維新，周久其洪纖畢舉也，實擅夫天時人事而知周公之尚文非苟焉也。周先王化行南國，關雎麟趾既王氣於山川，秀之所以為文也，然止取止仁，非不靈明物理，而注丰水以思禹績，錫斧鉞以奉[illegible]魁，我王猶是典章之由舊；周先公績著東征，豳風備美，勤施於家，相公旦之所以為文也。然多材多藝，亦云著作無遺，而月令參小正之書，王制半殷人之法，煌煌之令典，詎隨雲物以俱遷？今夫禮創於二代，道在周而文之美盛於周，即在監。禮有以少為貴者，於其宜少者而不損之，非監也。如琢玉然，借他山之石，瑕不掩瑜，此君子廉而不劌，必損所當損而始不嫌於樸。禮有以多為貴者，於其宜多者而不益之，亦非監也。如製錦然，擬文衷之綉繹，往文錯配五方之色，藻火紛披，必益所當益而始不鄙於陋。雖然，而周之文之盛，有值天時者焉，有繫人事者焉。綏蒼之福，昔關雎鳥而畢識其機，玩大玉帛集於塗山，大球來於下國，文明下啓已非上世渾噩之風，而尊命神無補於喬野，萬勝者時未至也。夫思不過由于禘祿，識不過於列二代之規模，其在而將吉禮以佐秋監，夫實先祿而益諒其胥隆，畢禮以揭盛監東享東王而更昭褒，甚補偏救弊，往往時之採擇遂受教蒙甲曾背目月以常新，郁郁乎有不見文之燦燦者也哉！人物之昌明，居久焉而益彌其缺，故夫有苗格以干羽，豫德播以桑林，文治漸開已立亦世章由之準，而作刑作誓并難化以勤儉完仁者，事未備也。夫從不過王后君公，政不過井田封建，二代之制度，從此而監，錫圭之告成，陰陽兆旌蔚然王會，監銘盤之筱，羅多乎几杖，遭矣丹書，抱要提綱，集眾事之盛，宜遂遠東海西京，振聲靈於勿替，郁郁乎有不見文之美備也哉！吾從周，其美矣哉。

見賢焉然後用之　會試　游鐘

賢必見而後用，亦不得已之心也。夫不賢何必不用，然不見亦何敢輕用乎。孟子告王，亦不得已之心耳。曰：王今者用人多矣，凡廷之擾下偏列，不為上大夫者，夫果皆為賢乎？夫人果皆賢，何必不用？不然，寧乎賢之名，幸其用之，而將有非耶？其人而畀以事權者，而其人反謗焉，讒焉，使之未由進其前，而驅車惟恐不速去，是非不用之之故？亦以輕用之故也。抑何無灼見之明也？國人皆曰賢，而胡為乎察將用之？是以察之也。然則賢何可不用哉？披擢本朝，廷前無之固，而有是賢而不用，將政務極紛繁，而廟堂誰與襄國？是舉揚亦偏，歷難究，亡夫人之詔其賢而不用，將當途者將賞而難淵於以沒其才。然則賢何可不用哉？雖然，吾特患未之見耳，未見則無論其非賢也，即使賢焉，而人之所賢，以閱歷而孰得其賢哉？之所賢以傳聞而遽信其賢，是人之賢，得諸實而我之賢，尚涉於虛也。而況未必果賢也，未見則無論其誤用也，即不誤用，而人之用賢以相信，而始用其賢，我之用賢以未見而遽用其賢，將賢在人，與為人用賢在我，終不樂為我用也，而又何論誤用也。且夫天地之材良非偶矣，莘野渭濱，天若特畀焉以作蒼生之霖雨，乃遲之久而始用，若則以賞識維艱也。王而知賢，是輔也，捭闔縱横，祇以致富強而莫明乎治術，將用以作股肱，必見有異為之助，用以作腹保，必見有啟沃之資。夫而後權由我立，外人不得撓其柄矣。非然者，復若印纍，竟至漫加歸咎，亦其所以見寵異之公哉？且夫君上之需材為孔亟矣，嚴棲谷隱，本朔利見焉，以既運會於風雲，乃待其時而後見用，者則以銓衡未及也。王而尊賢有心也，安族祇掌人，已昧王道，而修語乎霸功，將用以為名世，必見其道舜禹堯，用以作儒臣，必見其講仁説義。夫而後眾難附和，惟我王獨斷其非矣。非然者，夠道雜進，而得漫遊其無實，其所以展聘徵之典哉？又得已者乃此王盡慎術。

賦得露苗煙蕊滿山春　得煙字五言八韻　游鐘

何處春多滿，山中景最妍。苗肥新浥露，蕊小淡含煙。採藥人初到，栽花客早前。滴餘纖月上，籠借好風偏。絕似雲光斂，近時草色鮮。韶華真不老，翠靄定相連。眺待營賢巧，催因羯鼓圓。皇都尤勝概，蒲逢班昭宣。

上律天時下襲水土辟如天地之無不持載無不覆幬　袁懷仁

學貫於上下者，其仲乎覆幬焉。夫天時水土，仲尼之所律之也，由其尊以辟其量，持載覆幬，豈徒以律襲求之乎？從來天尊地卑，成位乎其中者，聖人。非實有以天地爲尊者，則天地所為善之處，初非聖人所秉體之然。聖人自聖人，天地自天地，只聖人不見有天地矣。非實有以天地爲量者，則聖人所充積之然，初非天地所分體之然。天地無歉於聖人，聖人自歉於天地，只天地又不見聖人矣。而皆非所論於仲尼。仲尼之本一天地也，仲尼之量亦一天地也。則試由祖述憲章以進，徵其本不外夫一陰一陽互爲其根而不已，一動一靜各止其所而不遷者，上則有天，下則有地，中則有仲尼乎。天有時，而自然之運彰；水有土，而一定之理著。仲尼律之襲之矣。仁至則有以妙順應之宜，神无方而易无體。其於乾元之送壇固有默爲會通，而不容以或徵聞者，如樂之有律然，而非徒温爲春，威爲秋也。義盡則有以立本身之則，守之至而履之素。其於坤道之无疆固有相爲表裏，而不可以彼此隔者，於良之有襲然，而非徒樂以知敦，以仁也。所以羲和有命，敬授載自虞書；懷柔作歌，河嶽登於周頌。天時水土，堯舜文武亦各顯其事業，而孰若理之固流於性分者，周串貫而通。仲尼之以天地爲尊者，則此由是統祖述憲章，與上律下襲以合撰。其量不見大，廓以求其與綱維於不墜，健而不息，隆蓋於有形者，終古此天，終古此地，終古此仲尼乎。地司載而無不持，天司覆而無不幬，仲尼則之矣。聚萬事之理於一心，在在有以實致之，而不見其重；散而不見其遠，學者納之宏，无有遠近幽深，莫非大力所包舉焉。而何所讓於富媼之凝承也。通一心之理於萬事，歷歷有以運量之至虛而該至實，至無而該至有，積之渾者賅之廣，隨其散殊高下之異，非大業所悉懷焉。而何所迸於穹蒼之帖冒也。惟之地道上行，亦消實是於亦易天道下濟，實皆即寓於實。持載覆幬，在天地亦實致其功能，而實則聖之合撰於中。然者使之兩兩化。仲尼之以天地爲量者，又於此，此所以崇效天卑法地，繼堯舜文武而立極於萬世也。

前題　歙聞閣　仁子曰克己復禮爲仁　未錄

按　袁懷仁　道光癸卯科中式第一百四名舉人

係老三房金鑑公三太爺之婿　孫注

子曰小子何莫學夫詩　至　正牆面而立與

副榜一百四名　王蓀

而言詩教，法戒昭焉。夫詩固君人所當學，二南亦君人所當存也。語小子以學，以伯魚，豈有異哉？昔夫子雅言之教有三，而詩爲其首，趨庭之訓有二，而詩冠其先。一堂之上，感然之詩教中人深矣。抑知二三子敦風肆雅，不獲夫身心之益，則經誦皆荒，三百篇論詩詞採夫家國之源，則推行亦阻。大聖人明其詔望之殷，申其儆戒之切，聖教不於此尤殷聖心已於此惓惓焉。不然，小序爲卜商之作，豈同堂不解謳吟？商始也得言詩之合也，聖嗣不傳家學而欲勉之焉。嗚呼！小子以學詩詔，伯魚爲二南詔哉。絃歌本儒者風流，豈洙泗淵源，故庭陶鑄非風雅特甚，陶鑄雖工而性情心術未得指歸，道德文章未知體要，則出日遠塵鄙嘯詠，取抱膝而哦風雅之經，寄雅爲服膺，始爭？豈東山家訓反荒肆業於蒞經特肆業雖深，而攬取詞華，因關日用，發明章句，無補身家。即此時庭下趨雍容，將來影向樹人倫之望，然則詩也而可不學乎？我有天性，興觀群怨寫其情；我有倫常，邇父遠君備乃職，以及草木鳥獸，并默且無不旁搜博采，藉以訂才人博物之書，詔之以此，識而小子進矣。二南而可不爲乎？我思周公陳以東，雎麟胡然，我思召伯陳以南，雀鼠胡乎脱，今而從有戒心無嘲。其何以神之用行，留以佐盛世？聲音之流，戒之以面牆，而伯魚聽矣。六經爲言道之宗，易象春秋，皆有作名教，不知溫柔敦厚，惟詩和而作盛。人芳人思婦之詩，歌謠皆由至性，孝子忠臣之作，儆規悉寓深情，即至動植飛潛，孫紘不一，且無不搜羅宏富，考訂而紫乐雅之文，斯何如敦也？念往日閨雅風耳，及門未有傳人，而頌今以熟矣。林不能廣傳經之派，大雅其將誰扶乎？有數言以定心源，而將來筆燮，一辭可以酬黃竹白云之曲，四始爲言情之祖，邠風變雅，均有切於身心，不知美刺兼淫，惟二南首開夫王化，士女房中之樂，儒者之即聖世所儒生閨內之餞詠之，即承平雅奏，即至野人游女，知識豈無，且無不鼓舞歡欣，相從農而頌豆家之庇，此何以神用哉？想當年鸚鶚名遠邇，到期於早歲而殷以教承堂構，不能爲邦家成佐理之才。文書其安用讀也？得片語以承庭訓，而異日天賦華國，不必採湘蘭沅芷之吟，由是壁門之教益炳炳麟麟已。

賦得袖中吳郡新詩本　得新字五言八韻　王蓀

攜來從吳中，作郡人猶在。袖舊詩同一卷，官況清風在，詞壇往日陳。勝他囊中畫，笑我錦囊珍。細落烏栖夜，花開虎阜春。西湖成昨夢，東海傳同鄰。玉案叢殘擴，金閨寫素真。雞林如見購，論價定千緡。

禹稷躬稼

李大宗師歲試一等第三名 廩卷 王義淵 正甫

稼穡躬親，勞力不待力也。蓋以稼事勞躬，稼則身勞，從昇原言禹稷，勞力不待力，亘然。舉耜效均作耕，牛服民雷澤，少昊分官鳥，穫我雲騰懿鑠，手自古有年頌同我稼矣。欣紀瑤華於帝世，金泥玉檢，天府畢呈豐穰，而調玉燭於王庭，赤懷奇於地脈。事賞嘗考古之人，蹈盍黃熊，祥開赤稚，而黑墳刊於黃帝，吉豐肯有由也。有以昇夏以善射盪舟聞於夷者，斟鄩始入禹績，遂亡有南宮适稷官夫戰吾者，後世知有昇而不知有禹稷矣。然而吾觀昇而某罪非進，奮以禹稷甚功奇名莫在階松在陳玉琯壺璽長哉，而龍紀徒陳，鳩民莫卜也，所以麥陌亦死，紫芸之瑞，民曰宜穀來登，舜田亦呈朱草之奇，民曰嘉禾未種，日有華雲有叢珠囊開景運哉。而鶉居沼廬，穀飲非鮮也，所以山龍章徽，藻火之輝時則金穰吉慶，庭鳳亦奏薰絃之曲，晴則玉樓陳書，曰嘉穀右大禹。禹持伏犧於蛇龍，耳語時來錫赤埴黃壤，畐疇祠禱，野方陻熏，泰白梁島，藐禍，禹曰奏庶鮮，奏庶艱，泥輴山樏，即以陻亦田畎田上，厥田下，甘韓黛壤，即以身勤，迄至南畝既畇，而佃禹甸者鳩澤，碣山不嘆其畐而兆維畐也。從厥躬稼，帝曰俾汝后稷，稷特躬乎於芋草耳，埃而壤，勃而壤用麋用天，一不慎於土，他何賽而癸審，而癸迄虐迄貓，一不謹於田，功何稷進。一冊曰從保介鐫以穀，釐盍亦繪以米，雷汝再進一冊曰命目農，爲以蕤椒盍赤賡以華齋，迨至西成吉慶，而曆周原者，尾耕尾歛，不羨無禾，而踐埸禾也。從厥躬椎禱，或謂蟄龍門遵於熊耳，腠毛之洪痺，較難於手足之胼胝，不知有泝水而併合鞠人，有明農而畀稌穀我也，而脉操亦祝穀發我耿，同爲赤子；溺飢之極，聞誰奐鴻嗷於中澤，而禹稷實沐雨櫛風也。究其他復何望也，柳偶秬秠恒以徒釋，章有以配天軫，著於伏排以平地，不知聲懷襄者，必八年在外，昭來年者，於百穀用成也，而績奏攸居，諾無呼癸不絕，丹禾大有之書，間誰閒龍，誤於平原，而禹稷實戴星辰露也，而其志更何期也。嗟乎，誠有時壤有子錫，雨和雲之地，歲屢大洪，崇則國都則家，呈輝雲從之天近竅神黍，而有天下，禹稷豈望論。

賦得傾蓋如故 得郊字五言六韻

王義淵

兄事常懷舊，所承記訪聃。同車儀去衛，傾蓋恰如郯。與過誰歌鳳，慶芳偶息驂。情隨披草遠，影帶荷花含。零歲話論愿，甘酬郯陽延駐。日聖陵想聃但。

前題

一等第一名 廩卷 李鏞

孔聖遵程子，車驅適在郯。試傾今日蓋，如接好人談。中道原攜手，多情此脫驂。言原蘭共臭，交不醴同甘。邂逅欣緣合，揣迂回意參。儀零露句，仲氏米曹語。

星集潁川賦 以五百里內有賢人聚為韻

李大宗師拔取泰州詩古第一名 韓嶽生

眾擇星祥鴻才結伴壁合儒林珠聯氣團咸延上國手眷寰區傑騎生於崇上
偶不嘉處燕集人盡無雙我周漢代龍興星還聚五麟夫前淑名高儒宗望頎
章句通材林泉仁讓擅瑞日祥雲之譽子弟照廟有光風霽月之懷謹期坦白處
人才薈萃合氣象之高翔學者開幽邈凡庸々什取
有陳太邱者寬鋼者英許昌賢士竹林則又鳳齊名標譽則八龍競美耶其況書詮
雪訪戴情殷仍期太史書雲暖輝邑喜上應列宿分書直等郎官仰瞻周天望氣
而知仁里一非時星聚高懸星光不晦星度分明星娛正對夜明南國文昌之氣如
珠春棠華堂東井之游成隊詳觀瑞應之昭印在郎圻之內一其集潁川也匠業文
之風流與德公相先以部當書而胄之傍往出女墟之石瑞由心石游河并射夫龍光
地以人靈分野不同於牛斗永叔寬裘樸策軼事重聞眉山日戰春酣奇才
僅有一陂大嚴陵迎紀座是情離曜江湖大隱朝市神心非書陳太史眾
聚中天然而於燦銀河僅垂睢於一黍何如炭連蒼月暗畢星於群賢之無
其流群拔華道可傳載靈鐘幽蘇瑞叶鳳麟攸聯而手上而應乎下陶於已
而風於神物以群分不數商山之四皓方以類聚豈徒斗南之一人至善哉
國家多士彈冠聖王御宇咸掃欃槍光騰仍鼓王衡正而政令齊泰階
平而千戚舞雲聞五色崇占科第之祥野無遺賢仍慶德星之聚

則以學文

戈人楷 葵北

四志六教之林寸陰尺璧也夫言無文雖行不遠於焉學之而餘力具彪炳之日者夫子衣繹
衣翳纏簞迺詣孔璇叔仲會執簡而侍曰學者鄧鼓逢之菁莪燕殊鳶祈若之汴郊流
芳於鑠哉華國文章在西京亦在東魯矣頎璜有雍璧有殞舞象勺者子佩于行虹
有王家有環勤蛾術者我知我甲夫豈以坐杏壇而娛老依之者半探琴書未釋以
訓叢汲之者一廬佩兩也孝弟諸事行有餘力矣今夫司馬二卅之法教儒嚴於三遂三
鄉司徒六藝之書道不殊於六德六行言有文也弟子蓋未學也若係三千冠裳濟之
廿堂父十俎豆之華之曲阜昌平棠而成天地人文之藪矣閔子小子其美以堪於崇
帶懋嚴修也果月生徒環列坐有虎皮而識同韵鞠何以為名山事日月之光東
吳公子請樂而來西晉名卿觀書而至鑑蒙是澤蔚而為春秋文物之邦矣我
童蒙雖然道此於此而坐叢遍業也他年居相有知工吹笙鹿而人笑茅鳴矣以為當
代壯風雲之色惟然而學術其體焉可讀書萬卷博則博矣何以內補於身心下筆
千言敏則敏矣何以上通於天命學之哉玉堂金賢之蓬道不外擇子家人皇眷崇愛
之書事不越布帛菽粟琴瑟在前圖書在後典之雅之可觀也則胡佛經而胡誦而夕
惟然而學術其用焉宜締章飾句華則華矣何以有功於君父挾藻揚芬麗則麗
矣何以有益於生民學之哉雍雍內則之篇語之正明堂之治數之儀之訓佩之
而王制之經東西有序上下有庠炳炳琅琅可誦也則曷不出而雅入而風講堂設與
排之者數十家精會策與攻之者數十輩以此言學學則林矣而彬彬之者非無人也

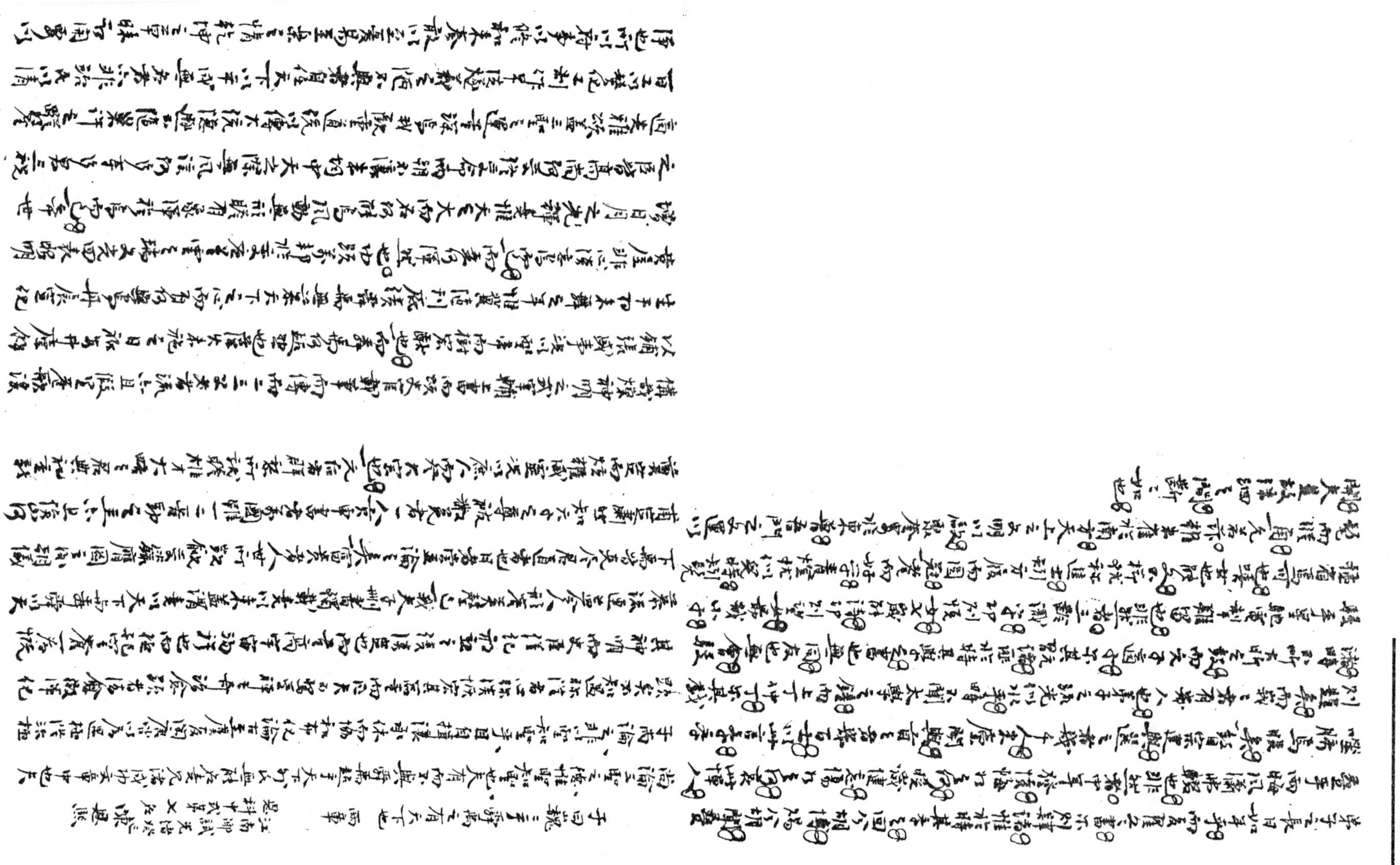

無為運有為之烈伊古以來惟宗祧與史化以先禪讓不疑虞為而世以文武征
嶽鄰而萬億稽古欽明惟虞舜肇三聖之義度宏高矣我朝列聖帝臣而宰
輔業心不忘耕山治水明峻德而宏濟惟法不私敬眾振時有為而不為故知所惟
性之不務有為而無不為故淵默天而成象也所以然者振舉以還而聖不復修法
封禪繫議歟衛內外四海欽崇再進頌也曰魏魏乎曰蕩蕩乎其則法同也

賦得江上飛雲來北固　得雲字

河嶽秋來君，江邊半是雲。南薰吹縹緲，北固望氤氳。舒捲應霄迥，陰
晴一水分。白懸依岸雨，紅掩疏山曛。作態騰超背，翻空整部群。曉風旅收捲，
甘露法鐘聞。京口濤聲動，青蔥岸似君。敢孔隨遠近，再淨層氛。

子夏曰可者與之其不可者拒之子張曰異乎吾所聞君子尊賢而容眾嘉善
而矜不能

光緒乙酉科　王貽典

所聞有異者不妨兩存之焉夫所可者即賢與善不可者即眾與不能也尊嘉即與之
之說而容矜異焉此所以為君子乎且學術之異心術異之乎心術故有異之也無他雖同
本於夫子而其意趣之不侔者一則相傳受故先嚴謹世之防一則從偈開除必致
於大公之至要之言兩岐豈兩是哉蓋各有偏焉以防偏之焉則兩失之於不必以一味隘一
高遠之陳邇醜之焉宜兩美之優劣也今夫世之子夏君子儒也其教門人度亦本所聞於
夫子者以為教即子張則有所聞於夫子亦不知其何異也迨其門人述子夏之
言可者與之其不可者拒之蓋惟夫子本泛愛親仁之教而無一物不足以容度量而弗不廣
其志之過於吝即有時辨別精詳而慎其所可與之者非聲華之嚴其所可拒之
者實非崖岸也此固君子之全功也而在吾徒因性情才力之分處無一泛不足
以臉即賤而弃不廣其志之岐而二特有時關係轉述不患其與不與而失
之安肯轉患其拒不拒而默之匪人也惜非門人所承諭也故與拒之說特子夏為
門人言則然何意門人之就謹於子張又何意子張之所冀以君子也曰異乎吾所聞
所聞何異所聞之為君子異之耳夫君子者豈謂僅言可而嫌其泛故賢與善不妨
相奉以美名必言不可而又病其苛故眾與不能亦祇可憐諒淡俗斯其立格也廣也
周也亦足以廣應也而尊與嘉於倒且原於性分拒亦足以防貴渾而容與矜諒有
日勤以天良斯其用心也為九擧一曰君子尊賢而容眾嘉善而矜不能子張之所

閒於此君子衡才哉非其所謂尊嚴者既相駭而篤愛之慕若出於性情君子疾惡嚴深其所謂矜容者又不惡而嚴偃全亡同於席作此固猶然與之拒之之一說也而子張若有不適為門人解者但愛於門人所聞淪然者乃知情儀之嚴於子張所聞廓然者乃衛聖修之大也。君子宏獎風流其所謂尊嚴者不徒以之氣易同直為陳進示率由之學君子不為已甚其所謂矜容者或轉恐執持過甚受命今鹹至倦愧悔之機此亦不過為之拒之之進讓也而子張印欲後是為門人起者特恐門人有異之見於而可得至理參於之道子張有異之見存已若路同深刻狹之嫌也。欲賢不賢之說誠有無待於拒者特子張仍為君子言之而非為門人言之也。

夫子之牆數仞不得其門而入不見宗廟之美百官之富得其門者或寡矣

光緒甲午科　陳恩治

聖道無可窺入聖門者難其人矣夫宗廟美百官富聖人之道無可見而於無牆已數仞耳此得聖門者之不數之也爾使人徘徊於名儒之門偶升一階進一室輒誇權於人曰此中語不足為外人道也抑何輕量天下士哉然猶未登堂奧若與談斯道故為卑其詞曰窺夫胡哥以窺測海胡不可以發乎隱懷自斯語出而聖道不尊而庸之者香以躋聖閫自所焉何哥解也。賜之牆也不自執賜與夫子較是以寸木而欲得岑樓也豈以淺妄而欲得其泰嶽也門外人胡睹之義是知夫子之牆益數仞云。賜不知牆之中何燦然洙泗諸賢之序。不過風雨敝屋耶。謂其中列堂廡階序燦之帝者之宏規洵泽今之語也不知詩書六藝從大聖人之手訂奢而成家国宏書是天球河圖之比例也而得見者何人也。賜不知牆以内何肅然所謂從教之壇祀得二三美陳耳謂其中集疏附以先論之吉人之在後御侮之詞也。不知陳行四科受數十載之識成上而為名吉今王佐是其衆禮樂之良才也而得見者伊誰也。宗廟之美百官之富皆數仞中之所有也見之者皆得其門而入也雖然難已。四時之行百物之生肴於一門而橐鑰之誰可得而言傳哉夫超五帝篤三王是君相而斷儒已夫子之事事耳試思禮從定世室之名陳宗物於難聚龍勺周官序兩階之次列專職於宗伯司徒蓋昭代已定之章程簡冊傳之而無隱義吾所未發之精蕴凡康廟之而有餘思也東山小一魯泰山小天下彼不得其門者有若例其高深爾。山嶽之精雨大之厚肴於一門而已語之誰可從而勝度哉夫季氏冠冕俎豆千秋於一日又夫子之奇功耳試思廟堂崇祀天子陳釋奠之樂章傳記推尊史臣創世家之體例乃生民未有以世尊之而帝無疑詞大德難名時人思之而轉無所識也渾然不知江海難測不知地天彼不得其門者有徒於其卑陋不然何得其門者或亦寡矣而屠因為不得門者惜焉業已三事席官而王畏邑眾章近闕里昌平之宅胡為芸行無返而回視入室升堂之輩劉然刊名而進退與聖人並世而亡聽仰山水徒思弥風流韻之復胡為望道而進而懸念三千七十之徒不欲進於一序。賜為夫子惜之夫下不得門而入而徒云今日之云也宜夫子徒排徊於牆外已

君子居是國也其君用之則安富尊榮

瞿大宗師歲試拔取
揚州府學一等一名　戈文瀾　鏡湖　東台縣附生

君子有益於人國，用之而效見於上矣。夫居是國而不見用於君子，何損？卻念何其君之不欲安富尊榮耶？孟子若曰：子誦伐檀而念君子，亦知伐檀之君子，魏之君子乎？夫國狹而民亂，魏無磐石之安，碩鼠困貪殘，魏無流水之富，且刺褊心，美無度，魏之君子尚不為士民所尊，乘于車服之榮，而況其君嗚乎？魏之國曷至於此？蓋適樂土者既去而之他，而列公路、公行、公族之非其人也，吾是以思君子。君子和環堵自安，名山自富，天爵自尊，草布自榮，與其遠藏斂身，曷若蓋國之福也。君之幸也，方其歌嘯於邁塵之場，三代上之經綸事業，久深蘊蓄於寸心，故不必同律揣摩而已有內不見乎外、不見君之概，洎乎周流列國，以還六文王之治禮，其實久動於歡欣於局外，故印此儀聯託足而已。有大用大效、小用小效之思，而特患君子不居是國耳，而特患居是國而君不用耳。且吾嘗於未用君子之先，而設其國之勢矣，獨見其於布衣中君弗安，行犧牲於境上，君弗富，受盟城下；又侮鄰封，君弗尊，亦弗榮，即不然，此實逸樂安也非安，此亦焦而富也非富，一人坐擁其虛，示尊也非尊，百僚徒秉以陪，名榮也非榮。竟嘻！誰柄國者而致今若是，何莫非不用君子之咎歟？而設也，君子居是國而用於君也，其或運游說之謀，則將挾書策而印名，連諸侯以為安，盡地力以為富，寵常耕以為尊，致王胙以為榮，縱橫家言所以傾動列侯也，君子無是亭也。率世相望原未喪，壇席神明一教，非常之知遇，而近此遊蹤矣。此特寸寸尋借畫卯已，恢又世之規模，安不流清淨，富不事縉紳，尊不恃威權，榮不矜勢力，深宮之論謀，無非名世之經陳也，而豈必與離縱謀臣，祇競一世之功利哉？其或扶危險之術，則將假器略震動諸侯請兵練以為安，拓封疆以為富，朝同列以為尊，戰勝以為榮，此家者流所以馳驛當代也。君子無是具也。畢生抱負，原不屑較閭摩開拓，慰垂象之將慈，亦何華守下相依，而一旦傳業果已，卜他年之成效，可安不可危，可富不可貧，可尊不可卑，可榮不可辱。經綸之重，名惠本業，云之興盡也，而豈必與什植諸佐，[illegible]一時之戰陳哉？用君子之效已如此。

賦得漢文討究天下圖　得圖字

文帝臨天下，盈廷仰孝漢，藩廂撐漢室，討究壯皇圖。西北誇形勝，東南指輿圖。既由高祖肇，起紀鄭侯收。拓壤三輔分，州郡入隅。河山歸掌握，居幅此稽符。

自東

龍大宗師歲試拔取
東台縣學第六名 戈文蔚 蔚君

更由西而溯所自化之及於東焉。夫周之德化不僅在東也，然及於東者，盡由西而溯所自乎。且我周之盛也，孟津一會，何王化之早臻東漸歟。蓋祀重合同，感仰王師之東，篤而是祀湛濊堪徵，証諸於東方。古聖王所精圖治，膏澤旁流，其與豐水而俱注者，不僅辟雍於鎬京也。亦以德服人，詩既詠乎自西矣。德於是已乎？未也。西京為王氣鍾萃，庸蜀羌髳東會者不一國矣。然岐陽既兆鳳鳴之瑞，而牧野未申恤伐之威，則當日商奄之蒲姑，悉未必共沾德澤也。西雍為王迹所趨，微盧彭濮，從者有由來矣。然辟雍既歌，振鷺之府，而表海未奏揚鷹之績，則當年淮河海岱，又安必同被休和也。夫不有所謂東乎？乃有聲之詩，則又繼詠之曰自東。獨夫肆虐以來，東土不少輕儇之習，而詩之詠自東者，一若零雨三年，破斧徂東征之詠，金縢一冊，流言請東國之人。其敦猶未有涯也。今即東洛之書，祈奠擬而尹亦東夜，直與西土而胥溥異膏。歡雅化於作人，誠可由西而進溯所自歟。一般土既亡，而以東郊猶多叛背之憂。一若向仁慕義，雷鼓駿獻，曩之東人大畏小懷，環聲來之東國，其聲教安所阻耶？今即東周之無開而奇恭東郊，直與西陝而咸沾德化。御所叔於假代，誠可由西而更觀所自歟。王業之隆也，豈僅以東澗東郊遂形奉澤哉。概之曰自東，知德無感周而不遠從來迎之土，則徂東可驚，非才欽恬，胥者之早由西方而化，不足自東始者，亦非自東已也。倘詩不有所徵乎？皇猷之樂也，豈第以東藩東海遂畢聖功哉。概之曰自東，知德威之播，無問海隅出日之鄉，則東道可通，又非一牙通章，謂者之早殷西硤而化不閉於東者，亦不囿於東也。彼詩言不大可差乎？蓋王者南北可進及矣。

賦得華乾閣底行 得聞字五言六韻

木葉層徽脫，秋黃映夕曛。蘸霞行欲作，又麻走喜相聞。乱疊人收耳，閑遊默邇群。風排推碧靄，雲密隱斑紋。初睇蘭之下，林聞塵之紛。仲冬時已屆，角解氣絪縕。

子路曰自孔氏曰是知其不可而為之者與子擊磬於衛有荷蕢而過孔氏之門者

楊大宗師科試拔取
泰州學第一名 戈人哲 癸北

述所自者聖門中人，而過聖門人者可類及焉。夫子路但曰自孔氏，固料晨門必知孔氏也，荷蕢何人，而乃過擊磬之門耶。且從古人才奔走，鼎盛年天下揚眉吐氣，俯印青雲之士，莫不願一登孔門以為快，然宮牆之地，日月之暮，惟門乎子入其閥，至煙霞石隱者流，其出處與聖人遇不相侔，而偏於不平則鳴之餘，聞所聞而來，並見所見而去，而人以為傳。遂由此隨聖人而萬古矣。自一問為晨門者，其平日曾過孔氏之門，與子路舊相識而問與。抑未過孔氏之門，與子路初相見而問與。抑亦過孔氏之門，與子路來謀面，因有畏子路之氣象，非孔門高弟不及此，遂隱其自孔氏而未敢必與，雖子路其何以考之。故子路在孔門年最長，其行道之志亦最急，而欲羅晨門致門下，必為之詳稽望曰自魯孔某門來，具官閥曰自魯司寇孔某門來，吾知晨門將蔚然挂冠去，與孔氏為滔滔之世留焉。胡為門著孔門，乃不告以何地，不告以何名，而但曰自孔氏，抑亦欲郎自孔氏出於子衛，亦有孔悝出於姬孔氏，固不一哉。不知一車兩馬，弟子雲從，聲大江岸，聲名震動曲阜，孔為天下第一世家，百二十國中，誰不知孔氏者，況在門在衛，與負接履，或曰魯南從城門去，負笈尤誇，人誰不知子路為孔門傑侮哉，誰不知孔門孔子路者，可與升堂而入室，不長揖大人故出無跡，消衛之冷穗林藪草，則與孔氏之偶晨門，萬里哉。乃子擊磬於衛，何以有荷蕢而過孔氏之門者，時孔子再至衛，主伯玉，本蘧氏門也，而曰孔氏之門者，事繫於孔，名從主人，自不待辯。彼荷蕢者何所往，何自來，或偶擁擇與其剝辯。然名氏不傳，門下士未之問與，抑問而不告，告而記者偶佚之歟。我欲子路曾於衛荷蕢而揖子路為介紹於封人，語又頗留而去，豈非門侍亦隨於同鄉，如黑内井，饑分卵龍將軍子蘭，後世知其名與字，豈不相傳耶，計不出此，殆不護與異，晴附見孔門，良為可惜。噫，古今勝人逸士，於荷蕢而姓名賡識至此而不傳者，何可勝道，非此一過，誰復知有荷蕢其人哉。迄今過衛水之野，訪擊磬之門閭之士人而勝不可得，但見黃山高而河水深，淇園綠竹閒滿之作，黃鸝聲，君子謂荷蕢與晨門，雖猶之沮溺接輿荷蓧附書名，而其高風逸韻，百代下猶想見其為人。

賦得此人踏質頑 得此字 五言六韻

戈人哲 玉孫

高蹈風塵外，斯人不可留。買陰食霧隱，棲上忠雲幽。幸履炎揚躅，貴冠漸九州。遠嘉代召水，牢雋好林推。詠駒誰不肖，詩擇俄議此。近方巖隧來，許矛巢由。

而不驕小人驕

龍大宗師歲試拔取
泰州學第　名　戈蔭準　右衛

寧不驕於泰之中，非所論於驕者也。蓋惟其不驕，所以為泰。然驕之者君子耳，小人則弃
是矣。盡取其驕，從來不敢驕人之人，無論所遇之何人，類無不以驕為非是者也。顧
抱一不敢驕之見，而或抑然自下，非由於然自適而未免有矜持之迹存其胸，不
及為驕者哉。何然而不驕者，自有其人矣；然而驕者，則有其人矣。君子之以泰見固
也。夫安舒為泰，侈肆亦為泰，使偏執乎泰之似，謂以為泰之真，是泰也而實驕矣。君
子驕乎哉。可驕者莫如才。君子之才，異於眾矣。乃才也，而以德運之泰。然曰我之才，才也；
人之才，亦才也，不必其不勝我也。夫驕為一易驕者，莫如學。君子之學，軼乎群矣。乃學也，
而以善法之泰。然曰我之學，學也；人之學，亦學也，不必其不如我也。夫驕為一非是而不驕，惟
泰者能之矣，亦惟君子能之矣。君子於此尚有所之哉。然而君子不自知為不驕也，使自
知為不驕，則所謂不驕者，亦假託耳。天下固有不驕於其外，而不能不驕於其中者，
無他，驕之念尚存而假而託之，皆以不驕飾其詐也。吾不知彼君子莫若也。然而君子並
不自恃為不驕也。使自恃為不驕，則所謂不驕者，亦修述耳。天下固有挾不驕以處世
而印挾不驕以傲世者，無他，驕之根未拔，而修而述之，特以不驕作大言也。吾不知去君子
何遠也。御者曰：是小人也。不然，何為於是乎驕哉。小人無德，小人未嘗無才，而終不能與君
子者，君子之才正，小人之才讀也。所以驕乎目，即使自驕其才，亦不過驕之餘耳。乃小
人則曰我有才，而世無才，一似天下之才皆莫己若也者。胡為而不驕。小人無學，小人未嘗無
學，而終不能與君子抗者，君子之學正，小人之學非也。時其驕乎，且即使自驕
其學，亦不過驕之具耳。乃小人則曰我有學，而世非學，一似天下之學皆出己下也者。信乎
得而不驕，斯時也。有以君子之不驕者，而小人不顧忌也；有因以君子之不驕者，而小人不
顧為也。不能為不驕，所以為驕耳。安知所謂泰哉。

賦得魚龍潛躍水成文　得文字五言六韻　戈蔭準

一水滄溟接，鱗鱗掩夕曛。龍潛初蓄勢，魚躍得仰文。荇藻映晶波，念花圍錦
浪多。吹噓疑得雨，瀲灩似待雲。玉漾留軒樣，珠探燦為紋。騷瞻淵潤賞
攄摩白更無垠。

吳中懷古　六首

楊大宗師歡風　泰州第一名　董　堅

十字碑

周流曾此暫停車四顧荒煙擁殘碑論定何須雜褒貶發揮彷彿
重教歡文章金石開新例史筆春秋有特書咫尺要離遺墓在芊
辛宿草已蕭疎

三高祠

絜華浮海張共應幽趣憑誰訪逸論物外文章高士傳人間詩酒
武陵春蕭條曠代歌招隱悵望千秋孰後身擬酹一杯蓴酒濁吳
山脉脉水鄰鄰

試劍石

王業東南地運開似將餘怒委蒿萊斑斕苔蘚埋英氣瑰麗山川
出霸才有酒不澆狼石狂歌直趾上蘇台我來倚劍尋遺跡
地為王氣莫哀

投金瀨

嗅渡蘆中事已奇憐才豈竟復蛾眉餘威猶撼平王墓國報無慚
漂母祠窮士恩難中夜淚女兒心應只悟得知此情豈是金能買底
用將軍汁報施

桃葉渡

烏衣子弟擅清游淺浪年年碧似油六代風華新樂府一篷煙雨
舊離憂桃花繼渡如人面江水憑誰遣古愁只有青山似眉黛靚
妝明淨鏡中秋

梅花嶺

當年萬騎此雲屯形勝猶然作虎蹲數點梅花餘血淚二分明月
弔忠魂但教碧漢精誠在何必衣冠歷封存終古棲鴉來噪暮猶
將哀柳認祈門

二十四橋月夜櫂歌　　黃學院科試壹等第一名　劉法曾

錦帆隄柳幾成塵，閃閃流螢認不真。一帶雕闌今盡圮，當年何況倚橋人。

指點秦淮舊板橋，偶從江橋往木蘭橈。何處只辨揚州好，筆竟風流讓六朝。

秋菊春蘭各有情，瓊華萬花兩知名。雅台一夢荒唐甚，只有姮娥記得清。

草木江南秋盡時，空山流水碧參差。童前漫唱吹簫句，我亦三生杜牧之。

題橋賦　以司馬相如過昇仙橋為韻　　宋學賢

窮士數奇，津梁欲病。短轅局促，大筆淋漓。擬籌天而敘事，聊濡墨而題詞。伊爾山頭，聆青雲之得路；昇仙橋額，離白水以陳詞。他年駟馬門張，自他有耀，不日翩鶴衷御，寘命誰司。昔漢有司馬長卿者，才具瑰奇，半姿都雅，事孝景而蕭蕭歸來，如臨邛而寥寥偶寡。無奈橋横西陌，雜店酒保於壚肉；回思橋過天津，曾作省郎於闕下。蘇醴州風寒短褐，年年坊住碧雞；举頭則日遠長安，念念則臨金馬。無何望京塵以入洛，來北飛而遙渺渺。萬里行李，毋三一囊。驛路題詩，怕說鴻泥雪迹；郵亭題壁，都於馬磨風光。王吉之夢想無靈，誰能造此；賈誼之文章空露，莫斂形相。故甚過昇仙橋也。紅欄掩映，碧石砥清踈。雁排齒兮兩岸，虹臥腰兮一渠。原非濠濮，莊生罄懷；欹水不是河梁，蘇武惜别。牽裾咄咄，呼來雨字書空，怪煞諾諾。對此百篇文集，弥如於是題其柱焉。狸毫礼酒，鶴硯濃磨，化煙雲兮變幻，嗟日月兮蹉跎。飄零花叔客，遽寒偏到此，惟慨王孫仗劍，怕也如何。誓不為季子未歸歟，看書之空上；若再似梁園消渴，厥永天以弗過。逆逆氣兮雲騰，声價兮日增。園碧陰之縣，雖滿載輩之崚嶒。過者傳，欲競詩飛翔鳳，才人往去相期變化鵬。此行往不復傳，還效棄繻之謁者；丈夫豈甘居人下，同投筆之仲昇。果也一騎馳乎都下，八騶鳴乎車前。兮天祿石渠之傳奏，長楊羽獵之備。本來詞賦凌雲才，出郎杖之上；迨至檄文諭蜀，道通邛筰之天。當年犢鼻孱褌，酒壚蕭條；此日馬頭灰，鄉里閧喧闐。看巴西露布遍飛，宣武皇之威德，指城北星軺重駐，望天使若神仙。近今向琴臺而稅駕。溯錦水而停橈。萬里橋清江一曲。情盡橋垂柳千條。過昭應荒祠。仙橋價重。訪相如故宅。題柱人遙。隱約殘文。鈍無音而已剝。撲朔僕墨。路石失以全燒。笑家居猶著遺書。修述金泥玉檢。試貫酒休僕往事。言尋野店山橋。

賣魚灣打魚歌　　宋學賢

海門日出煙樹明。老漁破舟破浪行。鳴榔擊檝自容與。欸乃一聲山水清。老漁浮魚亦不賣。拄尺銀鱗償酒債。口中高唱歸去來。斜陽破網當門曬。我亦不向渤海之東釣六鰲。我亦不知磻溪之叟秉鼓刀。撒網仰天笑嘻嘻。綠蓑青笠游逍遙。奮世笑啐。我物醒以水作田千頃。漁童漁婦共一艇。朝朝打魚話直艇。撻來擔翠白銀山。日暮相看碧霞。歎呼我為隱隱。而漁呼我為漁。我隱居不作廬陵信國公。扁舟渡海飛長風。不渡中原有水。水天涯一葉飄萍蓬。不如我家賣魚灣裏住。釣竿長挂傍紅樹。相伴鷗海客兩忘機。喔軋艣聲自來去。古囊罟鱵頭船。浮家泛宅似乎似風吹不去。不繫。都在蘆花淺水邊。

擬左太沖詠史詩　用原韻　八首　宋學賢

平生有抱負。不喜封禪書。亦不好莊老。道德崇清虛。矯矯嚴君平。賣卜居
成都。市隱敝自給。世路息逍直。范蠡仕於越。十年沼吳。高尚遨難四。瀟子
真良囿世網。亦云密不歸。特云胡所以。稱東公將。出愛吾廬。
楚人寶狐白。宋人握苗蹶。倒國珠同古。昔有明條。安得辭孫雛。市南熊宜
僚。曳得魯仲連。而之居一朝。餘子碌碌耳。蘇秦微黑貂。不如還山中。白雲
暗相招。
管子天下才。著書難得君。班超棄筆硯。塞外從遠軍。倚劍市儈耳。車
馬何紛紛。衛青奴隸輩。食俸千年群。楚崇天閶偏。鶴鳶何所引。落落窮
巷士。淑昂但青雲。
晏嬰樂狀隘。朝夕近市塵。譬胡不貴。龍驤游天衢。爽塏更先人。有敝廬。
豳谿南郭士。一瑟吹竽何。怪衛懿公。心鶴乘軒輿。才士派得名。上書多空廬。縱
使託金張。文藻終何如。我思仁人言。思澤暢九區。
世胄祈圭爵。意氣凌九州。銅山與金穴。變幻如浮漚。皓皓商山翁。笑諛
紫芝可療飢。裹足不出游。一枝足鷦鷯。斯道何莫由。而冀甄靴輩。擯飲清流。
上下求吾師。閎西京楊。震鄧堂講。著作。道通天地人。泥塗視軒冕。高躅罕
與倫。吐哉。馬相如。賣賦書上陳。子雲美新字。俱厭塵。出處同大節。一髮同千
鈞。

侯嬴老監門。信陵來敬傳。壹漿居狗人。此中有安宅。荊卿燕市豪。高傲笑東郭。
酒酣擊筑歌。逸氣騰八廓。雖列游俠傳。亦充壯士籍。貴賤何足云。胸中割卯塋。而
況大勇者。先民列古昔。堅白敢磨涅。採綠莫思澤。
幽蘭閟空谷。畸士長向隅。自分老布衣。抱膝吟草廬。宣室求賢良。薦書來盈室。
順風吹鴻毛。大聲從巨魚。宣四葉。石居藏津。盈倉儲非為好。豐靡不敢遠。逝駐胸
藏。童子案手持。賈生書將以揚仁風。吹嘘遍朽枯。芳草十步內。忠信十室餘。人材
不虛生。一日世以為模。

捐修泰州考棚徵信録

（清）王世豐 撰

《捐修泰州考棚徵信録》一卷，清王世豐撰，據泰州圖書館藏清道光十九年（一八三九）刻本影印。

王世豐，字沂中，號筠舫，江蘇泰州人。嘉慶二十四年（一八一九）舉人。官松江府金山縣訓導。居家，見義必爲。道光十一年（一八三一）歲大災，設粥廠，救濟災民。又設青箱塾，會課生徒。十九年入祀鄉賢祠。

此記載道光十三年至十九年捐修泰州學政試院的捐款來源、使用的詳細情况。其中有泰州和揚州府其他州縣捐款情况，從維修桌凳用具到建築設施，從材料採購到差旅用工的費用都有記載。如：道光十九年江甘等九學廪生王光雲等禀該州考棚催捐廪糧及各紳士勸捐銀兩催齊，由該州擇董擬建號舍、建盖瓦蓬等；揚州府學江甘等九學廪生王光雲等禀爲公舉紳董領款興工事，前因號舍傾頹，各願捐十三年春夏二季廪糧助修並勸捐助修公禀等。

（顏　萍）

張銓贈

道光修泰州考棚徵信録

捐修泰州考棚徵信録

一公稟

具稟揚州府學廪生王光雲江都廪生郭圭甘泉廪生胡昌齡儀徵廪生張安保高郵州廪生張之泗寶應廪生田豫秋興化廪生戎紫光泰州廪生程紹芳東臺廪生姚應麒等爲公叩飭催以速興修事切生等前因號舍頭顙各願捐廪粮二季並勸捐助修公費　憲案荷蒙賞准又蒙　府憲轉飭各州縣捐廉交　前署府憲飭州興修感恩無既今春蒙　前署州交工房劉蒼樹修理號舍整齊皆出　憲賜惟前稟修號舍外桌橙尚未與修查堂號桌橙木片太澆欹斜不穩公議一律建新正場後仍舊移置又東西號桌橙腿足皷朽或桌高橙低或桌低橙高亦擬全行修理又每號寛僅尺餘人滿擁擠幾難運動今擬於堂下建披房增添百餘號卽於東西號舍每字減去二三號又東號尾墻屋尚有一二滲漏處亦應修補又今年試期叠遭陰雨生童聽點濕及裡衣間或致病生等公議於東西轅門旁建蓋高敞披房十數間臨時藏以蘆蓆中置長橙擦坐聽點又大門至二門甬道生童搜檢之處亦擬建蓋尾蓬遮蔽風雨惟凡此要工皆必視捐欵多寡以定辦理之章程現在九屬廪粮尚未解齊儀徵解過曹紋一百五十兩零二分寶應解過甘

紋貳百貳拾玖兩捌錢捌分與化解過洋銀壹百元已存泰
州州庫有案可稽高郵已捐銀洋貳百餘元並廩糧陸拾兩
現存高郵州庫東臺已捐洋銀壹百餘元存學其餘各屬或
捐而未收或收而未解或已經解齊無可續捐續解或已解
之外仍有續捐未解皆因夏間府考之時風聞號已修成無
庸捐款是以觀望遲延不知入場固須號舍整齊而內外增
修尤屬生童實在受益處惟外屬捐款解齊後仍能籌酌動
工生等散處各屬教讀謀生萬難任州監理而考棚係在本
州境內公懇飭州延請當地殷實諳練公正老成紳董就近
監督興修變通辦理爲此公懇

大宗師大人俯鑒衆情因公起見 賞准飭行 府憲轉飭
各州縣並各學趕速切實飛催剋日將捐款解齊以便速籌
興辦深爲德便謹禀
具禀人同前
公叩加催延紳速辦事竊生等前因考棚號舍傾頽各願捐
廩糧二季並勸捐助修公禀 學憲荷蒙 賞准又蒙 學
憲首倡捐廉交 前署府憲飭 前署州憲與修各在案今
春蒙 府憲轉飭各州縣各捐廉銀交工房劉蒼樹修理生
等到泰共見號舍整齊堅固煥然一新凡在士林同聲感頌
惟前禀 學憲修理號舍之外考桌考櫈云云中同禀學憲

又頭門檐下蒙恩新搭蘆蓬遮蔽風雨閣府生童齊聲感戴
生等公議如能間架稍寬蓋成八字樣式兩邊批水兩層蘆
蓆中夾油单不致滲漏永遠存案以後凡過科歲兩試承辦
經承無論天陰天晴預爲照式搭蓋尤感 憲德無窮惟生
等公議添建修理各款必視捐款之多寡方能定辦理之章
程下云云同禀學憲或修理已成尚有餘款可否商之紳董
存典生息立案以息銀作爲歲修之用均聽 憲臺及紳董
秉公議酌變通辦理除禀 學憲外爲此公叩
仁憲大老爺俯鑒衆情因公起見 賞准加催各州縣並各
學趕速彙解捐款務儘年內解齊以便春初擇吉興工深爲

德便謹禀
批查該生等所禀各層均屬妥善本州職司提調點名時目
擊情形亦已早在意中候即加催各州縣並各學迅將捐
款彙解齊全一面移催本州儒學飭令公舉殷諳老成紳
士多名以憑酌量揀僉董理其事趕緊諏吉購料鳩工監
督修理以襄美舉如蒇事後尚有餘剩再行另議善後事
宜可也 道光十三年十月 日
時授江南揚州府正堂加十級紀録十次豫 爲公叩飭催
事奉
江蘇提督學院廖 批據府江甘九學廩生王光雲等禀該

州考棚催捐廩糧及各紳士勸捐銀兩催齊由該州擇董擬
選號舍並先蓬等工情由奉批仰揚州府速飭各州縣將捐
項催齊彙解泰州貯庫並飭該州舉董悉心籌畫妥協辦理
詳報毋遲等因到府奉此查此案前據該州具詳各屬勸捐
銀兩以及各廩生願捐廩糧尚未解到請檄飭移解等情當
經批飭該州經催由州彙總具報在案迄今多日曾否選董
其應捐銀兩是否齊全未據詳報殊屬遲延茲奉前因合亟
抄稟扎飭扎到該州立即查明應捐銀兩曾否彙齊如尚未
解到由州分別移催一面選董經辦仍查照該生等所稟應
修之處悉心籌畫妥協辦理詳報均毋遲延速速特扎 外
抄稟十三年十一月十五日

揚州府學江甘等九學廩生王光雲等稟爲公舉紳董領款
興工事竊生前因號舍傾頽各願捐十三年春夏二季廩糧
助修並勸捐助修公稟 學憲批准在案嗣經 學憲 府
憲 前州憲暨各縣廩捐款將東西號舍修完九屬生童同
教咸頌其各屬捐款多少不等陸續解存州庫亦在案去冬
生等因有款存庫稟請修理桌橙建蓋頭門內外蔽雨批房
聲明 生等散處各屬教讀謀生萬難久任州城監理公請就
近延請當地公正紳董監修亦在案現因紳董未曾舉定是
以未見興工 生等現在公商存庫款項無多若照去冬所稟

全修恐尚不敷支用惟先將堂號新造寬厚桌橙東西號舍
桌橙腿足朽爛高低不齊一律修完如式頭門至二門建蓋
芃蓬四間約估工銀若干先爲量支應用 生等去冬在泰面
請舉人現任教諭王世豐舉人任鈺繆文煥宮玉華廩生康
發祥廩貢生選侯訓導夏荃皆係殷實諳練品潔才優 生等
素所信服可否 俯准 生等所舉延請舉人王世豐等就近
董修應支工銀並懇 俯照十三年 學憲批准原稟即由
董事具呈領用 生等因公起見伏乞 仁憲大老爺俯鑒羣
情賞准施行 恩流學校闔屬均沾恩上稟
批據稟修理考棚以已收存庫捐款無多若照去冬所議全

修恐不敷支用擬先將堂號及東西號舍桌橙修整並於
頭二門建蓋芃蓬四間先行估計興辦係因經費不敷起
見自應先儘緊要之工其餘未盡事宜原不妨俟有續捐
再辦既經衆議僉同並公舉理人王世豐等就近董理亦
屬妥協該生等即會同估計諏吉興工稟候轉報所有存
庫捐項即由該董事聯名具領可也 道光十四年四月 日
具呈文舉王世豐任鈺繆文煥宮玉華試用訓導夏荃廩生
康發祥爲董修興工叩發捐款事切揚州府屬廩生張安保
等各學捐修考棚避雨房舍指明先修堂號及東西兩號桌
橙並於頭二門外蓋芃蓬四間面囑舉董董理其事稟明批

在在案舉等義不容辭指日興工隨即帶同工匠查看會同
估計堂號桌櫈一概重建東西號桌櫈補修完整二項約二
百餘千頭二門需建蓋甍蓬四間東西號兩邊亦需建置木
摠二項約二百餘千所有各屬存庫捐項祈即發交舉等興
工俟工程告竣逐開清单呈電其有贏餘暫存典舖生息以
爲與修避雨房舍之用並祈將各屬已捐未解銀兩星速催
解以備工用爲此公叩
大老爺先將各屬存庫捐款全数發交舉等經修另具領呈
存案上稟
批各縣學移交存貯州庫銀洋俟即飭承查明数目開具清

摺舉送查該舉等一面出具聯名領狀呈候飭令庫承當面
檢點發給收領一俟工竣即行開造實用工料細冊呈核
備查王各處已捐未解銀兩仍候分別備文移催可也
道光十四年四月 日附領結
具領狀董事王世豐任鈺宫玉華繆文焕康發祥夏荃今
於與領事實領得
臺下切舉等遴辦試院桌櫈甍蓬等件已擇於四月二十
五日開工所有各屬捐解銀兩府學廩銀陸拾肆兩壹錢
捌分叁厘江都廩銀貳拾兩甘泉廩銀貳拾兩零貳錢玖
分叁厘捌毫興化廩銀肆拾陸兩陸錢陸分陸厘泰州學

廩銀肆拾兩儀徵捐銀壹百伍拾兩零貳分寶應捐銀貳
百貳拾玖兩捌錢捌分高郵捐洋錢捌拾肆元共計銀伍
百柒拾叁兩零肆分貳厘捌毫共計洋錢壹百柒拾肆元
理合解出辦公取具領狀是實十四年四月二十五日
批准即飭令庫承照數點給收領趕緊購料鳩工妥速辦理
領狀發交本案經承附卷
舉人王世豐等爲具領捐款並叩催捐事切十三年十月據
揚州府屬廩生張安保等各學捐修考棚避雨房舍指明先
修堂號又東西兩場棹櫈摠櫨於頭二門建蓋甍蓬面囑舉
等董其事舉等於本年四月開工修理全場棹櫈並甍捲等

處具領各屬已捐銀兩稟明前憲在案今已將次告竣茲於
本月初十日舉等收到 儀徵阮節相捐銀壹伯柒拾柒兩
零伍分當化錢貳伯肆拾肆千叁伯貳拾玖文又接得儀徵
歲貢張安保來札據云儀徵廩生所捐之項業已解州存庫
祈發交舉等錙辦惟所存銀兩不敷興造避雨房舍之用查
各屬已捐未解銀兩祈催伊速解並本學紳士奉學師囑令
勸捐焉助捐條迄今未繳謹抄清单呈 閱祈移學照单催
繳以便舉修辦工爲此公具領紙公叩
大老爺臺下將儀徵所解銀兩發交舉等錙用並移各屬並
本學催繳捐欵望恩上稟

紳士勸捐清单附粘

夏蓮勸捐數

寶樹堂捐洋錢陸元

謝文英捐洋錢陸元

王寶春捐洋錢陸元繳

王舉原捐洋錢陸元繳弎元汪銷肆元

王蔦汾捐洋錢陸元繳弍元汪銷肆元

王紫庭捐洋錢肆元

王鉄夫捐洋錢貳元

王冶亭捐洋錢陸元

康發祥勸捐數

張西園名鈗捐洋錢拾陸元繳

許躋堂名觀宸捐洋錢陸元繳

顧維馨名允德捐洋錢陸元繳

莫寶玉捐洋錢壹元繳

自名下於廩俸外　再捐洋錢壹元繳

戈崇禮勸捐數

世善堂捐洋錢貳元繳

錦聯堂捐洋錢貳元繳

鋤月堂捐洋錢壹元繳

全繳

吳中彥捐洋錢壹元繳

周希賢捐洋錢壹元繳

劉永大捐洋錢壹元繳

魯馨亭捐洋錢壹元繳

朱五橋捐洋錢壹元繳

全繳

顏鑑澄勸捐數

戈長庚捐洋錢壹元繳

高　鋆捐洋錢貳元繳

徐秉行捐洋錢貳元繳

丁希程捐洋錢貳元繳　自名下捐洋錢壹元廩俸之外

全繳在庫

朱傳榮勸捐數

孫遐齡捐銀壹兩

吕　熙捐洋錢壹元繳

戴　高捐洋錢壹元繳

吳　鑅捐洋錢壹元繳

周　容捐洋錢壹元繳

孫金鐸捐錢壹千文

費典朗捐錢伍百文繳

沈殿春勸捐數

繆左村捐銀肆兩

韓峻封捐銀貳兩
晏蓉勸捐數
高其相捐洋錢壹元
高列五捐洋錢壹元
印德培捐洋錢貳元
景香亭捐洋錢壹元
吳觀宸捐洋錢壹元
仲小柘捐洋錢壹元
孫繼康捐洋錢壹元
張思錄勸捐數
景亦錢捐洋錢貳元 繳
顧文瀾捐洋錢壹元
史長華捐洋錢壹元
吳闇齋捐洋錢貳元
高公義捐洋錢貳元 繳
九振玉勸捐數
自名下捐洋錢伍元 繳制錢伍千文
顧麟慶勸捐數
顧二橋捐洋錢伍元
顧森菴捐洋錢貳元

已繳洋錢肆元在

徵信錄 十

自名下捐洋錢貳元
劉楷勸捐數
顧揚祖捐伍錢 繳壹元
吳寶玉捐叁錢
戈 沅捐貳錢 陳志義共繳壹元
儲 漣捐叁錢
吳振南捐貳錢
陸 鰲捐壹錢
朱秉鈞捐壹錢
徐星緯捐叁錢
陳志義捐肆錢
陳壺山勸捐數
自名下捐錢叁千文
鄒崧勸捐數
監生丁茂南捐壹元
鄭之濂勸捐數
田泰昌捐洋錢壹元
陳又新
日新 三共捐洋錢貳元
復新

已繳洋錢貳元

徵信錄 十一

陳秀芝捐壹元　俱未繳
備在銘捐壹元

具領結舉人王世豐等今於與領結實結到
台下舉等董理修辦考棚避雨房舍及桌橙兀卷等處今
儀徵廩生所捐銀兩業已解存
憲庫應請給發交舉等籌辦所具領結是實

批
候飭承給領其各屬已捐未解及本學紳士書捐未繳錢
兩飭分別移催可也領狀粘单并附　十四年九月十六日

舉人王世豐任鈺繆文煥宮玉華廩生康發祥試用教諭夏
荃為呈賬繳項存典生息事切十三年十月城揚州府屬學

生張安保等各學捐修考棚避雨房舍指明先修堂號及東
西兩場桌橙窗格二門外建蓋兀篷面囑舉等董理其事舉
等於本年四月開工修理全場桌橙並兀捲等處具領各屬
已捐銀兩稟明　前憲在案今已工竣共用錢九七八足串
伍伯叁拾肆仟肆伯柒拾肆文開賬呈核本月初十日收到
儀徵阮節相捐紋銀壹伯柒拾柒兩零伍分化錢九七八足
串貳伯肆拾肆仟叁伯貳拾玖文本月十八日領到　憲庫
所存儀徵解來捐廩項銀肆拾兩化錢伍拾伍仟貳伯捌拾
叁文除用淨存九七八串西典錢柒伯零肆仟伍伯零柒文
肆仟伍伯零柒暫存豐處以為繕寫號桌之用淨餘九七八
足串西典錢柒伯仟文整舉等有居號
仟分交在城五典
切結具帖呈實

批
候飭館
計領結一紙
具呈王世豐等為捐存孫解延

王兆雲等公舉 舉等 董修貢院棚屋號桌一切事宜 舉等 遵
理業將桌櫈悉格並添置五棚修竣呈賬餘銀存典生息稟
明各在案惟頭門外蔵兩房舍尚未建造查各學捐款欠繳
無幾獨東臺學捐有洋錢壹伯餘元據該學廩生姚應麒於
稟 學憲暨 學憲公呈內指明在學應即隨時解繳以資
辦公乃兩載之久分文未解向催不理該學廩生姚應麒斷
不至虛言捏稟恐其書斗侵挪未能查明速解但試期瞬屆
避雨房舍 舉等 自應籌辦惟出入賬目 舉等 核送各學若將
東臺一項扣除不獨該學廩生姚應麒詞妄亦恐臨考衆議
沸騰致滋事端辦理殊非妥善爲此公叩

徵信錄

電賞條文專移東臺學署查明速解以濟公需以孚衆望上
稟 十四年七月二十一日

泰州學捐數已繳姓氏開
王沂中 制錢拾千文
夏退庵 制錢肆千文
以上二名前單未列續後自捐
吳澍蘭 承捐
黃 珠
敦本堂黃 洋錢叁拾元
米耀庭 洋錢肆元
槐音堂金 洋錢貳元
以上前单未列名續後自捐

徵信錄 一

康發祥承捐
張西圃 洋錢拾陸元
張舜琴
顧維馨 洋錢陸元
許濟堂 洋錢陸元
莫寶玉 洋錢壹元
已名下除廩俸貳兩外再捐洋錢壹元
尤振玉承捐自捐制錢伍千文
朱傳槩承捐
孫追齡 洋錢壹元

戴高　洋錢壹元
周燮　洋錢壹元
周容　洋錢壹元
費庚陽　制錢伍百文
戈崇禮承捐
世善堂　洋錢貳元
錦聯堂　洋錢貳元
鋤月堂　洋錢壹元
吳中彥　洋錢壹元
周希賢　洋錢壹元

劉永大　洋錢壹元
曾萬亭　洋錢壹元
朱五橋　洋錢壹元
此後隨到隨登前呈州主催繳单下並著明已繳若干未繳者不錄以便稽查以見項不虛糜

泰州學續繳捐數姓氏開後
張思錄承捐
景亦簽　洋錢貳元
高公義　洋錢貳元
照前单尚有叁元未繳
劉楷承捐
顧揚祖　洋錢壹元
戈沅
莫寶玉　共洋錢壹元
陳志義
照前单有銀壹兩未繳

顏鑑澄承捐
戈長庚　洋錢壹元
高鑾　洋錢貳元
徐素行　洋錢貳元
丁希程　洋錢貳元
本名廩俸外捐洋錢壹元
夏蓮承捐
王寶春　洋錢陸元
王鶴今　洋錢貳元

王學原　洋錢貳元
照前单有叁拾貳元未繳
鄭之濂承捐
田泰昌　洋錢壹元
陳日新
陳又新　共紋銀陸錢
照前单有壹元未繳
戴　麟承捐
張鑒修　洋錢貳元
照前单有陸元未繳

徵信錄　二

王谷蘭承捐
韋煥文　洋錢陸元
盧中和堂　洋錢伍元
周藍譜　制錢伍千文
周樹德堂　制錢伍千文
周西栁堂　制錢貳千文
胡光元　制錢叁千文　内有伍千文續繳[illegible]州庫尚未領用
前单未列名續後自捐

賬目
第一起入賬
府學江都廪銀捌拾陸兩柒錢柒分（内毛色叁錢）　以化州串典錢壹百壹拾陸千柒百叁拾肆文
甘泉廪銀貳拾兩零柒錢柒分　以化典錢貳拾捌千零叁拾玖文　以下串頭同上
泰州廪銀肆拾兩零捌錢陸分　以化典錢伍拾伍千壹百陸拾壹文
儀徵捐茂西紋貳拾柒兩柒錢壹分（毛色壹兩伍錢）
又伍拾貳兩玖錢陸分（毛色貳兩陸錢伍分）

徵信錄　一

又曹關皮紋陸拾伍兩柒錢玖分（毛色捌錢）
又洋化曹關叁兩柒錢柒分半
儀徵共求銀數除毛色淨曹關壹百肆拾伍兩貳錢捌分半　以共化典錢壹百玖拾陸千壹百叁拾伍文
興化廪銀肆拾柒兩柒錢伍分（毛色貳錢）　以化典錢陸拾肆千壹百玖拾貳文
寶應捐紋銀伍拾兩零壹錢柒分（毛色壹兩）
又伍拾兩零壹錢伍分（毛色壹兩）
又稚關伍拾兩零柒分（毛色壹兩）
又伍拾陸兩陸錢壹分（毛色三錢）

又次紋貳拾叁兩伍錢貳分毛色伍釐
寶應共銀數除毛色叁兩捌錢淨曹關貳百叁拾兩零陸
錢貳分　以共化典錢叁百零陸千貳百零柒文
共計紋串典錢柒百陸拾陸千肆百陸拾捌文
典化捐洋錢壹百元 假貳元
高郵捐洋錢柒拾肆元 假肆元
淨好洋錢壹百陸拾捌元　以化典錢壹百柒拾貳千貳
百文
二共錢玖百叁拾捌千陸百陸拾玖文 以上十四年四月廿五日銀換公典錢店此照來賬開出

儀徵阮相國捐銀壹百柒拾柒兩零伍分　共化典錢貳百
肆拾肆千叁百貳拾玖文 此銀與儀徵來便共至錢店化成共化錢原數一紙付同呈核
儀徵廩銀肆拾兩零陸分 出平陸分　共化典錢伍拾伍千貳
百捌拾叁文
王沂中捐錢壹拾千文
一共錢叁百千零玖千陸百拾貳文
通共計入紋串典錢壹千貳百肆拾捌千貳百捌拾壹文
第一起用賬
堂號桌櫈重造兩號桌櫈重換腿脚仙女廟買木頭典錢壹
百陸拾叁千文
盤川釣手出排刻字脚力錢陸千貳百玖拾文
釘造桌櫈重換腿脚匠工錢叁拾壹千貳百文
釘石灰磚錢玖百零肆文
監工人堂食零用錢肆千捌百文
付工房劉菁兄手起二門外兎卷三大間并兩號窓格七十
二扇共典錢叁百千文
又開發各行使費付錢拾陸千肆百捌拾文
油桌櫈錢拾壹千捌百文
往儀徵領阮相國所捐銀兩盤川來使酒食錢伍千捌百文
申西典錢色交典錢叁千伍百文

存典錢柒百千文整
以上共用錢壹千貳百肆拾叁千貳百捌拾貳文
除用淨餘錢肆千伍百零柒文外假洋錢陸元存董事夏
荃處此上出入二賬已呈　州主核定存案
第二起入賬
前賬餘存典錢肆千伍百零柒文 此項前存夏退菴處今繳入公賬
領出本學解庫捐款洋錢捌拾元 兩假式元存公處
又典錢伍百文
尤振玉捐典錢伍千文
夏退菴捐典錢肆千文

付存典兩季利息典錢叁拾伍千文共串
以上共入洋錢柒拾捌元假洋弍元在外典錢肆拾玖千零零柒
文
一支洋錢貳拾伍元㕷化典錢貳拾陸千捌百貳拾伍
文還木行銀見後出賬
一支洋錢叁拾貳元吽化姑底足串典錢叁拾叁千貳
百捌拾文大橋買藤見後出賬
一支洋錢貳拾壹元陸化典錢貳拾貳千叁百陸拾伍
文換錢與漆工寫號桌找買蘆藤見後出賬
以上共入典錢壹百叁拾壹千肆百柒拾柒文洋錢柒拾捌元

徵信錄　四

化錢在內
第二起用賬
桌櫈加油工料典錢拾貳千伍百文
油二門外新造兗卷兩號窗格工料典錢伍千伍百文
請工房會議監工酒席典錢貳千文工房不收敬禮祇請酒席
請寫考桌字號條飯兩桌典錢壹千叁百文
又請寫號桌諸君早間吃茶錢貳百伍拾肆文
又買墨錢伍百肆拾肆文
買搭席棚木植四十二根曹平元銀貳拾肆兩貳錢叁分㐌
合足串典錢叁拾千零柒百柒拾叁文

又用力錢貳千叁百零貳文
買皮篾六十根典錢拾壹千陸百捌拾文
又用力錢玖百伍拾文
又送王祠堂加力錢伍百陸拾文
大橋買藤六百二十張洋錢叁拾貳元吽化姑底足串典錢
叁拾叁千貳百捌拾文
又找典錢伍千零肆拾柒文請人二次往大橋船隻挑腳日用在內
粉兩號牆壁工料典錢玖千伍百肆拾文
重修窗格錢捌百叁拾文因七月初三日大風倒墻撲碎扇重新修整
釘窗格鐵鈎搭三十六付並工錢柒百柒拾文

徵信錄　五

支付刻徵信錄工錢紙張刷印錢拾貳千文
以上共支典錢壹伯貳拾玖仟捌伯叁拾肆文
淨餘錢壹仟陸伯肆拾叁文在公處
現在搭蓋卷棚工用等項餘錢不足尚待捐項送到再爲
支銷如有餘資卷棚內要打造坐櫈望
諸君子共襄善舉鑒之諒之
以上開買木料蘆藤係兩旁卷棚應用今院門當中又蓋
造卷棚九間所買木料等項因無餘資俱係王沂中墊辦
俟捐項齊集即爲筭給乙未九月十五日開

續開出入賬
入典利姓串西典錢叁拾伍千文 申色錢壹百貳拾貳文
仙女廟買木頭壹百零壹根碼爍洋作綠共肆拾玖元㕘
化錢伍拾貳仟玖百貳拾文
又買送牌人木壹根皁錢陸百伍拾文
仙女廟徑回盤川錢壹千零捌拾文
毛竹五根錢壹仟伍百文
行用力錢柒拾伍文
鉤手抬力錢壹仟陸百伍拾文
蘆蓆叁百叁拾張此錢壹拾壹仟伍百伍拾文

椽釘十九斤廿錢壹仟叁百叁拾文
蔴釘九斤廿錢陸百叁拾文
死口連釘壹百伍拾文
竹子十根叁百陸拾文
絞篾壹百捌拾文
挑蓆到貢院力錢叁百叁拾文
匠工陸仟文
又扎口等工加錢捌百文 以上院前中間搭蓬用費
共用錢柒拾玖仟貳百零伍文
王世豐又交夏李姓典錢貳拾仟文連上賬壹仟陸百

肆拾叁文以爲貢院兩旁搭蓬絞蔑匠工抬脚平地打掃
諸項之費通結以上出入賬盡付王世豐姓典錢陸拾肆
千零捌拾叁文 此項俟開榜後逐一補刊十一月初一日
除木一根零四段存公處

再續刻出入賬

一入王沂中交夏退庵從典錢貳萬文此項從十五年典利用餘存夏處

一入上賬餘錢壹千陸百肆拾叁文上二条續刻賬載明

一入東臺廩銀貳拾兩巳化錢貳拾陸千肆百文存洪典店

一入本學續存庫洋叁拾捌元以化錢肆拾壹千貳百叁拾文存洪典店

一入本學捐銀陸錢巳化錢柒百捌拾文存洪典店

一入任其相變賣舊蘧錢拾柒千陸百貳拾肆文德明票經夏手後還王沂中墊項

一入典利柒拾千文西典從事清十六年九月前利息由王賬房夥兄付存洪典店支用以上年分

徵信錄　一

生息半在夏姓處半在王賬房前考支消後十七八年皆王賬房支用

一入領州庫王谷蘭承捐錢拾千文存康處續刻徵信錄並開發小使費用後有賬

一入康墊川錢壹千五百文見後出賬

一入典利生色錢貳百捌拾文

共入錢壹百捌拾玖千肆百伍拾柒文

前徵信錄所刻用賬係　龔學台歲試按臨前預辦材料，考後仍將找零費用開出

一出兩旁蓆棚工匠錢拾壹千捌百文

一出添買蘆蓆拾鄘釘篾錢陸千叁百文以上任姓經買付存夏姓項內用

一刻徵信錄分送九屬下找錢貳百文康墊前付過錢拾貳千文已入徵信錄

一出給地保看守木植錢捌百文

一出給火夫錢叁百文

一出給祠堂看守木蘧錢貳百文以上四項俱康墊用共一千五百文後扣消

以[illegible]十五年十一月歲考用

一出還王沂中前墊用錢陸拾肆千零捌拾叁文又折蓮工十个錢壹千叁百文又拾力錢貳百肆拾文共墊用錢陸拾伍千陸百貳拾叁文一付存洪典店錢肆拾肆千五百拾玖文一付德明店存賣蘧錢拾柒千陸百貳拾肆文一夏姓存義源店錢叁千肆百捌拾文共成陸拾五千陸百貳拾叁文清訖十六年三月二十八日賬要來賬與洪典店付賬可憑

龔學台十七年科考用賬

徵信錄　二

一出買廣木三十八根內五根付去八根加高中間蓆蓬用共媽貳兩零肆分五厘實媽叁兩零叁分以上筭該銀貳拾貳兩五錢肆分捌厘以銀貳拾叁兩陸錢陸分五厘以筭化錢叁拾千零叁百叁拾文轅門口添搭栅間買用

一出買皮槁六十根以化錢陸千陸百文前一考皮槁借用茲買足

一出用力六分筭該錢壹千捌百文加力貳百文共貳千文

一出照舊賬兩旁蓆棚匠工錢拾壹千捌百文

一添搭兩間加江錢壹千陸百文

以上五項任其相付用零帖可憑付洪興店賬

一出買蘆蓆六百六十張錢貳拾壹千文經陳仲宣手買來賬可憑支洪興賬

一出添買蘆蓆錢叁千叁百叁拾文 因前蘆蓆不敷夏姓付錢叁千柒百文添買後退錢叁百柒拾文仍存洪典店賬
一蘆蓆由王公祠移置夏姓處力錢肆百貳拾文 存康處項支
一中間蓆蓬匠工釘篾照舊賬錢陸千捌百文
一中一間改造加高加錢壹千壹百文 以上二項支洪典賬
一續刻徵信録刷印買帋張寄王谷蘭等處錢捌百玖拾捌文 存康處項支用
一出給地保錢叁百文 支洪典店
一出給火夫錢叁百文 存康項支
一出康扣前墊用錢壹千伍百文

徵信録　三

一出三續刻徵信録工價紙張錢陸千玖伯肆拾陸文 存康處夏處
餘項清訖交刻字店王彩玉手
以上共出用典錢壹百捌拾千零壹百肆拾柒文
餘存王洪典店錢玖千叁伯壹拾文 動用撥州庫存貯俟時再領出
共成錢壹伯捌拾玖千肆伯伍拾柒文
以上工料係十七年二月 龔學臺科考用
以上賬目已呈 州主核定存案

公建試院前避雨蓆棚 基經王收支帳今按年月日分段開列於後
第一起帳
道光十四年九月
自捐徽典錢肆仟文
又 十月十六日
收王沂中翁交來徽典錢肆仟伍百零柒文 同日又交來假洋錢陸元現存基處
共存九七八串徽典錢捌仟伍伯零柒文
支帳附
十四年九月十九日支徽典錢壹仟陸伯文
十五年五月初八日支徽典錢伍仟文 公議給王价在儀徵取銀幸力公典店票
又 五月十二日支徽典錢叁仟文 康瑞伯付鄧德明店票與翁漆匠手
又 五月十五日支徽典錢肆仟文 康瑞伯付德明店票與翁漆匠
又 五月十八日支徽典錢貳仟文 康瑞伯付德明店票與翁漆匠
以上共支九七八串徽典錢拾伍仟[illegible]

徵信録　一

伯文除存淨墊用錢柒仟零玖拾叁文墊項於五月廿二日收到康瑞伯會存龔協泰店錢兩訖

徵信錄　二

第二起帳

道光十五年六月廿日

收王沂中翁交來九七八串西典錢叁拾伍仟文繆大兄手

支帳附

十五年六月廿四日支西典錢拾柒仟伍伯文一找還俞木行錢拾柒仟貳伯捌拾文一加出排力錢叁伯文兩派支嶶典錢拾柒仟伍伯捌拾文今給西典派扣色錢捌拾文淨支西典錢拾柒仟伍伯文俞行圖記原發票存核

又　六月廿六日支西典錢貳伯陸拾文僱人運木入王祠堂內力錢貳伯文又鋸木稍匠酒錢陸拾文

又　六月廿九日支西典錢叁仟壹佰玖拾伍文康瑞伯付寫說泉等用

又　閏六月廿日支西典錢玖仟肆伯玖拾柒文康瑞伯付與工房粉兩號牆壁

以上共支九七八串西典錢叁拾仟零肆伯伍拾貳文除支淨餘西典錢肆仟伍伯肆拾捌文

餘錢並支用帳統於本年十月廿日交康瑞伯收訖

徵信錄　三

第三起帳

道光十五年十月廿日

收王沂中翁會存金義源店九七八串嶶典錢貳拾仟文畢宅

支帳附

十五年十月廿四日支嶶典錢壹拾仟文任其相翁付義源店票

又　十月廿六日支嶶典錢柒伯貳拾文借俞木行皮橋六十根出排力有原行票存核義源店票

又　十二月初六日支嶶典錢陸伯文還俞行借木力有原行票存核義源店

又　二十月廿六日支徽典錢叁仟文 康瑞伯付義源店票

又　二十月廿九日支徽典錢貳仟貳伯文 意格鈞搭用餘付瑚 任其相翁付義源店票

以上共支九七八串徽典錢壹拾陸仟伍伯貳拾文除支淨餘錢叁仟肆伯捌拾文

餘錢於十六年正月初八日仍從義源店會存王沂中翁帳內收訖 宋七兄手

第四起帳

道光十六年三月廿五日

收任其相翁會來九七八串徽典錢拾柒仟陸伯貳拾肆文 夏二兄手存鄒德明店

又　三月廿八日

收康瑞伯會來九七八串徽典錢肆拾肆仟伍伯拾玖文 存洪興店

兩共收九七八串徽典錢陸拾貳仟壹伯肆拾叁文　荃即於三月廿八日面交王帳房宋七兄手適本年正月初八日荃會交王處義源店

叁仟肆伯捌拾文共還王沂翁墊項錢陸拾伍仟玖伯肆拾貳文

荃歷年經手收支帳目止此

公禀

具禀舉人宫玉華廪生康發祥試用訓導夏荃爲舉董襄事
乞准補延事切道光十四年揚州九屬禀生王光雲等捐修
考棚防雨公舍等件舉金山縣訓導王世豐舉人任鈺教諭
繆文煥暨王等三人董理工竣後餘資禀憲存典生息立
有經揩存董事王世豐處逐年付利修補前已呈賬在卷但
向來王等三人教讀只能早晚分身看視其一切工料任王
二姓照應居多今任王物故繆文煥又遠任江浦瞬届學
憲按臨誠恐照應不周有負善舉因請得文生貤封五
品職銜王鄰勳優貢生程祥芝現任衛州府知府丁艱在籍

王廣業皆品潔才優殷實諳練可充補者三名以補前董六
名之數庶於善舉可無疎漏爲此乞
憲臺批准王等公延襄事工竣照舊呈賬附卷望
恩上禀
批准由該紳董等公延協辦仍俟工竣循舊開賬呈送備查
一十八年七月初四日

公禀

具呈舉人宫玉華試用教諭夏荃廪生康發祥
爲遵諭繳賬呈核備查事切舉等於十四年間與王世豐任
鈺等董理考棚避雨房舍工竣後餘錢柒百千文存典生息
以爲逐年建修之費揩存王世豐處按年支用當繳賬一次
在案今王世豐任鈺先後物故舉等於今年七月初補舉文
生貤封五品職銜王鄰勳優貢生程祥芝衛州知府丁艱
在籍王廣業三人董理當沐批准並諭繳賬備查今舉等
將十六年分所付典利於龔學憲歲科兩考出入賬等清
呈繳餘錢玖千叁百拾文向存王洪興錢店支用不便久留

寫票並繳容動用時再行具結領出深爲公便至王廣業今
年接辦付出十七八年典息動用若干容結清續繳舉等前
此經用理合聲明爲此公叩
電鑒上禀　計清賬一紙　錢票一張
批據繳錢票一紙計錢九千三百一十文存候提錢貯庫
清賬一紙附餘悉十八年十二月二十八日

道光十八年　祁學憲歲考公搭避雨蓆棚帳
一入十七年典利錢柒拾仟文
一入十八年典利錢柒拾仟文
一入酉典串色錢柒伯文
共入錢壹伯肆拾仟柒伯文
一出買廣木卅一根計銀馬壹兩捌錢玖分拾貳實化銀貳拾貳兩陸錢捌分丗化錢貳拾玖仟柒伯零拾文
一出用力錢貳仟玖伯柒拾文
一出買皮筒五根卅錢陸伯伍拾文
一出用力錢陸拾伍文

徵信録　二

一出買蓆一百五十六張共錢叁仟玖伯文
一出又買蓆三百九十張共錢拾壹仟叁伯柒拾陸文
一出釘錢叁仟肆伯貳拾文
一出挑蓆力錢肆伯伍拾文
一出買油紙十張錢叁伯貳拾文
一出買花磚四十四根卌錢壹仟叁伯貳拾文
一出買合漏一塊錢叁伯貳拾文
一出挑花磚力錢陸拾陸文
一出買石板四塊錢壹仟貳伯捌拾文
一出買合漏錫嘴二个錢壹伯文

一出東西搭棚工錢拾叁仟肆伯文
一出中間九間搭棚工錢伍仟文
一出新盤兩間做工錢貳仟陸伯文
一出新盤棚連搭連拆工錢貳仟文
一出地保看守賞錢伍伯文
以上共用錢柒拾玖仟肆伯肆拾柒文
除用淨存錢陸拾壹仟貳伯伍拾文存景昌店
以上收支帳王帳房經册

徵信録　二

公稟

具呈舉人宮玉華前署高淳縣教諭夏荃前任衢州府知府王廣業
爲遵諭繳賬呈核偹查事切舉等於十四年間與王世豐任
鈺等董理考棚避雨房舍工竣後餘錢柒伯千存典生息按
年支付交董收存利摺存董王世豐處具稟在案十五年付
利資錢柒拾千均由舉等公同支用核實報銷亦在案嗣因
王世豐任鈺先後物故舉等於上年七月初續舉文生　貤
封五品職銜王鄰勲優貢生程祥芝前衢州府知府王廣業
董理蒙恩　批准並諭繳帳除十六年支用係由盧生康發
祥經管付過利資錢柒拾千動用若干伊已自行報明外謹

徵信錄　一

將十八年舉等公同動用賬目遵諭呈核所餘利資錢壹拾
壹千貳伯五十文仍照十四年稟定立案舊章錢存錢店摺
存王董處經核以歸畫一爲此伏叩
電鑒核實飭承存案上稟
四月廿三　批准存案抄粘附

具稟前任衢州府知府王廣業
爲赴選期近叩陳偹案事職故父在日曾經董理考棚薦逢一事由
道光十四年間淨存制錢柒百千文五典按年一分生息付利摺存
職處仍由衆董公同支用報明在案道光十九年間除用淨存利錢
陸拾壹千弍百伍拾叁文績報偹核亦在案今職現赴都候選除將
起程日期另報外其董理考棚薦棚與立經摺現有職兄亦係現董
王鄰勲接管理如伊有侵挪情獘職願賠償爲此逐陳求恩伏乞
電賞偹案深爲公便上稟
七月二十二日批准偹案
道光十九年十月初二日公議全書刷印五十本筭定紙張工料計

徵信錄　一

錢一千九百九十文夏宮二董經手向王董處付典利餘存項內錢
一千九百九十文印成裝訂後交康董十本程董十本王董二十本
夏宮各五本各爲分送訖

泰縣方言補
吳陵語録

夏兆麐 編

《泰縣方言補》一卷《吴陵語録》一卷，民國夏兆麐編，據泰州圖書館藏民國清稿本《耐庵叢著》（二十四種）本影印。

夏兆麐（一八八五—一九四八），字紹侯，號耐庵，江蘇泰州人。清宣統三年（一九一一）畢業於兩淮師範本科。民國十六年（一九二七）入國立中山大學社教講習會學習，卒業後供職於泰縣圖書館，並擔任泰縣教育行政委員會委員、縣政府文獻會委員、修志局委員。日軍侵佔泰州時期，堅持民族氣節。抗戰勝利後任泰縣圖書館館長。著有自傳《夢痕録》。

民國年間，方言研究頗爲興盛，泰州陳啓彤就撰有《廣新方言》，夏兆麐《泰縣方言補》亦作于此一時期，夏氏自言此前鄉前輩高爾庚著《泰縣方言》，但本地方言仍有未經道及者，作此書以補其遺。此書卷首有歙縣程小可序，正文分天部、地部、人部、物部，人部、物部下再分類，體例爲先注音或釋義，再引文獻作證，所引文獻有《説文解字》、《廣韻》等語言學著作以及《史記》、《世説新語》、《夷堅志》等各類典籍，亦以杜甫、陸游等名家詩歌或敦煌俚曲爲證。作者博覽群書，學識深厚，作此書叙述有法，要而不煩，頗有助于讀者，如《人部·品誼類》：『作事穩健謂之把穩。《晋書》姚萇載記：陛下將牢太過耳。注：將牢，猶俗言把穩。』《吴陵語録》録民諺、童謡、商場隱語、市井流言、勞工口號等。

（周 忠）

泰縣方言補序 ……程小河

吾友樸齋大師并太炎先生，與人論語言之由來，嘗謂：言何自起？呼馬而馬，呼牛而牛，此必非恣意妄稱也，一物之……

有其根，先徵之有形之物則可見矣。何以言雀？謂其音即足也。何以言鵲？謂其音錯錯也。何以言雁？

謂其音岸岸也。夫方言之用，見於記載者誠多，而口授者尤甚……

[illegible]

泰縣方言補

鄉前輩高星仲先生著泰縣方言考古證今允稱傑作顧一邑方言正自不少尚有未經先生道及者綴之以補其遺酒後茶餘聊資談助匪敢云著述也　編者識

天部

虹呼為扛䰲　按廣韻虹古公切又古巷切義同梁簡文帝詩飛帆雜晚虹畫鳥狎晨鳧王十朋詩人行跨海金鼇背亭壓宮江玉虹腰陸游詩山頭虹似巾虹皆仄聲讀古巷切是知呼虹為扛之去聲有由來矣

電謂之霍閃　夷堅志神遊西湖條云一急脚走報云速去速去俄霹靂霍閃震動天地是宋時已有此語又顧雲詩金蛇飛狀霍閃過白日倒挂金繩長霍閃二字且入詩矣不惟說部有之也

彗星曰掃竹星　釋名彗星光梢似彗說文彗掃竹也

細雨曰毛毛雨亦曰毛雨　毛毛當為霡霂之轉說文霡霂小雨也轉其音為毛毛促呼之則曰毛按毛雨兩字古人有入詩者汪元量湖州歌綠風毛雨共淒涼燕子樓空恨恨長

（雨零）落雨之落當作零　集韻正韻零並音洛說文雨零也

傍晚謂之碍黑　碍黑即昔人所謂碍夜碍燈之義白香山詩東家典錢歸碍夜南家貰米出凌晨李義山詩碍燈二字見 嵩學力 州

音撐寒冷也故泰人謂冷

湯風之湯應作盪　廣韻集韻盪並音湯鄭熊番禺記廣俗埍未

泰縣方言補

鄉前輩高星仲先生著泰縣方言考古證今允稱傑作顧一邑方言正自不少尚有未經先生道及者綴之以補其遺酒後茶餘聊資談助匪敢云著述也　編者識

天部

虹呼為扛䰲　按廣韻虹古公切又古巷切義同梁簡文帝詩飛帆雜晚虹畫鳥狎晨鳧王十朋詩人行跨海金鼇背亭壓宮江玉虹腰陸游詩山頭虹似巾虹皆仄聲讀古巷切是知呼虹為扛之去聲有由來矣

電謂之霍閃　夷堅志神遊西湖條云一急脚走報云速去速去俄霹靂霍閃震動天地是宋時已有此語又顧雲詩金蛇飛狀霍閃過白日倒挂金繩長霍閃二字且入詩矣不惟說部有之也

彗星曰掃竹星　釋名彗星光梢似彗說文彗掃竹也

細雨曰毛毛雨亦曰毛雨　毛毛當為霡霂之轉說文霡霂小雨也轉其音為毛毛促呼之則曰毛按毛雨兩字古人有入詩者汪元量湖州歌綠風毛雨共淒涼燕子樓空恨恨長

（雨零）落雨之落當作零　集韻正韻零並音洛說文雨零也

冷氣逼人曰凈（音撐 從冫）　五方元音凈音撐寒冷也故泰人謂冷氣逼人曰冰凈鐵冷

湯風之湯應作盪　廣韻集韻盪並音湯鄭熊番禺記廣俗埍未

見妻之父母先飲一大杯曰溫風今俗有溫風冒雪語
氣候覺暖謂之發烄音卧　清嘉錄青糰烄熟藕冷引集韻類篇烄
並烏卧切音涴吳語煮食物得煖氣而易爛曰烄
風驟起而旋轉曰旋風　廣韻魆下云鬼魆旋風泰諺鬼能打旋
風本當此
風掀動簾帳之類曰帣呼如武　廣韻帣巾帛從風聲
陰晴不定而有雪意曰作雪　李笠翁詩疑雨疑晴作雪天
日光急下曰趂呼如賒　說文趂走意廣韻走急貌歐陽炯詞荳蔻
太陽鏟土之鏟當作㫘　日落西山泰人謂之太陽鏟土鏟乃㫘之訛玉篇
㫘丑減切日光照也故鏟應作㫘
簷前雨聲曰滴沰記　崔實四民月令上火不落下火滴沰
明朝謂之萌朝萌呼門　說文萌翌也別於今日之稱泰謂明朝曰
萌朝萌本音誤即切泰呼如門音之轉也
後三日謂之外後朝外呼曰彎　老學菴筆記今人謂後三日為外後
日逸史裴志傳已有此語裴大歷時人
月之十五日為月半　儀禮士喪禮月半不殷奠世說新語禰衡
正月半試鼓為漁陽摻韓愈詩南方二月半春物亦已少李商隱
詩白日當天三月半以月之十五日為月半由來已久
表示為時未久曰旋俗呼如旋圀　按旋為俄頃之意史記倉公傳病旋
已元稹詩一朵紅酥旋欲融旋字皆為時未久之意泰俗謂人初
來未久曰旋來物初置未久曰旋置事初成未久曰旋成功旋字

見妻之父母先飲一大杯曰溫風今俗有溫風冒雪語
氣候覺暖謂之發烄音卧　清嘉錄青糰烄熟藕冷引集韻類篇烄
並烏卧切音涴吳語煮食物得煖氣而易爛曰烄
風驟起而旋轉曰旋風　廣韻魆下云鬼魆旋風泰諺鬼能打旋
風本當此
風掀動簾帳之類曰帣呼如武　廣韻帣巾帛從風聲
陰晴不定而有雪意曰作雪　李笠翁詩疑雨疑晴作雪天
日光急下曰趂呼如賒　說文趂走意廣韻走急貌歐陽炯詞荳蔻
花開趂晚日
簷前雨聲曰滴沰音託　崔實四民月令上火不落下火滴沰
明朝謂之萌朝萌呼門　說文萌翌也別於今日之稱泰謂明朝曰
萌朝萌本音誤即切泰呼如門音之轉也
後三日謂之外後朝外呼曰彎　老學菴筆記今人謂後三日為外後
日逸史裴志傳已有此語裴大歷時人
月之十五日為月半　儀禮士喪禮月半不殷奠世說新語禰衡
正月半試鼓為漁陽摻韓愈詩南方二月半春物亦已少李商隱
詩白日當天三月半以月之十五日為月半由來已久
表示為時未久曰旋俗呼如旋圀　按旋為俄頃之意史記倉公傳病旋
已元稹詩一朵紅酥旋欲融旋字皆為時未久之意泰俗謂人初
來未久曰旋來物初置未久曰旋置事初成未久曰旋成功旋字

義甚古

泰縣方言補

隄岸之壁立者曰陡墈　廣韻墈音戡險岸也泰人謂壁立之隄曰陡墈正合險岸之義或作坎沚

積柴木於水以藏魚之地曰罧俗呼如充　說文罧積柴水中聚魚也爾雅釋器槮謂之涔注今之作槮者積柴木於水中魚得寒入其裏藏隱因以薄圍捕取之疏槮罧古今字集韻罧音森泰轉其音乃呼如充

地洞之洞當作䆽　說文洞訓疾流無孔穴義集韻䆽音動地通穴也與泰俗地洞之說義正相合故地洞之洞當作䆽

典田擱地之擱當作榷　說文榷水上橫木所以渡者也前漢武帝紀初榷酒酤韋昭注禁民酤釀獨官開置如道路設木為榷專獨取利也泰俗以錢財典田地取其利息謂之榷田榷本音覺今呼如擱音之轉也

人指田遠近

甚古惟其字

也

泥塵涴

取河泥謂之罱　廣韻罱音覽網也故以網取泥謂之罱泥

抐物於水中曰搵呼如刎　說文搵没也註沈浸於水中也

水流行曰淌淌應作蕩　字典蕩亦音儻周禮地官稻人以溝蕩水注謂以溝行水也

火勢動盪曰焔音䣴　玉篇焔火皃

火勢正盛曰熇音𤎪　廣韻熇火盛也泰謂火盛曰熇火

放野火謂之燒燒火聲去燒　廣韻燒音少放火也韻會野火曰燒

行人停蹤之所謂之下落　漢書地理志上谷郡縣下落下落之稱甚古

稱客寓曰下處　津門雜記優伶向居侯家其寓所曰下處

泰縣方言補

地部

田一畦謂之一棱聲平 杜詩塹抵公畦棱註京鄉農人指田遠近多云幾棱又陸龜蒙詩我本貧無一棱田一棱之義甚古惟其字本去聲泰人則呼作平聲耳

歧路謂之差路聲差去 唐詩枯木巖前差路多

灰塵紛起曰埲呼如烹 廣韻埲音菶塵起貌或作垟

泥遇雨而濕曰濘 集韻濘音詭雨淖也玉篇濘泥也

泥土下墮曰墢 集韻墢音颯墢墢土墮貌

泥污衣物曰涴音卧 韻歧涴泥着物也韓愈詩勿使泥塵涴

取河泥謂之罱 廣韻罱音覽網也故以網取泥謂之罱泥

抐物於水中曰揾呼如勿 說文揾没也註沈浸於水中也

水流行曰淌淌應作蕩 字典蕩亦音儻周禮地官稻人以溝蕩水注謂以溝行水也

火勢勳溫曰焀音斛 玉篇焀火貌

火勢正盛曰煽音羶 廣韻煽火盛也泰謂火盛曰煽火

放野火謂之燒燒火聲燒去 廣韻燒音少放火也韻會野火曰燒

行人停蹤之所謂之下落 漢書地理志上谷郡縣下落下落之稱甚古

稱客寓曰下處 津門雜記優伶向居侯家其寓所曰下處

泰縣方言補

人部(一)倫紀類

呼父為擺聲平 退菴筆記閩人呼父為郎罷音擺泰呼父之稱乃擺字轉音按隨隱漫錄載吳石翁句新詩却要多拈出突過郎罷張我軍罷亦作擺且讀平聲與泰音同

呼叔為耶耶呼如鴉 唐無名氏古文苑引木蘭詩卷卷有耶名宋章樵注耶以遮切今作爺謂父也泰呼叔為耶耶殆以叔乃父輩故沿稱曰耶而讀其本音也

呼叔母為嬸娘 王懋野客叢書云僕家有富鄭公一帖前後皆書弼百拜幾叔幾嬸

親家之親當作窺 兒女姻親曰親家親字去聲按親家二字始見於後漢書親平聲若讀去聲則親當作窺唐書盧綸王駙馬花燭詩云人主人臣是窺家

稱妻之母曰丈母 顏氏家訓風操篇中外丈人之婦俗稱為丈母又柳子厚集有祭獨孤氏丈母文則六朝與唐均有此稱

呼夫之兄為大伯子 容齋三筆婦人呼夫之兄為伯於書無載按五代史補李濤弟澣娶婦竇氏出參濤答拜澣曰新婦參阿伯豈有答禮是唐宋已有此稱矣

為人司書曰管事 左傳管事二十餘年

曲中有耶嬢小來不教

孝子董永傳有先須孝

由來固久

也漢書王鳳小婦弟張美人註小婦妾也

妾又稱姨娘 姨當作姬 集韻姬音怡衆妾總稱

負暄漫錄婦女以姐為稱說文曰嫿或作姐古字假借也近世多以女兄為姐蓋尊之也泰呼女兄曰姐其

泰縣方言補

人部 一倫紀類

呼父為擺 平聲 退菴筆記閩人呼父為郎罷音擺泰呼父之稱乃擺字轉音按隨隱漫錄載吳石翁句新詩却要多拈出突過郎擺張我軍罷亦作擺且讀平聲與泰音同

呼叔為耶耶 呼如鴉 唐無名氏古文苑引木蘭詩卷卷有耶名宋章樵注耶以遮切今作爺謂父也泰呼叔為耶耶殆以叔乃父輩故沿稱曰耶而讀其本音也

呼叔母為嬸娘 王懋野客叢書云僕家有富鄭公一帖前後皆書弼百拜幾叔幾嬸

親家之親當作寴 兒女姻親曰親家親字去聲按親家二字始見於後漢書親平聲若讀去聲則親當作寴唐書盧綸王駙馬花燭詩云人主人臣是寴家

女稱母家為耶孃家 耶呼如邪 敦煌零拾俚曲中有「耶孃小來不教授如今爭識文與書」之句又沙州文錄補孝子董永傳有「先須孝順阿耶孃」「揀擇好日殯耶孃」語耶孃之稱由來固久

稱妾曰小 詩慍於羣小註見怒於衆妾也漢書王鳳小婦弟張美人註小婦妾也

稱女兒曰姐姐 姐呼如假 能改齋漫錄婦女以姐為稱說文曰嫿或作姐古字假借也近世多以女兒為姐蓋尊之也泰呼女兒曰姐其音如假固有由來也

小孩謂之犽兒 犽呼平聲 搲 揚子方言吳人呼赤子曰犽子類篇作犽赤子也

長兒曰大底小兒曰小底 王銍默記王介甫家小底不如大底

生女曰丫頭 王百曰外甥俚外讀平聲亦讀海字之平聲 丫字須作杈髻如丫字形 見劉青日札文獻新錄吳中呼女子之賤者曰丫頭 偷書男觀女故稱外生之苗

丫頭又謂兒女生外向此殆外甥俚之義所本也

男僕年輕者謂之小崽子 崽俗呼如山 揚子方言崽子也江湘間凡言是子謂之崽 廣韻自高而侮人也本音山皆切泰呼如山其音轉也

園雜記廣東謂老人所云善藏此方雖他的親人亦不可傳的親字當如此今或書作嫡親轉誤

你我之你亦有本 你字見於正史者如後周書異域傳你能作幾百年可汗隋書李密傳化及曰與你論相殺事何須作書傳雅語皆是

淫婦所姘之夫曰孤老 孤老當作姻嫪 說文嫪姻也郎到切姻嫪也胡誤切合諸之為姻嫪 按姻嫪戀惜也即戀愛之意泰俗淫人曰姻嫪故俗謂姘夫曰姻嫪後轉而為孤老

音如假固有由來也
小孩謂之犽兒 犽呼㹟平聲　揚子方言吳人呼赤子曰犽子類篇作㹟赤子也
長兒曰大底小兒曰小底　王銍默記王介甫家小底不如大底謝師宰家太底不如小底
老年所生之幼子曰老殗子 殗音佘平聲　菽園雜記廣東謂老人所生幼子曰殗
嫡親之嫡當作的　俞樓雜纂引夷堅志羅山道人條云善藏此方雖他的親人亦不可傳的親字當如此今或書作嫡親轉誤
你我之你亦有本　你字見於正史者如後周書異域傳你能作幾百年可汗隋書李密傳化及曰與你論相殺事何須作書傳雅語皆是

泰縣方言補

人　部（二）　品誼類

小兒性逆謂之羌　玉篇羌強也倔強不純故謂之羌
不遵教訓謂之㔩 俗呼如匠　說文㔩迫也謂氣勢急迫集韻勈㔩力拒也
頑劣不循理曰蠻豨 呼如帆　漢皋詩話豨頑也劉夢得詩孟前胆不豨趙緦詩吞船酒胆豨吳下方言考人之勇往不怯者曰蠻豨泰俗稱不循理者曰蠻豨 物之易長者亦曰蠻豨
性固執而不圓通曰角觚　說文通訓定聲古酒器多以角為之故觚觶觴觥字皆從角又史記破觚為圜言改方為圜不固執也泰謂固執不圜通者曰角觚義蓋本此
為人不爽利謂之㱿訍 泰呼如勒執　玉篇㱿訍不滑利也
陶穀詩尖簷帽子卑凡廝短拗靴兒末厥兵歐公及王原叔皆不曉末厥之義後知末厥蓋俗語也猶今俚語木厥耳
性不靈敏者謂之木瓜　周必大遊山錄云汪彥章與王甫太學同舍䘏美中三……呼瓜泰呼不靈敏者為木瓜固亦不曉事之謂也程曉詩今之
常非財者曰賊或曰有財　爲遊賊音哉財也……泰有賊的之称……多財亦曰有財
恐懼之甚曰生怕　林逋詩若憐半寒相照生怕梨花晚不禁
蓋見生人曰靦覥　容齋隨筆中心有愧見之顏面謂之靦覥列

泰縣方言補

人　部（二）品誼類

小兒性逆謂之羌　玉篇羌强也倔强不純故謂之羌

不遵教訓謂之㔙俗呼如匠　說文㔙迫也謂氣勢急迫集韻勆㔙力拒也

頑劣不循理曰蠻豩呼如帆　漢皐詩話豩頑也劉夢得詩盃前胆不豩趙緦詩呑船酒胆豩吳下方言考人之勇往不怯者曰蠻豩

泰俗稱不循理者曰蠻豩物之易長者亦曰蠻豩

性固執而不圓通曰角觚　說文通訓定聲古酒器多以角爲之故觚觶觴觥字皆從角又史記破觚爲圜言改方爲圜不固執也

泰謂固執不圜通者曰角觚義蓋本此

木强不曉事謂之木厥呼如木竹　敬齋古今黈陶轂詩尖簷帽子卑凡廝短拗靴兒末厥兵歐公及王原叔皆不曉末厥之義後知末厥蓋俗語也猶今俚語木厥耳

性不靈敏者謂之木瓜呼　周必大遊山錄云汪彦章與王甫太學同舍貌美中空彦章戲之爲花木瓜泰呼不靈敏者爲木瓜固亦有本

不伶利者謂之䙡襶　釋名䙡襶子不曉事之謂也程曉詩今之䙡襶子觸熱到人家

羞見生人曰緬覥　容齋隨筆中心有愧見之顔面謂之緬覥列子作眠娗

見人不畏縮曰倜儻呼如出倜　正韻倜儻卓異也章氏新方言倜儻讀如出儻

警悟而能順人意者曰乖巧覺　水東日記世稱警悟有局幹人曰乖覺

作覺 宜帽之心不同四兩樣心
兒輩不肯言……花滿大晚……西園……一種東風兩樣心

頑劣而貪嬉遊者謂之頑皮　皮日休詠龜嘲歸仁沼有頑皮死後鑽應徧之句見太平廣記　母有敗子

難於長進者謂之不怡絯呼如不苔荄　紺珠怡絯衣兜今吳人以無收當爲没怡絯見大雲山房雜記

無業而遊蕩者謂之湯　詩子之湯兮傳湯蕩也箋言遊蕩無不爲也

勤儉有爲之謂長進　三國志吳張昭長子承勤於長進又和嶠傳太子近入朝若長進卿可俱詣之

作事穩健謂之把穩　晉書姚萇載記陛下將牢太過耳注將牢猶俗言把穩

人不正道曰草雞毛　果益亭宗伯善射每射鵠矢無中羊眼者羊眼鵠之中心京師稱爲果羊眼有某公戲曰我得一對矣衆詢之曰草雞毛蓋都門市井稱白賴無耻者曰草雞毛見桐陰清話

女子善淫曰嬚貨　說文嬚過差也徐鍇曰女性易成濫也今吳

子作眠娗
見人不畏縮曰倜儻（倜呼如出）　正韻倜儻卓異也章氏新方言倜儻讀如出儻
警悟而能順人意者曰乖巧（覺）　水東日記世稱警悟有局幹人曰乖覺
兒輩不肖謂之敗子　史記韓子曰慈母有敗子
頑劣而貪嬉遊者謂之頑皮　皮日休詠龜嘲歸仁沼有頑皮死後鑽應偏之句見太平廣記
難於長進者謂之不帢袷（不呼如苔荚）　紺珠帢袷衣兜今吳人以無收當為没帢袷見大雲山房雜記
無業而遊蕩者謂之湯　詩子之湯兮傳湯蕩也箋言遊蕩無不為也
勤儉有為之長進（謂）　三國志吳張昭長子承勤於長進又和嶠傳太子近入朝若長進卿可俱詣之
作事穩健謂之把穩　晉書姚萇載記陛下將牢太過耳注將牢猶俗言把穩
人不正道曰草雞毛　果益亭宗伯善射每射鵠矢無中羊眼者（羊眼鵠之中心）京師稱為果羊眼有某公戲曰我得一對矣衆詢之曰草雞毛蓋都門市井稱白賴無耻者曰草雞毛見桐陰清話
女子善淫曰嬾貨　說文嬾過差也徐鍇曰女性易成濫也今吳人以女子善淫為嬾書作濫非也見大雲山房筆記
女子蠻橫曰潑辣　潑辣當作撥剌（力達反）張衡思玄賦彎威弧之撥剌杜子美詩跳魚撥剌鳴撥剌者劃烈震激之聲婦女蠻橫無禮其劃烈震盪之勢適符撥剌之義見野客叢書
女作媚態曰窋嫛（音于斜）　廣韻窋嫛女作態今吳人以作態不近情為窋嫛見大雲山房雜記玉篇作窋寀訓嬌態
女不端莊曰歪斜歪當作夭　白樂天詩莫言蘇小小人道最夭斜自注夭音歪收入九佳夭斜謂婦人身容不正也
秘密冶遊者曰私科子　堅瓠一集私娼曰私科子雞雉所乳曰窠即科也晏子春秋雜科雉者不出三日蓋言官妓出科私娼不出科如雞雉之戀窠也泰人於私自冶遊亦復云然
踵門乞食者曰花子　五雜俎京師謂乞兒為花子花一作化（五雜俎明謝在杭著）
媚人取悅者名為篾片　烈皇小識云湯體仁王應熊同惡相濟吳宗達奉行兩人意旨毫無短長時人目為篾片
作事不敏健者謂之鑫鑫（折）（遮）　七修類稿作事軒昂（用）周力者曰鑫鑫今泰人以之稱作事費力者

閃閃灼灼之閃灼當作熌爍　集韻熌爍音閃鑠不定貌正合泰人之語意
謂作事不中
閒遊蕩浪之蕩浪當作趤踉　集韻趤踉逸遊
[illegible]夜不收　夜不收乃軍士偵事之稱見水東

人以女子善淫爲嫿書作濫非也見大雲山房筆記

女子蠻橫曰潑辣　潑辣當作撥剌(力達反)張衡思玄賦彎威弧之撥剌杜子美詩跳魚撥剌鳴撥剌者劃烈震激之聲婦女蠻橫無禮其劃烈震盪之勢適符撥剌之義見野客叢書

女作媚態曰窒娎(音牙斜)　廣韻窒娎女作態今吳人以作態不近情爲窒娎見大雲山房雜記玉篇作窒窣訓嬌態

女不端莊曰歪斜歪當作夭　白樂天詩莫言蘇小小人道最夭斜自注夭音歪收入九佳夭斜謂婦人身容不正也

秘密冶遊者曰私科子　堅瓠一集私娼曰私科子雞雉所乳曰窠即科也晏子春秋雞科雉者不出三日蓋言官妓出科私娼不出科如雞雉之戀窠也泰人於私自冶遊亦復云然

踵門乞食者曰花子　五雜俎京師謂乞兒爲花子花一作化(五雜俎明謝在杭著)

媚人取悅者名爲篾片　烈皇小識云湯體仁王應熊同惡相濟吳宗達奉行兩人意旨毫無短長時人目爲篾片

作事不敏健者謂之鍏(折)蠹(遮)　七修類稿作事軒昂(用)周力者曰鍏蠹今泰人以之稱作事費力者

作事不依軌道者謂之蘿苴(音那酢)　堅瓠六集今人謂作事不中道理曰蘿苴蘿即假切苴音鮓(韻書亦作蘿蓙)

流連忘返者詈之爲夜不收　夜不收乃軍士偵事之稱見水東日記泰俗斥流蕩忘返者如鬼物夜行故以是詈之

詈人之無行者曰雜種　前燕載記蠢茲雜種梁邵遐書無取雜種

詈老不正經曰老狗　漢武故事上嘗語栗姬怒勿肯應又罵上老狗上心慊之

無知識與技能者曰朏貨(朏呼如撰)　說文朏無知意泰謂無知識與技能者曰朏貨謂其如無用之貨物也

泰縣方言補

人　部　（三）行為類

父母呵護小兒謂之容頭　後漢書虞詡有容頭過身語按獸之竄穴頭可容身即可過曲庇小兒許其過身故謂之容頭

小兒相鬬謂之攪　說文攪亂也泰謂小兒相鬬曰攪言其攪亂不安也

閒遊謂之頑　陳造田家謠令伴阿姑頑過日頑字可入詩固不俗也

攢聚於一處謂之簇在一起　唐韻簇叢聚也杜甫詩桃花一簇開無主一簇言花叢聚則不獨人聚處謂之簇矣

調理病軀謂之將養　詩小雅不遑將父毛傳將養也又說苑聖王之於百姓也將之養之

攪亂不安謂之瀘盞呼如漊漉　詩釃酒有衍註以筐盞酒盞瀘也合兩字而倒言之則曰瀘盞

積聚其財謂之冣呼如區　說文冣從冖從取積也徐曰古以聚物之聚為冣上必有覆冒之也

整束其物謂之擉擉當作娖　猗覺察雜記今人辨　從行李之類其言曰整擉當用娖字後漢書中山王傳稱娖前行注娖音楚猶整齊也行户郎反泰人形容物之齊整曰齊擉擉義亦如是形容詞也

多取不義之財曰敕音綽　集韻敕奪取物也

無故而索人財謂之打把勢　把勢本遼東打鷹者名目今稱無

泰縣方言補

人　部　（三）行為類

父母呵護小兒謂之容頭　後漢書虞詡有容頭過身語按獸之竄穴頭可容身即可過曲庇小兒許其過身故謂之容頭

小兒相鬬謂之攪　說文攪亂也泰謂小兒相鬬曰攪言其攪亂不安也

閒遊謂之頑　陳造田家謠令伴阿姑頑過日頑字可入詩固不俗也

引誘謂之鉤　鬼谷子飛箝云以飛箝之辭鉤其所好

調理病軀謂之將養　詩小雅不遑將父毛傳將養也又說苑聖王之於百姓也將之養之

攪亂不安謂之瀘盞呼如漊漉　詩釃酒有衍註以筐盞酒盞瀘也合兩字而倒言之則曰瀘盞

積聚其財謂之冣呼如區　說文冣從冖從取積也徐曰古以聚物之聚為冣上必有覆冒之也

整束其物謂之擉擉當作娖　猗覺察雜記今人辨　從行李之類其言曰整擉當用娖字後漢書中山王傳稱娖前行注娖音楚猶整齊也行户郎反泰人形容物之齊整曰齊擉擉義亦如是形容詞也

多取不義之財曰敕音綽　集韻敕奪取物也

無故而索人財謂之打把勢　把勢本遼東打鷹者名目今稱無

所憑藉而妄自炫赫者謂之瞎打把勢見梁同書直語補證

女子與人姘識曰相於　孔融書閒僻疾動不得與足下岸幘廣坐舉杯相於以爲邑邑相於即相依爲居之義泰人專以指男女姘合者

倡首作事曰爲頭　元典章監察合行事件有丞相爲頭尚書省官某大夫爲頭一同奏過

妨礙他人作事曰打鬧　打鬧二字見劉昌詩蘆浦筆記

謝人譽言曰難謂　説文謫報也難謂蓋即難于爲報之意　也謂屋閑玉篇集韻並訓空虛

以計惱人謂之做弄　金完顏璹詩綠荷風底飛來雨做弄今年甲子秋

以術紿人謂之做戳　做戳猶言弄戲法也戳本戲法之一清嘉錄引陳確菴碩潭詩話云馬吊即戳戲始明萬曆間崇禎朝尤甚王石隱有戳讖謠馬吊今不行戳戲之名莫或能知故做戳之義鮮能明者

憐人痛苦曰可憐見（見呼如矜）　元史泰定帝傳亦有薛特皇帝可憐見語元典章作可怜見如皇帝可憐見分付各處秀才可憐見交官司收贖可憐見三字固亦有本

勸人息怒曰末殺（呼如抹刷）　釋名摩㩳娑猶末殺也手上下之言也

敖價之敖當作傿　漢書崔駰傳崔烈入錢五百萬得爲司徒及

所憑藉而妄自炫赫者謂之瞎打把勢見梁同書直語補證

女子與人姘識曰相於　孔融書閒僻疾動不得與足下岸幘廣坐舉杯相於以爲邑邑相於即相依爲居之義泰人專以指男女姘合者

倡首作事曰爲頭　元典章監察合行事件有丞相爲頭尚書省官某大夫爲頭一同奏過

妨礙他人作事曰打鬧　打鬧二字見劉昌詩蘆浦筆記

諱實爲虛謂之㝘㝣（呼如抗郎）　説文屋㝘㝣也謂屋閑玉篇集韻並訓空虛

以計惱人謂之做弄　金完顏璹詩綠荷風底飛來雨做弄今年甲子秋

以術紿人謂之做戳　做戳猶言弄戲法也戳本戲法之一清嘉錄引陳確菴碩潭詩話云馬吊即戳戲始明萬曆間崇禎朝尤甚王石隱有戳讖謠馬吊今不行戳戲之名莫或能知故做戳之義鮮能明者

憐人痛苦曰可憐見（見呼如矜）　元史泰定帝傳亦有薛特皇帝可憐見語元典章作可怜見如皇帝可憐見分付各處秀才可憐見交官司收贖可憐見三字固亦有本

勸人息怒曰末殺（呼如抹刷）　釋名摩㩳娑猶末殺也手上下之言也

敖價之敖當作傿　漢書崔駰傳崔烈入錢五百萬得爲司徒及

拜日帝顧謂親倖者曰悔不小偈章氏新方言淮南謂研磨作價為偈音如奥

瞞人之瞞當作謾　説文謾欺也

久待謂之等　宋徐度卻帚編引吴中俚語等人易得久語謂雖鄙亦有理又陸游詩父老年年等駕迴用之於詩亦自不俗

舍故主而他就謂之跳槽　元人傳奇謂魏明帝跳槽按明帝初納虞氏為妃及毛氏有寵而黜虞其後寵郭夫人而毛愛亦弛故云跳槽泰人於舍故主而他就者皆借用其辭

不相遇謂之逢如趕輪船不及謂之逢班是　説文逢行不相遇也泰謂兩不相值曰一頭逢一頭滑

預立約而以錢為定謂之下定錢定當作碇　唐書孔戣傳為嶺南節度使蓄舶泊步向有下碇錢戣禁絶之下碇錢語當本此

讀書謂之念書　太平廣記引纂異記載引某生事云帝乃令生朗念傾耳聽之念萬章舜往於田號泣於旻天云云讀書稱念書由來久矣

能做其事謂之會如呼灰　祝允明載記姚廣孝始見文皇上問能卜乎姚以吴語對曰會

作事謂之做事做仍應為作作音佐　廣韻作字有三音一則洛切二臧路切三則邏切音佐退之詩非閣復非船可居兼可過若欲問方橋方橋如此作作音用佐音見蔡寛大詩話又權德輿詩小婦無所作自注音佐作事之作本有佐音今不考其由來而以作為做非也

泰縣方言補

人部(四) 動作類

手拔物曰跌(呼如迭) 廣韻跌手拔物也

手擘物曰扒 廣韻扒擘也

手斷物曰捐(音厥) 說文捐折也

手提物曰拎 玉篇拎手懸捻物也六書故拎懸持也

手覆物曰揞(音如歎) 唐韻揞以手覆也

手擁物使之前曰挐(音拱) 說文挐擁也

手斂物使之聚曰攎 說文攎持也集韻收斂也

手揉物使之屈曰毃(呼如求) 說文毃揉屈也

手按物使之柔曰擱(呼如糯平聲) 周禮考工記鮑人進而握之註謂親

手頰擺之擱或擩亦作挼

手納食物入口曰唵(呼如宛) 廣韻唵手進食也

手掩人口使不則聲曰閼(呼如宛) 說文閼遮擁也(手撲物使不泄亦謂之閼)

手捻鼻去膿曰擤 見篇海又焦竑俗用雜字擤音省

手還擊人曰湯湯應作盪 集韻盪音湯盪突也隋大業末童謠

上山喫鹿獐下山喫牛羊忽聞官軍至提刀向前盪

掌擊一下曰摑(呼如號) 避暑錄請執之十字路口痛與百摑泰謂

掌擊一下曰摑子

背負物曰甩(快平聲) 清嘉錄吳人謂背負物曰甩

懷藏物曰摅(如女) 五方元音摅懷藏物也[illegible]

[illegible](呼如)獨字無平聲然毛西河西京賦百獸凌遽

正韻遽追也前漢刑法志遽窮詳

平聲讀又高南阜山人泰州

題壁詩鳶墮無端逢腐鼠角觝那信有神羊音義正同

追捕人謂之遽 之所及則追捕之謂之遽

堅持不放曰搭(卡去聲) 集韻搭丘駕切持也

以肩夯物之夯古作抗(平聲) 夯見字彙雖禪林寶訓有累他人擔

夯語於義不古按詩大侯既抗抗訓舉平聲又淮南子百人抗浮

不若一人挈而趨抗謂以手舉物泰居淮南故土語仍其舊也

[illegible]囥古亦作抗(去聲) 囥訓藏見集韻然按周禮實

探囊取物謂之叜(呼如叫) 說文叜取也讀如[illegible]亦謂取囊中錢為叜[illegible]

挨挨擦擦之挨古作依(呼如哀) 野客叢書俗謂相抵曰挨正書無

此字而樂天生依桃葉妓日醉依香枕依烏皆反正挨字

洗洗潃潃之潃古作靧(呼如霍) 集韻靧音悔洗也同頮玉藻沐櫛

而靧梁吳人悔讀作入聲為潃音之轉耳見清嘉錄

刺刺戳戳之戳古作擉 莊子列陽篇冬則擉鼈於江王先謙集

解引司馬彪云擉刺也即今之戳子

足滑而幾傾曰趑 廣韻趑他計切(呼如癡)足滑也泰音轉如凝

猝然躍起謂之趒(呼如俗叫) 玉篇趒小跳也

緩步前行謂之趖 博雅趖趖行也

[illegible]趨足不伸也本音求泰音轉如救

[illegible]行也泰謂疾行曰直赵

[illegible]走曰逕音[illegible] 說文逕[illegible]

懷藏物曰搋呼衰如　五方元音搋懷藏物也泰有淮肚飽又淮懷搋之語
向前猛刺曰觸呼粗如　觸字無平聲然毛西河西京賦百獸凌遽
駭瞿奔觸喪精亡魄失歸妄趨觸字平聲讀又高南阜山人泰州
題壁詩鳶墮無端逢腐鼠角觸邪信有神羊音義正同
堅持不放曰搭卡去聲　集韻搭丘駕切持也
以肩夯物之夯古作抗平聲　夯見字彙雖禪林寶訓有累他人擔
夯語於義不古按詩大侯既抗抗訓舉平聲又淮南子百人抗浮
不若一人挈而趨抗謂以手舉物泰居淮南故土語仍其舊也
囥物使人不見曰囥之囥古亦作抗去聲　囥訓藏見集韻然按周禮賓
客之事則抗皮註抗亦訓藏於義較古

挨挨擦擦之挨古作依呼衣如　野客叢書俗謂相抵曰挨正書無
此字而白樂天生依桃葉妓日醉依香枕依烏皆反正挨字
洗洗潰潰之潰古作潰呼霍如　集韻潰音悔洗也同頮玉藻沐櫛
而潰梁吳人悔讀作入聲為忽音之轉耳見清嘉錄
剌剌戳戳之戳古作擉　莊子列陽篇冬則擉鼈於江王先謙集
解引司馬彪云擉刺也即今之戳子
足滑而幾傾曰赼达　廣韻赼达他計切呼癡如　足滑也泰音轉如癡
足屈而不伸曰趜呼救如　類篇趜足不伸也本音求春音轉如救
向前疾走曰趿音蹤　集韻趿疾行也泰謂疾行曰直趿
背人私走曰䟽音滑　說文䟽因突出也正合背人私走義

任意進行無一定趣向曰𡳿呼銃如　上爾雅鸐鵙其飛也𡳿泰謂進
行無定向曰𡳿得來𡳿得去　篇海𡳿白銜切(泰俗呼如粉平聲)集韻渡水也
涉謂之𡳿　篇海𡳿音炭足不能行也坐而屢由上而下不用足行曰𡳿　行貌
用手前行曰趴音扒　五元元音趴小兒手行小兒匍匐曰跁見正
字通又跁跒為俯身下蹲貌見風俗通
閒遊街市曰逛音廣去聲　歷下志遊街市閒遊謂之逛讀作廣字去
聲與泰音同
足立不穩向後微傾謂之踉蹌音槍亮　庸閒齋筆記踉蹌蹌音亮
槍為向後小傾之義

任意進行無一定趨向曰㚇（呼如銃）　爾雅鸛鵙其飛也㚇泰謂進
行無定向曰㚇得來㚇得去
用力踏地曰蹋　集韻蹋音得蹋蹋行貌
用手前行曰趴（音扒）　五元元音趴小兒手行小兒匍匐曰跑見正
字通又跑跒為俯身下蹲貌見風俗通
閒遊街市曰逛（音廣去聲）　歷下志遊街市閒遊謂之逛讀作廣字去
聲與泰音同
足立不穩向後微傾謂之踉蹌（音亮槍）　庸閒齋筆記踉蹌蹌音亮
槍為向後小傾之義

泰縣方言補

人部（五）語言類

應人之聲曰唉　說文唉應也莊子知北遊狂屈曰唉吾知之
聲音特大曰譜（呼如作）　說文譜大聲也故泰謂語音特大曰譜譜
不然其人所語而拒之曰啐　說文啐語相呵拒也
未作其事不曰未曾而直曰曾　詩曾是強禦正義曰言曾者謂
何曾如此今人之語猶然
問人為何事物曰什呰　什呰為曾呰之轉揚子方言曾呰何也
荆南謂何為曾或謂之呰若中夏言何為也
無其事無其物謂之没　朝野僉載唐左衛將軍權龍襄為喜雨
詩云暗去也没雨明去也没雲謂無為没唐人語已如此
呼痛聲曰癐癐　朝野僉載記武后時郭勝靜被打有阿癐癐語
右臺仙舘筆記鞫囚條亦云堂上笞一囚癐癐呼痛注癐音威
小語聲曰咕噥　元曲選這個咕那個噥
疼痛小兒曰恫亦曰瘝（恫呼如慟　瘝呼如慣）　書康誥恫瘝乃身爾雅恫痛
也瘝病也父母愛憐子女而疼痛之故曰恫曰瘝
艱於言謂之吃（語）　高著方言口吃謂之謳然按庸閒齋筆記卷
四口吃之吃音吉與泰音自合不必作謳也
言不了謂之瀕瀕（呼如瓜瓜）　廣韻瀕瀕言不了也泰謂言不了曰嚍
瀕瀕或作滮滮亦多言義（或曰本字作謪說文謪疾言也亦通）

任意肆罵謂之搽　歷下志遊云彼此相詈謂之搽取言語互相攻擊如簾之可互搽也
呵責小兒謂之讓上聲　説文讓相責讓廣雅讓責也故泰謂呵責小兒曰讓
憑空説誑謂之侜　詩誰侜予美傳曰侜張誑也今人作謅於義不古
語意强硬謂之礸强去聲　類篇礸詞不屈也
否認其事曰賴　渭州潘源諱言賴見雞肋編
語不讓人謂之嘴頭硬　朝野僉載尚春右丞陸餘慶轉洛州長史其子嘲之有陸餘慶筆頭無力嘴頭硬語
攻訐人之陰私謂爲嘴尖　揮麈餘話子嘴尖如此誠奸人也
無其事而以言栽害之曰謏呼如沽　廣雅謏欺也泰謂以言誣栽曰謏害人
閒談不已曰嗄呼如沽　集韻嗄言無度也泰謂閒談不已曰嗄淡話
言不可信曰鬼話　石孝友惜奴嬌詞合下相逢算鬼話須沾惹
閒深裏做場話覇見俞樓雜纂
詩經駕言出遊揚子法言仲尼駕説者也按駕爲騰
未有其事而假託其辭曰駕話説
駕之義謂騰空其説亦揚言之也駕言駕説即駕話説之謂
春吉士　或謂春
誘之後人因謂男女相悅之事曰春撒春之義殆亦本此

任意肆罵謂之搽　歷下志遊云彼此相詈謂之搽取言語互相攻擊如簾之可互搽也
呵責小兒謂之讓上聲　説文讓相責讓廣雅讓責也故泰謂呵責小兒曰讓
憑空説誑謂之侜　詩誰侜予美傳曰侜張誑也今人作謅於義不古
語意强硬謂之礸强去聲　類篇礸詞不屈也
否認其事曰賴　渭州潘源諱言賴見雞肋編
語不讓人謂之嘴頭硬　朝野僉載尚春右丞陸餘慶轉洛州長史其子嘲之有陸餘慶筆頭無力嘴頭硬語
攻訐人之陰私謂爲嘴尖　揮麈餘話子嘴尖如此誠奸人也
無其事而以言栽害之曰謏呼如沽　廣雅謏欺也泰謂以言誣栽曰謏害人
閒談不已曰嗄呼如沽　集韻嗄言無度也泰謂閒談不已曰嗄淡話
言不可信曰鬼話　石孝友惜奴嬌詞合下相逢算鬼話須沾惹
閒深裏做場話覇見俞樓雜纂
畧談其事曰打話　打話二字出契丹國志見鷄經書舍零墨
作猥褻語曰撒春　周禮仲春之月令會男女詩有女懷春吉士誘之後人因謂男女相悅之事曰春撒春之義殆亦本此或謂春當作村

語多牽扯曰兜搭村謂其語俗也　通俗編在列者献詩使勿兜注云兜惑也搭則黏附之義多所兜惑而搭住不解意自顯然

答非所問曰庈庈　集韻庈庈音詐雅不相合也

作嘲笑語曰誒落　通俗編高則誠琵琶曲有奚落語奚蓋誒之誤當為荀子誒詬之誒

夢語出聲謂之譻譻呼如享享　王延壽夢賦譻譻譻譻譻譻註亦作譻譻

負重出力而高呼曰打號子　呂氏春秋淫辭篇今舉大木者則呼輿謣後亦應之宋高承謂今人舉重出力者一人倡則為號頭衆皆和之曰打號此蓋其始

不作聲謂之不則聲　天臺徐淵子賦一剪梅譏某長官云道學從來不則聲見癸辛雜識

不作聲又曰悗　莊子悗乎忘其言悗本音懣泰呼作平聲有悗聲大發財之諺

語言不省曰耳邊風　杜荀鶴詩萬般無染耳邊風

事未熟習曰旋暴暴俗呼平聲　旋呼如圜見天部暴暴猝然之意荀子暴暴如丘邱註暴暴猝起之貌

呼雞聲曰喌喌　說文呼雞重言之從吅州聲讀若祝夏正作粥粥

呼豬聲曰嘮嘮　集韻嘮嘮吳俗呼豬聲

嗾犬使前曰哨哨　揚子方言使犬曰哨注音騷

泰縣方言補

人　部（六）形體類

首昂起曰県　總要県從百從𠄢取高昂義按百即首字故今人謂引首向上曰県起頭來引伸之身不平卧而昂起亦曰県起身

腰俯折曰磬　禮立則磬折垂佩謂身僂折如磬之背也又莊子漁父篇夫子曲要磬折（要古腰字）

頭部特大曰顛頭　集韻顛音吾大頭也泰有顛頭顛頭落雨不愁謠

歪頭之歪當作䫾　說文䫾頭不正也䫾音𩓐泰呼如歪

面部特大曰奤胎上聲　集韻面大曰奤泰呼面大者曰奤開來

面孔飽圓曰飽圞臉　集韻圞音宣面圓也或作䪼䫿

面色慘白曰醂　俞樓雜纂引廣韻醂注云醂醂面白

面色秀美者曰標致　雞肋篇米元章有潔癖不免於偽然人物標致可愛

嘴大而略偏曰咊呼如乃　五方元音咊來上聲口大而偏泰有咗于咊嘴語

小兒嘴微張曰哆聲义上　說文哆張口也

小兒哭極音絕曰嘵呼如姜　說文嘵秦晉謂兒泣不止曰嘵泰謂兒哭音絕曰嘵義同

喉音破敗曰嗄音沙去聲　玉篇嗄聲破也老子終日號而嗌不嗄嗄亦可作沙讀去聲周禮天官鳥皫色而沙鳴貍注沙音所稼反疏

右條刪

沙聲嘶也

「喉音特大曰咋　周禮仍則柞注柞讀為咋咋然之咋咋聲大也」

以舌舐物曰丙音泰通作餂　精蘊丙以舌在口外露舌端舐物或作咶引管子地數篇咶鹽語作證或作狧引漢書荆燕吳傳狧糠及米作證或竟作餂引孟子以言餂之也作證但皆不如丙字為當

食物有聲曰嚜呼如朏　禮毋嚜羹羹注為不嚼菜疏人若不嚼菜合而𩟒吞之也其欲速而多不敬傷廉也

齒露口外曰齙呼如飄牙齒　王篇齙步交切齒露也泰呼露齒曰齙牙齒

鬍鬚豎起曰䯪音鬔　堅瓠九集撒酒風詩髭鬚白得䯪蓬鬆

鬍遍頷下曰老臊胡　五燈會元宣鑒禪師曰達摩是老臊胡胡人頷下多鬍故有此稱見直語補證

目深凹曰瞘　廣韻瞘音歐目深也泰有瞘眉凹眼睛之諺

目斜視曰乜音咩　集韻眼乜斜也

目瞋視人曰㚇呼如偕　說文㚇瞋大也大戒切瞋者張目也泰謂瞋目怒視者曰㚇

東鄉人謂遠望曰瞟音標　篇海瞟望也泰城居民聞鄉人呼瞟則笑之而不知固有所本也

有所希望而難遂達目的者曰盼俗呼如巴　正韻盼顧也視也皆含望義故有所希望曰盼泰呼如巴音之轉也

……狂君莫笑風流得睡眼麻嗏今人欲睡眼將合睫而縫細者曰麻嗏即此二字見堅瓠三集

右條刪

沙聲嘶也

「喉音特大曰咋　周禮仍則柞注柞讀為咋咋然之咋咋聲大也」

以舌舐物曰丙音泰通作餂　精蘊丙以舌在口外露舌端舐物或作咶引管子地數篇咶鹽語作證或作狧引漢書荆燕吳傳狧糠及米作證或竟作餂引孟子以言餂之也作證但皆不如丙字為當

食物有聲曰嚜呼如朏　禮毋嚜羹羹注為不嚼菜疏人若不嚼菜合而𩟒吞之也其欲速而多不敬傷廉也

齒露口外曰齙呼如飄牙齒　王篇齙步交切齒露也泰呼露齒曰齙牙齒

鬍鬚豎起曰䯪音鬔　堅瓠九集撒酒風詩髭鬚白得䯪蓬鬆

鬍遍頷下曰老臊胡　五燈會元宣鑒禪師曰達摩是老臊胡胡人頷下多鬍故有此稱見直語補證

目深凹曰瞘　廣韻瞘音歐目深也泰有瞘眉凹眼睛之諺

目斜視曰乜音咩　集韻眼乜斜也

目瞋視人曰㚇呼如偕　說文㚇瞋大也大戒切瞋者張目也泰謂瞋目怒視者曰㚇

東鄉人謂遠望曰瞟音標　篇海瞟望也泰城居民聞鄉人呼瞟則笑之而不知固有所本也

兩眼矇朧尚未熟睡曰麻嗏呼如咩着　唐李涉詩今日顛狂君莫笑風流得睡眼麻嗏今人欲睡眼將合睫而縫細者曰麻嗏即此二字見堅瓠三集

鼻塞而聲嗡嗡曰齆鼻或曰齉鼻齉音浪　埤雅鼻塞曰齆五方
元音齉鼻塞也
鼻鼽嚏作痒謂之痒鼽　鼽本書
病塞鼻窒也
人謂體肥為胖即古之豐字胖
匹絳切韻府收入三絳
兒體頑健曰潑皮　元會典結連惡少潑皮為害尤甚
病後體弱曰尅音愧　正韻尅力乏也集韻訓疲極
精神不振曰葳蕤呼如威須　本草引黃公紹古今韻會云葳蕤草木
受外感而機能躁然停滯者曰
因病貌
拗子
兩指中間名為介八呼如揤把　說文介畫也從八從人象分別相背
之形兩指畫分其形如八故謂之介八　採章氏新方言
瘦太甚者名為瘦骨癆　按瘦骨癆即縮骨癆秋雨菴隨筆葛秋
生姑丈以病瘵卒身首漸小醫者云此名縮骨癆其病罕聞
久坐不去謂之屍篤俗音　說文屍髀也從尸從几徐鉉曰尸几皆
所以凥止也字典屍音豚與臀通泰呼如篤俗音也
一部起腫他部覺痛曰譽譽與去聲　玉篇譽腫痛也
多力謂之有劤劤斤去聲　埤蒼劤多力也
運集全力於一部謂之勥勥音噤　集韻勥用力也
皮膚上細毛曰寒毛　晉書夏統傳聞君之賢不覺寒毛盡戴

鼻塞而聲嗡嗡曰齆鼻或曰齉鼻齆音甕齉音浪　埤雅鼻塞曰齆五方
元音齉鼻塞也
體肥曰胖　顧亭林唐韻正云今人謂體肥為胖即古之豐字胖
匹絳切韻府收入三絳
兒體頑健曰潑皮　元會典結連惡少潑皮為害尤甚
病後體弱曰尅音愧　正韻尅力乏也集韻訓疲極
精神不振曰葳蕤呼如威須　本草引黃公紹古今韻會云葳蕤草木
葉垂之貌今用以譬精神不振者
手曲而內捩曰拗子　揚州畫舫錄浦琳右手短而捩稱拗子
兩指中間名為介八呼如揤把　說文介畫也從八從人象分別相背
之形兩指畫分其形如八故謂之介八　採章氏新方言
瘦太甚者名為瘦骨癆　按瘦骨癆即縮骨癆秋雨菴隨筆葛秋
生姑丈以病瘵卒身首漸小醫者云此名縮骨癆其病罕聞
久坐不去謂之屍篤俗音　說文屍髀也從尸從几徐鉉曰尸几皆
所以凥止也字典屍音豚與臀通泰呼如篤俗音也
一部起腫他部覺痛曰譽譽與去聲　玉篇譽腫痛也
多力謂之有劤劤斤去聲　埤蒼劤多力也
運集全力於一部謂之勥勥音噤　集韻勥用力也
皮膚上細毛曰寒毛　晉書夏統傳聞君之賢不覺寒毛盡戴

泰縣方言補

物 部 囗衣服類

衣上角領頭謂之帍領 揚子方言帍褠謂之被巾注婦人領巾也後不分男女凡衣上角領頭皆曰帍領

手巾謂之手帍 說文手之帍巧也六書正譌從手持巾古其帍也廣韻帍音翻泰呼如手

布角亦曰補萳

以皮安履曰鞝子 鞝音掌 玉篇鞝扇安皮也引伸之履安皮亦曰鞝

結繩如環外實中空者曰𦁐故紐絆亦曰紐𦁐 玉篇𦁐苦侯切類篇引徐氏脈訣云旁實中空者曰𦁐 廣雅衲補也

破布牽連以補綴之

粗縫其衣曰敹 料平聲 書善敹乃甲冑疏敹穿徹之謂繩有斷絕當使敹理穿之

合衣夾之縫曰袷欱 說文欱會合也合兩縫而會為一故云

插衣下端於帶曰扱 音煞 廣雅扱插也

束帶使不散曰繫 音計 正韻繫吉詣切音計玉篇束帶也泰呼繫帶之繫如計不作系其音固正

以弓彈絮謂之絣 集韻絣彈也音綳泰呼如烹 股曰𧝗

無跟之履名為鞁兜 音煞 廣韻鞁屐也輟耕錄西漸之人草為履而跟無跟名曰鞁鞵故泰謂無跟之履曰鞁兜又謂倒履跟而曳

泰縣方言補

物 部 囗衣服類

衣上角領頭謂之帍領 揚子方言帍褠謂之被巾注婦人領巾也後不分男女凡衣上角領頭皆曰帍領

補衣布角曰補萳 說文萳補履下也引伸其義補衣之布角亦曰補萳

以皮安履曰鞝子 鞝音掌 玉篇鞝扇安皮也引伸之履安皮亦曰鞝

衣經一再補謂之破布衲頭 泰諺新老大舊老二破布衲頭是老三 廣雅衲補也

破布牽連以補綴之

粗縫其衣曰敹 料平聲 書善敹乃甲冑疏敹穿徹之謂繩有斷絕當使敹理穿之

合衣夾之縫曰袷欱 說文欱會合也合兩縫而會為一故云

插衣下端於帶曰扱 音煞 廣雅扱插也

束帶使不散曰繫 音計 正韻繫吉詣切音計玉篇束帶也泰呼繫帶之繫如計不作系其音固正

袴管之管當作棺 玉篇棺袴𧝗也急就篇註袴之兩股曰𧝗

無跟之履名為鞁兜 音煞 廣韻鞁屐也輟耕錄西漸之人草為履而跟無跟名曰鞁鞵故泰謂無跟之履曰鞁兜又謂倒履跟而曳之曰鞁

巾被風揭動曰幗或 廣韻幗巾被風也

稱衣履漂亮曰鞅 鞅 如仰 說文鞅頸組也釋名鞅嬰也

著帽而繫繩於頸下謂之鞅繩

又稱嬰言纓絡之也

服稽叔夜琴賦新衣

巾被風揭動曰幗或音 廣韻幗巾被風也

稱衣履漂亮曰粲亦曰翠 詩小雅粲粲衣服稽叔夜琴賦新衣翠粲李注翠粲鮮色

泰縣方言補

物　部 (二) 飲食類

飯傷濕而味臭曰饐 音懿　論語食饐而餲注傷熱濕也餲味變也傷熱濕者本其致餲之由言之非二事也

食變味又曰餕 音瘦平聲　玉篇餕飯壞也

米粉味敗曰胺 音遏　博雅胺敗也

食物腐臭曰巽　易說卦巽為臭故泰俗謂食物腐臭者曰巽

米粒謂之米糂 呼如算　菜飯謂之糂飯 糂呼如酸　說文粒糂也糂以米和羹也從米甚聲一曰粒也桑感切泰音呼算呼酸皆古音之轉

碎麥仁而作食曰粯子　廣韻粯音莧粉頭粯子泰之南鄉人多喫莧飯

磨米碎之曰粞兒 粞呼如柔　類篇米碎曰粞泰之小户人家多喫粞粥

急火飯之急當作𪏮　說文𪏮炊餔疾也餔為晚食恐其遲故疾炊之其字從火

圓子之圓當作飢　揚子方言餌或謂之飢王念孫曰飢之言圜也故圓子之圓當作飢

炒糯米作食品謂之炒米　稗史神農始耕作炒米范成大詩熬稃腷膊注炒糯穀北人呼為糯米花

麵製餅入爐烘燒者曰燒餅　齊民要術引食經有作燒餅法餅背談云入爐熬者曰熬餅亦曰燒餅

竟稱燒餅為巴巴乃餑餑之轉　玉篇餑麪餑

式食品湯中　九或謂之粉角北人讀角如矯因呼為餃餌訛為餃兒又閩雜記餃餅閩人名為扁食

粉團上撒胡麻以油煎之麻曰麻團　稗史公劉作麻團

以油爆菜類曰膊乾脆之茶食則曰膊脆 膊呼如薄碎　釋名膊迫柊肉迫著物使燥也揚子方言膊暴也故暴菜曰膊乾燥而脆之茶食曰膊脆

饅頭皮薄而口綻開者曰燒賣　閩雜記云饅頭皮薄口開者吾鄉謂之燒賣

密糖糕謂之蜂糖糕　西溪叢話揚行密據揚州民呼密為蜂糖密糖糕之稱為蜂糖糕以此

團麵和糖中凹如臍者名京江臍　十五（？）……臍麪和糖或椒

豆腐之極嫩者曰豆腐灑 灑呼如老　說文灑豆汁也豆也……切泰音呼如老音之轉也

米酒漿謂之密酒𨡓 音蹄　周禮膳夫主涼清漿也博雅清漿曰𨡓

稀醬醋之屬曰作料 作呼如台　東坡云孟襄陽詩……不佳可惜作料少耳　……之云可惜作料多見隨園詩話

煮物之時用……

慢火煮食物使爛曰鏖 鏖平聲　六書故今人以慢火煮肉物曰鏖　又麋爛也泰煮物使爛曰……

今泰有鏖湯之語

餌閒談云入爐熬者曰熬餅亦曰燒餅
餛飩呼為餃兒又謂之扁食　段成式食品湯中丸或謂之粉
角北人讀角如矯因呼為餃餌訛為餃兒又閩雜記餃餅閩人名
為扁食
粉團上撒胡麻以油煎之麻曰麻團　稗史公劉作麻團
以油爆菜類曰膊乾脆之茶食則曰膊脆 呼如薄碎　釋名膊迫椓肉
迫著物使燥也揚子方言膊暴也故暴菜曰膊乾燥而脆之茶食
曰膊脆
饅頭皮薄而口綻開者曰燒賣　閩雜記云饅頭皮薄口開者吾
鄉謂之燒賣
密糖糕謂之蜂糖糕　西溪叢話揚行密據揚州民呼密為蜂糖
密糖糕之稱為蜂糖糕以此
團麪和糖中凹如臍者名京江臍　甘泉志京江臍麪和糖或椒
鹽為之中凹如臍本京江製故名
米酒漿謂之密酒醇 音良　周禮膳夫注醇清漿也博雅清漿曰醇
煮物之時間稍長使物極爛曰𪍿　說文𪍿爛也泰煮物使爛曰
𪍿𪍿 呼如糜
慢火煮食物使爛曰鏖 燠平聲　六書故今人以慢火煮肉物曰鏖
今泰有鏖湯之語
肉切成細條謂之肉臊子 臊呼少　白獺髓趙從善尚書日令庖人

進膁子……蝣蝌曰

魚類新殺而未煮者曰鱻魚　周禮庖人鱻薨之物(注)鱻謂生肉[illegible]新殺曰鱻
以鹽米釀魚而食之曰䱹魚　集韻䱹音酢說文䱹藏魚也南方謂之[illegible]
之[illegible]泰呼如糟故亦稱糟魚　醃漬黃魚而藏之曰黃魚鮝(音呼如賞)
[illegible]切其肉使成肉糜曰劗肉　集韻劗音藍平聲[illegible]切也說文[illegible]薄切肉也[illegible]
而脯謂之燒脯 俗呼如臘　[illegible]
[illegible]物之熟者曰爛　集韻爛音[illegible]熟謂之爛[illegible]爛也[illegible]
[illegible]菜於沸水中使之軟[illegible]　[illegible]
[illegible]　玉篇[illegible]音[illegible]

煮物久覆釜蓋使之易爛曰罯 音遏　說文罯覆也 [illegible]
滌之復滌曰溫湯 音温　說文溫滌器也
以熱水煖物曰湯 去聲　集韻湯他浪切熱水灼也禮月令如以熱
湯
食物肥膩易飽曰䬶人　廣韻䬶飽也
以杖造麪曰擀麪　北夢瑣言趙雄武能造大餅每三斗麪擀一
枚大如數間屋按擀音干上聲以手伸物也
[illegible]手調麪使[illegible]曰[illegible]　[illegible]篇海以手[illegible]物也
泰詈人多食曰鐘癆癆　玉篇鐘喫貌集韻食無廉也
染指試嘗曰吮 音朔　五方元音吮嘗也泰有素菜一桌不及麻蝦
一吮之謗

進腜子茄子

蒸物曰煦火平聲　說文煦烝也泰謂烝饅頭曰煦饅頭燒螃蟹曰煦螃蟹

分泌其汁曰滗　博雅滗去汁也

搦出其汁曰臍　玉篇臍音濟手出其汁

切斷食物曰刉音機　說文刉斷也

納肉或菜於湯中曰𤅢音肯　五方元音𤅢納肉及菜於湯中也

煮肉先去浮垢曰醃　玉篇醃煮也（與上條𤅢字不同）

煮物久覆釜蓋使之易爛曰罯音遏　說文罯覆也

滌之復滌曰盪音湯　說文盪滌器也

以熱水煖物曰湯去聲　集韻湯他浪切熱水灼也禮月令如以熱湯

食物肥膩易飽曰飫人　廣韻飫飽也

以杖造麫曰擀麫　北夢瑣言趙雄武能造大餅每三斗麫擀一枚大如數間屋按擀音干上聲以手伸物也

怒叱小兒使之就食曰鐘音幢泰呼如牀　玉篇鐘喫貌集韻食無廉也

泰詈人多食曰鐘癆癆

染指試嘗曰哾音朔　五方元音哾嘗也泰有素菜一桌不及麻蝦一哾之諺

覬覦人食分得其肥曰覘食覘音趂　說文覘訓覬覦字彙覘食不

以齒齧骨上之肉曰齕　說文齕齧也

茶湯充饑謂之軟飽　東坡詩三杯軟飽後一枕黑甜餘

飯菜總稱曰堂食　談薈引定命錄張文瓘少時有人相云當爲相然不得堂食喫

撒米於地之撒當作蘖　說文蘖散之也

淡而無味之淡當作醶　廣韻醶吐濫切音暌無味也

煎炒之炒當作𤏓　說文𤏓熬也註今俗作煼別作炒非是

請自來也
茶湯充饑謂之軟飽　東坡詩三杯軟飽後一枕黑甜餘
飯菜總稱曰堂食　談薈引定命錄張文瓘少時有人相云當為
相然不得堂食喫
撒米於地之撒當作𣁋　說文𣁋散之也
淡而無味之淡當作䜮　廣韻䜮吐濫切音啖無味也
煎炒之炒當作𤍠　說文𤍠熬也注今俗作烐別作炒非是

泰縣方言補
物　部　三　居室類
屋兩端之高處曰屋山頭　露菴雜記屋山為近屋脊之牆昌
黎寄盧仝詩已用之不惟范石湖有稻堆高出屋山頭之句也
鄰居曰隔壁　宋書范蔚宗傳蔚宗在獄與謝綜異處求移近綜
編排木板為壁謂之笓板　類篇笓音棧屋笓釋名笓迮也編竹相連迫迮也
筍頭之筍當作榫　字書榫剡木入竅也程灝語錄枘鑿者榫卯也榫卯圓則圓
榫卯方則方
屋之低小者曰廅頭舍　說文廅屋迫也言卑低而局促也今泰
稱為廅頭舍
宅旁小巷謂之火巷　宋史宗室善俊傳開古溝創火巷以絕後
患
地窨謂之地窨子　說文窨地室也段注今謂地窖藏酒曰窨

作陂陂者
旁其邊之謂也
碎瓦謂之瓦瓪呼如般　說文瓪敗瓦也故碎瓦謂之瓦瓪
墼土為磚形不以火燒者謂之土墼或曰土坯　說文土墼未燒磚坯也又禮記注治土為
磚而四周於棺之坎也墼坯字異音義並同
屋將下壓其勢甚危曰廅廅　說文廅廅屋迫也
屋年久而微陷曰阤呼如時　廣韻阤壞也後漢李膺傳綱紀頹阤

泰縣方言補

物　部三　居室類

屋兩端之高處曰屋山頭　露菴雜記屋山為近屋脊之牆昌黎寄盧仝詩已用之不惟范石湖有稻堆高出屋山頭之句也

鄰居曰隔壁　宋書范蔚宗傳蔚宗在獄與謝綜異處求移近綜果得隔壁

户樞謂之轉肘　轉肘二字見敬止錄

厕所謂之茅司　見通俗編

屋之低扁小者曰㕓頭舍　說文㕓屋迫也言卑低而局促也今泰稱為遏頭舍

宅旁小巷謂之火巷　宋史宗室善俊傳開古溝創火巷以絕後患

室旁築小屋曰披　說文從旁持曰披徐廣曰披他本作陂陂者旁其邊之謂也

碎瓦謂之瓦瓪呼如般　說文瓪敗瓦也故碎瓦謂之瓦瓪

屋斜而曳正之曰㑗直　字彙㑗音薦屋斜用㑗

牆微斜而外凸曰㾭呼如亦　玉篇㾭邪㾭也

屋將下壓其勢甚危曰㕓㕓　說文㕓㕓屋迫也

屋年久而微陷曰阤呼如時　廣韻阤壞也後漢李膺傳綱紀頹阤

門雖閉而未合曰閜呼如捱　五方元音閜門閉不合

啟閉門户之機紐曰闔扇　禮仲春之月乃修闔扇韻會雙曰闔闔門也單曰扇扇户也故啟閉門户之機紐亦以闔扇名

迎門卓立一牆謂之影壁　楊惠塑佛壁為天下第一郭熙見之別出新意為峰巒林谷謂之影壁見升菴外集

家道平平曰小打户　陳芾執硯山館武香保詩海安鄉小打户

小有家則曰[illegible][illegible]户　玉篇[illegible][illegible]小財貌此二字本音盌短泰呼如宛豆之平聲

致富未久曰暴發户暴呼平聲　荀子富國篇暴暴如山邱註暴暴猝起也又史記項羽紀何與之暴也即暴發之義

榻子之榻當作闒　商肆以榻為門字書榻無門義說文闒門也故榻子之榻當作闒

間架之架當作㮿　廣韻㮿屋間也

泰縣方言補

物　部（四）器用類

籃之粗者曰筶子　一切經音義籃大筶也泰謂編製精者曰籃粗者曰筶

以黍穰編為掃具曰筶束　筶束即筶帚周禮夏官戎右注葤苕帚也葤即黍穰編之成束是為帚故苕帚亦曰苕束

凳之濶而厚重者曰程凳　揚子方言榻前几江沔之間曰程章氏新方言牀前長凳為程凳程音如晴泰人則稱凳濶而厚重者曰程凳

几椅下之横木曰横（呼光去聲）　集韻横音光牀下横木泰呼光去聲

牀塌極寬者謂之籃筴大舖　集韻籃筴音藍𥬇簿而大也泰有籃筴大舖之諺籃呼如纞

……子……一音端酒端也此音芳萬切泰呼如挽稱小斗曰爬𢇛

酒端之端當作𢇛　說文𢇛訓抒漏從斗從䜌聲元和汪亮曰今賣酒家汲酒於甕中之器名曰酒端傾入於漏筧而注於酒瓶是

碗不甚大者曰𨡉碗（如[illegible]）　說文小棓也从匕𨡉聲　廣韻集韻並音盾泰人呼如[illegible]音之轉也

……叢子堯舜千鍾段注鍾古酒器

今人或作酒盅說文盅訓器虛無酒杯義

温酒之銅具曰鏇子（鏇呼如盞捲）　六書故鏇温器也旋之湯中以温酒

泰縣方言補

物　部（四）器用類

籃之粗者曰筶子　一切經音義籃大筶也泰謂編製精者曰籃粗者曰筶

以黍穰編為掃具曰筶束　筶束即筶帚周禮夏官戎右注葤苕帚也葤即黍穰編之成束是為帚故苕帚亦曰苕束

凳之濶而厚重者曰程凳　揚子方言榻前几江沔之間曰程章氏新方言牀前長凳為程凳程音如晴泰人則稱凳濶而厚重者曰程凳

几椅下之横木曰横（呼光去聲）　集韻横音光牀下横木泰呼光去聲

牽船之索曰彈子　齊東野語舟子牽船之索曰彈子

斗之小者曰𢇛（呼如挽）　說文𢇛抒漏也按𢇛有二音一音端酒端也此音芳萬切泰呼如挽稱小斗曰爬𢇛

酒端之端當作𢇛　說文𢇛訓抒漏從斗從䜌聲元和汪亮曰今賣酒家汲酒於甕中之器名曰酒端傾入於漏筧而注於酒瓶是其物也

酒杯曰酒鍾　廣韻鍾酒器也孔叢子堯舜千鍾段注鍾古酒器

今人或作酒盅說文盅訓器虛無酒杯義

温酒之銅具曰鏇子（鏇呼如盞捲）　六書故鏇温器也旋之湯中以温酒

小兒食飯之竹椀曰篿篿（呼如饅滿）　說文篿圜竹器也博雅篿𥁕杯也

[illegible]簫曰芟芟　爾雅釋樂小簫謂之芟疏小者聲揚

[illegible]集韻[illegible]編竹為之

棺之前端曰和頭 題字於和曰題和　呂氏春秋開春論欒水齧其墓見

棺之前和高誘注棺頭曰和又續博物志臨淄人發古冢得銅棺

前和外隱為隸字言齊太公世孫胡公之棺是題和之由來亦久

火炬謂之火把　葉適詩火把起夜色

火杖謂之捺燈棒　廣韻捺為火杖今亦稱燈捺

物之外廓曰匡當 聲去　說文棝匡當也

樹枝作叉以舉竹竿其叉曰椏杈　揚子方言江東謂樹枝為椏

杈

鼻環曰拘　說文桊 音眷 牛鼻中環也廣韻牛拘也今泰人皆呼鼻

環為拘

以刀裂物謂之劃劃當作華　曲禮為天子削瓜者副之為國君

者華之注華中裂之不四析也

鈍刀割物謂之鐗　周禮考工記秦無廬注廬或曰摩鐗之器鐗

泰呼陰平

帚拭器物謂之揮當作膽 古　禮内則桃曰膽之正義拭之令色青

[illegible]如膽也引伸之拭器物亦曰膽

[illegible]

詩摡之釜鬵摡亦作拭解

兒童戲玩之小簫曰芟芟　爾雅釋樂小簫謂之芟疏小者聲揚

而小故言芟芟小也

棺之前端曰和頭 題字於和曰題和　呂氏春秋開春論欒水齧其墓見

棺之前和高誘注棺頭曰和又續博物志臨淄人發古冢得銅棺

前和外隱為隸字言齊太公世孫胡公之棺是題和之由來亦久

火炬謂之火把　葉適詩火把起夜色

火杖謂之捺燈棒　廣韻捺為火杖今亦稱燈捺

物之外廓曰匡當 聲去　說文棝匡當也

樹枝作叉以舉竹竿其叉曰椏杈　揚子方言江東謂樹枝為椏

杈

鼻環曰拘　說文桊 音眷 牛鼻中環也廣韻牛拘也今泰人皆呼鼻

環為拘

以刀裂物謂之劃劃當作華　曲禮為天子削瓜者副之為國君

者華之注華中裂之不四析也

鈍刀割物謂之鐗　周禮考工記秦無廬注廬或曰摩鐗之器鐗

泰呼陰平

帚拭器物謂之揮當作膽 古　禮内則桃曰膽之正義拭之令色青

滑如膽也引伸之拭器物亦曰膽

巾拭器物謂之摡　說文摡滌也詩摡之釜鬵摡亦作拭解

巾拭几案謂之㡜 音藹　說文㡜拭也泰呼如藹

支不平曰墊墊當作岦 廣韻岦支也字彙支不平曰岦作墊者
非
加不緊曰扁音煞 大智廣論楔江南言櫼子中國言扁凡木工於
鑿柄相一處有所不固則斫木扁入以固之
縈繫器物曰綪音爭 史記楚世家綪繳蘭臺徐廣注繫也音爭猗
覺察雜記凡布物曰爭布網曰爭網布紙曰爭紙今用綪字
刀鎸紙類成文曰掾音鐵 揚子方言掾鎸也
鐵縛破物使合曰鍋 玉篇鍋以鐵縛物
以油潤物謂之膏音誥 內則脂膏以膏之上膏字平聲下膏字去聲 韓愈文膏吾車兮秣吾
馬膏亦讀誥故劉鑑經史動靜字音云脂膏之膏則讀平聲用以潤物曰膏則讀去聲
……槩所以
甚諸……之
刀刮物使平謂之铇 铇字諸書皆不載惟廣韻六豪搔註云铇
刮也
搗物使碎謂之戳呼如鐲 廣韻戳舂也
收斂其物使去謂之㕞音如除 廣韻㕞爬㕞以收條也集韻作𢧵泰
有粉牌上寫字兩㕞諺
以升斗量米謂之㪷音空 篇海㪷斗取物也泰稱業米為㪷升子
物破碎曰覫音彗泰呼如遂 集韻覫破碎也
物小漏曰沙 莊子天下篇泠汰於物注猶沙汰也謂沙汰之使
泠然也晉書孫綽傳沙之汰之瓦礫在後
此物牽着彼物而不能離曰筈呼如括 正韻箭末曰筈筈會也謂

支不平曰墊墊當作岦 廣韻岦支也字彙支不平曰岦作墊者
非
加不緊曰扁音煞 大智廣論楔江南言櫼子中國言扁凡木工於
鑿柄相一處有所不固則斫木扁入以固之
縈繫器物曰綪音爭 史記楚世家綪繳蘭臺徐廣注繫也音爭猗
覺察雜記凡布物曰爭布網曰爭網布紙曰爭紙今用綪字
刀鎸紙類成文曰掾音鐵 揚子方言掾鎸也
鐵縛破物使合曰鍋 玉篇鍋以鐵縛物
手括物使平謂之槩呼如該 考工記㮚氏槩而不稅疏槩所以
勘諸壓之量器以取平又平也管子樞言釜鼓滿則人槩之
刀刮物使平謂之铇 铇字諸書皆不載惟廣韻六豪搔註云铇
刮也
搗物使碎謂之戳呼如鐲 廣韻戳舂也
收斂其物使去謂之㕞音如除 廣韻㕞爬㕞以收條也集韻作𢧵泰
有粉牌上寫字兩㕞諺
以升斗量米謂之㪷音空 篇海㪷斗取物也泰稱業米為㪷升子
物破碎曰覫音彗泰呼如遂 集韻覫破碎也
物小漏曰沙 莊子天下篇泠汰於物注猶沙汰也謂沙汰之使
泠然也晉書孫綽傳沙之汰之瓦礫在後
此物牽着彼物而不能離曰筈呼如括 正韻箭末曰筈筈會也謂

與弦相會引伸之兩物相牽着而不能離亦謂之笞
此物挑懸彼物而使中空曰佻挑上聲 揚子方言佻懸也懸物於
臺上謂之佻註佻懸物貌
此物陷入彼物空隙中而適合曰敹呼嵌去聲 類篇敹物相值合也
此物蓋彼物而兩相適合而中無縫隙曰泯 莊子當在宥篇當我緡乎郭注緡音泯泯合也又集韻泯合也泰人謂泯合無痕者曰泯泯不通風
[illegible]齬呼如 字典齒部齟齬齒不
[illegible]覆而不適合亦曰齟齬
此物覆彼物之上而適合曰容合 正韻容音匌合也五方元
插此物於彼物中曰攡 集韻攡插也音劉去聲泰呼如[illegible]去聲如攡花於瓶內攡筆於筒中皆是
[illegible]㲉聲唐
陸贄關中事狀儻有賊臣蹈㲉註塞外道
壓此物於彼物上使彼物碾碎曰西 說文西覆也從冂上下覆
之讀若晋與笮連舉曰笮曰西有壓迫之意西今作研
壓此物於彼物上使難移動曰迮音[illegible] 玉篇迫迮也後漢竇融傳囂執排迮不得進退又陳忠傳鄰舍比里共相壓迮
古今字考必組周禮考工記天子圭中必註謂以組約其中以備
墜失必之義本此
以此物小擊彼物曰攴音撲 廣韻攴小擊也今作拍非蓋以手擊物
為拍如拍巴掌是以物擊物則當作攴如攴生薑攴是
物類不齊駁而攴之於地使上下整齊曰敪音琢 說文敪擊也
[illegible]粗窳之
義九章算術有行酒行粗惡也行貨之行同此王安石有於今行

與弦相會引伸之兩物相牽着而不能離亦謂之笞
此物挑懸彼物而使中空曰佻挑上聲 揚子方言佻懸也懸物於
臺上謂之佻註佻懸物貌
此物陷入彼物空隙中而適合曰敹呼嵌去聲 類篇敹物相值合也
此物覆彼物之上而不適合曰齟齬呼如撮牙 字典齒部齟齬齒不
相值也古齟齬與撮牙同音故引伸之覆而不適合亦曰齟齬
此物覆彼物之上而適合曰容呼如合 正韻容音匌合也五方元
音合相當也
强塞此物於彼物中曰㲉呼揣去聲或平聲 說文㲉塞也從冂㲉聲唐
陸贄關中事狀儻有賊臣蹈㲉註塞外道
壓此物於彼物上使彼物碾碎曰西 說文西覆也從冂上下覆
之讀若晋與笮連舉曰笮曰西有壓迫之意西今作研
插此物於彼物中使彼物不散失曰必如以簪插髮中曰必簪以針約束衣襟曰必針
古今字考必組周禮考工記天子圭中必註謂以組約其中以備
墜失必之義本此
以此物小擊彼物曰攴音撲 廣韻攴小擊也今作拍非蓋以手擊物
為拍如拍巴掌是以物擊物則當作攴如攴生薑攴是
器物不良曰行貨 周禮地官司市注曰物行苦行苦乃楛窳之
義九章算術有行酒行粗惡也行貨之行同此王安石有於今行
貨正當時之句行貨二字且入詩矣

物之難售者曰滯貨　周禮注滯貨不售者官為居之抱朴子和
璧變為滯貨
物純淨無雜質曰清水貨　元(章典)隨路織造緞疋須要清水夾
密無藥棉粉方許貨賣
比物之長短古曰节今曰𥈭亦作旋　說文节相當也見高著方言廣韻𥈭音堰
物相當也篇海旋音儼比長短也字雖殊而義則同也焉
當也
較量斗斛之較當作斠音告呼如　說文斠平斗斛也
油酒類之物不以秤衡其輕重而以瓶居汲之謂之扷　集韻扷音興量也
曰度
置物於手而估量其輕重曰敁敪　集韻以手稱物謂之敁敪又
以己之物與人互換謂之貿換　貿說文作貿易財也徐注交互之意書貿遷有無化
居義同
而無
折閱此即折頭之折也
售貨而故昂其價以待減曰需頭　譚苑醍醐引蔡邕獨斷漢代
章奏之式所謂需頭者蓋空其首一幅以俟詔旨批答陳請之奏
用之不需頭者申謝之奏用之貨值之有需頭其說本此
物未經改製者曰原來頭　秋雨菴隨筆惟雇工某人係原來頭
以錢搞送物之僕役曰脚錢　朝野僉載御史祿米不出脚錢新
唐書李畬母改脚錢曰車庸
稱來歷不名之錢曰無名錢　漢書張安世傳謂都内別藏張氏
無名錢
稱應得之錢曰本分錢　唐書裴延齡傳且陛下本分錢用之無

物之難售者曰滯貨　周禮注滯貨不售者官為居之抱朴子和
璧變為滯貨
物純淨無雜質曰清水貨　元(章典)隨路織造緞疋須要清水夾
密無藥棉粉方許貨賣
比較兩物長短輕重之具曰戠音誌亦呼如織　集韻戠持物相當也
較量斗斛之較當作斠音告呼如　說文斠平斗斛也
伸兩臂估物長短曰度音托　菽園雜記吳人以兩臂量物曰度
置物於手而估量其輕重曰敁敪　集韻以手稱物謂之敁敪又
秋雨菴隨筆以手量物曰敁敪見莊子註
買物而短其價曰折頭　書關石和鈞注關者謂彼此通同而無
折閱此即折頭之折也
售貨而故昂其價以待減曰需頭　譚苑醍醐引蔡邕獨斷漢代
章奏之式所謂需頭者蓋空其首一幅以俟詔旨批答陳請之奏
用之不需頭者申謝之奏用之貨值之有需頭其說本此
物未經改製者曰原來頭　秋雨菴隨筆惟雇工某人係原來頭
以錢搞送物之僕役曰脚錢　朝野僉載御史祿米不出脚錢新
唐書李畬母改脚錢曰車庸
稱來歷不名之錢曰無名錢　漢書張安世傳謂都内別藏張氏
無名錢
稱應得之錢曰本分錢　唐書裴延齡傳且陛下本分錢用之無

窮

不欠賬謂之現錢　現古作見漢書王嘉傳賞賜節約外戚貲千萬者少故外府見錢多也

囊空無錢謂之廓　廣韻廓空也虛也

五文錢謂之一花　俗俗呼小錄數錢以五文為一花通俗編凡花五出者為多故諺云爾

物少許謂之一撮　中庸今夫地一撮土之多

大於一滴之流質謂之一沰　玉篇沰落也流質落地而大故謂之一沰

燈每盞謂之一碗　宋趙彥深雲麓漫鈔有燈籠四百七十一碗語燈以碗計自宋已然

每稱物一起謂之一槖（俗呼砲）　篇海槖音鮑四十斤為槖泰每稱物一起為一槖但不拘於四十斤

物繞一周謂之一道道當作稻　猗覺寮雜記帶濶狹以道言當用稻字五代劉旻以十二道玉帶遺漢高祖

物平分謂之一半　唐太宗望雪詩迎風一半斜羅隱詩一多半秋光此多夕多

多於一半謂之大半反是為小半　史記韋昭注凡數三分有二曰大半一分曰小半

物聯綴於一貫謂之一把連　葉某明宮詞注明宮中近御太監凡入侍則抹布小刀一一佩以備上用名一把連見秋雨菴隨筆

物連貫而不斷謂之一串鈴　明代徵收錢粮有夥收分解之法謂之一串鈴見明史食貨志

泰縣方言補

物　部（五）狀物類

物兩旁低而中竦曰喬　毛詩國風傳云喬上竦也

秤前仰而後傾曰橋去聲　韻會橋音嶠禮奉席如橋衡疏左低右昂如橋之衡又說苑為機重其後輕其前曰橋

秤持平而前微傾曰坦　說文坦平也

物斜倚而不平曰夕斜去聲　廣雅夕衺也呂氏春秋夕室注謂其室夕斜夕不正也

物斜立而不正曰𡿨歪音　廣韻𡿨物不正火媧切

物傾斜欲倒曰趍　集韻垎趍倒地廣韻趍訓作仆泰有趍乜趍

八語

物動搖不安曰僞船行不安則謂之𦨶僞𦨶皆呼歪上聲　揚子方言僞謂之仡仡不安也說文船𦨶船行不安也

物久用而畧敝曰𠢕呼如依　說文𠢕勞也苦也段氏云物久用而勞敝曰𠢕正韻集韻並音異泰去聲恒呼平聲故異呼如依

物久用而不敝曰牢　唐韻牢堅也固也史記外戚世家欲連固根本牢甚

物相黏着曰澆俗呼如丁　說文澆浚乾漬米也揚子方言乾黏曰澆

物無竅穴曰薾平聲悶　說文薾平也物無竅穴而平故謂之薾秦謂不輕言者為薾子

物展長曰抻　集韻抻展也抻物長也

物增多曰斟音出　說文斟斟盛也汝南名蠶盛為斟泰人稱物出時比入時斤両增多曰斟秤或呼如斟如盛斟音盛

物長大不輕便曰躴𨈭　玉篇躴𨈭身長也引伸之凡物長大長者皆曰躴𨈭

物旁溢而增大曰斜張　說文斜量旁溢也泰謂旁溢增大曰斜張猶是古音

物笨重不起俏曰磊𡎺呼如雷堆　說文磊𡎺重聚也

物尖巧而有趣曰波峭波峭當作哺峭　字林哺峭好形也

物小巧而玲瓏曰𩔗頢呼如刷括　廣韻𩔗頢強可貌集韻作𩔗頢小頭也一曰面短貌今借用為小巧之義

物怪異可驚怖者曰聖　猗覺寮雜記凡物之怪舉以為聖泰俗見慘殺狀曰聖煞見齷齪物亦曰聖煞

物大而驚異之曰烴烴音怪　說文烴大也物大而使人驚異是為烴烴

物美好曰嬇呼如斬　說文嬇白好也通俗文曰服飾鮮盛謂之嬇

物美善可稱許者曰𣪊　爾雅釋詁𣪊善也書洪範既富方𣪊詩

物至薄曰澆如薄粥曰澆粥薄紙曰澆紙（人刻薄亦曰澆薄）澆呼如篇
說文澆薄也劉子風有厚薄俗有淳澆澆與薄義固同也

物展長曰抻　集韻抻展也抻物長也（抻音盛）
物增多曰斟（斟音出）　說文斟斟盛也汝南名蠶盛為斟泰人稱物出時比入時斤兩增多曰斟秤或呼如斟如盛
物長大不輕便曰躲騬　王篇躲騬身長也引伸之凡物長大長者皆曰躲騬
物旁溢而增大曰斜張　說文斜量旁溢也泰謂旁溢增大曰斜張猶是古音
物笨重不起俏曰磊埻（呼如雷堆）　說文磊埻重聚也
物尖巧而有趣曰波峭　波峭當作峬峭　字林峬峭好形也
物小巧而玲瓏曰頽頢（呼如刷括）　廣韻頽頢强可貌集韻作頽頢小頭也一曰面短貌今借用為小巧之義
物怪異可驚怖者曰聖　猗覺寮雜記凡物之怪舉以為聖泰俗見慘殺狀曰聖煞見齷齪物亦曰聖煞煞
物大而驚異之曰𡘋𡘋（音怪）　說文𡘋大也物大而使人驚異是為𡘋𡘋
物美好曰㜺（呼如斬）　說文㜺白好也通俗文曰服飾鮮盛謂之㜺
物美善可稱許者曰穀　爾雅釋詁穀善也書洪範既富方穀詩陳風穀旦於差穀皆訓善
物不精曰勦勦　弱侯俗書刊誤物不精曰勦勦

物整齊曰整娖　猗覺寮雜記今人辦人從行李之類其言曰整擉當用娖字後漢書中山簡王傳稱娖前行注娖音楚角反猶整齊也
物細小謂之艒舠　王篇艒舠小船也正字通航小而長曰艒舠泰引伸其義呼物之細小者皆曰艒舠（艒呼平聲）
物短小謂之侯頭　釋言齊人謂如小衫而小袖曰侯頭泰稱短小之物皆曰侯頭引伸之辭也
物態酷肖曰活脫子　釋草倚商活脫注活脫者靡然如草意也故狀態酷似謂為活脫子（楊萬里詩小春活脫是春時史彌寧詩楚山活脫青屏樣皆言其酷似也）
物態近似曰三脚貓（貓俗呼如馬）　七修類稿嘉靖間南京神樂觀有三脚貓一種極善捕鼠而走不成步三脚貓之義本此
狀紅之甚者曰紅糖糖亦曰彤紅　說文彤丹色也本陽平聲泰訛呼陰平如通集韻糖赤色
狀黑之甚者曰黑黷黷（呼如篤）亦曰黑黲黲（呼如通）　王篇黷垢也蒙也又黑也黲黑貌
狀白之甚者曰白荼荼（俗呼如沰）　考工記欲其荼白也荼為茅秀白色管子輕重篇曰荼首之孫劉注荼首白首也荼本音塗泰呼如沰音之轉也
狀黃之甚者曰黃黊黊（俗呼如霜）　說文黊鮮明黃也本音户圭切泰音轉如霜

狀青之甚者曰青滴滴　黃公望詩遥山近山青欲滴又張志和
詩秋山入簾翠滴滴
狀綠之甚者曰綠沈沈　野客叢書物色之深者皆為綠沈西溪
叢語引北史杜詩續齊諧記諸書綠沈字謂其色深沈故謂之綠
沈
聲音宏亮曰響鏜鏜音湯　詩擊鼓其鏜傳鏜然擊鼓聲也正韻鏜
音湯故響甚曰響鏜鏜
熱度正旺曰熱烔烔俗呼如湯　廣韻熱氣烔烔出字林烔本音同泰
呼如湯音之轉也
涼爽宜人曰涼瀉瀉音罯　世說劉真長見丞相王導時方盛夏導
以腹熨彈碁局曰何乃瀉劉出曰未見他異惟聞吳語瀉集韻瀉
音轟吳俗謂冷曰瀉轉為於禁切音罯見清嘉錄
香味逾常曰香餑餑俗呼如簣　餑餑當為飶餑之轉正篇飶餑大香
也飶餑二字疾呼之如簣簣
物體肥壯曰肉茁茁　孟子牛羊茁壯長而已矣
物體乾枯曰乾驌驌　說文乾魚尾驌驌也驌音揫泰呼如俏
物體矮小曰矮𥎸𥎸　說文𥎸短人立𥎸𥎸也𥎸傍下切泰謂屋
矮曰矮𥎸𥎸呼如耙
物不濃曰寡胗胗又曰消澆薄薄　集韻胗音拏胗胗不密也東坡
詩薄薄酒勝茶湯

物體光滑曰光釉釉呼平聲又　集韻釉物有光也通作油
物太老曰老梗梗　淮南子原道篇鋤其強梗物之老者
物極緊合曰密夆夆音孑又曰滿滿夆夆音害　集韻夆音孑相遮要害
也以小物置大物中四無空隙大小適合如要害之相遮故曰密
夆夆又音害義同泰呼滿滿夆夆呼如瞎由害音而轉也
物極新曰簇新亦曰簇簇新　花蕊夫人宮詞廚船進食簇時新簇新二字良疏落貌
固非無本又白居易詩楚山青簇簇則簇簇二字亦有由來
物甚整齊曰齊偡偡呼如斬　廣韻偡然齊整
物汁黏連不斷曰黏絲膠膠　廣韻膠膠相黏也
物狀斬截有棱曰六角⿰角秦⿰角秦呼如臻　集韻⿰角秦臻上聲角齊多貌泰
逕呼如臻

物體光滑曰光釉釉呼又平聲　集韻釉物有光也通作油
物太老曰老梗梗　淮南子原道篇鋤其强梗物之老者
物極緊合曰密夅夅音孑又曰滿滿一夅夅音害　集韻夅音孑相遮要害
也以小物置大物中四無空隙大小適合如要害之相遮故曰密
夅夅又音害義同泰呼滿滿一夅夅呼如瞎由害音而轉也
物太疏落曰稀稀罳罳　太玄經縱横天網罳罳註罳罳疏落貌
吳語謂物之疏者為稀罳本此見清嘉錄
物甚整齊曰齊偡偡呼如斬　廣韻偡然齊整
物汁黏連不斷曰黏絲膠膠　廣韻膠膠相黏也
物狀斬截有棱曰六角鰧鰧呼如臻　集韻鰧臻上聲角齊多貌泰
逕呼如臻

泰縣方言補

物　部（六）植物類

癟稻之癟當作秕　說文秕不成粟也泰音轉而訛作癟
荻謂之蘆柴　本草長丈許中空皮薄色白者蘆也小而中空皮
厚色青蒼者荻也泰人通謂之蘆柴
芋之大者名芋頭　閩雜記閩人稱芋大為芋母亦名芋頭與泰
同
芰謂之菱　陸佃詩疏武陸記四角三角曰芰兩角曰菱泰名四
角之芰曰菱别稱兩角者為風菱
菠稜菜謂之菠菜　唐會要太宗時波羅國献菠稜菜類紅藍實
如蒺藜即此
雪裏紅之紅當作蕻　唐韻菜心甚長曰蕻雪裏蕻為蔬類植物
雪天諸菜凍損此菜獨青故名人多醃以為虀
木芒曰刺刺當作朿　韻會朿音刺說文木芒也草芒當作莿爾雅莿刺也
杉木俗呼竟木　北湖續志杉俗呼竟木
木小而瘦者曰沙蒿　高江村燈市竹枝詞火樹銀花高百尺高
過街鷹架搭沙蒿自注杉木名泰有沙蒿跟着木排走之諺
竹大而堅者曰貓頭　桂海虞衡志貓頭竹質性類筯竹
木繁衍而叢生於旁者曰棒　王篇棒木四布也本音枯泰俗呼
枯去聲

栽插花枝使活曰樬、 集韻樬音還插也俗作扦泰俗呼還去聲

芟除植物之枝葉曰剸 剸音宣五方元音去木枝也泰謂去桑枝葉曰剸枝剸葉

泰縣方言補

物　部七動物類

豬謂之豬子　揚子方言豬吳揚之間謂之豬子

貓子之貓呼如茅有所本　正韻貓眉鑣切音苗又謨交切音茅本草綱目貓有苗茅二音則泰呼貓如茅固有所本

鼬謂之黄鼠狼　廣雅鼠狼即鼬爾雅注鼬鼠赤黄色故俗呼黄鼠狼

牝狗謂之草狗　爾雅釋畜牝曰騇注草馬名今北方謂牝馬曰草馬則以牝狗為草狗其義固同

牡狗謂之兒狗　爾雅義疏東齊人以牡馬為兒馬泰以牡狗為兒狗其義亦同

蜈蚣謂之百脚　埤雅蜈蚣能制蛇俗謂之百足

蚯蚓謂之寒蠹俗呼如河仙　廣韻蚯蚓吳呼為寒蠹又篇海寒蠹蚯蚓也

蠭大而螫人者曰壺蜂壺俗呼如吳　揚子方言蜂甚大而蜜謂之壺蜂泰所謂壺蜂僅以毒螫人而不釀蜜其釀蜜者曰蜜蜂

蝴蝶謂之蝂蝶蝂音葉　蝂蝶見本草釋名

蟛蟹謂之螃蟹　蟹譜蟹蟲也水蟲也以其横行則曰螃蟹

鼃謂之水雞　蘇頌圖經云鼃似蝦蟆而背青綠色即今水雞是也

蟻謂之馬蟻　酉陽雜俎秦中多巨蟻俗呼爲馬蟻（凡物之大者皆以馬稱如淮南稱大棗爲馬棗廣東稱大豆爲馬豆皆是

螻蛄謂之杜狗　揚子方言蛄南楚謂之杜狗

雉謂之野雞　漢吕后名雉故諱雉爲野雞見史記封禪書注

鸜鵒謂之八哥　本草鸜鵒俗名八哥

鸕鷀謂之水老鴉　本草鸕鷀又名水老鴉

鳩謂之鵓鴣鴣　集韻鵓鴿今之鵓鴣也六書故班鳩　小者聲若布穀又謂勃姑

梟謂之野鴨　本草釋名引詩疏梟野鴨

犬羊生子曰課　唐六典凡牝四游而課羊則當年而課之課謂歲課駒犢見孔氏雜説

去豬犬之陽曰騸　秋雨菴隨筆騸馬宦牛羯羊閹豬鐓雞善狗净貓皆閹也見臞仙肘後經今去豬犬之陽通謂之騸

鳥啄物曰敨　集韻敨音嵁鳥啄物也

鳥獸附肉之毛曰氄毛音冗秦呼如戎　堯典鳥獸氄毛正義謂附肉細毛也

鳥獸落毛曰毻毛音唾　庾信詩毻毛新鶴小

鼠行速謂之趍　説文趍行趍趍也

吴陵語録

泰縣夏兆麐編

(甲)民諺

民諺與方言何別方言為簡單之詞而民諺則為組成之句此其大別也泰縣民諺與他縣相同者多余於方言後附載民諺不敢濫采致嫌辭費惟就人事天然兩界足以覘風俗人情者述之以備考察

(甲)人事界

(一)民諺有足以覘社會情形者例如

有錢到處香
有錢大三級
有錢使得鬼推磨
一錢逼死英雄漢
一家飽煖千家怨
白鴿子向亮處飛
飽漢不知餓漢飢
人怕很的鬼怕惡的
銀子是白的眼睛珠是黑的
只重衣冠不重人
人是衣裳馬是鞍橋
人在矮簷下誰敢不低頭
山中無大樹茅草也為尊
老虎不喫人惡名在外
惡龍不敵地頭蛇
當方土地當方靈
人在人情在人死兩撇開

(二)民諺有足以覘家庭狀况者例如

上樑不正下樑歪中樑不正倒下來
什麼根什麼苗什麼葫蘆什麼瓢
龍生龍鳳生鳳老鼠生兒會打洞
家有賢妻夫不遭横事
一代没好妻三代没好子
外有掙錢手家有聚錢斗
桑樹從小紆
從小一看到老一半
棒頭出孝子嬌養忤逆兒
三朝媳婦月裏孖兒
親兄弟明算帳
新老大舊老二破布衲頭是老三
小夥小千兩銀子買不到丫頭丫賣給人家抓腳丫
家不和被鄰鄰欺

要得好老做小
家和萬事興
家有一条心黄土變成金
久病無孝子
兒孫自有兒孫福莫為兒孫作馬牛
隔層肚皮隔層山
有晚娘便有晚老子

(三)民諺有足以覘人民生計例者例如
一日不做一日不食
有錢不買半年閒

在家無好歹出外没新鮮
辛苦錢萬萬年
穿不窮喫不窮打算不到一世窮
臉打破充胖子
夜來蓋帳子日間充胖子
比上不足比下有餘
買了便宜草燒的夾底鍋
為客三升米
客去主人安

(四)民諺有足以察人民心性者

老不離鄉是貴人
在家千日好出外一時難
得過且過
做一日和尚撞一日鐘
各人自掃門前雪不管他人瓦上霜
敲鑼賣糖各管各行
前人栽樹後人乘涼
小狗向着城牆咬那塊磚頭是你的
一個和尚挑水喫兩個和尚抬水喫三個和尚没水喫
街心裏鑿子向頭上拈

親望親好鄰望鄰好
遠親不如近鄰
人無千日好花無百日紅
牆上一根草風吹兩邊倒
東倒喫羊肉西倒喫猪頭
又要便宜又要好又要馬兒不喫草

(五)民諺有足以覘人民道德者例如
為人不作虧心事半夜敲門不喫驚
坐得船頭穩不怕浪來顛
跌倒自爬起倚人総是空

求人不如求巳
好馬不喫回頭草
男兒膝下有黃金
豹死留皮人去留名
世上無難事只怕用心人
早起三光晏起三慌
有錢難買少年時
不聽老人言飢荒在眼前
生薑薑老的辣
跟好人學好人跟叫化子學流氓
人敬我一尺我敬人一丈
依官法要打煞依佛法要餓煞
(六)民諺有足以覘人民智識者例如
天有天數
要得發敬菩薩
癡人自有癡福
三十年河東轉河西
没有强盗過八十
七合桶八合命到了九合要害病
有命不怕家鄉遠

命中有終須有命裏無莫强求
善有善報惡有惡報若還不報時辰未到
(七)民諺有足以表商業狀況者
人無笑臉休開店
本大利寬
生意一去百來
生意不成人意在
只有錯買没有錯賣
漫天要價着地還錢
不怕不識貨只怕貨比貨
貨買三家不吃虧
豆腐大一片多跑三家店
上門好買上門好賣
貨到底頭死(底呼如梯)
早知三日價富貴一千年
做一行諳一行做一行怨一行
(八)民諺有足以表農業狀況者
旱年多雨勢
久雨望庚晴
七人八穀九豆十芝麻

(註)農人占雨問晴與節令氣候類多有關茲畧舉二三則餘詳自然界

清明浸種穀雨下秧
蠶要温和麥要寒
有麥没麥看四月十六
一麥抵三秋
麥上場稻上倉
閏年不種十月麥
田怕秋日旱人怕老來窮
雷打菊花開米兒塞煞街 雷打菊花心有米貴如金
雷打菊花心有米貴如金
大雪紛紛柴米油鹽都漲價
荒地無人耕耕起有人爭
種田不離田頭前

(三)自然界

(一)民諺有足以覘一方之氣候節令者例如
早看西北晚看東南
久晴必有久陰
東虹日頭西虹雨
上弦不離初七八下弦不離十二三
南風腰裏硬北風兩頭尖
早霧金晚霧晴
若遇春荒腳奔挑野菜挖樹根
春霧不出三日雨
春霧狂風冬霧雪
清明到麥茭叫
清明要晴穀雨要雨
鄉裏風城上雨
霉裏西風時裏雨時裏西風暫時雨
吃了端午粽就把棉衣送吃了重陽糕夏衣方打包
白露不露身
秋後十八盆
西風不過酉過了酉連夜吼
雨打五更頭來朝曬破頭
重陽無雨望十三十三無雨一冬乾
冬至不出年外
雨春夾一冬麻布衣兒好遮風
雨雪年年有不在三九在四九
乾冬濕年
雨前生毛沒大雨雨後生毛天不晴

南風腰裏硬北風雨頭尖

早霧陰晚霧晴

春寒多有雨夏寒井底乾

春霜不出三日雨

春霧狂風冬霧雪

清明到麥莢叫

清明要晴穀雨要雨

鄉裏風城上雨

霉裏西風時裏雨時裏西風暫時雨

吃了端午粽就把棉衣送吃了重陽糕夏衣方打包

白露不露身

秋後十八盆

西風不過酉過了酉連夜吼

雨打五更頭來朝曬破頭

重陽無雨望十三十三無雨一冬乾

冬至不出年外

雨春夾一冬麻布衣兒好遮風

雨雪年年有不在三九在四九

乾冬濕年

雨前生毛沒大雨雨後生毛天不晴

四月八大風刮十條溝兒九條刮四月九大風吼黑魚淌到鍋門口

(二)民諺有足以覘一方之時(歲)風俗者

上燈圓子落燈麪要喫圓子到明年

正月半炸蝨蚱(麻貨)

二月二家家帶女兒

清明不帶柳死後變黃狗清明不看牌死後無人抬

早燒清明晏燒冬七月半亡人等不到中

六月裏出門帶寒衣

有錢難買六月濕

年怕中秋月怕半

過了八月半賽過銕羅漢

喫了重陽酒夜工不離手

大冬大似年小冬不值錢

打過春赤脚奔挑野菜挖樹根

臘月裏黃土貴三分

有錢沒錢娶一個媽媽(俗呼妻曰媽媽 媽音如馬)過年

(三)民諺有足以覘一邑之特殊情形者

東門鬼西門水南門神北門人(此言各城門外之情形也)

青蒲角上曹皇后淤溪湖裏秦寗侯(退菴筆記引分庭閭州世説)

金坡子銀管王不及郁家鋪子一早上（坡子管王兩坊居民繁盛地保所得之月錢最多然猶不及郁鋪之船頭錢收入為猶大也）

窮宜陵富丁溝小小樊汊賽揚州（宜陵在泰城西南丁溝在泰城西北俱屬江都樊汊為泰縣與高郵分界之所宜陵民貧丁溝民富樊汊地屬要衝素稱繁盛故謠諺如此）

原有人民
後明祖下
也此諺於

進了五條巷吃了昏來湯（北門板橋之北有巷西折相通曰頭巷曰二巷曰三巷曰四巷曰五巷此穿彼插最易訛誤鄉人至此往往有莫知所嚮之苦）

死鬼肚裏最明白（明太祖既決高堰淹泰城城以破復帶兵盡其遺民大肆屠殺泰人死于兵死于水者多矣而太祖時適為十月朔日故子孫本存者皆於是日祀太祖名為十月朔時有吉福留倚家人某某敬謹叩首祭祀詢其故言曰去年此日余一家俱為兵殺害今我們叩首死鬼在往肚裏自然明白）

武知州蝴蝴好漢難當三口（武知州康熙時莅武國在此蝴蝴為蝴蝴之訛即泥螺也是時邑紳宮陳諸家宴以泥螺進武此人不解食係吐之泥沙滿口再三進武辭以此蝴蝴好漢難當三口是諺之所由來也今泰人識者每曰不吐沙者由於此）

金坡子銀管王不及郁家鋪子一早上（坡子管王兩坊居民繁盛地保所得之月錢最多然猶不及郁鋪之船頭錢收入為猶大也）

泰城三尺水坡子七人家（明洪武初高堰倒後泰縣原有人民淹没殆盡其幸而存留者僅坡子坊之七人家耳其後明祖下蘇州乃遷民以實泰故考泰人籍貫大半由蘇遷泰也此諺於歷史上有價值故錄之）

死鬼肚裏最明白（明太祖既決高堰淹泰城城以破復帶兵盡其遺民大肆屠殺泰人死于兵死于水者多矣而太祖時適為十月朔日故子孫本存者皆於是日祀太祖名為十月朔時有吉福留倚家人某某敬謹叩首祭祀詢其故言曰去年此日余一家俱為兵殺害今我們叩首死鬼在往肚裏自然明白）

武知州蝴蝴好漢難當三口（武知州康熙時莅武國在此蝴蝴為蝴蝴之訛即泥螺也是時邑紳宮陳諸家宴以泥螺進武此人不解食係吐之泥沙滿口再三進武辭以此蝴蝴好漢難當三口是諺之所由來也今泰人識者每曰不吐沙者由於此）

吳陵語錄

(乙)童謠

童謠為民眾文學之一種論文字固多奇譎怪誕可驚可喜論事實亦多足以表現風俗人情未可等閒視也泰縣童謠不少畧舉數則以供談助

月亮(一)

亮(呼如涼)月巴巴照見他家他家有一個驢子喫我家豆(呼如偷)子拿棒打他還是我家某兒的舅(呼如秋)子

(註)某兒二字類以唱此歌之小孩乳名嵌入

耐菴曰是歌可以見民情之一斑矣月亮之所照至廣而此所見者乃為他家他家之他字何等親熱新文學家之她也伊也其脫胎於此類歌謠乎他家之驢子未嘗不因愛他而亦愛之第以其喫豆之故始思以棒打他(畢竟是兒童心理)然一望而為他家之人且為舅子則不復打矣按還是二字之意不明言不打而不打之意自顯且以未曾誤打為幸之意亦在其中細繹之誠深永而有味也

月亮(二)

亮月子亮烁烁(呼如湯)打開後門去燒香前頭走的劉大姐後頭走的二姑娘兩個姑娘一齊拜脚上繫(呼如計)的絲羅帶絲羅帶上一對鵝飛來飛去難過河

耐菴曰婦女入廟燒香實舊時之陋習觀此歌可審弊俗之由來已久也舊時婦女無不裹足弓鞋繡帶極盡嬌嬈帶為絲羅之質而更繡以雙雙之鵝其嬌嬈之態可想以嬌嬈之態而入廟燒香焉得不謂陋習然飛來飛去而不能過河非鵝之不能飛也足小故耳裹足之有害於行亦於此可見矣

上學堂

一斗米一斗糠送保保上學堂學堂滿架筆管筆管尖架上天天又高好大刀刀又快好切菜菜又嫩(讀平聲)好上燈燈又亮照見和尚沒辮子

耐菴曰此歌其為中國革新之預言乎余髫齡習聞此歌距今四十年矣彼時尚未有學堂而此歌已為之預兆大刀(革命者剁館也如博物館圖書館民教館皆是)切菜殆為世亂之隱語而和尚沒辮子則更為剪髮之先機也

麻姐姐(呼如麻假家)

麻姐姐起來罷(平聲)婆家送着花來了不要花要點胭脂粉搽搽

耐菴曰舊時婚嫁男家先期送上頭盒於女家其所陳設無非胭脂花粉觀是歌可以見婚娶舊俗之一斑也

瞎子瞎

瞎子瞎打着人不妨法(唱是歌時手持竹棒假作盲者之狀)

耐菴曰舊時歌謠訕笑殘疾者居多實傷國民美性是歌對於瞎子獨以打人不妨法許之寬恕殘疾之人倘亦仁人之用心

也乎

擺龍厖厖

擺龍擺龍厖厖擺到楊家莊上楊家莊上失了火大的小的跟着我大的跟了我没飯喫小的跟着我討飯喫（楊家莊在羊打鼓野營星門之南）

㊟唱是歌時羣兒先後搴衣而行或三五人或七八人或十餘人皆可其先後以身材之高下為準

耐菴曰是歌之由來相傳始於南宋金兵攻泰肆意焚殺村落之為墟人民奔逃無地相率遠竄至楊家莊如擺龍之勢及至楊家莊時而又遇焚刦之禍故作是歌以記之至繹歌中語意則三五兒童乃至十數兒童先後褰（搴）衣秩然有序可謂能合羣矣且失火之時患難相從雖討飯喫而不涣其羣甚至没飯喫而亦不涣其羣愛羣之性尚復有加於此者乎是誠吾國民之美性也

火星蟲

大麥稭小麥稭火星蟲兒上場來

㊟火星蟲即螢火也

耐菴曰夏日晚間羣兒集場上乘涼往往撲螢為戲讀此歌如見其景昔人謂王維詩中有畫余謂此歌亦然

教先生捉老鼠

先生教我人之初我教先生捉老鼠（呼如粗）先生捉了一匾兒頓住先生龜尾兒

耐菴曰此歌不啻為村塾師寫照也尤不啻為村塾中頑童寫照也村塾師曲辮垂垂以龜尾喻之極盡形容之妙其訓蒙伊始例以三字經為無上寶卷人之初性本善雖教者自身亦不能深解其義何有於兒童以是訓蒙恐愈訓而其蒙愈甚也何怪有教先生捉老鼠之高足乎吾觀村塾頑童戲侮先生其計百出乘先生伏案假寐繫其辮於櫈上者事誠有之頓住龜尾之言固非虛語也故余謂此歌寥寥數語可作村塾現形記讀

吴陵語録

(丙)商場隱語

商場貿易不甚公開故行肆類多隱語同行以隱語答問謂之吐舌子局外人莫知其底蘊也其語俚俗居多然亦有運思甚巧者如數目字旦底為一抽工為二眠川為三殺西為四(或作側目)缺丑為五斷大為六(或作撤大)毛根為七(或作皂脚)分頭為八(或作入開)未丸為九田心為十玩之頗有意致至以長樂幾時木重春復求九字代數字或以獅象麒麟吼虎豹鹿狼九字代之則殊嫌其枯燥矣

業陸陳行者謂稻為草種秫秫為花椒大麥為鎗兜(因其有芒)小麥為破肚(因其有痕)元麥為滾子(因其體圓)大都象形其形而定名無甚巧思不足挂齒頰也

吴陵語録

(丁)市井流言

市井流言甚夥有近似謎語者例如

烏龜喫鐵子 (繞頸) 謂人作事自擾也

棺材裏伸手 (死要) 謂人貪得無厭也

監門前的匾 (悔後遲) 謂人後悔莫及也

啞叭喫黃連 (說不出苦來) 謂人有苦難言也

前四條猶普通俗語或不惟泰有之茲更述僅流傳於泰者

斜橋的鴨子 (硬卡) 謂人强迫行事也

張網溝的菩薩 (不要臉) 謂人不知羞耻也

港口人娶親 (碍黑進門) 謂人歸來遲緩也

麒麟灣的牛 (不打不痾屎) 謂人作事偷懶也

陳家坟的鬼 (專迷家裏人) 謂人欺切己之人也

[illegible]語的雜文 ([illegible]丁全) 謂人合作也

港口人看戲 (一箇一箇的上) 謂慢慢來也 不出也

其餘如言人妄想則曰想到塘頭手家去以塘頭手家既貴且富不易得到其境也

[illegible] 謂人刻薄也

[illegible] 謂人常在一處也

泰州的紗燈 (沒影子) 謂人言難信也

[illegible]為万也 [illegible]言

跌曰五碗八 五碗八(碟)為成語碟諧跌故曰五碗八者隱言為跌也

吳陵語錄

（丁）市井流言

市井流言甚夥有近似謎語者例如

烏龜喫鐵子（繞頭）謂人作事自擾也

棺材裏伸手（死要）謂人貪得無厭也

監門前的匾（悔後遲）謂人後悔莫及也

啞叭喫黃連（說不出苦來）謂人有苦難言也

前四條猶為通語或不惟泰有之茲更述僅流傳於泰者

斜橋的鴨子（硬卡）謂人強迫行事也

張網溝的菩薩（不要臉）謂人不知羞恥也

港口人娶親（碍黑進門）謂人歸來遲緩也

麒麟灣的牛（不打不痾屎）謂人作事偷懶也

陳家墳的鬼（專迷家裏人）謂人欺切已之人也

桑家灣的鑼鼓（各打各）謂不合作也

智家堡的獅子（聯同頭）謂行不出也

莊家橋……

小紀的燒餅（薄而又薄）謂人太刻薄也

城河裏的野鴨（一聯兒）謂人常在一處也

泰州的紗燈（沒影子）謂人言難信也

為刀也

跌曰五碗八　五碗八（碟）為成語碟諧跌故曰五碗八者隱言為跌也

吳陵語錄

（丁）市井流言

市井流言甚夥有近似謎語者例如

烏龜喫鐵子（繞頭）謂人作事自擾也

棺材裏伸手（死要）謂人貪得無厭也

監門前的匾（悔後遲）謂人後悔莫及也

啞叭喫黃連（說不出苦來）謂人有苦難言也

前四條猶為通語或不惟泰有之茲更述僅流傳於泰者

斜橋的鴨子（硬卡）謂人強迫行事也

張網溝的菩薩（不要臉）謂人不知羞恥也

港口人娶親（碍黑進門）謂人歸來遲緩也

麒麟灣的牛（不打不痾屎）謂人作事偷懶也

陳家墳的鬼（專迷家裏人）謂人欺切已之人也

周變卿做官（沒處到任）謂人作事難靠也

盧根山喫黃乾子（不要命）謂省儉人偶多花費也

前四條猶為通語或不惟泰有之茲更述僅流傳於泰者

井流言有稱為歇後語者例如

刀曰氣咕嘮　氣咕嘮（叨）為成語叨諧刀故曰氣咕嘮者隱言為刀也

跌曰五碗八　五碗八（碟）為成語碟諧跌故曰五碗八者隱言為跌也

水曰金生麗　金生麗(水)為成語但言金生麗縮水字而不言也

氣曰烟烏瘴　烟烏瘴(氣)為成語但言烟烏瘴縮氣字而不言也

市井小民於所言之人每不明揭其姓而用暗示之法其法大别有五

一拆字法

劉曰卯金刀　李曰十八子　陳曰耳東　林曰雙木　羅曰四維　張曰弓長子　趙曰走肖子　胡曰古月子　許曰言午子　楊曰木易子　黄曰二十一由八

(註)弓長子走肖子古月子之類其子皆為助辭乃語氣之尾與李之稱十八子不同

後漢書光武紀讖記曰劉秀發兵捕不道卯金修德為天子又後漢書孔融傳有天下者何必卯金刀謂劉為卯金刀在漢巳然宋書王景文傳張永累經軍旅又疑其將來難信乃自謡為謡言曰一士不可親弓長射殺人一士王字弓長張字也稱張為弓長子固亦有本茶香室叢鈔楊字從木從昜而今人稱姓楊者為木易楊此誤昜為易也宋王楙野客叢書云　諧有為姓楊人作離合書者曰偃息䖍木　執周書具意謂周書為易乃知以木易為楊姓其來久矣悦生隨抄以田八二十一為黄

二訓詁法

丁(釘諧)曰銹箇　陳(沉諧)曰定箇　劉(流諧)曰淌箇　韓(寒諧)曰冷箇

尤(油諧)曰滑箇　姚(摇諧)曰活箇　汪(望諧)曰相箇　張(髒諧)曰邋遢箇

(註)箇為語助詞

三部首法

徐曰雙人　繆曰絲絞　程曰禾旁　侯曰人旁　宋曰寶蓋

盧曰虎頭　俞曰人字頭　葛范之類曰草頭　單嚴之類曰雙口　馮凌之類曰兩滴水　沈汪之類曰三滴水

四筆畫法

戈曰四筆頭

(註)姓氏中四畫之字不惟一戈字而泰獨以四筆頭指戈姓亦習慣法也

五會意法

馬曰四隻脚　鄭曰大耳朵　曹(潮諧)曰曬不乾　韓(寒諧)曰西北風

吳陵語錄

(戊)民衆呼聲

街頭賣梔子花者其呼聲曰買花戴換花戴梔子花戴　末一戴字呼聲畧長不知者疑呼為壞銅釘鐵換花戴者非也曲巷清晨夢回人悄其聲宛轉可聽

野菜亦稱薺菜(野呼如雅)春原如畫野菜叢生小鬟年可十四五携竹筐菜刀連袂至原田挑菜故俗有打過春赤脚奔挑野菜拔樹根之諺挑菜盈筐入市喚賣其呼聲曰賣薺菜兒唷……或呼曰賣野菜兒唷……呼聲一片此唱彼和有如雞陀鶺艾若非久居是地者幾不知其所云為何也

山楂菓以熬煉之糖作骨篾籤穿為串每串或三五枚或六七枚名為糖球骨有軟有硬而以食軟骨者為多賣糖球皆編氓小販賣時沿市高呼曰妖：怪：糖球不知者每疑糖球而以妖怪為名是何意義實則妖怪兩字乃軟骨之訛耳(亦有誤聽為吠好糖球者土音之訛誤外鄉人殊難索解也)

萊菔亦名蘿蔔泰音則呼如奴僕其白而圓者名楊花蘿蔔以落楊花時有之故名色紅而瘦長者名五英蘿蔔以其英為五故名而賣之者每延長其音高呼為黑脚烏的奴僕粞兒蘿蔔呼為奴僕土音已訛而楊花五英等字訛為黑脚烏則又訛誤之甚者(或曰黑脚烏為郝家塢之訛郝家塢蘿蔔最著名故其初呼以動人積久而致訛誤也此説亦有理惟郝家塢在何許其地蘿蔔是否有名尚無佐證姑錄之以待考)粞當為菜之訛言其嫩如菜也兒乃語之尾音無甚意義

賣荸薺者穿數枚成串或更削去皮而穿之以待買者其呼喚之聲則有如唉哎薺啊唉哎薺即賣荸薺之訛啊語助詞此亦土音之不易解者

南鄉農民肩擔荷鋤買竈下灰其呼聲曰鬧屑賣鬧屑即壚𡑞也呼如緩算傭婦聞聲即出而喚之相與談交易焉

清晨有高呼糞賣者則東北鄉農人入市買糞以肥田也其人手挾糞舀(呼作料平聲)沿街呼喚此一糞賣之聲方去彼一糞賣之聲又來幾絡繹而不絕而北鄉農民呼"糞賣"二字恒以鼻音出之呼如"屋矮"尤令人莫名其妙也

好太太好奶奶我差一個銅角子買升粞兒……一男丐年五十餘日日作如是呼聲行于市發財的先生發財的老爺做做好事罷我是雙眼不通的瞎子呀有眼天堂無眼地獄化一個錢給瞎子拖拖命罷……一女丐年四十餘歲日日作如是呼聲哭于巷似此呼聲遊行里許極少數亦有三五度觸入耳鼓不惟人民之生計即此可知而一邑之政教亦於此可想矣

吳陵語錄

（己）勞工口號

勞工肩荷重擔身躑躅不能行恒打號子以舒其氣普通口號如欸（臭）：乃（靄）：唷（要）：啊（好）：不過隨意而呼初無意義其發為語言頗含意義而不可考者則有「青山」「知休」等語據父老云青山之號由「山外青山」語而來「山外青山樓外樓」此詩句也勞工初以為口號積久因斷續其辭致不相銜結故迄於今而止有青山之號然亦有時呼作要青山者要實外字之訛也知休之號知為幾時二字之短音幾時休亦詩中語呼聲短促幾時休三字遂轉為知休二字矣（宋林洪詩山外青山樓外樓西湖歌舞幾時休）

吳陵語錄

（庚）鄉談雜述

吾泰土音去聲字呼作陰平者極多例如

山洞之洞呼如通　輕重之重呼如冲　做事之事呼如司
香味之味呼如威　傳代之代呼如苔　喫飯之飯呼如番
饑餓之餓呼如窩　春夏之夏呼如蝦　告狀之狀呼如窗
害病之病呼如砰　拜壽之壽呼如收　考驗之驗呼如烟
樹木之樹呼如輸　艾葉之艾呼如哀　順便之順呼如孫
問人之問呼如溫　賤貴之賤呼如千　斷續之斷呼如貪
豆麥之豆呼如偷　淡鹹之淡呼如探　墊款之墊呼如添

上聲字有訛為去聲因而呼作陰平者亦有之（李氏音鑑於前人上聲字今呼作去聲者歷舉數十）例如

動靜之動呼如通（動上聲讀訛如洞洞呼如通）故動亦呼如通
市價之市呼如司（市上聲訛讀如事事呼如司）故市亦呼如司
件數之件呼如千（件上聲訛讀如賤賤呼如千）故件亦呼如千
橫豎之豎呼如輸（豎上聲訛讀如樹樹呼如輸）故豎亦呼如輸
合竝之竝呼如砰（竝上聲訛讀如病病呼如砰）故竝亦呼如砰
姓范之范呼如番（范上聲訛讀如飯飯呼如番）故范亦呼如番
奉承之奉呼如封（奉上聲訛讀如鳳而呼如封但鳳雖去聲並不呼如封）

丈尺之丈呼如昌（丈上聲訛讀如帳而呼如昌但帳雖去聲並不呼如昌）

甥舅之舅呼如秋（舅上聲訛讀如救而呼如秋但救雖去聲並不呼如秋）

祖稻之稻呼如滔（稻上聲訛讀如蹈而呼如滔但蹈雖去聲並不呼如滔）

泰音有當世認為土俗而實與古音合者不盡俗也例如龍蛇之蛇泰呼如沙世以為土俗然按韻書蛇時遮切收入麻韻則泰音實與古合矣

姑且之且泰呼斜上聲世以為土俗然按韻書且羊雅切收入馬韻則泰音實與古合矣

舟車之車泰呼如叉世以為土俗也然考佩觽牛車之車尺遮反本無居音韋昭亦曰車字從漢始有居音則車音本為尺遮反音叉泰音固不俗矣

貓狗之貓泰呼如茅世以為土俗也然按正韻貓眉鑣切音苗又謨交切音茅則貓本有茅音泰呼如茅不盡俗矣

灑水之灑呼衰上聲土音也然按韻書灑收馬韻亦收蟹韻馬韻之灑所下切沙上聲蟹韻之灑胡買切則泰音呼衰上聲實與之合矣

虹霓之虹呼扛去聲土音也然按韻書虹收東韻亦收絳韻東韻之虹户公切音洪絳韻之虹古巷切則泰音呼扛去聲不盡俗矣

望見之望呼如汪土音也然按韻書望收漾韻亦收陽韻漾韻之望無放切音旺陽韻之望無方切則泰音呼如汪不盡俗矣

教書之教呼如交土音也然按韻書教收效韻亦收肴韻效韻之教古孝切音較肴韻之教古肴切則泰音呼如交不盡俗矣（白居易詩鳥獸不曾看本草諳知藥性是誰教教亦讀平聲）教或呼如高由交音而轉也）

他如兄弟排行老大之大戲呼如柁泰人且自以為土俗矣然考宋洪皓松漠紀聞大實林牙與粘罕雙陸爭道條以酒忤大人句註云大音柁荼香室四鈔云大字廣韻音唐佐切本與馱同音此云音柁與唐佐之音相近又宋祈筆記古以大為大音如舟柁之柁據此則兄弟排行老大之大呼如柁不盡無因矣特人未之深考耳

泰音亦有以平聲字呼作仄聲者如枇杷呼如劈拍是也然考白樂天詩況對東谿枇杷黃枇杷讀仄聲則泰音之呼枇杷如劈拍亦非無來由矣

鄉談中玩片刻曰稹一下作其事曰弄一下（土音弄平聲）比習聞之語也惟泰俗以男女狎玩為稹為弄因是號稱知耻者聞稹一下弄一下之語輒匿笑之以為麤俗也然按陳迭田家謠

令伴阿姑頑半日陸游詩偶思五十年前事顧影燈前自笑頑
頑字且入詩矣爾雅釋言弄玩也左傳夷吾弱不好弄弄字且
見經傳矣又何云乎麤鄙俗哉
入聲有呼作平聲者如玉本入聲泰音呼如迂十本入聲而亦
呼作平聲容齋隨筆白樂天詩以十字作平聲讀如云在郡六
百日入山十二回綠浪東西南北路紅欄三百九十橋是也然
則十字呼作平聲固有所自矣
鄉談中有以字之正音不雅而轉其音者如肉字如育切收屋
韻泰音通呼如辱固不失正音也而婦女以其音不雅則呼如
耨雖正韻亦有肉如又切音耨之説然音耨者與食肉之肉義
固不同也不可以不辨
同是泰人而四鄉之語言各異一啟齒間即可知其爲何許人
矣東鄉人謂物爲稿子南路人呼我如瓦我家呼如瓦家西北
鄉人謂知道爲省(音醒)得趙漁亭海陵竹枝詞云東路人來買
稿子南路人來過瓦家忽逢西北鄉農到醒得連稱笑語譁可

鄉談於物之有無往往諱無爲多或反曰滿如索酒而其瓶已罄則曰滿
矣諱無爲滿不知何義閱庭闈世説王翔助久困闈屋家人相戒不
言無有爲有無則反云多甚至人有叔向年[illegible]新行遠力
從今先進人至柴河視有無反命云多甚而其叔不知爲反言再詢其行蹤
德歸者所對非實語至今傳爲笑談

則曰喫碗茶打一壺酒
部書則買部書一碗
所謂省文者歟
鄉談於語意當加甚者率用蠻字以冠之如甚好曰蠻好蠻呼

令伴阿姑頑半日陸游詩偶思五十年前事顧影燈前自笑頑
頑字且入詩矣爾雅釋言弄玩也左傳夷吾弱不好弄弄字且
見經傳矣又何云乎麤鄙俗哉
入聲有呼作平聲者如玉本入聲泰音呼如迂十本入聲而亦
呼作平聲容齋隨筆白樂天詩以十字作平聲讀如云在郡六
百日入山十二回綠浪東西南北路紅欄三百九十橋是也然
則十字呼作平聲固有所自矣
鄉談中有以字之正音不雅而轉其音者如肉字如育切收屋
韻泰音通呼如辱固不失正音也而婦女以其音不雅則呼如
耨雖正韻亦有肉如又切音耨之説然音耨者與食肉之肉義
固不同也不可以不辨
同是泰人而四鄉之語言各異一啟齒間即可知其爲何許人
矣東鄉人謂物爲稿子南路人呼我如瓦我家呼如瓦家西北
鄉人謂知道爲省(音醒)得趙漁亭海陵竹枝詞云東路人來買
稿子南路人來過瓦家忽逢西北鄉農到醒得連稱笑語譁可
謂極盡形容之妙矣
鄉談中每以一字代兩字如喫一碗茶則曰喫碗茶打一壺酒
則曰打壺酒量一尺布則曰量尺布買一部書則買部書一碗
一壺一尺一部之一字往往畧去倘亦所謂省文者歟
鄉談於語意當加甚者率用蠻字以冠之如甚好曰蠻好蠻呼

鄉談於形容詞類加甚言之者又恆重複其辭如曰……
「裏」字代形容詞之下亦有以示加甚之意如言人「糊塗」之甚者
曰「糊裏糊塗」言人「龍鍾」之甚者曰「龍裏龍鍾」言累贅之
甚則曰「累裏累贅」言刻薄之甚則曰「刻裏刻薄」言空
斲之甚則曰「空裏空斲」言歆氣過甚曰「歆裏歆氣」言
滑頭過甚曰「滑裏滑頭」留心於鄉談者試細玩之則此類
詞語固甚多也
又鄉談於上類詞中亦有嵌以「裏不」兩字者如言糊塗
則曰「糊裏不塗」言累贅則曰「累裏不贅」言空斲（可寫曰
空裏不斲）亦所以表示加甚之意但上類詞中多不通用
耳（如龍鍾不能曰龍裏不鍾刻薄不能曰刻裏不薄是）

……之言猛好同又官話甚
如椅子杌子帽子鞋子
好合但言妻耳而云妻
詩詞中於名物之字亦
戴根枝花帽子兩行宮監

作上聲此與武陽人之言惡好常熟人之言猛好同又官話甚
好曰很好蠻與很皆加甚之意
鄉談中於名物之字率加「子」字以足之如椅子杌子帽子鞋子
之類皆是考詩言妻子好合如鼓瑟琴好合但言妻耳而云妻
子是以子字為助詞古巳有之矣唐人詩詞中於名物之字亦
有用子字以足之者如王建宮詞云專戴根枝花帽子兩行宮監
在簾前稱帽曰帽子即是

泰縣公共圖書館工作報告

泰縣公共圖書館 編

《泰縣公共圖書館工作報告》，泰縣公共圖書館編，據南京圖書館藏一九三〇年油印本影印。

泰縣公共圖書館於民國十一年（一九二二）就志書局改建，前原爲清吏目署，有屋三十餘楹，然多半傾欹。正逢設局續修縣志，遂葺而新之。局撤設館，定名爲泰縣圖書館。圖書館經理陳啟彤。初定經費年千五百元，向縣署具領。館内附設國學研究社和古物保護所。十二年陳氏辭職，由陳伯繩繼任。十六年改隸教育局，更名爲泰縣縣立圖書館。十七年改名爲縣立公共圖書館。此爲該館民國十九年所編印的本館成立九年來經營管理情况之表册，内容有本館館門、本館館舍平面圖、本館史略、本館十七年度實施概况、十八年度改進計劃、本館概况一覽表、本館各項規程計八章六十八條、本館各項表册計二十二種、十八年度捐贈圖書人姓氏一覽表、本館圖書宣傳之一部、十八年度閱覽人數統計（自十八年八月至十九年三月）、十七年度各月閱覽人數比較、巡迴書庫工作一覽（自十八年九月至十九年三月）諸内容。該館下設特别部、兒童部（附婦女閲覽室）、普通部、事務部、演講部，並爲提高普通民衆識字能力特設民衆問字處。爲真正便利民衆、服務社會，附設巡迴書庫，每月三組巡迴。該館藏書一萬四千六百餘册，對於一個縣立圖書館來説館藏不可謂不豐。圖書分類採用杜威十進分類法。在『十八年度改進計劃』中，該館提出在廣讀書目、擴大宣傳兩方面還有待整理，並進一步提出館舍應擴大、兒童部書目有待改編、添設婦女閲覽室等諸項改進意見。

（孫娜娜）

泰縣公共圖書館工作報告

十九年五月印

泰縣縣立公共圖書館工作報告目次

1、本館館門
2、本館館舍平面圖
3、本館史略
4、本館十七年度實施概況
5、十八年度改進計畫
6、本館概況一覽表
7、本館各項規程　計八章　共七八條
8、本館各項表冊　計二十二種
9、十八年度捐贈圖書人姓氏一覽表

泰縣縣立公共圖書館工作報告目次

10，本館圖畫宣傳之一部　（言四幅）

11，十八年度閱覽人數統計　自十八年八月至十九年三月

12，十九年度各月閱覽人數比較

13，巡迴書庫工作一覽　自十八年九月至十九年三月

本館館門　(一)外部　新建之普通閱覽室，附設民衆問字處
演講部

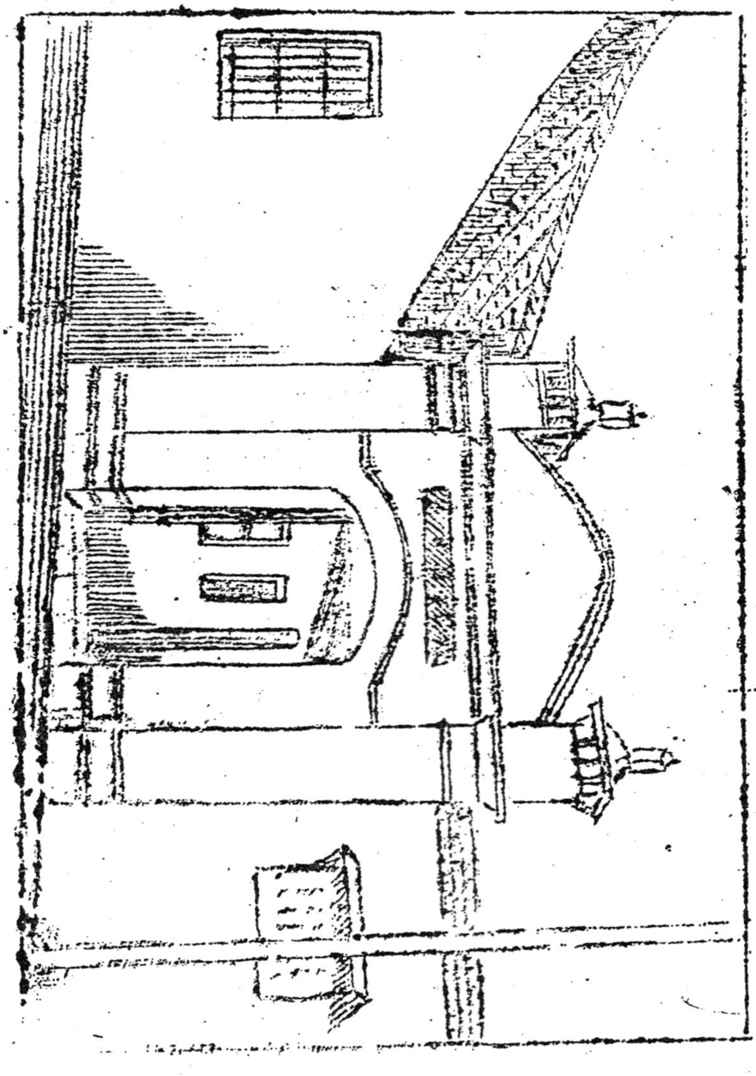

本館館舍平面圖

(二)內部

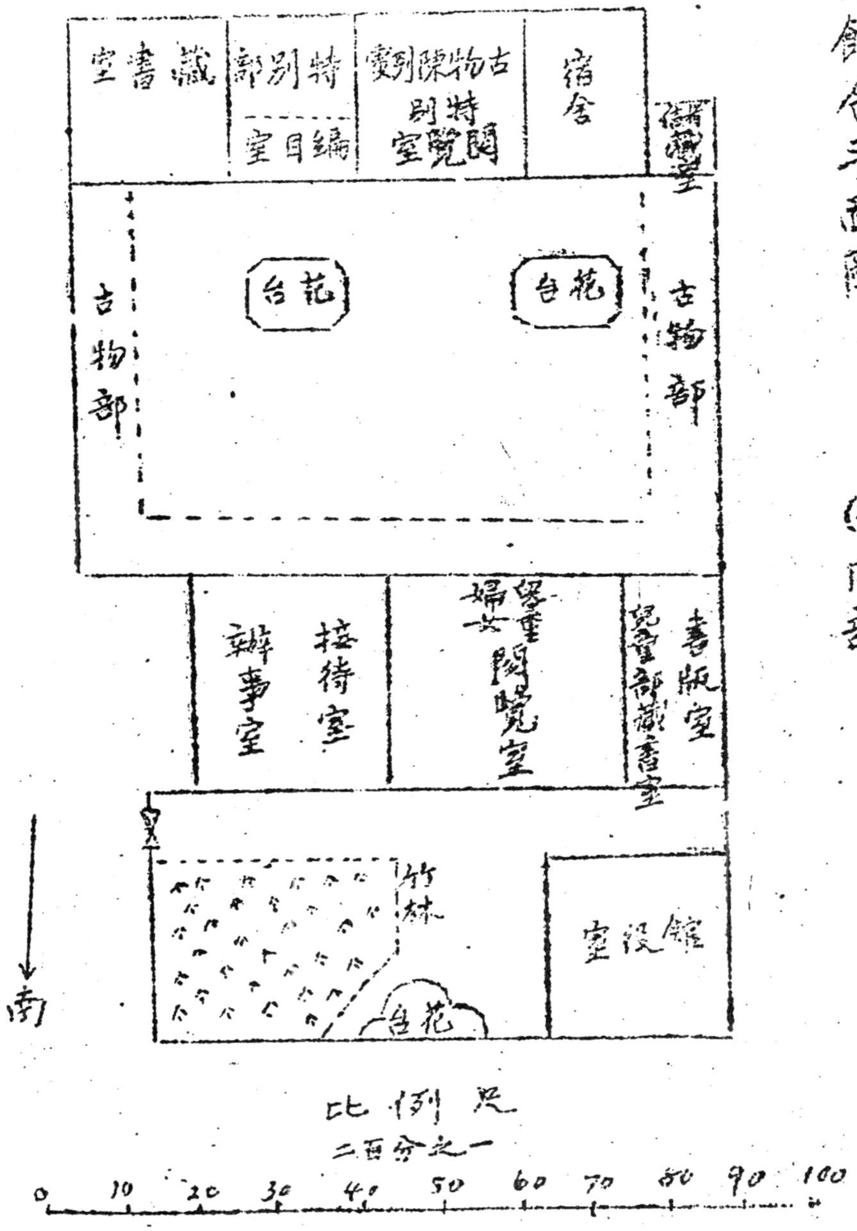
藏書室
特別部
編目室
古物陳列室
特別閱覽室
宿舍
儲藏室
花台
花台
古物部
古物部
辦事室
接待室
兒童婦女閱覽室
書版室
兒童部藏書室
竹林
花台
館役室
南
比例尺
二百分之一
0 10 20 30 40 50 60 70 80 90 100

本館史略

泰縣圖書館，倡始於陳前經理管領。當民國十一年，就志書局改建。前原爲遍清史目署。屋三十餘楹，多半傾斜。會設局續修縣志，更葺而新之，已非舊觀矣。局撤歸館，初定經常費，年千五百元，向縣署具領。十二年，僧保辭職北上，陳伯鑑繼任，值縣議事會恢復，删減經費爲千一百元。同年韓國鈞士紳，以館內圖書逐漸增多，僉議建築藏書樓以實之，所需經費，由小寶帶橋船捐帶徵，每年千元，並建築專款，呈請縣署批准立案。嗣於民國十三十四兩年，在縣知事任內，僅領九百元。十四年秋，本館經費，改由教育局發給，而經理一職，仍由縣署聘。十六年，陳前經理

[illegible]

伯繩，因而辭職，縣政府函聘國良繼任。接收後，往國立第四中山大學社會教育講習會聽講，無何，時局變更，不能回里。縣署另聘[illegible]接替。事平後，改隸教育局，更名為泰縣縣立圖書館。設正副主任各一人，管理員一人，請以全縣教育經費，不敷支配，藏書經費為年八百四十元，正主任由擴充教育課主任[illegible]人兼代。是年十月，接收前通俗教育館舊書，僅存十之二三。十六年因迭遭兵事，無人負責保管故。館屋前二十六楹，在前十二年闢，西十三楹，設縣參事會，至十六年，前收為館有，未幾為實業局所佔，旋停辦，又為農民協會籌備委員會所據，僅十餘日復徙，教育局遂求居焉。十七年秋八月，教育局依照中央大學條例規定，改為泰縣縣立公共圖書館，增經費九百三十六元。設館長一人，編目部主任一人，流通部主任一人，保管員兼助理一人，管理部主任，則由館長兼任之。十八年八月，遵照中央大學條例改組。設指導員三人，事務員二人，書記一人，全年經常費入，為一八九六元。圖書費，為三九〇元。臨時費為一五五元。是年春間，於中山紀念塔東舊土地祠廢址，建築普通閱覽室三楹，內附設民眾問字處，及演講部，計用去館基金三百餘元。並於兒童閱覽室內，另闢婦女閱覽室，又普通特別兩室，則有四閱覽室矣。至帶徵建築費，由十五年以來，迄於十八年秋，王縣長景濤任內，始代追回商舊欠五〇〇元，重確定帶征年六百元，除已領到五六兩月一〇〇元，餘俟陸續

前泰縣立公共圖書館工作年報

編纂，泰縣圖印刷本館工作報告，須以更略要旨，不辭迴譯述

之。

九、四、武國良

泰縣縣立公共圖書館十七年度實施概況　陳熙良

圖書館為社會事業，一切設施，當以社會多數人士之意志為基礎；故宜將辦理情形，隨時報告，俾供評論，以資改進。熙良自到館任事之初，即抱斯願，曾有『兩月以來之圖書館』印刷品流傳社會。嗣以印刷費無着，未能繼續編印，殊以為憾。現屆年度終了，爰將一年來辦理大要，分『困難』『整理』『求進』三時期，先為撮述如左：

(甲)　困難時期

(一)職員未定　本館接收，在去歲八月八日，舊有職員，一為副主任武國良，一為助理陸欽。二人職務名稱，與新頒之公共圖書館規程不符，而新聘之流通部主

泰縣縣立公共圖書館工作報告

任夏兆麐又未確定。

(二)經費未定　十九年度開始，一時新預算未能成立。本館每月經常費暫照舊撥給，所有舊有館員待遇甚薄。每月所得，除伙食外，至多者不足十圓。新聘之流通部主任夏兆麐生活費尚無把握，事業費尤無着落。

(乙)整理時期　至十一月中旬，經費方有辦法。館員職務，亦俱確定。於是入整理時期。其間事實可記者，約有數端，如左，

(一)修飾館舍——館舍原有墻壁，泥土斑剝，花台倒壞，既特有損外觀，且貽閱覽人有寥落

蕭索之感，因定以下步驟處理

子、粉墻　全部加新。

丑、開窗　書版室暨館員室各一。

寅、油漆　就經費可能範圍內，擇要油漆。

卯、裝飾　1、紙製黨國旗。2、總理遺像。3、彩畫或標語。4、地圖。5、常識圖畫。6、國恥紀念表等。

辰、幾何形體標語　入口要道，均以漆繪各種幾何形體，標語字分陰陽，皆係館員自製，統計修飾費用，為數極微，隨覺煥然一新，而庭前蒨竹青松，為粉墻所掩映，其蔥翠

[illegible]

尤為可愛。

（二）排列金石　東西兩廊下，石碑錯亂，由熙良邀同古物保存所劉主任立人，親自搬移，排列整齊，其大者質重難移，甚覺吃力，二人皆氣喘不止，汗流夾背。

（一）掃除碑面　遂纔用水冲洗

（二）標明碑名　漆寫其上

（三）整理書目　前時館中舊書目，計經、史、子、集、叢書、鄉土，六冊，新書之目一冊，均不適現時圖書館公開之用，爰自動手分類編目，改用[illegible]書目，惟手續未完竣之前，仍暫用舊時書目。

（一）分類　現時圖書館大都合新舊中外圖書統一分類，所採用分類法均以杜威十進分類法為主。本館參攷各家而折衷於杜威氏，成總類，哲學，教育學，社會學，方言學，科學，技藝，美術，文學，歷史地理。

（二）編目　本館在整理時期，始有任分類編目之人。先將館內新書新圖分類。並自擬印卡片式目錄。將分類後所編定各書書目分寫裝訂，成目錄三冊。館內各舊書，亦依照已定分類逐一編目。嗣因閱覽人數多，普通閱覽室又建築在外，加以添設民眾問字處暨講演部，需人指導，

泰縣公立圖書館工作報告

處理，以致編目未能完竣。

(四)添製各項表冊

(一)關於工作方面者

(1)圖書館日記　(2)工作日記　(3)工作統計表

(4)館員輪值處理閱覽事項表

(5)每週工作報告表　(6)館員到館退散時間表

(7)舉行總理紀念週紀錄表　(8)館員告假簿

(二)關於閱覽人數統計方面者

(1)各月人數統計表　(2)全年人數統計表

(3)逐月人數比較表　(4)閱覽人簽名簿

(三)關於借取書方面者

(1)取書券 (2)借書人登錄表 (3)催還書證

(4)閱書報告表

(四)關於圖書統計方面者

(1)圖書總簿 (2)圖書收受表 (3)選購圖書簽條

(4)圖書裝訂修繕表 (5)雜誌收到一覽表

(6)報章收到一覽表

(五)關於經費方面者

(1)每月收支報告表

(五)規定各項規程

(1)組織大綱 (2)辦事規程 (3)簡章 (4)閱覽規程 (5)借書規程 (6)館務會議細則

泰縣縣立公共圖書館工作報告

(7)寄存書籍條例　(8)捐贈圖書規程

(丙)求進時期

(一)擴大館舍　改建廢土地祠爲普通閱覽室，

(二)添購書報雜誌　日報五種，雜誌二十二種，

(三)整理兒童閱覽室

1、除宣傳外，同時函致城區各小學並附印兒童書籍分類目錄單

2、添設座位，同時可容納兒童三十餘名，

(3)排列書報，每一週更換一次，以備兒童自由取閱，

(四)添置器具(一)普通閱覽室四人連坐椅十四張，(二)兒童閱覽室活面閱書枱三張，(附椅十二張)，(三)辦公桌三張，

（四）雜誌架三面 （五）油印機一付 （六）門牌二面 （七）大小牌八面

（五）添設壁報　每日一張。

（六）出一報　每月壹張。

（七）發行特殊讀物　利用各紀念日散發。

（八）增設講演部　每一週或兩週講演。

（九）增設巡迴書庫　按照學區逐月輪流進行。

（十）增設民衆問字處

（十一）創設民衆學校

（十二）排列新到雜誌暨叢書籍，任人自由取閱。

（十三）多植花草木。

（十四）發展基金、

泰縣公立圖書館工作報告

總結，到館閱覽人，逐月增加，最近數月內，每日平均約六十人，竟有一日而其數超乎一百以上者，實為本館創辦以來破天荒之紀錄。惟特別部閱覽人數最少，每月平均，不足十人，是為憾耳。

十八年度改進計畫　陳熙良

圖書館事業，關係民衆教育綦重。熙良猥以庸材，承乏館長一職，一年以來，兢兢業業，幸未隕越。所有一年來實施情形，雖蒙當局加獎，然自覺惶愧殊深。撫心自問，過去之事實，果不完滿乎？果無缺點乎？茲屆十八年度開始，果無改進之必要乎？竊以百凡事業，不進則退。然一意猛進，遺憾必多，過去之事業，果改進與否，待研究者尚多。本年度以保持已進展之事業，先從事整理，最要點有二，再進一步而求改進，其要點有三。

待整理者二點如下：

(一)賡續編目　十七年度開始，本館本有編目專員之設，從

泰縣公立公共圖書館[illegible]

事編目，繼因卡片等經費無着，又因中途館外建築普通閱覽室，指導無人，不得不改編目專員為指導員，以致編目一部份事業，遂告中輟。本年度編目股已有專人負責，擬另聘事務員二人，助理指導事項。又擬在必要時，添聘書記，專司繕寫卡片書目，又呈請撥款購辦卡片，務期編目事業，不致中輟。

(二)擴大宣傳　查十七年度閱覽人數統計表，以學界人士占最多數，農工商界殊尠。其百分比一為90%，一為10%，相差甚遠。擬在本年度擴大宣傳，吸收農工商一般民眾。

改進者三點如下，

(一)擴大館舍　本館館舍素患偏仄，出口素患偏僻。然自巷口新閱覽室落成後，引起民衆注意，似已免除偏僻之患。然館舍雖擴大三大間（指新閱覽室）仍不敷用。按新頒規程，必須添設之婦女閱覽室，實無地可容。現暫附設於兒童閱覽室內。擬就館內南北兩進建築作"工"字形，建屋三大間，以備各閱覽室支配應用。

(二)改編兒童部書目　原有書目不合，擬照新式改編。

(三)添設婦女閱覽室　在館舍未擴大以前，暫附設於兒童閱覽內室

以上五點，均就經濟可能範圍內而言。至於非錢不行之事業，熙良不欲喋喋矣。

泰縣縣立公共圖書館工作報告

泰縣々立公共圖[illegible]館概況一覽表(十八年十一月製)

名稱		泰縣々立公共圖書[illegible]			地址	中山紀念塔東			
本館	歷史	十一年創辦(由志書[illegible]建)定名為泰縣圖書館十六年改隸教育局更名泰縣々立圖[illegible]館十七年改今名							
	組織	館長——指導員——選購股、編目股、指導股;館長——事務員——書記——保管股、推廣股、事務股							
館內	規程	組織	職務細則	簡章	閱覽規程	借書規則	捐贈簡章	寄存簡章	館務會議
		四條	十三條	九條	十二條	十一條	六條	六條	七條
內部設備狀況		一、特別部,二、兒童部(附婦女閱覽室)三、普通部,四、[illegible]部,五、演講部,六、民眾問字處							

	職務	姓名	性別	略歷	到職年月
職員	館長	陳熙良	男	江南高等實業工科專門，南通農大圖[illegible][illegible]省立三農代用中學教員，泰縣三區教委。	17,8
	指導員	夏兆麐	男	兩淮師範本科，第四中山大學社會教育講習會學員，歷任高級小學教員	17,8
	仝	武國良	男	江南第一監獄學校專修，第四中山大學社會教育講習會學員，前任教育局擴充教育課助理員	16,7
	事務員	陸欽	男	歷任本館管理員、助理員、保管員	11,6
	仝	秦學賢	男	南京工業學生	18,8
	書記	劉瑞生	男	歷充各機關書記	18,8

傭工	人數	一名	工資	八圓

經	經常			臨時		
	項目	預算數	百分比	項目	預算數	百分比
	薪工	1704	89.9%	圖書	390	71.56%

費	辦公	36	1.85%	設備	88	16.54%
	雜誌報章	120	6.40%			
	雜支	36	1.85%	雜支	67	12.00%
藏書	特別部 9300餘册	普通部 4600餘册	兒童部 700餘册	黨義 90餘册	圖表 90餘幅	
編目	現改用卡片目錄，着手分類抄寫					
閱覽之情形及管理方法	沉靜中活潑氣象　管理方法，用誠意指導					
借書的規定	本年度為免除圖書損失起見，改訂借書規程，借書人照書價繳存作為保證					
預備之雜誌報章	一、雜誌23種，二、新聞紙6種。					
引起民衆到館閱書方法	宣傳——文字——圖畫——口頭					
附設巡迴書庫的辦法	每月分三組巡迴，由本館錫輪值管理					

與其他社教機關聯絡情形	一、加入全省圖書館聯合會。 二、與本縣各社教機關聯合舉行紀念週並互相研究進行方法。
每日開放時間及閱覽人數	每日上午九時至下午五時 平均每日約60人
實施社教的方法	用宣傳方法，以引起民衆讀書的興趣
感覺的困難	一、圖書費除僅購萬有文庫外，無購他書之可能。 二、卡片預算，不能增加多購。 三、婦女閱覽室，無餘屋可以單獨設立
擴充計畫	聚積基金，改建新式館舍

本館各項規程

第一章 組織

第一條 本館蒐集各種圖書、雜誌、報章，供民衆閱覽，以發揚文化，增進民智為宗旨。

第二條 本館為縣教育事業，定名為泰縣縣立公共圖書館。

第三條 本館設左列各股，

一、選購股，

二、編目股，

三、指導股，

四、保管股，

五、推廣股，

泰縣縣立圖書館工作計劃

六、事務股

第四條　本館設館長一人，指導員三人，事務員二人，書記一人，分任各股事務。

組織系統表：

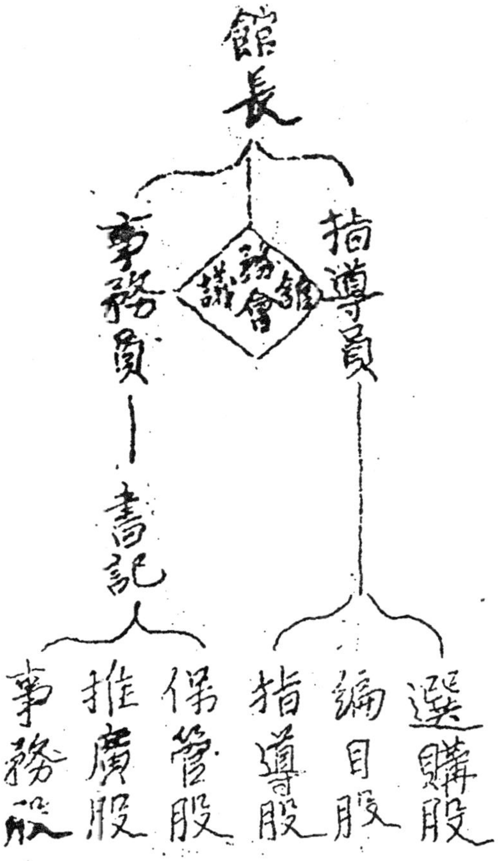

第二章 職務細則

第五條 本館蒐集各種圖書、雜誌、報章，供民衆閱覽，純屬公開。凡到館閱覽，遵守本館規程，應一律接待。

第六條 本館館員，除規定休息日外，如因事不能到館，應先告假。

第七條 本館館員應於每日開放時間前到館，至停止後退出。

第八條 本館館員，對於閱覽人有不明瞭本館規程者，應隨時指導之。

第九條 借書出館，應按照新訂借書規程辦理，不得以私誼借出。

第十條 館長職務如左

一、綜覽館務大綱，

二、考核各員職務，

泰縣縣立公共圖書館工作報告

三、支配館員分任或兼任各股事務，

四、擘劃內部設備接洽對外事宜，

五、審定圖書雜誌，

六、編製成績報告，

第二條　選購股職務如左：

一、選擇圖書協商購置，

二、關於書籍徵求、介紹、登錄、交換

三、處理寄存圖書，

第三條　編目股職務如左：

一、審查圖書內容，

二、分類編製各種書卡，

三、關於圖書的解題。
四、關於圖書的增減。
五、年購圖書預為製表。

第十三條　指導股職務如左。
一、陳列圖書供衆閱覽、
二、指導閱覽、
三、答復問題、
四、演講書報內容、
五、其他。

第十四條　保管股職務如左
一、整理保管圖書文卷、

[illegible]

[illegible]

二、保存版片及一切器具，

三、稽察館役，

四、剪裁報紙，

五、注意清潔，

六、慎防火警，

七、其他，

第十五條　推廣股職務如左。

一、介紹報章新書於民眾，

二、編輯各種宣傳文字，

三、繪製畫報，

四、館外流通事宜，

五，其他。

第十六條

事務股職務如左：

一，編製預算決算，

二，統計一切報告，

三，登記日用賬目，

四，收發圖書文件，

五，採購物品，

六，撰擬往還文件，

七，登記新到書籍，

八，圖書借出及收回。

第十七條

書記職務如左：

泰縣縣立公共圖書館工作報告

一、繕寫卡片暨文書表冊，

二、擔任統計記錄，

三、兼管印刷事項，

四、其他。

第三章　簡章◎◎

第十八條　本館目的，在蒐集各種圖書，供眾閱覽，以增進智識，發揚文化，養成各業人才為宗旨。

第十九條　本館組合前通俗教育館圖書部及泰縣圖書館之新舊圖書，暨最近購買，捐贈之圖書，設列四部。

一、兒童部，
二、婦女部，
三、普通部，
四、特別部。

第二十條 本館兒童、婦女、特別三部，在東公廨原有館址内開放，另闢普通部於中山紀念塔旁。

第二十一條 本館由左列各職員組織之，
一、館長，
二、指導員，
三、……

泰縣縣立公共圖書館工作報告

三、事務

四、書記。

第二十二條 本館圖書除由本館認為可借出者，均可借出。其規程另訂之

第二十三條 以圖書捐贈者，本館除填付證書外，並揭捐贈人姓名，以示感謝。如係寄存，本館當負保藏之責。捐贈、寄存規程另訂之

第二十四條 本館經費由教育局支給，館長每年度按照經過事實、及未來計畫，開列預算，送呈教育局核定，按月支撥。

第二十五條 本館經費收支，按月呈報，年度終了，並呈報決算。

第二十六條 本館每年度開始，呈報進行計畫。每年度終了，呈報實施概況。

第四章　閱覽規程

第二十七條　本館各閱覽室陳列報章、雜誌、黨義書籍，任民衆自由取閱。如欲閱覽其他圖書者，須先檢查卡片書目，填寫取書券，然後向事務員取書，入座閱覽。

第二十八條　每次取書，以二冊爲限。（因參考欲取二冊以上者，須先說明另填取書券）

第二十九條　閱覽圖書，須在閱覽室内，閱畢，請將原書交還事務員，不得任意置放。

第三十條　閱覽欲人飲茶，請到飲茶處取飲，不得携杯至閱覽檯。

第三十一條　閱覽室内，請勿吸煙，勿隨意涕唾。

第三十二條　閱覽室内，只可帶鉛筆、紙簿，以備抄寫。其他物件，請勿携帶入室。

泰縣縣立公共圖書館工作報告

第三十三條　閱覽時，勿得高聲朗誦，或互相談笑，或任意走動，以致妨礙他人。

第三十四條　閱覽人如有在圖書上塗抹、摺縐、污損及破毀遺失時，應照原價賠償。

第三十五條　本館規定月曜，及各紀念日之翌日，及歲首歲尾各二日，為本館職員休息日。此外如在曝書期間，或遇特別事故停止閱覽時，均臨時宣佈。

第三十六條　規定人在閉館三十分鐘停止發書。

第三十七條　閱覽完畢，請退出閱覽室。

第三十八條　振鈴閉館時，即停止閱覽。

第五章 借書規程

第三十九條 借書人所借圖書，須經本館認為可借之種類範圍。

第四十條 借書人領取借書券時，填明各項，以備統計。

第四十一條 借書人須照所借圖書定價，繳納保證金，本館掣予收條，還書時憑條領取。第五條不在此例

第四十二條 借出書籍，以三册為限。如全部書籍在三册以上者，所繳納之保證金，須照全部書籍價值計算。

第四十三條 凡屬公共團體機關備具正式公文，經主管人簽名蓋章，向本館借書，以備攷證者，以一部為限。如有損壞或遺失，由主管人負責賠償。

第四十四條　圖書借出以一星期爲限，如屆期尚未閱完，須來館聲明續借，另填借書券，但不得再行續借。

第四十五條　借書册數已屆定限（三册）在未還期間，不得另借他書。

第四十六條　借書如逾期不還，或不聲明續借，本館得將借書人所存之保證金没收另購。

第四十七條　借閱圖書應注意左列事項，

一、留心愛護，

二、勿污損，

三、勿圈點，

四、勿筆批，

五、勿以指蘸唾翻書，

六、勿折邊角，

七、勿轉借於他人。

第四十八條　借閱圖書，如有污損或遺失情事，得沒收其保證金。

第四十九條　本章所訂規程，如有未盡事宜，得隨時修改之。

第六章　◎捐◎贈◎圖◎書◎簡◎章◎

第五十條　凡捐贈圖書價值在五百圓以上者，除特備書架，將贈書人姓氏刊於架上，並懸掛放大玉照外，本館按照捐資興學條例，呈請教育局

泰縣縣立公共圖書館工作報告

呈上級機關，發給獎狀。

第五十一條 凡捐贈圖書價值在五百圓以下，百圓以上者，當懸掛放大照。

第五十二條 凡捐贈圖書價值百圓以下，或拾五圓以上者，當懸掛玉照。

第五十三條 贈書每冊封面，均標明「某某先生捐贈」字樣，編入書目時，亦載明「某某先生贈」字樣。

第五十四條 捐贈人捐資補助購辦圖書或基金，均按所捐數目照條例辦法，

第五十五條 每年度製一捐贈圖書表，逐項登載，以揚公德。

第七章 寄存圖書簡章

第五十六條 凡寄存圖書，經本館審定者，當製手給收據為證；

第五十七條 凡寄存圖書應蓋本人圖記，另由本館代為簽貼標識。

第五十八條 寄存期限，至少以一年為滿期，願意延長者，聽之。

第五十九條 寄存圖書，本館當負責保管。

第六十條 寄存圖書如係名著孤本，當特別保管。

第六十一條 寄存圖書如原來有破損殘缺之處，由本館通知本人修理，備由本館代修，該費應由本人担負。

泰縣立公共圖書館工作報告

第八章　館務會議規程

第六十二條　本館館務會議，以館長暨全體館員組織之。

第六十三條　會議分常會，臨時會兩種，

一、常會，每月舉行一次。

二、臨時會。無定時，遇有特别事項，得隨時召集開會

第六十四條　應付會議之事項如左，

一、關於本館全體重要事項，

二、關於事涉兩股以上未能解决事項，

三、關於規程有所修正事項，

四、關於臨時發生之特别事項，

五、由館長認爲應付會議之事項、
六、經館員二人以上提出之事項、

第六十五條　會議時由館長主席、

第六十六條　會議之案依多數表決。如遇可否同數時，由主席决定之。

第六十七條　每次議案、及到席人數，由書記員詳細記錄。

第六十八條　本規程計八章、六十八條、如有盡之處得隨時修正之、

泰縣縣立公共圖書館工作報告

本館各項表冊

（一）關於工作方面者

（a）日記

泰縣立公共圖書館工作報告

民國　年　月　日　星期

天氣　晴雨

溫度　華氏表　度

人人人人

總計　人

概覽

收發文件

記事

(6)工作統計表

事項		數量	承辦人
新到書報		冊	
		冊	
文件		件	
登錄			
登錄書籍	兒童部 號	冊	
	普通部 號	冊	
	特別部 號	冊	
編目	所編書目	冊	
	所抄卡片	張	
訂購書籍		冊	
修理裝訂書籍		冊	
閱覽人數	兒童部	人	
	婦女部	人	
	普通部	人	
	特別部	人	
借出書籍	000 總類	冊	
	100 哲學	冊	
	200 教育	冊	
	300 社會	冊	
	400 [illegible]	冊	
	500 科學	冊	
	600 技藝	冊	
	700 美術	冊	
	800 文學	冊	
	900 史地	冊	
	其他	冊	

泰縣中山公共圖書館工作報告

(乙)發到簿

月日	姓名	到館時間	離館時間	簽名	注

(丙)工作日記

年月日	工作摘要	簽注

（乙）每週工作報告表　呈報教育局

第　週（　年　月　日至　月　日）				
本週宣傳的物品	壁報　　張	其他		
開放日數	日			
閱覽人數	成人	人	合計	人
	兒童	人		
各股工作概要				
館務會議概要				
本週新置物件				
本週職員勤務的考核				
下週預備的工作	討論的問題			
	特殊的工作			
	宣傳的材料			

附註：自　年　月　日起為　年度第一週

年　月　日館長——————填報

（十）每月工作報告表 呈教育局轉呈教育廳

第　頁

江蘇泰縣々立公共圖書館　年度　月份工作報告表

常務部份		特殊部份
固定事項	活動事項	

民國　年　月　日　呈

此表式樣係教育廳頒發

泰縣公共圖書館工作報告

二、關於閱覽人統計方面者

(八)閱覽人簽名簿

月日	姓名	年歲	籍貫	職業	住址

(九)每日閱覽人統計表

日期＼人數	[illegible]界人數						合計	備注
	軍	農	工	商	學	其他		

（己）每月閱覽人數統計表

泰縣縣立公共圖書館　　年度閱覽人數統計表

日＼月 人數	八月	九月	十月	十一月	十二月	一月	二月	三月	四月	五月	六月	七月	合計
1													
2													
3													
4													
5													
6													
7													
8													
9													
10													
11													
12													
13													
14													
15													
16													
17													
18													
19													
20													
21													
22													
23													
24													
25													
26													
27													
28													
29													
30													
31													
總數													
開放日數													
平均人數													

(四) 逐月閱覽人數比較表

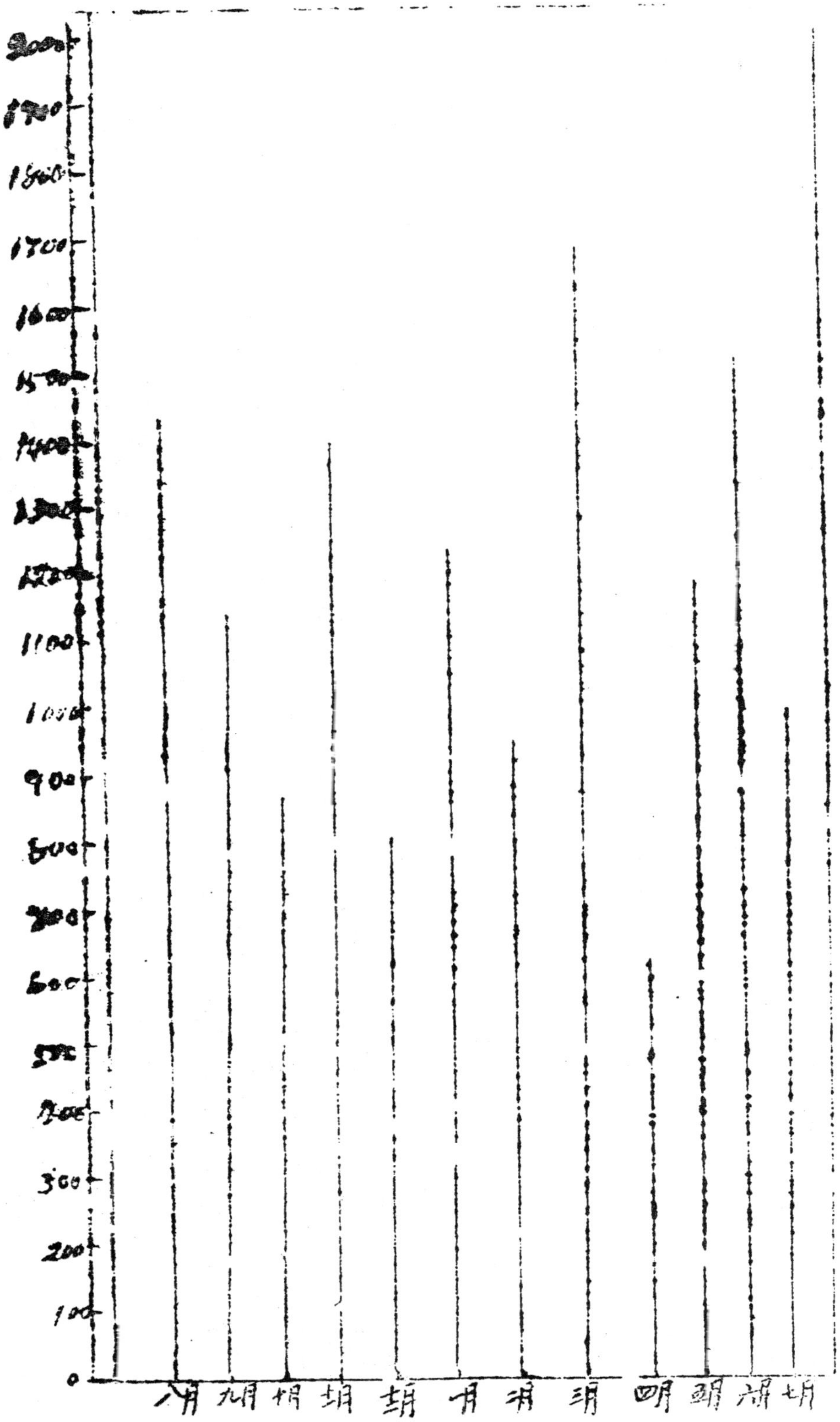

三、關於得取保方面者

(a) 取保單

關於被保者	
職業	
住所	
年齡	
籍貫	姓名
號數	
指數	
備考	

民國　　年　　月　　日

泰縣縣立公共圖書館工作報告

(b) 借書人登錄表

借書人姓名			
職業	住所	年齡	借書人簽字
			願守本館規則如有損壞遺失情事甘負賠償之責
介紹人姓名			簽字
發書人簽名			收執人簽名

書名		
類|號	冊	數
	本館第	冊
	自第	冊
	共	冊
借書日期	月	日
還書日期	月	日

(c) 閲書報告表

泰縣[illegible]公共圖書館　閱書報告　年　月

種別／分類		中文書				西文書				合計				累計			
		甲		乙		甲		乙		中文書		西文書		中文書		西文書	
		部	冊	部	冊	部	冊	部	冊	部	冊	部	冊	部	冊	部	冊
一																	
二																	
三																	
四																	
五																	
六																	
七																	
八																	
九																	
合計																	
累計																	
備攷																	

泰縣公立公共圖書館工作報告

四、關於圖書方面者

（1）總簿

泰縣公立公共圖書館圖書總簿　第　冊第　頁

總號	收入年月日	類別	[illegible]	[illegible]	出版年月	[illegible]數	版形	頁數	部數	出版地及發行者	價值	備攷
1												
2												
3												
4												
5												
6												
7												
8												
9												
0												

(六) 圖書收發表

泰縣縣立公共圖書館圖書收受表 （ ）

號數	著者名	書名	冊數	受日	收者	備考

泰縣々立公共圖書館工作報告

（七）選購圖書發條

泰縣々立公共圖書館選購圖書發條			
[illegible]序號：			
[illegible]購冊數	著者名		
[illegible]號數	書名		
[illegible]日期			
[illegible]日期	出版地及出版者		
可	出版年月及出版數		
否	版形	裝	冊數
	定價		

(乙) 裝訂修善發條

泰縣縣立公共圖書館裝訂修善發條			
號數	著者名		
册數	書名		
價值			
裝色		備	攷
裝體			
裝及大册	年　月　日送		
	年　月　日還		

(七) 雜誌收到一覽表

泰縣縣立公共圖書館雜誌收到一覽表

收/未到符號 / ×

雜誌名稱 \ 月份	一月	二月	三月	四月	五月	六月	七月	八月	九月	十月

截止期	出版及發行地	價值	冊數	卷	年	十二月	十一月

泰縣縣立公共圖書館工作報告

(子) 報章收到一覽表　每半年製一冊

泰縣縣立公共圖書館報章收到一覽表　[illegible]

月	類別 \ 日期	一	二	三	四	五	六	七	八	九	十	十一	十二
八月													
九月													
十月													
十一月													

（五）關於經濟方面者

（ㄦ）十七年度決算表

泰縣縣立公共圖書館十七年度決算表

款別		摘要	金額	累計
經常費		薪工	1584	
		報章雜誌	57	
		修繕	29.3	
		雜費	91.464	1716.764
臨時費	圖書費	上期	131.627	
		下期	83	
	設備費	瓦工木料	447.237	
		[illegible]工料	28.24	
		[illegible]	18.796	
		[illegible]	[illegible]	
		雜費	12.46	533.302
合計			.	2507.693

[illegible]

(八) 十八年度預算表

泰縣公立公共圖書館十八年度經費預算表

款別	項目	每月數	全年數	備注
經常費	薪工	142	1704	
	辦公費	3	36	
	報章雜誌	10	120	
	雜支	3	36	
圖書費	萬有文庫		390	
臨時費	卡片		20	
	書架		11	[illegible]
	仝上		16	[illegible]
	印刷		20	
	閱書枱		32	
	儲藏室之費		5	
	赴會川資		12	
	修繕		38	
總數			2440	

(〇)每月收支報告表

每月終填報教育局

泰縣縣立公共圖書館　月份收支報告表（十八度）

摘要	收入	支出	備註
收入款項			
上月結存			
支出款項			
館長薪			
指導員薪			
仝上			
事務員薪			
書記薪			
役工			
報章雜誌			
辦公費			
燈油			
茶水			
合計			
備註			

十　年　月　日館長＿＿＿＿填報

泰縣縣立公共圖書館工作報告

泰縣立公共圖書館十八年度捐贈圖書人姓氏一覽表

姓名（機關）	書名	冊數	價值	年月	備注
開明書店	護生畫集	一	五角	十八	
無錫縣立圖書館	無錫縣立圖書館善本書錄	一		仝	
單孝毅先生	增訂達生編	一		仝	
高天曾先生	文華畫報	十三	二元	仝	
又	悲鴻描集	二	五元	仝	
又	三民主義教育畫	四	四角	仝	
又	畫寶大全	十	六元	仝	
又	書畫真蹟大全	八	十二元	仝	
中大區教育林	中大區教育林十七年報告書	一		仝	

[illegible]

中華圖協會	中華圖協會第一次報告	一		仝	
沈本淵先生	畫龍淺說	一		仝	
杭炎甫先生	白雪，月圓，濤風	三	七角半	十八，十二	
又	青年文藝季刊	一	四角	仝	
國民黨中央執行委員會	宣傳品 革命紀念表	一六		仝	
徐曦伯先生	中庸箋正	一		仝	
又	徐氏雙孝錄	一		仝	
教育局	宜興教育月刊	一		仝	
國學圖	國學圖第二年刊	一		仝	
鎮江潤德堂	述卜筮星相學	四	三元四角	仝	
江蘇省立蘇州圖	蘇州圖書館館刊	一		十九，一月	

又	圖書分類法	一		仝
南京特別市政府	首都市政公報	二	四角	十九、一
中央大學	中央大學半月刊	一	四角	十九、一
泰縣教育局	十九年新曆書	一		十九、二
上海太平寺	佛學書各種	二七		十九、二
首都市政局	市政公報	二		十九、二
省黨部	中央週報	七八		十九、二
黃尚衣先生	破除迷信	二		十九、二
許仲選先生	補讀齋詩集	二		十九、四
無錫秦平甫先生	秦氏三府君詩集	三		十九、四
省黨部	江蘇黨務週刊	四		十九、四

泰縣々立公共圖書館工作報告

中央黨部	五三慘案專號	弍	二冊	十九、四	中央畫報半月刊
南京特別市政府	工作總報告	一	八冊	十九、四	
北平國立清華大學	國立清華大學一覽	一		十九、四	
省黨部	江蘇畫報			十九、四	
中央大學	中央大學半月刊	一	四五冊	十九、四	十二期
中華圖書館協會	會報	一		十九、四	五卷三期
又	百衲本廿四史預約樣本	一		十九、四	

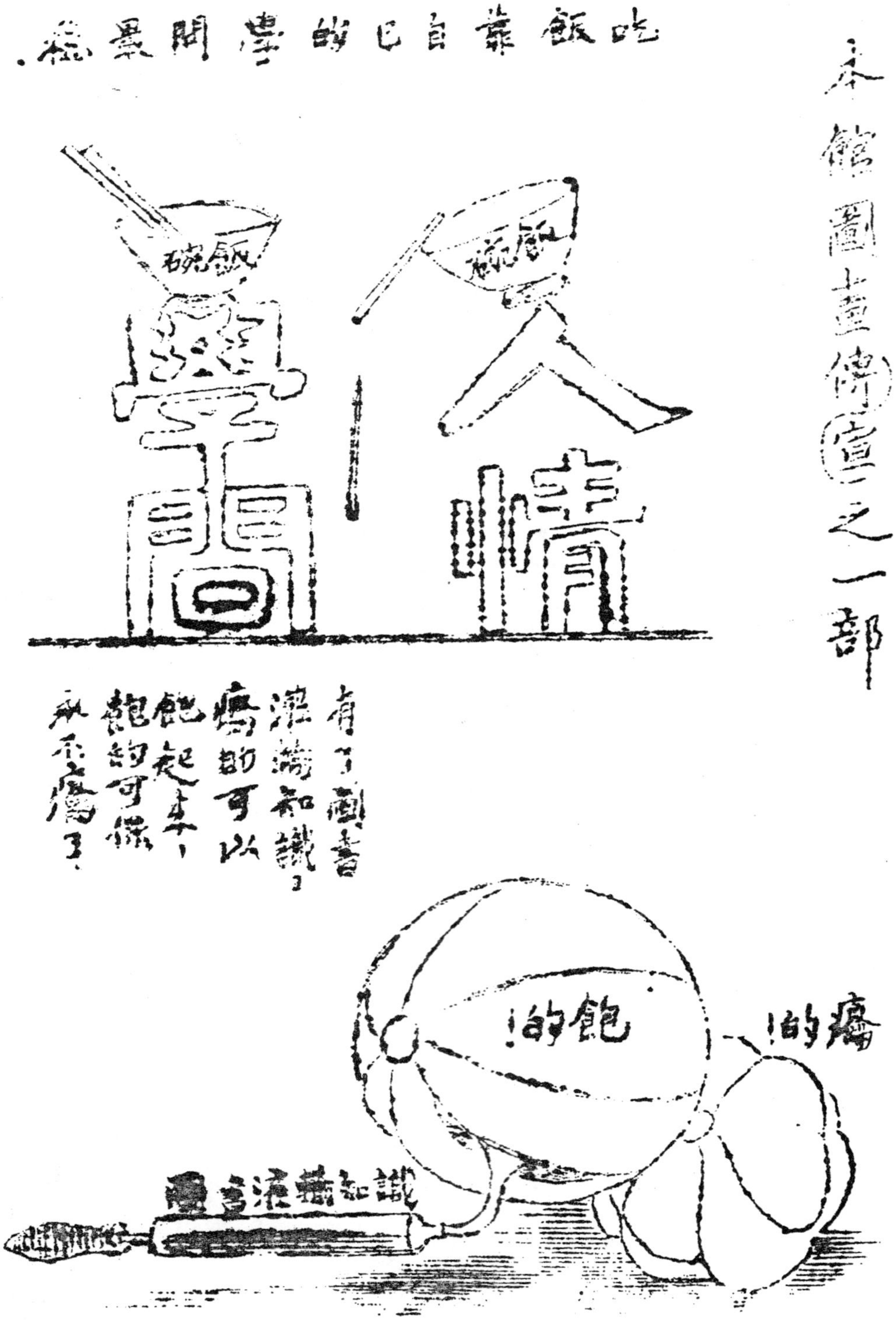

本館圖畫傳宣之一部

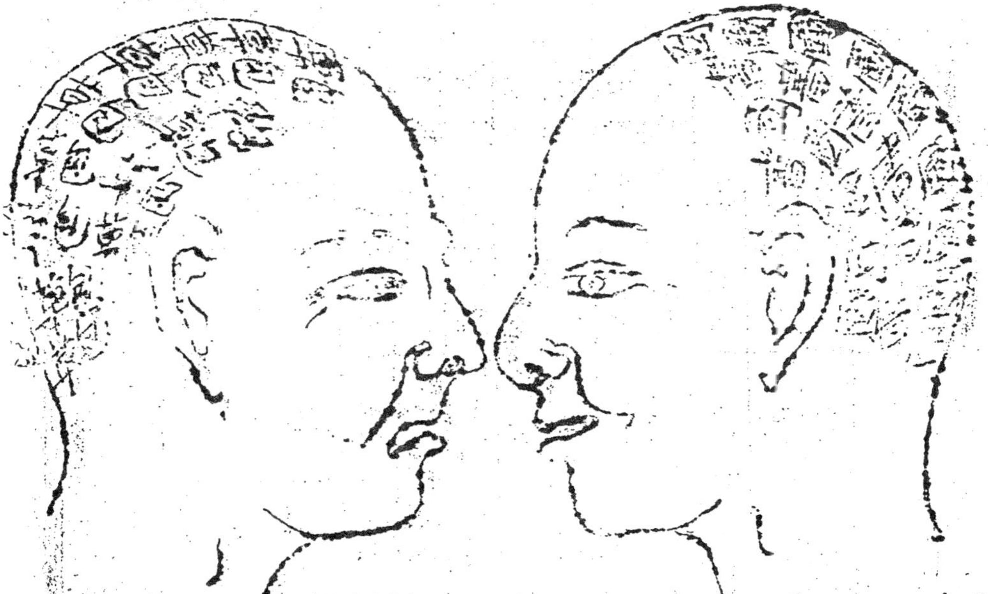

讀書人的頭腦　　不讀書人的頭腦

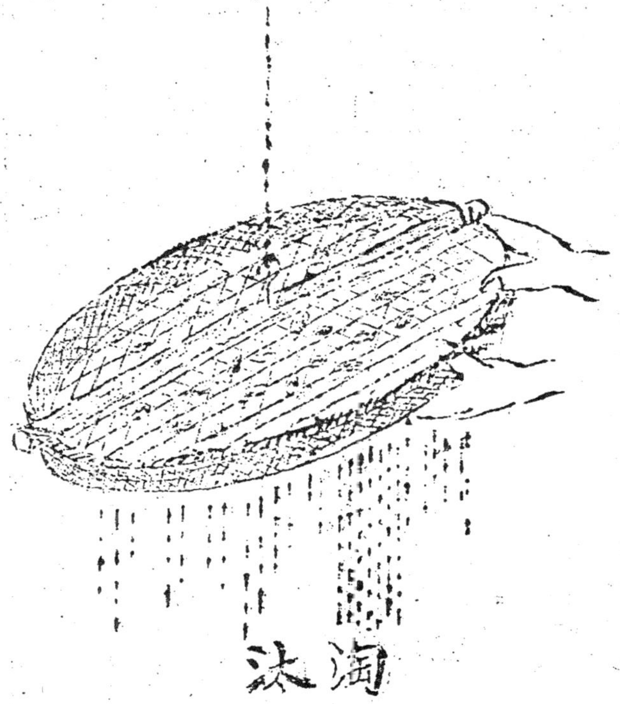

不讀書必受淘汰

十八年度閱覽數統計表

人數 日期 \ 月份	十八年					十九年					
	八月	九月	十月	十一月	十二月	一月	二月	三月	四月	五月	六月
1	35	72	44	68	70		24	43			
2	39		51	55			17	30			
3	34	52	45	79	41						
4	30	74	50		37	53	27	42			
5		46	55	53	40	42	46	27			
6	44	39	61	40	37		48	52			
7	37	44		54	38	45	42	53			
8	38	42	52	43	49	31	52				
9	28		67	65		38	57				
10	39	54	107	74	32	32					
11	44	49			33	36	47	28			
12		51	56	85	35	67	57				
13	34	49	67		42		45	46			
14	18	49		44	51	32	56	51			

16	60		49	40		38	58	51
17	46	36	51	71	48	46		
18	32	9	46		5	48	55	53
19		58	52	51	9	49	44	39
20	38	48	77	39	26			50
21	46	50		56	20	31	45	56
22	46	67	37	52	50	43	42	46
23	42		43	56		28	44	55
24	47	27	53	93	37	45		
25	49	28	70		31	54	34	46
26		64	61	49	36	57	42	48
27	38	55	75	48	25		35	29
28	75	49		46	25	40	46	50
29	38	85	40	42	69	18		
30	49		51	53		16		61
31	69		28			53		
總計	1117	1270	1432	1411	949	[illegible]	1007	1000
開放日數	27	25	26	25	25	24	23	22
[illegible]	38	48	55	60	38	41	44	46

十七年度各月閱覽人數比較表

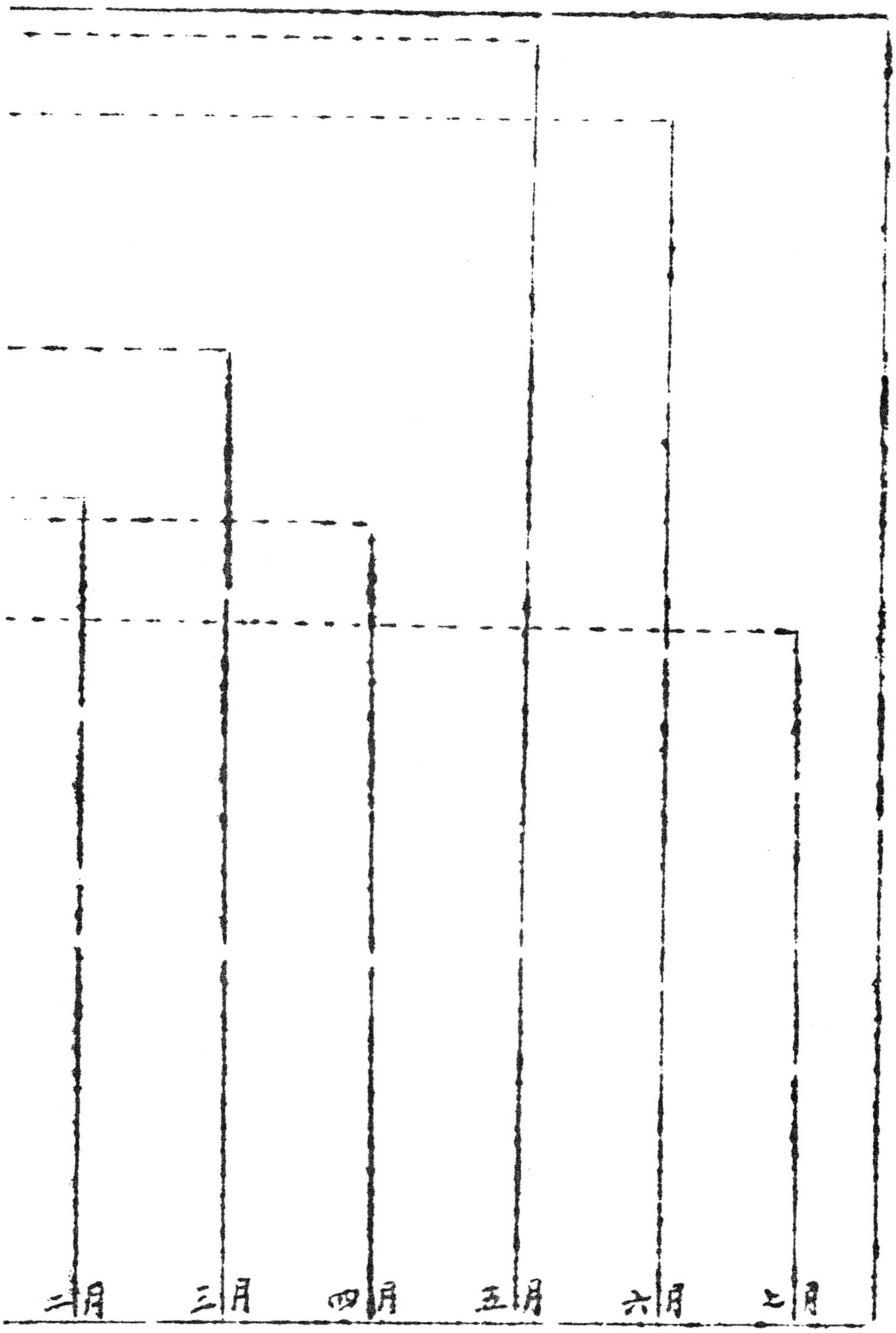

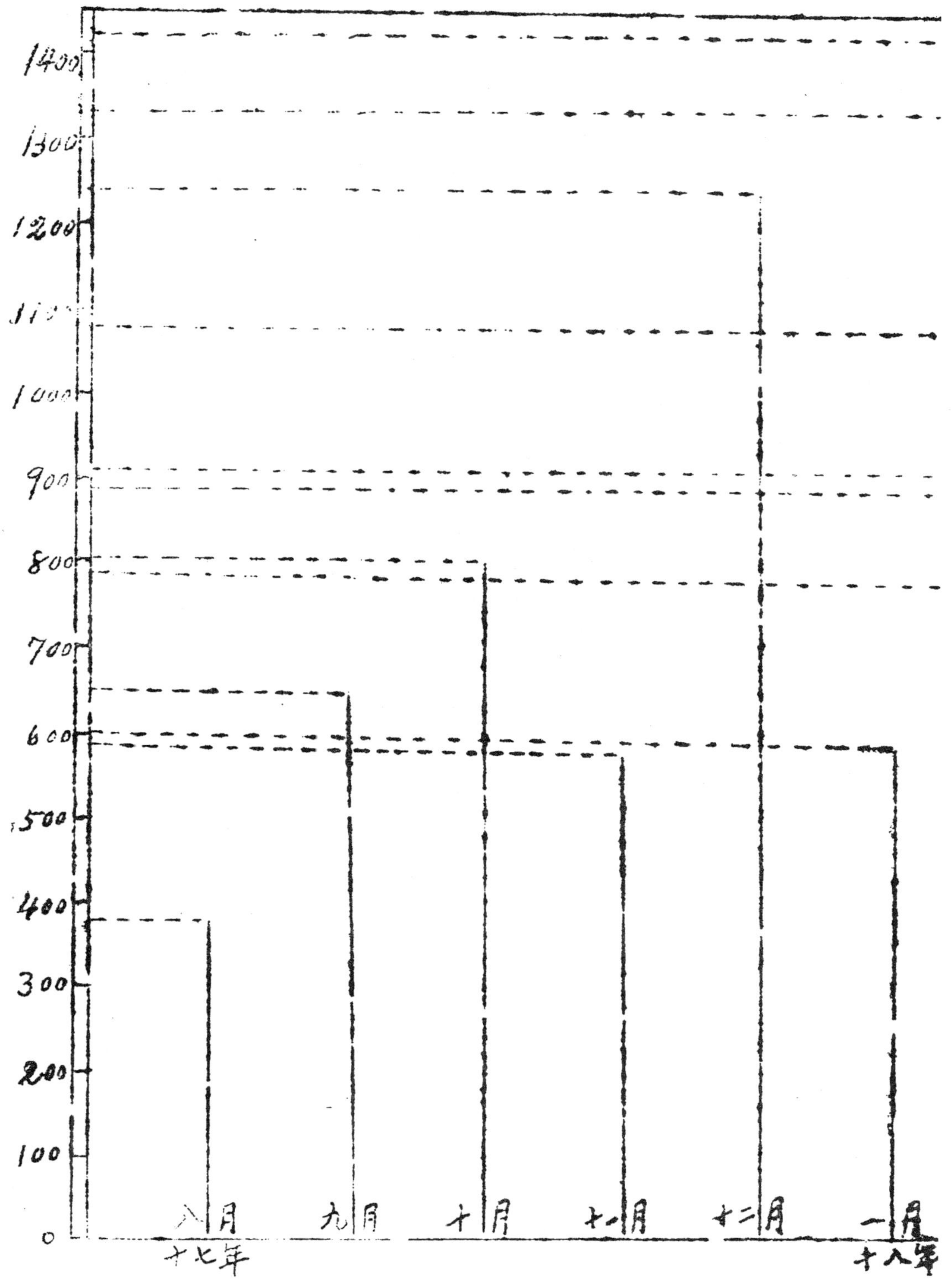
1400
1300
1200
1100
1000
900
800
700
600
500
400
300
200
100
0
八月
九月
十月
十一月
十二月
一月
十七年
十八年

本館附設巡迴書庫工作一覽表　十八年度

月份	巡迴區域	開放地點	開放日數	講演材料	閱覽平均人數	負責經理人	備註
九月	三區	大泗莊、白馬廟、塘灣	二十餘日	識字與讀書之利益	卅餘人	康宗良	
十月	二區	小樊港、[illegible]	仝前	巡迴書庫之意義及閱覽之方法	四十餘人	武爾良	
十一月	四區	姜塘下、官莊、夏朱莊	仝前	巡迴書庫意義及鄉村的理由	仝上	朱桂庭	
十二月	六區	海安、胡家集、曲塘	仝前	閱書與職業的關係	仝上	陳啟	
一月	一區	淡村、漁行、城南	仝前	農民閱書的利益	五十餘人	武爾良	

二月	一區	城北 城西	全前	晚間書畫工藝閱	全 上	王夏兆麟	
三月	三區	蔣家莊 唐家橋 劉保垞	全前	發揚黃帝業績 的好方法	全 上	陳熙泉	

泰縣圖書館書目

泰縣圖書館　編

《泰縣圖書館書目》，泰縣圖書館編，據泰州市圖書館藏一九二五年泰縣圖書館石印本影印。

此按經史子集四部分類法著録泰縣圖書館所藏圖書。值得注意的是在四部之外，另立『鄉土部』一類，著録地方人士著作，如陳厚耀《春秋世族譜》、徐天璋《詩經集解辨正》、康發祥《三國志補義》、袁承業《心齋弟子師承表》、夏荃《梓里舊聞》、周麟之《海陵集》、鄧漢儀《官梅集》，以及《海陵竹枝詞》等。附流寓之作。

（江慶柏）

泰縣圖書館書目 民國十四年編訂

經部

總集類

十三經注疏五百六十六卷

清光緒十八年湖南寶慶書局翻刻本 一百六十册

皇清經解一千四百卷

清阮元編道光九年學海堂刻本 三百六十册

續皇清經解一千四百三十卷

清王先謙編光緒十四年江陰南菁書院刻本 三百二十册

禮類

三禮圖二十卷

宋聶崇義集註清通志堂刻本 四册

周官指掌五卷

清莊有可撰道光九年自刻本 二册

春秋類

春秋繁露十七卷

漢董仲舒撰清光緒八年淮南書局刻本 二册

春秋本例二十卷

宋崔子方撰清康熙十五年通志堂刻本 一册

春秋胡傳三十卷

宋胡安國撰明崇禎癸酉年閔齊伋刻本 四册

四書總義類

四書朱子異同條辨四十卷

宋朱熹撰清李沛霖編康熙四十四年都梁朱文堂刻本 二十四册

古經解鈎沉三十卷

清余蕭客撰 十册

五經總義類

羣書問荅二卷

清凌曙撰光緒十四年木犀軒刻本 二册

國朝漢學師承記八卷

經師經義目録一卷

宋學淵源記二卷

清江藩撰光緒二十二年修竹山房刻本 八册

小學類

說文解字十五卷

漢許慎撰清汲古閣刻本 八册

說文解字木部箋異一卷

清莫芝友撰同治二年刻本 一册

說文解字義證五十卷
清桂馥撰同治九年崇文書局刻本　三十二冊

說文通訓定聲十八卷
清朱駿聲撰道光二十九年凌霄閣刻本　二十三冊

說雅一卷
清朱駿聲撰道光二十九年凌霄閣刻本　二冊

東韻一卷
清朱駿聲撰道光二十九年凌霄閣刻本　二冊

古今韻準一卷
清朱駿聲撰道光二十九年凌霄閣刻本　一冊

雷氏說文四種二十二卷
清雷浚撰光緒十年坊刻本　六冊

許氏說文四種四卷
清潘弈雋王念孫陳詩庭王筠撰古均閣刻本　四冊

說文新坿考七卷
清鈕樹玉撰同治十三年崇文書局刻本　二冊

說文辨疑一卷
清顧廣圻光緒三年崇文書局刻本　一冊

說文字辨十四卷
清林慶炳撰湖北崇文書局刻本　四冊

說文經字正誼四卷
清郭壽藩撰光緒二十年揚州家刻本　二冊

六書分類十二卷
清傅世堯撰康熙十六年聽松閣刻本　十二冊

隸辨八卷
清顧藹吉撰乾隆八年玉淵堂刻本　八冊

佩文韻府一百零六卷
清光緒十二年同文書局刻本　五十二冊

佩文韻府拾遺一百零六卷

清光緒十二年同文書局刻本　八冊

韻歧五卷
清江昱撰乾隆二十五年湘東署齋刻本　二冊

李氏音鑑六卷
清李汝珍撰同治七年木樨山房刻本　四冊

康熙字典四十二卷
清坊刻本　四十冊

篇海五卷
明李登撰萬曆戊申年刻本　十冊

史部

正史類

廿四史三千二百八十八卷
清光緒二十年同文書局石印本 六百九十七冊

清朝全史二卷
清但燾撰民國四年中華書局鉛印本 二冊

編年類

資治通鑑二百九十四卷
宋司馬光撰元胡三省音注清光緒二十八年積山書局石印本 三十冊

續資治通鑑二百二十卷
清畢沅撰光緒二十八年積山書局石印本 二十二冊

四裔編年表四卷
美國林樂知撰清嚴良勳譯李鳳苞編同治元年江南製造局木刻本 四冊

世界大事年表一卷
清傅運森撰民國三年商務印書館鉛印本 一冊

三朝北盟會編二百五十卷
宋徐夢華撰光緒四年如皋袁祖安刻排印本 四十冊

記事本末類

西夏紀事本末三十六卷
清張鑑撰光緒十年江蘇書局木刻本 四冊

別史類

十朝東華錄
清王先謙撰光緒二十五年石印本 八十八冊

路史八十七卷
宋羅泌撰清嘉慶吳弘基本刻本 二十冊

雜史類

涑水紀聞十六卷
宋司馬光撰清武英殿刻聚珍本 四冊

明季稗史二十七卷
清掃葉山房木刻本 十六冊

荊陀逸史
清陳湖逸士編木刻本 二十四冊

載記類

荊陀華編二十八卷
宋岳珂撰清光緒九年浙江書局本刻本 六冊

荊陀續編三十卷
宋岳珂撰清光緒九年浙江書局木刻本 六冊

地理類

讀史方輿紀要一百卷
清顧祖禹撰光緒二十七年圖書集成書局鉛印本 二十七冊
天下郡國利病書一百二十卷
清顧炎武撰光緒二十七年圖書集成書局鉛印本 三十二冊
大清一統志五百卷
清光緒七年寶善齋鉛印本 六十冊
皇朝一統輿圖三十二卷
清明林巽編同治二年湖北撫署景桓樓木刻本 三十二冊
中國新體地理圖一卷
清華勵和撰宣統三年商務印書館銅板本 一冊
世界形勢一覽圖一卷
清重世亨撰日本東京方英舍銅板本 一冊
重修江寧府志五十六卷
清姚鼐等撰光緒六年江寧府署木刻本 十二冊
續纂江寧府志十五卷
清汪士鐸等修光緒六年江寧府署木刻本 十二冊
徐州府志二十五卷
清李宗羲等修同治十三年徐州府署木刻本 十六冊
重修揚州府志七十二卷
清阿克當阿等修嘉慶十五年揚州府署木刻本 四十八冊

續纂揚州府志二十四卷
清方濬等修同治十三年揚州府署木刻本 八冊
東台縣志四十卷
清周右等修嘉慶二十一年東台縣署木刻本 十冊
興化縣志十卷
清周際華等修咸豐二年興化縣署木刻本 八冊
泰興縣志二十六卷
清楊激雲等修光緒十一年泰興縣署木刻本 八冊
寶應縣志二十八卷
清孟毓蘭修道光庚子湯氏捐刻木本 十冊
全校水經注補坿録四十三卷
魏酈道元撰清光緒十四年薛福成木刻本 十二冊
淮揚水利圖說一卷
清馮道立撰清道光十二年弘園木刻本 二冊
清河縣志二十六卷
清文彬等修光緒二年清河縣署木刻本 十冊
徐霞客游記八卷
明徐宏祖撰清圖書集成局鉛印本 八冊
政書類
西漢會要

宋徐天麟撰清光緒十年江蘇書局木刻本　十册
東漢會要四十卷
宋徐天麟撰清光緒十年江蘇書局木刻本　八册
三國會要二十二卷
清楊晨撰光緒庚子江蘇書局木刻本　六册
唐會要一百卷
宋王溥撰清光緒十年江蘇書局木刻本　六册
五代會要
宋王溥撰清光緒十二年江蘇書局木刻本　六册
九通目錄四十卷

清光緒二十九年圖書集成書局石印本　十二册
通典二百卷
唐杜佑撰光緒二十八年鴻寶書局石印本　十二册
通志二百卷
宋鄭樵撰清光緒二十八年鴻寶書局石印本　四十册
通考三百四十八卷
元馬端臨撰清光緒二十七年圖書集成局鉛印本　四十四册
續通典一百四十四卷
清光緒二十八年鴻寶書局石印本　八册
續通志五百二十七卷

清光緒二十七年圖書集成局鉛印本　六十册
續通考二百五十二卷
清光緒二十七年圖書集成局鉛印本　六十册
皇朝通典一百卷
清光緒二十八年鴻寶書局石印本　八册
皇朝通志二百卷
清光緒二十八年鴻寶書局石印本　八册
皇朝通考二百六十六卷
清光緒二十八年鴻寶書局石印本　三十二册
六通訂誤二卷

圖書集成局鉛印本　二册
江蘇省政治年鑑一卷
孫東鈞王鴻翔編民國十三錫成公司鉛印本　一册
目錄類
四庫全書總目提要二百卷
廣州書局木刻本　七十册
天一閣書目四卷
清阮元撰嘉慶十三年文選樓木刻本　十册
讀書敏求記四卷
清錢曾撰民國三年掃葉山房石印本　四册

彙刻書目十卷　十冊
清顧修編嘉慶五年吳氏木刻本
書目問答二卷　二冊
清張之洞編光緒二十一年崇英館石印本
學古堂藏書目一卷　一冊
清木刻本
金石萃編一百六十卷　六十三冊
清王昶撰嘉慶十年經訓堂木刻本
天一閣碑目一卷　一冊
清范懋敏編嘉慶十三年文選樓刻木本

泰縣圖書館書目　十一

香南精舍金石契二卷　二冊
清常白覺羅崇恩撰光緒二十六年石印本
校碑隨筆八卷　六冊
清方若撰民國十二年掃葉山房石印本
圖書館簡說一卷　一冊
蔡瑩編民國十二年中華書局鉛印本
詔令奏議類
劉氏疏稿二卷　二冊
明劉堯誨撰清乾隆二十二年三賢祠木刻本
註陸宣公奏議附制誥二十五卷

唐陸贄撰清光緒十三年淮南書局木刻本　四冊
傳記類
船山師友記十七卷　四冊
清羅正鈞編光緒三十三年吳氏木刻本
廣陵通典十卷　二冊
清汪中撰同治八年揚州書局木刻本
廣元遺山年譜二卷　二冊
清李光廷撰同治五年廣東坊本刻本
國朝先正事略六十卷　二十四冊
清李元度撰同治八年長沙坊木刻本

泰縣圖書館書目　十二

子部
總集類
百子全書五百零二卷　一百十二冊
清光緒元年崇文書局木刻本
儒家類
張子正蒙釋四卷　二冊
宋張載清蔡方炳木刻本
二程遺書七十七卷　二十四冊
宋程頤程灝撰清呂氏木刻本
朱子全書二十五卷

宋朱熹撰清淵鑒齋木刻本 十二冊
近思録十四卷
宋朱熹撰清嘉慶二十二年姚氏木刻本 二冊
近思録集解十四卷
宋葉采集解明崇禎陸雲龍木刻本 三冊
朱子語類一百四十卷
宋黎靖德編清同治十一年應元書屋木刻本 四十冊
大學衍義四十三卷
宋真德秀撰明崇禎五年陳仁錫木刻本 十冊
大學衍義補一百六十卷

思庵野録三卷
明薛敬之撰清咸豐元年武鴻模木刻本 三冊
宋元學案一百卷
明黄宗羲撰清光緒五年長沙木刻本 四十八冊
明儒學案六十二卷
明黄宗羲撰清光緒十四年江西木刻本 三十冊
傳習録集評四卷
明王陽明撰清闵潯梁啟超評民國三年七十卷樓鉛印本 四冊
國朝學案十五卷

清唐鑑撰光緒十年四砭齋木刻本 十二冊
醫家類
本草綱目六十三卷
明李時珍編清張雲中重訂乾隆三十九年蘇州書業堂木刻本 四十八冊
藝術類
國朝畫徵録五卷
清張庚撰乾隆四年蘇州書業堂木刻本、 二冊
譜録類
西清古鑑四十卷

清光緒十四年鴻文書局石印本 二十二冊
錢録十六卷
清光緒十四年鴻文書局石印本 二冊
金石索十二卷
清馮雲鵷編清道光元年滋陽縣署木刻本 十二冊
古玉圖考四卷
清吳大澂撰光緒十五年同文書局木刻本 四冊
廣羣芳譜一百卷
清同治七年掃葉山房木刻本 三十六冊
小說類

泰縣圖書館書目 十五

唐代叢書一百六十四卷
清木刻本計五集 二十冊

閱微草堂筆記二十四卷
清紀昀撰小蓬萊山館木刻本 十二冊

歸田瑣記八卷
清梁章鉅撰同治八年立文堂木刻本 四冊

新聞學一卷
日本松本君平撰光緒二十八年商務印書館鉛印本 一冊

類書類

淵鑒類函四百五十卷
清古香齋木刻本 一百六十冊

文苑彙雋二十四卷
明屠隆撰萬曆年閩中刻本 八冊

釋家類

維摩詰經講錄二卷
釋太虛撰民國十二年正信印館排印本 二冊

大乘起信論研究一卷
宏化社編民國十二年正信印館排印本 一冊

發菩提心論略釋二卷
釋空也撰民國十二年正信印館排印本 一冊

泰縣圖書館書目 十六

唯識三十論紀聞一卷
釋太虛撰民國十二年正信印館排印本 一冊

佛教各宗派源流一卷
釋太虛撰民國十二年正信印館排印本 一冊

覺社叢書選本一期
覺社編民國十二年正信印館排印本 一冊

海潮音五期
釋太虛編民國十三年正信印館排印本 五冊

佛教化的新基督一卷
佛化同人編民國十三年正信印館排印本 一冊

印度六派哲學二卷
日本木村太賢撰民國十二年正信印館排印本 二冊

集部

別集類

漢魏六朝百三家集一百十九卷
明張溥編清光緒十八年翰墨山房木刻本 一百冊

楚辭十七卷
漢王逸章句宋洪興祖注清同治十一年金陵書局木刻本 四冊

陶淵明詩集四卷
晉陶潛撰清康熙十一年同文山房木刻本 四冊

李翰林分類詩賦八卷
唐李白撰 明萬曆二年潘氏刻本 八冊

杜工部草堂詩箋二十卷
唐杜甫撰 清錢謙益箋 常熟木刻本 四冊

五百家音注韓昌黎全集四十卷
唐韓愈撰 清乾隆二十八年經綸堂木刻本 十六冊

箋注李義山詩集三卷
唐李商隱撰 清朱鶴齡箋注 清順治十六年木刻本 四冊

歐陽文忠公全集一百五十八卷
宋歐陽修撰 清乾隆五十七年惇序堂木刻本 二十四冊

三蘇全集二百零四卷
宋蘇洵 蘇軾 蘇轍 蘇邁撰 清道光十二年眉州三蘇祠木刻本 七十二冊

韓魏公集二十卷
宋韓琦撰 清同治五年正誼堂木刻本 六冊

劍南詩鈔
宋陸游撰 清康熙二十四年愛日堂木刻本 八冊

盧陵文丞相全集十六卷
宋文天祥撰 清雍正三年江西祠堂木刻本 十二冊

金淵集六卷

元仇英撰 清乾隆四十年武英殿木刻本 二冊

方正學集十三卷
明方孝儒撰 清朱存堂木刻本

陳大傅集十四卷
明陳大傅撰 清延清閣木刻本 二冊

天傭子全集十卷
明艾南英撰 清道光六年艾舟木刻本 十冊

帶經堂全集九十二卷
清王世禎撰 乾隆三十七年程氏木刻本 二十四冊

吳梅村詩集十八卷
清吳偉業撰 光緒九年善成堂木刻本 十二冊

牧齋全集一百六十卷
清錢謙益撰 宣統二年邃漢齋木刻本 四十冊

張文貞公集十二卷
清張玉書撰 光緒二十七年張祠堂木刻本 十二冊

望溪全集三十二卷
清方苞撰 咸豐元年戴氏木刻本 十二冊

陳檢討集二十卷
清陳其年撰 康熙三十三年木刻本 十冊

曝書亭集八十九卷

泰縣圖書館書目　十九

清朱彝尊撰自刻本　十八冊
枕泉堂詩集二卷
清黎士弘撰康熙二十八年閩中木刻本　二冊
惜抱軒全集八十卷
清姚鼐撰同治五年省心閣木刻本　二十冊
嶺南集八卷
清杭世駿撰乾隆年自刻本　八冊
切問齋集十六卷
清陸燿撰嘉慶元年暉吉堂木刻本　八冊
忠雅堂詩文集四十三卷
清蔣士銓撰廣州木刻本　十四冊
劉孟塗全集四十四卷
清劉開撰道光六年桀山草堂木刻本　八冊
貽道堂詩選十八卷
清陳之遴撰道光二年浙江木刻本　八冊
韞定盦文集十七卷
清龔自珍撰宣統二年國學扶輪社鉛印本　六冊
悔餘庵全集十八卷
清何栻同治四年半畝園木刻本　八冊
紀文達公遺集十二卷

泰縣圖書館書目　二十

清紀昀撰嘉慶十七年家刻本　八冊
湘綺樓全集三十卷
清王闓運撰光緒三十三年劉氏木刻本　十二冊
吳摯甫尺牘六卷
清吳摯甫撰宣統二年國學扶輪社鉛印本　十二冊
總集類
文選六十卷
梁昭明太子選清同治八年金陵書局木刻本　十冊
唐文粹一百卷
宋姚鉉編光緒九年江蘇書局木刻本　十六冊
唐文粹補遺二十六卷
清郭麐編光緒十一年江蘇書局木刻本　四冊
宋文鑑一百五十卷
宋呂祖謙編光緒十二年江蘇書局木刻本　二十四冊
南宋文範七十卷
清莊仲方編光緒十四年江蘇書局木刻本　十六冊
金文最六十卷
清張金吾編光緒二十一年江蘇書局木刻本　十六冊
金文雅十六卷
清莊仲方編光緒十七年江蘇書局木刻本　四冊

元文類七十卷 十册
元蘇天爵編光緒十五年江蘇書局木刻本
明文在一百卷 十册
清薛熙編光緒十五年江蘇書局木刻本
全唐詩九百卷 一百廿册
清曹寅等編康熙四十六年揚州詩局刻本
宋詩鈔四十卷 四十册
明吳之振呂留良編民國三年涵芬樓影印本
宋詩鈔補八卷 八册
清李宣龔編民國四年涵芬樓排印本

元詩紀事四十五卷 十二册
清陳衍編民國十年涵芬樓鉛印本
感舊集十六卷 八册
清王士禛編乾隆十七年雅雨堂木刻本
江蘇詩徵一百八十三卷 四十八册
清王豫編道光元年阮元木刻本
蘭言集二十卷 六册
清謝堃編道光三年自刻本
篠園雅集一卷 一册
清吳錫祺編乾隆年寫樣木刻本

歷朝賦格十五卷 十册
清陸菜選康熙二十五年學古堂木刻本
古文辭類纂七十四卷 十二册
清姚鼐編同治八年江蘇書局木刻本
駢體文鈔三十一卷 八册
清李兆洛編光緒三十四年振新書局木刻本
續古文辭類纂三十四卷 八册
清王先謙編光緒八年木刻本
續古文辭類纂二十八卷 十二册
清黎庶昌編光緒十六年金陵書局木刻本

粵西五家文鈔二十八册 八册
清侯東州編光緒二十四年廣西木刻本
常州駢體文錄三十一卷 八册
清屠寄編光緒十六年廣州木刻本
明清八家文鈔八卷 八册
清王文儒編民國四年進步書局鉛印本

詞曲類

清萬樹編康熙二十六年堆絮堂木刻本 十册
詞律二十卷
本事詞二卷

清葉申薌撰道光十二年天籟軒木刻本 二冊

納書楹曲譜二十二卷
清葉堂撰道光二十八年木刻本 二十四冊

六十家閨秀詞六十卷
清徐乃昌編光緒二十四年徐氏木刻本 二十四冊

詩文評類

金石三例十五卷
元潘昂霄明王行黃宗羲撰清光緒四年讀有用齋木刻本 四冊

廣陵詩事十卷
清阮元編光緒十六年京都翻木刻本 二冊

泰縣圖書館書目 二十三

叢書部

漢魏叢書四百三十三卷八十六種
清王謨編光緒二年紅杏山房木刻本 一百廿冊

聚珍板叢書三十九卷存十三種缺一百廿種
清武英殿編乾隆年蘇州刻本 十九冊

知不足齋叢書八百四十卷
清鮑廷博編道光年日刻本 三十函二百四十冊

積學齋叢書六十一卷
清徐乃昌編光緒十九年自刻本 十六冊

鄦齋叢書四十二卷
清徐乃昌編光緒二十二年自刻本 二十冊

春在堂全書四百二十八卷
清俞樾撰同治年自刻本 一百十二冊

章氏叢書四十八卷
章炳麟撰民國六年浙江圖書館木刻本 二十四冊

廣注四部精華三十卷
陸翔編民國十二年世界書局石印本

佚存叢書原一百五十卷存三十二卷內殘十卷
日本天瀑山人編民國十四年商務印書館照影本 三十冊

泰縣圖書館書目 二十四

國學叢刊第二卷
國學研究會編民國十三商務印書館排印本 四冊

鄉土部

詩類

詩經集解辨正二十卷
徐天璋撰民國十二年自刻鉛印本 四冊

春秋類

春秋世族譜一卷
清陳厚燿撰乾隆三十三年湯氏木刻本

春秋長歷集証十卷 一冊

清陳字耀撰民國十二年韓紫石鉛印本　四冊

四書總義類

古本大學説義一卷
徐天璋撰民國十三年韓紫石鉛印本　一冊

論語實測四卷
徐天璋撰民國十三年韓紫石鉛印本　四冊

五經總義類

闕里講經編一卷
徐天璋撰民國八年雲麓山館木刻本　一冊

蠡山易義合編八卷　韓紫叟捐贈

徐天璋撰民國十四年韓紫石鉛印本

小學類

小學駢枝八卷
清田寶臣撰民國九年韓紫石印本　同上　四冊

正史類

三國志補義十三卷
清康發祥撰咸豐十年木刻本　四冊

編年類

綱鑑明紀會通十五卷
清陳志襄撰康熙年間刻本　八冊

史抄類

清李玉瓚撰道光二十二年王雪飄木刻本　二冊

鑑要四卷

傳記類

心齋弟子師承表一卷
袁承業編民國元年袁氏鉛印本　袁伯勤捐贈　一冊

發幽録一卷
清沈默撰民國十三年海陵叢刻排印本　韓止叟捐贈　一冊

窮交十傳一卷　陳偉民捐贈
清團維墉撰民國五年王蘭谷陳偉民木刻本　一冊

載記類

泰氏旌孝録一卷
清夏嘉穀撰夏氏本刻本　一冊

地理類

泰州志三十六卷
清曾懋堅等撰道光七年官刻本　十二冊

泰州志刊謬二卷
清任鈺等撰道光十年官刻本　二冊

續修泰州志稿三十四卷
清高尔庚等修宣統三年油印本　八冊

續纂泰州志稿三十六卷
韓國鈞等纂民國十年稿本　十二冊
微尚録存六卷
民國九年韓紫石鉛印本　韓止叟贈　一冊
海安考古録四卷
清王華莊撰民國十二年韓紫石鉛印本　同上　三冊
梓里舊聞八卷
清夏荃撰民國十一年韓紫石鉛印本　同上　二冊
儒家類
朱子小學六卷　程畯僧贈

泰縣圖書館書目　二十七

宋朱熹編清同治五年程祥棟木刻本　二冊
法家類
洗冤録外編一卷
清郎錦麒撰同治六年程祥棟木刻本　同上　一冊
天文算法類
勾股邊角圖説一卷
胡西文撰清光緒年自刻本　一冊
醫家類
陸莞泉醫書六卷
清陸儋辰撰民國十三年韓紫石鉛印本　韓止叟贈　六冊

運氣辨二卷
清陸儋辰撰民國十一年韓紫石鉛印本　同上　二冊
溫病條辨六卷
清吳塘撰同治二年紀雲卿木刻本　六冊
譜録類
退庵錢譜八卷
清夏荃撰民國八年韓紫石鉛印本　韓止叟贈　三冊
巽齋所藏錢録十二卷
清費錫申撰清光緒十六年家木刻本　楊秉澄贈　四冊
藝術類

泰縣圖書館書目　二十八

書斷三卷
唐張懷瓘撰舊抄本　一冊
書議一卷　書估一卷　玉堂禁經一卷
唐張懷瓘撰舊鈔本　一冊
繪事微言四卷
明唐志契撰民國十三年韓紫石排印本　韓止叟贈　三冊
雜家類
清宮偉鏐撰民國十年韓紫石鉛印本　二冊
庭聞州世説八卷附先進風格　同上
退庵筆記十二卷　同上

清夏荃撰民國八年韓紫石鉛印本　四冊
蘿摩亭札記八卷
清喬松年撰同治十二年木刻本　四冊
類書類
讀書紀數略五十四卷
清宮夢仁撰康熙四十七年宮氏木刻本　十冊
緯攟十四卷
清喬松年撰光緒三年李氏木刻本　四冊
道家類
太上感應篇集註一卷

清陳金詔集注咸豐十一年陳氏木刻本　韓止叟贈　一冊
別集類
海陵集二十四卷
清周鑅之撰民國九年韓紫石鉛印本　同上　四冊
林東城文集二卷
清林春撰民國九年韓紫石鉛印本　同上　二冊
敬止集三卷
清陳應芳撰民國十一年韓紫石鉛印本　二冊
陋軒集十四卷
清吳嘉紀撰道光二十年夏氏木刻本　五冊

官梅集一卷
清鄧漢儀撰民國十一年本館傳鈔本　一冊
中翰公未刻稿一卷
清宮昌宗撰民國十三年本館傳鈔本　一冊
依歸草十二卷　又一部校刊底本
清張符驤撰民國十年韓紫石木刻本　韓止叟贈　六冊
入西厂詩二卷
清王孫驤撰民國十三年本館傳鈔本　一冊
有正味齋駢體文鈔二十四卷
清王廣業箋咸豐九年青箱塾木刻本　王芍坡贈　六冊

袁文合箋十六卷
清王廣業箋光緒八年青箱塾木刻本　同上　六冊
天橋初稿一卷
清司虹撰夏荃編民國十二年本館
嗜書堂初稿一卷
清繆蓮仙撰家木刻本　一冊
憶園詩鈔六卷
清陳燮撰嘉慶三年聽雨樓木刻本　二冊
克峻堂彙稿一卷
清常光宗常廷謨常增撰舊鈔本　一冊

王心齋全集五卷 袁伯勤贈 二冊
明王艮撰民國元年袁氏鉛印本
一庵遺集二卷 同上 一冊
明王棟撰民國元年袁氏鉛印本
東崖遺集二卷 同上 一冊
明王襞撰民國元年袁氏鉛印本
東隅東日東溟天真四先生殘稿 同上 一冊
明王衣王禔王備王元鼎撰民國元年袁氏鉛印本
寄園詩存二卷 一冊
清夏震撰道光九年辟蠹山房木刻本
草堂詩牘二卷 二冊
清葉古軒撰道光四年郟氏木刻本
聲玉山齋詩集十卷 二冊
清鄧然撰嘉慶十五年自木刻本
攟月山房詩集二卷 二冊
清俞國鑑撰民國十二年本館傳鈔本
竹所詩鈔四卷 二冊
清吳會撰道光七年自刻木本
清味齋存稿二卷 二冊
清陳晉光撰道光二十八年自刻木本

汲綆書屋詩鈔一卷 一冊
清潘慶齡撰道光十八年自刻木本
康伯山詩文集十七卷 一冊
清康發祥撰咸豐十一年自刻木本
室瓶晉詩存五卷 二冊
清咸豐十一年趙瑜撰同治五年自刻木本
治家格言詩一卷 一冊
清王廣業撰清道光五年自刻木本
觀心室集二卷 二冊
清陳金詔撰咸豐八年自刻木本
紅東山莊詩六卷 二冊
清朱寶善撰同治九年福州官署木刻本
俞汝臣詩卷 一冊
清俞霖獻撰民國十三年本館傳鈔本
執硯山館詩集五卷 五冊
清陳第撰光緒二十二年自刻木本
晚晴軒詩文存七卷 二冊
清陳文田撰光緒年北京木刻本
蘿摩亭遺詩四卷 四冊
清喬松年撰光緒七年安徽刻本

蠧餘草一卷
清顧馴撰民國十年北京鉛印本　高子愚贈　一册
繡餘吟草一卷
清閨秀曹湘浦撰光緒年家刻木本　自贈
覆瓿存六卷
清劉法曾撰民國十年陳伯鶴木刻本　自贈　六册
太上感應篇詩一卷
王湛謀撰民國九年公利昌石印本　一册
石神重詩一卷
清石他中撰民國十三年抄本　一册

總集類
文苑英華選六十卷
清宮夢仁編康熙四十一年自刻本本　四册
宵峰集八卷
清宮鷹箎編乾隆三十三年春雨草堂木刻本　六册
双江倡和詩一卷
清黃醉陳燮仝撰民國十三年本館傳抄本　一册
芸香詩鈔十二卷
清葉兆蘭輯耳山編嘉慶十四年本刻木　六册
清味垒六十生朝倡和詩一卷

清陳晉元編道光丙申自刻木本　一册
海陵文徵二十卷
清夏荃編道光二十三年夏氏木刻本　六册
海陵文徵附錄十二卷
清夏荃編民國十二年韓紫石木刻本（按刊底本）　十册
宋姜譚叢誌題詠一卷
清夏荃編民國十二年本館傳鈔本　一册
紉縷圖題跋一卷
清潘慶齡編道光十九年自刻木本　一册
東湖草堂賦鈔十卷　程畯僧贈
清程祥棟編同治六年恨水山房木刻本　十册
重宴鹿鳴詩徵二卷
清王廣業編光緒六年青箱塾木刻本　一册

詞曲類
清陳燮撰舊鈔本　一册
陳理堂詞鈔二卷
後緹縈一卷
清汪宗沂撰光緒十一年夏氏木刻本　一册
孝女蔡蕙彈詞一卷
程瞻廬撰民國九年商務印書館鉛印本　一册

海陵竹枝詞七卷 二冊
清同治三年王氏木刻本

詩文評類

伯山詩話十二卷 六冊
清康發祥撰道光二十九年自刻木本

高庵詩話一卷 一冊
清宮曾自刻綫本

寄存部

王船山遺書零種一百十六卷
清王夫之撰同治四年金陵書局木刻本 計十九種五十六冊

泰縣圖書館書目 三十四

春秋平議一卷 一冊
清朱駿聲撰光緒十六年木樨軒木刻本

穀梁大意述一卷 一冊
清柳興恩撰光緒十六年木樨軒木刻本

孝經徵文一卷 一冊
清丁晏撰光緒十六年木樨軒木刻本

諧聲補逸十四卷 三冊
清宋保撰光緒十六年木樨軒木刻本

卦氣解 一冊
清莊存與撰光緒十六年木樨軒木刻本

小學鉤沉續編八卷 四冊
清顧震福撰光緒十八年陳寶森木刻本

律音彙攷八卷 四冊
清邱之稑撰光緒二十三年木刻本

六書通六卷 六冊
清畢宏述撰乾隆六十年吳省南木刻本

列女傳二卷 二冊
清汪氏編光緒五年上海點石齋石印本

閏八月考三卷 一冊
清龔樺撰光緒二十六年小方壺齋鉛印本

泰縣圖書館書目 三十五

月令粹編二十四卷 八冊
清秦嘉謨撰嘉慶十七年木刻本

揚州府志七十二卷 三十二冊
清馬克當阿等撰嘉慶十五年官刻本

平山堂圖一卷 一冊
清趙之壁編乾隆年石印本

日本外史二十二卷 十二冊
日本賴襄撰光緒十五年上海木刻本

大清會典一百卷 二十冊
江南書局木刻本

律例便覽八卷　清同治十一年江南書局木刻本　六冊
氏族箋釋八卷　清熊峻運撰雍正二年木刻本　四冊
蠶圖四種六卷　清孫蘭等撰光緒十一年蠶圖木刻本　二冊
紀效新書十八卷　明戚繼光撰清光緒二十一年上海醉經堂木刻本　四冊
農政全書六十卷　明徐光啟撰清光緒二十六年文海書局石印本　八冊

泰縣圖書館書目　三十六

脈訣　難經各四卷　明張世賢編清光緒二十七年木刻本　四冊
管窺輯要八十卷　清黃鼎撰同治十年木刻本　四冊
開元占經一百二十卷　唐瞿曇撰述德堂木刻本　二十四冊
珠神真經二卷　清李德鴻撰光緒十八年木犀軒木刻本　二冊
開方通釋一卷　清焦循撰光緒十八年木犀軒木刻本　一冊

心得要領一卷　明金星楣撰清光緒十八年木犀軒木刻本　一冊
疇人傳五十二卷　清阮元撰光緒二十二年上海璣衡堂木刻本　六冊
九數通考續集九卷　清顧觀光撰光緒二十二年復古齋木刻本　四冊
中西算學匯通四十卷　上海文瑞樓光緒二十二木刻本　四十冊
治梅石譜二卷　清王椝撰光緒六年李氏木刻本　二冊

泰縣圖書館書目　三十七

秘書廿八種　清周光齋編嘉慶十六年木刻本　二十四冊
金剛經解心經直說四十二章經遺教經各一卷　明釋憨山注清乾隆三十七年善因寺木刻本　一冊
藏經目錄　釋卉爾編舊鈔本　二冊
陸宣公集二十二卷　唐陸贄撰清浙江書局木刻本　六冊
柳柳州文抄十二卷　明茅坤選自刻明本　四冊

曾文定公文抄十卷 明茅坤選自刻明本 四冊

歸震川文集六卷 明歸有光撰萬曆二氏蔣氏刻本 六冊

楊維節稿 明楊以任撰天益樓木刻本 二冊

章大力稿 明章世純撰天益樓木刻本 四冊

澄懷園詩選十二卷 清張廷玉撰光緒十七年金陵木刻本 四冊

泰縣圖書館書目 三十八

船山詩草二十六卷 清張問陶撰同治十三年味經堂木刻本 十冊

有正味齋文集三十六卷 清吳錫麒撰家刻木本 八冊

集益堂稿四冊 清王廣蔭撰家刻木本 四冊

正續詞餘叢話六卷 清楊壽思撰光緒三年坦園木刻本 二冊

儀禮瑣辨一卷 清常增撰道光廿七年自刻木本 一冊

四書緯四卷 清常增撰道光十六年自刻木本 四冊

說文引經考異十六卷 清柳榮宗撰咸豐二年家刻木本 二冊

北轅錄一卷 宋周煇撰舊抄本 一冊

崇祀名宦錄 清張之杲撰光緒十二年木刻本 一冊

虎門覽勝二卷 清仲振履撰自刻木本 一冊

泰縣圖書館書目 三十九

怡園隨筆一卷 清陳芾撰抄本 一冊

太上感應編一卷 清陳全詔集注咸豐十一年自刻木本 一冊

海陵三仙傳一卷 宋王禹錫撰舊抄本 一冊

蓮修起信錄六卷 清陳兆鸞撰光緒二十三年自刻木本 一冊

王文貞公集五卷 明王艮撰清道光六年木刻本 一冊

季孝廉遺稿一卷　明季大來撰舊抄本　一冊

慎墨堂詩拾十卷　清鄧漢儀撰舊抄本　十冊

恕堂詩七卷　清宮鴻歷撰康熙四十三年自刻木本　三冊

餘園詩選四卷　清繆沅撰乾隆三十八年自刻木本　四冊

北遊草一卷　清宮國苞撰自刻木本　一冊

寧意吟一卷　清俞堉撰舊抄本　一冊

憶園詩抄十二卷　清陳燮撰手稿本　四冊

紅絲硯館試帖詩二卷　清高詒俞國鑑同撰嘉慶十八年自刻木本　一冊

竹所詩鈔四卷　清吳會撰道光七年自家木刻本　一冊

聲玉山齋詩集八卷　清鄒熊撰嘉慶十五年自刻木本　二冊

春暉草堂詩存五卷　清宮錫祚撰同治二十一年自刻木本　二冊

芥軒雜著一卷　清費履堅撰道光二十二年求志堂木刻本　一冊

紅雲香雨詩鈔二卷　清釋炳一西林撰嘉慶四年自刻木本　一冊

賀莽詩存一卷　清陳增撰抄本　一冊

思白堂詩抄二卷　清江對山撰同治十年木刻本　一冊

晚晴軒詩文集十卷　清陳文田撰光緒七年北京刻本　三冊

九十春吟稿一卷　清朱裕庭撰同治七年自刻木本　一冊

執硯山館詩集五卷　清陳芾撰光緒二十二年自刻木本　五冊

留行贈別二詩　清宮偉鏐撰順治年自刻木本　二冊

春柳吟唱和詩一卷　清夏蘭撰嘉慶十五年自刻木本　一冊

芸香詩鈔十二卷　二冊
清葉兆蘭鄒熊編　木刻本
麥秀兩歧唱和詩一卷　一冊
清高錫編　道光六年木刻本
海上聯吟稿二卷　一冊
清洪文翰編　洪氏木刻本
憶園詞鈔二卷　一冊
清陳燮撰　舊抄本
以上皆陸居稚恭寄存
春雨草堂集三十四卷

泰縣圖書館書目　四十二

清宮偉鏐撰　康熙十四年家木刻本　五冊
春雨草堂別集三十卷
清宮偉鏐撰　康熙十四年家刻木本　三冊
春雨艸堂宦稿一卷
清宮偉鏐撰　康熙十四年家木刻本　一冊
續南宮舊德錄一卷
清宮夢仁撰　自刻木本　一冊
儀禮聚考二卷
清楊錫撰　道光四年家刻木本　二冊
茗史詩艸一卷

清仲素撰　嘉慶十五年仲氏木刻本　一冊
追暇詩抄十四卷
清仲鶴慶撰　嘉慶十五年本刻本　三冊
仲氏女子遺詩一卷
清閨秀仲蓮慶等撰　嘉慶十五年木刻本　一冊
雪垞詩鈔一卷
清袁澄撰　道光年家刻本本　一冊
留雲閣存稿一卷
清彭壽山撰　道光六年家刻木本　一冊
芷衫詩艸二卷

泰縣圖書館書目　四十三

清閨秀高佩華撰　道光年家刻木本　一冊
石桴詩鈔二卷
清流寓戴聖徵撰　乾隆十三年家刻木本　一冊
吳儲合稿二卷
清吳會儲夢熊撰　道光年儲氏木刻本　一冊
以上係沈君愚卿寄存
東詠軒筆記一卷
清流寓徐鳴珂撰　抄本　一冊
以上係徐仲咸君寄存
民國十四年編訂泰縣圖書館書目終

勘誤表

第四頁、第七行年字下失天都黃、氏翻五字
又第十七行刻字下失巾箱兩字
第十六頁、第十二行失以上九種光孝寺維摩法會贈十二字
第十八頁、第三行撰字下失李卓吾評点明俞允諧九字
又第九行士誤世
第十九頁、第四行十字下失六字
第二十一頁第十四行士誤世
第二十二頁第十八行與十九行倒置
第二十四頁第九行九十四卷誤原一百五十卷存三十二卷殘十卷
又第十五行下失徐曦伯贈
又第十九行下失韓止叟贈
第二十五頁第三行失同上
又第五行失同上
又第八行失陳伯繩贈
第二十八頁、第十八行与十九行倒置
第三十頁第十六頁永垣誤蓮仙
第三十二頁第五行寶、晉倒書
又第六行多咸丰十一年五字
第三十三頁第十五行与十六行倒置
第三十五頁第十六行光緒十五年同文誤乾隆年
第三十六頁、第十二行石印誤木刻
第三十八頁第四行年誤氏
第四十頁、第二十行鄉誤部

泰縣公共圖書館鄉土部書目提要

夏兆麐 撰

《泰縣公共圖書館鄉土部書目提要》不分卷，民國夏兆麐撰，據泰州圖書館藏《耐庵叢著》抄稿本影印。

夏兆麐有《泰縣方言補》，已著録。

書目以作者姓氏筆劃爲序。體例與陸銓《泰縣著述考》相仿。書名下著録作者、版本，有提要。如『王氏』下著録：『王心齋先生全集五卷二册，明泰州王艮（汝止）著，清東臺袁承業編，宣統庚戌袁氏據原刻本重編校印。明王艮初名銀，王守仁爲更名。字汝止，號心齋，住安豐場。私謚文哲。初崇祀鄉賢，後建專祠於書院。心齋先生發明良知之旨，著有《心齋先生集》，明六刻，板均散佚。清四庫館開，曾加採録。嘉慶間先生裔孫某蒐訪遺板，合一庵、東厓先生集，署曰《淮南王氏三賢全書》，搜羅較富。東臺袁承業生先生之鄉，慨然以桑梓文獻爲任，將原書重編體例付印。《心齋全集》爲卷凡五：一語録，二詩文雜著，三年譜，四譜餘、續譜餘，五疏傳合編。卷首冠以心齋父守庵像與心齋、一庵、東厓三賢及兄汝全、弟汝勝等像。心齋之衣冠蒲輪等製圖，亦照原刻本鈎摩而列入焉。』對該書的編集過程及内容，有非常具體的説明。以下著録有《王一庵先生集》二卷一册，明泰州王棟（隆吉）著。《王東厓先生集》二卷一册，明泰州王襞（宗順）著。等等。全書共著録王、田、石、朱、任、吴、沈、李、周、林、宫、胡、俞、郎、唐、紀、徐、高、夏、馬、凌、康、常、黄、張、陳、陸、程、費、鄒、團、趙、葉、潘、劉、鄧、儲、繆、顔、韓四十個姓。此外還有『閨秀』、『官書』、附録、補録。『閨秀』僅收《繡餘吟草》一種，清泰州閨秀曹湘浦（楚卿）著，光緒己丑刊。『官書』收録兩種：《泰州學堂章程》一册，無著作人姓氏，光緒二十九年（一九〇三）木刊本；《續修泰州輿圖》一册。『附録』李、袁、張、程、喬五姓。『補録』丁、周、徐、袁、陳、許、費、劉、盧、錢、韓十一姓。此書全面地反映了泰縣歷史上的著作情況，可與作者《泰縣著述考》參看。

（顔　萍）

凡例

一本館所藏舊書約二千餘種編訂全目自有專人茲編所錄僅鄉賢一部份書目偶爾試擬非定稿也故名之曰鄉賢書目試編

一吾邑人文夙著鄉賢著述當不在少本館從事蒐羅僅得一百數十種遺漏甚多是編以本館所藏為準俟有續得次第增補於後

一是編於鄉賢自著書籍外凡為鄉賢所箋註所評點所校刋者一併採入

一是編仿無錫圖書館鄉賢書目例以著述人姓氏分類目以筆畫繁簡為先後而以閨秀及官書(無著述人姓氏者)殿之隨意鈔錄為自便檢查之用未依新法分部因藏書無多故也

一是編專錄鄉賢書目其有僑寓日久可稱土著而籍貫仍隸他邑者則列入附錄或著述者雖非邑人而其書則有關於鄉土亦列於附錄之中仿夏退菴海陵文徵例也

一著述人生存者編目家每不採錄然著作為千秋事業苟其書可傳則人雖生存不妨錄入故本編於著述人生存者亦予編列

一是編於原書卷冊悉紀其數內容板本亦畧撮其要以便答閱者之詢問不敢自謂有當也

泰縣公共圖書館鄉土部書目提要

王氏

王心齋先生全集五卷二冊 明泰州王艮(汝止)著 清東臺袁承業編 宣統庚戌袁氏據原刻本重編校印

明王艮初名銀王守仁為更名字汝止號心齋住安豐場私謚文哲初崇祀鄉賢後建專祠於書院心齋先生發明良知之旨著有心齋先生集明六刻板均散佚清四庫館開曾加采錄嘉慶間先生裔孫某蒐訪遺板合一菴東厓兩先生集署曰淮南王氏三賢全書搜羅較富東臺袁承業生先生之鄉慨然以桑梓文獻為任將原書重編體例付印心齋全集為卷凡五一語錄二詩文雜著三年譜四譜餘續譜餘五疏傳合編卷首冠以心齋父守菴像與心齋一菴東厓三賢及凡汝全弟汝勝等像心齋之衣冠蒲輪等製圖亦照原刻本鈎摹而列入焉

王一菴先生集二卷一冊 明泰州王棟(隆吉)著 清東臺袁承業編 宣統庚戌袁氏據原刻本重編校印

明王棟字隆吉號一菴住姜堰鎮貢生官深州學正配享心齋祠心齋先生倡道海濱從游者甚衆一菴其從弟也信之篤體之深故其學尤深潛純粹是集分二卷上卷為會語正集續集下卷為論學雜吟及各體詩文依遺集原目其詩文及雜錄多所闕佚四庫總目謂下卷載其門人李梴所記誠意問答之語而原目中初未之及殆散佚已久歟卷首冠以先生像贊年譜及傳文

王東厓先生集二卷一冊 明泰州王襞(宗順)著 清東臺袁承業編 宣統庚戌袁氏據原刻本重編校印

明王襞(一作璧)字宗順號東厓暮年別號天南逸叟艮次子配享心齋祠心齋子五人東厓為其仲學尤邃遺集分二卷卷首列原序像贊年譜傳文卷一為語錄遺畧啟名公書畧文類雜錄三種卷二為詩類補遺二種補遺後增入青天歌海汀六十壽文東堧公合葬墓誌銘名曰續補遺蓋袁刻所增益也

王東壙東隅東日天真四先生殘稿 明泰州王衣（宗乾）王禔（宗舫）王補（宗完）王元鼎（調元）著

清東臺袁承業編　宣統庚戌袁氏據原刻本重編校印
袁序謂心齋子孫以著述翼心齋而傳者仲子東厓一人餘均湮没不彰予今編心齋集從王氏族譜暨諸集中搜得心齋長子東壙詩八首解論各一篇三子東隅詩歌九十三首序文各一篇四子東日詩歌五十四首解四章賦三篇序一篇曾孫天真詩歌雜詠十六章萃成一冊題曰明儒王東壙東隅東日天真四先生殘稿補撰四傳列於卷端書中編次各以名字別之云云網羅散佚使先賢著作不致久湮其亦闡微顯幽之微意乎

蕊亭隨筆二集一卷八集一卷 清海陵王孫駿（受軒）著　本館傳鈔本未訂

清王孫駿字受軒由舉人官宜黃縣知縣州志有傳
蕊亭隨筆八卷本館僅鈔得二集一卷八集一卷二集自序云兩集不日梓行問世則是書當有刊本其中或述古訓或述宗功或述心之所得或述身之所歷或述耳目之所見聞間附俚言諧語頗可資為法戒者行間有硃批序云可求鮑夫子用硃筆批點此硃批殆即出於鮑手耶

海安考古錄四卷三冊 清泰州王華蔚（叶衢）撰　韓紫石刻（海陵叢刻第十二種）　民國十二年鉛印本

韓紫石贈
是書凡四卷分十一門曰建置曰水利曰寺觀曰祠祀曰古蹟曰人物曰列女曰冢墓曰禁令曰藝文曰雜記博采旁搜本末條貫視顧亭林朱竹坨之考古固不敢遽為軒輊而較判此邦上焦理堂北湖小志亦豈多讓康伯山前輩久有定評其分縣改斸兩節利弊判然識見深遠漸東余子　君謂為大有關係文字則是書固不徒以考古勝也

入畫厂詩二卷 清泰州王孫驤（白舫）著　同里李拔卿（易菴）黃雲（仙裳）選　本館傳鈔本

入畫厂白舫先人人鑑讀書處也門臨濠水戶有垂楊雨笠烟蓑逼真輞川勝景白舫詩集成乃取以名編其詩刻苦深練頗得古人之深致同邑黃仙裳李易菴為之序陳冉文蓄臣昆季欽費以付梓卷首有白舫小像貌極清癯望而知為苦吟者
清泰州王廣業原名佐業字子勤著　仁和許乃普（滇生）評閱　聽花軒藏板

治家格言詩一卷 清王廣業原名佐業字子勤道光癸未進士官至福建汀漳龍道

是詩為試帖體五言八韻共六十三首皆以朱柏盧先生治家格言為題一吟一詠悉寓箴規工穩貼切具餘事也

重宴鹿鳴詩徵二卷一冊 清泰州王廣業（子勤）著　咸豐六年木刻本　光緒

先生早掇巍科年七十五鄉舉重逢於浙江就養省分重與鹿鳴筵宴為詩以紀之一時和者甚多裒為二卷顏曰重宴鹿鳴詩徵誠儒林之盛事也

青箱塾試帖合編四冊 清泰州王廣業（子勤）著　咸豐六年木刻本

是集詩凡二百首依今韻排次皆試帖體

袁文合箋十六卷六冊 清錢塘袁枚（子才）著　泰州王廣業（子勤）箋　清光緒刊本　青箱塾藏板

王芍坡捐贈
是書王箋補袁文箋正（石琢堂）之所畧並訂其訛習見語及繁冗處則刪之故名袁文合箋

有正味齋駢體文箋二十四卷十二本 清錢塘吳錫麒（聖徵）著　泰州王廣業子勤箋　咸豐九年青箱塾鐫本　（又一部　仝上　六本）

有正味齋駢文浙江有葉氏箋注本子勤先生是箋與葉注各有心得而校讐考正益見詳明許序謂受而讀之如炳鳳燭以達幽微如運象觵以解固結非虛譽也

太上感應篇詩一卷 泰州王諶謨（冶庭）著　庚申印　連史紙本

是詩取太上感應篇排比咏之苦口婆心猶然太上勸人為善之旨自序謂先大父光祿公刻有文昌陰隲文詩集蒙隶髮受書即手此編奉為彝訓無敢隕越然則是編之作其亦能繩祖武者歟

青箱書屋文集一卷 泰州王諶謀（野庭）著　庚申印　連史紙本

野庭富於才所為文多獨到之見是集計論文十七篇擷菁取華固不必以多為貴也

王校鑑要四卷二冊 清闕中李玉瓚（雙樓）輯　泰州王鴻業（雪颿）校　道光甲辰重刊本　敦厚堂藏板

是書分四卷一歷代總論自陶唐迄明卷二自陶唐迄周廟諡年號都邑譜卷三自泰迄隋廟諡年號都邑譜卷四自李唐迄明廟諡年號都邑譜卷首冠以起截論及古帝事蹟紀卷末則附以補遺泰州王序稱作者為闕中前輩而馮序則稱為海陵

李公又似為海陵人意作者其籍關中而流寓海陵者歟

田氏

小學駢支八卷四冊 清泰州田寶臣(少泉)著 同邑陳啟彤(管侯)校 海陵叢刻第六種

是書因參校駢雅訓纂而作凡八卷一百五十三條其大旨以說文為主以爾雅方言毛氏鄭氏為根柢而波瀾於孔賈郭陸旁及於莊荀班馬諸家溯源窮流無遺義詳見自序序作於咸豐三年頗以草本擢發為懼而冀鴻碩君子為之存焉同邑韓紫石為之付印列入海陵叢刻其不負先生之苦心歟

石氏

石神童詩一卷 附少年集一卷合一冊 清泰州石抱中著 儀徵程習(習朋)葺 本館鈔本

附集 儀徵程習(習朋)著 巳未重訂草稿石印本

抱中幼慧善為有宋體詩鄉人稱為神童年十五卒儀徵程習朋裒其詩稿名曰石神童詩全集計三十二首少年集古今體詩七十一首中多刺時諷世語蓋亦今之有心人也

朱氏

紅粟山莊詩正續集十二卷四冊 清泰州朱寶善(櫻船)著 正集同治九年福州刊本 續集民國乙丑年木刊本

清朱寶善字櫻船官福建長泰縣知縣先生生平無他嗜好惟篤志詩畫詩為譚獻所識別謂可匹吳野人極軌畫則長沙徐侍郎尤稱之詩名且為畫所掩是書正集凡六卷同治九年初刊於福州卷首冠以譚序暨米胡諸家題詞及評語民國乙丑其孫崇官取先生遺集六卷為紅粟山莊詩續與正集合刊刻末附詩餘一卷

紅粟山莊詩六卷二冊 詳前

此係紅粟山莊詩正集初刻於福州本也大旨詳前不贅述

紫薇華館九十春吟稿一冊 清泰州朱裕庭(仲山)著 同治丙子淮鹽木刊本

是集詩凡九十首有咏皆春無詞不麗包樂卿評謂掠水皺波浣花濯柳方其筆妙可謂知言

畫龍淺說一卷一冊 朱輝撰 光緒丙午南洋印刷官廠代印本

是書止四頁歷叙畫龍之訣如墨之煊法筆之皴法皆有所述末謂幼嗜畫龍苦無生動氣恆於風雨將作擇名山之高聳處或平原之空潤處親覩乎雲烟變幻神龍隱現水氣噴薄風威振作凝神而會之縱筆而追之則其致力於斯道者固甚深矣

任氏

泰州新志刊謬二卷二本 清泰州任鈺等著 道光十三年木刻本

是書因修道光志而作道光七年泰州學正梁桂(江浦)人監輯州志聘任吳縣曹懋堅興化徐鳴珂東臺周庠等纂修而以高鑾潘厚坤朱士煌等董其事書成任鈺等深致不滿公纂大憲謂取看樣本殊失真修理學儒林改舊志而妄為軒輕大儒名宦刪明史而多所漏遺鄉賢與陋劣同科文學與癰疽並列名賢遺其姓字仕績紊其後先粉飾貲郎連篇累牘鋪張富室媚祖諛宗本泰籍之科名而妄更流寓攙鄰封之豪暴而擱入多門甚至穢迹共彰篤行涵入鄉評不齒孝友濫登反將宿彥耆儒半歸湮沒孤芳潛德罕闡幽光云云並簽呈外謬公請復輯其所指摘甚多而尤以人物一門為聚訟之資後奉憲撤改纂惟以奉帙浩繁改修不易因訪毛西河蕭山縣志刊誤之例訂為泰州新志刊謬二卷與志並行簽摘各條頗足匡原書之失顧其間亦有未盡當者是在鴻博君子有以辨之

吳氏

陋軒詩集十四卷五冊 清泰州吳嘉紀(野人)著 泰州夏氏訂正本 道光庚子重刊

先生字賓賢號野人東淘處士也江都汪舟次稱其性嚴冷窮餓自甘不與得意人往還所為詩古瘦蒼峻如其性情誠深知先生者賢先生銘所居曰陋軒因以名其詩初為周櫟園所重梓行於世因是名滿大江南北厥後汪芾斯再刻方千雲三刻拼茶繆竹癡四刻其原委見退菴筆記而是書則夏嘉穀購得繆板為之補闕正論而續印者都十二卷續集二卷

竹所詩鈔四卷二冊 清泰州吳會(曉嵐)著 道光丁亥木刻本 竹紙印 春輝堂藏板

是集共四卷前三卷為詩諸體具備五之古尤稱絕調第四卷為詩餘乃先生晚年所手訂也 又一部連史紙印

竹所詞稿一卷 清泰州吳會(曉嵐)著 道光乙酉木刻本

是稿為儲漁溪所選與漁溪自撰之余棲書屋詞稿各一卷合併付梓名為吳儲合稿

沈氏

沈少司馬文集四卷四册 明沈良才(鳳岡)著 民國十四年本館傳鈔本

先生都吏垣值分宜以大宗伯入相公率諫官論其貪汚奸諂先見卓識人所不及集中備載序記傳狀之類而奏疏十餘通言人所不能言言人所不敢言尤稱傑作傳本不多得此乃本館借鈔本鄉邦文獻允宜珍惜

發幽錄一卷 清泰州沈默(興之)著 民國十三年石印本 海陵叢刻第十八種 韓紫石贈

先生名默更名龍翔字輿之號讓齋又號遯叟康熙五十二年舉人清初朝廷召修國史檄至州州牧舉其事屬叟叟臚有清以來一州之人物可傳者各為之傳慮國史不能悉載遂家刻一書名發幽錄分十五類曰名臣曰循吏曰理學曰文苑曰忠臣曰孝子曰良將曰隱逸曰流寓曰方伎曰雜流曰列女曰烈婦曰孝女曰方外而以明季烈婦附之發潛闈幽足補邑乘所未逮民國十三年韓紫石取列海陵叢刻第十八種

李氏

泰縣各善堂款產存徵錄 泰州李毓彬(受青)等合編

是編於泰邑普濟育嬰清節同仁四善堂之堂產如田畝如市房如地基如典息等分別羅列以資徵信故名存徵錄貧兒院款產亦附載焉

又一本 全

周氏

海陵集二十四卷四册 宋周麟之(茂振)著 民國九年鉛印本 海陵叢刻第四種 韓紫石贈

宋許大方有海陵集同時昆補之為作序此集乃周樞密麟之撰非許著全集二十三卷又外集一卷曾收入四庫樞密以文章受知雍容侍從游歷通顯故集中制誥奏劄實居其半韓紫石集鄉賢著作為海陵叢刻從江南圖書舘鈔得全集付印列為叢刻第四種

天橋初稿一卷 清周虹(虹起)著 夏荃(退菴)選 民國十二年本舘傳鈔本

天橋為周先生別號其遺稿四卷藏於李思源氏散佚逾半道光乙丑夏退菴向李氏借鈔仍其名曰天橋初稿其詩雄深老辣迥異時流夏序亟稱之卷首冠以圜椒燈周公子傳暨李思源周天橋先生傳讀之可以想見先生之為人

林氏

林東城文集二卷二册 明泰州林春(子仁)著 民國九年鉛印本 海陵叢刻第五種 韓紫石贈

明林春字子仁號東城嘉靖十一年會元官至文選郎中是集為海陵刻第五種據韓跋是書浙刻板本久佚此乃同邑汪希古從如皐沙氏志頤堂借得輾轉鈔錄而收入叢刻者韓跋又稱先生清修純行篤志聖賢其為學直湊單微脚踏實地不必以文論而文乃日光玉潔布帛菽粟兼而有之其知先生者乎

宮氏

微尚錄存六卷一册 清泰州宮偉鏐(紫陽)著 子夢仁(定山)重訂 民國十年鉛印本 海陵叢刻第十一種

宮偉鏐字紫陽明崇禎十六年進士官翰林院檢討是集原為州志槀春雨草堂集中彙載之都凡六卷韓紫石氏謂其於鄉土形勝風俗水利錢糧秋官人物極為注念舉平日胸臆之所欲發者悉取而論次之而一本於忠厚之意是誠鄉土志中難得之書也

庭闈州世說七卷 附先進風格一卷二册 清泰州宮偉鏐(紫陽)述 子夢仁(定山)重訂

海陵叢刻第十種是集即春雨草堂別集前六卷為庭闈州世說第七卷為續庭闈州世說第八卷為先進風格全書大都述地方之掌故先輩之遺型使讀者知所勸懲蓋亦當世得失之林也

讀書紀數畧五十四卷十册 清泰州宮夢仁(定山)著 康熙四十七年本刻本

清宮夢仁字宗袞號定山偉鏐子康熙庚戌會元官至福建巡撫是書為定山中丞歸田後之作康熙丁亥車駕南巡繕寫進呈奉命刊刻內分天地人物四部天部四類地部十類人部二十九類物部十一類每類為一卷都五十四卷取經史子集中事故典實之有數字者分別紀入而稗官野乘言瑣說中之雅馴者亦及之凡例第一條謂取聖人創制前民名以命之數以紀之之義故以紀數名篇綱舉目張搜羅極富

又一部十二本

文苑英華選六十卷十四本 清泰州宮夢仁(定山)編 康熙四十一年木刻本

文苑英華在太平興國間學士李昉扈蒙等奉詔分編洋洋乎大觀也定山中丞以原書卷帙漫漶頗少持擇重加洮汰得六十卷不及原纂之什一視梁谿周本則加詳焉去取間嚴而不濫其亦姚鉉文萃之意乎

九雲書院集二冊 清泰州宮昌仁(武承)著 又一部二十五本內鈔本一 本館傳鈔本

宮昌仁又名昌宗字武承號毅菴偉鏐次子順治辛酉拔貢官宏文院中書舍人是書計二冊上冊分元亨利貞四集元集論著類十四首亨集序傳類亦十四首利集雜說類四十首貞集表啟類九首利貞兩集末均有跋下冊則連珠二十二首為一類五古七古五律七律五絕七絕各為一類而以詩餘終之卷端朱近修序缺首數行中閒於其詩之豪藹處文之翻案處與夫詮理析情之處推崇備至張弘孫序則謂讀其序論書劄崇尚六經以為指歸而文辭軌式於秦漢其駕軼客難非有遠矣騷賦詩歌以三百篇為法足令韓嬰捲舌匡鼎解頤大抵不離天問漁父諸篇近是雜著迂言蕩岩詭奇遠過鵰冏直逼柱下逍遥秋水等篇堪頡頏焉其文之價格即此可知矣

中翰公未刻稿一卷 清泰州宮昌宗(武承)著 子懋勇編 本館傳鈔本

按是本為中翰公未刻稿之第一卷原目名狂談全稿總目外有璨談枝談恆談有古詩五律七律五絕七絕詩餘填詞箴銘對聯等目此本僅鈔得狂談一卷計三十餘首篇讀其文覺抑塞磊落之氣溢於詞表秦序謂其人酒酣興發議論風生文殆如其人歟惜鈔本多別字安得原稿而一正之

甲己游草六卷四冊 清泰州宮鴻曆(槱麓)著 康熙三十八年刻 本館傳鈔本

宮鴻曆字槱麓一字友鹿號恕堂偉鏐子康熙四十五年進士官翰林院編修是書合友鹿燕台集三卷楚閩紀游藁三卷詩而刻之詩成於甲戌己卯閒皆歷遊於外所作故名甲己游草泰縣沈愚卿藏有刊本本館於乙丑夏借鈔凡六卷分訂四冊

墨華詞二卷一冊 清泰州宮鴻曆(槱麓)著 本館傳鈔本

是編為先生之兄定山弟象遠等所同選全書二卷多游覽酬應之作定山序謂不以淫哇為詩餘而以風騷為詩餘所謂治世之音安以樂不必詞人之賦麗以淫者殆為是編定論也泰志列先生於文苑而於所著書未言及甲己游草及墨華詞其採訪闕畧之故乎

挂笏樓詩二冊 清泰州宮懋言(書升)著 康熙乙未臨汾官署印 本館丙寅傳鈔本

清宮懋言字書升號澹菴康熙四十二年進士官至江西吉安府通判署泰州府先生官臨汾時簿書餘暇坐手一編興發即拈題發韻古體絕句五七言詩各擅勝場不落時人窠臼即閒有牢騷磊落之辭仍不失風雅之旨積久成帙天都吳啟元(青霞)序而行之本館傳鈔之本乃丙寅春從王樂臣家借得者其和朱星若西崑體詩字句缺而不全蓋原本已付闕如也

半紅樓詩鈔一冊 清泰州宮國苞(霜橋)著 乾隆乙酉刻 春雨草堂藏板 本館傳鈔本

是集本館於民國乙丑春借錄程畯僧鈔本程鈔本後有手識數語謂是冊由陳進齋家借錄進齋高祖柳堂先生叔曾祖檗生先生皆海陵詩人故獲藏斯集癸亥嘉平月甫錄畢亦奉還云云則是本雖曾刻於乾隆間而年湮日久草堂之板殆已不可復得矣

霄崢集八卷六冊 清泰州宮國苞(霜橋)著 乾隆戊子秋鐫 春雨草堂藏板 竹紙本

是集篇首有霜橋自序謂本元次山篋中集之遺意選擇同時人詩為一集而以李菴所冠之詩中章緊密處皆有旁批餘皆批於篇末序又引昌文無難易其是及眉山短長肥瘠各有玉環飛環飛燕敢之語為要義則其之當也可知矣

胡氏

勾股邊角圖說一卷 泰州胡炳文著 光緒丁酉木刻本

胡氏以項梅侶勾股六術中邊角相求中之三十二題有術無解閱者茫然乃於泰郵館次將三十二題逐一補以圖說蓋為課徒之本也

俞氏

樵月山房詩集三卷二册 清泰州俞國鑑(玉衡)著 本館傳鈔本

俞國鑑字玉衡號澄夫嘉慶庚申舉人官通州學正先生自訂所著古今體詩四百餘首分上下二卷謄鈔待梓其子椒園請趙漁叟重加校選僅存其半本館所鈔乃先生之自訂本非漁叟之選本也惟經漁叟選定者於題下注趙選字樣以別之樵月山房泰州道光志作蕉月山房恐有誤

俞汝良詩一册 清泰州俞霖澍(汝良)著 民國十三年本館傳鈔本

是集為程少初捐鈔本未言從何處借得集中古今體詩畧備而以哀輓之作為多

郎氏

洗寃錄外篇二卷一册 清泰州郎錦騏(靜谷)長白德豫(立齋)著 泰州程祥棟合刻

郎錦騏檢驗合參剖晰疑似與德豫洗寃錄解互相發明泰州程祥棟任樂山令合二書刻之一以詳驗傷之部位而表裏分明一以辨檢骨之微芒而異同自見為折獄者解除疑難不少

唐氏

繪事微言四卷二册 明泰州唐志契(敷五)著 海陵叢刻第十四種 民國 年印本

四庫全書總目提要稱繪事微言四卷論著多中肯綮讀其書知非庸史佩文書畫譜採志契之說頗多惟四庫提要謂志契為江都人與佩文書畫譜稱其兄志尹(相五)為江都人殆同一論誤退庵筆記謂其書卷首有陳眉公鄭超宗沈淵淵三序及自序序後列校正姓氏數十人是本止有鄭序餘悉闕如蓋退菴所見為明刊本今不可復得也

紀氏

紀刻溫病條辨六卷六册刊 清淮陰吳瑭著 同治癸亥木刻本 泰州紀恆慶(雲鄉)重

吳氏溫病條辨與仲景傷寒論並峙為醫家兩大法門其書風行海內洪楊亂後坊板不存海陵紀恆慶從顧鐵菴假得善本密校重刊卷首冠泰人程宇光錢桂森序書中粘箋若干條率皆湯頭歌訣間亦論及病症未識為誰手筆卷末黏優等醫學畢業周肇鼎名條其即此君所箋歟

徐氏

詩經集解辨正二十卷四册 泰州徐天璋(睿川)著 民國十二年鉛印本 徐曦伯贈

是編首引小序次引集傳終彙引諸家解說有引無駁最後乃自為辨正而其所辨正者先取證於經傳史籍次之子集又次之體例極其簡善

睿川易義合編八册 泰州徐天璋(睿川)著 韓紫石刻 韓紫石贈 民國辛亥鉛印本

是書正編十種曰卦旨曰提要曰訓詁曰象數曰變通曰義理曰音句曰考證曰品物曰占應副編六種曰筮說曰集解曰默參曰德位曰比例曰對待其續編二種闡發易辭則有緒言演明象畫則有圖說自序謂稿十二削彙為一編然後知易無虛象其事皆信而有徵則先生之精研易義其功深矣

古本大學說義一卷 泰州徐天璋(睿川)著 韓紫石刻 韓紫石贈 民國庚戌鉛印本

是書依據古本謂大學即國學士由小學選升大學行將出膺民社故以明德親民止善為綱以誠正修齊治平為目格物即司徒鄉三物之教油然而入人心理財正民亦掌司徒故終於理財侃侃而談頗能自圓其說

中康庸箋正一卷一册 徐天璋撰 己未鉛印本 徐天璋贈

是書闡發中庸之義謂即皋謨五禮有庸之旨而能致禮之極者道在貫以至誠於中庸之德更推發盡致箋後間附按語中其意義卷末終以中庸序辨謂中庸傳自子夏之門亦能自圓其說

論語實測四卷四册 泰州徐天璋(睿川)著 韓紫石贈 民國甲子鉛印本

是書大旨謂論語乃門弟子記孔子言行之書考其年月悉在司寇去官之日自衛反魯之時或因政治感言或為君相託諷質之史記世家年表年譜弟子列傳春秋三傳等書可以考見茲名論語實測者實謂以經為史子集顯有明徵測謂比例參觀若合符節也實以為註測以為案自序中言之極詳

闕里講經編一卷 泰州徐天璋(睿川)著 雲麓山館藏板 民國八年木刻本 程伯繩贈

是編為先生闕里講經之稿每經各說數事刊落羣言獨抒心得編中防墓閟宮春王正月諸義發前人所未發讀者猶心折焉

徐氏雙孝錄一冊 陸篁筠等撰 徐天璋贈 竹紙本十四頁 徐天璋刻

是書紀錄吾邑孝子徐昌齡及孝婦徐宮氏為事為傳二徐孝子傳徐孝婦傳皆通州陸韻篁筠撰徐孝子記邑人李書城撰孝子孝婦合葬墓表邑人高爾庚撰旌孝公宗訓子天璋集述徐孝婦女訓凡十六則儀徵吳淑貞合傳記等為一冊顏曰徐氏雙孝錄蓋其子天璋闡揚先德之意也

高氏

泰州志三十六卷十冊 清吳縣曹懋堅(艮甫)等纂修 泰州高鑾(　)等襄輯

泰志原委莫詳於退菴筆記是書仍道光間纂凡三十六卷卷首列序及職名凡例目錄與圖各項分訂十冊志甫成而獄遽興控訴頻仍糾紛無已結果志書與刊謬並行於世退菴所謂加滕壁淵董纂者誠無逃於訾議吹毛索瘢訐訟者豈盡出自公平識定論也志板舊有闕佚光緒戊申州牧胡維藩朱枚補刊本館所藏之志於民國十六年春為聯軍周蔭人索去十七年縣教育局局長王萬鍾(粟雲)復印此書贈本館二部志板仍存本館

續纂泰州志稿七冊 泰州高爾庚(星伯)等編 宣統三年油印本

是稿與圖一冊為另印木刻本甚詳明其他六冊為油印本字多糢糊難於閱讀間有等於沒字碑者良可惜也

夏氏

退菴筆記十六卷附宋石齋筆談一種六客之廬筆談一種計六冊 清泰州夏荃(退菴)纂 民國八年鉛印本 韓紫石刻海陵叢刊第一種 韓紫石贈

是書初僅傳鈔韓紫石輯鄉先輩之著作為海陵叢刻首以是書付梓為卷十二後李勗初覓得第十三至第十六四卷稿本以貽韓乃續刻而成全集並以先生所著宋石齋筆談六客之盧筆談兩殘本附之其所記皆桑梓舊聞衣冠盛事與夫鄉閭鎖談之足資考證者辨非求是援古証今頗足為考求文獻之助焉

梓里舊聞八卷二冊 清泰州夏荃(退菴)輯 民國十一年鉛印本 韓紫石刻海陵叢刻第二種 韓紫石贈

是書為筆記體乃摘取羣書中與吾邑有關係之文字次第錄入以為考證之資博引旁徵搜羅甚富不可謂非有功文獻之作也

退菴錢譜八卷三冊 清泰州夏荃(退菴)著 民國八年鉛印本 韓紫石刻海陵叢刻第三種 韓紫石贈

先生一癖於錢藏有古錢千餘品條分縷剖辨其真偽核其異同而一一錄之成錢譜八卷韓紫石氏謂其能訂董廣川洪景伯諸家之誤洵非虛語譜首有歷代錢譜考歷代年號重襲考尤為汲古者所當究心也

海陵文徵二十卷十冊 清泰州夏荃(退菴)輯 道光癸卯木刻本

是書萃鄉先輩之著作有關人心風俗者都為一集自唐張懷瓘迄清湯治昭共七十二人凡為文四百六十篇其非邑人而文則於邑之山川古蹟鹽漕水利人物有關或其人雖僑寓數世可稱土著而籍貫仍隸他邑者別為附錄其蒐采至勤而抉擇至精鄉邦文獻賴以不墜歟功偉矣

海陵文徵附錄十二卷六冊 清泰州夏荃(退菴)纂 民國八年木刻本

是集取非泰人而其文有關於泰者錄之以附海陵文徵之後或雖僑寓數世而籍貫仍隸他邑者亦附入焉文徵正集刻於道光二十三年是集乃民國八年韓紫石氏所刊刻邑人高炳華(子愚)徐炳華(菊人)校之都凡十二卷

宋姜諤墓誌題詠一卷 清泰州夏荃退菴編 民國十二年本館傳鈔本

是編悉題咏宋姜諤墓誌之作按誌諤沒於宋嘉祐三年又五年而葬墓在招賢鄉誌銘凡四百四十五言道光辛卯鄉民鋤地得之距初葬已七百六十有九年石完好無漫漶退菴從鄉民購取拓其文且為之徵咏得湯治昭陳晉元數十家之詩而成是編卷首以退菴所作獲記為之冠焉石今存古物保存所

寄園詩存二卷一冊 清泰州夏震(春舟)著 辟蠡山房藏板 道光己丑木刻本

先生為芸香詩社之祖其所著詩至多是集乃先生季子退菴裒集而刻之者冲和純粹無噍殺靡曼之音姜鳳喈推為孝子正士學人之詩良有以也

又一部全

香草軒詩存二卷一冊 清泰州夏蘭(紅舫)著

是集分上下二卷中有西河草堂分詠羣玉山館分詠香草軒分詠芸香社分詠養和軒分詠諸作與當代詩人迭為倡和其亦騷壇之健將歟

後緹縈南曲一卷 清歙縣汪宗沂(仲伊)著 泰州夏嘉穀(少舫)評點 光緒乙酉夏氏刊校

泰州蔡孝女蕙以父孕琦蒙冤入獄康熙二十八年血疏陳情清帝憐其孝詔江督覆審冤乃白是書取其事譜入聲歌名曰後緹縈分十齣曰承徽曰閭逮曰籲天曰拒媒曰阻訴曰草狀曰輕舟曰上書曰出罪曰家慶闡隱揚徽用意忠厚泰州夏嘉穀為之評點並付諸梓

蔡氏旌孝錄一冊 清泰州夏嘉穀(少舫)輯 夏氏刻

孝女蔡蕙為父鳴冤事得昭雪身後奉旨建坊專祠享祀州府志均載其事而一時文士傳其事者尤眾少舫廣為搜羅合為一集名曰蔡氏旌孝錄蓋紀實之書也

馬氏

東皋詩集五卷一冊 元泰州馬玉麟(伯祥)著 民國十四年仿宋鉛印本 韓紫石印 海陵叢刻第十七種 韓紫石贈

先生直言善政詳於王遜東皋先生傳而元明兩史不載其著述亦不多見是集選錄諸作婉麗暢達組織工巧有關於名教有切於諷諫為鄱陽周伯琦所並賞而感物傷時莫展所蘊其憤鬱不平之氣亦偶形諸歌詠雖顧秀野元詩選錢蒙叟列朝詩集均未採及而歷久猶存不終沈蘊謂始非先生之幸韓紫石氏謂此集之出信為發幽光闡遺烈不區區為一詩人爭傳與不傳也洵然

凌氏

省債一冊 泰縣凌文淵編 民國十七年鉛印本 北平銀行月刊社出版 平裝一冊 凌植之贈

是編首列自序畧謂當著改造財政建論屬稿之際嘗苦省債之無考因竭數載之力廣事搜集亦僅得十六省區今見全國經濟會議整理公債案並此區區者而不能道其梗概是省債之難審不獨余昔然也惟其難審而天下之欲審之者益多故以其所搜集為著述之資者公之於世是可知先生著書之苦心矣全書列內外債為三類(一)正式發行內債(二)各種債款墊款(三)外債其中各省債久積本息總數簡表凡十五種附分表四百三十八種又附奉天省債表三種若網之在綱有條而不紊

我的美感一冊 泰縣凌文淵著 民國十五年初版 北平宣內 沒水河簡廬發行 平裝一冊 凌植之贈

是書為游記體植之先生從北京南旋遍遊江淅諸省於登臨憑眺暨旅行中接事應物之時發揮宏論開自來游記未有之體裁吳縣李敏齋序謂植之於歷史風俗政治經濟教育社會之狀態研究有得故能如此發揮且極稱具美感完全產於美化的人生觀與普通游記不同具價值可知矣紀游而外並附錄參觀所得及講演稿詩稿等甚多

康氏

三國志補義十三卷四冊 清泰州康發祥(瑞伯)著 咸豐十年木刻本

是書以不滿於陳志之帝魏主蜀而作故於陳志多所非議其脫簡或譌竄均為指出地名之標示則從顏師古注漢書之例論說之添益則從孫盛于寶等稱引之例始臣蜀而繼入魏晉者引華陽國志諸書為之纂入則從楊戲著季漢輔臣之例所議多獨到之見而裴注之徵引有滲漏處亦為增補論說有偏僻處亦為糾正都凡十三卷曰蜀書二卷曰補遺一卷曰附錄一卷曰魏書五卷曰補遺一卷曰吳書三卷其總目如此

又一部同

康伯山詩文集十九卷六冊 清泰州康發祥(瑞伯)著

是書分六集自癸丑迄己未所作名癸巳集七卷從編年例也自庚申春迄冬名由庚集一卷取蕩蕩夷庚物則由之之義也惟卷尾有辛酉詩一卷未知緣何錄入此外愛日集一卷望雲集七卷皆由壯而老之作以其時椿萱見背名以愛日望雲猶然孺慕之思也小海山房詩集一卷則成童歲仿前人咏史排律而作有姜德新常增兩序伯山文集一卷卷首冠以吳棠序其第一頁標目題伯山文鈔卷上而實無下卷卷上字樣其鈔寫之訛歟至刊刻年月癸巳集為咸豐庚申孟秋刊由庚集則刊於庚申之冬愛日望雲兩集均辛酉冬刊刻小海山房詩再刻於同治辛酉其初刻年月不詳惟據自序云姜君出貲鋟板度匱中垂五十年而姜序作於嘉慶乙亥則初刻當即在其時也文集乃同治壬戌刊行殆為最後之本

伯山詩鈔五冊 清泰州康發祥(瑞伯)著

此即前集中之詩集因無文集故止稱伯山詩鈔

伯山詩話十二卷六冊 清泰州康發祥(瑞伯)著

本館所藏伯山詩話後集四卷續集二卷再續三續四續均各二卷都凡十二卷惟既名後集續集則其前必有初集且後集及各續集標目下均注今後字樣則初集當為話古故其後集自序有「余話古人之詩業已成集」云云後集續集均道光已酉刻咸豐元年(辛亥)成再續集十年成三續集其四續則成於同治三年初集之編據續集序所云始成於道光丁未先後數十年而始終不懈可見先生之勤於詩矣又一部止後集四卷續集再續集各二集餘缺計四冊後二冊尚未訂

常氏

克峻堂彙稿三卷一冊 清泰州常光宗(厚直)常廷諤(謇齋)常增(繼香)著 夏震(春舟)編 舊抄本

是書彙常氏三世詩稿而合編之凡三卷曰甕牖吟常厚直著曰半翁詩鈔謇齋著曰延令游草繼香著三世能詩一門風雅其亦不易得者乎

高菴詩話一冊 清泰州常增(繼香)著 殘刻本

是書為常高菴著僅存卷二一冊吉光片羽彌足珍惜

黃氏

奕括一冊 清泰州黃龍士(名虬)著 文瑞樓石印本

龍士名虬以字行年十一號第二手及長技益進有奕秋之士目(見退菴筆記)是冊擬出子譜三十局後附擬譜十局乃龍士授崇川吳時亮而付梓者取商書往省括於度之義名曰奕括如皋黃若沅重刻序謂施范兩家所著譜皆導源於龍士退菴筆記稱具引繩切墨寓巧於法皆深知龍士者也

又一冊同

黃龍士棋譜一冊 清泰州黃龍士(名虬)著 無錫鄧元鑣編 文瑞樓板 光緒丁亥鴻章書局石印本

是譜錄龍士與諸名手對棋六十一局無錫鄧元鑣以舊本模糊精校重刊鄧氏稱龍士用思縝密深入奧窔別具聰明神乎其技推崇之意至矣後附補遺十一局為鄧氏所續刻

黃校

龍川詩鈔一卷 清儀徵李光炘(晴峯)著 泰州黃葆年校 民國十五年本館傳鈔本

晴峯先生為石埭周星垣高弟傳心學多所發明鑒於黃崖之禍深自韜晦沈文肅督兩江嘗欲授名捕之乃自燬其書故所著傳本極少此詩鈔由徐劍心錄自汪竹溪氏鉛印行世本館于丁卯從光緒丁未南通草堂鉛印本傳錄亦一鉛秘笈也

張氏

書斷三卷二冊 唐海陵張懷瓘(　)著 舊鈔本

是書分上中下三卷上卷分書為十體敘其源流之異著十贊一論書中卷分書為神妙能三品校其優劣敘之差附著一評下卷列古書家小傳自倉頡史籀迄唐盧藏用以時代先後為次卷首書斷序係瓘自撰寫本甚工頗足珍惜

書議一卷書估一卷玉堂禁經一卷合一冊 唐海陵張懷瓘(　)著 舊鈔本

書議一卷成於乾元二年敘錄崔瑗張芝等十九人之書法悉心評議內容以真行章草為斷其古文篆籀時罕行用者則闕而不書書估一卷為書家估價以王羲之為標準有三估五等之分篆籀為上估鍾張為中估羲獻為下估一等九人二等六人三等四十三人四等二十九人五等九人凡九十六人云玉堂禁經一卷敘言而外首論用筆法次烈火散水諸勢次結裏法大旨謂用筆之要在蹲馭起伏識勢之要在權變改置裏東之要歸於互出末附用法十法亦習書者所應曉也

依歸草初校底本十二卷六冊 清泰州張符驤(良御)著 高炳華 沈(子愚)校 民國十年木刻本

愚卿贈韓紫石氏將列依歸草於海陵叢刻假沈愚卿藏本延高子愚審校此乃初校底本校正極詳贈存本館

依歸草十二卷六冊 清泰州張符驤(良御)著 民國十年木刻本 韓紫石刻 海陵叢刻第八種 韓紫石贈

清張符驤字良御號海房任海安鎮康熙六十年進士官翰林院庶吉士先生依歸草初刻十卷續刻二卷其文一以明人歸熙甫為宗故名依歸草于沈重校而三刻之傳本多殘闕沈愚卿藏本甚

完好韓紫石氏假得之以他本審其篇次益以集里堂序及太史世系捐資重刊列入海陵叢刻其書初校雖詳而梓人麤疏魯魚亥豕仍所不免讀者不能無惜焉

張評天傭子集十卷十冊　明東鄉艾南英（千子）著　泰州張符驤（良御）評點　道光丙申木刻本

天傭子集凡四刻泰州張良御刻之於康熙三十四年較前為備且加評點此本雖與張刻少有出入而其增用評點則以張刻為主萬歷末文藝腐爛南英深疾之毅然以正文體自任讀集中文定待諸序可以窺見其旨良御心折南英故評點處獨能抉擇其精義不惟推崇備至已也

雙虹堂詩合選四冊　清泰州張幼學（詞臣）著　民國十四年鉛印本　韓紫石刻　海陵叢刻第十九種　韓紫石贈

詞臣詩集八卷凡七刻此乃最後彙刊本集名取李青蓮雙橋落彩虹句意韓紫石氏從陸子才假得鈔本以付匠氏列海陵叢刻第十九種

陳氏

春秋世族譜一冊　清泰州陳厚耀（泗源）著　寶應湯氏刻　清乾隆四十三年木刻本

清陳厚耀字泗源號曙峯康熙四十五年進士通律法官左諭德兼翰林院修撰

是書卷首冠吳並山序序成於乾隆戊戌據退菴筆記氏族譜凡三刻其二刻為乾隆戊戌寶應湯荊垣重刊則此書為湯氏重刊本無疑卷末王雪樵跋已佚本館為之補鈔以成完書

春秋世族譜鈔本一冊　清泰州陳厚耀（泗源）著　舊鈔本

世族譜一書曾採入四庫是冊為舊鈔本卷首有太史自記記稱譜成於康熙丁酉（四十四年）凡七易稿而後定書面有雍正三年新鐫字樣及家乘第二十九進士印一是則太史之譜雖成於康熙丁酉而實初刻於雍正間卷末有雍正乙巳夏午王雪樵跋可證退菴筆記以二刻佚太史原記為不合而於刪去原刻之吳公子系未詳者及吳雜姓氏名考二條越大夫一條及小國諸侯名號小國諸臣各氏二條尤致不滿且謂余未遍檢全譜恐各國世次似此刪節尚多今此舊鈔本每世次圖後或附世系未詳者或附雜姓名氏號凡二十餘條皆重刊本所未有（邵武徐氏）徐氏叢書本亦不詳退菴疑其刪節尚多誠有所見也在退菴時原刻已罕購故退菴以不獲睹原刻為憾今距退菴近百年矣此舊鈔本猶幸存在則是冊之寶貴為何如也惜間有蠹蝕當亟裝補完好以傳永久焉

春秋長歷集証十卷四冊　清泰州陳厚耀（泗源）著　民國十二年鉛印本　韓紫石刻　海陵叢刻第十二種　韓紫石贈

曙峯大史之著述采入四庫者凡三種春秋世族譜春秋戰國異詞及本書是也本書為甘泉羅茗香（士琳）徵君手斟本采進四庫後傳刻極少光緒間王益吾督學江蘇刊入皇經清經解續編始復大著近韓紫石氏覓得徵君本付印列入海陵叢刻韓跋謂杜征南有長曆一卷其書存永樂大典（太）史未見杜氏書先生通經邃曆毅然補杜氏之闕而於杜較密其先生之知已也夫

綱鑑明紀會通十五卷八冊　清泰州陳志襄（陶思）著　康熙五十八年木刻本

是書始元順帝十二年壬辰訖明崇禎十七年甲申凡十五卷卷末附以明季諸王蓋亦斷代為明史也按陳氏家乘先生為順治閒諸生而書之封面題為海陵陳陶思太史輯其未知先生之事畧耶先生另有綱鑑會通九十八卷自三皇五帝迄元順帝止開雕於康熙五十八年凡例十二此明季會通纂輯凡例及開雕年月均與之同

敬止集三卷二冊　清泰州陳應芳（蘭臺）著　民國十一年鉛印本　韓紫石刻　海陵叢刻第九種　韓紫石贈

是書取敬共桑梓之義名敬止集三卷第二第三兩卷奏疏序傳書牘之類當成於先而第一卷之圖論乃成於後者故具自引圖七論十三（現止存一圖）續前敬止集云書中於泰邑水災之獨深賦稅之獨鉅與夫蠲振之獨苛言之痛切第一卷後附論泰州利病尤詳豐城徐獻和序稱之曰識仁有以夫

憶園詩鈔六卷二冊　清泰州陳燮（理堂）著　聽雨樓藏板　嘉慶戊午木刻本

是書卷首冠序三曰吳會英才集原序曰雪苑消寒集原序均畢沅撰曰吳會英才集小序無撰者姓氏據此則本編蓋合英才消寒兩集而成者也全書凡六卷板藏聽雨樓又一部自前通俗教育館併入版本卷冊數悉同惟卷末附連史紙印短跋一則跋云先曾祖憶園詩鈔諸大吟壇咸欣賞焉者久之後先君子館於東邑板存旅次散佚若干時以補刊為

念未終其事今亟付梓亦聊以繼先志云爾光緒丁丑仲冬曾孫玉田謹識則是集固曾於光緒丁丑重印矣

陳理堂詞鈔二卷一册 清泰州陳燮（理堂）著 舊鈔本

是編分上下二卷上卷詞四十二首下卷詞三十二首並附王秋塍錢申甫劉錦莊諸和作楷書工整絹面裝亦精緻

雙江倡和集二卷一册 清興化黄驊（嶽嶺）著泰州陳燮（理堂）著 本館傳鈔本

是集載嶽嶺理堂兩詩人倡和之作時兩君同客於贛贛水雙流故以雙江名集集分二卷鈔訂一册前有潘序後附王跋按憶園詩鈔卷首有北平翁方綱誦雙江倡和集題詞而是集未載其傳鈔遺佚之故歟

清味齋存稿二卷二册 清泰州陳晉元（少方）著 道光二十八年木刻本

是集分上下兩卷先生死後其子步蕃為之付梓者有吳榕材繆承鈞王廣業諸序及程祥芝跋吳序深嘆其才之雋遇之艱而益惜其年之老蓋亦窮老工詩者也

清味齋六十生日倡和詩鈔一册 清泰州陳晉元（少方）編 道光丙申木刻本

先生年六十以生朝自述詩徵和得詩數十家編為是集而夫人沈佩華之作亦列焉讀㐬甲平頭總辛全之句令人健羨不置又一部板本同惟分訂上下兩册耳

觀心室詩存二册 清泰州陳金詔（古愚）著 咸豐八年木刻本

是詩以讀書之室名其集不分卷數集首冠以古愚自記謂所著詩四五百首近香奩者汰之涉時事者汰之近諛墓者汰之所存約三百篇率皆閨門索句風雨懷人之作於此可識其選擇之精矣

執硯山館詩集五卷五册 清泰州陳芾（蘭槎）著 光緒丙申木刻本

是書為先生自刻本先生苦乏嗣恐其身後爭繼者多而親手著作或且湮沒故自編是集以付梓首自編年譜一卷附世系表次分年編次詩四卷古近體詩樂府計九百六十六首先生世以詩名其以執硯署集者蓋取范思喬思祖之意也

西湖竹枝詞一卷 清泰州陳鑑（倥侗）著 丁氏正修堂刻 光緒戊子木刻本

先生於庚寅偕任鉚雲徐石亭泛舟湖上深悉其地之風土人情與夫遺聞古籍為詩百首以絕其遊興無纖詞綺語靡雜其閒故序以江東鐵板自況云

晚晴軒詩存五卷二册 清泰州陳文田（硯薌）著 北京琉璃廠梓文齋板 咸豐辛酉木刻本

是集為詩五卷題下注作詩年次有小序冠卷首蓋初刻本也內缺首三頁殘一頁由本館鈔補完好

晚晴軒詩文存七卷二册 清泰州陳文田（硯薌）著 北京琉璃廠龍文齋板 光緒辛巳木刻本

晚晴軒詩存五卷初刻於咸豐辛酉越二十年光緒辛巳以所作儷體文存二卷綴後自為小序冠諸首復以付梓

易通例一册 泰州陳啟彤（管侯）著 陳氏寓齋叢書之二 民國十四年木刻初印本

是書為陳氏寓齋叢書之二為篇凡六說道篇第一說象數篇第二說引申篇第三說卦篇第四說彖象篇第五說爻篇第六末附彖言作於周公說其書從例為六而更立三特例曰質曰德曰用至其樞紐則在引申故顏曰易通例

易通釋二卷二册 泰州陳啟彤（管侯）著 民國十四年木刻初印本 陳氏寓齋叢書之三

先生作易通例一卷既成書矣執例濱經又述二册曰易通釋凡二卷是為陳氏寓齋叢書之三

六書微一卷 泰州陳啟彤（管侯）著 民國十四年北京中國大學鉛印本 中國大學國學叢書第一種

是書首敘言次六書次第又次六書界說於六書之微旨能融會貫通而於轉注假借二者研究尤精卷末附與馬敘倫論六書次第書一則

陸氏

陸菀泉醫書十四種六册 清泰州陸儋辰（菀泉）著 民國十二年鉛印本 韓紫石刻 海陵叢刻第十五種 韓紫石贈

先生精醫學為證治賦十二種使讀者易於記誦曰傷寒曰中風曰暑濕曰瘟疫（分上下篇）曰燥火曰風濕曰溫熱曰秋時

晚發曰腫脹曰欬嗽曰痰飲曰虛勞而中風門下分厥痺歷節等九篇為篇共二十有一傷寒門尤為精心結撰合痧辯及醫方歌括二種乃成是編分為六卷民國十二年韓紫石氏序而行之列海陵叢刻第十五種

運氣辯二冊 清泰州陸儋長（莞泉）著 民國十二年鉛印本 韓紫石刻 海陵叢刻第七種 韓紫石贈

是書本諸內經闡明運氣之理不為舊說所囿列表繪圖別開生面自謂從心經光一綫中出知與穿鑿經文者異矣其稿凡三易而定付錢佩玉期以代梓而輾轉數手幾致湮沒卒得韓紫石氏為之收入海陵叢刻其不負先生之心力斆

形山北遊記二卷一冊 泰州陸仁淵（心顏）著 民國乙丑木刻本

形山陸氏嘗北遊燕晉諸省每至一地觀其風俗詢其禮節考其古今之事實筆之於書遂成是記分訂上下卷而終之以附錄焉

程氏

東湖草堂賦鈔十四卷十冊 清泰州程祥棟（曉崧）編 抱朴山房刻 同治丁卯木刻本

先生官繁縣捐俸增設書院月課古學因為指示程式選古今賦三百五十餘首權分四集初集二卷二集三集四集各四卷凡十四卷自序謂初集起宋玉暨漢魏六朝唐宋元明而唐賦居其半二集清輕麗則步武唐賢三集巨製鴻篇較唐賦而擴充之四集散體單行附擬古諸作之後且由三唐而上追六代總列名家賦論俾知源流正變折衷於唐律近是名曰草東湖草堂賦鈔者東湖為唐李衛公別墅先生曾修復之構草堂數極與諸生論文其中故以之名其集云

程刻 朱子小學四卷二冊 宋朱熹著 清高愈纂註 清泰州程祥棟（曉崧）刻 同治五年木刻本 板存新繁文昌宮 程峻僧贈

是書據四庫總目引晦菴集及王懋竑朱子年譜考異作證書成於淳熙十四年實朱子託劉子澄編類且不止子澄一人而於其疎畧及字句誤處亦可見古人著書得其大者小處不局尋究不足為咎中分上下二卷上卷內篇其目四曰立教曰明倫曰敬身皆述虞夏商周聖賢之言乃小學之綱也曰稽古摘虞夏商周聖賢之行所以實立教明倫敬身也下卷外篇其目二曰嘉言述漢以來賢人之言曰善行述漢以來賢人之行亦所以實立教明倫敬身也清高愈纂註因天臺陳選舊註畧刪訂之泰州程祥棟寀新繁為之重刊頒發城鄉書塾俾弟子朝夕研誦亦正俗化民之美意也

夕陽書屋詩初編四卷三冊 清泰州程盛修（風沂）著 乾隆癸巳木刻本 沈愚卿贈

是編悉程侍御古稀之作全書四卷冠以詠史樂府十二章曰斷罟匡曰市價對曰辟戟諍曰乘船戒曰撤屏悟曰侍宴規曰從獵諷曰佳鷹表曰宮體箴曰用筆喻曰觀燈諫曰三司告曰指事寓規詞意婉摯深得獻納之意退菴收入海陵文徵同邑沈愚卿藏此書捐贈本館缺第三四卷由本館鈔補

程纂 蓮修起信錄六卷二冊 清程兆鸞（厭塵）纂 光緒丙申木刻本

兆鸞因乩語勸之誦佛頭然有悟自是月必請乩兩次凡語涉佛教者先後錄存成蓮修起信錄六卷卷一寶訓上卷二寶訓下卷三籤方卷四在生徵信錄上卷五往生徵信錄下卷六厭塵雜著卷首則冠以諸敘云

費氏

巽齋所藏錢錄十二卷四冊 清泰州費錫申（巽齋）編 光緒十六年木刻本

是書所錄古錢千一百餘品自三代迄明末凡正統偏安竊據外藩壓勝打馬諸品一一具備大小方圓別其形正行草篆異其文銅鐵鉛蠟殊其質讀者得此於累朝制作之原文字之變可以窺見其大概也書凡十二卷蠹蝕損壞亟宜修補

鄒氏

聲玉山齋詩集二冊 清泰州鄒熊（耳山）著 嘉慶十五年木刻本

耳山先生有聲玉山館詩四卷列入芸香詩鈔是集則續彙其生平所著而成者凡十卷為單行本

海陵詩彙八卷四冊 清泰州鄒熊（耳山）選 本館傳鈔本

是編凡十六卷傳本甚少本館所鈔僅第五卷至第八卷第十三卷至第十六卷而已其第一卷至第四卷及第九卷至第十二卷均付闕如編中所選甚富僅此鈔存之八卷中已一百三十

十餘家每一作者名下均有小傳詳其仕履海陵詩徵而外當推此為巨製惟壁斷珪殘不無可惜耳

團氏

窮交十傳一卷　清泰州團維墉(蕉墩)著　夏荃(退庵)編　王蘭谷陳偉民刻　民國五年木刻本　陳偉民贈

是書乃夏退菴輯海陵文徵時所鈔存其傳凡十人則一十有三首單履端傳次周公子傳次劉楓橋傳次丹陽於亦川傳次桂仙巖朱蘿田傳次杏村君傳次畫士繆青嵐方竹樓傳次張鐵橋傳次錢塘胡舍人傳終王見山荔裳傳此十三人中流寓二人杏村則作者之從叔也以有籍成之契故亦與焉原稿幾經輾轉為同邑李馨餘所得馨餘孫海秋謀於王蘭谷陳偉民刻之

又一部自前通俗教育館轉來　板本同

趙氏

晉甄室詩存五卷二冊　清泰州趙瑜(餘亭)著　同治五年木刻本

是集為先生暮年所作自癸丑迄乙丑凡十二年其時值軍興之後世運艱屯民生凋敝讀先生之詩知為傷心人語黃琴川題詞是以有來唱新豐折臂翁之句也為詩四卷末附燹餘集一卷凡五卷

葉氏

芸香詩鈔十二卷六冊　清泰州葉兆蘭(古軒)鄒熊(耳山)編　鄒耳山刻　嘉慶十四年木刻竹紙本

芸香社為泰邑城北詩壇創始於宮霜橋葉古軒鄒耳山皆社友也是編輯選同社之作分停雲先露今雨三集停雲集二卷遠客之作也先露集為社友亡後遺稿今雨集則為朝夕倡和之詩後附以古軒之西河草堂集四卷耳山之羣玉山館集二卷凡十二卷書之首尾間有殘損

又一部自前通俗教育館併入毛邊紙本甚完好

西河草堂詩賸二卷二冊　清泰州葉兆蘭(古軒)著　鄒美鏐編　道光甲申鄒氏刻

先生平日所為詩不下五七千首芸香詩鈔刻先生西河草堂詩二卷不僅先生得意之作是冊於數千首中一再選擇僅留十之二三披沙鍊金是皆傑構卷首以西河草堂河圖及先生小像冠之

潘氏

汲綆書屋詩鈔一卷附淮黃策畧　清泰州潘慶齡(餘庭)著　潘耀三編　道光十三年木刻本

是集為詩三四百首戴序謂所咏多忠孝節廉扶世翼教之作即游覽山川形諸歌詠亦足以開拓後學心胸非溢詞也末附淮黃策畧亦見經濟

又一部　板本同

汲綆圖題跋一冊　清泰州潘慶齡(餘庭)編　道光十九年木刻本

先生平日以汲古得修綆之義自勵嘗於古井旁搆屋數椽名曰汲綆書屋是圖成於未築屋之先自嘉慶己巳迄道光 酉三十年間題咏滿百晚年歸養乃選而刻之云

劉氏

覆瓿漫存六卷四冊　泰州劉法曾(心白)著　陳伯鶚刻　民國十三年鉛印本　劉心白贈

是集計散體文存一卷儷體文存一卷古體詩存一卷近體詩存一卷詞存一卷雜存一卷凡六卷取揚子雲後人用覆醬瓿之語名曰覆瓿漫存蓋謙詞也

鄧氏

官梅集一卷　清鄧漢儀(孝威)著　民國十一年本館傳鈔本

是集書目下注丁亥詩編四字知為先生編年詩之一詩成於揚州取東閣官梅句意故以官梅名集其刊本絕少此冊乃本館前主任陳管侯假諸先生之裔孫傳鈔存館者卷首有龔劉諸序其第四序為同邑方伯英作伯英名芭亦詩人也以平沙雨白鴛鴦冷句為周櫟園司農所贊賞因有方鴛鴦之稱惜年日久遠知者殊少耳

儲氏

柴墟集十六卷四冊　明泰州儲巏(靜夫)撰　民國十三年鉛印本　韓紫石刻海陵叢刻第十六種　韓紫石贈

明儲巏字靜夫別號柴墟成化癸卯甲辰鄉會試皆第一官至南京戶部左侍郎卒謚文懿

柴墟集有兩刻初刻十五卷開雕時為嘉靖乙丑其二刻乃公曾孫耀(寅賓)重刻取顧華玉靈徵記趙叔鳴靈徵詩諸作為一卷共十六卷時為萬曆甲寅說見退菴筆記是集乃以萬曆本

付印者故卷數編次悉與二刻同先生詞翰之美特其餘事然即此已足衣被天下允為吾邑人物文章之冠也

余棲書屋詞槀一卷 清泰州儲夢熊(漁溪)著 道光乙酉木刻本

是槀與吳曉嵐竹所詞槀合編一冊詳見吳儲合稿

繆氏

嗜書堂詩稿一卷 清泰州繆永垣(蔼峯)著 木刻本

是集詩七十餘首卷端冠丹陽於震長歌乃送其謁選都門者僅言其家世才華於刻詩始末不詳

顏氏

蠹餘草一卷 清泰州顏馴(仁卿)著 陳執駿編 北京印 辛酉鉛印本

是集之首冠先生自序謂其稿不盡蠹餘曷以名祝之也異日者空齋次寥殘書狼藉猶有人焉從蛛絲鼠跡中剔而出之得如今日之蠹而餘也幸矣先生無子手訂本為其婿某所藏陳執駿假鈔副本輾轉遷徙脫者幾十之三自序有名曰蠹餘雜著附焉兩語觀此本無雜著其亦已脫佚乎而此僅存之餘草辛得陳氏為之編印真先生之幸事也

韓氏

續修泰州志稿三十六卷十二冊 泰州韓國鈞(紫石)等纂 民國十五年本館鈔藏本

泰邑自道光志後年久不修宣統間雖有重纂志稿(高爾庚等)編僅付油印並未梓行視道光志增加亦甚有限是稿大體依道光志及宣統志而增補之經數年之久費數萬之金修成是稿蒐羅尚稱宏富安得鉅款而印行之

海陵叢刻十九種五十九冊 泰州韓國鈞(紫石)輯

泰人熟諳鄉故而闕懷於鄉賢遺著者厥惟夏退庵退庵而後幾無嗣響自海安韓紫石先生出始毅然有海陵叢刻之舉已出者凡十九種曰退庵筆記附宋石齋筆談六客之廬筆談曰梓里舊聞曰退庵錢譜曰海陵集曰林東城文集曰小學駢枝曰運氣辯曰依歸草曰敬止集曰庭聞州世說曰微尚錄存曰春秋長歷曰海安考古錄曰繪事微言曰陸莞泉醫書曰柴墟文集曰東皋詩集曰發幽錄曰雙虹堂詩選鄉先賢之著述賴以保存厥功曾匪尠也

實業界之九十日一冊 泰州韓國鈞(紫石)著 光緒三十二年出版 洋裝一冊

是編韓先生紫石乙巳歲東渡考察實業時所著也內容為日記體在東瀛凡九十日於躬之所周歷耳目之所聞見一一筆之以成是冊其中插圖攝景居多礦脈地質亦各有圖為其子韓寶瑄繪校對者則韓召侯崇也

閨秀

繡餘吟草一卷　清泰州閨秀曹湘浦（楚卿）著　光緒己丑刊　毛邊紙本

女士曹明經雲漢之第三女也工詩以病肺傷年二十有一其父憐之乃梓其詩顏曰繡餘吟草以行世卷首趙序大致謂其中字句不妥處恐貽笑大方然此不過閨房女子一點性靈若其加潤色反失其真不如悉照原稿庶不沒其苦心有道自能諒之然則讀是書者當喜其才出於女子更憐其有才而不壽未可為繩墨之論也

官書

泰州學堂章程一冊　無著作人姓氏　光緒二十九年木刊本

此泰州學堂故址即今岳墩前之校舍也創始於州牧侯紹瀛侯建陵人字東洲其時所辦為小學堂全縣官立學舍止此一所此泰州學堂章程實即專為此堂而訂也

續修泰州輿圖一冊　無著作人姓氏　新木刻本

按續修泰州志稿為高爾庚等編有清宣統三年油印本初未印行是圖係另刊與志藁並行為圖二十有三較道光志圖增多圖亦異常清晰

又一冊　本大小同

又二冊　本較大內容詳

泰縣公共圖書館鄉土部書目附錄

李氏

禹貢易知編十二卷 清丹徒李慎儒（鴻軒）著 光緒二十五年刊本 李氏藏板

先生以歷來講禹貢諸家精考據者不免繁冗究義理者多屬空虛初學轉滋茫昧乃於海陵寓齋輯是編以便初學故以易知名書凡十二卷每卷皆附補註

袁氏

心齋弟子師承表一册 清東臺袁承業編 宣統庚戌年印

王心齋一菴東崖三先生遺集之末原附弟子姓氏錄兩葉袁氏校印其書初擬照原錄刻附集尾後從他書采摘搜羅較原錄增廣數倍特編是表名曰心齋弟子師承表分五傳傳各有所據間有考據未確者即於傳中注一附字以別焉上自師保公卿下逮士庶樵農凡四百八十七人云

張氏

崇祀泰州名宦錄一册附保衛記 清錢塘張上龢編 光緒十二年鉛印本 程嵩齡贈

咸豐間錢塘張之杲牧泰州多善政粵寇攻陷揚州邑治危在旦夕張與闔城紳董練鄉團以資防堵固守數月積勞病故奉旨崇祀名宦祠子上龢承蔭此名宦錄即上龢所編而其孫采田重印者前列題請崇祀奏疏後附泰州保衛記記為之杲自著於防衛泰城事言之極詳程嵩齡得此錄於常熟乃贈本館以備儲藏

程氏

孝女蔡蕙彈詞一册 吳縣程瞻廬編纂 民國九年十二月再版 上海商務印書館印

自歐風東漸女子誤解文明孝經內則一例都抛世道人心今乃大異於古先生慇然憂之爰取吾泰蔡孝女上書救父事編作彈詞以為世勸於康熙之南巡官吏之橫暴孝女之誠感無不描摹入細讀之令人油然而起孝思誠有益家庭社會之作也

喬氏

蘿摩亭札記八卷四册 清塗水喬松年（鶴儕）著 同治癸酉木刻本

是書研經論史說地考古均采前人之言而間以己意斷之書凡八卷為札記體

緯攟十四卷四册 清塗水喬松年（鶴儕）著 弟廷槐（瀛槎）刻 光緒丁丑木刻本

是書以糾正孫雙甫古微書之失而作雙甫之書溷讖緯為一踳駁特甚得此書可糾其謬書凡十四卷前十二卷曰易緯曰尚書緯上曰尚書緯下曰詩緯曰春秋緯上曰春秋緯下曰禮緯曰樂緯曰孝經緯曰論語緯曰河圖緯曰雒書緯佚文墜簡罔不甄綜末二卷曰訂誤曰存考則明正孫書之失也綑愆糾謬其孫氏之諍友乎

蘿摩亭遺詩四卷四册 清塗水喬松年（鶴儕）著 上元劉傳楨編 安徽刻 光緒辛巳木刻本

喬勤恪公遺詩稿本初存其弟瀛槎處雜糅不可整理劉氏攜其稿為釐訂之得詩六百八十四首八四卷畧以年次其闕題闕字不可補者則仍其舊末附詞十首

徐剛毅公行狀傳一册 清喬松年 馬新貽 袁保恆撰

泰州徐剛毅公曉峯治軍江皖豫閩間凡二百餘戰所至有功備兵漳州時城陷被執以不屈死妻王氏女文姑殉焉喬松年為撰行狀馬新貽作傳而袁保恆則書其後合編一冊以傳久遠剛毅其不朽乎

泰縣公共圖書館鄉土部書目補錄

丁氏

丁文伯公遺著二卷一冊　清泰州丁渙著　民國十九年鉛印本

渙字文伯邑諸生是集皆其生平所著子少蘅集錄孫年同年甲為之付印分上下兩卷上卷詩下卷文詩言近旨遠文古趣盎然邑人徐炳華序謂先生之詩不斤斤求工於字句而信手拈來都成妙諦誠知言也末附時人贈答諸作及先生事畧

周氏

北轅錄一卷一冊　宋泰州周煇撰　民國十五年鉛印本　海陵叢刻第二十二種　韓紫石贈

是錄成於宋淳熙丙申(孝宗十四年)時煇年已六十二隱居不仕乃隨賀金生辰使張子政等北行殆為使臣韋率偕往歷時九十六日凡道路山川風俗禮教上而朝會宴饗之繁下至飲食語言之末皆本所見所聞而著於篇足補史乘所未及而韓紫石氏且謂於其所經行之地得泝流還變之迹知河淮之為患有由而歸咎於南北兩朝紛爭不得及時為備益見此錄之有價值矣

徐氏

雙桐書屋詩四卷二冊　清流寓徐豐曾著　民國十三年石印連史紙本　徐益之贈

豐曾字玉生金陵諸生咸豐間避兵至泰遂家焉少時以秋風慶北遊江漢間為入幕之賓公餘輒事吟詠其詞多淒涼酸楚自序謂閱世態之炎涼嘗畢生之艱苦每逢牢騷鬱緒無不筆之於詩故不平鳴時溢於言表蓋亦鬱鬱不得志之士也卷首有序及諸家題詞子百祿承壽同校末附補遺一卷詞存一卷

袁氏

袁景寗集　清泰州袁衡(淡生)著　興化李詳(審言)勘定　民國十五年鉛印本　海陵叢刻第二十三種　韓紫石贈

淡生先生詩初由興化李審言囑先生子之穆寫稿擬為付刊適韓紫石氏有海陵叢之舉李遂請於韓附之叢刻以先生曾宰景寗故以名集卷首有李題詞及袁淡生傳後有李跋謂淡生詩以東瀛女兒行擅名其他亦清婉稱其胸中所欲言者韓亦有跋述其附入叢刻之由云

陳氏

先我集四卷四冊　清泰州陳文田(硯香)輯　民國十四年鉛印本　海陵叢刻第二十種　韓紫石贈

是書裒集吾邑詩家百二十人之著述上自明末吳野人先生嘉紀始而以清仲受之貽勤殿焉韓紫石氏跋謂嘗訪求夏退庵先生海陵詩徵僅得殘本十之四思續成而未果硯香先生此編雖未能如詩徵漫采及於唐宋諸家之多而其意則一然則此編之輯有益於桑梓文獻者豈尠也哉

太上感應篇集註一卷　清新城于覺世(鐵樵)海寗查昇(聲山)元和惠棟(定宇)著　泰州陳金詔(古愚)選輯　清咸豐十一年海陵陳刻本　光緒六年海陵方鑑重印板存泰州墨稼山房

是書陳氏自序閱道藏查聲山惠定宇二注思合刻之而未果嗣程敦庵贈予于鐵樵感應篇贅言一冊字字驚心動魄言人所未言言人所不敢言並言人所不忍言可當暮鼓晨鐘遂合三注選而錄之附以愚按云云蓋亦一勸善懲惡之書也

許氏

補讀齋詩集二卷二冊　清泰州許愛堂(蓉裳)著　光緒甲辰宗蔚堂木刻本　許仲遷贈

是書卷首有邑人袁鑣俞煥藻兩序序語皆謂詩意逼近石桴集石桴集者戴布衣勝徵徵旅居東淘與吳陋軒唱和而朱草衣刊以行世者也作者之遇與石桴相彷彿而生平又酷嗜石桴詩故其詩亦入石桴之室序外有黃樹文題詞吳司甲跋各一

費氏

費氏遺書(一名弘道書)**三卷二冊**　明流寓費此度先生著　民國十三年石印連史紙本　韓紫石贈

此度先生著作宏富而散佚者多此弘道書乃其遺著之一也分上中下三卷榮縣趙熙序謂其書惆世難菲明代疏愎之習舉漢以來所治學迄宋諸儒深造者衷之聖論監得失之必然未有顧閻以前蓋千百年不創闢之也於是書推崇備至民國十三年韓紫石覓得蜀刊本付印闕者以鈔本補之有功於先生不尠矣

劉氏

外史蒙求四册 清泰州劉法曾（星伯）初編潘淮漢（墨仙）增輯 盧氏

是書成於光緒戊戌刻于光緒壬寅内容分二十篇於各國沿革疆界種族學術財賦風俗瑣均得窺大概每句四字為便童蒙之記誦也故以蒙求為名云

金剛經提要一册 清泰州盧福保（松亭）著 民國七年石印本 盧茗談贈 錢氏

先生向道心專尤喜讀金剛經晚年歸老得呂自註金剛經為之引伸其義而參以己見成提要一書語至淺顯謂老嫗都解信然

姜堰鄉土志一本 清錢錫萬編 民國六年石印 韓氏

是書為初級小學校四年級用内容分七章共三十課大致尚適用

韓定

吳王張士誠載記五卷五册 清丹徒支偉成著泰州韓紫石鑒定 民國二十一年鉛印連史紙本 韓紫石贈

是書第一卷盡列圖表第二卷為正編依編年體紀吳王事大要以吳王為列國之主一反明代諸家野史比王於冠逆之說自元至正癸巳年張士誠起自泰州始迄乙丑吳王自縊止凡十四年三卷至五卷為附編分四目一曰附傳蒐錄吳王及諸王事蹟為傳以屬之二曰附考吳王逸事傳說異辭有待考證者屬之三曰附志典制沿革屬之四曰附錄詩文散篇屬之書之卷首有韓紫石序述作書始末乃知正編係支偉成君本韓意而為之支殁則由其弟子任致遠續成而為附編也

泰縣圖一幅 清泰州韓希愈編 戴貽銓繪

是圖大致楚楚可觀全境分十五區據韓所著圖說謂因感於泰縣交通水利之關鍵大都在於鄰邑與戴協製期圖舉凡境内重要之形勢境外有關之地帶罔不盡量搜羅繪著[illegible]然則韓氏其亦今之有心人歟

江蘇省泰州市圖書館古籍地方文獻目録

泰州市圖書館 編

《江蘇省泰州市圖書館古籍地方文獻目録》不分卷，泰州市圖書館編，據南京圖書館藏一九八一年泰州市圖書館油印本影印。

此著録該館收藏之古籍地方文獻（其中有少部分平裝新書）。按四部分類法編排，另附『叢書』和『地方抄、刻書及批校本』二類。著録圖書約八百種左右。每一種圖書分别著録書名、編著者、卷數、册數、刊刻年代、版本、備注。目録著録泰州地方文獻極爲豐富，有多種文獻僅有該館收藏，其中如夏兆麐《耐庵叢稿》報刊剪貼本九册、《耐庵叢著》民國清稿本四十五册，宫元溱輯《宫氏一家稿》手鈔本十一册等，尤爲珍貴。

（江慶柏）

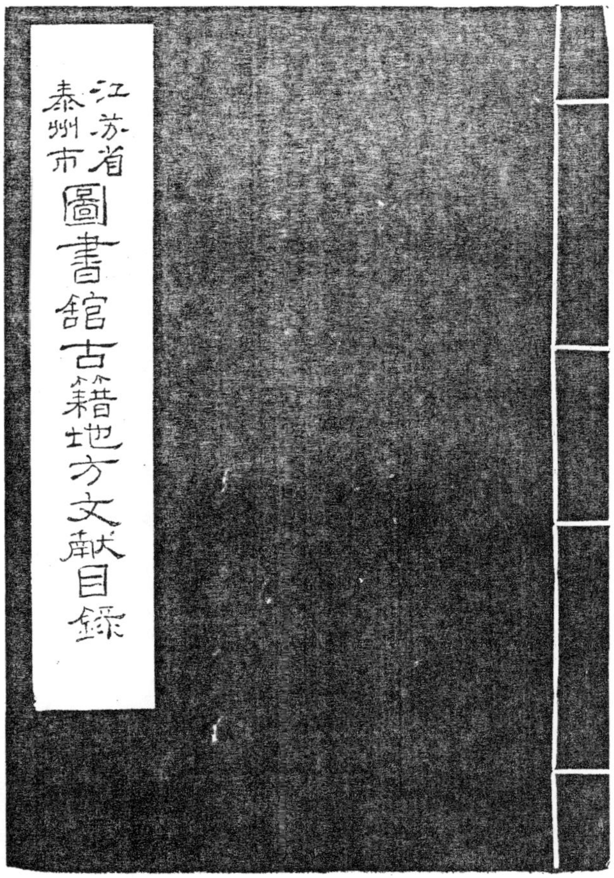
江苏省
泰州市
圖書館古籍地方文献目録

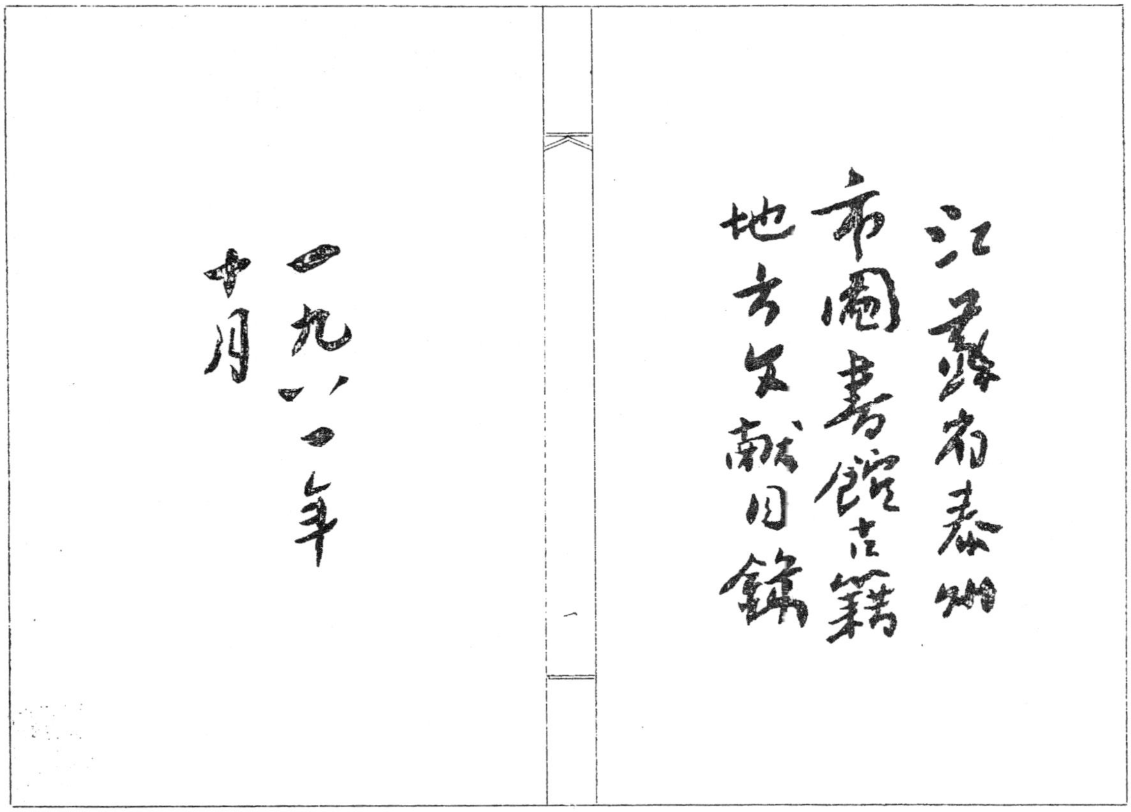
江蘇省泰州
市圖書館古籍
地方文獻目録
一九八一年
十月

前　言

我館古籍部收藏之地方文獻（其中有少部份平裝新書），近幾年來在「編史修志」、「漢語大辭典」編纂、編製「泰州城市總體規劃」及各種學術研究工作中，發揮了應有的作用。為互通情報、更好的貫徹「古為今用」的方針，積極為「四化」提供有用的學術研究資料，特編印本書目。

本目按我館古籍部採用之「四部分類法」分類。除經、史、子、集四個基本部類外，另附「叢書」和「地方抄、刻書及批校本」二類。

由於我們人力及業務水平的限制，編目、著錄錯誤在所不免，請閱者批評指正。

泰州市圖書館

一九八一年十月

二

經部

书名	編著者	卷数	册数	刊刻年代	版本	备注
總類						
陳氏易齋叢書	陳啟彤	三	[illegible]	[illegible]十四年	北京刊本	
易通例	陳啟彤	一	一			
易通釋	陳啟彤	二	二			
徐氏經學叢書	徐天璋		一九	民國二十年	鉛印本	
關里講經篇	徐天璋		一	民國九年	木刻本	
睿川易義合締	徐天璋		八			
詩經集解辨正	徐天璋		四			
大學古本說義	徐天璋		一			
中庸箋正	徐天璋		一			

一

书名	編著者	卷数	册数	刊刻年代	版本	备注
論語實測	徐天璋		四			
易類						
周易口義	宋 胡瑗	一二	六	康熙二六年	秦振裕刊本	
易卦尋源	韓希愈	一	一	民國三六年	四川石印本	
書類						
禹貢易知編	清 李慎儒	一二	四	光緒二五年	刊本	
詩類						
尚詩徵名	清 王蔭祜	六	一	光緒三四年	龍樹精舍叢書刊本	
詩經集解辨正	徐天璋		四	民國一二年	鉛印本	
三　禮類						

經部 二

書名	編著者	卷數	册數	刊刻年代	版本	備注
儀禮節録	清 宮爲坊	一	一	嘉慶年	自刊墨緘山房印本	
儀禮節録	清 宮論坊	一	一		舊抄本	
儀禮瑣辨	清 常增	八	一	道光丁未	刊本	
儀禮繫考	清 楊筠	二	二		蘇裕抄本	
春秋類						
春秋氏族譜	清 陳厚燿	一	二	雍正三年	初刊本	
春秋氏族譜	清 陳厚燿	一	一	乾隆一三年	湯荊西重刊本	
春秋氏族譜	清 陳厚燿	一	一	光緒二二年	孫武重刊本	
春秋氏族圖	清 張道緒		二	嘉慶一八年	人鏡軒袖珍刊本	
春秋長歷	清 陳厚燿	十			續皇清經解本	
春秋長歷集證	清 陳厚燿 羅士琳	十	四		海陵叢刊本	
春秋表一	清 國維墉	二	四	嘉慶壬申	刊本	
春秋摘要	清 吳會		六	同治一三年	戴斐齋抄本	
四書類						
論語淺解	清 喬松年	四	四	光緒三年	洪都李氏刊本	
四書緯	清 常增	四	四	道光一文年	刊本	
四書箋疑疏證	徐天煒	七	二			
經總類						
說劍山堂經解	清 盧福保		一		紅格抄本	
緯攟	清 喬松年	一四	四	光緒三年	李氏強恕堂刊本	

經部 三

書名	編著者	卷數	册數	刊刻年代	版本	備注
小學類						
說文引經考異	清 柳榮宗	一六	二	咸豐三年	刊本	
大書微	陳啟彤		一	民國一五年	中國大學鉛印本	
說文識小錄	徐炳華		五		手稿本	段字本義五校一册 楷篆異形三册 [illegible]千文一册
廣新方言	陳啟彤	二	一	民國一二年	北平鉛印	
駢雅訓纂	清 魏茂林	一六	八	光緒七年	成都重刊本	
小學騈支 殘本	清 田寶臣	四	二	咸豐三年	藍格手稿本	存卷一—四
小學騈支	清 田寶臣	八	四	民國十年	海陵叢刻石印本	

史部 四

书名	编著者	卷数	册数	刊刻年代	版本	备注
紀傳類						
三國志補義	清 康發祥	一三	四	咸豐一一年	刊本	
編年類						
明紀會通	清 陳志襄	一五	八	康熙五八年	刊本	
春秋戰國吳辭	清 陳厚耀	三七	三十		四庫珍本影印	
雜史類						
吳王張士誠載記	支偉成	五	五	民國八一年	鉛印本	
南燼紀聞	宋 周煇		一		辟蠹山房叢書抄本	
保越錄	元 徐勉之	一	一		辟蠹山房叢書抄本	
荒書	清 黃瑩	一		民國庚申	黃氏遺書刊本	記張獻忠事
傳記類						
吳陵牧影	夏兆麐		一		耐庵叢稿剪貼本	
淡然錄	清 沈默	一	一		海陵叢刻本	
柳敬亭遺事	陸銓		一		抄本	
安定言行錄	宋 汪藻	二	一		月河精舍叢抄本	
窮文十傳	清 儲維墉	一	一	民國五年	天代州本	
宮湖秋傳	清 徐步雲		一	嘉慶年	寫刊本	
葛氏父子合傳	明 李宗昉 陵兆鰲		一	道光一七年	寫刊本	
蔡氏謹孝錄	清 夏嘉穀		一	光緒年	刊本	
徐氏雙孝錄			一	光緒二八年	刊本	

史部 五

书名	编著者	卷数	册数	刊刻年代	版本	备注
王世豐鄉賢錄			一	道光年	寫刊本	
王世豐行狀	清 楊健		一		抄本	
王廣業行述	清 李鴻藻		一	光緒九年	寫刊本	
正定王氏家傳	清 王耕心	六	一	光緒一九年	刊本	
正定王氏家傳	清 王耕心		一		藍格手稿本	
崇祀泰州名宦錄 附保衛記	清 張之杲	二	一	光緒年	張上龢刊本	
崇祀泰州名宦錄 附保衛記	清 張之杲	二	一		張采田重刊鉛印本	
梅溪節烈襃褒錄	清 洪文翰		一	光緒八年	洪氏刊本	
泰縣氏族略	夏兆麐		一		耐庵叢稿剪貼本	
儲氏宗譜 殘存	清 儲士俊	七	八	道光五年	活字本	缺卷首下 卷五
翟氏族譜 殘存			一		舊抄本	存卷首
李氏宗譜	清 李金台	十	十	同治一一年	活字本	
李氏族譜	李岳崖	一四	一六	民國二年	活字本	
徐氏宗譜	清 徐錦彰	六	四	光緒三二年	活字本	
夏氏宗譜	夏康慶	二	一	民國六年	活字本	
旌德汪三暉堂家乘	汪時鴻		二	民國一六年	鉛印本	
高氏遷泰支譜	高清		一	民國一四年	刊本	
泰縣張氏家乘	張裕發		一	民國一八年	鉛印本	
徐氏家譜	徐炳華		二		手稿本	
止叟年譜	韓國鈞		一	民國二八年	仿宋鉛印	

史部 六

书名	编著者	卷数	册数	刊刻年代	版本	备注
胡安定先生年譜	高世民		一	民國二二年	稿本	
髯翁日記 殘存	清 張逸		五		手稿本	
隱囊日記	清 黄菼		一		手稿本	
明清泰州入學全案			三		黄氏傳抄本	
史評類						
讀史隨筆	清 康發祥		一		小海山房稿本	
政書類						
海陵從政錄 附廣陵從政錄	清 周際華	二	一	道光一九年	家蔭堂刊本	
留雲閣捕蝗記	清 彭壽山	一	一	道光一六年	江西刊本	
辛未水災錄 附丁卯兵災錄	夏兆麐		一		耐庵叢稿剪貼本	
（泰州）諸神祭祀文 附名宦鄉賢文			一	光緒年	張瑞璘抄本	
兩漢地方自治制度考	夏兆麐				耐庵叢稿剪貼本	
姜泰鹽局邀免稟稿（海姜局會李元之文牘）	李壽朋		一	民國七年	鉛印本	
泰縣各善堂款産存徵錄	李毓彬		一	民國八年	鉛印本	
泰縣海安市育嬰堂五次徵信錄			五	民國六年	鉛印本	
捐修泰州考棚徵信錄	清 王世豐		一	道光一九年	刊本	
泰縣公款公産處二十三年度報告書	徐蘇		一	民國二四年	鉛印本	
時敏中學高中部紀念刊	陳兆琛		一	民國一七年	鉛印本	
蘇泰時中初二級校友會會刊	陳兆琛		一	一九三四年	鉛印本	
泰縣初級中學臨時紀念刊	葉毓文		一	一九三四年	鉛印本	

史部 七

书名	编著者	卷数	册数	刊刻年代	版本	备注
泰縣縣中東台同鄉會會刊			一	一九三四年	鉛印本	
泰州教育會規則			一	光緒三四年	鉛印本	
徵辟始末	清 鄧勵相				辟蠹山房叢書抄本	
召對紀言	清 陳厚耀		合一		辟蠹山房叢書抄本	
初入翰苑記	清 張符驤				辟蠹山房叢書抄本	
泰州新建書院學堂徵信錄			二	光緒三十年	刊本	
泰州學堂章程			一	光緒二九年	刊本	
泰縣教育近況	嚴恩棨		一	民國六年	鉛印本	
泰縣第一高等小學校友會雜誌	馬東阜		一	民國六年	石印本	
時敏中學初中第三屆畢業紀念刊	陳兆琛		一	民國二十年	鉛印本	
泰中一九三四年級臨別紀念刊			一	一九三四年	鉛印本	
時敏中學一覽	陳兆琛		一	民國二六年	鉛印本	
地理類						
雍正泰州志 附紀聞貞壹	清 褚世暄	十	二	雍正六年	刊本 棉紙初印	
徵尚錄存 康熙志稿	清 宮偉鏐	六	一		海陵叢刻本	
道光泰州志	清 曹懋堅	三六	十	道光七年	刊本	
道光泰州志刊謬	清 任鈺	二	二	道光十年	刊本	
光緒續泰州志	清 高爾庚	三四	六	民國一年	油印本	
光緒續泰州志輿圖			一	光緒三四年	刊本	
續纂泰州志稿 一名宣統志	韓國鈞	三六	一二	民國十年	本館傳抄本	

书名	編著者	卷數	册數	刊刻年代	版本	备注
泰州修志例目	修志局		一	民國一八年	油印本	
民國泰縣志稿	單毓元等	三十	三十	民國二十年	油印本	
泰州志 道光	清 王有慶等	三六	一二	光緒戊申	刊本	
道光志目			一		手稿	
崇禎泰州志	明 劉萬春	十	八	崇禎	刊本	
泰州志	明 李存信	四	一		抄本	
宣統泰州志		三五	十		抄本	
泰州歷史地理（即鄉土志）	馬錫純		二	光緒三四年	韓江局石印	
姜堰鄉土志	錢錫萬		一	民國卅年	石印本	
泰縣鄉土教材	朱秀東		一	民國二九年	姜堰石印	
史部 八						
泰縣城廂圖	陸軍測量局		一幅	民國三年八月	本局印	15,000比例
泰州城廂圖	蘇北軍區司令部參謀處		一	一九四九年	紅藍印	5000比例
泰州市圖	泰州市建設科		一	一九五六年	曬印	
泰縣圖	泰縣建設科		一	民國三七年	紅金藍印	100,000比例
蘇北全圖	蘇北軍區司令部		一	一九四九年	五色石印	四十萬分比例 有泰州分區
海安考古錄	清 王華封	四	三			
小海邊新志	清 林正青	十	二		本館傳抄乾隆本	
丁丑閑談	陸銓		一		手稿	
備采錄	清 陳晉元		一		刊本	
岳墩小志 附松林庵小志	夏兆麐				耐庵叢稿剪貼本	

书名	編著者	卷數	册數	刊刻年代	版本	备注
東台縣茅山志	袁承業	一	一	民國	石印	
敬止集	明 陳應芳	三	三	萬曆丙申	刊本	
敬止集	明 陳應芳		二		海陵叢刻鉛印本	
淮揚水利圖說 附治水論	清 馮道立	二	二	道光一二年	江氏刊本	
東台蚌蜒河堤利弊之商榷	丁懷遜		一	民國一一年	石印本	
劉白屬東證明文件	袁承業		一	民國七年	油印本	
丁草劉白疆域屬東駁議			一	民國八年	鉛印本	
虎門覽勝	清 仲振履	二	一	嘉慶年	廣東刊本	
邊疆簡覽	清 李慎儒	三	一	光緒壬寅	退思軒石印本	
瀛寰新志	清 李慎儒	十	六	光緒壬寅	上海石印本	
史部 九						
梓里舊聞	清 夏荃	八	二		海陵叢刻本	
梓閒餘錄	夏兆麐		一		耐庵叢稿剪貼本	
形山北遊記	清 陸仁淵	二	一	民國一七年	刊本	
北轅錄	宋 周煇		一		海陵叢刻本	
北轅錄	宋 周煇				梓叢山房叢書抄本	
吳陵野紀	夏兆麐	八	一		耐庵叢稿剪貼本	
泰縣風俗談	夏兆麐		一		耐庵叢稿剪貼本	
外史蒙求	清 劉法曾		八	光緒二八年	上海石印本	
遼史地理志考	清 李慎儒	五	二	光緒二八年	刊本	
我的美感 第一集	凌文淵		一	民國一五年	鉛印本	

书名	編著者	卷数	册数	刊刻年代	版本	备注
征蘭小誌	馬台		一	民國癸亥	蘊愛堂鉛印本	
金石類						
泰縣圖書館金石記目	夏兆麐		一		抄稿本	
退庵錢譜	清夏荃	八	三		海陵叢刻本	
巽齋所藏錢録	清樊熙申	一六	四	光緒一六年	刊本	
目録類						
泰縣圖書館書目	本館		一	民國一四年	油印本	
泰縣圖書館閱覽目録	本館		六	民國一四年	抄本	
泰縣圖書館鄉土書目提要	夏兆麐		一		抄稿本	

史部　十

书名	編著者	卷数	册数	刊刻年代	版本	备注

子部　一一

书名	編著者	卷数	册数	刊刻年代	版本	备注
儒家類						
賈子次詁	清王耕心	一六	二	光緒二九年	自刊本	
周子通書	清黄許年		一		紅格抄本	
心齋先生學譜	王士緯		一	民國三一年	鉛印本	
弘道書	清費密	三	二	民國一三年	止了校刊本	
弘道書	清費密	三	一	民國七年	費氏遺書本	
徐氏類編	徐文埠	十	一	宣統元年	刊本	
新泰州學案	柳翼謀		一		傳抄本	
雜家類						
蘿摩亭雜記	清喬松年	八	四	同治癸酉	刊本	

书名	編著者	卷数	册数	刊刻年代	版本	备注
蕊亭隨筆	清王孫驂	二	二		本館舊抄本	
蕊亭隨筆	清王孫驂	二	二		梓蔭山房藏書抄本	
庚閒州世説 附先進風格	清宫偉鏐	八	二		海陵叢刻本	
庚閒州世説	清宫偉鏐	七	二		梓蔭山房叢書抄本	
鴻軒隨筆	清李讃儒	八	四		傳抄本	
哲學論文集	景昌極		二	民國一十年	中华書局	
名理新探	景幼南		一	民國三六年	正中印本	
道德哲學新論	景幼南		一	民國二二年	鍾山印本	
天文算法類						
句股邊角圖説	清胡炳文	一	一	光緒丁酉	刊本	

书名	编著者	卷数	册数	刊刻年代	版本	备注
醫家類						
素問指歸	清 沈[illegible]		四		傳抄本	
陸凫泉醫書	清 陸儋辰		六		海陵叢刻本	
霍亂新論	清 姚訓恭		一	光緒二十八年	刊本	
濟世妙義	清 宫元[illegible]		二		宫氏一家稿抄本	
課餘瑣聞	清 宫元[illegible]		二		宫氏一家稿抄本	
雜症繩墨 一名幼科要訣	清 戴曾彬		八		傳抄本	
運氣辨	清 陸儋辰		六		海陵叢刻影印	
農家類						
桑田錄	楊鴻齡		一	民國二[illegible]年	油印本	

子部 一二

书名	编著者	卷数	册数	刊刻年代	版本	备注
工藝類						
實業界九十日	[illegible]			光緒[illegible]年	日本鉛印本	
藝術類						
書斷	唐 張懷瓘	三	三		影宋抄本	
書斷	唐 張懷瓘	三	一		紫藤山房叢書抄本	
書斷	唐 張懷瓘	三	二		舊抄本	
書議 書估 玉堂禁經	唐 張懷瓘		一		舊抄本	
繪事微言	明 唐志契	二	二		四庫珍本影印	
繪事微言	明 唐志契	四	二		海陵叢刻本	

书名	编著者	卷数	册数	刊刻年代	版本	备注
蟠螯山房繪事	清 姜溶	二	一		手稿本	
吴陵藝苑	夏兆麐		一		謝庵叢稿節鈔本	
題畫錄	清 馬呈圖		一		稿本	
臨唐懷素千字文	周興桐		一	光緒庚子	木[illegible]寫本	
水前本瘞鶴銘			一		鄭師珂雙鈎本	
臨篆隸文字仿本			二		於菊人寫本	
國樂曲集	泰州文化館國樂整理組	二輯	一	一九五六年	油印本	
晚園印譜	清 王成[illegible]		一		藍格印本	
芝軒印稿 陰陽文	清 吴芝軒		二		墨格印本	
澄懷軒筆印	清 劉振瓚		一		鈐印本	

子部 一三

书名	编著者	卷数	册数	刊刻年代	版本	备注
王閬仙印稿	清 王崑源		二		藍格印本	
冰暉閣印拔	楊補職		一		墨格印本	
奕括	清 黄龍士		一	民國九年	文瑞樓石印本	
宗教類						
閲藏隨筆	清 元度	二	二	光緒末	揚州刊本	
蓮修起信錄 初集	清 程兆鸞	六	二	光緒二十年	刊本	
蓮修起信錄 二集	清 程兆鸞	二	一	光緒二十四年	刊本	
常惺法師集		六	四	民國三十七年	光孝寺刊鉛印	
光孝寺同戒錄	常惺		一	民國二十二年	石印本	
太上感應篇集	清 陳金詔	一	一	咸豐十一年	刊本	

书名	编著者	卷数	册数	刊刻年代	版本	备注
太上感應篇集	清 陳金詔	一	一	光緒六年	璺綠山房補刊本	
太上感應篇註	王謀	一	一	民國庚申	石印本	
醒世編	明 閒		一	光緒三十二年	同善堂刊本	
徐神翁語錄	宋 苗希頤	二	二		舊抄本	
海陵三仙傳	宋 王禹錫	一	一		詩嘉山房叢書抄本	
術數類						
皇極潛元	徐天璋		一		手稿本	
五行彙考	徐天璋		一		手稿本	
類書類						
讀書紀數略	清 宮夢仁	五四	一六	康熙年	重刊本	

子部 一四

书名	编著者	卷数	册数	刊刻年代	版本	备注
家塾邇言	清 仲振履	五	一	嘉慶年	巾箱刊本	
國朝同館詩賦解題	清 魏茂林	一二	八	道光一九年	刊本	
角山樓增補類腋	清 楊充宜	六七	二四	咸豐七年	刊本	[illegible]
古今文林摘艷	清 唐沅		八		洲安疏楹稿本	

书名	编著者	卷数	册数	刊刻年代	版本	备注
別集類（宋、元）						
海陵集 附外集	宋 周麟之	二四	四		海陵叢刻本	
浮山集	宋 仲并	十	四		四庫珍本影印	
東皋先生詩集	元 馬玉麟	五	一		海陵叢刻本	
別集類（明）						
王心齋先生全集 附弟子表	王艮	五	三	民國元年	袁承業刊鉛印本	
王一菴遺集	王棟	二	一	民國元年	袁承業刊鉛印本	
王東厓遺集	王襞	二	一	民國元年	袁承業刊鉛印本	
四先生殘稿	王衣等		一	民國元年	袁承業刊鉛印本	
王文貞公集	王艮	二	二	嘉慶二一年	王世豐重刊本	

集部 一五

书名	编著者	卷数	册数	刊刻年代	版本	备注
柴墟文集 殘存	儲巏	六	二	萬曆二五年	儲謹重刊本	存一—三 九—十六
林東城集	林春	二	二		海陵叢刻本	
沈鳳岡集	沈良才	四	四		傳抄本	
善名堂詩集	袁懋貞	六	三	天啟年	刊本	缺七—八
周氏三先生殘稿合刻	袁承業輯		一	民國二年	鉛印本	
發蕨堂詩集	周瑞	一				
志學堂詩文稿	周士弘	一				
梓窩草 蝶園草	周莊	一				
德園詩集	黃沅生	一	一		藍格抄本	
隨軒詩	吳嘉紀	六	三	康熙年	方千雲刊本	

书名	编著者	卷数	册数	刊刻年代	版本	备注
陋軒詩	吴嘉紀	六	二	道光十年	信芳閣活字本	
陋軒詩 附續	吴嘉紀	十四	四	道光年	夏氏補鐫刊本	
陋軒詩 附續 補遺	吴嘉紀	八	四	民國九年	夏氏重刊本	
陋軒詩續	吴嘉紀	二	一	道光年	夏氏刊本	
七言雜字詩	繆儲巘撰	一	一		傳抄本	
羅近溪先生語要	羅近溪		一		刊本	
陋軒詩續	吴嘉紀	二	二		刊本	
陋軒詩	吴嘉紀	六	二	康熙壬寅	賴古堂	
二曾堂文稿	李梅仙		一	光緒	手稿	
三賢全集			十二	崇禎	刊本	

集部 一六

书名	编著者	卷数	册数	刊刻年代	版本	备注
王心齋先生文集	王心齋	六	六			
王心齋先生疏傳合編	王心齋	二	二			
王一菴先生遺集	王一菴	二	二			
王東厓先生遺集	王東厓	二	二			
別集類(清)						
曉堂律詩	陳志靖	六	一		藍格抄本	
梔引樓詩七律分韻	黃雲		一	康熙二五年	吴京清刊本	
宮梅集	鄧漢儀	一	一		本館傳抄本	
九靈書院集	宮昌宗		二		本館傳抄本	
中翰公未刻稿	宮昌宗		一		本館傳抄本	

书名	编著者	卷数	册数	刊刻年代	版本	备注
入畫广詩	王孫驤	六	一		本館傳抄本	
蠖虹室詩選	張少學		四		崇儉叢刻本	
甲申集 夢餘集	俞梅	二	二		清稿本	
參合偶存 楚游草	田震遠	六	一		紅泉山莊抄本	
舊藩樓近詩	黃九河	一	一		辟疆山房藏書抄本	
恕堂編年詩	宮鴻曆	六	四		清稿本	
甲巳游草	宮鴻曆	六	一	康熙三十八年	清稿本	
恕堂詩	宮鴻曆	九	三	康熙四十四年	寫刊本	
恕堂詩鈔	宮鴻曆	七	二		葱抄本	
社芬樓詩	宮懋言		二		本館傳抄本	

集部 一七

书名	编著者	卷数	册数	刊刻年代	版本	备注
餘園詩鈔	繆沅	六	二	乾隆十年	初刊本	
餘園古今體詩精選	繆沅	四	四	乾隆三十八年	重刊本	
依歸草 初二刻	張符驤	十二	六		海陵叢刻本	
夕陽書屋詩初編	繆路修	四	二	乾隆三十八年	寫刊本	
八桂樓外集 附詩獄始末	徐述夔		一	民國十年	無荼石印本	
俟何詩鈔	陳燦	一	一	乾隆三十八年	寫刊本	
西泠游草	陳燦	一	一		紅栗山莊抄本	
嗜書堂未定稿	繆永垣	一	一	乾隆三十八年	寫刊本	
天橋初稿	周虹	一	一		紅栗山莊抄本	
未如樓詩鈔	宮國苞	一	一		本館傳抄本	

集部 一八

书名	编著者	卷数	册数	刊刻年代	版本	备注
北游草	宫國苞	一	一	乾隆三八年	寫刊本	
小畫山房詩鈔	團維墉	二	二	嘉慶丙辰	刊本	
小畫山房詩遺	團維墉		一	民國十年	陳啟彤手寫本	
憶園詩鈔	陳燮	六	六	嘉慶三年	聽雨樓刊本	
聽雨樓詩鈔	陳燮	六	三		舊抄本	
憶園詩鈔	陳燮	一三	四		黑格抄本	
寒翠軒詩	繆承鈞	四	二	嘉慶一六年	刊本	
逍暇詩鈔 附茗叟詩草	仲鶴慶	一四	四	嘉慶一六年	四川刊本	
天香閣遺草	林氏娟		一		寫刊本	
寧意吟	俞增	一	一		綠格抄本	
寄園詩存	夏震	二	一	道光九年	刊本	
晉垞詩鈔	袁燈	一	一	嘉慶甲戌	刊本	
鶴舫詩鈔 少泉詩鈔	田寶林 王		一		抄本	
樵月山房詩稾	俞國鑑		二		本館傳抄本	
樵月山房詩稾	夏荃選		一		紅栗山莊抄本	
閑城詩鈔（成蓉懷人詩）	常增		一	嘉慶壬申	刊本	
小酉山房外集	常增		一	道光甲子	刊本	
槐西斗室初稿 乙丙集	繆克伕		六		舊抄本	
綠雲紅雨山房詩鈔	仲振奎		一	嘉慶一六年	興寧刊本	
綠雲紅雨山房文鈔外集	仲振奎		一	嘉慶一六年	黑格抄本	

集部 一九

书名	编著者	卷数	册数	刊刻年代	版本	备注
棄餘稿	仲振履	三	一	嘉慶一六年	興寧刊本	
聲玉山齋詩集	鄒熊	十	二	嘉慶一五年	刊本	
聲玉山齋詩集	鄒熊	八	一	嘉慶一五年	初刊本	
西河草堂詩賸	葉兆蘭	二	二	道光四年	門人刊本	
香草軒詩存	夏蘭	二	一		刊本	
竹所詩鈔	吳會	四	二	道光七年	刊本	
箕齋詩存	陳潛	八	一		紅格抄本	
俞霖澍詩			一		本館傳抄本	
清味齋詩存	陳香元	二	二	道光七年	刊本	
習靜書屋藏稿	宮燮華		一		宮氏八家稿抄本	
春暉草堂詩存	黃履堅	五	二	同治甲子	刊本	
倦遊草	黃履堅		二		手稿本	
餘生詩鈔	魯祖綸	一	一	道光[illegible]	刊本	
斗室詩鈔	王輔		一		黑格抄本	
蔭賓遺草	仲鶴勳		一	嘉慶一六年	興寧刊本	
汲綆書屋詩鈔 附題跋 淮贊紀略	潘慶齡	一	二	道光一八年	刊本	
攝山游草	錢瑞	一	一	道光壬辰	刊本	
三塘游草	馬呈圖		二		稿本	
研北花南吟草	徐鳴珂	一三	六		紅栗山莊傳抄本	
蓉湖詩鈔	汪鑽	二	一	咸豐四年	刊本	

集部

书名	編著者	卷数	册数	刊刻年代	版本	备注
蒼湖詩鈔	汪穎	三	一	民國二四年	鉛印本	
伯山詩鈔 五集	康發祥	一七	四	咸豐一一年	刊本	
伯山 愛日集 望雲集 癸巳集 由庚集	康發祥		五	咸豐一一年	刊本	
伯山 愛日集 望雲集	康發祥		四	咸豐一一年	刊本	
伯山文鈔	康發祥	一	一	咸豐一一年	刊本	
晉甎室詩存 附續集	趙瑜	六	二	同治丙寅	刊本	
晉甎室詩存	趙瑜	五	二	同治丙寅	刊本	
幻雲香嘯詩鈔	娲八 周休	二	一	嘉慶八二年	光孝寺刊本	
茳杉吟草	高佩華	二	一	道光二二年	寫刊本	
觀心室詩存	陳金詔	一	一	咸豐八年	刊本	
晚晴軒詩鈔	陳文田	三	一	咸豐一一年	京師刊本	
晚晴軒詩存	陳文田	五	一	光緒七年	京師刊本	
晚晴軒詩文存	陳文田	七	二	光緒[illegible]年	京師刊本	
惕齋詩文稿	錢[illegible]		一	光緒年	刊本	
課餘偶存 附遊泰山稿 修月軒詩餘	吳肅泰		一	民國乙巳	楊氏鉛印本	
紫薇花館九十春吟稿	朱裕庭	一	一	光緒二年	自寫刊本	
思白堂詩存	江對山	二	一	同治十年	刊本	
思白堂詩存 稿存	江對山	一	一		稿本	
鐵珊小草	黄文彪	二	一	光緒一六年	刊本	
鐵珊小草	黄文彪		一		稿本	

二十

集部

书名	編著者	卷数	册数	刊刻年代	版本	备注
紅粟山莊詩 附續詩餘	朱寶善	一二	四	同治九年 民國乙丑	初刊 續刊本	
紅粟山莊詩	朱寶善	六	四	同治九年	刊本	
紅粟山莊詩稿	朱寶善		一		紅格手稿本	
一松軒詩稿	錢桂森	二	一	民國乙亥	徐世昌精刊本	
執硯小餘詩集 附年譜	陳茀	五	五	光緒五年	刊本	
小西湖釣徒詩稿	徐思棠		一五		紅格手稿本	共十九册（包括餘清齋城北草堂）
補蘿齋詩集	許愛棠	六	六	光緒五二年	刊本	
心退聽室詩集	黄葄		一		紅格手稿本	
老人吟	姜遐樓		合一	光緒一八年	刊本	
鷗寄詩	劉天琛			光緒七年	刊本	
表景寧集	[illegible]	二	一		海陵叢刻本	
壽餘草	顧翊		、	民國辛酉	北京鉛印本	
望雲樓詩	徐宜中	一		光緒一八年	香葉堂叢書刊本	
繡餘吟草	曹佩蘅	一	一	光緒乙未	刊本	
丁文伯遺著	丁溶	二	一	民國一九年	鉛印本	
春雨草堂詩鈔	宮允濂		一		宮氏一家稿刊本	
竹嘯詩集	朱熙棠		一	道光	刊本	
伯山詩鈔	康發祥		四	咸豐庚申	刊本	
伯山詩話集	康發祥		六	道光乙酉	刊本	
小海山房詩集	康發祥		一	嘉慶乙亥	刊本	

二一

书名	编著者	卷数	册数	刊刻年代	版本	备注
伯山文鈔	康發祥		一	同治壬戌	刊本	
倦遊零稿	宮元瀚		一		宮氏一家稿抄本	
環溪寄稿	宮元瀚		一		宮氏一家稿抄本	
井眉居詩鈔	高爾庚		一	民國癸亥	仿宋鉛印本	
覆瓿漫存	劉法曾	六	六	民國三年	鉛印本	
少鄰詩存	李少鄰		一		紅渠山莊抄本	
青箱書屋文集	王謹謀	一	一	民國一一年	石印本	
玉道農詩稿	王耕心		一		依格抄本	
紅藤山館詩鈔	陳文澤		一		陳覺父抄本	
邈叢詩稿	黄燕		一		手稿本	

集部 二二

书名	编著者	卷数	册数	刊刻年代	版本	备注
古鐵齋詩鈔	沈溦	四	二		舊抄本	
小庵未定草	袁敏	一	一		手稿本	
求志齋古今體詩鈔	鄒鋆		二	道光年	紅格清稿本	
悠然堂詩	黄雲	一	一		余格墨抄本	
筠門詩存	江綵	一	一		傳抄本	
夜鹿山房詩存	朱慶鏞	一	一	民國一四年	京甲出石印本	
竹軒雜著	宮煥然	五	一	嘉慶癸酉	自刊本	
霞崖詩賸	高椿		一		抄本	
影粲詩稿 殘存	殷逸		三		手稿本	
望海樓尺牘	唐沅		三		朱世氏稿本	

书名	编著者	卷数	册数	刊刻年代	版本	备注
紅絲硯館試帖箋餘	高筠		一	嘉慶癸酉	刊本	
朱柏廬治家格言試帖	王廣業		一	道光五年	京師刊本	
青箱塾試帖合編注畧	王廣業		四	咸豐一六年	刊本	
小海山房詩集	康發祥		一		伯山全集刊本	
玉壺冰館分韻試帖	王貽清		二	光緒一八年	刊本	
芳草堂合評詩鈔箋畧 附續	王芝孫 姚茂林箋	四	二	咸豐乙卯	魏氏刊本	
有正味齋外集詩續鈔箋畧	吳錫麒 魏茂林箋	二	一	咸豐乙卯	魏氏刊本	
犀庵賦鈔	錢桂森		一		抄本	
青箱塾試帖	王廣業		一	咸豐元年	自刊本	
西湖竹枝詞	陳燦	一	一	光緒戊子	丁氏刊本	

集部 二三

书名	编著者	卷数	册数	刊刻年代	版本	备注
吳步尹小題文	吳伊訓		一	道光一八年	鄒鐵編抄本	
吳步尹遺稿	吳伊訓		一	道光一六年	鄒自虔編抄本	
愁懷文藝 附試帖 廢書歎	高筠		一	嘉慶一六年	刊本	
讀易堂課藝 附古近體詩	顧鴻		一	道光一五年	刊本	
天傭子集	明艾南英 清張符驤評	十	十	道光年	艾氏刊本	
有正味齋駢文箋	王廣業	一四	八	咸豐九年	王氏刊本	
袁文合箋	王廣業	六	六	光緒八年	王氏刊本	
別集類（近代）						
訓吟草	張沛霖	四	四	民國丙寅	石印本	
袁況生詩稿	袁祖鄘		一		手抄本	

集部

书名	编著者	卷数	册数	刊刻年代	版本	备注
香露軒吟牘	錢荷玉	一	一	民國一八年	鉛印本	
石神童遺詩	石德中	一	合一		本館傳抄本	
少年集	程習	一		民國己未	石印本	
程習朋詩	程習		一		油印本	
程習朋修訂稿	程習		一		油印本	
鄂堂詩稿	沈懋棣		一		手稿本	
守雌堂詩文刪存	徐炳華	二	一		紅格手稿本	
守雌堂詩近作	徐炳華		一		手稿本	
別集類（流寓）						
燕峯詩鈔	清 費密	一		民國庚申	黃氏遺書本	
嘯竹詩鈔	清 袁承福	四	二	道光年	刊本	
渾鴻吟	清 袁承福		一	嘉慶一一年	刊本	
少佳齋存稿	清 魏茂林		一		紅格稿本	
海藏草堂詩	清 周庠	四	一	道光甲申	刊本	
劫餘勵存	清 李承霖	三	一	光緒一二年	自刊本	
蘿藦亭遺詩	清 喬松年	四	四	光緒辛巳	寬城刊本	
蕉餘軒詩鈔	清 韋光黻	六	二	同治癸酉	鄂順刊本	
半標盦詩存	清 吳文鍚	三	一	咸豐己未	泰州刊本	
延秋吟館詩鈔	清 張聯桂	四	一	光緒乙酉	重刊本	
飲香閣詩鈔	清 蕭寶鴻	一	一	光緒年	刊本	

二四

集部

书名	编著者	卷数	册数	刊刻年代	版本	备注
鬘華盦詩存	清 王蔭祜				龍樹精舍叢書刻本	
誰園詩鈔	清 阮焱	六	三	光緒三年	刊本	
話山草堂遺集	清 沈道寬	一三	六	光緒三年	刊本	
杉蔭橋邊舊草堂詩鈔	清 翁壽麐	二	二	咸豐癸丑	寫刊本	
龍川詩鈔	清 李兆炳		一		本館傳抄本	
晴漪閣詩	清 陳克劬	六	二	光緒丁亥	刊本	
穡庵集	清 李慎儒	一	十	光緒丁年	刊本	
鴻軒詩稿	清 李慎儒	四	二	民國一九年	刊本	
蓮墅吟草 附詞	清 許大猷	八	八		抄本	
蘇台紀遊草 附紅豆詞館	清 許大猷	二	二	光緒年	紅格抄本	
吳中近遊草 附詞	清 許大猷	三	一		紅格抄本	
領秋軒吟草	清 張傅仁		一			
三峯草堂類稿	清 唐沅		一		紅光五種稿本	
三峯草堂詩稿	清 唐沅		一		紅光五種稿本	
雙桐書屋詩集 附詞	清 徐鑒習	四	二	民國一五年	石印本	
穠江詩鈔	清 程瑞祊	四	四	乾隆六年	精刊本	
碧梧紅杏山房詩鈔	清 陸貴暖	二	八	光緒庚子	陸藏坂刊本	
總集類						
文苑英華選	清 宮夢仁	六十	二十	康熙四五年	刊本	
青箱塾課藝初二集	清 王廣業		八	同治丁卯	刊本	各集缺下冊

二五

集部　二六

书名	编著者	卷数	册数	刊刻年代	版本	备注
海陵文徵附録	清 夏荃	二六	六	民國八年	刊本	五八年又發存四册 缺廿一—廿四
海陵文徵	清 夏荃	二十	十	道光二十三年	刊本	
海陵文徵附録 殘存	清 夏荃	八	八		[illegible]山房稿本	原書廿六卷現存廿三—廿六、廿八、卅、卅一
海陵文拾	夏兆麐		一		秋庵叢稿剪貼本	
天下名家詩觀 初二集	清 鄧漢儀	二六	二六	康熙十年	慎墨堂刊本	卷一抄配，又殘存四册存一、五—六、八
海陵詩彙 殘存	清 鄒熊	八	四		本館傳抄本	
胥峰集	清 宮國苞	八	六	乾隆三十年	刊本	
芸香詩鈔	清 葉兆蘭 鄧[illegible]	一六	六	嘉慶一五年	刊本	
詩選 殘存	清 鄒氏		二		求志齋紅格抄本	校芸香詩編次不同
先我集	清 陳文田		四		海陵叢刻本	
冷香吟社詩選	清 余文浛		二	民國己未	墨緣石印本	
同人會課詩選	清 鄒[illegible]		一		芸香社紅格抄本	即芸香續選
雲樹初集	清 陳[illegible]		一	乾隆癸亥	夢秋山房刊本	試帖偶誦抄
詩觀二集泰人詩摘鈔			一		徐蔚人手抄本	
胥峰集泰人詩鈔			一		徐蔚人手抄本	
一鶴集 殘存	清 王廣謀		一		黑格稿本	存七律
陰騭文試帖詩合刻	清 高奕[illegible]		一	嘉慶乙亥	刊本	
二十四孝圖說試律	清 洪文[illegible]		一	光緒癸巳	刊本	
排律分韻詩鈔	清 黃錫[illegible]	二	一		抄本	
排律詩選	清 黃文浛		一		抄本	

集部　二七

书名	编著者	卷数	册数	刊刻年代	版本	备注
律賦又新初集	清 謝[illegible]選		二	同治八年	刊本	
惠湖草堂賦鈔四集	清 程祥棟	一二	十	同治六年	四川刊本	
海陵竹枝詞	清 金長福等	七	二	同治三年	青藜齋刊本	
克峻堂集稿	清 夏霞選	三	一	嘉慶一五年	夏氏刊本	
蘘繡吟	清 常光宗					
半翁詩鈔	清 常廷謨					
延令遺草	清 常增					
克峻堂彙稿	清 夏霞選	三	一		夏氏原稿本	
仲氏女史遺詩	清 仲振奎選		二	嘉慶十六年	樂寧刊本	
碧香女史遺草	清 仲遵愛					
綺泉女史遺草	清 仲振宜					
瑤泉女史遺草	清 仲振履					
碎墨軒詩鈔	清 趙[illegible]霞					
綺雲閣遺草	清 沈湘蘭					
附仲貽鑾貽鶴詩						
春雨草堂詩鈔	清 宮允溱選		一		宮氏一家稿抄本	
吳州四程詩文集	程蔭齡選		二	民國乙[illegible]年	石印本	
春暉草堂詩文集	清 程紹昌					
因是齋詩文稿	清 程守洸					
延暉書屋詩文稿	清 程祥棨					

集部 二八

书名	编著者	卷数	册数	刊刻年代	版本	备注
松承堂詩文稿	清 程拜颺					
繆氏雜詩鈔			一		舊抄本	
雙江唱和詩	清 陳燮 黃騏	二	一		本館傳抄本	
香草山房春柳吟	清 夏蘭		一	嘉慶一六年	巾箱刊本	
寂感吟唱和詩	清 徐承垓		一	同治一一年	刊本	
北山襪園詠物詩 附鸞鶴山房詩	清 趙雲芬	二	一	光緒八年	刊本	
城西草堂詩史	程蔦齡		一	民國三六年	石印本	
海上聯吟稿	清 洪文翰	二	一	光緒二一年	補刊本	
淡光室唱和集	王漢民	二	一	民國	鉛本	
玉蘭堂倡和詩	清 程端祉	一	一	雍正甲辰	精刊本	
留行贈別二詩	明 宮偉鏐		二	順治年	初刻單行本	
麥秀雙岐題詠	清 高鋐		八	道光乙年	刊本	
宋晏詩誌石題詠	清 夏荃		一		本館傳抄本	
輞川同人題贈詩 殘存	清 王華蔚		一		原稿本	
重宴鹿鳴詩徵	清 王廣業	二	一	光緒六年	刊本	
汲綆圖題跋	清 潘慶齡			道光十九年	詩抄刊本	
清味齋生日唱和詩	清 陳晉元		四	道光八年	刊本	
蓮池材農七十壽言酬唱集	朱春木		一	民國一八年	鉛印本	
單緯叟七十雙壽徵文錄	清 單肇墱		一	民國庚申	鉛印本	
楚些遺韻	清 吳鬪		一	康熙年	光裕堂精刊	

集部 二九

书名	编著者	卷数	册数	刊刻年代	版本	备注
善善集	清 曹一樾		一	道光九年	刊本	
漁村鼓盆集	清 余文海		一	民國一五年	石印本	
紅杏樓唱和詩存 附五十述懷	宋尹素	二	一		抄本	
韓夫人誄辭	韓國鈞		一	民國一五年	影印本	
詩文評類						
高庵詩話	清 譚增	三	一	道光二二年	刊本	
伯山詩話 五集	清 康發祥	一六	六	咸豐一一年	刊本	
伯山詩話 三集	清 康發祥	八	四	咸豐一一年	刊本	
伯山詩話 殘存 後集 再續集	清 康發祥	六	三	咸豐一八年	刊本	
伯山詩話 殘存 前集	清 康發祥	一	一		傳抄本	
文法一掇	清 魏茂林	四	四	道光辛丑	錢氏刊本	
詞類別集						
墨華詞	清 宮鴻歷	一	一		本館傳抄本	
修月詞	清 繆炯培	八	一		紅蕉山莊傳抄本	
憶園詞鈔	清 陳烈	二	一		舊抄本	
竹所詞	清 吳含	十一	一	道光五年	吳備合稿刊本	
余樓書屋詞	清 儲夢熊					
憶舊圖記	清 王致淵	一	一		紅蕉山莊抄本	
受辛詞	清 王芙	二	一	光緒癸未	倚鳳刊本	
紅杏館詩餘	楊務職		一		手寫本	

书名	编著者	卷数	册数	刊刻年代	版本	备注
蘭雪居詞稿	楊補職		一		手寫本	
黄荻生先生詞稿	清 黄荔	二	一	一九五七年	陳冕文手抄本	
詞類 總集						
程氏詞膾	程嵩齡		一		徐蘭人抄本	
詞類 詞話						
古雨齋詞話 附詞存詩抄	清 陳燁	八	四	光緒二十年	包氏刊本	
古雨齋詞話	清 陳燁	八	一	民國一五年	五師詞曲會油印本	
曲類						
桃花扇傳奇	清 孔尚任	二	四		刊本	
桃花扇傳奇	清 孔尚任	四	五	光緒乙未	蘭雪堂校刊本	

集部 三十

书名	编著者	卷数	册数	刊刻年代	版本	备注
繪圖桃花扇傳奇	清 孔尚任	四	四	光緒甲午年	石印袖珍本	
紅樓夢傳奇	清 仲振奎	二	四	嘉慶二年	綠雲紅雨山房刊本	
後緹縈南曲	清 江宗沂	一	一	光緒一一年	夏氏刊本	
孝女蔡蕙彈詞	程瞻廬	一	一	民國九年	商務書館鉛印本	
鳳還巢 京劇	梅蘭芳		一	一九五五年	北京寶文堂鉛印本	
貴妃醉酒	梅蘭芳		一	一九五五年	北京寶文堂鉛印本	
抗金兵	梅蘭芳		一	一九五五年	北京寶文堂鉛印本	
小説類 筆記						
清波雜志	宋 周煇	一二	二		四部叢刊影印本	
清波雜志 附別志	宋 周煇	一五			知不足齋叢書本	第十八集

书名	编著者	卷数	册数	刊刻年代	版本	备注
叢談偶録	清 姜鳳喈		一	民國一九年	石印本	
叢談偶録	清 姜鳳喈		一		紅栗山房抄本	
雨詠軒筆記	清 徐鳴珂	三	一		抄本	
觀心室樂言	清 陳兪詔	一	合一	咸豐八年	刊本	
觀心室筆談	清 陳兪詔	一				
桐蔭隨筆	清 唐沅	四	一		徐老漁稿本	
領秋軒録	清 張傳仁		一		領秋軒雜著本	
冶城塗抹	清 張傳仁		一		領秋軒雜著本	
領秋軒隨筆	清 張傳仁		一		領秋軒雜著本	
春紅晚白軒雜綴	夏之麐		一		欲靡叢稿剪貼本	

集部 三一

书名	编著者	卷数	册数	刊刻年代	版本	备注
悔庵筆記	陳祖培		一		手寫本	
聽鸝館筆記	陳祖培		八		手寫本	
劫庵雜鈔	徐炳華		三		手抄本	聯語詞

书名	编著者	卷数	册数	刊刻年代	版本	备注
地方類						
海陵叢刻二十三種	韓國鈞編			民國八年	鉛印本	
退庵筆記	清 夏荃	一六	六	民國八年	鉛印本	
梓里舊聞	清 夏荃	八	二			
退庵錢譜	清 夏荃	八	三			
海陵集 附外集	宋 周麟之	二三	四			
林東城文集	明 林春	二	二			
小學駢支	清 田寶臣	八	四		石印	
運氣辨	清 陸儋辰		二		影印	
依歸草二刻	清 張符驤	一二	六		木刻	
叢部					三二	
敬止集	明 陳應芳	三	二			
庭聞州世說 附先進風格	明 宮偉鏐	七	二			
微尚錄存	明 宮偉鏐	六	一			
春秋長歷集證	清 陳厚耀	十	四			
海安考古錄	清 王葉韜	四	三			
繪事微言	明 唐志契	四	二			
陸筦泉醫書	清 陸儋辰		六			
柴墟文集	明 儲巏	一五	四			原訂四册，現存卷六—十二
東皋詩集	元 馬玉麟	五	一			
發幽錄	清 沈默		一			

书名	编著者	卷数	册数	刊刻年代	版本	备注
雙虹堂詩選	清 張幼學		四			
先我集	清 陳文田	四	四			
北轅集	宋 周煇	一	一			
袁景寧集	清 袁衡	二	一			
研露山房叢書	清 夏荃編		二	道光年間	紅格抄本	
書斷	唐 張懷瓘	三	一			
海陵三仙傳	宋 王禹錫	一	一			
北轅錄	宋 周煇	一	一			
南燼紀聞	宋 周煇	一	一			
保越錄			一			
叢部					三三	
庭聞州世說	明 宮偉鏐	七	二			
徵研好求	清 鄧勵相	一				
召對紀言	清 陳厚耀	一	合一			
初入翰苑記	清 張符驤					
慈亭隨筆	清 王孫驂	二	二			
舊燕樓遺詩	清 黃九河	一	一			
徐集小箋		四	一	民國	刻本	
自著類						
費氏遺書	清 費密	五	三	民國庚申	大關唐氏刊本	
弘道書 附錄	清 費密	三	二			

书名	编著者	卷数	册数	刊刻年代	版本	备注
荒書	清 費密	一	合一			
燕峯詩鈔	清 費密	一				
伯山全集	清 康發祥		一六	道光至咸豐年	刊本	
三國志補義	清 康發祥	一三	四			
小海山房詩集	清 康發祥	一	一			
愛日集	清 康發祥	一				
望雲集	清 康發祥	七	三			
癸巳集	清 康發祥	七				
由庚集 附詩鈔	清 康發祥	二	一			
伯山文鈔	清 康發祥	一	一			

叢部 三四

书名	编著者	卷数	册数	刊刻年代	版本	备注
伯山詩話 後集 續集 三四續集	清 康發祥	二六	六			
唐拙老遺稿	清 唐沅		七	光緒年間	自濡訂稿本	
桐蔭隨筆	清 唐沅	四	一			
古今文林摘艷	清 唐沅		一			
三峯草堂類稿	清 唐沅		一			
三峯草堂詩稿	清 唐沅		一			
望海樓尺牘	清 唐沅		三			
領秋軒雜著	清 張傳仁		五	光緒年間	手稿本	
領秋軒吟草	清 張傳仁		一			
領秋軒錄	清 張傳仁		一			

书名	编著者	卷数	册数	刊刻年代	版本	备注
領秋軒隨書	清 張傳仁		一			
領秋軒隨筆	清 張傳仁		一			
冶城塗抹	清 張傳仁		一			
耐庵叢稿	夏兆麐		九		報刊剪貼本	
梓閒餘錄	夏兆麐		一			
吳陵牧影	夏兆麐		一			
吳陵藝苑	夏兆麐		一			
吳陵野記	夏兆麐		一			
春紉晚白軒雜綴	夏兆麐		一			
丁卯兵災錄	夏兆麐		合一			

叢部 三五

书名	编著者	卷数	册数	刊刻年代	版本	备注
辛未水災錄	夏兆麐					
海陵文拾	夏兆麐		一			
泰縣風俗談	夏兆麐		一			
泰縣氏族畧	夏兆麐					
兩漢地方自治制度考	夏兆麐		合一			
岳峨小志	夏兆麐					
松柏庵小志	夏兆麐					
耐庵叢著	夏兆麐		四五	民國年	清稿本	
族譜纂概要	夏兆麐		一			
論語攷要	夏兆麐		一			

书名	编著者	卷数	册数	刊刻年代	版本	备注
新生治解証	夏兆麐		一		報刊剪貼本	
两漢地方自治制度考	夏兆麐		一		報刊本	
螢華文存	夏兆麐	四	四			
瑞芳堂諧著	夏兆麐	五	五			
繡餘續墨	夏兆麐	一四	三			
春紅晚白軒雜綴	夏兆麐		二		報刊本	
松林庵小志	夏兆麐		一		報刊本	
泰縣内政志	夏兆麐		四			以下第二集
泰縣方言補 吳陵諧鈔	夏兆麐		一			
泰縣風俗談	夏兆麐		一		報刊本	
叢部					三六	
泰縣氏族畧	夏兆麐	三	一		報刊本	
泰縣三大災錄	夏兆麐		三			兵災水災有報刊本
吳野人生活	夏兆麐		一			
吳陵野紀	夏兆麐	八	三		報刊本	
吳陵牧影	夏兆麐		一		報刊本	
吳陵藝苑	夏兆麐		一		報刊本	
甯安一斑	夏兆麐		一			
梓里搜奇錄	夏兆麐		一			以下第三集
梓閒餘録	夏兆麐	四	一		報刊本	
海陵文拾	夏兆麐		一		報刊本	

书名	编著者	卷数	册数	刊刻年代	版本	备注
海陵詩史	夏兆麐		二			
國學研究社詩文選	夏兆麐		四			
家集類						
宮氏一家稿	清 宮元濂		二		手抄本	
春雨草堂詩鈔	清 宮元濂選		一			
習静書屋藏稿	清 宮斐華		一			
春雨草堂詩抄	清 宮元濂		三			
倦游零稿	清 宮元濂		一			
環溪寄稿	清 宮元濂		一			
課餘續聞	清 宮元濂		二			
叢部					三七	
濟世妙義	清 宮元濂		二			
龍樹精舍叢書	清 王耕心		四	光緒六年	自刊本	
尚詩微名	清 王蔭祜	二	合一			
覽華館詩存	清 王蔭祜	一				
椒園居士集	清 王定柱	六	二			
樸隱庵賸稿	清 王世耀等	一	一			
龍樹精舍叢書 殘本		四			抄本	
椒園居士集	清 王定柱	一				
傅太宜人八十壽叙	清 王定柱	一				
蟬葉秋吟	清 王定柱	一				

书名	編著者	卷数	册数	刊刻年代	版本	备注
從政餘談	清 王兆柱	一				
笠旋堂叢書 附香草堂叢書	清 楊銘		二	光緒二一年	刊本	
蕉雨軒詩	清 楊謙		一			
蝸山草堂詩	清 陳聚					
三癖齋詩	清 楊香					
郁堂詩	清 楊馥					
半龕詩	清 陳智開					
小迦陵館詩	清 陳寶		一			
讀雪齋詩	清 陳寬					
望雲樓詩	清 徐奚中					

叢部

三八

书名	編著者	卷数	册数	刊刻年代	版本	备注
凌秋閣詩	清 陳宜					
吟秋閣詩	清 陳盈					

书名	編著者	卷数	册数	刊刻年代	版本	备注
地方抄刻書 經類						
師竹齋經史問答			二	光緒壬寅	吳陵蕭氏刊本	
養蒙針度	清 潘子聲	五	四	道光一八年	泰州懷德堂重刊本	
禮記		四	四		宮氏抄本	
音學五書	明 顧炎武	三八	一二	光緒甲申	李星南抄本	
儀禮			二		抄本	宮麟珠墨批
學庸章句	宋 朱熹	二	一		刊本	宮麟珠墨批
四書章句	宋 朱熹	一九	六		合志堂刊本	過録李晴峯批
地方抄刻書 史類						
史畧詞話	明 楊慎	二	二		宮紫陽校刊本	

附部

三九

书名	編著者	卷数	册数	刊刻年代	版本	备注
鑑要	清 余玉鐄	四	二	道光一四年	王晋頤重刊本	
學治臆說	清 汪輝祖	三	一	道光二四年	陳金詔重刊本	
佐治藥言	清 汪輝祖	二	一		陳金詔重刊本	
武功縣志	明 康海	四	一	光緒一〇年	許鼐鼎重刊本	
三國志補注 殘存	清 杭世駿	三	一	道光年	小海山房抄本	
續刻書目續編			一		劉麗樵抄本	
三國志	晋 陳壽	六五	一六	道光乙巳	蔣蕉山房本	劉麗樵評校
南唐書	宋 陸游	一八	六	明	汲古閣本	劉麗樵硃校
同治正定縣志	清 趙文濂	四六	一四		刊本	王道農墨批校
地方抄刻書 子類						

书名	編著者	卷數	册數	刊刻年代	版本	备注
小學集注	宋 高愈	六	二	同治五年	程小松重刊本	
了凡四訓			一	光緒十六年	海陵重刊本	
洗冤錄外編		二	一	同治二年	陳小松刊本	
温病條辨	清 吳瑭	六	六	同治二年	紀雲卿重刊本	
吊脚痧方論	清 徐子默		一	光緒元年	朱宗昌刊本	
保產萬全經	清 馮兆張	二	四	乾隆九年	汪氏藏丘堂刊本	
千金至寶 附達生篇	清 莊一夔	二	一	嘉慶九年 同治四年	湯氏重刊本	
御製大雲輪請雨經	清 愛新覺羅弘曆	一	一	咸豐五年	泰州知州重刊本	許道身
千手千眼大悲心像陀羅尼神咒		一	一	咸豐年	陳守吾重刊本	
勸修淨土切要	清 真益	一	一	咸豐五年	許然身刊本	

雜集

四十

书名	編著者	卷數	册數	刊刻年代	版本	备注
禪門日誦			一	光緒三十年	南山寺重刊本	
太上感應篇直講			一	民國三年	韓國慶重刊	
太微仙君功過格		一	一	光緒二十四年	同善堂刊本	
增訂戒淫功過格		一	一	光緒二十二年	洪氏刊本	
仁化編			一	嘉慶年間	陳氏百歲堂重刊	
桂杏聯芳譜	清 徐謙	六	四	咸豐四年	黄維岱刊本	
陰隲文圖説		四	四	同治年	墨緣山房重刊	
處世錄		一	一	同治三年	德成堂刊本	
餐霞錄		一	一	同治六年	蔣維慶刊本	
渡人舟		四	一	光緒二十八年	黄怡青重刊	

书名	編著者	卷數	册數	刊刻年代	版本	备注
初學記	唐 徐堅	三十	八	清	宮紫陽補刻明本	
儒門語要	清 倪元坦	六	四		吳熙庭過批本	
太上混元道德經注			二		黄葆生批同治刊本	
地方抄刻書集類						
楊忠愍公集	明 楊繼盛	四	四	康熙年	朱永輝堂刊	
梅花詩	清 孫喬庵		一	約康熙間	程氏藏歸堂刊	
閑然堂詩文稿	清 應澧	十三	五	道光二十六年	張文杲刊本	
倩景樓詩稿	清 陸倩	二	一	同治二年	洪肖梅重刊	
梅廬詩鈔 附詞	清 張律蘭	六	五	咸豐戊午	柳榮宗刊本	
詩評	梁 鍾嶸	三	一	咸豐十年	陳守吾刊本	

附部

四八

书名	編著者	卷數	册數	刊刻年代	版本	备注
奇雋止厂詞合鈔	清 丁立業 楊世源	二	一	民國九年	楊沅石刊本	
閒處光陰	清 彭邦鼎	二	二	光緒二十四年	許子愛刊之印本	
東坡先生詩集	宋 蘇軾		四		宮氏刊本	
宋詩鈔選	清 吳之振		一		徐漢甫抄本	
詞林正均	清 戈載	三	一	光緒九年	朱紫仙抄本	
拜鵑堂詩選 附畊庵選詩	潘問奇		一		徐蘭人抄本	
曹集銓評	清 丁晏	十二	二		金陵本	王通叟批校
古文賞音	清 謝有輝	十二	十二		宮鼐評硃批本	
本朝館閣賦前後集	清 程洵	二十	十	乾隆丙寅	宮節溪選訂本	
古詩源	清 沈德潛	十四	二		刊本	馬翙兩手錄黄蓀年批

江蘇省泰州市圖書館古籍善本書目

泰州市圖書館 編

《江蘇省泰州市圖書館古籍善本書目》，泰州市圖書館編，據南京圖書館藏一九八四年泰州市圖書館油印本影印。

是書《弁言》指出：『泰州古城，濱海通江，人文薈萃、典籍豐富，學者輩出。』『泰州籍學者之著作及各大家之私人藏書，乃館藏古籍之一大特色。又所藏清別集及清初精刻本質佳量多，乃館藏古籍之又一大特色。』『本館庋藏古籍約一萬餘種，五萬餘册。其中全國善本一百五十八種，泰州地方善本二百一十九種。』此書目所收録的善本範圍比國家的善本書範圍略寬，共收善本古籍三百七十七種，分別標爲善甲、善乙。前者爲全國善本，有一百五十八種，後者爲泰州地方善本，有二百一十九種。

（江慶柏）

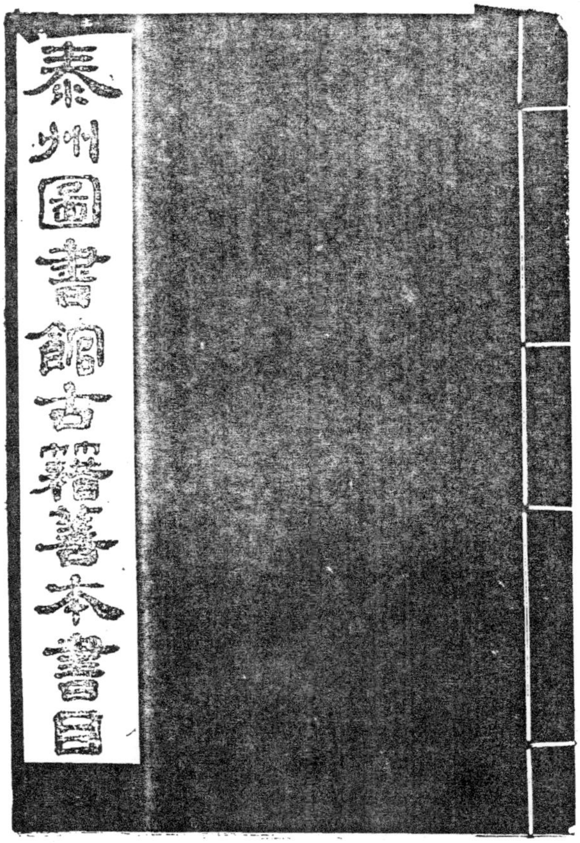

江蘇省泰州市圖書館

古籍善本書目

甲子仲秋新編

一九八四年
十月新編

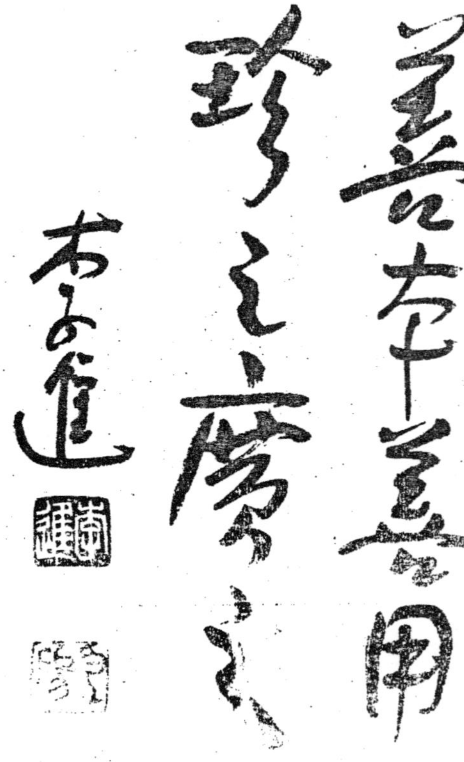
善本善用
珍之廣之
李進

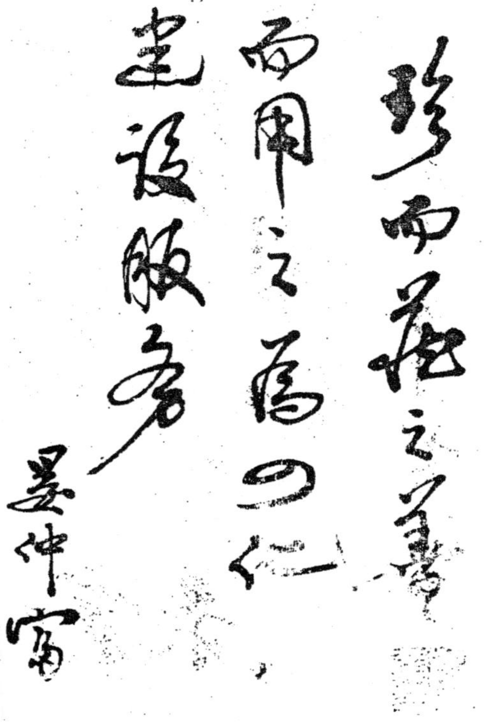
珍而藏之
善而用之為四化
建設服務
晏仲寅

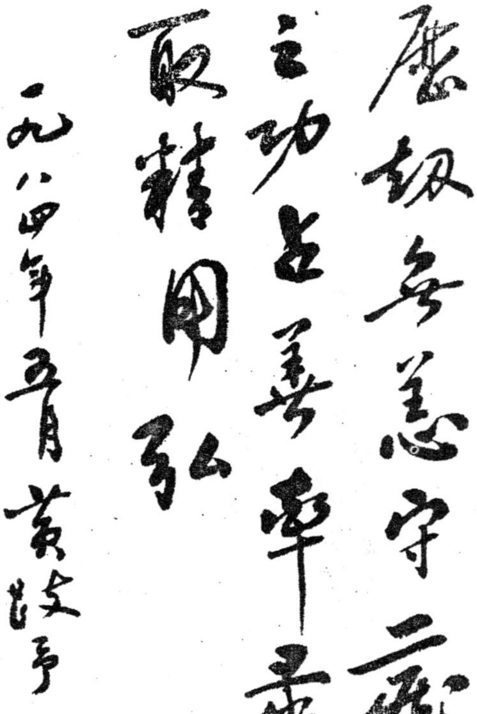
歷劫無恙守之虔
之功在善本求
取精用弘
一九八四年五月 黄政爭

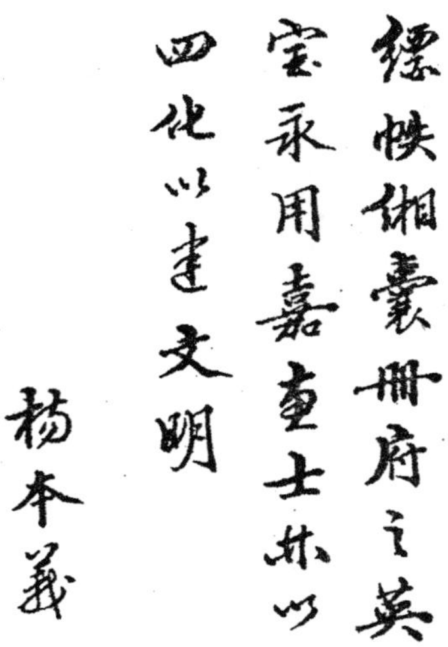
縹帙緗囊冊府之英永
寶永用嘉惠士林以興
四化以建文明
楊本義

弁言

泰州古城濱海通江人文會萃典籍豐富學者輩出如北宋教育家胡瑗清代科學家陳厚耀等皆名揚海内王艮所立之泰州學派哲學史上獨樹一幟此外清代大學者惠棟阮元丁晏劉熙等與泰州關係密切其私人藏書本館收藏甚多泰州籍學者之著作及各大家之私人藏書乃館藏古籍之一大特色又所藏清别集及清初精刻本質佳量多乃館藏古籍之又一大特色本館庋藏古籍約一萬餘種五萬餘册其中全國善本一百五十八種泰州地方善本二百一十九種此目僅全國古籍善本書總目分類表分爲經史子集叢五部細類至二級類目爲止此目依全國古籍善本書總目收録範圍以歷史文物性學術資料性藝術代表性三者爲準則於地方文獻等略寬共收善本古籍三百七十七種其中經部六十三種史部四十七種子部五十六種集部一百七十八種叢部三種標善甲者爲全國善本標善乙者爲泰州地方善本全國善本一百五十八種其中經部十四種史部二十二種子部二十八種集部九十三種叢部一種此目按全國古籍善本書總目著録條例著録繁簡略有變通著録順序爲書名卷數著者版本批校題跋稽核附注古籍善本乃吾國寶貴文化遺産爲珍藏善用並爲編全國古籍善本書總目蒐集資料本館乃編此目倉促爲之疏漏難免敬祈方家賜教

甲子秋九月　泰州市圖書館

目錄

目錄終

江蘇省泰州市圖書館古籍善本書目

經部

總類

通志堂經解　清納蘭成德輯　清康熙通志堂刻本　存十四種一百七十七卷　二十九册

半頁十一行，行十八字或二十字，小字雙行行十八字或字數無定，白口，左右雙邊，有刻工，版心下鎸「通志堂」。善乙

書集傳或問二卷　宋陳大猷撰　四册

杏溪傳氏禹貢集解二卷　宋傅寅撰　四册

劉氏春秋意林二卷　宋劉敞撰

春秋名號歸一圖二卷　後蜀馮繼先撰

春秋年表一卷　以上三書合一册

春秋臣傳三十卷　宋王當撰　二册

西疇居士春秋本例二十卷　宋崔子方撰　二册

石林先生春秋傳二十卷　宋葉夢得撰　一册

春秋或問二十卷　宋呂大圭撰

春秋五論一卷　宋呂大圭撰

則堂先生春秋集傳詳說三十卷綱領一卷 宋家鉉翁撰

以上三書共八册

春秋類對賦一卷 宋徐晉卿撰

春秋諸國統紀六卷 元齊履謙撰 以上二書合一册

春秋本義三十卷首一卷 元程端學撰

春秋或問十卷 元程端學撰 存八卷一至八 以上二書共七册

五經揭要二十五卷 清許寶善撰 清乾隆自貽軒原刻本 六册 書版自魚尾處用黑綫分爲上下兩格魚尾下半頁九行行二十一字小字雙行行字同魚尾上半頁小字十八行行十一字 白口 左右雙邊 無刻工 扉頁鐫自貽軒藏版 善乙

經部 總類 易類 二

周易揭要三卷 清乾隆五十三年刻 一册

書經揭要六卷 清乾隆五十三年刻 一册

詩經揭要四卷 清乾隆五十四年刻 一册

禮記揭要六卷 清乾隆五十四年刻 二册

春秋三傳揭要六卷 清乾隆五十九年刻 一册

易類

子夏易傳十一卷 周卜商撰 清康熙納蘭成德刻通志堂經解本 四册 半頁十一行行二十字 白口 左右雙邊 有惠棟家藏楊氏壽農等印 善乙

周易口義十三卷 宋胡瑗撰 清康熙二十六年白石山房刻本 六册 有圖 半頁十行行二十字 白口 四周雙邊 無刻工 扉頁鐫白石山房新梓 善乙

周易經傳傳義二十四卷 宋程頤朱熹撰 明刻本 卷一至三配明嘉靖吉澄刻本 六册 半頁九行行十七字小字雙行行字同 大黑口 左右雙邊 有刻工 配本半頁九行行十七字小字雙行行字同 白口 左右雙邊 有刻工 卷三後有牌記巡按福建監察御史開州吉澄校刊縉雲樊獻科重訂 有丁福保字仲祜等印 善甲

周易啟蒙翼傳外篇不分卷 元胡一桂撰 清四庫全書本 二册 善甲

經部 易類 書類 三

易經揆一十四卷易學啟蒙補二卷 清梁錫璵撰 清乾隆十六年刻本 十册 半頁十行行二十一字 白口 四周雙邊 無刻工 扉頁題御覽易經揆一 善乙

周易述二十三卷 清惠棟撰 清乾隆二十五年雅雨堂刻本 四册 半頁十行行二十一字 小字雙行行字同 白口 四周單邊 無刻工 版心下鐫雅雨堂 善乙

周易虞氏義九卷虞氏消息二卷 清張惠言撰 清嘉慶八年阮氏琅嬛僊館刻本 四册 半頁十一行行二十三字小字雙行行字同 白口 左右雙邊 無刻工 扉頁鐫嘉慶八年揚州阮氏琅嬛僊館栞板 善乙

書類

尚書古文疏證八卷 清閻若璩撰 清乾隆十年眷西堂刻本 九册 半頁十一行行二十字 白口 左右雙邊 無刻工 版心下鐫眷西堂 善乙

尚書後案三十卷尚書後辨一卷 清王鳴盛撰 清乾隆刻本 八册 半頁十四行行三十字小字雙行行四十五字 綫黑口 四周單邊 無刻工 善乙

禹貢譜二卷圖 清王澍撰 清王澍原刻本 二册 有行款不齊 黑口 四周單邊 [illegible]刻工 善乙

洪範正論五卷 清胡渭撰 清乾隆四年耆學齋刻本 二册 半頁十一行行二十一字小字雙行行字同 白口 左右雙邊 無刻工 扉頁鐫耆學齋藏版 善乙

經部 書類 詩類 四

大誓答問一卷 清龔自珍撰 清道光十二年刻本 一册 半頁十行行二十字 黑口 左右雙邊 有刻工 善甲

詩類

毛詩日箋六卷 清秦松齡撰 清康熙三十九年尊賢堂刻本 二册 半頁十行行二十一字 黑口 左右雙邊 無刻工 有丁福保鑑藏經籍圖書印 善乙

毛詩名物圖說九卷 清徐鼎撰 清乾隆三十六年原刻本 二册 有圖 魚尾以上爲圖 魚尾以下半頁十四行行二十字 白口 四周單邊 無刻工 善乙

三家詩拾遺十卷 清范家相撰 清嘉慶十五年古趣亭刻本 三册 半頁十行行二十二字小字雙行行字同 黑口 左右雙邊 無刻工 扉頁鐫嘉慶庚午年鐫古趣亭藏板 善乙

禮類

周官禄田考三卷 清沈彤撰 清乾隆刻本 三册 半頁十一行行二十一字小字雙行行字同 白口 左右雙邊 善乙

讀禮通考一百二十卷 清徐乾學撰 清康熙三十五年冠山堂原刻本 四十册 半頁十三行行二十一字小字雙行行三十一字 白口 左右雙邊 有刻工 扉頁鐫冠山堂藏板 善乙

經部 詩類 禮類 五

儀禮圖六卷 清張惠言撰 清嘉慶十年揚州阮氏刻本 二册 有圖 半頁十八行行二十六字小字雙行行字同 白口 四周雙邊 無刻工 扉頁題張皋文儀禮圖六卷 善乙

禮記章義十卷 清姜兆錫撰 清雍正十年寅清樓刻本 清潘德輿批 二册 存六卷（一至六） 半頁十行行二十五字小字雙行行字同 白口 四周單邊 無刻工 善甲

參讀禮志疑二卷 清汪紱撰 清乾隆三十六年棲碧山房刻本 二册 半頁十行行二十一字小字雙行行字同 白口 左右雙邊 有刻工 扉頁鐫棲碧山房藏版 善乙

五禮通考二百六十二卷 清乾隆味經窩刻本 一册 半頁十三行行二十一字小字雙行行三十一字 白口 左右雙邊 有刻工 扉頁鐫味經窩藏板 善乙

司馬氏書儀十卷 宋司馬光撰 清雍正元年汪亮采研香書屋刻本 一册 半頁十一行行十九字小字雙行行二十四字 白口 左右雙邊 有刻工 扉頁鎸司馬温公書儀研香書屋藏版 善甲

文公家禮儀節八卷 宋朱熹撰 明楊慎輯 明末刻本 四册 半頁九行行十八字小字雙行行字同 白口 左右雙邊 無刻工 版心上鎸家禮儀節 善乙

春秋類

春秋左傳節文十五卷 明汪道昆輯 明萬曆刻本 十册 半頁九行行十八字 白口 左右雙邊 有刻工 善甲

經部 禮類 春秋類 六

春秋左傳地名録二卷春秋外傳國語地名録一卷 明劉城輯 春秋提要一卷春秋列國圖説一卷 題[illegible] 蘇軾撰 春秋左傳異名考一卷 明閔光德輯 詩[illegible] 興廢一卷 明崇禎刻本 一册 半頁九行行二[illegible] 十一字 白口 四周單邊 無刻工 善甲

公羊傳一卷穀梁傳不分卷 清王源評訂 清康熙五[illegible] 十五年柳衣園精刻本 三册 半頁八行行十八字小字雙行行二十三字 白口 左右雙邊 有刻工 善乙

公羊禮説一卷 清凌曙撰 清嘉慶二十四年原刻本 一册 半頁十一行行二十二字

白口 左右雙邊 無刻工 善乙

春秋胡傳三十卷 宋胡安國撰 綱領一卷列國圖説一卷諸國興廢説一卷提要一卷 明崇禎六年閔齊伋刻本 四册 半頁九行行十八字小字雙行行字同 白口 左右雙邊 無刻工 善甲

春秋經傳闕疑四十五卷 元鄭玉撰 清天游堂刻本 十二册 半頁十行行二十一字 白口 左右雙邊 無刻工 題[illegible]肇新校梓 版心下鎸天游堂及每頁字數 扉頁鎸天游堂藏板 善乙

春秋氏族譜一卷 清陳厚耀輯 清初刻本 二册 行款不齊 白口 四周單邊 [illegible]

經部 春秋類 四書類 七

刻工 善乙

四書類

四書朱子異同條辨四十卷 清李沛霖撰 清康熙[illegible]文堂刻本 二十四册 半頁九行行二十一字小字雙行行字同 白口 左右雙邊 無刻工 版心下鎸近譬堂[illegible] 扉頁鎸朱文堂梓行 善乙

繙譯四書六卷 清乾隆敕撰 清乾隆殿刻本 滿漢文對照 十三册 半頁十四行行字數無定 白口 四周雙邊 無界欄 無刻工 善乙

群經總義類

古經解鈎沉三十卷 清余蕭客輯 清乾隆六十年原刻本 十册 半頁十一行行二
十字小字雙行行字同 黑口 四周雙邊 無
刻工 善乙

古經解鈎沉三十卷 清余蕭客輯 清道光二十年京江魯氏刻本 八册 半頁十一
行行二十字小字雙行行字同 黑口 四周雙
邊 無刻工 扉頁鐫補刊古經解鈎沉京江魯
氏藏板 善乙

稽古日鈔八卷 清郁文等輯 清乾隆二十九年秋曉山房刻本 半頁十行行二十四字小
字雙行行字同 白口 左右雙邊 無刻工
版心下鐫秋曉山房 善乙

五經圖十二卷 佚名撰 明盧謙訂正 清盧雲英編録 清雍正二年刻本 六册 有

經部 經總類 八

圖 白口 四周單邊 無刻工 善乙

六經圖二十四卷 清鄭之僑編輯 清乾隆九年述堂刊本 十二册 有圖 半頁九行
行二十二字 白口 四周雙邊 無刻工 版
心下鐫述堂 善乙

五經文字三卷 唐張參撰 新加九經字樣一卷 唐唐玄
度撰 清馬氏叢書樓刻本 二册 半頁五行
小字雙行行字數無定 無版心 無界欄
四周單邊 無刻工 扉頁鐫依石經原本摹
書樓開雕 善乙

經傳釋詞十卷 清王引之撰 清嘉慶三年原刻本
二册 半頁十行行二十一字小字雙
行行字同 黑口 四周雙邊 無刻工 善乙

經傳釋詞十卷 清王引之撰 清道光二十七年刻本 二册 半頁十行行二十一字小字
雙行行字同 白口 左右雙邊 無刻工 扉
頁鐫道光丁未冬刊掃葉山民書首 有丁福保
藏書印 善乙

小學類

爾雅正義二十卷 清邵晉涵撰 爾雅釋文三卷 唐陸德
明撰 清乾隆五十三年面水層軒刻本 十册
半頁九行行二十一字小字雙行行字同
白口 四周雙邊 有刻工 扉頁鐫餘姚邵
氏家塾本面水層軒藏板 善乙

駢雅七卷 明朱謀㙔撰 駢雅音釋一卷 明萬曆二十年刻本 一册

經部 經總類 小學類 九

半頁八行行十八字小字雙行或單行行字同
白口 四周單邊 有刻工 善甲

問奇典註六卷 清唐英輯 清乾隆十一年古柏堂刻本 六册 半頁五行行字數無定
白口 四周雙邊 無刻工 版心下鐫古柏堂
善甲

小學駢支八卷 清田寶臣撰 稿本 二册 存四卷 一至四 八行藍格本 書口下鐫
秀山堂 善乙

說文解字十五卷 漢許慎撰 吳恂校 清初毛氏汲古閣刻本 六册 半頁七行小字
雙行行字數無定 白口 左右雙邊 無刻工
扉頁題北宋校刊說文真本汲古閣藏板 善
甲

說文解字十五卷 漢許慎撰 清初毛氏汲古閣刻本 八冊 半頁七行小字雙行行字數無定 白口 左右雙邊 無刻工 扉頁題北宋校刊說文真本汲古閣藏板 善甲

說文解字注三十卷六書音均表二卷 清段玉裁撰 清嘉慶經韻樓刻本 十六冊 半頁九行行二十二字小字雙行行字同 白口 左右雙邊 無刻工 扉頁鐫經韻樓藏版 善乙

說文通訓定聲十八卷柬韻一卷說雅十九篇古今韻準一卷行狀一卷 清朱駿聲撰 清同治九年臨嘯閣刻本 二十八冊 半頁十行小字雙行行字數無定 白口 四周雙邊 無刻工 扉頁鐫臨嘯閣藏板 善乙

經部 小學類 十

大廣益會玉篇三十卷 梁顧野王撰 唐孫強增字 宋陳彭年等重脩 清康熙澤存堂刻本 六冊 半頁十行行二十字小字雙行行二十七或二十八字 白口 左右雙邊 有刻工 扉頁題張氏重刊宋本玉篇澤存堂藏板 善乙

汗簡七卷 宋郭忠恕撰 清康熙一隅草堂刻本 二冊 半頁八行行字數無定 白口 左右雙邊 無刻工 版心下鐫一隅艸堂 善乙

漢隸字源五卷碑目一卷 宋婁機撰 明末毛氏汲古閣刻本 五冊 存五卷一至四碑目全 行款不齊 白口 左右雙邊 無刻工 版心下鐫汲古閣 善乙

班馬字類五卷 宋婁機撰 清經鉏堂仿宋刻本 二冊 半頁六行小字雙行行字數無定 綫黑口 四周單邊 無刻工 扉頁題宋淳熙本史漢字類經鉏堂藏板 有丁壽昌印讀蓮齋鑒賞章蘇泉過眼等印 善乙

字鑑五卷 元李文仲撰 清道光五年許槤學經書塾刻本 一冊 半頁七行小字雙行行字數無定 黑口 左右雙邊 無刻工 扉頁題元本訂正字鑑學經書塾影版 善甲

重刊詳校篇海五卷 明宋濂撰 李登校訂 明萬曆三十六年刻本 十冊 半頁十行小字雙行行字數無定 白口 左右雙邊 無刻工 善甲

六書通十卷 明閔齊伋撰 清畢宏述篆訂 清乾隆六十年刻本 六冊 半頁八行小字雙行行字數無定 白口 四周雙邊 無刻工 版心下鐫本頁字數 善乙

經部 小學類 十一

六書分類十二卷首一卷 清傅世垚撰 清康熙四十四年聽松閣刻本 十二冊 半頁八行小字雙行行字數無定 白口 四周單邊 無刻工 版心下鐫聽松閣 善乙

隸篇十五卷續十五卷再續十五卷 清翟云升撰 清道光十七年刻本 十冊 行款不齊 白口 左右雙邊 無刻工 扉頁鐫隸篇杭州許槤題道光十七年五月開彫十八年六月成 善乙

鐘鼎字源五卷 清汪立名撰 清光緒二年洞庭秦氏麟慶堂重刻本 三冊 半頁六行行字數無定 白口 左右雙邊 無刻工 扉頁鐫洞庭秦氏麟慶堂藏板 書後鐫平湖縣東首盛文萃刻字店刻 善乙

廣韻五卷 宋陳彭年等撰 清康熙六年刻本 二册 半頁八行行十二字小字雙行行二十四字 白口 左右雙邊 有刻工 有秦恩復石研齋藏書印 善乙

詩韻釋略五卷 清梁應圻撰 清康熙十七年刻本 二册 半頁八行行小字雙行行字數無定 白口 四周單邊 無刻工 善乙

韻歧五卷 清江昱撰 清乾隆二十六年湘東署齋刻本 二册 半頁九行小字雙行行字數不定 綫黑口 左右雙邊 無刻工 扉頁鎸湘東署齋刻 善乙

經部 小學類 十二

史部

紀傳類

史記一百三十卷 漢司馬遷撰 劉宋裴駰集解 唐司馬貞索隱 張守節正義 明張守約刻本 卷十九至三十配清抄本 二十四册 半頁九行行二十一字小字雙行行字同 白口 四周雙邊 有刻工 善甲

史記一百三十卷 漢司馬遷撰 明鍾惺評 明末大來堂刻本 清止庵批 十六册 半頁九行行十八字小字雙行行字同 白口 四周單邊 版心下鎸大來堂 善甲

前漢書一百卷 漢班固撰 唐顔師古注 明嘉靖十六年廣東崇正書院重修本 卷一至五、卷二十八至三十配清抄本 四十册 半頁十行行二十二字小字雙行行字同 白口 四周單邊 無刻工 善甲

後漢書九十卷 劉宋范曄撰 唐李賢注 志三十卷 晉司馬彪撰 梁劉昭注 明刻本 二十四册 半頁九行行二十字小字雙行行字同 白口 左右雙邊 無刻工 目録前題明浙汜陳祖苞訂 善甲

季漢書六十卷 明謝陛撰 明末鍾人傑刻本 十二册 半頁九行行二十字小字雙行行字同 白口 四周單邊 無刻工 善甲

明史稿三百十卷目録三卷 清王鴻緒撰 清雍正敬慎堂刻本 五十册 半

史部 紀傳類 十三

頁十一行行二十三字小字雙行行字同　白口
左右雙邊　無刻工　版心下鐫敬慎堂　撰
字缺末筆避諱　有揚州阮氏琅嬛僊館藏書印
研經室阮氏收藏文選樓提督浙江學政關防等
印　善乙

編年類

宋元通鑑一百五十七卷　明薛應旂撰　陳仁錫評　明天啓六年陳氏刻本　三
十二册　半頁十行行二十字小字雙行行字同
白口　四周單邊　善乙

兩漢紀六十卷　清康熙三十五年蔣氏樂三堂刻本　十册　半頁十一行行二十一字　黑
口　左右雙邊　有刻工　善乙

前漢紀三十卷　漢荀悅撰

後漢紀三十卷　晉袁宏撰

兩漢紀字句異同考一卷　清蔣國祥撰

紀事本末類

靖海志四卷　清彭孫貽撰　清抄本　二册　善甲

雜史

尚史七十卷目録一卷世系圖一卷序傳一卷　清李鍇撰　清
乾隆三十八年悅道樓刻本　二十八册　有圖
半頁十行行二十四字小字雙行行字同

口　左右雙邊　無刻工　扉頁鐫乾隆癸巳新
鐫悅道樓藏版　善乙

戰國策譚棷十卷　宋鮑彪校注　元吳師道補正　明張文爟集評
附録一卷　明張文爟輯　明萬曆刻本　清丁晏
批　四册　半頁九行行十八字小字
雙行行字同　白口　左右雙邊　有刻工　善
甲

戰國策去毒二卷　清陸隴其評選　清康熙三十三年三魚堂藏板　二册　半頁九行行
二十字　無界欄　白口　左右雙邊　刻有眉
批　無刻工　扉頁鐫康熙甲戌新鐫三魚堂藏
板　善乙

五代史補五卷　宋陶岳撰　五代史闕文一卷　宋王禹偁

撰　明末毛氏汲古閣刻本　一册　半頁十二
行行二十五字　白口　左右雙邊　無刻工
善甲

東都事略一百三十卷　宋王偁撰　清影宋刻本　十二册　半頁十二行行二十四
字　綫黑口　左右雙邊　無刻工　版心上鐫
本頁字數　目録後有楷書二行木記眉山程舍
人宅刊行乙申上司不許覆板　善乙

弘簡録二百五十四卷　明邵經邦撰　清康熙刻本　六十四册　半頁十二行行二
十四字小字雙行行字同　白口　四周單邊
無刻工　扉頁題宏簡録　善乙

元史類編四十二卷　清邵遠平撰　清康熙刻本　十六册　有圖　半頁十二行行二

十四字小字雙行行字同　白口　四周單邊
無刻工　版心上鐫續弘簡録　善乙

傳記類

唐才子傳十卷　元辛文房撰　考異一卷　清陸芝榮撰
清嘉慶十年陸芝榮三間草堂刻本　二册　半
頁十行行二十字　綫黑口　左右雙邊　無刻
工　版心下鐫三間草堂雕　善甲

明儒學案六十二卷師說一卷　清黄宗羲撰　清康熙
三十二年紫筠齋刻本
十六册　半頁十二行行二十四字　黑口
左右雙邊　無刻工　善甲

古懽録八卷　清王士禛撰　清康熙快宜堂刻本　四
册　半頁十行行十九字　白口　左

史部　傳記類　十六

右雙邊　無刻工　版心下鐫快宜堂　善甲

宋名臣言行録七十五卷　宋□□輯　清道光洪氏歙
縣續學堂刻本　十二册
半頁十二行行二十三字　黑口　左右雙邊
無刻工　扉頁題宋名臣言行録歙續學堂洪氏
校刊　善乙

五朝名臣言行録十卷　宋朱熹撰

三朝名臣言行録十四卷　宋朱熹撰

皇朝名臣言行續録八卷　宋李士英撰

四朝名臣言行録別集二十六卷　宋李士英撰

皇朝道學名臣言行外録十七卷　宋李士英撰

新安學繫録十六卷　明程曈輯　明正德程曾刻清康
熙三十五年緑蔭園重修本　二
册　半頁十三行行二十三字小字雙行行字同
綫黑口　四周單邊　有刻工　善甲

文獻徵存録十卷　清錢林撰　清咸豐八年有嘉樹軒
刻本　十册　半頁十一行行二十
一字　白口　左右雙邊　無刻工　版心下鐫
有嘉樹軒　扉頁鐫咸豐八年刻有嘉樹軒藏板
善乙

忠武誌八卷　清張鵬翮撰

臥龍崗志二卷　清羅景撰
清康熙刻本　十册　有圖　忠武誌半頁九行
行十九字　黑口　左右雙邊　無刻工　臥龍

史部　傳記類　十七

崗志半頁八行行二十字　白口　左右雙邊
無刻工　善乙

宋本韓柳二先生年譜八卷　清馬曰璐輯　清雍正七
年小玲瓏山館刻本　二
册　半頁十行行十八字　白口　左右雙邊
有刻工　扉頁題宋本韓柳二先生年譜小玲瓏
山館重雕　卷後牌記雍正己酉八月小玲瓏山
館依宋本校刊　善乙

韓文類譜七卷　宋魏仲舉輯

柳先生年譜一卷　宋文安禮撰

新纂氏族箋釋八卷　清熊峻運撰　清雍正二年刻本
四册　半頁十行行二十七字
小字雙行行字同　白口　四周單邊　無刻工
善乙

二十四史同姓名録七十二卷目録二卷 清汪輝祖撰 清抄本
八冊 無格 黑口 左右雙邊 書口鐫二十
四史同姓名録 有蕭山汪氏環碧山房珍藏印
善甲

史評類

史記評林一百三十卷 明凌稚隆輯 明萬曆二年至
四年凌稚隆刻本 十六冊 白口
半頁十行行十九字小字雙行行字同
左右雙邊 有刻工 善甲

史記闡要通論二卷 清邱逢年撰 清乾隆三十九年
刻本 二冊 半頁九行行二十
字 無界欄 白口 四周單邊 有丁晏印、山
陽丁晏圖書印 善乙

廣治平略四十四卷 清蔡方炳撰 清康熙三年刻本
二十四冊 半頁九行行二十
五字 白口 四周單邊 無刻工 善乙

讀史隨筆不分卷 清康發祥撰 稿本 一冊 善甲

政書類

欽定學政全書八十卷 清素爾訥等撰 清乾隆三十
九年刻本 十二冊 半頁九
行行二十一字 白口 四周雙邊 無刻工
善乙

南工廟祠祀典三卷 清李奉翰 清抄本 六冊 書
首頁有清淮同善局之關防印
善甲

詔令奏議

劉氏疏稿二卷 明劉堯誨撰 清乾隆二十二年三賢
宗祠刻本 二冊 半頁九行行二十
字 白口 左右雙邊 無刻工 書後鐫三賢
宗祠藏板 善乙

地理類

西征録二卷 清蕭騰麟撰 清乾隆二十四年刻本
二冊 有圖 半頁九行行二十五字
無界欄 白口 四周單邊 無刻工 善乙

西陲要略四卷 清祁韻士撰 清道光十七年筠淥山
房刻本 一冊 半頁十行行二十一
字 小字雙行行字同 白口 四周雙邊 無刻
工 版心下鐫筠淥山房 扉頁鐫道光十有七
年夏六月[illegible]程恩澤題 善乙

崇禎泰州志十卷 明李自滋修 劉萬春纂 明崇禎
六年刻本 八冊 半頁十行行二
十字 小字雙行行字同 白口 四周單邊 無
刻工 善甲

雍正泰州志十卷首一卷 清褚世暄修 清雍正六年
刻本 十二冊 半頁十行
行二十字 小字雙行行字同 白口 左右雙邊
無刻工 善甲

漕運小志不分卷 清□□□撰 清抄本 二冊 書
名本館擬定 記漕運河沿途地理情
況及漕運 善甲

水經注四十卷 北魏酈道元撰 清乾隆十八年黃晟
槐蔭草堂刻本 與山海經合十冊

半頁十一行行二十一字　綫黑口、四周單邊　無刻工　扉頁鎸天都黄曉峯校刊槐蔭草堂藏版　善乙

敬止集三卷　明陳應芳撰　明萬曆二十三年刻本　三册　有圖　半頁九行行十八字　白口　四周雙邊　有刻工　善甲

水道提綱二十八卷　清齊召南撰　清乾隆十六年傳經書屋刻本　六册　半頁九行行二十二字小字雙行行字同　白口　左右雙邊　無刻工　扉頁鎸傳經書屋藏板　善乙

目録類

國史經籍志六卷　明焦竑撰　清抄本　二十册　善甲

汲古閣珍藏秘本書目一卷　清毛扆撰　清嘉慶五年黄氏士禮居刻本　一册　半頁十行行二十四字小字雙行行字同　白口　四周單邊　無刻工　扉頁鎸嘉慶庚申十月吴門黄氏士禮居藏版　善甲

季滄葦藏書目一卷　清季振宜藏　清嘉慶十年黄氏士禮居刻本　二册　半頁十一行行二十字小字雙行行字同　白口　左右雙邊　無刻工　扉頁鎸嘉慶乙丑鎸士禮居藏版　善甲

天一閣書目十卷碑目一卷　清范懋柱藏　清嘉慶十三年阮氏文選樓刻本　十二册　半頁十行行二十二字小字雙行行字同　白口　左右雙邊　無刻工　扉頁題天一閣藏書總目文選樓　善乙

泰縣著述考八卷　近代陸銓編　稿本　二册　善乙

昭德先生郡齋讀書志二十卷　宋晁公武撰　清嘉慶二十四年汪氏藝芸書舍刻本　六册　半頁九行行二十一字小字雙行行字同　白口　左右雙邊　無刻工　扉頁題吴門汪氏刊行郡齋讀書志藝芸書舍藏版　善乙

子部

總類

子品金函四卷 明陳仁錫撰 明末刻本 四册 半頁九行行二十二字小字雙行行字同 白口 四周單邊 無刻工 版心上鐫子函 序前題諸子函 善乙

儒家類

大學衍義四十三卷 宋眞德秀撰 明崇禎五年陳仁錫刻本 序目及第一卷抄配 十册 半頁十行行二十字小字雙行行字同 白口 四周單邊 無刻工 善乙

大學衍義補一百六十卷 明丘濬撰 明末陳仁錫刻本 三十六册 半頁十行行二十字小字雙行行字同 白口 四周單邊

行二十字小字雙行行字同 白口 四周單邊 無刻工 善乙

揚子法言十三卷 漢揚雄撰 晉李軌注 清嘉慶二十三年秦氏石研齋影宋刻本 二册 半頁十行行十八字小字雙行行二十四字 白口 左右雙邊 有刻工 善乙

張子全書十卷 宋張載撰 朱熹注 清康熙五十八年朱氏刻本 六册 半頁十行行二十字小字雙行行字同 白口 左右雙邊 無刻工 善乙

正蒙釋四卷 明高攀龍撰 清康熙刻本 二册 半頁十行行二十字 白口 四周雙邊 無刻工 四庫儒家存目著録 善乙

黄氏日抄九十七卷古今紀要十九卷 宋黄震撰 清乾隆三十二年汪氏刻本 二十四册 半頁十四行行二十六字 綫黑口 四周雙邊 無刻工 扉頁鐫宋板較刻黄氏日抄 善乙

近思録十四卷 宋朱熹呂祖謙撰 葉采集解 明崇禎八年陸雲龍刻本 三册 半頁九行行十九字小字單行行字同 白口 四周單邊 無刻工 善甲

荆川先生精選批點語録十五卷 明唐順之輯 明隆慶五年棠世遇寶山堂刻本 七册 存十四卷 一至四 六至七 八至十五 半頁十行行二十二字 白口 左右雙邊 有刻工 善甲

人譜一卷人譜類記二卷 明劉宗周撰 清雍正四年洪氏教忠堂刻本 二册 半頁十一行行二十一字小字雙行行字同 綫黑口 四周單邊 無刻工 版心下鐫教忠堂

扉頁鐫教忠堂刊本 善乙

讀書劄記四卷 清喬可聘撰 清康熙刻本 二册 半頁十一行行二十字 黑口 四周雙邊 無刻工 四庫儒家存目著録 善甲

日知薈說四卷 清高宗弘曆輯 清乾隆元年内府刻本 四册 半頁七行行十八字 白口 四周雙邊 無刻工 善乙

道家類

老子道德眞經二卷 魏王弼注 道德經古今本考正一

卷　明刻本　一冊　半頁九行行十九字小字雙行行字同　白口　四周雙邊　無刻工　善甲

道德經二卷　明潘基慶集注　明刻本　一冊　半頁八行行二十字小字雙行行字同　白口　四周單邊　無刻工　善甲

老子道德經二卷　魏王弼注　音義　唐陸德明撰　清光緒元年浙江書局輯二十二子叢書本　清劉鶚批跋　二冊　半頁九行行二十一字小字雙行行字同　白口　左右雙邊　無刻工　善甲

列子盧重元注八卷　唐盧重元撰　清嘉慶八年秦恩復石研齋寫刻本　二冊　半頁十行行二十一字小字雙行行字同　白口　左右雙邊　無刻工　版心下鐫石研齋　善乙

莊子南華真經十卷　晉郭象注　明刻本　六冊　半頁九行行十九字小字雙行行字同　白口　四周單邊　無刻工　眉上有楊慎袁宏道王維楨等曰　善甲

南華經十六卷　晉郭象注　明末刻本　半頁八行行十八字小字雙行行字同　白口　四周單邊　無刻工　善甲

南華經內篇七卷　明潘基慶集注　明刻本　二冊　半頁八行行二十字小字雙行行字同　白口　四周單邊　無刻工　善甲

雲笈七籤一百二十卷　宋張君房撰　清乾隆四庫全書本　一冊　存一卷十二

善甲

法家類

韓非子二十卷　周韓非撰　韓非子識誤三卷　清顧廣圻撰　清嘉慶二十三年吳氏四世學士祠堂刻本　二冊　韓非子半頁十三行小字雙行行字數無定　綫黑口　四周單邊　有刻工　識誤半頁十行行二十字小字雙行行字同　白口　左右雙邊　無刻工　善乙

棠陰比事一卷　宋桂萬榮撰　清道光二十九年上元朱氏影宋刻本　一冊　半頁十行行十八字　白口　左右雙邊　有刻工　扉頁鐫上元朱氏影宋本道州何紹基篆檢　善乙

兵家類

補輯戚少保南北兵法要略三卷　明戚繼光撰　清郭氏明福輯　清抄本　總目共三冊　郭氏明福清人字希聲萬曆舉人　卷題名南北兵法要略卷三分上下　封面有道光元年題款　善甲

醫家類

素問九卷　清薛雪撰　清康熙五十三年刻本　四冊　半頁九行行二十字　白口　左右雙邊　無刻工　扉頁鐫三韓趙先生鑒定山陰薛道戴纂述素問本衙藏板　善乙

金匱要略闕疑二卷　清江都葉子雨撰　清抄本　四冊　善乙

外科正宗十二卷 明陳實功撰 附録一卷 清許楗撰 清咸豐十年許楗刻本 四册 半頁九行行二十一字小字雙行行字同 黑口 左右雙邊 無刻工 善乙

新鐫五福萬壽丹書六卷 明龔居中撰 明天啟四年金陵周如泉書林本 三册 有圖 半頁九行行二十字 白口 四周單邊 扉頁鐫福壽丹書世德堂藏板 善乙

藝術類

歷代帝王法帖釋文考異十卷 明顧從義撰 明萬曆自刻本 四册 半頁九行行十九字小字雙行行字同 白口 左右雙邊 無刻工 善甲

子部 醫家類 藝術類 二十六

蟠墅山房繪事二卷 清姜泓撰 稿本 一册 姜泓字南舸一字若泉泰州人 善山水人物花卉翎毛名載揚州畫苑録是書論六法寫真法最詳悉此係自寫稿本道光辛丑孫遐齡爲之序 善乙

集古印譜六卷 明王常輯 明萬曆三年顧氏芸閣刻朱印本 六册 綫黑口 四周單邊 無刻工 版心下鐫顧氏芸閣 善甲

太古遺音不分卷 伯牙心法不分卷 明楊掄輯 明萬曆刻本 六册 有圖 半頁八行行十六字小字雙行行三十二字 白口 四周雙邊 無刻工 四庫藝術存目著録 善甲

[illegible]注三卷 梁陶弘景撰 清嘉慶[illegible]秦恩復石研齋寫刻本 二册 半頁十行行二十一字小字雙行行字同 [illegible] 左右雙邊 無刻工 版心下鐫石研齋 善乙

石鼓[illegible]纂一卷 明張榜輯 明刻本 一册 半頁九行行二十字小字雙行行字同 白口 四周單邊 無刻工 善甲

淮南鴻烈解二十一卷 漢許慎高誘撰 明茅坤評 明閔刻套印本 八册 半頁九行行二十字 眉批硃紅套印 白口 四周單邊 無刻工 善甲

志雅堂雜抄二卷 宋周密撰 清嘉慶十四年余集刻本 [illegible]二册 半頁十行行二十字小字雙行行十九字 白口 左右雙邊 無刻工 善甲

子部 雜家類 二十七

困學紀聞二十卷 宋王應麟撰 清乾隆三年馬氏叢書樓刻本 六册 半頁十一行行二十一字小字雙行行字同 白口 左右雙邊 無刻工 卷末有牌記閻百詩先生勘本乾隆戊午春月馬氏叢書樓校刊 扉頁鐫叢書樓藏板 善乙

元城語録三卷 行録一卷 宋馬永卿撰 明萬曆于文熙徐成楚刻本 二册 存二卷上中 半頁九行行十九字 白口 四周雙邊 無刻工 善甲

張子遠先生釁下語二卷 明張復撰 清康熙五十二年程瑞初刻本 二册 半頁十行行十九字 白口 四周單邊 無刻工 版心下鐫[illegible]山[illegible] 善甲

願體集不分卷一得語一卷 清史典撰 清康熙刻本 半頁八行行二十字小字雙行行字同 無界欄 白口 四周單邊 無刻工 善乙

容齋隨筆十六卷續筆十六卷三筆十六卷四筆十六卷五筆十卷 宋洪邁撰 明崇禎三年馬元調刻本 三十册 半頁九行行十八字 綫黑口 左右雙邊 無刻工 善甲

賓退録十卷 宋趙與時撰 清乾隆十七年存恕堂刻本 十册 半頁十行行十八字小字雙行行字同 白口 左右雙邊 無刻工 扉頁鎸乾隆壬申新鎸字樣照宋本存恕堂藏板 善乙

日知録三十二卷 清顧炎武撰 清康熙四十三年潘耒遂初堂刻本 半頁十一行行二十二字小字雙行行字同 白口 左右雙邊 無刻工 扉頁鎸遂初堂藏板 善乙

世說新語三卷 南朝宋劉義慶撰 梁劉孝標注 明萬曆三十七年周氏博古堂刻本 二册 半頁十行行二十字小字雙行行字同 白口 左右雙邊 無刻工 扉頁鎸劉須溪先生注世說新語補本衙藏板 善甲

蘇米志林三卷 明毛晋輯 明末毛氏緑君亭刻本 三册 半頁八行行十八字 白口 四周單邊 無刻工 版心下鎸緑君亭 善甲

宗教類

金剛般若波羅蜜經疏論纂要刊定記六卷 唐宗密疏 子璿記 僧潛校 清順治十八年雞華園刻本 二册 半頁十行行二十字 白口 四周雙邊 無刻工 版心下鎸雞華園 善乙

法藏碎金録二卷 宋晁迥撰 清抄本 二册 本書各目載爲十卷 該抄本分上下卷 有頤志齋主人珍藏篆印 頤志齋主人即清山陽丁晏 善乙

類書類

玉海二百卷辭海指南等十四種六十五卷 宋王應麟撰 清嘉慶十一年江寧藩署刻本 一百二十册 半頁十行行二十字小字雙行行字同 白口 四周單邊 無刻工 善乙

文苑彙雋二十四卷 明孫丕顯撰 明萬曆刻本 八册 半頁十一行行二十一字小字雙行行字同 白口 四周單邊 書眉刻有小字 無刻工 善甲

增訂二三場群書備考四卷 明袁黄撰 袁儼注 明崇禎刻本 二册 半頁九行行二十一字小字雙行行字同 白口 四周單邊 無刻工 清代禁書 善甲

祝氏事偶十五卷 明祝彦撰 明崇禎九年刻本 四册 半頁九行行二十字 白口 四周單邊 無刻工 善甲

均藻四卷 明楊慎撰 明刻本 一册 半頁十行行字數無定 白口 左右雙邊 無刻工

書名下題成都楊愼著瑯琊焦竑校　善甲

古事苑十二卷　明鄧志謨編輯　清康熙二十五年簡雪堂刊本　六册　半頁九行行二十一字小字雙行行字同　白口　四周單邊　無刻工　版心下鐫簡雪堂　善乙

圖書編一百二十七卷　明章潢輯　清乾隆四庫全書本　一册　存二卷六十九至七十　善甲

三才彙編六卷　清龔在升撰　顧琨美增著　清康熙五年刻本　四册　有圖　半頁九行行二十四字小字雙行行字同　無界欄　白口　左右雙邊　無刻工　善乙

佩文韻府一百六卷　清張玉書蔡升元等輯　清康熙五十年內府刻本　一百册　半頁十二行行二十五字小字雙行行字同　白口　四周雙邊　無刻工　善甲

讀書紀數略五十四卷　清宮夢仁編撰　清康熙五十年刻本　十六册　半頁十二行行二十一字小字雙行行字同　黑口　四周雙邊　無刻工　善乙

子部　類書類　三十

集部

總集類

三家詩八卷　清卓爾堪等輯　清康熙中刻本　一册　半頁十一行行二十一字小字雙行行二十八字　綫黑口　左右雙邊　無刻工　扉頁鐫曹子建陶元亮謝康樂三家詩卓子任張山來印宣全閱　善乙

曹子建集二卷　魏曹植撰

陶靖節集四卷　晉陶潛撰

謝康樂集二卷　劉宋謝靈運撰

唐宋八大家文鈔一百四十四卷　明茅坤輯　明崇禎刻本　三十二册　半頁九行行二十字　白口　四周單邊　無刻工　善甲

集部　總集類　三十一

唐大家韓文公文抄十六卷　唐韓愈撰　四册

唐大家柳柳州文抄十二卷　唐柳宗元撰　三册

宋大家曾文定公文抄十卷　宋曾巩撰　三册

宋大家歐陽文忠公文抄三十二卷　宋歐陽修撰　六册

宋大家王文公文抄十六卷　宋王安石撰　四册

宋大家蘇文公文抄十卷　宋蘇洵撰　二册

宋大家蘇文忠公文抄二十八卷 宋蘇軾撰 六册

宋大家蘇文定公文抄二十卷 宋蘇轍撰 四册

三家詠物詩三卷 清賀光烈輯 清康熙五十三年刻本 二册 半頁十一行行二十一字 黑口 左右雙邊 無刻工 善乙

元詠物詩一卷 元謝宗可撰

明詠物詩一卷 明瞿佑撰

今詠物詩一卷 清張劭撰

唐四家詩八卷 清汪立名輯 清康熙三十四年刻本 八册 半頁十行行十九字 黑口 左右雙邊 無刻工 善乙

王右丞詩集二卷 唐王維撰 二册

孟襄陽詩集二卷 唐孟浩然撰 二册

韋蘇州詩集二卷 唐韋應物撰 二册

柳河東詩集二卷 唐柳宗元撰 二册

唐人三家集二十六卷 清秦恩復輯 清道光石研齋影宋刻本 十册 半頁十一行行二十字小字雙行行字同 白口 左右雙邊 有刻工 扉頁鎸唐人三家集道光庚寅江都石研齋影宋本開雕 善乙

駱賓王文集十卷 唐駱賓王撰 三册

呂衡州文集十卷 唐呂溫撰 四册

李元賓文集六卷 唐李觀撰 三册

三賢全集十二卷 明王艮王棟王襞撰 明刻清初遞修本 十二册 有圖 心齋先生全集卷三至卷四半頁八行行十七字小字雙行行字同其餘均爲半頁九行行十八字小字雙行行字同 白口 左右雙邊 有刻工 善乙

心齋先生全集八卷 明王艮撰 八册

一菴先生遺集二卷 明王棟撰 二册

東厓先生遺集二卷 明王襞撰 二册

國朝三家文鈔三十二卷 清宋犖許汝霖輯 清康熙三十三年刻本 十册 半頁十二行行二十三字 黑口 左右雙邊 無刻工 善甲

侯朝宗文鈔八卷 清侯方域撰 二册

魏叔子文鈔十二卷 清魏禧撰 三册

汪鈍翁文鈔十二卷 清汪琬撰 五册

六朝詩乘二十五卷末一卷目録二卷 明梅鼎祚輯 明萬曆刻本 目録上配鈔本 十四册 半頁十行行二十字小字雙行行字同 白口 左右雙邊 有刻工

善甲

文苑英華選六十卷 清宮夢仁訂 清康熙四十一年刻本 卷三十一至卷三十三配抄本 二十五册 半頁九行行二十四字小字雙行行字同 白口 左右雙邊 無刻工 善乙

采菽堂古詩選三十八卷補遺四卷 清陳祚明輯 清乾隆刻本 二十册 半頁十行行二十字小字雙行行字同 白口 左右雙邊 無刻工 善乙

五言妙悟集二卷 清徐琰輯 會心集一卷 題宋[illegible]居士手定 清乾隆十五年敬謙齋刻本 一册 半頁十行行二十字小字雙行行字同 黑口 四周雙邊 無刻工 徐琰清東[illegible]人字崑山別號東海漁人蘭亭居士 清宗室 善乙

集部 總集類 三十四

詩鏐二卷 清郎廷槐輯 清刻本 二册 半頁十行行二十一字 黑口 左右雙邊 無刻工 善甲

晉文歸八卷 明鍾惺評 明末書香齋刻本 八册 半頁八行行二十六字 白口 四周單邊 無界欄 無刻工 版心下鐫古香齋 善甲

全唐詩九百卷 清聖祖玄燁敕編 清康熙四十六年揚州詩局曹寅刻本 八十册 半頁十一行行二十一字小字雙行無邊行 綫黑口 左右雙邊 有刻工 善乙

善甲

御定全唐詩錄一百卷 清徐倬輯 清乾隆四庫全書本 一册 存一卷七十六 善甲

貞隱堂中晚唐詩不分卷 本□□□輯 清貞隱堂刻本 六册 半頁十二行行二十一字小字雙行行字同 白口 左右雙邊 無刻工 版心下鐫貞隱堂 [illegible] 善乙

唐詩品彙九十卷拾遺十卷 明高棅輯 明張[illegible]刻本 十六册 半頁十行行二十字小字雙行行字同 白口 左右雙邊 無刻工 善甲

唐音審體二十卷 清錢良擇編 清康熙刻本 朱批圈點 八册 半頁十一行行二十三字小字雙行無邊行 白口 左右雙邊 無刻工 扉頁鐫虞山錢木菴[illegible] 善乙

集部 總集類 三十三

宋詩鈔初集九十四卷 清吳之振呂留良選 清康熙吳氏鑑古堂刻本 廿四册 半頁十二行行二十二字小字雙行行字同 黑口 左右雙邊 無刻工 扉頁鐫吳孟舉呂晚村[illegible] 白紙 周選 洲錢吳氏鑑古堂藏 清代[illegible] 乙

集錄真西山文章正宗三十卷 宋真德秀輯 明嘉靖[illegible]□□刻本 卷十至十一配清鈔本 十四册 半頁九行行十八字小字雙行行字同 白口 左右雙邊 有刻工 善甲

中州名賢文表三十卷 明劉昌輯 清康熙刻本 六册 半頁十二行行二十二字 綫黑口 左右雙邊 無刻工 善乙

列朝詩集乾集二卷甲前集十一卷甲集二十二卷乙集八卷丙集十六卷丁集十六卷閏集六卷 清錢謙益輯 清順治刻本 二十四册 半頁十五行行二十八字 白口 四周雙邊 無刻工 清代禁燬書 善甲

留行贈別二詩□卷 清宮偉鏐輯 清順治刻本 二册 存五卷一至五 半頁八行行十五字 白口 四周單邊 無刻工 宮偉鏐 清泰州人 字紫陽 號桃都漫士 明崇禎進士 此本存順治壬辰至甲午贈和詩 善甲

集部 總集類 三十六

詩觀初集十二卷二集十四卷閨秀別卷一卷 清鄧漢儀輯 清慎墨堂刻本 卷一配清抄本 二十六册 半頁十一行行二十三字小字雙行行字同 白口 四周單邊 無刻工 版心下鐫慎墨堂 扉頁鐫鄧孝威先生論次天下名家詩觀二集 書林道盛堂梓行 清代禁書 善甲

江左十五子詩選十五卷 清宋犖輯 清康熙刻本 四册 半頁十行行十九字小字雙行行二十八字 黑口 左右雙邊 無刻工 善乙

遺民詩十六卷 清卓爾堪輯 清康熙刻本 八册 半頁十行行十八字 白口 左右雙邊 有刻工 扉頁鐫寶香山人卓子任選輯遺民詩 近青堂藏板 善甲

玉蘭堂倡和詩不分卷 清程瑞社等撰 清雍正刻本 一册 半頁九行行十九字 白口 左右雙邊 無刻工 善乙

霄峰集八卷 清宮國苞輯 清乾隆三十三年春雨草堂刻本 六册 半頁九行行十九字小字雙行行字同 白口 左右雙邊 無刻工 扉頁鐫乾隆戊子年秋鐫 海陵宮霜橋選 霄峰集 春雨堂藏板 善乙

七子詩選十四卷 清沈德潛輯 清乾隆刻本 二册 半頁十行行十九字小字雙行 通行 白口 左右雙邊 無刻工 善乙

集部 總集類 三十七

楚些遺韻一卷 清□□輯 清光裕堂刻本 一册 半頁十行行十九字 白口 左右雙邊 無刻工 版心下鐫光裕堂 善乙

吳越詩選十九卷 清朱士稚等輯 清初懸山堂刻本 六册 半頁九行行十九字 白口 左右雙邊 無刻工 版心下刻懸山堂 善甲

柘上遺詩四卷 清郭襄圖 沈季友輯 清康熙十九年學古堂刻本 四册 半頁十行行二十字小字雙行行字同 白口 左右雙邊 無刻工 扉頁鐫康熙十九年鐫 學古堂藏板 浙江當湖縣名人詩 善甲

詠淮古蹟詩二卷城南十景一卷 □□□輯 清鈔本 一册 輯各朝人

讀淮安古歌詩 善甲

述本堂詩集十八卷 清方登嶧方式濟方觀承撰 清乾隆方觀承等刻本 六册 半頁十行行十九字小字雙行行二十八字 白口 左右雙邊 無刻工 善甲

楚辭類

楚辭八卷末一卷 清屈復集注 清乾隆三年居易堂刻本 二册 半頁九行行二十字小字雙行行字同 白口 四周雙邊 無刻工 扉頁鎸乾隆戊午年鎸浦城屈復評注楚辭新注居易堂藏板 善乙

別集類

醴陵集十卷 梁江淹撰 清孫潛跋 清乾隆二十年江昉刻本 四册 半頁九行行二十一字 白口 四周單邊 無刻工 扉頁鎸[illegible]堂 善甲

李翰林分類詩八卷賦一卷 唐李白撰 明李齊芳等輯 明萬曆刻本 八册 半頁九行行十八字 白口 四周單邊 無刻工 善甲

杜工部集二十卷 唐杜甫撰 清錢謙益箋注 諸家詩話一卷唱酬題詠附錄一卷附錄一卷 清康熙六年季氏靜思堂刻本 六册 半頁十一行行二十字小字雙行行二十八字 綫黑口 四周雙邊 無刻工 扉頁鎸季滄葦先生校閱錢牧齋先生箋註杜工部集靜思堂藏板 善甲

杜工部七言律詩二卷 元虞集注 清遺安草堂刻本 四册 半頁八行行十九字 白口 左右雙邊 無刻工 善乙

元次山集十二卷 唐元結撰 清淮南黃又刻本 一册 半頁九行行十九字小字雙行行字同 黑口 四周單邊 無刻工 善乙

韋蘇州集十卷 唐韋應物撰 明刻本 四册 半頁十行行十八字小字雙行行字同 白口 左右雙邊 無刻工 善甲

靜觀室韓文選八卷 明錢穀輯 明萬曆八年自刻本 八册 半頁九行行十八字小字雙行行字同 白口 左右雙邊 眉欄[illegible]刻工 善甲

昌黎先生詩集注十一卷 唐韓愈撰 清顧嗣立刪補 附年譜一卷 清康熙秀野草堂刻本 佚名批 二册 半頁十一行行二十字小字雙行行三十字 白口 左右雙邊 無刻工 版心下鎸秀野艸堂 善乙

韓筆酌蠡三十卷首一卷 清盧軒撰 清雍正十三年刻本 十二册 半頁九行行二十四字小字雙行行字同 白口 四周單邊 無界欄 行間刻有小字 無刻工 扉頁鎸昌黎先生全集盧六以太史評韓筆酌蠡 善乙

白香山詩集四十卷 唐白居易撰 清康熙汪立名一隅草堂刻本 八册 半頁十二行行二十一字小字雙行行三十一字 白口 左右雙邊 無刻工 善甲

長慶集二十卷
後集十七卷
別集一卷
補遺二卷
溫飛卿詩集九卷 唐溫庭筠撰 明曾益原注 清顧予咸補注 清康熙三十六年秀野
草堂刻本 六册 半頁十一行行二十字小字
雙行行三十字 白口 左右雙邊 無刻工
版心下鐫秀野草堂 扉頁鐫溫飛卿詩集箋注
秀埜草堂藏板 康熙丁丑重刻 善乙
笠澤叢書九卷 唐陸龜蒙撰 附考一卷 清許梿撰 清
二十四年許氏古韻閣刻本 二册 半頁十一
行行二十一字 黑口 左右雙邊 無刻工
善甲
林和靖先生詩集四卷附省心録一卷 宋林逋撰
一卷 清康熙四十七年汪安汪定古香樓刻本
五册 半頁八行行十八字小字雙行行字
同 白口 左右雙邊 無刻工 扉頁鐫林和
靖先生詩集省心録附古香樓藏板 善乙
范文正公全集三十七卷 宋范仲淹撰 清康熙四十
四年歲寒堂刻本 十六册
有圖 半頁十一行行二十一字小字雙行行
三十二字 白口 左右雙邊 無刻工 版心
下鐫歲寒堂 善乙

集部 別集類

蘇學士文集十六卷 宋蘇舜欽撰 清康熙三十七年徐惇孝徐惇復白華書屋刻本
六册 半頁十行行二十一字 白口 四周單
邊 無刻工 扉頁鐫宋大中丞鑒定震澤徐七
來重訂蘇子美全集白華書屋藏板 善甲
宛陵先生文集六十卷拾遺一卷 宋梅堯臣撰 清康熙四十一年徐惇復
白華書屋刻本 六册 半頁十一行行二十一
字小字雙行無邊行 白口 左右雙邊 無刻
工 扉頁鐫震澤徐七來重訂梅聖俞全集白華
書屋藏板 善甲
節孝先生文集三十卷 宋徐積撰 語録一卷事實一卷
明嘉靖四十四年劉祐刻本 卷一至卷七配清
鈔本 八册 半頁十行行二十字 白口 四
周單邊 無刻工 善甲
新刻臨川王介甫先生文集一百卷目録二卷 宋王安石撰
明萬曆四十年王鳳翔光啟堂刻本 八册 半
頁十行行二十字小字雙行行字同 白口 四
周單邊 無刻工 善甲
東坡先生禪喜集□卷 宋蘇軾撰 明刻本 四册
存四卷 一至四 半頁八行行
十八字 白口 四周單邊 善乙
羅鄂州小集六卷 宋羅願撰 羅鄂州遺文一卷 宋羅頌
撰 清康熙五十二年程哲七略書堂刻本 四
册 半頁十一行行二十一字 白口 左右

集部 別集類 四十二

雙邊　無刻工　善甲

象山先生全集三十六卷 宋陸九淵撰 附録一卷 明嘉靖四十年刻本　八册　半頁十行行二十字　白口　四周雙邊　有刻工　善甲

陸象山先生集要八卷 宋陸九淵撰 明聶良杞輯 明刻本　八册　半頁十行行二十字　白口　四周單邊　有刻工　本書第八卷爲年譜聶良杞重編　善甲

石湖居士詩集三十四卷 宋范成大撰 清康熙二十七年顧氏依園刻本　四册　半頁十一行行二十一字小字雙行行字同　綫黑口　左右雙邊　無刻工　扉頁鎸依園藏板　善乙

白石詩集一卷詞集一卷 宋姜夔撰 清康熙五十七年曾時燦姜白詩詞合刻本　二册　半頁十行行十九字小字雙行無邊行　綫黑口　左右雙邊　無刻工　善乙

晞髮集十卷晞髮遺集二卷補一卷天地間集一卷 宋謝翱撰 登西臺慟哭記註一卷冬青樹引註一卷 明張丁撰　清康熙四十一年陸大業刻本　二册　半頁九行行十八字　黑口　左右雙邊　無刻工　善甲

霽山先生詩文集五卷附録一卷 宋林景熙撰 清康熙三十二年沈士尊等刻本　程宋岱硃批　朱羅跋　四册　存四卷一至四附録一卷　半頁十行行十九字小字雙行無邊行　黑口　四周單邊　無刻工　善乙

遺山先生文集四十卷附録一卷 金元好問撰 清康熙劍光閣刻本　十册　半頁十一行行二十字　黑口　左右雙邊　無刻工　善乙

松雪齋集十卷外集一卷 元趙孟頫撰 行狀一卷 清康熙刻本　二册　半頁十行行十九字　白口　左右雙邊　無刻工　善乙

清江貝先生詩集十卷文集三十卷 明貝瓊撰 清康熙五十八年金壇茹翼堂刻本　六册　半頁十一行行二十一字　白口　左右雙邊　無刻工　版心下鎸茹翼堂　善甲

李卓吾評選方正學文集十一卷 明方孝孺撰 李贄評 明俞允諧[illegible]堂刻本　四册　半頁九行行二十字　白口　四周單邊　無刻工　善甲

巽隱程先生全集四卷 明程本立撰 清康熙五十八年金壇蔣翼堂刻本　二册　半頁十一行行二十一字　白口　左右雙邊　無刻工　善甲

商文毅公集十卷 明商輅撰 明萬曆三十一年刻本　二册　半頁十行行二十字　白口　四周雙邊　無刻工　善甲

柴墟文集十五卷 明儲巏撰 明嘉靖四年刻本 卷九至十一配明萬曆刻本　二册　存六卷一至三九至十一　兩本均半頁十二行行二十一字　白口　四周單邊　無刻工　善

甲

善名堂詩集八卷 明袁懋貞撰 明刻本 三册 存六卷一至六 半頁九行行十八字 白口 四周單邊 有刻工 善甲

滄溟先生集三十卷 明李攀龍撰 附録一卷 明隆慶六年王世貞刻本 十二册 半頁十行行二十字 白口 左右雙邊 無刻工 善甲

震川先生集三十卷別集十卷 明歸有光撰 附録一卷 清康熙十年至十四年歸莊歸玠等刻本 寶實 韓五房評 丁晏批 宋焜跋 六册 半頁十行行二十字 白口 左右雙邊 無刻工 丁晏印 善乙

集部 別集類 四十四

張龍湖先生文集十五卷 明張治撰 清雍正墨香閣刻本 十册 半頁十行行二十字 白口 左右雙邊 無刻工 扉頁鐫張龍湖先生文集墨香閣藏板 善甲

宗伯集八十一卷 明馮琦撰 明萬曆三十五年刻本 四十二册 半頁九行行十七字 白口 左右雙邊 無刻工 善甲

卓吾先生批評龍谿王先生語録鈔八卷 明王畿撰 明李贄評 明萬曆二十六年刻本 八册 半頁九行行十八字 白口 四周單邊 有刻工 善甲

退思堂草九卷 清朱鳳台撰 清順治七年刻本 白口 八册 半頁八行行二十三字 四周單邊 無刻工 清代禁書 善甲

牧齋有學集五十卷 清錢謙益撰 清康熙刻本 十册 半頁十行行二十字小字雙行行字同 白口 左右雙邊 無刻工 清代禁書 善甲

魏叔子文集外篇二十二卷詩集八卷目録三卷 清魏禧撰 清康熙易堂刻寧都三魏全集本 十册 半頁九行行二十字小字雙行行字同 白口 左右雙邊 無刻工 善甲

蓋木堂詩集三卷 清釋本晝撰 清睢香菴刻本 一册 半頁九行行十九字 白口 四周雙邊 無刻工 扉頁鐫匡廬寒泉子著蓋木堂詩集定本睢香菴藏板 善甲

賴古堂詩集四卷 清周亮工撰 清康熙刻本 二册 半頁八行行十九字 白口 左右雙邊 無刻工 善甲

集部 別集類 四十五

沚亭删定文集二卷 清孫廷銓撰 清康熙刻本 二册 半頁八行行二十字 白口 四周單邊 無刻工 善甲

湖海樓詩稿十二卷 清陳維崧撰 清康熙六十年陳履端刻本 四册 半頁九行行十九字 白口 四周單邊 有刻工 善甲

寒松堂全集十二卷 清魏象樞撰 清康熙刻本 十二册 半頁十行行二十字小字雙行行三十字 黑口 左右雙邊 無刻工 善甲

湯子遺書十卷附録一卷 清湯斌撰 清康熙刻本 四册 半頁十行行十九字

黑口　左右雙邊　有刻工　善乙

午亭山人第二集三卷　清陳廷敬撰　清乾隆七年于大梃刻本　三册　半頁十一行行二十一字　綫黑口　左右雙邊　無刻工　善甲

憺園文集三十六卷　清徐乾學撰　清康熙徐氏冠山堂刻本　十二册　半頁十行行十九字　白口　左右雙邊　有刻工　扉頁鎸憺園文集冠山堂藏板　善甲

阮亭選志壑堂詩十五卷　清唐夢賚撰　清康熙三十年刻本　四册　半頁十一行行二十字小字雙行行字同　黑口　四周單邊　無刻工　善乙

有懷堂詩藁六卷文藁二十二卷　清韓菼撰　清康熙刻本　六册　半頁

集部　別集類　四十五

十一行行二十一字　白口　四周單邊　無刻工　善甲

蓮洋集十二卷補遺一卷　清吳雯撰　清乾隆十七年夢崔艸堂刻本　六册　半頁九行行十九字小字雙行行字同　白口　左右雙邊　無刻工　扉頁鎸漁洋山人評定蓮洋集夢崔艸堂藏板　善乙

柯庭餘習十二卷　清汪文柏撰　清康熙四十四年古香樓刻本　二册　半頁十行行二十一字　黑口　左右雙邊　有刻工　善甲

西陂類稿五十卷　清宋犖撰　清康熙刻本　十六册　半頁十行行十九字小字雙行無通行　白口　四周單邊　無刻工　有犖牧仲曾經御覽印　善乙

嚴太僕先生集十二卷　清嚴虞惇撰　清乾隆刻本　六册　半頁十一行行二十一字　白口　左右雙邊　無刻工　善甲

楝亭詩鈔八卷詩別集四卷詞鈔一卷詞鈔別集一卷文鈔一卷　清曹寅撰　清康熙刻本　四册　半頁十行行十九字　白口　左右雙邊　無刻工　善甲

葛莊分體詩鈔十三卷　清劉廷璣撰　清康熙五十三年刻本　四册　半頁九行行十九字　綫黑口　左右雙邊　有刻工　善甲

近門書屋文集三十卷　清張大受撰　清雍正三年顧詒祿刻本　四册　半頁十行

集部　別集類　四十六

行二十一字　白口　左右雙邊　無刻工　善甲

懷清堂集二十卷首一卷　清湯右曾撰　清乾隆十一年湯學基等刻本　八册　半頁十行行二十一字小字雙行行字同　白口　左右雙邊　無刻工　善甲

林茂之詩選二卷　清林古度撰　王士禛辑　清康熙四十九年程哲刻本　一册　半頁十行行十九字　黑口　左右雙邊　無刻工　善甲

七峯草堂詩稿六卷　清洪鈺撰　清康熙刻本　一册　半頁十行行十九字　黑口　四周單邊　無刻工　善甲

雲根清壑山房詩一卷　清朱緗撰　清初刻本　一册　半頁十行行十八字小字雙

行行字同　黑口　左右雙邊　無刻工　善乙

汾園集三卷　清董師植撰　清康熙二十三年刻本　二册　半頁八行行二十字　白口　左右雙邊　無刻工　善乙

西郊草堂重經集二卷　清徐賦撰　清康熙刻本　二册　半頁十行行十九字小字雙行無通行　黑口　左右雙邊　無刻工　善乙

查浦詩鈔十二卷　清查嗣瑮撰　清康熙六十一年查氏刻本　六册　半頁十一行行二十一字　白口　左右雙邊　無刻工　善甲

巢林集七卷　清汪士慎撰　清乾隆九年自刻本　二册　半頁十行行十九字　綫黑口　左右雙邊　無刻工　善甲

渠亭山人半部稿四卷　清張貞撰　清康熙刻本　八册　文稿半頁九行行十九字　其餘半頁九行行十八字　白口　左右雙邊　無刻工　善甲

研堂詩十卷續稿二卷贈言一卷晚稿二卷拾遺一卷　花外散吟一卷　清楊維坤撰　清乾隆刻本　十册　半頁九行行二十一字　黑口　左右雙邊　無刻工　善乙

道驛集四卷　清張祖年撰　清康熙四十六年自刻本　四册　半頁十行行二十字　黑口　左右雙邊　無刻工　善甲

木田詩鈔七卷木田雜著文鈔一卷　清張丕揚撰　清雍正四年刻本　二册　半頁九行行十九字小字雙行行字同　白口　四周雙邊　無刻工　善甲

櫟村詩集二十五卷　清王式丹撰　清雍正四年刻本　八册　半頁十一行行二十一字小字雙行無通行　白口　左右雙邊　無刻工　善乙

抱犢山房集五卷　清嵇永仁撰　同難二先生詩文一卷　清王龍光、沈上章撰　清雍正嵇曾筠刻本　四册　半頁九行行十九字　黑口　左右雙邊　無刻工　善甲

去來吟不分卷　清李時震撰　李師惠李師邕輯　清康熙四十五年李師邕刻本　一册

半頁九行行十九字　白口　左右雙邊　無刻工　板框作扇形　善甲

南齋詩集不分卷　清丘象升撰　附錄一卷　清康熙三十四年丘迥刻本　五册　半頁九行行十九字　白口　左右雙邊　無刻工　善甲

望溪集不分卷　清方苞撰　王兆符程崟輯　清乾隆十一年刻本　六册　半頁九行行十九字小字雙行行字同　黑口　左右雙邊　無刻工　善甲

南墅小稿二卷　清徐以震撰　清乾隆十二年刻本　半頁十一行行二十二字　白口　左右雙邊　無刻工　善乙

唐堂集五十卷續集八卷冬錄一卷補遺二卷　清黄之雋撰

清乾隆十二年刻本 十二册 半頁十行行二十一字小字雙行行字同 白口 左右雙邊 無刻工 善甲

全謝山先生集偶鈔 不分卷 清全祖望撰 清潘德輿手抄本 一册 有四農放賞印 善乙

瀘吟樓詩鈔 十六卷 清張梁撰 清乾隆二十二年刻本 二册 半頁十行行十九字小字雙行行字同 白口 左右雙邊 無刻工 善乙

賓閑堂集 四卷 清張四科撰 清乾隆刻本 四册 半頁十行行十九字 白口 左右雙邊 無刻工 善甲

集部 別集類 平

碧園集口卷 清符永培撰 清雍正刻本 一册 存六卷 一至六 半頁九行行十九字 白口 四周雙邊 無刻工 善甲

潛夫詩鈔 十一卷 百花吟 一卷 清王新銘撰 清乾隆刻本 六册 半頁十行行二十一字 黑口 左右雙邊 無刻工 善乙

松泉詩集 六卷 清江昱撰 清乾隆二十四年刻本 二册 半頁十行行二十一字小字雙行行字同 白口 左右雙邊 無刻工 善乙

雙甫五嶽集 二十卷 清朱鼎元撰 清乾隆修汲堂刻本 十二册 半頁十一行行二十字 白口 左右雙邊 無刻工 版心下鎸修汲堂 善甲

月舫詩鈔 五卷 清蕭鍾偉撰 夏之蓉評 清乾隆三十七年刻本 二册 半頁九行行二十字小字雙行行字同 白口 四周雙邊 有刻工 善乙

萬玉清秋軒詩 十六卷 清顧倬撰 清抄本 四册 善甲

日新書屋稿 不分卷 清祝淦撰 稿本 一册 善甲

秋水詩鈔 十七卷 續集 十卷 清程鑾撰 清乾隆十八年刻本 七册 半頁九行行十九字 白口 左右雙邊 無刻工 善乙

戴東原集 十二卷 札記 一卷 清戴震撰 戴東原先生年譜 一卷 清段玉裁撰 清乾隆經韻樓刻本 四册 半頁十行行二十一字

集部 別集類 五十二

小字雙行行字同 白口 左右雙邊 無刻工 善乙

松槐雙蔭初稿 二卷 清徐本增 徐本清撰 清乾隆二十九年刻本 一册 半頁十行行十九字 白口 四周雙邊 無刻工 善乙

白蒓詩集 十六卷 清張開東撰 附海嶽游人酬贈集 一卷 清乾隆五十四年蔡存園刻本 八册 半頁十行行二十一字小字雙行行字同 無界欄 白口 四周單邊 無刻工 扉頁鎸蔡存園藏板 善乙

銅鼓書屋遺稿 三十二卷 清查禮撰 清乾隆刻本 四册 半頁十二行行二十二字小字雙行行字同 白口 左右雙邊 無刻工 善乙

半舫齋編年詩二十卷 清夏之蓉撰 清乾隆三十六年刻本、八册 半頁十行行二十一字小字雙行行字同 白口 四周單邊 有刻工 善乙

一樓集二十卷 清黄達撰 清乾隆刻本 八册 半頁十行行二十一字 白口 左右雙邊 有刻工 善乙

七録齋詩文稿不分卷 清阮葵生撰 稿本 三册 書名本館自擬 善甲

寤硯齋學文不分卷 清戴晟撰 清乾隆二十年刻本 二册 半頁九行行二十字 黑口 左右雙邊 無刻工 善乙

不易居詩鈔四卷 清楊瑛昶撰 清乾隆六十年勿幕軒刻本 半頁九行行十九字 白口 左右雙邊 無刻工 扉頁鐫乾隆癸丑勿幕軒鐫板 善乙

集部 別集類 五十二

御製盛京賦一卷 清高宗弘曆撰 清乾隆內府朱墨二色套印本 二册 半頁七行行十八字小字雙行行字同 白口 四周雙邊 無刻工 善乙

吾友于齋詩鈔二十卷 清張錫爵撰 清乾隆二十八年平蕪館刻本 四册 半頁十行行十九字 白口 左右雙邊 有刻工 扉頁鐫癸未年重訂平蕪館藏版 善乙

凌雪軒詩六卷 清徐夔撰 清乾隆九年刻本 二册 半頁十行行十九字 白口 左右雙邊 無刻工 善乙

叱馭集一卷 清朱樟撰 清初刻本 二册 半頁十行行十九字 白口 左右雙邊 無刻工 善乙

[illegible]廬詩三十卷 清湯斯祚撰 清乾隆二十二年刻本 四册 半頁十一行行二十一字 白口 左右雙邊 無刻工 四庫別集類存目著錄 善甲

夢樓詩集二十四卷 清王文治撰 清乾隆六十年刻本 六册 半頁十一行行二十二字 白口 四周單邊 無刻工 扉頁鐫乾隆乙卯食舊堂藏板 善乙

春雨樓集十四卷 清沈彩撰 題詞一卷 清乾隆刻本 二册 半頁[illegible]行行十九字 黑口 左右雙邊 無刻工 善甲

小桐廬詩草十卷 清袁景輅撰 清乾隆刻本 二册 半頁十行行十九字 白口 左右雙邊 無刻工 善乙

集部 別集類 五十三

蘇門山人詩鈔三卷 清張符升撰 清乾隆[illegible]刻本 二册 半頁八行行十九字 黑口 左右雙邊 無刻工 善乙

膠東遊草二卷晃鑑草一卷 清曹鑣撰 稿本 一册 善甲

口頭吟二卷 清釋嘯溪撰 清道光刻本 一册 半頁八行行十八字 白口 四周雙邊 無刻工 善甲

琅嬛僊館詩略八卷 清阮元撰 清嘉慶十三年刻本 二册 半頁九行行十九字 白口 四周雙邊 無刻工 善甲

定盦文集一卷餘集一卷 清龔自珍撰 清道光刻本 一册 半頁十二行行二
十四字 白口 左右雙邊 無刻工 善甲
續刻東窗文稿一卷再刻東窗文稿一卷潘居集詠一
卷東行吟鈔一卷 清裕瑞撰 清道光刻本 四册 寫刻行字無定數 白口
四周雙邊 無刻工 善甲
拜竹詩龕詩存十卷 清馮登府撰 清道光九年刻本 二册 半頁十一行行二十三
字小字雙行行字同 綫黑口 左右雙邊 無
刻工 扉頁鐫拜竹詩龕詩存道光九年秋孫丞
準題 善甲

集部 別集類 五十四

知困齋集一卷 清顧鳳起撰 稿本 一册 本書内
容有關浙江太平天國史料 善甲
桐引樓詩三十卷 清黄雲撰 清康熙二十四年吳氏
清刻本 一册 半頁九行行二十
字小字雙行行字同 白口 四周單邊 無刻
工 善甲
恕堂詩二十六卷 清宮鴻曆撰 清抄本 四册 善
甲
恕堂詩七卷 清宮鴻曆撰 清康熙刻本 三册 半
頁十行行二十一字 黑口 左右雙邊
無刻工 善乙
甲巳游草六卷 清宮鴻曆撰 清康熙刻本 一册
半頁十二行行二十一字 黑口 左
右雙邊 無刻工 善乙

餘園詩鈔六卷 清繆沅撰 清乾隆十年刻本 二册
半頁十行行十九字 白口 左右
雙邊 無刻工 繆沅清泰州人康熙進士官至
刑部侍郎 善乙
餘園古今體詩精選四卷 清繆沅撰 清乾隆三十八
年蘊真堂刻本 四册 半
頁十行行十九字小字雙行行字同 白口 左
右雙邊 無刻工 扉頁鐫乾隆癸巳仲春新鐫
泰州繆湘芷先生著餘園詩精選蘊真堂藏板
善乙
夕陽書屋詩初編四卷 清程盛修撰 清乾隆三十八
年刻本 二册 半頁十行
十九字小字雙行無通行 白口 左右雙邊
無刻工 善乙
尺木樓詩集四卷 清程世繩撰 清乾隆刻本 一册
半頁九行行二十字小字雙行行

集部 別集類 五十五

字同 白口 四周雙邊 無刻工 善乙
𠇹侗詩鈔一卷 清陳璨撰 清乾隆二十五年漱芳軒
刻本 一册 半頁九行行十九字小
字雙行行字同 白口 左右雙邊 無刻工
善乙
嗜書堂未定詩稿一卷 清繆永垣撰 清乾隆刻本
一册 半頁九行行十九字
白口 左右雙邊 無刻工 善乙
北遊草一卷 清宮國苞撰 清乾隆四十年刻本 一
册 半頁九行行十九字小字雙行無通
行 白口 左右雙邊 無刻工 善乙
憶園詩鈔十二卷 清陳燮撰 稿本 四册 陳燮字
理堂泰州人清嘉慶三年舉人曾任

邳州學正 善甲

槐江詩鈔四卷 清程瑞祊撰 清乾隆二年刻本 四册 半頁九行行二十字 白口 左右雙邊 無刻工 善乙

詞類

無絃琴譜二卷 元仇遠撰 清道光九年孫爾準刻本 清崔永安跋 一册 半頁十行行二十字 白口 左右雙邊 無刻工 扉頁鐫無絃琴譜 梁谿孫氏開雕 善甲

類選箋釋草堂詩餘六卷 明顧從敬輯 類編箋釋續選草堂詩餘二卷 明錢允治箋釋 類編箋釋國朝詩餘五卷 明錢允治輯 陳仁錫釋 明刻本 四册 半頁九行行二十字小字雙行行字同 白口 左右雙邊 無刻工 善甲

詞學叢書二十三卷 清秦恩復輯 清嘉慶道光間享帚精舍刻本 十册 行款不齊 白口 左右雙邊 無刻工 善乙

昭代詞選三十八卷 清蔣重光輯 清乾隆三十二年經鉏堂刻本 十二册 半頁十行行二十字小字雙行行字同 黑口 左右雙邊 無刻工 扉頁鐫乾隆丁亥年新鐫 經鉏堂藏板 善乙

巢青閣集付雪詞三卷紅么集一卷 清陸進撰 清康熙刻本 一册 半頁十一行行二十字 白口 四周雙邊 無刻工 善甲

夢香詞一卷 清汪觀撰 清康熙刻本 一册 半頁八行行十九字 白口 左右雙邊 無刻工 版心下鐫靜遠堂 扉頁鐫松蘿書屋梓 善甲

師竹軒詞鈔一卷 清許謹身撰 清咸豐八年許楗刻本 一册 半頁九行行十九字 綫黑口 左右雙邊 無刻工 扉頁鐫師竹軒詞鈔 樂恬散人楗書於平江廣齋 咸豐八年歲在戊午正月師酉敦室刊行 善乙

詞鏡三卷附詞論 清賴損菴撰 查隨菴輯 清乾隆四十八年硃墨套印巾箱本 二册 半頁十四行行十八字 白口 四周單邊 無刻工 扉頁鐫乾隆癸卯年秋鐫 善乙

曲類

桃花扇傳奇二卷 清孔尚任撰 清康熙刻本 四册 半頁十行行二十字 白口 四周單邊 刻有眉批 無刻工 善乙

一笠庵北詞廣正譜 清李玄玉輯 清康熙青蓮書屋刻本 八册 半頁六行行二十五字小字雙行行字同 白口 左右雙邊 無刻工 版心下鐫青蓮書屋 善乙

納書楹曲譜正集四卷續集四卷外集二卷補遺四卷

玉茗堂四夢曲譜八卷 清葉堂撰 清乾隆五十七年納書楹刻本 四十册 半頁十二行行十八字小字單行或雙行行字數無定 白口 四周雙邊 無刻工 善乙

小説類

楊太真外傳二卷 宋樂史撰 清嘉慶十年青芝山館刻本 一册 半頁九行行十八字 小字雙行行字同 白口 左右雙邊 無刻工 扉頁鎸嘉慶十年九月重栞楊太真外傳青芝山館藏板 善甲

詩文評類

東萊先生詩律武庫十五卷 宋呂祖謙撰 清初刻本 四册 半頁九行行十九字小字雙行行字同 白口 左右雙邊 無刻工 版心下鎸當頁字數 善乙

漁隱叢話前集六十卷後集四十卷 宋胡仔輯 清末經樓仿宋刻本 王鴻翔硃批 十册 半頁十三行行二十二字 綫黑口 左右雙邊 無刻工 扉頁鎸苕溪漁隱叢話 善乙

集部 小説類 詩文評類 五十八

歷代詩話五十八卷考索一卷 清何文煥輯 清乾隆三十五年刻本 十六册 共二十七種 半頁九行行十八字 黑口 左右雙邊 無刻工 善乙

讀杜心解六卷首一卷 清浦起龍撰 清雍正二年浦氏寧我齋刻本 八册 半頁十行行二十二字小字雙行行三十三字 白口 左右雙邊 無刻工 版心下鎸寧我齋 善乙

載酒園詩話五卷 鈹水軒詞筌一卷 清賀裳撰 清初賀氏載酒園鈹水軒刻本 三册 半頁十行行二十一字 白口 左右雙邊 無刻工 詩話版心下鎸載酒園 詞筌版心下鎸鈹水軒 善甲

集部 詩文評類 五十九

叢部 各叢書子目從略

彙編類

知不足齋叢書三十集二百二十種 清鮑廷博輯 清乾隆道光間長塘鮑氏刻本 二百四十册 善乙

連筠簃叢書 清楊尚文輯 清道光二十八年楊氏刻本 二十四册 善乙

古逸叢書二十六種二百二卷 清黎庶昌輯 清光緒十年黎庶昌日本東京使署刻美濃紙印本 五十九册 善甲

古籍善本書目終

泰州公私藏書考略

陸銓 著

《泰州公私藏書考略》一卷，陸銓著，據泰州圖書館藏手稿本影印。

陸銓（一八九九—一九六二），字次恭（公），泰州人。版本目録學家，其多年任職於圖書館，曾任泰縣民衆教育館長和泰縣圖書館長。除本書外，還著有《泰縣著述考》、《海陵金石略》等。

卷首有一九五九年陸銓自序，概述了泰州藏書的總體面貌。其文略云：『泰州舊稱淮海名區，爲文化之邦，豈無以藏書名者。而前人忽視紀載，以致湮没無聞，故不顯著於後世，殊爲可惜歟。』自序以吴王張士誠爲泰州有藏書之始，謂：『從淮張吴王士誠起，建都于吴數十年，禮賢致士，設賓賢館，徵訪遺書，命僚屬佐理。而吴亡後，劉亮以數巨艦裝載藏書，運至如皋冒致中家，築室以庋藏。』『迨至清代爲極盛時期，如宫、陳、俞、繆，互相争譽。宫氏春雨草堂，陳氏賸馥樓，俞氏百尺課耕樓，繆氏藴真堂。繼其後者，夏氏辟蠹山房，王氏青箱塾。』太平天國戰争時期，外地避居泰州者，有不少亦携書而來者。同光之際，劉漢臣（麓樵）染素齋，收其揚州故家殘餘；錢桂森（犀庵）曾入翰林，故其小天目山館所藏，大半得於翰林院舊存四庫底本。二家藏書善本，均爲海内著名。公藏舊有尊經閣，以及寺觀典藏。作者因略述其梗概，編作此書。所收藏書家有張士誠、儲巏、周山甫、宫夢仁、陳闇、陳文田、陳寶晋等。

（江慶柏）

泰州公私藏書考畧

陸銓

泰州舊稱淮海名區，為文化之邦，豈無以藏書名者，而前人忽視紀載，以致湮沒無聞，故不顯著於後世，殊為可惜歟。我所聞見，概畧系之，從淮張吳王士誠起，建都於吳數十年，禮賢致士，設賓賢館，徵訪遺書，命僚屬佐理，而吳亡後，劉亮以數巨艦裝載藏書，運至如皋冒致中家，築室以度藏，明永樂中為天府所知，下詔致中獻入內府，並賜冒氏「萬卷樓」額。迨至清代為極盛時期，如宮陳俞繆，互相爭譽，宮氏春雨草堂，陳氏滕馥樓，俞氏百尺課耕樓，繆氏蘊真堂，繼其後者，夏氏辟蠹山房，王氏青箱塾，太平軍興時期，外縣避居於泰，攜書而來者，如魏笛生有不為齋，喬鶴儕雜孳亭，程石洲靜省之居，許子旻古均閣等，均富於藏書，同光之際，劉麓樵染素齋，癸丑兵燹之後，收其揚州故家殘餘，錢犀庵閩學小天目山館，大半得於翰林院，舊存四庫底本，二家藏書善本，均為海內著名，以上畧舉縹緗滿架，牙籤充棟。公藏舊有尊經閣，以及寺觀典藏，有關文化流通，新舊書肆，畧述其梗概，供作參考，惟見聞有限，尤賴於匡謬指正。一九五九年

張士誠 附劉亮 冒致中

吳王張士誠建都於吳，崇尚故籍，不惜穀米以養士，設賓賢館，徵訪遺書命僚屬佐理，至正二十一年，修建杭州西湖書院，命陳基錢用壬，校刻舊存經史子集，欠缺版片者，計九千五百六十有四，將及一年而工竣，陳基編有書目，并序載夷白齋集中。淮張亡國後，為劉亮運藏書萬餘卷，渡江抵如皋冒致中家，構芳齋藏劉亮書，至明永樂中獻入內府，賜有萬卷樓額，及徵訪遺書數，置於冒氏家祠，劉氏亮冒致中事蹟，見泰州志流寓傳：「亮吳郡人，元末嘗仕於張吳王，後知天命有歸，乃以數巨艦，盡載所藏書萬卷，渡江抵如皋，主於冒致中家，且謀獻天府未果上，以疾卒，致中因結宇貯之，永樂中遣使取入中秘」。其藏書至冒基（致中孫）呈獻於內府，并有紀恩詩，見如皋縣志：「老為備書拙，何年達聖聰，十行天語重，三字墨華融（萬卷樓），白壁懸金簡，青箱吐玉虹，自慙樗朽質，難以報宸衷」。又冒基傳：「基字永宗，致中孫也，和致中構芳齋，藏其友人劉亮所欲獻書，永樂間忽詔命，御史中璫及郡太守下縣，一縣皆驚，基笑曰，此來殆購書耳，幅巾深衣，謁御史賓礼迎勞之曰，先生勿懼乎，示以朝命，果如所言，基盡發藏書，載數舟上之，御史勸之仕辭」。

淮張刻書

見於著錄有禮經會元，通鑑總類，通鑑續編，金陀粹編，刑平編志等，命賓佐蔣德明，馬玉麟，潘元明校刻於吳杭郡庠，世稱善

刘

本。

儲文懿公巏

儲巏字靜夫，號柴墟，成化二十年進士第一，除南京吏部考功主事，歷太僕卿左僉都御史，戶部侍郎，再起為南京吏部左侍郎，卒謚文懿。邵寶柴墟集序：「公博通古今，自宋元季及國初，遺言故迹，旁詢博訪，歷々能道，欲采爵為一書，病未脫藁」。邵寶與公同舉進士，同出於李西涯之門。藏書見有弘治中刊本晞髮集引：「此集巏鈔於建陽楊晉叔，會馮御史執之，按部至海陵，巏出而閱之，遂相與刻之，而屬巏為之引」。弘治十四年馮允中揚鉄崖文集序：「予按淮揚歷海陵，儲少卿靜夫出是集，爰託毘陵朱懋易(昱)校正，付運同刻焉」。按二集馮允中刻於揚州正誼書院，莫友芝知見傳本書目，晞髮集誤為巏刊本。明弘治戊午沁水李瀚刊遺山詩集，巏有重刊集序：「弘治甲寅巏調吏部，始得秘本於新安，程公曰刻本今亡矣，因錄而讀之，沁水李君叔源，以御史按行河南，使來請其集以刊」，敬刻於汝州。巏藏書不僅於此，略舉其梗概。

周經歷陽岡 附宮偉鏐

周山甫字陽岡，負文譽，多讀書，曾王父恒山公外翁也，卒後家業為親族攘奪，惟書未有取者，恒山公載歸，他無所寓目焉，今鈔本海陵志，

刘

周公手錄也(節錄徵尚錄存周山甫傳)。恒山為宮偉鏐祖父，名永建，祀鄉賢。宮偉鏐字紫玄，又號紫陽，明崇禎十六年進士，官翰林院檢討，清初兩以薦舉起用，援終養例乞歸，於小西湖遺址，築春雨草堂，閉戶著書(州志)。紫玄太史歸隱後，結納名流暢詠其中，就草堂構岱雲樓藏書，並購崇川陳大科刻版，修補其殘缺，署有「岱雲樓補」四字，所見有：說文解字注十二卷，萬曆陳大科仿宋大字本重雕，左闌外有「岱雲樓補」字樣。初學記三十卷，萬曆丁酉陳大科重刊安國本，補刻同前。說文解字五音韻譜十二卷，封面「宮紫陽先生重校，崇川陳氏原本」。唐駱賓王靈隱子集六卷，亦陳

大科刻版，宮氏補刊，各種都無宮氏序跋，僅封面題署，或岱雲樓補，以區別原刻與修補。宮氏族諸後集書版條：尚有「五經字訓，爾雅，揚升庵集，太史購自白狼，舊貯家祠，後展轉售於別姓矣」。

宮中丞定山 姪蒙琦 曾孫增祜

宮夢仁字宗衮，號定山，偉鏐子，十歲善屬文，長益博覽，康熙庚戌會試第一，改庶吉士，累遷右副都御史，巡撫福建，自是閉門卻掃，日事著述，編有文苑英華選，行世(州志)。其例言：「余平生無他嗜，獨好書，此編自讀中秘，公餘無事展卷自怡而已，計閱廿餘寒暑，繕寫者三，釐訂

者五，竣業於丙子之春，康熙壬午開雕」。原書千卷，為選集中最浩繁的卷帙，而費時念載，雖選刻不及什之一，稿凡五易，可称精萃。現原書已罕見，僅有選本流傳。刻有松風閣琴譜、讀書紀數畧。

姪慕琦字錦堂，號省齋，雲宗子（生康熙九年，卒雍正三年見族譜），藏書已散盡，見有古文賞音，硃筆批點，鈐有「瀛海宮慕琦」白文方印，「淮南文獻世家鑒藏珍賞」朱文方印。

曾孫增祜，字篤周，號節溪，翼宸子，乾隆癸酉貢生，任安徽東流縣教諭，因號東流外史，為羅浮七子之一，晚年主講明道書院，守其先世藏書，日夕丹黃批校，輒以題識，卒年九十三，藏書後存於家祠，民國初年，散失殆盡。鈐有「春雨草堂」白文方印，「力穡堂」朱文方印，「東流外史」朱文方印，「增祜」、「節溪」朱白文大小方印。

泰州錫興運輸處 五

陳閭　陳傳哲　陳璪

閭字語歌，一字與協，號思堂，曉堂給諫孫。退庵筆記卷九：「好藏書，嘗刻趙文敏藏書跋印，刻為半頁，粘於所藏各卷之末，而自題其後曰，泰州賸馥樓陳語歌録，余購書間得公藏本，輒把玩思念不置，想見前輩風流」。按藏書跋印有兩種，板框縱一八公分，横一一公分，或無框均刻六行：聚書藏書，良非易事，善觀書者，澄神端慮，淨几焚香，勿捲腦，勿折角，勿以夾刺，隨損隨修，隨開隨掩，後之得吾書者，并贈此法，趙松雪藏書跋，泰州賸馥樓陳語歌録」楷字，見汲古閣本孔子家語，松雪書跋印，署「香函五貂樓學人陳與協録」。與協生康熙九年，卒乾隆元年，見陳氏家乘。其藏書印：「淮南陳閭珍藏」白文長方印，「陳氏語歌珍藏」朱文長方印，「陳氏賸馥樓藏」朱文長方印。

傳哲字邃明，藏印：「海陵陳傳哲字邃明印」白文長方印。

璪字開緒，號倥侗，號「晚菊莊」，韶武子，貢生，性好為詩，藏書極富，亦好刻書，家有養和軒，額為祝枝山書，乾隆三十三年，購得方刻洹軒詩版於坊肆，補其殘缺，著有倥侗詩鈔、西泠游草、師竹齋集等，自刻於杭州，繕刻精絶。藏印：「師竹齋圖書印」朱文方印，「陳璪之印」白文方印，「開緒」朱文方印。

泰州錫興運輸處 六

陳閬亭　姪震光

亭閬名字，陳氏家乘未詳，祇有震光字五庵，繹如子。見亭閬寫本東坡尺牘，末有癸巳（康熙五十二年）李善樹跋：「亭閬先生，質性溫雅，多藏書，博識過人，每晨起必朗誦默識，臨摹古帖，而楷法尤稱精媚，此卷則其偶然遣興之筆，近為

56

阿咸立庵所藏，出以示余，余諗知之」云。翁有叔姪藏印：「亭間陳氏監藏」朱文長方印，「立庵陳氏監藏」朱文長方印。

陳文田

文田字硯鄉，號止室，晚號晚晴老人。咸豐庚申進士，改官刑部主事，擢江西司郎中，居官不事於謁衙，散後即兀坐寓齋，手持一編，竟日流覽，暇即徒步琉璃廠肆，見有秘籍，不惜俸錢必購之（光緒志）。許尚書乃普書：「家為買書貧」額，並題：「硯鄉比部，博聞精鑒，今之戚遵王、季滄葦也，百宋一廛方之編矣，我方羨其坐擁百城，貧云乎哉」。生平所蓄善本，大都寫於日記中，在都為貧所累，轉讓於某宦，嘗手鈔鄉前賢遺書，從四庫鈔出元馬玉麟東皋集，為外間罕有流傳，并綴以跋語，製印藍格，左闌外有「硯鄉鈔本」四字，或刻於板心下方，兩種板式，當時傳鈔秘籍，不僅於此，楷法亦秀勁，不滅遵王風格，其藏書印為吳讓之鐫：「陳文田硯鄉氏藏本」白文長方印，「硯翁戊午以後所得」朱文長方印，戊午為咸豐八年，尚未成進士。

陳寶晉　兄寶德　弟寶儉

寶晉字康甫，又號守吾，監生，性好收藏古籍，金石書畫，頗精於鑒別，吳讓之至其家，論定真偽，並刻有收藏印，翻刻有鍾記室詩評，大悲神咒等書，藏有吳天發神讖碑拓本，流出日本，印入書苑中，藏書書畫殁後即散，善本為揚州書肆購去，並有登記簿，現已不存。藏印：「曾藏海陵陳寶晉家」朱文長印，「海陵陳寶晉康甫氏鑒藏經籍金石文字書畫之印章」白文大方印，「收心軒」朱文方印，「守吾平生珍賞」朱文方印，「守吾過眼」白文長印，「陳寶晉讀」白文方印，「陳寶晉印」，「守吾」朱白方印，「陳守吾私印」朱文小長印，「康甫」朱文方印，「守吾此識」朱文方印，「墨識字齋」朱文方印，「蓮園」朱文方印，「嵩及稽人為不孝」朱文方印。

兄寶德字慎之。弟寶儉字芸閣，俱好藏書，亦多善本秘籍，見芸閣藏有吳枚庵藝海彙編以書（元刊本事文類聚、汲古閣本唐三僧集、及元詩四大家集），所选未刻稿，尤為罕見，藏印：「陳印寶德」白文方印，「慎之曾讀」朱文方印，「慎之家藏」朱文方印，「陳寶儉珍藏印」朱文長方印，「芸閣珍藏」朱文方印，「能補過齋」朱文方印，「臣印寶儉」，「陳印寶儉」白文方印。「陳氏芸閣」，「芸閣」

52

俞釬　孫楷　廷梓

釬字天水，順治五年舉人，廣西太平府推官，著有百尺樓課耕錄（見州志仕績傳）。刻有藏書印：「海陵俞氏百尺樓藏書記」白文方印。孫楷字陳芳，號正林，由諸生貢入太學，康熙四十四年，南巡召試，供奉內廷，以纂修議叙，授華亭教諭（州志儒林傳），著有俞子第一書，散出藏書中，明刊古文啟秀有藏印：「羅浮山人蕙齋俞楷端士閱書」朱文長方印，「俞印廷梓」，「俞章廷梓」朱白方印。按楷別號見印文，可補州志之遺，廷梓為楷從兄。

姑

繆永煦

永煦字方升，號靜軒，湘芷孫，歲貢生，退庵筆記：「靜軒居司寇舊第，嘉慶丙辰蘊真堂又火，先世所蓄圖籍蕩然，衡山岣嶁碑，徐擅長臨中興頌，悉歸煨燼」。刻其祖餘園詩選，藏書印：「蘊真堂」朱文方印，「泰州繆氏藏書」朱文長方印，「但得流傳不在多」朱文圓印，「靜軒」朱文長印。

田琳 姪寶臣

琳字林玉，號鶴舫，雲鶴子，諸生，著有鶴舫詩鈔，守其祖父藏書，家有賜書堂，散出善本，見元刊輟耕録有藏印：「田鶴舫珍藏」朱文長方印，「家藏賜書」白文方印，「子孫永保」白文方印，「讀書

以外無他事」朱文長印。姪寶臣字竹家，號少泉，諸生，劉師培撰傳：「工詩研經，尤貫通許學，學政李小湖極器重之，禮致幕府，嘗手批校典籍，佐魏笛生觀察，校勘駢雅訓纂，確有心得，著有小學駢支八卷，易簀之際，囑其子曰，余家惟手録圈點諸本，宜珍藏之，爾不能領畧，須貽子孫，言竟溘然而逝，卒年（咸豐戊午）六十七。遺書為邑人袁棠雯購藏，其藏印：「海陵田氏印」朱文方印，「寶臣」、「少泉」朱文文方印。

王廣業 子貽清 貽年 孫斯謀

廣業原名佐業，字子勤，世豐子，道光癸未進士，以戶部主事，累遷至福建汀漳龍兵備道，

姑

，致仕歸里，惟典籍自娛（光緒志仕績傳）。自稱有六萬卷（退庵筆記卷十六借書條），為邑中藏書最富，其中宋元槧及名人鈔本，尤為罕見，度藏於棋竿巷舊第，第十一子貽典宅內，光緒初年，惜遭回禄，剩餘之書分給諸子。刻有「袁文合箋」，「有正味齋駢文箋」。購有鄉前輩遺著舊版：「恕堂詩」，「餘園詩選」，「芸香詩鈔」，修補殘缺。選有青箱塾从書六種，未及刊行，見明玉蘭堂刊本輟耕録有：「王廣業印」，「子勤」朱白方文印。

第三子貽清字筱岑，同治辛未進士，翰林院編修，官至湖北襄陽府知府，在任搜集湖北省府州縣志幾全，殁後為北京書估購去。

第七子貽年字笠農，拔貢生，博學工書，得其分給遺書，續有購藏，見有元刻朱子成書，汲古閣鈔本，大唐開元禮，阮氏文選樓舊藏，明仿宋刊玉台新詠。藏書印：「海陵王氏笠農鑒藏」白文方印。

孫斯謀字頌侯，貽哲（廣業第十子）長子，諸生，山東諸城縣知縣，家有挹奐樓，藏其先世遺書，並續購書畫，現已散盡，見善本書籍，如明刻中「册府元龜」，「天佚草堂史書纂畧」，「九邊圖考」，「聖功養正」，「墨譜」，「初刻鈴山堂詩集」等。藏印：「挹奐樓主」朱文楕圓印，「頌侯珍藏書畫之印」白文方印。

王鴻業 子學淵 敬淵

鴻業字雪飄，監生，以通判分發安徽，署潁州府通判，移居白米鎮，以課子自娛，工詩善倚聲（光緒志仕績傳），藏書甚富，大半得於東台姜種蘭舊藏，刻有「鑒要」、「伯山詩話」行世，姜氏藏書頗多善本，藏印：「曾藏東台姜種蘭家」朱文方印，「姜種蘭藏書印」朱文長印，「姜德新印」白文方印。見商（輅）文毅公集有「泰州王雪飄藏書記」朱文長印。其他書籍藏印：「王氏珍藏」朱文方印，「雪飄珍藏」白文方印，「王雪飄藏書印」白文方印，又好蓄歷代名人書畫，尤留心於清初邑前輩作品。子學淵字海山，貢生，南滙縣教諭，次子敬淵字簡卿，光緒丙子舉人，工填詞。藏印：「海上閒雲」朱文方印，「海陵王氏」白文方印、「海山」朱文小印，「學淵」白文小印，雪飄及海山印，俱是吳讓之所鐫。

泰州鎮興運輸處　二

王寶庸　族孫培芬　澍

寶庸字小厓，居謝王河鄉，富於收藏金石書畫，尤擅長鐫印，嘗手校典籍，著有小竹里山館題跋，見有硃批書，其藏印：「竹里草堂藏書」朱文大方印，「小竹里山館主人」朱文方印，「王印寶庸」白文方印，「小厓」朱文方印，「芝麻史鑑」朱文長印，「古二千石官」白文方印，「尊酒縱橫廿二史辨香供奉十三經」白文橢圓印。族孫培芬字鷺秋，一字某仙，築臥虹軒藏書，藏印：「吳陵王氏臥虹軒珍藏印」朱文方印，「吳陵王氏培芬」白文方印，「鷺秋一字某仙」

泰州鎮興運輸處

朱文方印。澍字滋山，監生，民國初年購書萬餘冊，倩工裝潢，每冊副葉桃丹紙，以防潮溼，剡製掛簽下邊有「海陵王氏尋古齋藏」，歿後遺書盡散，見有明刊「三才圖會」，司礼監本「少微通鑒節要」，汪訒庵「集古印存」，較為名貴。

夏　荃　子嘉謨

荃字文若，號退庵（震子），廩貢生，有異才，與伯兄蘭，仲兄蓉齊名，生平覃精典籍，考訂精審，尤好古碑版文字，斷垣殘礎，羅掘殆遍，歷官豐縣，桃源縣訓導，歸里後日事纂述，有海陵文徵，陋軒詩續，退庵筆記，梓里舊聞，網羅散佚，有功於桑梓之作，外有亦好集，晉甎唐石齋

泰州鎮興運輸處　三

詩文存，退庵錢譜諸書（光緒志文苑傳）。自稱：「先君子有聚書之癖，老而弥篤，棄養後遺書八千卷，余與仲兄各分其半，二十年來，予又續購二萬七千卷，編為辟蠹山房藏書目，詳其卷數，世次里貫名號，數易稿而後成，計為類四十有九，為部一千一百，為卷三萬有奇，雖不敢謬謂收藏家，然以備繙閱，遺子孫亦粥足矣（退庵筆記卷九藏書）。道光年間，獲得宋姜諤墓誌石，儀徵吳讓之為書額，名「宋石齋」，又著有宋石齋筆談，宮闈拔藻集，選輯鄉前輩遺著二十八種，名為辟蠹山房从書，未能刊行，製印紅格傳鈔行世，其版心下有「辟蠹山房」，「宋石齋」，「春星草堂」字樣，或版心上

泰州鎮興運輸處

刻有書名，嘗為家僕李慶傳鈔，慶又精拓碑。曉繆竹癡一草亭陋軒詩版，并附刻陋軒詩續。藏印二：「海陵夏氏藏本」朱文方印，「退庵」朱文小印，「夏退庵所得金石文字」朱文白文方印。荃歿於同治元年，子嘉謨字子猷，歲貢生，能繼其學，著有春星草堂詩集，刻有海陵文徵。

萬肇基

肇基字造周，號起堂，一號芑塘，嘉慶辛酉副貢生，祖楣隱居北茅山之西馮庄，博學淹貫，藏書萬卷，手加丹黄，其宏綱巨旨，都能省記，有問經史疑義者，皆條分縷晰，就館泰州，徙居城中大寧橋邊家焉，子金和錫豐昆季，俱有孝行

泰州鎮興運輸處

一三

（李宗昉撰傳）。

康發祥

發祥字瑞伯，一字伯山，歲貢生，工詩古文辭，詩派眉山，而加以精鍊，論詩不拘一格，其覆裔松年郜轉書，松年心折，盱眙吳棠謂海陵固多隱者，前有陋軒，後有伯山，二百年來，風流未沫，非虛譽也，著有三國志補義，伯山詩話，小海山房詩文若干卷（光緒志文苑傳）。所藏書籍於小海山房，鐫有藏印，并製綠格鈔書，板心有「小海山房」四字。見有明茅國縉本南史刪，硃墨批点，末有總評，鈐有「小海山房」朱文長印，「曾藏小海山房」白文方印，「瑞伯展讀一過」白文方印，「伯山所作」白文方印，「康瑞伯藏書印」白文長方印。

費履堅　子錫申　孫文溶

履堅字素之，一字焱夫，號東池，諸生，性喜藏書及名帖書畫，尤耽吟詠，著有春暉草堂詩存。子錫申字巽齋，諸生，亦嗜書籍碑帖，晚年嗜古泉，著有所藏錢錄。孫文溶字鑑波，擅長鐵筆，嘗刻其祖父輩諸印（費氏家乘）。巽齋嘗手鈔書，置於家塾。其家藏遺書散失殆盡，見有明嘉靖仿宋刊三禮，郭雲鵬刊歐陽文粹，嘉靖刊本南豐類稿，成化本三蘇文粹等，頗多善本。藏印二：「隸花山館」白文長方印，「壽花居士」白文方印，「春暉堂草主

泰州鎮興運輸處

一四

人之圖章」白文方印，「春暉草堂藏書」朱白文長方印，「費氏隸花山館藏書」朱文，白文長印，「費氏珍藏」朱文方印，「海陵費氏玩賞」朱文方印，「履堅」，「素之」朱白文方印，「鑑波過眼」朱文方印。

錢桂森

桂森字犀庵（原名桂枝字辛白），道光二十九年進士，入翰林文章雍容典貴，得承平台閣體，累遷內閣學士，兼禮部侍郎銜，典試貴州，湖南，廣東，浙江，督學安徽，達官名流，多出其門，晚年引疾歸里，以詩酒自娛，著有一松軒詩集若干卷（光緒志仕績傳）。年七十三，歿於光緒　年，生平藏書極富，大半得於翰林院，趙萬里天一

閣書目坿編：「四庫全書完成後，所据之底本，並未發還范氏，仍舊藏在翰林院裡，日久為翰林學士拿還家去，為數不少，前有法梧門，後有錢犀庵，都是不告而取的」。錢氏故多精槧，及名人鈔校，均為四庫館之底本，名傳於厰肆，清末書賈來泰，不惜重金購其善本，其後為如皋周必祥悉數購去，雖然剩餘之書，也有不少精槧，轉售於如皋沙健庵，見頤志堂集兩種，題跋畧列如下。

影宋本北山小集跋：「此本半頁十行々二十字，猶是宋本原式，尾頁有孟畢跋，黃蕘老人朱文長印，吳之振印白文方印，首頁有翰林院官印，錢犀庵藏書記白文長方印，蓋即四庫底本，卷中

泰州鎮興運輸處　一五

間有朱墨筆校改，當出館臣之手。最後藏泰州錢侍郎家，侍郎秘笈甚多，殁後遺書盡散，此本書友周必祥，從叢蠹中撿得之，并未論值，乃以銀三百元，售於予可嘆也，庚申八月九日碼騎記」。

元本道園學古録跋畧：「此本卷端有明善堂覽書畫印記，教經堂錢氏章，卒道人，犀庵藏本諸朱印，蓋怡府舊藏，後歸泰州錢氏，余從購得者也」。上列題跋，舉列錢氏秘笈之一。

明宏治本止齋先生文集，四部从刊借此影印，首頁有「教經堂錢氏章」，「海陵錢犀庵校藏書籍」，「犀庵藏本」諸印記，後歸劉翰怡嘉業堂所藏，以證明厰肆為劉氏來購之說。

明鈔本大滌洞天記三卷，元鄧牧撰，前有洪武戊寅張宇初序，又至大三年吳全節序，又大德乙巳沈多福序，有翰林院印，又教經堂錢氏章，犀盦藏本二印。後歸江寧鄧邦述藏，見寒瘦山房鬻存善本書目。

周書友悉數購盡中，尚有永樂經厰本，歷代名臣奏議，售於如皋祝氏。

泰州圖書館，從殘剩中，撿出舊抄本周益國大全集殘冊，明仿宋本近思錄，染紙色別年月以充宋刊，留存錢氏善本之鱗爪。

藏印：「教經堂錢氏章」朱文方印，「教經堂」朱文楕圓印，「海陵錢氏小天目山館圖書」朱文方印，「小天目山館」朱文圓印，「學有用齋」朱文長方印，「海陵錢犀盦閱學所藏書圖記」朱文方印，「海陵錢犀盦校藏書籍」白文方印，「錢犀庵藏書記」白文長方印，「犀盦藏本」白文方印，「海陵錢氏青燈閣主藏書畫之圖書」朱文方印，「重修東觀帝王書」白文方印，「五經無雙」朱文方印。

泰州鎮興運輸處　一六

劉漢臣

漢臣字麓樵（一字庚甫，居姜堰下壩），例授州同，性嗜古，精鑒賞，聚蓄碑版甚富，所得宋槧及傳鈔秘籍，不下百餘種，晚年精研醫術，著有還讀堂詩稿，衛書軒書目，脈學指掌，內經揭要，經世日記諸書，年年六十三，從子法曾，光緒戊子舉人（光緒志篤行傳）。漢臣於咸豐三年，兵燹之後，所得揚州阮氏積古齋，姚氏遂古堂，及故家散出，滿船載歸，築有染素齋以度藏，其鈔校本，輒以跋語，刻有染素齋藍格，近儀徵吳熙載至其家，並鐫刻收藏印記。

遺書散失於民國二年，滬上書友金頌青，初次來泰，購其精華約百餘種（當時書單已佚），內有北宋本爾雅、張玉書舊藏并跋、稱為孫本，宋本老莊列三子，轉售於袁寒雲。又李紫東書友聞訊而來，選擇明精清刻本一批，有明修宋本王臨川集（文祿堂訪書記）。

明錢叔寶手鈔本陸氏南唐書、毛氏汲古閣舊藏。據此本校汲古閣刊本（現藏圖書館）誤字，并跋云：「咸豐癸丑仲冬，揚州收復之後，其故家所藏之奇書秘本，流落人間，予所得甚夥，甲寅秋九月，又購得鈔本南唐書，字迹遒勁，紙張精好，有前明毛氏父子圖書，又有審定真蹟，希世之珍

等印，後有嘉靖甲子年，錢叔寶鈔書跋尾，汲古閣所刻之南唐書，即因鈔本重刻，暇日偶以鈔本校此本，此本訛脫甚多，因据鈔本以朱筆校改，恐後人以予為臆定，故書其緣起以示，時乙卯正月人日，泰州劉漢臣記」。按錢氏鈔本，商務館据以影印入四部叢刊續編。

明閔齊伋刊本會真六幻，明刊花草粹編，有道光庚子（戌）手跋，染素齋手鈔本，大都為醫書，并記鈔寫年月（同治七年至光緒二年），是晚年研究醫理所寫。

殁後藏書約有三萬冊，分給四房，大房麓孫，除以上售出之善本，尚存大部書籍八十多種，三

十年為本鎮潘氏所購，二房景周散出最早，售於外埠書友，三房蔭農，二十八年售於戈潘兩家，四房弗軒，二十九年為潘氏所購。其中較為善本有棣亭音學五書，傳鈔庫本三朝北盟會編，明刊茅元儀督師紀畧，孫刊景定建康志，康熙刊本知心錄、焦里堂舊藏并跋，李若木手鈔杜詩，明正德本古樂府，明刊鍾伯敬全集，明刊葉水心集，明刊堯山堂外紀。畧舉其一班，可稱名貴，另有所見各房散出書籍，另編有染素齋聞見書錄。

藏印：「衛書軒」朱文橢元印，「染素齋」朱文及白文方印，「海陵劉氏染素齋」朱文長印，「海陵染素齋藏書印」朱文長方印，「海陵劉氏」白文方印，「劉印漢

臣」白文方印，「麓樵」朱文方印，「漢臣」白文小方印，「賛襄」朱文小方印，「泰州劉漢臣麓樵」白文方印，「泰州劉漢臣麓樵氏印」朱文方印，「劉漢臣字麓樵」白文方印，又朱文方印，「劉漢臣字麓樵又字庚甫」白文大方印，又朱文方印，「海陵劉氏家藏」朱文大方印，「海陵劉氏鑒藏善本」白文方印，「海陵劉氏麓樵珍藏」朱文方印，「泰州劉漢臣麓樵藏書」白文方印，「泰州劉漢臣麓樵氏所藏書籍」朱文長印，「泰州劉漢臣麓樵氏審藏善本」白文長印，「泰州劉漢臣樵「麓氏讀本」白文長印，「泰州劉漢臣麓樵氏藏書」朱文長方印，「麓樵校讀」朱文方印，「麓樵所賞」白文方印，「泰州劉麓樵購于揚州癸丑兵燹

之後」白文長方印，「購于癸丑揚州兵燹之後」朱文長方印，「鬻及借人為不孝」白文長方印，又朱文方印，「好讀書不求甚解」白文方印，「農家者流」朱文方印，「畧觀大意」朱文大方印，「玉牒崇恩」白文方印，「羅塘劉氏麓樵珍藏金石書畫」朱文長印。

程祥棟

祥棟字小松（曉崧），郡廩生，工文辞，賦筆尤華贍，從軍黔中，由知縣同知，歷官四川新繁、江津、樂山知縣，任新繁時闢因樹園，建復東湖書院，刻有東湖草堂賦鈔、樂山任内，重輯洗寃録外編，並醫書數種，傳播於川中，年逾七十告歸（光緒志仕績傳）。生平好藏書，同治五年翻刻有

小學集注於新繁縣署，嘗手鈔陸贄三世醫驗，沈氏尊生書，手自校訂，擬付刊行，所藏有四川省志甚多，後藏於稅務橋東本宅（現為圖書館）後樓，小松殁後，遺書為羣族分散，各取其所好，惟有方志為衆所棄，以廢紙秤出，見有善本：明嘉靖本唐文粹，即四部从刊影印底本，萬曆本明太祖集，萬曆本漆園卮言，莊起元著，屬於抽燬書，明刊本凌知迪名世（國朝）類苑（文編）。藏印：「松承堂」朱文方印，「程印祥棟」白文方印，「小松」朱文方印。

張文梓

文梓字樹伯，改名文治字默心，收藏經籍書画，其藏印為吴讓之鐫，散出遺書頗多善本，藏

印：「海陵張氏芸馥軒藏書」白文大方印，「海陵張氏藏書画印」白文方印，「海陵張文梓樹伯印信」白文方印，「樹伯平生珍賞」白文方印，「文治原名文梓」白文方印，「樹伯一字默心」朱文方印，「張印文梓」白文方印，「樹伯所作」白文方印。

袁錦

錦字子文，晚號殁父，諸生，殫精經學，博極羣書，尤工詩胎息漢魏，晚佐鐵閣學桂森評閲文牘，卒年六十五，著有棣華吟館詩鈔（光緒志文苑傳）。所藏典籍，大半得於田鶴舫、姜種蘭遺書，見其散出有两家藏印，間有手自批閲書，藏印：「棣華吟館」朱文長印，「袁錦之印」白文方印，「殁甫」

朱文方印。

李星南

星南字極仙，拔貢生（住鮑家垻），經史百家書，皆手加丹黄，研究貫串，著有二曾堂詩文集並雜説（光緒志文苑傳）。手鈔有顧亭林音學五書，末有光緒甲申（十年）自跋：偕張彊臣寫刻影鈔其半，又属同人補竣，歷三閲月而成。此本現藏圖書館，殘有善本書，為北京書友劉仁齋購去。

黄荔

荔字荻笛生（一字荻生，字號存仙），一號鬱栖子，住姜埝鎮，工詩尤精倚聲，著有皺春詞稿三卷，潘祖蔭為之序（光緒志文苑傳）。藏書多手批點，角山

樓蘇詩評注彙鈔，有癸卯荻生讀閱，墨筆滿紙，并鈐印記：「舊書籍是吾有緣物新見解是吾快意事高朋滿座是吾破愁城之業修竹横窗是吾入詩囊之料」朱文方印，「荻生心賞」朱文小方印，「荻生氏藏書印」朱文方印。現圖書館藏有手批本，太上混元道德經，手稿隱囊日記。

單蔭棠

蔭棠字吟白，附貢生，工八分書，尤好藏書碑版文字，大半得於考棚書市，著有鐘鼎字源補遺，殁後無子，遺書為塘灣李氏取去，未久售於揚州陳恒和書林，藏印：「蔭棠摹金石文字」朱文方印，「吟白」朱文方印。

泰州鎮興運輸處　二一

高爾庚

爾庚字星仲，號旻孫，光緒二十五年歲貢生，工詩古文辭，旁及金石篆刻，書法倣漢魏碑版，尤篤好小學，并有泰州方言，海陵雜録，尚友録訂正(宣統志文苑傳)。藏書為北京書友購去，善本有四明成化本白虎通義，明刊嶠書，金陵瑣事，成化本新安瀛奎律髓。

家世舊藏　陸　繡　曾孫仁壽

高々祖諱繡，字袞廷，乾隆十七年入州庠，終身教讀，亦好購書，年久散失，僅見家存零帙中，有明正德慎獨齋刊本，通鑑纂要，崇禎泰州志，清康熙揚州府志，鈐有「陸繡」白文方印，「晚蕙堂」楷字朱記。又仁壽字魯言，號鈍園，生平嗜書成癖，尤留心地方文獻，購藏萬餘册，得於考棚書市，以及揚州文樞堂，文富堂書店，邑中故家，研精版本，為當時所推重，兩修邑志均任採訪，收集鄉前輩著述，殁後展轉入圖書館。預訂清末報刊亦富，如中外日報，滙報，滬報，東方雜誌，小說月報等，都是從創刊號起，晚年家境貧困，所藏大半為京滬書友購去，僅有東方雜誌現存圖書館，并有吳陵文獻摭遺，鈍園藏書目。

藏印：「吳陵陸魯言藏書印」朱文方印，「海陵陸氏藏書」朱文方印，「陸氏珍玩」朱文方印，「仁壽圖記」朱文小印，「魯言」朱文小印，「鈍園」白文小印。

泰州鎮興運輸處　二二

流寓藏書

徐步雲字蒸遠，號禮華，興化人，乾隆壬午南巡，召試一等，欽賜舉人，授内閣中書，進軍機處行走，因盧所註誤，謫戍伊犁，將軍舒赫德，一見如平生，密掌印房，凡奏稿文檄，皆出其手，赫德奏舉四庫館纂修，充武英殿分校，逾年復職，丙戌復以赫德子事落職，乃移家泰州，博覽兼熟悉本朝掌故，暮年尤嗜學，每覽一編，必點勘異同加丹黃焉，年九十二卒，著有覺餘詩文鈔(道光志流寓傳)。子鳴珂字竹鄉，幼承家學，工詩，著有硯南花北詩鈔，乾隆甲寅得泰州宮氏藏，宋槧杜氏通典，有尚寶司少卿袁忠徹，王懋貞印、跋詳嗚珂東詠軒筆記。藏書散失已盡，見有嘉靖內府本大明集禮，頗多精槧。藏印：「徐印步雲」白文方印、「禮華老人」朱文方印、「徐氏竹鄰」朱文方印。

魏茂林字笛生，福建莆田（龍巖）人，嘉慶乙巳進士，授內閣中書改部曹，擢直隸通永道，解官後寄居泰州，主講胡公書院，晚年好蓄書籍、彝器，藏甚富，當時侯官郭侍郎尚先主其家，嗜金石，所藏碑版亦多，與茂林並以博雅稱，為州人士所推，著有駢雅訓纂、二知軒詩鈔（光緒志流寓傳）。道光乙亥冬，笛生移家來吾州，僦大東橋東李氏屋而居，先是王子勤告余，渠官京師時，諗知先

生藏書極富，且多秘本，先生一日過余草堂，暢談移晷，自道生平於書之外無他嗜，修脯廉俸，大半耗於此，且曰余與郭蘭石，同鄉同年號莫逆交，蘭石嗜碑版，余嗜書，兩人往往典衣購之，彼此相夸相謔，以為笑樂，余獲交先生時，從借書得窺鄴架，其書多用黃紙包裹，告余黃紙乃梔子漬水所染，味苦不生蟲，功在芸葉瀏腦之上（退庵筆記卷十六）。其哭姪詩：「賸有遺書三十架，旃檀樹下冷斜曛」（伯山詩話三續集）。笛生藏書富於一邑，且多秘籍，刻有郭大理（蘭石）遺稿，二家詩鈔箋畧，同館詩賦解題，駢雅訓纂。遺書散於（出）晚清之際，為考棚書市購去，殿本書籍甚多，有宋

紹興南陽張氏本元包，元建陽本千家注杜詩，明仿宋本玉台新詠，四庫傳鈔本三國志補注，均見駢雅訓纂引用書目。又有郭蘭石手鈔本，頗為名貴。藏印：「有不為齋子子孫孫」朱文方印，「笛生手校」白文方印，「主恩未報聊歸田」白文方印，「後世雖相收吾書者鄙」白文方印。

喬松年字鶴儕，山西徐溝人，道光十五年進士，改部曹，累遷兩淮鹽（都）轉鹽運使，時郡城未復，駐節泰州，公餘與邑中名宿倡和，擢布政使，授安徽陝西巡撫，卒謚勤恪（光緒志名宦傳）。松年駐高氏三峯園（後稱喬園），一時賓朋讌集之地，於詩以外，藏書亦富，所蓄宋元槧本，散於吳縣

潘祖蔭家，見滂喜齋藏書記，翻刻有宋本朱子儀禮通釋，著有緯攟，蘿摩亭扎記，奏疏詩集等行世。藏印：「徐水喬氏鶴儕藏書」朱文長方印、「蘿摩亭長」白文方印、「松年」、「鶴儕」白朱文大小方印。子聯寶字小鶴，孫輩仍居於泰。

程林生字石洲（號平常道人），安徽歙縣人，兩淮鹽運使桓生之弟，歷官江西知縣，解組後寓泰州，精六壬數，偶作小篆亦有古秀（宣統志流寓傳）。寓居城內，自署靜省之居，所藏書籍，歿後任其拋棄，用弘治本會典，取以糊窗，見者甚為婉惜，晚清民初之際，北京書友購去，頗多善本，如藍格鈔本明文海、明鈔本宋趙夔注杜詩、元刊

本龍筋鳳髓判，均是名貴秘笈，未遭損毀。藏印：「靜甫之居鑒定」朱文方印、「靜甫之居鑒藏」朱文大方印，「程石洲藏印」白文方印，「平常道人」朱文方印。

許頌鼎字子旻，原名錫年，海昌許槤第六子，同治六年舉人，官山東平度州，膠州知州，解任後居泰州城內，構仲氏西園築半舫，與錢犀庵程石洲相倡和，著有半舫詩鈔，刻有古均閣从書二集、康海武功縣志。兄誦宣字靖甫，槤第三子，咸豐二年舉人，官銅山縣知縣，同居於泰（子旻行述）。並守其父槤遺書、金石文字及銅器，如董武鐘，頌鼎，為世所珍，關於金石考證書籍甚富，

桂氏說文稿本，及許槤刻書，為北京書友所購去。藏印：「海昌許氏古均閣藏書」白文方印，「許槤所藏金石文字」朱文方印，「海昌許氏」白文方印，「頌鼎」朱文方印，又朱文橢圓印，「旻盦鑒藏」朱文方印。

李慎儒字子鈞，號鴻軒，丹徒李承霖子，同治甲子舉人，官刑部郎中，侍父居泰，潛心於學、喜購書籍，著有禹貢易知編，遼史地理志考，鴻軒隨筆，詩集等行世，子壽聞字元之，歿後散失無存

王耕心字穆存，一字道農，自號龍宛居士，直隸正定人，父捡祜居泰州城內，工古文辭，尤精內典，著有貫子次詁，彌陀經衷論疏，龍宛居士集，並刻先世著遺，為龍樹精舍从書。所藏書籍，佛經醫書極多（印刷綠格紙，版心下有「正定王氏藏書」六字），大都自手批點，并輟以跋語，現藏圖書館有同治正定縣志，批出謬誤，不下數百條，全書幾無完整，尤其先世遺著原稿，多有識語。

張元鯑字伯鳳，廣東順德人，寓居泰州，與王耕心姻親，父守恩字溥齋，祖濂俱好藏書，佛經最多，有宋刊東坡書小字梵夾本，妙法蓮華經、世稱罕見秘笈，民國九年，售於上海有正書局，用珂羅版影印行世，其他徑山藏經零帙。藏印：「濂」白文方印，「守恩私印」白文方印，「溥齋」朱文方印。

公藏

尊經閣，在學宮明倫堂後，庋藏頒發書籍，供給士子閱讀，明正德十六泰州儒學學正，陳琦置書籍祭器，並撰書櫃銘：「置書之櫃，藏祭之器，彼毀之者，為衆之棄」。清代因之，據雍正泰州志載書目，存二十一部，道光志存三十五部，雖然四部略備，都是御纂之書，現已無存。舊為儒學管理，見外縣散出，鈐有儒學官印，而泰州亦不例外，其散出或為儒學攜去。

泰州中學堂藏書樓，清光緒二十九年，知州侯紹瀛創設，就胡公書院改建，購置中外圖書，陳列藏書樓，供給師生參攷，為學校圖書館開始

，備藏圖書目録，刊載徵信録，並列有「泰州中學堂之圖記」長印，停辦後書有散出，僅剩一部份，移歸圖書館。

藏經

吉祥庵，在州北十五里之桑家灣，据退庵筆記卷三：「見殿之西廊巨碑，乃重建吉祥庵碑記，劉公人齋(宏宇)撰，時天啟二年也，記稱庵名吉祥，太僕蘭台公所題，創始在萬曆己酉，額其稱唐元中丞相，桑公肇基茲土，故灣以桑家名，亂唐中元三字，語氣疑有脫誤，桑丞相不知何許人，庵僧導余至殿中，指示曰此國公匾，中懸三藏法堂四字額，為魏國公徐宏基題，庵在前明供奉藏

泰州鎮興運輸處 二七

經全部，劉記稱僧祖節，達岑修習淨因，閱如來藏指此，經久散失，尚存二巨櫃，僧啟櫃示余，蠹蝕特甚」。此經道光庚寅(十年)夏氏親見，未詳經的版刻，或是明初南北藏本之一，因為泰邑叢林中，藏經缺乏記載，故録於此，略見一斑。

唯心庵，在港口鎮之河西，庵門石額題，建於萬曆年間，，供奉明徑山方冊全藏一部，此藏萬曆三十三年，餘杭徑山寂照庵，萬壽寺，化城寺募刻，改摺疊為線裝書本，世称方冊，按訂南北兩藏本，雕成於崇禎四年，費時二十餘載，刻版俱在各地印行，而裝釘在嘉興楞嚴經坊，全藏經目，列入朱記榮目睹書目，每經分函有字號，

，每字十卷釘兩冊，板心下有千文字，每卷末有某年施刻人及寺庵名識木記。此藏印本，中有康熙年補刊，冊首有「覺正」楷書朱記，「明桂之印」白文方印，「唯心主人」白文方印，「鶴閑」朱文方印。据藏經印本時代，最早約在康熙間所置，散出約在光緒初年，現有七十冊存圖書館。

光孝寺，建於晉義熙年間，為泰州最古名寺，舊有香雨樓，改名藏經樓，清光緒二十年寺僧德厚，赴京請全藏一部，係清雍正十三年，經廠奉勅雕版，世稱龍藏梵夾裝，每番五行，每行十七字，依北藏本增續，繕刻端整，宣紙精印。此經單頁運回，摺經裝冊於二十一年，費時兩載，製

泰州鎮興運輸處 二八

櫃及木匣，二十三年九月完竣。陳列十巨櫃(高三五○公分，寬一六七公分)，櫃內九層，七十二格，盛以木匣，匣面千文字號，櫃門刻有對聯，上懸眉匾，為邑人朱丙炎(仲仙)撰書，裝設頗為精緻。全藏七百十八函(匣)，計七千一百八十冊，外有目録序記六冊一匣，現已殘缺，計存七千一百四十二冊(詳録冊數表)。樓改為化工廠，連櫃移藏於圖書館。原藏有影印磧砂藏經，日本中野續藏經各一部，解放後散失無存，摘録匾聯文各十列下：

匾以四字為文，嵌「泰州光孝寺藏經全部廚」十字，泰岱雄文，州京蚪翰，光昭帝寵，孝慰后慈，寺傳宏典，藏錫龍函，經綸梵宇，全福道場，部

泰州鎮興運輸處 二八

閂萬衆、廚富千箱，區額現已無存。
　聯語十副，刻於橺門，第一福地丹青黄建額山
門仍古蹟，天堦金紫傾心廷闕沐新恩。第二戒德
崇高樓頭虎鉢傳香雨，綸音優渥殿角龍旗碧雲。
第三先覺先知誰亶聰明后是任，不生不滅真大慈
慧后所能。第四塵海無邊度盡衆生經是筏，寶山
可入修開覺路法如輪。第五經曰聖經萬寶歸樓歸
實諦，語云佛語四洲度化本空華。第六世界黃金
掃盡塵氛方見道，髮膚碧玉削除煩惱仍看經。第
七三教歸皈依荒服遐陬皆净土，一心懺悔孽根塵
障去天台。第八古字無多慶誦華嚴求字母，大文
索解願通慧業拜如來。第九貝葉千叢一字一珠一
頂禮，蓮花半偈萬緣萬劫萬神通。第十霜雨前蹤
都酬西極求經願，香雲稽首遍向南天種福田。
　西山寺佛藏藏經：寺在城內經武橋西，明崇
禎八年方誌禪師就報國庵改建為寺，名「西山報
國禪寺」，清初改名「西山白雲寺」，方誌字觀如，裴
莊人，幼出家於天竺之大講寺，年三十訪五台山
遠清師，師示以偈，別去遍歷名山，大暢宗旨，
著有法華宗旨品節偈等行世（泰州志仙釋傳）。方誌
來泰修有光孝寺、南山寺，此寺最後創建，因纍
西山而取名，同時五台山僧福潮，募化大佛三尊
，刻有萬佛藏念佛圖，普遍結緣，并寫佛經數百
冊，貯藏大佛藏中。又造錫製九級佛塔三座，各

佛藏內一座，相傳西山寺寶塔不見天之語，誤以
前殿內木塔（今廢），而不知佛藏內塔。解放後泰州
中學，毀壞佛大而發現，不知重視，竟付之一炬
，僅有極少數師生，拾得保存，所見燼餘列下：
　刻版萬佛藏念佛圖：單張直幅，板框縱約一
尺五寸，橫七寸，上截如來佛像，橫題「五台山普
勸念佛萬聲」，下截文偈十二行：「勅封五台山舊路
嶺，大護國聖壽湧泉寺，今蒙晋藩興建大殿已完
，但缺大佛三尊未就，潮發願來揚天寧寺達磨殿
，募化檀香大佛將完，欲募万人緣，每人念佛万
聲緣，名曰万佛藏，是以印圖散施。崇禎十年正月
，沙門福潮和尚」。白棉紙墨印，加蓋有「清涼授持
硃印，「每張取裝金銀一錢二分」硃記，及受持人姓
名。按此圖福潮為五台山所募，後移置該寺。
　金剛般若波羅密經：梵夾寫本，白棉紙墨邊
闌，末有「崇禎癸酉（七年）古梁正權敬臨」，「第七十三
卷」，信官孫慎行，夫人李氏施等署名。此經甚多
，當不止此數。又有血書梵夾小冊：每番四行々
十一字，後有「大明南直隸揚州府江都縣，新城焉
家營，左衛街居住，弟子孫應選刺血敬書，金剛
經一部為父母某……崇禎七年釋如昱拜書」六
行識語。又刻版橫幅，細楷字密行，全經分三十
二章，無刻版年月，白棉紙刷印。
「心經」般若羅密多心經：梵夾寫本，白棉紙，末

有「大明國直隸揚州府，江都縣舊城內，仁豐坊文樓巷，弟子周應元同妻王氏奉書，崇禎丙子（九年）初冬吉書」。又有寫本妙藥師神咒，觀音菩薩普門品等，後俱有書施人姓名。

般若波羅密多心經畧說，明正誨畧說，萬曆二十年，金陵周居士刻於允官寺，黃皮紙印，此經傳本罕見。

大佛頂如來密因修證了義諸菩薩萬行首楞嚴經十卷：唐房融筆受，末有「信教比丘廣林率徒等」識語，無署年月，竹紙寫本，方冊線裝。

普賢菩薩行願品：唐般若譯，棉紙梵夾寫本，後有年月施書人名。

泰州鎮興運輸處　三一

書市

書肆為文化流通的樞紐，泰州舊有揚郡試院，素稱文士薈萃之區，而江南著名書局，設臨時市場於試院西街（俗稱考棚街），有數十家林立，供應士子選購。就其性質，以制藝書籍為主，兼代四部相輔推行，迨至晚清發明鉛石印縮本，尤為士子所歡迎。其固定書肆，大都為江都縣（仙女廟洲上）人所設，自刻幾部讀本書板，印刷兼兌各省印書，約有十餘家，馳名於外縣，以懷德堂，二酉堂創設歷史較長。泰州自科舉停後，一度的衰落，至學校興盛，發展教科文具，而木刻舊書業，寥寥數家。茲就憶其聞見所及，畧列於後。

泰州鎮興運輸處　三二

二酉堂陸氏。創始人及年代不詳，據因樹屋書影，有咸豐四年跋甫跋：「購於泰州二酉堂書肆」云。約在咸豐四年以前開設，值太平軍興時期，或由揚城遷來，迎接一般避難士子，其中有些故家收藏。趙瑜海陵竹枝詞句：「去歲公尋陸氏書」。係指二酉堂已閉歇，此詩作於同治二年。

懷德堂夏氏。開設城外坡子街，道光初年，江都縣（仙女廟洲上）人，夏某創始，專刻讀本發兌，銷行裏下河一帶，範圍甚廣，並兼營舊書，經過民國四年一度閉歇，六年上海商務印書館支持，夏鳴俊恢復營業，兼售本館特約及教科文具。其經營古舊書時，有鄒玉亭老經理（為邑画家雋生之子），究在揚州徐氏積學齋多年，板本的經驗（余幼時見有明藍格抄本，即杭州長春真人西遊記，劉燕庭跋，）較為豐富，嘗收購善本流通，据鄉老所談：它未來店以前，後房內積存南監補刊宋元本史書，及其它書殘冊，以備藏書家，或同業零配，而年久徒飽蠹魚，惜成灰燼。重刻書板，最遠紀年，有道光十八年「養蒙針度」、咸豐四年「普濟應驗良方」等書。

德成堂　氏。設坡子街北，約同治初年，見刻板「處世錄」封面有「同治甲子鐫，泰州北門外坡子陳成堂書坊」。不詳開始人。

文成堂　氏。設樊川鎮市、京口分店，印刷讀本書籍，刻有「溫疫論補注」，封面署「同治三年」。

墨稼山房仲氏。設城內大林橋，咸豐年間仲貽光經理，發兌各省經史百家書，以讀本為主，兼刷印家刻本書籍，在科舉時代，頗有盛名，光緒年間閉歇，歸併大酉山房，刻有「律賦又新」，署「泰州墨稼山房」。又收得地方名著板片，刷印有「讀書紀數畧」、「文選英華」。

大酉山房孔氏。設大林橋口，光緒年間孔氏開設，接替墨稼山房存貨，先賣書板刷印，兼營古籍，不及懷德堂流通廣泛。

文德堂東氏。設姜埝鎮市，据光緒十九年刻有書板紀年，約在光緒初年創始。經理人束桂臣（名哲），好名之士，年八十餘歲，精於業務，頗有

創造性，並不是一般書賈可喻。書業自科舉停後，一大改革，添設石印機印刷零件，推銷鉛石印書籍，收購舊書，為保存古籍散失，嘗往通州裏河一帶，訪得泰興季滄葦宋板書，售與江陰繆藝風，南通張氏創設圖書館，採購甚多，繆張二氏稱贊不已，為蘇北書業巨擘。

寶晉齋樂氏。設大林橋南街，光緒年間樂德壽父子經營，古玩兼舊書，以代客為主，一般收藏者經其買賣，殘帙中有善本，因無專研，幾成荒肆。

尚古齋王氏。設府前街西，民國二年海寧王平之創始，古玩兼古書字畫，經過不少的名器和

善本，如元刊本「龍筋鳳髓判」，明棉紙仿宋寫本「趙注杜詩」等，均稱罕見秘籍。其營業將近五十年，子學儒繼承其業，經驗超過其父，馳名於各埠，現改為公私合營，仍名尚古齋。

燧德堂楊氏。設彩衣街，民國五年由揚州還來，專售舊書，兼代讀本。

翰文書局馮氏。設大林橋南街，民國三十四年，姜埝馮煥卿經營，馮氏父子，在二十年前，經常流動各區鄉，兼售故家藏書，逐漸發展至城市專營，窮鄉僻壤中，訪購不少，大部分為潘仲賓所購。

存古閣曹氏。設府前街，民國二十八年，曹

振邦由蘇州某書店，避難回泰，初設書攤於中山塔前，在抗戰時期，訪購鎮江趙氏藏書，而營業發展，勝利後改業舊貨。

三五 泰州鎮興運輸處

新書店一覽表

書店名	姓名	地址	類型	創設年代	閉歇年代
大同圖書館	朱桂臣	城外坡子街	鉛石印書籍儀器	光緒三二年	宣統元年
公利昌	姚幼和	城內鈸柱宮	教科文具石印機	光緒三三年	民國一六年
文明書社	周少卿	西填口	教科文具	民國元年	民國九年
文瑞堂	楊少卿	且樂橋口	〃	民國二年	十七年
文明書社	宮憑自	姜埝	〃石印	民國六年	十九年
九經堂	張子貞	北門內	教科兼木刻	民國六年	
中華書局	常壽卿	北門越城	教科代石印	民國八年	十二年
維新書局	顧	且樂橋	黨化書籍	民國十七年	二十年改大同
新泰書局	張志裔	〃	教科石印	民國十八年	一九五六年
大同書局	宮笑吾	〃	〃	民國二十年	〃
盧鴻儒	盧鶴儕	且樂橋	教科石印	民國二四年	一九五六年合併文具
會文堂	屠德銘	〃	〃	民國二五年	〃
益予書店	顧光甫	灣子街	教科文具	民國三一年	民國三六年
環球書局	劉少儒	大林橋南	〃、代石印	民國二八年	民國三五年
和濟	〃	〃	〃	民國三五年	民國三八年
朱聖祥	楊鴻甫	鈸柱宮	教科文具	民國三五年	一九五六年合併文具
興華	王子善	〃	〃	〃	三八年
建國	李燕庭	府前街	〃	民國三六年	三七年
佛教居士林	王芍坡	功德林內	佛經流通	民國一三年	三八年

表列書店，由「五四」以後，學校如林，大都以銷售教科為多，集中於大林橋至且樂橋一帶，最為繁盛。

三六 泰州鎮興運輸處

外埠書友來泰採購一覽表

姓名	書店地址	來泰年代	採購情況
張南屏	北京厰市	清宣統二年	訪查錢犀盦藏書。購錢氏書，选其善本，計值銀二千八百兩。續後二人常來採購，及程石洲、許子旻遺書。
李紫東	〃	〃	〃
湯伯和	揚州文樞堂	清光緒末年	以稽考市，兼收故家藏書，
邱紹周	揚州文富堂	〃	〃
金頌青	上海蟫隱廬	民國二年	專為姜埝劉麓樵藏書，選購宋元本。又同時李紫東、張南屏亦選購。
陳小湖	揚州文樞堂	民國五年	廣泛收購。
周必祥	如皋	民國六年	錢犀盦殘剩書。

姓名	書店地址	來泰年代	採購情況
陳問山	揚州	民國七年	廣泛收購。
陸文海（曲青）	揚州文海樓	民國九年	〃
朱殿卿	南京萃文書局	民國十一年	〃
劉仁齋	北京厰市	民國十三年	李極仙藏書。
王富山	上海富晉書社	民國十八年	廣泛收購。
郭石麒	上海中國書店	民國二十年	王十二房藏書
程先道	南京	〃	廣泛收購。
李叔謙	北京羣玉齋	〃	高星仲藏書
王錦波	上海二酉書店	民國二十七年	廣泛收購
喬錦熙	北京厰市	〃	〃
魏金豐	南京	民國三十四年	〃
張彝銘	南京泮池	一九五一年	〃

姓名	書店地址	來泰年代	採購情況
魏麗生	北京麗生書局	一九五一年	潘仲賓、吳惠春藏書、代收舊刊物。
嵇盛林	南京萃文書局	一九五二年	潘仲賓藏書。
尹仲賓	蘇州書林	一九五三年	〃
王東白	常州東北書店	〃	廣泛收購
葛洪年	北京中國書店	〃	〃
王昭文	上海古籍書店	〃	〃
江澄波	蘇州文學山房	〃	〃
李拔園	北京中國書店	一九五八年	〃

右表列書市往來於泰州，考其歷史，由於晚清科考試停而棚市廢，舊書業的衰敗，僅有揚州書市往來，其後發展於北京市場，厰市派最早張李二君來泰，專為訪購錢犀盦閣學遺書開始，其後寧滬各市，接踵而來，發現故家藏書甚多，積久幾成固定市場，溯其回憶，約有五十年的歷史，約畧簡述，以備地方流通舊書業的原委。

江蘇省立國學圖書館興化分館圖書簡目

江蘇省立國學圖書館興化分館被燬圖書簡目

佚名 編

《江蘇省立國學圖書館興化分館圖書簡目》、《江蘇省立國學圖書館興化分館被燬圖書簡目》，據鎮江圖書館藏民國油印本影印。

此本卷端鈐『紹宗藏書樓章』、『柳詒徵印』二印章。內包括《江蘇省立圖書館興化分館圖書簡目》、《江蘇省立圖書館興化分館被燬圖書簡目》兩部分，著録該館所藏『叢部』、『志部』圖書，並列有單行本圖書。《圖書簡目》『叢部』分爲類刻類、彙編類、郡邑類、氏族類、獨撰類；叢部後爲『志部』圖書。《被燬圖書簡目》『叢部』分爲彙編類、氏族類、獨撰類；叢部後爲『志部』圖書。全部著録約近一千五百部。分類標準按照江蘇省立國學圖書館編目分類標準。

（江慶柏）

江蘇省立國學圖書館興化分館圖書[illegible]

叢部

類刻類

經部之屬

相臺五經五種 宋湯陰岳氏 武英殿仿宋本 箱六 四〇冊

篆文六經四書十種 清康熙敕編 石印本 箱九 一〇冊

永懷堂十三經古注十三種 明金蟠 清浙局重刊本 箱六 四八冊

古經解彙函十六種 清鍾謙鈞 粵局刊本 箱六 二六冊

五經四書九種 浙撫署刊本 箱七 四〇冊

十三經十三種附校勘記 清丁葆禎校刊本 箱六 七〇冊

十三經注疏十三種 [illegible]刊本 箱六 一二〇冊

又一部十三種附校勘記 清阮元校 道光刊本 箱六 一〇〇冊

十三經注疏校勘記十三種 清阮元 刊本 箱六 四八冊

通志堂經解一百三十八種 清納蘭成德 粵局重刊本 箱七一八 四八〇冊

經苑二十五種 清錢儀吉 刊本 箱八 七七冊

御纂七經七種 清聖祖[illegible] 浙局刊本 箱七 一四二冊

又一部七種 同上 戶部刊本 箱八 一四二冊

御纂五經五種 同上 掃葉山房石印本 箱九 一二二冊

經學叢書四種 清吳志忠 刊本 箱九 三六冊

皇清經解殘存一百八十九種 清阮元 補刊本 箱九一十 三一九冊

皇清經解檢目一種 清蔡啟盛 [illegible] 箱九 二冊

皇清經解續編二百九種 清王先謙 [illegible]印本 三二冊

又一部殘存一百九十八種 同上 [illegible] 二八九冊

皇清經解分經合纂一百七十三種 [illegible]石印本 箱十 三二冊

五經彙解五種 同文局石印本 箱一一 三三冊

經學輯要二十五種 清[illegible] [illegible]石印本 箱一一 三二冊

五經體注大全會解五種 欽名 刊本 箱一一 一四冊

五經旁訓辨體殘存 [illegible] 刊本 箱一一 八冊

十一經音訓十一種 清楊國楨 [illegible] 二六冊

五經大全會解五種 清慈溪嚴氏家塾輯 古草堂刊本 箱一一 二四冊

五經味根錄五種 清[illegible] 石印巾箱本 箱二 一六冊

右經屬一 羣經二十七部一千一百二十種二千二百十八冊

鄭氏佚書二十種 漢鄭玄 清袁鈞輯 浙局刊本 箱一一 一〇冊

胡忠簡公經解殘存三種附一種 宋胡銓 餘杭官書巾箱本 箱一 五冊

石齋經傳殘存十五種 明黃道周 刊本 箱一一 三二冊

孔叢伯說經五稿五種附未竟稿一種 清孔廣林 山東局刊本 箱一一 七冊

焦里堂經解殘存三種 清焦循 [illegible]叢書本 箱二 三冊

味義根齋全書六種 清[illegible] 味義根齋刊本 箱二 六冊

枕葄齋羣經問答三種 清胡嗣運 排印本 箱二 六冊

龍岡山人古文尚書四種 清洪良品 刊本 箱一一 六冊

黃巖王氏叢書四種 清王[illegible] 本館傳鈔本 箱一一 五冊

三經誼詁三種 近人[illegible] 中央刻經院排印本 箱二 一冊

易藏叢書六種 民國杭辛齋 排印本 箱二 八冊

傅氏所著書四種 今人傅[illegible] 石印本 箱一一 一〇冊

羣經新釋義十二種 今人[illegible] 排印本 箱一一 一二冊

右經屬二 一[illegible] 十四部一[illegible]六種一百十四冊 二

[illegible]部小[illegible]叢[illegible]種 [illegible] 五冊

小學彙函殘存十二種 [illegible] 一七冊

小學鉤沈[illegible]十[illegible]種 [illegible] 箱一一 二〇冊

小學類編四十九種 [illegible] 箱一一 四冊

許學叢刻[illegible]種 清[illegible] 刊本 箱一一 六冊

小學蒐逸[illegible]十六種 [illegible] 刊本 箱一一 二冊

澤存堂五種 清[illegible] [illegible]石印本 箱一一 一二冊

段王學五種 今人[illegible] [illegible] 箱三六 八冊

音學五書五種 明顧[illegible] [illegible]刊本 箱一一 四冊

江氏音學十書九種 清[illegible] 中[illegible]書局[illegible] 箱一一 一六冊

許學四書四種 [illegible] [illegible]印本 箱一一 八冊

龐氏音學遺書[illegible] [illegible]石印本 箱一一 六冊

丁酉圖先生[illegible]書四種 清[illegible] 刊本 [illegible] 八冊

字學七種 清□□□ 石印本 箱二八 一冊
勞氏簡字五種 清勞乃宣 刊本 箱二 五冊
朗閣小學四種 清□□□ 觀古堂刊本 箱二 六冊
右經部三 小學十六部二百四十八種一百六十冊

史部之屬

史學叢書四十二種 清張之洞 武林竹簡齋石印本 箱一一 二四冊
紀事本末五種 □□山房刊本 箱一四 四七冊
紀事本末殘存九種 王鱗書局石印本 箱一四 八〇冊
九通九種 浙局刊本 箱一一一三 一〇〇〇冊
席刻五種 缺名 掃葉山房刊本 箱一四 一六冊
右史部一 總錄五部七十種一千一百六十七冊
孔魏韓李四先生年譜四種 近人繆荃孫 南陵徐氏刊本 箱□□ 一冊
延平四先生年譜四種 清毛念恃 乾隆重刊本 箱一□ 二冊
四洪年譜四種 清洪汝奎 刊本 箱一四 四冊
十五家年譜十五種 清楊希閔 福州刊本 箱一四 一八冊

三

小雙寂庵叢書六種 今人張鳴鸐 □□□ 箱一四 六冊
武林掌故叢編一二八十種 清丁□ 嘉惠堂刊本 箱三七 二〇八冊
西湖集覽二十□種 同上 同上 箱一四 一〇冊
浙江圖書館叢書初二集五十二種 清丁謙 民國刊本 箱□□ 一六冊
會稽郡故書雜集八種 今人周作人 民國刊本 箱三八 一冊
義陽文獻四種 清吳慶□ 刊本 箱四〇 九冊
濰縣文獻叢刊第一二三輯七種 今人丁錫田 排印本 箱一四 三冊
畿輔河道水利叢書九種 清吳邦慶 道光刊本 箱一四 一〇冊
皇朝藩屬輿地叢書二十八種 缺名 文瑞樓石印本 箱一四 三二冊
北京歷史風土叢書五種 缺名 □□書社排印本 箱一四 二冊
北平圖書館善本叢書第一集十二種 影印本 箱三六 七〇冊
京口掌故叢編七種 清陳□□ 丹徒陶氏刊本 箱三六 二冊
揚州叢刻二十四種 今人陳恒和 民國刊本 箱三六 八冊
上海掌故叢書第一集十四種 上海通社 排印本 箱一四 一〇冊
鄉土志叢編第一集十種 燕大圖書館 同上 箱二一 一〇冊

得一齋雜著四種 清黃彭年 學古齋刊本 箱一四 二冊
南樓雜著四種 清□文□ 排印本 箱一四 五冊
與籌朝鮮三種 清□□家 □刊本 箱一四 一冊
牧令書輯要八種 清丁日昌 黔省□□□氏刊本 箱四 一六冊
瓶花書屋叢書十二種 清董□ 道光刊本 箱一四 三〇冊
戴肇辰官書八種 清戴肇辰 同治刊本 箱一四 七冊
入幕須知五種 清張廷驤 浙局刊本 箱四 六冊
甘肅政書六種 缺名 排印本 箱一五 六冊
辟園四種 今人劉體仁 石印本 箱一一 一九冊
晉石厂叢書十種 清姚覲元 □□□□刊本 箱一五 六冊
觀古堂書目叢刻十五種 清葉德輝 葉氏刊本 箱一四 二〇冊
快閣師石山房叢書五種 清姚□□ 排印本 箱一四 八冊
石經彙函十種 □□□ 四川尊經書局重刊本 箱一四 一〇冊
觀古閣叢書八種 清鮑康 原刊本 箱一□ 八冊
學古齋金石叢書十二種 缺名 □□本 箱一四 三二冊

四

嘉業堂金石叢書二種 今人劉承幹 吳興劉氏刊本 箱一三 二二冊
金石三例三種 清盧見曾 刊本 箱一四 四冊
善齋吉金錄十□□ 今人劉體智 石印本 箱一五 二八冊
曲石雜著三種 今人李根源 曲石精舍刊本 箱一四 八冊
管窺六種 清張星鑑 乾隆刊本 箱一四 三〇冊
古今史學萃珍十種 清余肇鈞 余氏明辨齋刊本 箱一四 七冊
右史屬二 學錄四十部五百七十種六百九十七冊
勝朝遺事初二編六十種 清吳彌光 楚香書屋刊本 箱一四 一四冊
荊駝逸史五十一種 題清陳湖逸士 刊本 箱一四 四〇冊
又一部殘存五十一種 同上 □□□□修補本 箱一□ 六六冊
明季稗史十六種 缺名 □□□□刻本 箱一四 八冊
痛史三十種 樂天居士 商務印書館排印本 箱一四 三八冊
紀載彙編十種 缺名 琉璃廠排印本 箱一四 四冊
曲石叢書二種 今人李根源 民國刊本 箱一四 二冊
太平天國叢書十二種 今人蕭一山 影印排印合訂本 箱一四 一〇冊

太平天國史料第一集十種 今人程演生 同上 箱一四 三册
史料叢刊初編二十二種 今人羅振玉 東方學會排印本 箱一四 一〇册
掌故叢編十輯六十六種 今人許寶蘅 排印本 箱一四 一〇册
文獻叢編四十三輯八十種 故宮博物院文獻館 同上 箱一四 四三册

右史屬三 雜錄十二部四百九種二百一册

子部之屬

子書百家一百種 崇文局刊本 箱一三 一一〇册
二十二子二十二種 浙局重校刊本 箱一三 八三册
周秦諸子校注十種 缺名 石印本 箱一五 一〇册
聖門十六子十六種 清馮雲鵷 道光刊本 箱一五 八册
正誼堂全書六十六種 清張伯行 福州重刊本 箱一五 二一九册
呂書四種合刻 明呂勝呂坤 [illegible]刊本 箱一五 一册
積書巖六種 清[illegible] 刊本 箱一五 六册
當湖陸氏所刻書五種 嘉慶當湖繆氏重刊本 箱一五 四册
沈余遺書二種附一種 清[illegible] 江蘇局重刊本 箱一五 四册

五、

五種遺規五種 清陳宏謀 金陵局重刊本 箱一三 一〇册
四種遺規欽論四種 缺名 [illegible] 箱一三 六册
頭李叢書三十七種 四存學會 排印本 箱一三 三二册
徐氏三種 清徐士業 刊本 箱一五 三册
尹氏小學大全四種 清尹嘉銓 光緒刊本 箱一三 五册
壇几叢書錄要七種 清何恩鈞 道光刊本 箱一三 一册
尝歸草堂叢書八種 清丁丙 丁氏刊本 箱一五 一〇册
道藏輯要殘存三十六種 清蔣[illegible] 刊本 箱一八 一二册
道藏精華錄一百種 今人丁福保 排印本 箱一八 一二册
道原精萃七種 清[illegible] 同上 箱一八 八册
四經發隱四種 清[illegible] 金陵[illegible]刊本 箱一八 一册
道言內外祕訣四十種 明彭好古 順治刊本 箱一八 一二册
枊子藏書九種 宋柳宗 清刊本 箱一八 四册
呂祖全書二十[illegible]種 清劉體恕 [illegible]刊本 箱一八 一二册
濟世全書二集八十種 清[illegible] 東[illegible]刊本 箱一八 五一册

愼子三種合帙附一種 戰國趙人愼到 中國學社影印本 箱一三 三册
闡化錄四種 清魚[illegible] 嘉慶刊本 箱一八 四册
區種五種附錄一種 清趙夢齡 光緒蓮花池刊本 箱一五 一册
稗海七十種 明商濬 明越郡半埜堂刊本 箱一八 九九册
古今說海一百三十五種 明陸楫 邵氏酉山堂重刊本 箱一八 二〇册
唐宋叢書九十一種 缺名 明刊本 箱一八 二四册
尚友叢書七種 明陳繼儒 清刊本 箱一八 一册
說鈴前後續三集五十六種 清吳震方 康熙刊本 箱一八 二二册
硯雲甲乙編十六種 清金忠淳 乾隆巾箱本 箱一八 一四册
藝苑捃華四十八種 清顧之逵 巾箱本 箱一八 三二册
唐代叢書一百六十三種 清馬[illegible] 同上 箱一八 三六册
說庫一百七十七種 今人王文濡 文明書局石印本 箱一八 六〇册
古佚小說叢刊三種 今人[illegible] 民國[illegible]刊本 箱一八 四册
近代筆記叢選四種 缺名 廣東書局石印本 箱一八 二册
武經直解七種 明劉寅 影印[illegible]刊本 箱一五 一〇册

六

兵書四種 缺名 [illegible]刊本 箱一五 一册
兵法彙編十一種 缺名 [illegible]刊本 箱一五 八册
梅氏叢書輯要二十二種 清梅文鼎 [illegible]石印本 箱一七 六册
李氏遺書殘存十一種 清李銳 嘉慶刊本 箱一七 六册
四無學算記四種 清焦循 同上 箱一七 五册
衡齋遺書七種附一種 清汪萊 道光刊本 箱一七 二册
算微山房數學十五種 清張作楠 同上 箱一七 二〇册
則古昔齋算學十三種 清李善蘭 [illegible]刊本 箱一七 六册
算補遺七種 清華蘅芳 同上 箱一七 二册
白芙堂算學叢書五十二種 清丁取忠 長沙古荷花池精舍刊本 箱一七 三二册
數學五書五種 清[illegible] 同上 箱一七 八册
測海山房中西算學叢刻初編二十五種 缺名 [illegible]刊本 三六册
漸學齋算稿四種 今人王[illegible] 民國[illegible]本 箱一七 四册
勞氏所著書六種 清勞乃宣 光緒刊本 箱一七 二〇册
變化時所著書八種 [illegible] 民國[illegible]本 箱一七 二六册

百二漢鏡齋秘書四種　清程芝雲　休陽程氏刊本　箱一七　四冊
潤德堂叢書四種　今人袁阜　潤德堂刊本　箱一七　九冊
地理大全六種　缺名　巾箱本　箱一七　四冊
涉園墨萃十二種　今人陶湘　武進陶氏影印本　箱一七　一四冊
畫論叢刊五十三種附二種　[illegible]　排印本　箱一七　六冊
藝海一勺二十三種　今人趙詒琛　同上　箱一七　二冊
珠林寶笈三種　清胡敬　嘉慶刊本　箱一七　四冊
美術叢書二百三十七種　神州國光社　鉛印本　箱一七　一二〇冊
松壺先生集二種　清錢杜　光緒刊本　箱一七　一冊
琴學叢書六種　缺名　宣統民國雜刊本　箱一八　八冊
蔣氏游藝秘錄九種　清蔣和　刊本　箱一七　二冊
存素堂校寫几譜三種　今人朱啟鈐　中國營造學社排印本　箱一七　一冊
叙園說藝四種　清[illegible]　排印本　箱一八　四冊
東垣十書十種　[illegible]　通行本　箱一七　一六冊
六醴齋醫書十種　[illegible]　乾隆[illegible]刊本　箱一八　二〇冊

七

石山八種　明汪機　明刊本　箱一七　一六冊
證治準繩六種　明王肯堂　康熙精刊本　箱一七　一〇冊
李士材三書三種　[illegible]　[illegible]刊本　箱一七　八冊
張氏醫通七種　清張璐　康熙寶翰樓刊本　箱一七　四八冊
四種須知四種　[illegible]　康熙刊本　箱一八　一二冊
徐氏六種　清徐大椿　原刊本　箱一九　一二冊
醫林指月殘存十種　清王琦　乾隆原刊本　箱一八　一一冊
黃氏八種　清黃元御　燮和精舍刊本　箱一七　一六冊
陳修園醫學十二種　清陳念祖　同治重刊本　箱一七　二四冊
三家醫案三種　清吳金壽　道光刊本　箱一七　四冊
文氏醫方十種彙編十種附一種　清文晟　同治重刊本　箱一七　六冊
又一部十種附一種　同上　光緒重刊本　箱一七　八冊
醫學六種　清屠道和　同治青霞堂刊本　箱一七　八冊
醉園醫學六種　清潘霨　江西[illegible]刊本　箱一七　一二冊
白岳庵雜綴十種　[illegible]　[illegible]　[illegible]　五冊

當歸草堂醫學叢書十種　清丁丙　丁氏刊本　箱一七　一二冊
濟世專門編六種　缺名　巾箱本　箱一七　一冊
聿修堂醫學叢書十三種　缺名　光緒刊本　箱一七　四〇冊
釋氏十三經十三種　清吳坤修　同治半畝園刊本　箱一八　一〇冊
雲棲法彙三十九種　明釋袾宏　同治重刊本　箱一八　三五冊
佛祖心髓三十四種　清釋達如　光緒活字本　箱一八　四冊
在家必讀內典十五種　今人歐陽漸　民國內學院刊本　箱一八　二冊
林文忠公手書經典五種　清林則徐　影印[illegible]本　箱一八　一冊
摩尼燭坤集要七十二種　清[illegible]　浙慈孝禪院刊本　箱一八　一三冊
諸經集三種　缺名　道光刊本　箱一八　一冊
四十二章經佛遺教經八大人覺經三種合刻　排印本　箱一八　一冊
四十二章經佛遺教經注二種合刻　刊本　箱一八　一冊
四十二章經佛遺教經二種合刻　刊本　箱一八　一冊
阿彌陀經金剛經心經壇經懺悔品四種　集雲軒刊本　箱一八　一冊
彌陀經心經合集二種　刊本　箱一八　一冊

八

大方廣如來不思議境界等三種　今人余了翁　[illegible]刊本　箱一八　一冊
首楞嚴咒四種　[illegible]　道光刊本　箱一八　二冊
安士全書四種　[illegible]　民國排印本　箱一八　四冊
滄海叢書第三輯存十一種　今人張伯楨　北京文稿齋刊本　箱一八　三冊
治心編四種　[illegible]　[illegible]刊本　箱一八　一冊
西學須知十六種　英傅蘭雅　光緒刊本　箱一八　一六冊
兩廣學務處講義七種　缺名　排印本　箱一七　一六冊
兩廣初級師範簡易科講義合編十一種　同上　同上　箱一七　一八冊
師範半夜講習所講義八種　同上　同上　箱一八　七冊
小娜嬛山館彙刊類書十二種　同上　道光重刊本　箱一七　八冊
文林綺繡五種　同上　石印本　箱一七　[illegible]
通俗文叢二種　湖南文獻館　排印本　箱一八　[illegible]

右子屬　一百十一部二千三百五十三種一千八百十二冊

集部之屬

漢魏六朝一百三家一百三種　明張溥　明刊本　箱一九　[illegible]六冊

漢魏六朝名家集初刻四十種 今人丁福保 文明書局石印本 箱一八 三〇冊
六朝四家集四種附五種 清胡鳳丹 退補齋刊本 箱一九 六冊
初唐四傑文集四種 缺名 淮南局刊本 箱一九 三冊
五唐人集五種 明毛晉 影汲古閣刊本 箱一九 六冊
十種唐詩選十種 清王士禎 康熙刊本 箱二〇 四冊
唐朝四家集四種 清汪立名 康熙汪氏原刊本 箱一九 四冊
唐人六家集六種 清王遐春 麟後山房刊本 箱一九 八冊
唐人五家集五種 同上 同上 箱一九 六冊
唐人五十家小集殘存四十六種 清江標 靈鶼閣叢宋刊本 箱一九 一四冊
唐四僧詩四種 缺名 鈔本 箱一九 一冊
江湖羣賢小集九十八種後集七十種 宋陳起 嘉慶巾箱本 箱一八 四〇冊
汲古閣影鈔南宋六十家集七十四種補遺八種鮑氏知不足齋景鈔宋八家集九種諸遺五種 古書流通處影印鼎碧樓藏本 箱一九 二四冊
宋人小集五種 缺名 鈔本 箱一九 一冊
宋人集甲乙丙丁四編四十二種 今人李之鼎 宜秋館刊本 箱一九 六四冊

九

宋岳合集二種 宋岳 同治刊本 箱一八 四冊
敘樓宮詞二種 清瞿紹基 刊本 箱一九 一冊
詩詞雜俎十一種 明毛晉 古松堂翻汲古閣本 箱二〇 六冊
乾坤正氣集一百一種 清姚瑩 道光潘氏袁江節署刊本 箱一九 二〇〇冊
國朝十家詩鈔十種 清王相 信芳閣刊本 箱二〇 一六冊
灰燼集二十六種續六種 同上 同上 箱二〇 八冊
國朝五家詠史詩鈔五種 清張穆 刊本 箱二〇 四冊
徽州同聲集四種 清鄭興鼎 光緒刊本 箱二〇 二冊
北郭遺詩天寥遺稿合刻二種 今人蔡文鑅 刊本 一冊
八代六君子遺集六種 今人謝光清 商務印書館排印本 箱二〇 六冊
王葉詩合刻二種 缺名 吳興劉氏刊本 箱二〇 六冊
二楊遺集四種 清孫雲 光緒排印本 箱二〇 一冊
閨秀詩三種 清惲珠 道光刊本 箱二〇 一冊
閨秀四家詩四種 缺名 掃園石印本 箱二〇 一冊
六名家詩鈔六種 日本真下濟元教等 刊本 箱二〇 六冊

合世名家文鈔四種 日本驛王性 刊本 箱二〇 四冊
重刊麗韓十家文鈔十種 韓王性淳 刊本 箱二〇 三冊

右集屬一 詩文三十二部七百五十五種五百七十二冊

宋六十名家詞六十一種 明毛晉 汲古閣刊本 箱二〇 二〇冊
四印齋所刻詞二十種 清王鵬運 原刊本 箱二〇 九冊
又一部殘存十三種 同上 同上 箱二〇 八冊
彊村叢書一百十七家一百二十二種附一種 清朱祖謀 朱氏刊本 箱二〇 三二冊
彊村遺書九種附二種 同上 同上 箱二〇 一二冊
西泠詞萃六種 清丁丙 光緒刊本 箱二〇 四冊
浙西六家詞六種 清龔翔麟 玉玲瓏閣刊本 箱二〇 四冊
名家詞八種 缺名 刊本 箱二〇 二冊
北湖三家詞鈔十種 清吳震 白茆堂刊本 箱二〇 二冊
楚四家詞四種 道光刊本 箱二〇 一冊
三家詞五種 雜刊本 箱二〇 一冊
十種詞十種 同上 箱二〇 四冊

十

百聲集五種 清 道光刊本 箱二〇 一冊
二家詞彙十種 宋宜與武 金氏評花仙館刊本 箱二〇 四冊
評花仙館合刻詞二種 同上 同上 箱二〇 一冊
宋詞五種 清吳慶成 光緒刊本 箱二〇 二冊
榆園叢刻十八種附十種 清許增 同上 箱二〇 一六冊
名家詞十七種 清鄭基 刊本 箱二〇 四冊
又滿樓所刻詞四種 今人趙詒琛 趙氏刊本 箱二〇 一冊
三程詞鈔三種 清程傳元 排印本 箱二〇 一冊
小檀欒室彙刻閨秀詞十集一百種 今人徐乃昌 徐氏刊本 箱二〇 二〇冊
詞學叢書六種 清秦恩復 光緒重刊本 箱二〇 一二冊

右集屬二 詞二十二部四百二十八種一百五十四冊

古今雜劇三十種 今人王國維影印元刊本 箱二〇 三冊
元曲選一百種 明臧懋循 商務印書館影印明刊本 箱二〇 四八冊
元明雜劇二十七種 本館影印宣德刊本 箱二〇 六冊
六十種曲六十種 明毛晉 道光重修汲古閣刊本 箱二〇 一二〇冊

盛明雜劇三十種 明沈泰 民國影印本 箱二〇 一〇冊
傳真社影印傳奇三種 今人陳乃乾 傳真社影印本 箱二〇 六冊
太平樂府殘存十二種 原刊本 箱二〇 六冊
奢摩他室曲叢初二集三十五種 今人吳梅 涵芬樓印本 箱二〇 二四冊
明周憲王樂府三種 明朱有燉 暖[illegible]影印本 箱二〇 二冊
臨川四夢傳奇殘存四種 明湯顯祖 巾箱本 箱二〇 六冊
滄江樂府七種 殘 [illegible]館重刊本 箱二〇 二冊
散曲重刊十三種 今人任訥 中華書局排印本 箱二〇 二八冊
飲虹簃校刻清人散曲十五種 今人盧前 排印本 箱二〇 三冊
飲虹簃五種 同上 刊本 箱二〇 二冊
飲虹簃所刻曲三十種 同上 同上 箱二〇 二二冊
玉燕堂四種曲四種 清張堅 原刊本 箱二〇 一〇冊
笠翁傳奇五種 清李漁 通行本 箱二〇 一〇冊
曲波園傳奇二種 同上 原刊本 箱二〇 四冊
惺齋新曲六種 清夏綸 乾隆刊本 箱二〇 一二冊

十一

清容外集九種 清蔣士銓 紅雪樓[illegible] 箱[illegible] 八冊
南橋二種 今人蔡寶 排印本 箱二〇 一冊
滿天石傳奇八種 清周文泉 道光刊本 箱二〇 八冊
玉獅堂傳奇三種 清陳烺 光緒武林刊本 箱二〇 三冊
迎草堂曲稿四種 題勤草詞人 [illegible]刊本 箱二〇 二冊

右集屬三 四二十四部二百二十七種五百六十八冊

歷代詩話二十八種 清何文煥 [illegible]刊本 箱[illegible] 一二冊
歷代詩話續編二十九種 今人[illegible] 排印本 箱二一 一二冊
讀雪山房叢殘存十[illegible]種 清[illegible] 長沙刊本 箱二一 六冊
詩觸一五種 [illegible] [illegible]本 箱二一 二冊
人子詩話七種 [illegible]叢書本 箱二一 四冊
清詩話四十三種 [illegible] [illegible]本 箱二一 一〇冊
詞話叢鈔十種 今人[illegible] [illegible]刊本 箱[illegible] 四冊
詞話叢編六十種 今人唐圭璋 排印本 箱[illegible] 二四冊
蠻雪軒叢書六種 日本[illegible]藤元[illegible] [illegible]排印本 [illegible] 一冊

右集屬四 文評九部二百十四種七十五冊

彙編類

宋迄清之屬

儒學警悟六種 宋俞鼎孫俞經 民國武進陶氏刊本 箱二一 一〇冊
說郛一千二百四十種 明陶宗儀 明刊本 箱二一 七〇冊
續說郛五百二十五種 明陶珽 同上 箱二一 二六冊
漢魏叢書八十種 明何允中 通行本 箱二一 八〇冊
漢魏別解四十七種 明黃澍葉紹泰 崇禎刊本 箱二一 一六冊
津逮秘書殘存十五種 明毛晉 汲古閣刊本 箱二一 一九冊
檀几叢書初二集一百種餘集五十七種 清王晫張潮 康熙刊本 箱二一 九冊
昭代叢書殘存五百六十八種 清張潮 道光世楷堂刊本 箱二一 一一七冊
檀學五種 清張伯行 民國重刊本 箱二一 八冊
秘書二十八種 清汪士漢 嘉慶刊本 箱二一 二四冊
又一部二十八種 同上 同上 箱二五 二四冊
古香齋叢書十種 清乾隆內府編 光緒南海孔氏校刊本 箱[illegible]三 三二〇冊

十二

武英殿聚珍版叢書一百四十八種 清高宗 光緒[illegible]刊本 箱二三[illegible] 一〇〇冊
雅雨堂叢書十三種 清盧見曾 乾隆[illegible]刊本 箱二〇 二一冊
經訓堂叢書二十四種 清畢沅 乾隆[illegible]刊本 箱二三 二二冊
貸園叢書初集十二種 清周永年 乾隆刊本 箱二三 一六冊
知不足齋叢書三十集二百七種 清鮑廷博 乾隆鮑氏刊本 箱二五 二四〇冊
函海二十四集一百六十三種 清李調元 乾隆原刊本 箱二五 一一八冊
龍威秘書十集一百二十七種 清馬俊良 乾隆中箱本 箱二五 八〇冊
藝海珠塵八集一百六十四種 清吳省蘭 乾隆聽彝堂刊本 箱二五 六八冊
汗筠齋叢書四種 清錢東垣 嘉慶刊本 箱二五 一〇冊
平津館叢書四十二種 清孫星衍 嘉慶孫氏刊本 箱二五 四八冊
學津討源二十集殘存一百七十二種 清張海鵬 嘉慶刊本 箱二五 一三八冊
文選樓叢書二十六種 清阮元 同上 箱二五 一二〇冊
宛鄰書屋叢書殘存十九種 清張琦 道光[illegible]刊本 箱一[illegible] 二二冊
靈峯草堂叢書十四種 清陳雲 刊本 箱二六 六冊
宜稼堂叢書七種 清郁松年 道光刊本 箱二[illegible] 六四冊

別下齋叢書二十八種 清蔣光煦 道光原刊本 箱二八 四八冊
賜硯堂叢書四十種 清顧沅 同上 箱二八 八冊
清頌堂叢書殘存六種 清潘世恩 道光潘氏刊本 箱二八 九冊
春暉堂叢書十一種 清徐渭仁 道光刊本 箱三五 一二冊
遜敏堂叢書三十一種 清黃秋槎 道光活字本 箱二八 六冊
古棠書屋叢書二十種 清孫衡 道光孫氏刊本 箱三五 四〇冊
三長物齋叢書六十五種 清黃本驥 道光刊本 箱二八 八〇冊
惜陰軒叢書四十四種 清李錫齡 道光宏道書院刊本 箱二八 一二四冊
守山閣叢書一百十種 清錢熙祚 道光刊本 箱二八 一二〇冊
粵雅堂叢書二十集一百二十一種 清伍崇曜 中原本 箱二九 二八冊
粵雅堂叢書續集殘存四十六種 同上 同上 箱二九 七九冊
海山仙館叢書五十六種 清潘仕成 道光中刊本 箱二九 一二〇冊
潄六編五種 清任和王氏 道光王氏刊本 箱二九 三冊
十種古逸書十種 清茆泮林 道光梅瑞軒刊本 箱二九 八冊
玉函山房輯佚書五百九十二種 清馬國翰 刊本 箱二九 八〇冊

十三

三才略三種 缺名 道光刊本 箱二九 一一冊
琳瑯秘室叢書四集三十種 清胡珽 活字本 箱二八 二六冊
漢學堂叢書二百十三種附高密遺書十一種 清黃奭 黃氏重刊本 箱二九 八〇冊
長恩書室叢書甲乙集十九種 清莊肇麟 咸豐三年刊本 箱二九 一二冊
曼陀羅華閣叢書殘存十五種 清杜文瀾 咸豐刊本 箱[illegible] 三二冊
小萬卷樓叢書十七種 清錢培名 光緒重刊本 箱二九 一二冊
半畝園叢書十四種 [illegible] 同治[illegible]重刊本 箱[illegible] 一〇冊
小石山房叢書三十八種 清[illegible] 同治[illegible]刊本 箱二九 一四冊
如不及齋叢鈔[illegible]種 清[illegible] 同治[illegible]刊本 箱三一 [illegible]冊
明辨齋叢書二十[illegible]種 清宗[illegible] 同治[illegible]刊本 箱一一 [illegible]冊
崇文書局叢書三十九種 湖北崇文書局刊本 箱[illegible] 八冊
[illegible]海堂叢刻六種 [illegible]刊本 箱三一 [illegible]
廣雅書局叢書一百二十種 清張之洞 廣雅書局刊本 箱[illegible] [illegible]
廣雅書局叢刻[illegible]十九種 [illegible] 箱三八 四三冊
又一部四十三種 同上 箱三一 五九冊

一株紅杏書齋叢書十二種 清方宗誠 桐城方氏刊本 箱三一 五冊
後知不足齋叢書五十三種 清鮑廷爵 光緒刊本 箱三一 六〇冊
續知不足齋叢書初二集十七種 清高承勲 原刊本 箱三一 一六冊
洊喜齋叢書殘存五十三種 清潘祖蔭 同上 箱三一 三一冊
功順堂叢書十七種 同上 同上 箱三一 二八冊
月河精舍叢鈔五種 清丁寶書 光緒丁氏刊本 箱三一 二〇冊
藝瓣叢刻十四種 清汪曰楨 會稽學署刊本 箱三一 一六冊
仰視一千七百二十九鶴齋叢書三十七種 清趙之謙 巾箱本 箱三一 三〇冊
嘯園叢書五十九種 清葛元煦 光緒刊本 箱三二 四八冊
南菁書院叢書四十一種 清王先謙 同上 箱三二 四〇冊
徐氏叢書初刻十八種 清徐幹 同上 箱三二 二〇冊
徐氏叢書二集八種 同上 同上 箱三[illegible] 二〇冊
正覺樓叢書十四種 清合肥李氏 巾箱本 箱三二 二〇冊
又一部二十九種 同上 同上 箱三二 三六冊
求實齋叢書十五種 清湘鄉蔣氏 光緒刊本 箱三二 九冊

十四

粟香室叢書二十七種 清金武祥 巾箱本 箱三一 二九冊
三餘書屋叢書四種 清蔡壁 光緒蔡氏刊本 箱三二 四冊
艷秀山房叢書二十二種 清朱剋猷 光緒湖南刊本 箱三一 一九冊
娛園叢刻十種 清許增 光緒刊本 箱三一 四冊
述古叢鈔四集二十五種 清劉晚榮 光緒修竹書屋刊本 箱三[illegible] 四〇冊
觀自得齋叢書三十種 清徐士愷 光緒刊本 箱三二 二〇冊
半广叢書初編十一種 清譚獻 同上 箱三二 一七冊
傳硯齋叢書十種 清吳丙湘 [illegible]巾箱本 箱三二 八冊
小方壺齋叢書殘存二十二種 清王錫祺 光緒[illegible]刊本 箱[illegible] 一[illegible]冊
漸西村舍叢書殘存二十一種 清袁昶 原刊本 箱[illegible] [illegible]冊
天壤閣叢書十七種 清王懿榮 王氏刊本 箱三[illegible] 一[illegible]冊
十萬卷樓叢書五十一種 清陸心源 光緒刊本 箱三[illegible] 八八冊
咫進齋叢書三十[illegible]種 清姚覲元 同上 箱[illegible] 二[illegible]冊
式訓堂叢書二十七種 清章壽康 同上 箱三二 二四冊
靈鶼閣叢書三集三十九種 清江標 光緒湖南使院刊本 箱三二 二四冊

大亭山館叢書廿六種 清楊保彝 光緒刊本 箱三二 八冊
花雨樓叢鈔十五種 清張壽榮 張氏刊本 箱三二 二〇冊
擷花盦叢書二十七種 清[illegible] 光緒[illegible]刊本 箱三二 六四冊
籑喜廬叢書四種 清傅雲龍 光緒傅氏刊本 箱三六 七冊
枕碧樓叢書十二種 清沈家本 民國沈氏刊本 箱三二 一八冊
振綺堂叢書二集十二種 清汪康年 光緒木印本 箱二二 八冊
南菁札記十四種 清傅良 光緒刊本 箱三一 六冊
適園叢書十二集七十二種 清[illegible] 吳興張氏刊本 箱三三 一九二冊
又一部七種 同上 宣統國學扶輪社排印本 箱三三 一〇冊
敬學軒叢書殘存八種 清劉世珩 貴池劉氏刊本 箱三三 一六冊
天蘇閣叢刊二集十種 清[illegible] 中華書局鉛印本 箱三四 六冊
心園叢刊一集六種 同上 [illegible]印本 箱三四 二冊
松鄰叢書甲乙編二十種 [illegible] 民國刊本 箱三三 一二冊
晨風閣叢書二十二種 清沈宗畸 宣統沈氏刊本 箱三三 一六冊
晨風閣叢書甲集九種 同上 [illegible]本 箱三三 四冊

十五

觀古堂叢書七種 清葉德輝 光緒葉氏刊本 箱三三 二冊
觀古堂所刻書初二集二十六種 同上 同上 箱三三 一六冊
麗樓叢書八種 同上 同上 箱三三 八冊
雙楳景闇叢書十三種 同上 同上 箱三三 三冊
學術叢編四十九種 清王國維 倉聖明智大學排印本 箱三四 二四冊
雪堂叢刊十種 同上 宣統石印本 箱三三 二冊
唐山山房叢書十種 清陳[illegible] 民國[illegible]刊本 箱三三 二冊
木犀軒叢書二十五種 清李盛鐸 光緒李氏刊本 箱三五 四〇冊
[illegible]樓叢書八種 [illegible] 蘇州文學[illegible]刊本 箱三三 八冊
善成堂六種 同上 [illegible]刊本 箱三三 一〇冊
藻選寶[illegible]殘存三十六種 同上 小[illegible]石印本 [illegible] 一五冊
西政叢書殘存十八種 同上 石印本 箱三三 二四冊
衛學廬叢書四種 同上 同上 箱三一 一冊
雲自在龕叢書十六種 [illegible] [illegible]氏刊本 [illegible] 二六冊
藕香零拾三十九種 同上 同上 箱三二 三冊

燈畫東堂小品二十三種 同上 同上 箱三二 一二冊
古學彙刊初二集五十八種 同上 國粹學報社排印本 箱三二 二四冊
涵芬樓秘笈十集五十三種 近人孫毓修 商務印書館排印本 箱一四 八〇冊
箋經室叢書三種 近人曹元忠 刊本 箱三四 三冊
積學齋徐氏叢書二十一種 今人徐乃昌 光緒徐氏校刊本 箱三三 二〇冊
郋園叢書二十種 同上 光緒刊本 箱三三 二〇冊
擇雅雜俎十二種 同上 宣統刊本 箱三三 六冊
集虛草堂叢書甲集十種 今人李國松 光緒李氏刊本 箱三三 二四冊
甘雨亭叢書六集四十九種 日本[illegible]板倉侯 日本刊本 箱二九 四八冊

右彙編一 宋迄清一百二十六部七千二百十六種六千一百九十七冊

現代之屬

[illegible]叢書七種 今人唐[illegible] [illegible]刊本 箱三六 一〇冊
吸[illegible]在斯堂叢書二十種 今人羅振玉 東方學會排印本 箱三三 一二冊
王[illegible]叢書初二集二十二種 同上 [illegible]刊本 箱三三 二〇冊
宸翰樓續編八種 同上 民國羅氏刊本 箱三三 八冊
雪堂叢刻五十二種 同上 [illegible]印本 箱三三 二〇冊
雲窗叢刻八種 同上 影印排印合訂本 箱三三 一〇冊
敦煌石室碎金十七種 同上 東方學會排印本 箱三三 一冊
求恕齋叢書三十四種 今人劉承幹 [illegible]刊本 箱三四 一四五冊
嘉業堂叢書五十八種 同上 同上 箱三四 二一六冊
[illegible]叢書一種 同上 [illegible] [illegible] 一三冊
吾[illegible]軒叢書三十九種 今人[illegible] [illegible] [illegible] 四二冊
靈[illegible]叢書一集七種 [illegible] [illegible] [illegible] 四冊
雲[illegible]山房[illegible]十一種 [illegible] [illegible] [illegible] [illegible]
[illegible]叢書十[illegible]種 [illegible] [illegible] [illegible] 八冊
晴[illegible]叢書十[illegible]種 同上 [illegible] [illegible] [illegible]
甲戌[illegible]十種 [illegible] [illegible] [illegible]
乙亥[illegible]編十[illegible]種 同上 同上 [illegible] 四冊
丙子[illegible]編十一種 同上 同上 [illegible] 四冊
丁丑[illegible]編十種 同上 同上 箱三六 四冊

十六

國學彙編初二三集三十二種 國學研究社 同上 箱三六 一二冊
習盦叢刊第一輯三種 今人丁習田 同上 箱三六 一冊
信古閣小叢書八種 今人黃任恆 同上 箱三六 二冊
半帆樓叢書七種 今人鄔慶時 刊本 箱三六 七冊
拜鵑紀公齋叢書十八種 今人吳鎮 稿本 箱三六 三〇冊
抱經樓叢刊第一集五種 今人沈德壽 排印本 箱[illegible] 六冊
蟫香館叢編六種 今人楊嘉 石印本 箱三六 二冊
念劬廬叢刻八種 今人徐孝寬 排印本 箱三六 四冊
文學山房叢書二十九種 今人江杏溪 蘇州文學山房活字本 箱三六 一〇〇冊
酉苑叢書第一輯二種 今人王重民 排印本 箱三六 一冊
曲石叢書十九種 今人李根源 刊本 箱三四 二九冊
述雅齋叢書八種 今人董金榜 影印本 箱三六 一〇冊
識修堂叢書十種 今人呂鏞 刊本 箱三七 三冊
劉氏叢鈔二十五種 缺名 鈔本 箱三四 三一冊
右彙編二 現代三十三部五百六十九種七百九十二冊

十七

郡邑類
雜編之屬
金陵叢書五十四種 今人蔣國榜 蔣氏慎修書屋排印本 箱三六 一二八冊
常州先哲遺書三十九種 清盛康 光緒朱印刊本 箱三六 六四冊
錫山先哲叢書十種 今人劉嘏祖 中華書局仿宋本 箱三六 一五冊
婁東雜著五十六種 清邵廷烈 道光秘書齋刊本 箱三六 八冊
東倉書庫叢刻十二種 清繆朝荃 光緒繆氏刊本 箱三六 一二冊
太崑先哲遺書十種 今人俞慶恩 俞世德堂排印本 箱三六 一八冊
虞山說苑甲乙編三十二種 近人丁祖蔭 民國虞山丁氏校刊排印本 箱三六 一二冊
虞山叢刻甲乙丙集十八種 同上 民國刊本 箱三七 一三冊
橫山草堂叢書二十二種 清陳慶年 同上 箱三七 二一冊
漁溪叢書三種 缺名 排印本 箱三七 四冊
海陵叢刻二十三種 今人韓國鈞 依歸草堂刊本 六冊
淮陰叢書二種 缺名 淮陰徐氏刊本 箱三七 二冊
楚州叢書十九種 今人冒廣生 刊本 箱三七 八冊

以上江蘇十三部三百種三百七十一冊
安徽叢書第一二三四期四十八種附四種 今人程演生 排印影印本 箱三七 八六冊
安徽叢書第五期全書三種附二種 安徽叢書編印處 排印本 箱三七 一六冊
貴池先哲遺書三十種 清劉世珩 劉氏刊本 箱三七 六八冊
南陵先哲遺書五種 今人徐乃昌 影印巾箱本 箱三七 一六冊
以上安徽四部九十二種一百八十六冊
武林往哲遺著五十二種附二種 清丁申等 嘉惠堂刊本 箱三七 六四冊
武林往哲遺著後編十種 清丁立誠等 同上 箱三八 三二冊
檇李叢書第一輯五種 今人金兆蕃 刊本 箱三八 一六冊
檇李遺書二十種 清孫福清 望雲仙館巾箱本 箱三八 二〇冊
吳興叢書六十五種 今人劉承幹 劉氏嘉業堂刊本 箱三九 二四〇冊
二老閣叢書二十一種 清毛文強 嘉惠刊本 箱三九 三二冊
四明叢書一二三四五集一百十種 今人張壽鏞 張氏約園刊本 箱三九、四〇 二六八冊
紹興先正遺書甲集八種 清徐友蘭 光緒徐氏刊本 箱三八 三二冊
台州叢書甲乙集八種 清宋世犖 宋氏重刊本 箱三八 二〇冊

十八

續台州叢書甲集六種 清楊晨 光緒刊本 箱三八 六冊
台州叢書己集十二種後集十六種 清[illegible] 民國[illegible] 二四冊
率祖堂叢書十四種 缺名 光緒刊本 箱三八 三六冊
仙居叢書第一集十二種 今人李鏡渠 [illegible] 二〇冊
金華叢書六十二種 清胡鳳丹 退補齋刊本 [illegible] 二五四冊
續金華叢書五十八種 清胡宗楙 [illegible] 箱三八 一二〇冊
永嘉叢書十四種 清孫衣言 光緒刊本 [illegible] 六〇冊
敬鄉樓叢書初二三四輯三十八種 今人黃群 排印本 [illegible] 七八冊
惜研樓叢刊八種 今人胡慶雲 [illegible] 二冊
以上浙江十八部五百四十一種一千三百二十四冊
湖北叢書三十一種 缺名 光緒三餘草堂刊本 箱四〇 一〇〇冊
沔陽叢書一百九種 [illegible] 民國[illegible] 箱四一 二六五冊
畿輔叢書一百十九種 清王灝 光緒刊本 箱四一 五二一冊
屏廬叢刻十五種 今人金鉞 民國刊本 箱四一 一二冊
雪華館叢編二十種 今人[illegible] 刊本 箱三九 三二冊

關中叢書第一二三四集三種附二種 今人宋聯奎 排印本 四八冊
龍潭精舍叢刻十六種 今人劉海涵 刊本 箱四一 一九冊
浦城遺書十四種 清祝昌泰 道光留香室刊本 箱四一 一六冊
嶺南遺書六集六十一種 清伍元薇 文字歡娛室刊本 九六冊
雲南叢書三十四種 雲南圖書館 刊本 箱四一 一四六冊
黔南叢書第一二三四集三十七種 今人任可澄 排印本 箱四一 四〇冊
遼海叢書二十三種 遼海書社 排印本 箱四三 五〇冊
以上鄂贛冀晉秦豫閩粵滇黔遼諸省十二部四百九十五種一千二百四十五冊
右郡邑類 雜編四十七部一千四百二十九種三千一百二十六冊
十九

詩文之屬
太倉十子詩選十種 清吳偉業 排印本 箱二〇 二冊
陸陳二先生詩文鈔四種 清葉裕仁 合肥蒯氏刊本 箱二〇 一二冊
又一部二種 同上 同上 箱一九 六冊
嘉定四先生集四種 缺名 康熙陸氏重刊本 箱一九 二四冊
徐州二遺民集五種 清馮煦 光緒刊本 箱二〇 五冊
皖江三家詩鈔三種 清陳世鎔 道光刊本 箱二〇 一冊
廣德壽重光集第一輯五種 今人全柽唐 合肥丁氏當歸草堂重刊本 傳是樓石印本 箱二〇 一二冊
西泠五布衣遺著五種 缺名 同治刊本 箱二〇 六冊
訪西吟社五君詠五種 同上 刊本 箱二〇 一冊
鶴農研林詩集二種 清胡敬 道光□□堂刊本 箱二〇 一冊
東里兩先生詩二種 缺名 浙局重刊本 箱二〇 一冊
琴台合刻九種 清李淮鈞 康熙原刊本 箱二〇 一冊
溗川詩鈔三十五種 清海昌吳氏 乾隆吳氏拜經樓刊本 箱三〇 一二冊
海昌麗則五種 清歸安周氏 嘉慶愼餘堂刊本 箱二〇 二冊
纖雲樓詩合刻二種 清胡鳳丹 光緒退補齋刊本 箱二〇 一冊
永康十孝廉詩鈔十種 缺名 民國南陵徐氏影印鈔本 箱一九 二冊
永嘉四靈詩殘存二種附二種 同上 排印本 箱一九 二冊
永嘉四靈詩四種 同上 排印本 箱一九 二冊
永嘉詩人祠堂叢刻十二種附三種 今人冒廣生 刊本 箱二八 八冊
馮陳合稿二種 清程錫侌 道光不汲書舫刊本 箱二〇 一冊
瀏陽二傑遺文二種 缺名 排印本 箱四〇 二冊
樵川二家詩三種 清周亮工 光緒邵武徐氏重刊本 箱一九 二冊
茶陽三家文鈔三種 今人溫廷敬 排印本 箱四一 二冊
明滇南五名臣遺集六種 今人李根源 清刊印本 箱一九 二冊
明雷石庵胡二峯遺集合刻二種 同上 清刊本 箱一九 一冊
楊林兩隱君集二種附一種 今人李文漢 李文林 雲南叢書本 箱四一 一冊
邱海二公合集二種 清焦映漢 嘉慶重刊本 箱一九 一〇冊
粵十三家集十六種 清伍元薇 道光伍氏詩雪軒刊本 箱一九 四〇冊
遼東三家詩三種 今人袁金鎧 吳興劉氏刊本 箱二〇 七冊
岡岑五家詩鈔五種 缺名 道光刊本 箱二〇 二冊
四家文鈔四種 同上 清刊本 箱二〇 六冊
海昌閨媛詩三種 清吳騫 嘉慶刊本 箱二〇 一冊
三節詩合編三種 清吳其泰 咸豐韓氏寶銘齋刊本 箱二〇 一冊
右郡邑類 詩文三十三部一百八十八種一百八十二冊
二十

氏族類
雜編之屬
二程全書七種 通行本 箱四二 一六冊
黃氏家集十二種 清黃晉孝 嘉慶刊本 箱四二 九冊
叢睦汪氏遺書二十二種 清汪師韓 光緒汪氏長沙刊本 箱四二 三二冊
二洪遺稿二種 影印本 箱四二 五冊
崇川劉氏叢書四種 清劉長華 劉氏刊本 箱四二 一六冊
黎氏家集十六種 清黎庶昌 黎氏日本刊本 箱四二 一一冊
春雨樓叢書七種 清朱世嵫 刊本 箱四二 六冊
聚德堂叢書十二種 清陳伯陶 民國刊本 箱四二 二二冊
汪氏叢書十三種 今人秦更年 宣統排印本 箱四二 一六冊
高郵王氏遺書七種 今人羅振玉 民國羅氏刊本 箱四二 八冊
闞園集刻五種 今人李根源 民國刊本 箱四二 八冊
番禺鄔氏叢刻十二種 今人鄔慶時 宣統刊本 箱四二 一二冊
顧氏家集八種 今人顧鼎梅 排印本 箱四二 六冊

錫山尤氏叢刻甲集七種 今人尤桐 同上 箱三八 二冊
無錫榮氏繩武樓叢刊十三種附一種 今人嚴懋功 同上 箱四二 六冊
尤澤殘存八種續八種 今人王元增 同上 箱四二 二冊

右氏族類 雜編十六部一百六十四種一百七十七冊

詩文之屬

二張集二種 崇禎刊本 箱四二
蔡氏九儒書九種 明蔡有鵾 清蔡重 同治刊本 箱四二 六冊
雲間兩何君集二種 金山復廬影印嘉靖本 箱四二 八冊
闕里顏氏叢書五種 清曲阜顏氏 康熙水月樓刊本 箱四一 八冊
高陽四種集四種 清江都許氏 康熙刊本 箱四二 三冊
蜚鴻堂全集三種 同上 箱四二 六冊
辟疆園遺集四種 清顧敏恒等 乾隆刊本 箱四二 二冊
陽湖伍氏四種 缺名 嘉慶刊本 箱四二 一冊
鄂韡聯吟集二種 同上 同上 箱四二 二冊
王氏家刻十種 清王栢 道光刊本 箱四二 五冊

二十一

寶善堂彙編二十三種 清阮炳烽 同上 箱四二 一六冊
蘇許二公文集二種 清蘇廷玉 同上 箱四二 四冊
經進三蘇文集事畧八種 今人羅振常 蟫隱廬排印本 箱四二 二六冊
寧都三魏文集三種附四種 缺名 刊本 箱四二 六四冊
二范合集二種 同上 清歲寒堂刊本 箱四二 一〇冊
呈貢文氏三遺集合鈔三種 同上 雲南叢刊本 箱四二 [illegible]
海虞三陶先生集合刻五種 清楊同福 光緒貴池縣署刊本 箱四二 六冊
郁氏三世吟稿三種 缺名 排印本 箱四二 一冊
沈氏三先生集三種 同上 浙局刊本 箱三九 八冊
屠氏家藏集二種 同上 屠氏家刊本 箱四二 一〇冊
富陽夏氏叢刊八種 清夏震武 光緒刊本 箱四二 四冊
二馮詩集二種 清胡思敬 光緒排印本 箱四二 二冊
二周集三種 清金武祥 光緒刊本 箱四二 一冊
二熊君詩賸二種 清諸福坤 同上 箱四二 一冊
湘纍合稿四種 清宋廷輔 光緒宋氏刊本 箱四二 一冊

韓氏家集六種 清江浦韓氏 光緒刊本 箱四二 六冊
汪氏家集五種 清汪曾唯 同上 箱四二 四冊
湯氏家集四種 缺名 同上 箱四二 五冊
秦氏三府君集三種 今人秦毓鈞 刊本 箱四二 三冊
唐明二翁詩集二種 今人翁輝東 排印本 箱四二 一冊
婁東詹氏叢刊四種 今人周彬 石印本 箱四二 二冊
海門徐氏遺著二種 民國張謇 排印本 箱四二 一冊
毗陵周氏家集五種 今人周詒蘋 刊本 箱四二 四冊
毘陵伍氏合集十種 今人武瓊 排印本 箱四二 四冊
松陵陸氏叢著十四種 今人陸明燿 刊本 箱四二 二冊
項城袁氏家集二十種 民國丁振鐸 宣統排印本 箱四二 五六冊
垣曲安氏三先生賸稿九種 今人安泰己 石印本 箱四二 八冊
友于集三種 今人徐錫燧 民國秦氏排印本 箱四二 一冊
二嚴先生詩二種 今人嚴毅孫 民國排印本 箱四二 一冊
袁氏三妹集四種 清袁枚 小倉山房刊本 箱四一 一冊

二十二

京江鮑氏課選樓合稿四種 缺名 排印本 箱四二 二冊
周浦二馮詩草二種 同上 排印本 箱四二 一冊

右氏族類 詩文四十二部二百二十一種三百十三冊

獨撰類

明清之屬

升庵全集六三種附一種別集二十七種遺集二種 明楊慎 明刊本 箱八 八〇冊
楊仁山居士遺著十二種 清楊文會 金陵刻經處刊本 箱八 一冊
愛吾廬稿三種 清蔣彝 刊本 箱四二 六冊
審安齋遺稿六種 清陳濤 排印本 箱二七 六冊
壽櫟廬叢書十種 清吳之英 民國刊本 箱七 二冊
揅經室全集附三種 清阮元 排印本 箱二七 二冊
海寧王忠慤公遺書四集四十三種 清王國維 民國三年排印本 箱二七 四二冊
霄鵬遺著三種 清黃保康 清刊本 箱四八 三冊

右獨撰類 明清之屬八部一百十三種一百七十四冊

現代之屬

焦學三種 今人王永祥 排印本 箱二七 三冊
六譯館叢書殘存七十二種 近今廖平 四川存古書局刊本 箱二七 七九冊
張季子九錄殘存四種 民國張謇 中華書局排印本 箱五二 一四冊
南園叢稿十二種附二種 民國張相文 排印本 箱二七 一五冊
廣庵遺集十六種 民國張可中 同上 箱二七 六冊
推十書十三種 民國劉咸炘 刊本 箱二七 一八冊
章氏叢書十三種 近人章炳麟 浙館刊本 箱二七 二四冊
章氏叢書續編七種 同上 民國刊本 箱二七 四冊
孫隘堪所著書四種 今人孫德謙 四益宦刊本 箱二七 五冊
永豐鄉人雜著八種續編一種 今人羅振玉 羅氏刊本 箱二七 四冊
遯居雜著九種 同上 石印本 箱二七 二冊
遯居雜著丙編四種 同上 同上 箱二七 二冊
樸學齋叢刊十一種 今人胡韞玉 排印本 箱二七 四冊
𢹂民雜著三種 今人丁錫田 石印本 箱二七 一冊
介詠九畧殘存三種 今人 排印本 箱二七 三冊

二十三

且介堂叢刻十三種續編五種 今人劉聲木 排印本 箱二七 四六冊
鄧白堅所著書三種 今人鄧慶時 刊本 箱二七 三冊
趙伯巖集十二種 今人趙炳麟 排印本 箱二七 一五冊
蠡學堂叢稿初集十種 今人陳漢章 同上 箱二七 八冊
述窠雜纂九種 今人黃任恆 同上 箱二七 九冊
張淑威著述九種 今人張慎儀 刊本 箱二七 一〇冊
劍客叢譚四種 民國毛乃庸 同上 箱二七 一冊
夢選樓叢稿七種 今人胡宗楙 同上 箱二七 一冊
補過齋全集六種附三種 民國楊增新 刊本 箱二七 八九冊
餘園叢刻二種 今人何昌濬 排印本 箱二七 八冊
長汀江先生著書五種 民國江瀚 同上 箱二七 六冊
布山叢著五種附一種 民國羅師揚 同上 箱二七 八冊

右獨撰類 現代之屬二十七部二百七十六種三百九十五冊

叢部六百四十四部一萬六千八百九十六種一萬八千八百四十一冊

志部

省志類

江南通志殘存一百九十七卷 清尹繼善 乾隆刊本 八〇冊

右省志類 一部一種一百九十七卷八十冊

府廳州縣鄉鎮志類

景定建康志五十卷 宋周應合 嘉慶仿宋刊本 一二冊
江寧府志三十四卷 清陳開虞 嘉慶補刊本 一二冊
江寧府志五十六卷 清呂燕昭 嘉慶原刊本 一二冊
又一部五十六卷 同上 光緒重刊本 一二冊
又一部五十六卷 同上 同上 一二冊
又一部殘存三十一卷 同上 同上 七冊
續纂江寧府志十五卷 清蔣啟勳 光緒刊本 一〇冊
又一部殘存九卷 同上 同上 一一冊
上元縣志二十六卷 清陳栻 道光刊本 一六冊
同治上江兩縣志二十九卷卷首一卷 清莫祥芝 同治刊本 一二冊
又一部二十九卷卷首一卷 同上 同上 一二冊
金陵歷代建置表一卷 清傅壽宜 光緒刊本 一冊
金陵待徵錄十卷 清金鰲 光緒重刊本 二冊
句容縣志十二卷 清曹襲先 乾隆刊本 四冊
續句容縣志二十卷首末二卷 清張紹棠 光緒刊本 二〇冊
光緒溧水縣志二十二卷卷首一卷 清傅觀光 同上 一二冊
高淳縣志二十八卷卷首一卷 清楊福鼎 同上 一〇冊
高淳縣志二十八卷卷首一卷 今人劉春堂 民國刊本 一〇冊
又一部二十八卷卷首一卷 同上 同上 一〇冊
江浦埤乘四十卷卷首一卷 清侯宗海 光緒刊本 一五冊
六合縣志八卷圖說一卷附錄一卷 清謝延庚 同上 一〇冊
又一部八卷圖說一卷附錄一卷 同上 同上 一〇冊
六合縣續志稿十八卷卷首一卷 今人鄭耀烈 民國石印本 六冊
六合紀事四卷 清周長森 同治刊本 一冊
丹徒縣志五十一卷 清貴中孚 嘉慶刊本 一六冊

二十五

丹徒縣志四十六卷卷首四卷序例圖目一卷 清何紹章 光緒刊本 三二冊
又一部殘存四十五卷 同上 同上 一二冊
丹徒縣志摭餘二十一卷 清李恩綬 民國刊本 一二冊
續丹徒縣志二十卷 今人張玉藻 同上 一二冊
開沙志二卷 清王之翰 康熙刊本 二冊
丹陽縣志三十六卷卷首一卷 清劉誥 光緒刊本 一六冊
又一部三十六卷卷首一卷 同上 同上 一六冊
丹陽縣續志二十四卷補遺二十卷附圖一幅 今人孫國鈞 民國刊本 六冊
又一部二十四卷補遺二十卷附圖一幅 同上 同上 六冊
金壇縣志十二卷 清楊景曾 乾隆刊本 八冊
金壇縣志十六卷 清丁兆基 光緒刊本 一二冊
金壇縣志十二卷 清翁照 民國排印本 四冊
溧陽縣志十六卷 清陳鴻壽 光緒活字本 一〇冊
溧陽縣續志十六卷 清朱畯 同上 八冊
吳郡圖經續記三卷校勘記一卷 宋朱長文 活字本 一冊

二一三

蘇州府志八十卷卷首一卷 清雅爾哈善 乾隆刊本 三二冊
同治蘇州府志一百五十卷序圖一卷卷首三卷 清李銘皖 江蘇書局刊本 八〇冊
又一部殘存二十二卷 同上 同上 一〇冊
吳郡通典一卷 清吳昌綬 民國排印本 一冊
吳縣志八十卷 今人曹允源 同上 四〇冊
長洲縣志二十二卷 清祝聖培 康熙刊本 六冊
長洲縣志三十五卷 清李光祚 乾隆刊本 一〇冊
元和縣志三十二卷卷首一卷 清沈德潛 同上 一〇冊
木瀆小志七卷校勘記一卷 今人葉承元 張氏涵滿鈔本 四冊
又一部六卷 同上 排印本 二冊
光福志十二卷 清徐傅 民國排印本 二冊
周莊鎮志六卷附貞豐里庚申見聞錄二卷 清陶煦 光緒刊本 六冊
崑山新陽合志三十八卷卷末二卷 清張予介 乾隆刊本 一六冊
崑新兩縣續修合志五十二卷首二卷 清金吳瀾 光緒刊本 二四冊
又一部五十二卷 同上 同上 二四冊

崑新兩縣續補合志二十四卷 今人李傳元 民國刊本 一〇冊
常昭合志十二卷 清王錦 嘉慶刊本 一二冊
常昭合志稿四十八卷首末二卷 清鄭鍾祥 光緒排印本 一六冊
虞市徵獻錄原編一卷續編二卷 清倪賜 光緒刊本 四冊
吳江縣志四十六卷卷首一卷 清郭琇 康熙刊本 六冊
吳江縣志五十八卷卷首一卷 清陳𦷿纕 石印本 一二冊
吳江縣續志四十一卷 清金福曾 光緒刊本 八冊
吳江縣鄉土志一卷 今人范伸修 排印本 一冊
同里志二十四卷 清周之楨 嘉慶刊本 六冊
黎里志十六卷 清徐達源 同上 四冊
震澤縣志三十八卷 清倪師孟 光緒刊本 八冊
常州府志三十八卷 清于琨 康熙刊本 二〇冊
常郡藝文志十二卷 清盧文弨 光緒刊本 一六冊
武進縣志十五卷 清潘謝 乾隆刊本 一〇冊
武進陽湖縣志三十卷卷首一卷 清王其淦 光緒刊本 二〇冊

二六

武陽志餘十二卷附圖錄紀實二卷 清莊毓鋐 光緒活字本 一六冊
無錫金匱縣志四十卷卷首一卷 清莊有恭 嘉慶刊本 一六冊
無錫金匱縣志四十卷卷首一卷 清裴大中 光緒刊本 二〇冊
錫金考乘十四卷 清周有壬 排印本 四冊
錫金識小錄十二卷 清黃卬 光緒刊本 六冊
重修宜興縣舊志十卷首末二卷 清李先榮 嘉慶刊本 一二冊
又一部十卷首末二卷 同上 同上 一〇冊
宜興縣志四卷卷首一卷 清阮升基 同上 二冊
又一部四卷 同上 同上 二冊
又一部四卷 同上 道光刊本 二冊
荊溪縣志四卷 清唐仲冕 嘉慶刊本 二冊
又一部四卷 同上 道光刊本 二冊
宜荊縣志十卷卷首一卷 清龔潤森 道光刊本 四冊
又一部十卷卷首一卷 同上 同上 四冊
宜興荊溪縣新志十卷首末二卷 清施惠 光緒刊本 八冊

光宣宜荆續志十二卷 今人周志靖 民國刊本　六冊
江陰縣志二十九卷 清陳延恩 道光刊本　一六冊
江陰縣續志二十八卷江陰近事錄三卷 近人陳思 民國刊本　一二冊
靖江縣志十六卷卷首二卷 清葉滋森 光緒刊本　八冊
松江府志八十四卷序例一卷卷首二卷 清宋如林 嘉慶刊本　四〇冊
又一部八十四卷序目一卷卷首二卷 同上 同上　四〇冊
松江府續志四十卷序圖一卷卷首一卷 清博潤 光緒刊本　二四冊
雲間志三卷續一卷 宋楊潛 嘉慶沈氏仿宋刊本　四冊
華亭縣志十六卷 清謝庭薰 乾隆刊本　四冊
華亭縣志二十六卷 清楊開第 光緒刊本　一〇冊
婁縣志三十卷卷首二卷 清謝庭薰 乾隆刊本　六冊
婁縣續志二十卷 清汪坤厚 光緒刊本　六冊
楓涇小志十卷 清許光墉 光緒排印本　四冊
奉賢縣志二十卷 清韓佩金 光緒刊本　六冊
又一部殘存三卷 同上 同上　一冊

二七

正德金山衛志六卷 明張奎 傳真社影正德刊本　四冊
金山縣志二十卷 清常琬 民國影乾隆刊本　四冊
又一部二十卷 同上 同上　四冊
金山縣志殘存二十七卷 清龔寶琦 光緒刊本　七冊
重輯張堰志十二卷 今人姚裕廉 民國排印本　二冊
朱涇志十卷 清朱棟 民國排印本　四冊
干巷志六卷 同上 嘉慶刊本　二冊
又一部六卷 同上 同上　二冊
嘉靖上海縣志八卷 明鄭洛書 民國傳真社影印本　三冊
上海縣志十二卷卷首一卷 清范廷杰 乾隆刊本　一六冊
上海縣志三十二卷卷首一卷補遺一卷敘錄一卷 清葉廷眷 同治刊本　一六冊
又一部三十二卷卷首一卷補遺一卷敘錄一卷 同上 同上　一六冊
上海縣志二十卷 清王大同 嘉慶刊本　一四冊
上海縣志札記六卷 清秦榮光 排印本　六冊
上海縣續志三十卷圖說一卷敘錄一卷 今人吳馨 民國刊本　一二冊

上海市自治志不分卷 民國楊逸 排印本　八冊
江灣里志十五卷 今人錢淦 民國排印本　二冊
法華鄉志八卷 清王鍾 同上　四冊
南匯縣新志十六卷 清胡志熊 乾隆刊本　六冊
南匯縣志殘存十五卷首末二卷 清金福曾 光緒刊本　一一冊
南匯縣續志二十二卷 今人黃祉安 民國刊本　八冊
青浦縣志十卷 清魏球 康熙刊本　六冊
又一部十卷 同上 同上　六冊
青浦縣志四十卷 清孫鳳鳴 乾隆刊本　一四冊
青浦縣志三十卷卷首二卷卷末一卷 清黎庶昌 光緒刊本　一二冊
蒸里志略十二卷 清葉世熊 排印本　二冊
川沙撫民廳志十二卷 清何士祁 道光刊本　四冊
川沙廳志殘存十卷首末二卷 清陳方瀛 光緒刊本　五冊
壬癸志稿二十八卷 清錢寶琛 同上　四冊
太倉州志二十八卷首末二卷 清王祖畬 民國刊本　一五冊

二八

彙刻太倉舊志五種二十六卷附校勘記不分卷 清繆朝荃 光緒刊本　八冊
又一部五種二十六卷附校勘記不分卷 同上 同上　八冊
鎮洋縣志十一卷附錄一卷 清王祖畬 民國刊本　五冊
乙亥志稿四卷 今人唐文治　一冊
嘉定縣志十三卷 清程國棟 乾隆刊本　八冊
嘉定縣志三十二卷卷首一卷 清程其珏 光緒刊本　一六冊
嘉定縣續志十八卷附圖說三十七幅 今人黃世祚 排印本　八冊
南翔鎮志十二卷 清張承先 民國排印本　四冊
寶山縣志十四卷卷首一卷 清梁蒲貴 光緒刊本　八冊
寶山縣續志十七卷首末二卷 今人張允高 民國排印本　五冊
寶山縣再續志十七卷新志備稿不分卷 今人王鍾琦 同上　三冊
月浦里志十五卷 今人陳應康 同上　二冊
又一部十五卷 同上 同上　二冊
羅店鎮志八卷附羅溪文徵一卷 清潘履祥 光緒刊本　一〇冊
崇明縣志十八卷 清林達泉 光緒刊本　一二冊

通州志十五卷 清王宜亨 康熙刊本 六冊
通州志二十二卷 清王繼祖 乾隆刊本 一六冊
通州志十六卷首末二卷 清梁悅馨 光緒刊本 一六冊
海曲拾遺六卷 清金榜 徐縉補 芸暉閣刊本 六冊
崇川咫聞錄十二卷 清徐縉 道光徐氏芸暉閣刊本 一二冊
海門縣志三卷 清李兆星 鈔 道光十一年本 一三冊
靜海鄉志二卷 清丁廷壽 鈔 道光刊本 一冊
海門廳圖志二十卷卷首一卷 清劉文瀾 光緒刊本 四冊
啟東設治彙牘四卷 民國陳宏 排印本 四冊
如皋縣志二十四卷 清楊受廷 嘉慶刊本 一〇冊
如皋縣續志十二卷 清范仕義 道光刊本 二冊
如皋縣續志十六卷 清周際霖 同治刊本 六冊
泰興縣志四卷 清宋生 康熙刊本 四冊
泰興縣志二十六卷首末二卷 清楊激雲 光緒刊本 一〇冊
又一部二十六卷首末二卷 同上 同上 一〇冊
泰興縣志校六卷補八卷續十卷 今人金鉞 刊本 六冊
揚州府志四十卷 清尹會一 雍正刊本 一六冊
揚州府志七十三卷 清阿克當阿 嘉慶刊本 三二冊
揚州府志二十四卷 清英傑 同治刊本 八冊
又一部殘存二十一卷 同上 同上 七冊
廣陵通典十卷 清汪中 同治重刊本 二冊
廣陵事略七卷 清姚文田 嘉慶刊本 四冊
江都縣志三十二卷 清高士鑰 乾隆刊本 一二冊
江都縣續志十二卷卷首一卷 清王逢源 嘉慶刊本 四冊
江都縣續志三十卷卷首一卷 清謝延庚 光緒刊本 八冊
續修江都縣志二十九卷卷首一卷 民國趙邦彥 民國刊本 一〇冊
江都縣新志十二卷卷末一卷 今人陳懋森 刊本 四冊
嘉慶瓜洲志八卷卷首一卷 清于樹滋 民國排印本 四冊
瓜州續志二十八卷卷首一卷 今人于樹滋 同上 一二冊
甘泉縣志二十卷卷首一卷 清吳鼒增 乾隆刊本 一〇冊

又一部二十卷卷首一卷 同上 同上 一〇冊
甘泉縣志二十四卷卷首一卷 清洪汝奎 光緒刊本 二〇冊
又一部二十四卷卷首一卷 同上 同上 二〇冊
又一部二十四卷卷首一卷 同上 同上 二〇冊
續修甘泉縣志二十九卷卷首一卷 民國桂邦杰 民國刊本 八冊
甘棠小志四卷 清董醇 咸豐刊本 四冊
高郵州志十二卷 清楊宜崙 嘉慶刊本 二〇冊
又一部十二卷卷首一卷 同上 道光刊本 一八冊
又一部十二卷卷首一卷 同上 同上 一六冊
續增高郵州志六卷 清左輝春 同上 六冊
又一部六卷 同上 同上 六冊
再續高郵州志八卷卷首一卷 清金元烺 光緒刊本 八冊
高郵鄉土志一卷 今人張孝則 油印本 一冊
泰州志三十七卷卷首一卷 清王有慶 道光刊本 一〇冊
泰州新志刊誤二卷 清任玉 道光刊本 二冊
續纂泰州志三十四卷附圖一卷 缺名 油印本 原本刊本 六冊
儀徵縣志二十二卷續志十卷 清陸師 康熙刊本 八冊
興化縣志十四卷 清張可立 同上 八冊
重修興化縣志十卷 清梁園棣 咸豐刊本 八冊
寶應縣志二十八卷卷首一卷 清孟毓蘭 道光刊本 八冊
又一部二十八卷卷首一卷 同上 同上 一〇冊
寶應縣志辨不分卷 清劉寶楠 咸豐刊本 一二冊
東臺縣志四十卷 清周右 嘉慶刊本 一〇冊
淮安府志三十二卷 清衛哲治 咸豐重刊本 一六冊
又一部三十二卷 同上 同上 一六冊
淮安府志四十一卷 清孫雲錦 光緒刊本 一六冊
淮安藝文志十卷 缺名 同治刊本 八冊
又一部十卷 同上 同上 八冊
山陽縣志二十一卷圖一卷 清張兆棟 同治刊本 八冊
山陽志遺四卷 清吳玉搢 鈔本 四冊

續纂山陽縣志十六卷附山陽藝文志八卷 近人邱沅 民國刊本 一二冊
清河縣志二十四卷 清吳棠 咸豐原刊本 六冊
又一部殘存十九卷附編二卷 同上 同治補刊本 五冊
清河縣志二十六卷 清胡裕燕 光緒刊本 六冊
續纂清河縣志十六卷 今人劉曜壽 民國刊本 四冊
清河縣疆域沿革表一卷 清蕭令裕 刊本 一冊
王家營志六卷 今人張震南 排印本 一冊
鹽城縣志十七卷卷首一卷 清劉崇照 光緒刊本 八冊
又一部十七卷卷首一卷 同上 同上 八冊
續修鹽城縣志十四卷 民國林懿均 民國排印本 四冊
續修鹽城縣志稿第一輯一卷 今人胡應庚 排印本 一冊
安東縣志十五卷卷首一卷 清金元烺 光緒刊本 四冊
阜寧縣志二十四卷卷首一卷 清阮本焱 同上 一〇冊
又一部二十四卷卷首一卷 同上 同上 一〇冊
桃源縣志十卷卷首一卷 清胡文學 乾隆刊本 六冊

三十一

泗陽縣志二十五卷卷首一卷 今人李佩恩 民國排印本 一二冊
徐州府志三十一卷 清王峻 乾隆刊本 一二冊
徐州府志二十五卷 清吳世熊 同治刊本 一二冊
銅山縣志十二卷 清張宏運 乾隆刊本 六冊
銅山縣志二十四卷 清崔志元 道光刊本 一六冊
銅山縣鄉土志不分卷 鈔本 一冊
邳州志二十卷 清董用威 咸豐刊本 四冊
宿遷縣志十九卷 清李德溥 同治刊本 六冊
宿遷縣志二十卷 今人嚴型 民國排印本 八冊
沛縣志十卷 清李棠 乾隆刊本 四冊
沛縣志殘存十四卷 清侯紹瀛 光緒鈔配本 七冊
沛縣十六卷民國新志一卷 今人于書雲 排印本 七冊
豐縣十六卷卷首一卷 清姚鴻杰 光緒刊本 八冊
蕭縣志十九卷 清潘鎔 嘉慶刊本 一〇冊
蕭縣續志十八卷 清戶耕雲 光緒刊本 六冊

碭山縣志十四卷圖一卷 清劉王瑗 乾隆刊本 五冊
光緒睢寧縣志稿十八卷 清侯紹瀛 光緒刊本 六冊
海州直隸州志三十二卷首編一卷 清唐仲冕 嘉慶刊本 一〇冊
又一部三十二卷首編一卷 同上 同上 一二冊
海州文獻錄十六卷 清許喬林 道光刊本 四冊
又一部十六卷 同上 同上 四冊
增修贛榆縣志四卷 清王廣 嘉慶刊本 四冊
贛榆縣志十八卷 清王豫熙 光緒刊本 四冊

右府廳州縣鄉鎮志二百四十三部二百五十一種五千[illegible]百[illegible]十[illegible]卷二十五百六十四冊，內不分卷者三種，另圖三十九幅

志部二百四十四部二百五十二種五千五百三十八卷二千三百四十[illegible]冊，內不分卷者三種，另圖三十九幅

三十二

單行本

到興化後新增之書分別注明

詩韻合璧不分卷 清許時庚 排印本 箱五二 三冊
漢書補注一百卷 清王先謙 清刊本 箱五一 三二冊
新唐書糾謬不分卷 今人羅振常 蟫隱廬影印南監本 箱五一 一四冊
宋史四百九十六卷 元脫脫 北京圖書館刊本 箱五一 贈 一〇〇冊
元朝秘史十二卷 元九額齋敘策飛 葉氏觀古堂刊本 箱五一 六冊
新元史二百五十七卷 清柯劭忞 退耕堂刊本 箱五一 六〇冊
元書一百二卷 清曾廉 清末刊本 箱五一 二〇冊
蒙兀兒史記一百六十卷 清屠寄 民國刊本 箱五一 二八冊
明書一百七十一卷 清傅維鱗 畿輔叢書本 箱五一 三八冊
清史稿五百三十六卷 近人趙爾巽 排印本 箱五一 一三一冊
清史稿藝文志四卷 同上 同上 箱五一 [illegible]冊
袁王合鑑三十[illegible]卷附明鑑二十[illegible]卷 清袁黃王世貞 石印本 贈 箱五一 八冊
興化李氏族譜[illegible]卷 今人李詳撰 刊本 贈 箱五[illegible] [illegible]冊

興化李氏別紀一卷 明李思聰 刊本 贈 箱五二 一冊
興化李氏圖書目錄不分卷 李氏圖書館 排印本 贈 箱五二 一冊
貞松堂藏歷代名人法書不分卷 影印本 贈 箱五二 三冊
貞松堂藏西陲秘籍叢殘不分卷 同上 贈 箱五二 六冊
涉園所見宋版書影第一二輯不分卷 同上 贈 箱五二 二冊
聊齋誌異十六卷 清蒲松齡 石印本 贈 箱五二 八冊
文滙年刊不分卷 文滙報社 排印本 贈 一冊
明吳忠節公庚辛工癸集不分卷 明吳甡 [illegible] 校刊本 箱五一 一冊
貽安堂集十卷 明李春芳 民國重刊本 贈 箱五二 八冊
興化李氏一家集二卷 今人李竹書 李[illegible] 排印本 贈 箱五二 一冊
檮餐文續集一卷 清姚鍇 影印本 箱五二 一冊
西湖吟草不分卷 今人何[illegible] 排印本 贈 箱五二 一冊
交際大全不分卷 世界書局編輯所 排印本 贈 一冊

地圖、
中國分省新圖 今人丁文江等 中華書局石印本 一冊
開明本國地圖 今人[illegible]康 石印本 一冊
新中國大地圖 民國二十年開明書店版 一幅
中國新形勢大地圖 今人洪懋熙 東方輿地學社版 一幅
中華新形勢大地圖 同上 同上 一幅
中國交通圖 今人[illegible]鐸 商務印書館版 二幅
中國國恥地圖 今人陳宗[illegible] 東方[illegible]學社版 一幅
華北現勢圖 上海輿地學社 一幅
華北五省形勢詳圖 上海東陸書局印行 二幅
華北抗敵形勢圖 今人陳鐸 上海輿地學社 一幅
東北地圖 東方書報社版 一幅
平津保形勢圖 缺名 武昌[illegible]社石印本 一幅
河北分縣詳圖 同上 同上 一冊
河北明細地圖 同上 同上 一幅

山東明細地圖 同上 同上 一幅
山西明細地圖 同上 同上 一幅
江蘇明細地圖 同上 同上 一幅
廣東明細地圖 同上 同上 一幅
遼寧明細地圖 同上 同上 一幅
山東全省圖 [illegible]一 商務印書館石印本 一幅
廣東省水陸形勢圖 同上 上海大眾書局石印本 贈 一幅
福建省海陸形勢圖 同上 同上 贈 一幅
浙江省海陸形勢圖 同上 同上 贈 一幅
山東省水陸形勢圖 同上 同上 贈 一幅
河北省海陸形勢圖 同上 同上 贈 一幅
山西省水陸形勢圖 同上 同上 贈 一幅
綏遠省水陸形勢圖 同上 同上 贈 一幅
察哈爾省水陸形勢圖 同上 同上 贈 一幅
江蘇圖 同上 上海會文堂石印本 贈 一幅

浙江明細分縣[illegible] 新[illegible]輿地學社石印本 贈 一幅
廣西圖 缺名 新[illegible]學社石印本 贈 一幅
京滬滬杭甬鐵路圖 今人陳鐸 上海輿地學社石印本 一幅
津浦鐵路圖 商務印書館石印本 一幅
京漢鐵路圖 同上 一幅
北平市全圖 今人蘇甲榮 日新輿地學社石印本 一幅
青島市街地圖 缺名 中國地學社石印本 一幅
上海圖 同上 江蘇陸軍測量學校石印本 一幅
上海地圖 同上 商務印書館石印本 一幅
上海戰事全圖 同上 石印本 一幅
興化縣境全圖 興化縣政府建設科 同上 贈 一幅
世界地圖 今人洪懋熙 東方輿地學社石印本 一冊

三十四

江蘇省立國學圖書館興化分館被燬圖書簡目

叢部

彙編類

清代之屬

讀畫齋叢書四十六種 清顧修 嘉慶刊本 箱二六 六四冊
借月山房彙鈔十六集一百三十五種 清張海鵬 景印嘉慶刊本 箱二六 一二〇冊
湖海樓叢書殘十一種 清陳春 嘉慶刊本 箱二六 三〇冊
愚谷叢書六種 清吳騫 道光刊本 箱二六 四冊
拜經樓叢書七種 同上 光緒章氏刊本 箱二六 六冊
拜經樓[illegible]書[illegible]種 同上 上海博古齋景印本 箱二六 四八冊
傳經堂叢書三十二種 清凌鳴喈 原刊本 箱二六 二四冊
漢魏叢書殘存八十八種 清王謨 光緒刊巾箱本 箱二六 六三冊
漢魏遺書鈔一百七種 同上 嘉慶刊本 箱二六 一六冊
宛鄰書屋叢書殘存八種 清張琦 道光張氏原刊本 箱二六 八冊
五經歲遍齋校書三種 清[illegible] 道光刊本 箱二六 一〇冊
二酉堂叢書二十[illegible]種 [illegible] 同上 箱二六 一〇冊
連筠簃叢書殘存十一種 [illegible] 原刊本 箱二六 五八冊
佚存叢書十九種 [illegible] 箱二六 三六冊

右彙編類 十四部三百二十四種四百六十六冊

氏族類

雜纂之屬

二程全書七種 [illegible] 箱二 一六冊

右氏族類雜纂之屬 一部七種十六冊

獨撰類

漢迄明之屬

諸葛丞相全集六種 漢諸葛亮 同治活字本 箱五 二〇冊
張子全書六種 宋張載 康熙刊本 箱五 四冊
濂溪全集四種附三種 宋[illegible] 備刊本 箱五 四〇冊
朱子遺書殘存九種附二種 宋朱熹 石門呂氏寶誥堂刊白鹿洞原本 箱五 八冊
王伯厚雜著殘存八種 宋王應麟 刊本 箱五 一二冊
謝皋羽所著書四種附一種 宋謝翱 刻本 箱五 二冊
劉誠意伯集六種 明劉基 乾隆[illegible]刊本 箱五 一二冊
曹月川遺書八種 明曹端 清刊本 箱五 一[illegible]冊
陽明全書六種 明王守仁 民國泰東書局排印本 箱五 六冊
歸雲別集十種 明[illegible] 道光吳氏刊本 箱五 二〇冊
周孟侯全書五種 明[illegible] [illegible] 一二冊
實政錄五種 明呂坤 道光[illegible]刊本 箱五 [illegible]冊
顧端文公遺書八種 明顧憲成 光緒重刊本 箱五 八冊
四[illegible]江閣[illegible]十二種 明[illegible] 刊本 箱五 [illegible]冊
呂公十種藏書十種 明[illegible] [illegible] 箱五 [illegible]冊
劉子全書三種附二種 明劉宗周 道光[illegible]刊本 箱五 二四冊
王[illegible]集殘存七種 明王思任 康熙[illegible]刊本 箱五 三冊
[illegible] 同治重刊本 箱五 一三冊
孫夏峯先生全集八種附二種 明孫奇逢 道光[illegible]刊本 箱五 五〇冊
莊屈合詁二種 明錢澄之 [illegible]刊本 箱五 六冊
張楊園全集十五種附一種 [illegible] 同治江蘇書局刊本 箱五 一六冊
亭林全集十種 明顧炎武 清刊本 箱五 一七冊
亭林補遺十種附一種 同上 光緒吳氏刊本 箱三 八冊
王船山遺書五十九種 明王夫之 湘鄉曾氏金陵節署刊本 [illegible] 一六〇冊
梨洲遺著彙刻三十三種 明黃宗羲 民國[illegible]本 箱五 二〇冊
二曲全集三種 [illegible] 同治重刊本 箱三 一二冊
[illegible]居叢書六種 [illegible] [illegible]刊本 箱五 一一冊
謝程山集十三種附一種 明謝文洊 [illegible]刊本 [illegible] 二九冊
陸桴亭先生遺書二十三種附[illegible] 明陸世儀 光緒刊本 [illegible] 二九冊
費氏遺書三種附一種 明費密 [illegible]刊本 箱[illegible] 三冊

右漢迄明之屬 三十部三百二十八種五百[illegible]十六冊

清代之屬

政學合一集二十七種 清許三禮 原刊本 箱五 八冊
陸子全書十二種 清陸隴其 光緒[illegible]刊本 箱五 一八冊
帶經堂全集殘存七種 清王士禎 刊本 箱[illegible] 二冊
毛西河全集殘存二十六種 清毛奇齡 [illegible] 箱[illegible] 四[illegible]

新輯毛西河四種 同上 刊本 箱五 一冊
李文貞公全書四十六種 清李光地 道光刊本 箱四 一一九冊
安溪解義三種 同上 居業堂原刊本 箱四 一冊
楊氏全書六種 清楊名時 水心草堂葉氏刊本 箱五 六冊
西堂餘集殘存三種 清尤侗 康熙刊本 箱五 二冊
客星山人全集五種 清[illegible] 嘉慶刊本 箱四 一八冊
鹿洲全集七種 清藍鼎元 重刊本 箱四 二〇冊
朱文端公著述十八種 清朱軾 乾隆刊本 箱四 九六冊
徐位山先生叢書六種 清徐文靖 雍正原刊本 箱四 二四冊
退古堂雜著八種 清[illegible] 乾隆原刊本 箱四 六冊
崇本山堂全集六種 清徐時作 同上 箱四 二一冊
空山堂叢書六種 清牛運震 原刊本 箱四 二三冊
修本堂叢書十種 清林伯桐 道光刊本 箱四 一四冊
陸雲士全書七種附二種 清陸次雲 康熙刊本 箱四 八冊
橙山園集五種 清李來泰 原刊本 箱四 一〇冊

經尺辨體十種 清[illegible] 康熙原刊本 箱五 二〇冊
[illegible]北所著書五種 清崔紀 乾隆刊本 箱五 六冊
[illegible]學[illegible]六種 清[illegible] 同上 箱三 一五冊
汪雙池遺書二十八種 清汪紱 光緒重刊本 箱四 一五六冊
[illegible]全集五種 清汪[illegible] 乾隆刊本 箱三 六冊
甌北全集七種 清趙翼 乾隆湛貽堂刊本 [illegible] 四〇冊
[illegible]研堂全書二十二種附一種 清錢大昕 [illegible]龍氏家塾重刊本 箱三 六四冊
[illegible]松靄叢書八種附三種 清周春 嘉慶刊本 箱三 六冊
[illegible]遺書八種 清汪輝祖 光緒江蘇書局刊本 箱三 六冊
隨園三十種 清袁枚 隨園刊本 箱三 八〇冊
[illegible]抱軒十四種 清姚鼐 嘉慶刊本 箱二 一六冊
[illegible]園亭全集十二種 清孟超然 同上 箱三 二〇冊
章氏遺書二十一種 清章學誠 吳興劉氏嘉業堂刊本 箱三 三二冊
汪氏秘籍四種 清汪喜孫 鈔配原刊本 箱三 二冊
洪北江遺集三十三種 清洪亮吉 授經堂重刊本 箱二 八四冊

三

郝氏全書二十三種 清郝懿行 東路廳署刊本 箱三 五六冊
焦氏雕菰樓叢書十六種 清焦循 原刊本 箱二 五〇冊
楚蒙山房集五種 清晏斯盛 乾隆原刊本 箱三 一六冊
紀慎齋全集二十一種 清紀大奎 嘉慶刊本 箱三 四[illegible]
清白士集六種 清梁玉繩 同上 箱三 一[illegible]
崔東壁遺書十九種 清崔述 道光刊本 箱三 二[illegible]
汪子遺書四種 清汪縉 民國蘇氏補刊本 箱三 [illegible]
[illegible]老人消夏錄十六種 清汪沆 原刊本 箱一 一[illegible]
李雨村所著書十四種 清李調元 光緒[illegible]刊本 箱二 四[illegible]
心齋十種 清[illegible] 乾隆刊本 箱二 [illegible]
[illegible]集鈔殘存八種 清[illegible] 同上 箱二 一[illegible]
沈氏[illegible]集六種 清[illegible] 原刊本 箱二 [illegible]
凌氏所著書殘存五種 清[illegible] 嘉慶[illegible]刊本 箱三 [illegible]
[illegible]叢刊九種附四種 清[illegible] 自有堂刊本 箱[illegible] 一[illegible]
[illegible]堂全集五種 清[illegible] [illegible]刊本 箱二 一[illegible]

天香全集十二種 清舒夢蘭 嘉慶刊本 箱二 一四冊
[illegible]醒吾集四種 清[illegible]元坦 嘉慶刊本 箱二 七冊
[illegible]軒全書二十三種 清劉沅 光緒豫誠堂刊本 箱二 一〇三冊
[illegible]堂集六種 清[illegible] 道光刊本 箱二 二冊
[illegible]全書十種 清[illegible] 同上 箱二 二四冊
[illegible]亭十種 清梁廷枏 同上 箱二 一六冊
雙[illegible]齋叢著五種附二種 清鄧廷楨 民國刊本 箱二 一二冊
[illegible]叢書六種 清[illegible] 臨嘯閣刊本 箱二 六冊
董方立遺書十二種 清董祐誠 同治刊本 箱二 六冊
求志居僅存稿六種附三種 一二冊
振綺室遺書七種 清汪遠孫 原刊本 箱二 一二冊
[illegible]山雜著八種 清[illegible] 石印本 箱二 四冊
[illegible]齋叢書二十四種 清丁晏 同治六藝堂刊本 箱二 一六冊
二思堂叢書六種 清[illegible]鉅 浙江書局刊本 箱二 一六冊
林文忠公遺書四種 清林則徐 光緒三山林氏刊本 箱二 一冊

四

家蔭堂全集九種 清周際華 道光刊本 箱二 八冊
鄧厚庵遺書二十種 清鄧顯鶴 同上 箱二 三六冊
來復堂全書九種 清□大鏞 同上 箱二 一六冊
陳餘山全書四種 清陳僅 道光重刊本 箱二 四冊
經圖彙攷三種 清毛應觀 道光刊本 箱二 四冊
學藝齋遺書六種 清鄒漢勛 同上 箱二 八冊
鄒叔子遺書七種 同上 咸豐刊本 箱二 一四冊
羲川遺書三種 清王尚辰 排印本 箱二 三冊
竹柏山房全書十四種 清林春溥 咸豐刊本 箱二 三二冊
安吳四種 清包世臣 同治重刊本 箱二 一六冊
海雅堂集四種 清凌揚藻 道光押鷗亭刊本 箱二 一〇冊
春草堂集殘存四種 清謝堃 道光重刊巾箱本 箱一 一五冊
王壯武公遺集六種附一種 清王鑫 光緒湘鄉王氏刊本 箱二 一九冊
存素堂全集四種附一種 清錢霞標 同治刊本 箱二 一三冊
武林山人遺書十四種 清顧觀光 光緒刊本 箱二 一二冊

五

半巖廬所著書九種 清邵懿辰 仁和邵氏家祠刊本 箱二 一二冊
張氏遺書三種附一種 清□□□ 海田古屋刊本 箱二 三冊
淞濱全集六種附一種 清許錫祺 光緒刊本 箱二 八冊
見庵錦官錄九種 清李□□ 刊本 箱二 一二冊
王蒐甫叢書十五種 清王□之 道光刊本 箱一 六冊
賜禮堂全書十四種 清戴槃 咸豐刊本 箱一 八冊
曾文正公全集十四種附一種 清曾國藩 傳忠書局刊本 箱一 一二八冊
曾忠襄公全書六種 清曾國荃 光緒刊本 箱一 六四冊
羅忠節公遺集八種 清羅澤南 同治刊本 箱一 一〇冊
求益齋全集五種 清強汝詢 光緒刊本 箱一 八冊
左文襄公全集十三種 清左宗棠 同上 箱一 一二八冊
劉武慎公遺書五種附一種 清劉長佑 排印本 箱一 二六冊
李文忠公全集三種 清李鴻章 商務印書館影印金陵原刊本 箱一 一〇〇冊
舒藝室全集十二種 清張文虎 同治刊本 箱一 一二冊
秦東來所著書三種 清秦東來 同上 箱一六 三冊

桐城吳先先全書七種 清吳汝綸 民國吳氏家刊本 箱一 二〇冊
桐城吳先生點勘羣書十三種 同上 民國排印本 箱一 二一冊
桐城吳氏羣書點勘記七種 同上 同上 箱一 一四冊
劉忠誠公遺集九種 清劉坤一 宣統刊本 箱一 六四冊
明誠廬叢書二種 清梁廷枬 排印本 箱一 一冊
崔□□遺集四種 清崔□□ □□刊本 箱一 一冊
十經齋遺集五種附一種 清沈濤 刊本 箱一 二冊
求□劉先生遺著八種 清宋廷楨 刊本 箱一 四冊
何□遺書二十六種 清方宗誠 光緒志學堂刊本 箱一六 [illegible]
張□雜著十五種 同上 光緒刊本 箱一六 [illegible]
三□續集十種 清陳衍 光緒修補本 箱一六 [illegible]
濠勤室全集三種 清傅壽彤 [illegible] 箱一 [illegible]
張狀坊雜著四種 清俊宮穗 [illegible] 箱一 [illegible]
勤園叢書四十三種 清俞樾 [illegible] 箱一六 [illegible]
徽居遺書五種 清□武三 光緒□□本 箱一六 一□冊

徵季雜著三種附二種 同上 刊本 箱一六 一一冊
有恆心齋集十一種 清□□□ □□刊本 箱一六 一二二冊
唐中丞遺集九種 清唐訓方 光緒刊本 箱一六 二□冊
怡雲堂全集六種 清沈□□ 宣統刊本 箱二三 六冊
枉川全集六種 清楊瑞光 光緒刊本 箱一六 二二冊
劉融齋遺書五種 清劉熙載 同上 箱二三 八冊
王湘綺全集二十六種 清王闓運 民國長沙刊本 箱一六 七八冊
□銘齋先生遺著二種附一種 清張鼎 排印本 箱一六 一冊
□樓雜著四種 清□□□ 刊本 箱一六 二冊
□先生遺書三種附一種 清張雲錦 石印本 箱一六 四冊
馬慰慎公全集十種 清□□ 同上 箱二三 三六冊
□亭馬鍾山遺書初二集十三種附四種 清馬徵麐 民國□□□排印合訂本 一〇冊
沈寄簃先生遺書甲乙編三十二種 清沈家本 □□刊本 箱二六 四〇冊
庸盦全集十種 清薛福成 光緒刊本 箱二二 一四冊
王先謙所著書八種 清王先謙 民國虛受堂刊本 箱二二 四八冊

坐壽堂叢書十二種 清徐鼒 同治刊本、箱二二 二六冊
擡園四種 清龔澧 咸豐刊本 箱二二 八冊
已山七種 清王汎 [illegible]刊本 箱二二 八冊
詩園雜著七種 清[illegible] 同治[illegible]刊本 箱二二 四冊
詠梅軒全書五種 清[illegible] 光緒刊本 箱二二 五冊
田園雜著九種 清丁午 光緒原刊本 箱二二 八冊
魏稼孫先生全集五種 清魏錫曾 光緒年校刊本 箱二六 六冊
西征集四種 清黃[illegible] 光緒刊本 箱二二 四冊
志學齋叢書八種 清[illegible] [illegible]刊本 箱二二 一四冊
孫仲容所著書四種 清孫詒讓 [illegible]刊本 箱二二 一五冊
春暉雜稿十二種 清[illegible] 光緒刊本 箱二二 一六冊
皮氏所著書十一種 清[illegible] 光緒思賢書局刊本 箱二一 二八冊
煙霞草堂遺書十七種 清[illegible] 民國三年[illegible]刊本 箱二二 六冊
煙霞草堂續刻四種 同上 同上 箱二二 四冊
如謨果室叢刻三種 清[illegible] 北京[illegible]書局排印本 箱二二 一冊
寫禮廎遺著四種 清王頌蔚 民國家刊本 箱二一 二二
橘蔭軒全集五種 清[illegible] 光緒刊本 箱二二 二〇冊
玉津閣甲集十[illegible]種 清胡薇元 刊本 箱二二 一二冊
清風室叢書六種 清[illegible] 光緒清風室刊本 箱二二 一五冊
蒐風叢書二十種 清[illegible] 民國刊本 箱二二 一二冊
可園叢書十七種 清陳作霖 光緒[illegible]合刻本 箱二一 三八冊
杜嶽遺書五種 清[illegible] 排印本 箱二二 五冊
棠雅堂叢書十三種 清[illegible] 排印本 箱二二 一四冊
藏石山房雜著七種 日本[illegible] 日本[illegible]排印本 箱二二 八冊
西學啟蒙十六種 英國艾約瑟 [illegible]排印本 箱二一 一六冊

右清代之屬 一百四十九部一千五百二十種三千六百六十九冊

現代之屬

桐城馬氏所著書三種 近人馬其昶 民國刊本 箱二一 一一冊
災蠡叢書三十八種 民國[illegible] 光緒刊本 箱二六 一三冊
張季子九錄九種附一種 民國張謇 中華書局排印本 箱二三 二九冊
夢坡室叢刊十種 民國周慶雲 [illegible]刊本 箱二二 一〇冊

右現代之屬 四部六十種六十三冊

右獨撰類 一百八十三部一千九百八種三千九百十八冊

右叢部總 一百九十八部二千四百三十九種四千四百十一冊

志部

府廳州縣鄉鎮志類

四川省

隆昌縣志四十二卷 清[illegible] [illegible]刊本 箱[illegible] 六冊
屏山縣志十卷首一卷 清張曾敭 乾隆刊本 箱五〇 五冊
馬邊廳志略七卷 清周斌 嘉慶刊本 箱五〇 四冊
雷波廳志三十六卷 清秦雲龍 光緒刊本 箱五〇 六冊
敘永直隸廳志四十八卷 清[illegible] [illegible]刊本 箱五〇 六冊
資州直隸州志三十四卷 清劉炯 同上 箱五〇 二〇冊
補纂仁壽縣原志六卷序目一卷卷末一卷 清姚令儀 光緒刊本 箱五〇 七冊
資陽縣志四十八卷卷首二卷 清范涞清 咸豐刊本 箱五〇 一〇冊
井研縣志十卷 清[illegible] 光緒刊本 箱五〇 五冊
井研縣續志二卷 清王[illegible] 光緒刊本 箱五〇 一冊
內江縣志十五卷卷首一卷 清張瑨原 道光刊本 箱五〇 一二冊
瀘州直隸州志十二卷 清田秀粟 光緒刊本 箱四八 一二冊
納溪縣志十卷 清趙炳然 嘉慶刊本 箱五〇
合江縣志五十五卷 清羅增垣 同治刊本 箱四八 一冊
合江縣志六卷附文徵二卷 今人王玉璋 民國排印本 箱五〇
江安縣志六卷 清趙模 嘉慶刊本 箱五〇 六冊
巴州志十一卷 清朱錫穀 道光刊本 箱三〇 四冊
保寧府志六十二卷 清徐雙桂 同上 箱四八 一六冊
閬中縣志八卷 清[illegible] 咸豐刊本 箱四八
南部縣志三十卷首一卷 清王瑞慶 道光刊本 箱四八 一〇冊
廣元縣志十三卷卷首一卷 清張賡謨 乾隆刊本 箱四八 四冊
昭化縣志四十八卷 清張紹齡 道光刊本 箱四八 六冊
通江縣志十四卷 清李鍾峨 同上 箱四八 八冊
劍州志十卷 清李溶 同治刊本 箱四八 四冊

順慶府志十卷 清張鳳翽 嘉慶刊本 箱四八 八册
南充縣志八卷 清袁鳳孫 同上 箱四八 四册
西充縣志十四卷 清高培穀 光緒刊本 箱四八 六册
蓬州志十五卷 清方旭 同上 箱四八 三册
營山縣志三十卷 清王樹漢 同治刊本 箱四八 八册
儀隴縣志六卷 清曹紹樾 同上 箱四八 六册
廣安州志六卷 清劉有儀 嘉慶刊本 箱四八 六册
渠縣志五十二卷 清王來遴 同上 箱四八 八册
大竹縣志四十卷 清蔡以修 道光刊本 箱四八 六册
鄰水縣志六卷卷首一卷 清曾燦奎 同上 箱四八 六册
續修岳池縣志二十一卷 清何其泰 光緒刊本 箱四八 一〇册
又一部二十一卷 同上 同上 箱四八 一〇册
潼川府志三十卷 清阿麟 同上 箱四八 一六册
三臺縣志八卷 清沈昭興 嘉慶刊本 箱四八 九册
射洪縣志十八卷卷首一卷 清黃允欽 光緒刊本 箱四八 一〇册

九

鹽亭縣志六卷 清張松孫 乾隆刊本 箱四八 六册
中江縣志八卷 清楊霈 道光刊本 箱四八 八册
遂寧縣志十二卷卷首一卷 清[illegible] 乾隆刊本 箱四八 一〇册
蓬溪縣志十六卷圖一卷 清吳章祁 道光刊本 箱四八 八册
樂至縣志十六卷卷首一卷 清裴顯忠 [illegible] 箱四八 六册
安岳縣志十六卷卷首一卷 清濮瑗 同上 箱四八 八册
嘉定府志四十八卷 清文良 同治刊本 箱四八 一五册
樂山縣志十六卷卷首一卷 清徐[illegible] 嘉慶刊本 箱四八 六册
洪雅縣志二十五卷卷首一卷 [illegible] 箱四八 八册
洪雅縣志十二卷卷首一卷 清郭世棻 光緒刊本 箱四八 四册
峨嵋縣志十卷卷首一卷 清王燮 嘉慶刊本 箱四八 四册
夾江縣志十二卷卷首一卷 清王佐 同上 箱四八 四册
犍為縣志十卷卷首一卷 清王夢庚 同上 箱四八 四册
榮縣志三十八卷卷首一卷 清王培荀 光緒刊本 箱四八 八册
榮縣志十六卷 今人趙熙 民國刊本 箱四八 八册

威遠縣志六卷 清陳汝秋 嘉慶刊本 箱四八 四册
眉州屬志十九卷 清涂長發 同上 箱四八 一〇册
丹稜縣志十卷卷首一卷 清顧汝修 光緒刊本 箱四八 四册
彭山縣志五卷 清趙來震 嘉慶刊本 箱四八 五册
青神縣志五十四卷 清郭世棻 光緒刊本 箱四八 六册
邛州直隸州志四十六卷卷首一卷 清吳鞏 嘉慶刊本 箱四八 一二册
大邑縣志二十卷 清趙霖 同治刊本 箱四八 八册
蒲江縣志四卷 清紀曾蔭 乾隆刊本 箱四八 四册
雅州府志十六卷卷首一卷 清曹綸彬 嘉慶刊本 箱四八 一二册
雅安歷史殘存二卷 今人賈鴻基 石印本 箱四八 一册
又一部殘存二卷 同上 同上 箱四八 一册
名山縣志十五卷 清趙懿 光緒刊本 箱四八 八册
滎經縣志九卷首末二卷 清勞世沅 乾隆刊本 箱[illegible] 四册
滎經縣志二十卷 今人張趙才 [illegible]刊本 箱[illegible] 一〇册
天全州志八卷卷首一卷 清陳松[illegible] 咸豐刊本 箱二八 八册

十

清溪縣志四卷 清呂傳經 嘉慶刊本 箱四八 四册
西昌縣志殘存二卷 清胡薇元 光緒刊本 箱四八 一册
冕寧縣志十二卷首末二卷 清李昭 咸豐刊本 箱四八 八册
會理州志十二卷 清鄧仁垣 同治刊本 箱四八 四册
越嶲廳全志十二卷 清馬忠良 光緒刊本 箱四八 六册
鹽源縣志十二卷卷首一卷 清辜培源 光緒刊本 箱四八 六册
右四川志書 七十五部 五百二十八册

山東省
濟南府志七十二卷卷首一卷 清王贈芳 道光刊本 箱四八 一〇册
歷城縣志五十卷卷首一卷 清胡德琳 乾隆刊本 箱四八 一六册
章邱縣志十六卷首末二卷 清吳璋 道光刊本 箱四八 八册
淄川縣志八卷卷首一卷 清張鳴鐸 乾隆刊本 箱四六 八册
長山縣志十卷卷首一卷 [illegible] 康熙刊本 箱四六 四册
新城縣志十四卷卷首一卷 清崔懋 同上 箱四六 八册
又一部十四卷卷首一卷 同上 同上 箱四六 六册

新城縣續志二卷 清孫元衡 同上 箱四六 一冊
齊河縣志十卷卷首一卷 清許琰 乾隆刊本 箱四六 六冊
鄆東縣志八卷 清余為霖 光緒重刊本 箱四六 六冊
濟陽縣志十四卷卷首一卷 清胡德琳 乾隆刊本 箱四六 八冊
德平縣志十卷卷首一卷 清鍾大受 嘉慶刊本 箱四六 四冊
又一部十二卷卷首一卷 清淩錫祺 清刊本 箱四六 六冊
禹城縣志十一卷 清董鵬翺 嘉慶刊本 箱四六 四冊
臨邑縣志十六卷首末二卷附楊園學規一卷 清沈淮 道光刊本 箱四六 八冊
陵縣志二十三卷 同上 光緒刊本 箱四六 八冊
長清縣志十六卷首末二卷 清舒化民 道光刊本 箱四六 八冊
德州志十二卷卷首一卷 清王道亨 乾隆刊本 箱四六 八冊
長河志籍考十卷 清田雯 康熙刊本 箱四六 一冊
東昌府志五十卷卷首一卷 清嵩山 嘉慶刊本 箱四六 三二冊
又一部五十卷卷首一卷 同上 同上 箱四六 二四冊
聊城縣志四卷 清[illegible] 康熙刊本 箱四六 四冊

十一

博平縣志六卷 清楊祖憲 道光刊本 箱四六 六冊
茌平縣志五卷 清王世臣 康熙刊本 箱四六 六冊
冠縣志十卷附錢糧全書一卷 清梁永慶 道光刊本 箱四六 三二冊
泰安府志三十卷首末二卷 清顏希深 乾隆刊本 箱四六 二〇冊
東平州志三十二卷 清周雲鳳 道光刊本 箱四六 一六冊
平原縣志十卷卷首一卷 清黃懷祖 排印本 箱四六 四冊
續平原縣志十二卷卷首一卷 今人劉蔭岐 同上 箱四六 四冊
東阿縣志二十四卷卷首一卷 清李賢書 道光刊本 箱四六 一二冊
新泰縣志二十卷卷首一卷 清江乾達 乾隆刊本 箱四六 六冊
萊蕪縣志十卷 清葉方恒 康熙刊本 箱四六 五冊
肥城縣志二卷 清[illegible] 同上 箱四六 六冊
武定府志三十九卷 清沈[illegible] 乾隆刊本 箱四六 二〇冊
惠民縣志十八卷 清[illegible]長霙 [illegible] 箱四六 六冊
又一部三十卷首末二卷 同上 [illegible]本 箱四六 六冊
濱州志十二卷[illegible]卷 清李熙齡 咸豐刊本 箱四六 [illegible]

陽信縣志八卷附賦役全書一卷 清王允深 乾隆刊本 箱四六 六冊
霑化縣志十卷 清盛贊熙 清刊本 箱四六 四冊
利津縣新志十卷 清韓文焜 乾隆重刊本 箱四六 二冊
利津縣志續編十卷 清劉文程 乾隆刊本 箱四六 一冊
利津縣志補編六卷 清霸泰 同上 箱四六 一冊
樂陵縣志八卷首末二卷 清汪鈞 清刊本 箱四六 八冊
蒲臺縣志四十四卷卷首一卷 清嚴文典 乾隆刊本 箱四六 四冊
青城縣志十二卷 清方鳳 同上 箱四六 四冊
商河縣志六卷卷首一卷 清范廷煌 道光刊本 箱四六 八冊
臨清州志四卷 清于睿明 康熙刊本 箱四六 四冊
臨清直隸州志十一卷卷首一卷 清張度 乾隆刊本 箱四六 一〇冊
邱縣志八卷 清黃景曾 同上 箱四六 四冊
武城縣志十四卷卷首一卷 清厲秀芳 道光刊本 箱四六 四冊
兗州府志三十二卷卷首一卷 清普爾泰 乾隆刊本 箱四六 一六冊
續修曲阜縣志八卷 今人李經野 排印本 箱四六 八冊

十二

滋陽縣志十四卷 清李[illegible] 光緒刊本 箱四六 一〇冊
鄒縣志三卷 清婁一均 康熙刊本 箱四六 四冊
泗水縣志十一卷 清劉桓 同上 箱四六 三冊
滕縣志十四卷卷首一卷 清王政 道光刊本 箱四六 八冊
嶧縣志十卷卷首一卷 清[illegible] 乾隆刊本 箱四六 四冊
沂州志八卷 清[illegible] 康熙刊本 箱四六 八冊
沂州府志三十六卷卷首一卷 清李希賢 乾隆刊本 箱四六 一二冊
續修郯城縣志[illegible]卷 清[illegible] 清刊本 箱四六 四冊
費縣志十卷卷首一卷 清黃學懃 康熙刊本 箱四六 四冊
蒙陰縣志八卷 [illegible] 同上 [illegible] 四冊
沂水縣志十[illegible]卷 [illegible] 道光刊本 箱四六 四冊
日照縣志十二卷 清[illegible]士琪 康熙刊本 箱四六 五冊
日照縣志十二卷 清[illegible] 清刊本 箱四六 四冊
曹州府志二十二卷 清周尚質 乾隆刊本 箱四六 六冊
菏澤縣志二十卷 清淩壽柏 光緒刊本 箱四六 一二冊

曹縣志十八卷附賦役全書一卷 清鄭道生 康熙刊本 箱四六
觀城縣志十卷卷首一卷 清孫觀 道光排印本 箱四六
續濮州志八卷 清高士英 宣統刊本 箱四六
城武縣志十五卷 清袁章華 道光刊本 箱四六
鉅野縣志十六卷 清章弘 康熙刊本 箱四六
濟寧直隸州志十九卷 清王道亨 乾隆刊本 箱四六
寧陽縣鄉土志不分卷 清李春齡 石印本 箱四六
夏津縣志十卷卷首一卷 清方學成 清刊本 箱四六
金鄉縣志十二卷 清宗稷辰 同治刊本 箱四六
登州府志七十卷 清賈瑚 光緒刊本 箱四六
蓬萊縣志十四卷 清王文燾 道光刊本 箱四六
寧海州志殘存八卷 清舒孔安 康熙刊本 箱四六
黃縣志十六卷 清尹繼美 同治刊本 箱四六
又一部殘存五卷 同上 同上 箱四六
棲霞縣志十卷卷首一卷 清衛萇 乾隆刊本 箱四六

九冊 四冊 八冊 八冊 八冊 一〇冊 二冊 六冊 四冊 二四冊 八冊 二冊 四冊 一冊 四冊

十三

萊陽縣志十卷附賦役全書二卷 清萬邦維 康熙刊本 箱四九
榮成縣志十卷卷首一卷 清李天騭 道光刊本 箱四九
海陽縣志八卷 清包桂 乾隆刊本 箱四九
海陽縣續志殘存九卷卷首一卷 清李爾[illegible] 清刊本 箱四九
萊州府志十六卷卷首一卷 清嚴有禧 乾隆刊本 箱四九
掖縣志八卷卷首一卷 清張思勉 同上 箱四九
平度州志二十七卷 清保忠 道光刊本 箱四九
膠州志四十卷 清張同聲 同上 箱四九
膠澳志十二卷附圖八幅 今人趙琪 民國鉛印本 箱四九
昌邑縣志八卷 清周來邰 乾隆刊本 箱四九
即墨縣志十二卷卷首一卷 清尤淑孝 同上 箱四九
又一部十二卷卷首一卷 清林溥 同治刊本 箱四九
又一部十二卷 清林溥 清刊本 箱四九
青州府志六十四卷 清毛永柏 咸豐刊本 箱四九
益都縣志十四卷 清陳食花 康熙[illegible]刊本 箱四九

六冊 四冊 四冊 五冊 八冊 八冊 八冊 八冊 一〇冊 四冊 六冊 八冊 八冊 三二冊 六冊

博興縣志十三卷 清周壬福 道光刊本 箱四九
高苑縣志八卷 清張[illegible] 康熙重刊本 箱四九
高苑縣續志十卷 清古今馨 康熙刊本 箱四九
樂安縣志二十卷 清張耀璧 清刊本 箱四九
壽光縣志二十卷 清李方膺 雍正刊本 箱四九
昌樂縣志六卷 清[illegible]基昌 康熙刊本 箱四九
昌樂縣志三十二卷卷首一卷 清劉餘澤 嘉慶刊本 箱四九
臨朐縣志十六卷 清姚延福 光緒丙申刊本 箱四九
諸城縣志四十六卷 清宮懋讓 乾隆刊本 箱四九
諸城縣續志二十三卷 清劉光斗 道光刊本 箱四九
又一部二十三卷 同上 同上 箱四九
右山東之屬 一百九部七百八十九冊
河北之屬
日下舊聞四十二卷 清朱彝尊 六峯閣刊本 箱四九

四冊 二冊 二冊 三冊 四冊 七冊 二冊 六冊 六冊 八冊 四冊 四冊
一六冊

十四

日下尊聞錄三卷 [illegible] 咸豐刊本 箱四九
又一部五卷 同上 同上 箱四九
順天府志一百三十卷 清周家楣 光緒刊本 箱四九
大興縣志六卷 清張茂節 康熙刊本 箱四九
宛平縣志六卷 清王養濂 同上 箱四九
固安縣志八卷 清陳崇砥 咸豐刊本 箱四九
又一部八卷 同上 同上 箱四九
平谷縣志六卷 今人王兆元 鉛印本 箱四九
昌平州志十八卷 清繆荃孫 清刊本 箱四九
續永清縣志十一卷 清吳鈞 光緒刊本 箱四九
通州志十二卷 清高天鳳 乾隆刊本 箱四九
三河縣志十六卷 清陳詠起 同上 箱四九
武清縣志十二卷首末二卷 清吳翀 同上 箱四九
寶坻縣志十卷 清洪肇楙 石印本 箱四九
寧河縣志十六卷 清蔡起枚 乾隆刊本 箱四九

二冊 二冊 六四冊 四冊 六冊 六冊 六冊 八冊 八冊 四冊 八冊 四冊 八冊 八冊 八冊

密雲縣志六卷 清□行九 光緒刊本 箱四九 八册
涿州志二十二卷卷首一卷 清吳山鳳 同治刊本 箱四九 一一册
房山縣志十卷附雜詩一卷 清佟有年 康熙刊本 箱四九 四册
房山縣志八卷 今人王邦屏 鉛印本 箱四九 八册
文安縣志八卷 清楊朝麟 康熙刊本 箱四九 八册
薊州志八卷 清張朝琮 同上 箱四九 四册
天津衛志四卷 清薛柱斗 民國重刊本 箱四九 二册
天津府志四十卷 清吳廷華 乾隆刊本 箱四九 一六册
天津府志五十四卷首末二卷 清徐宗亮 光緒刊本 箱四九 二八册
天津縣志二十四卷 清朱奎揚 乾隆刊本 箱四九 八册
天津縣續志二十卷卷首一卷 清蔣玉虹 同治刊本 箱四九 八册
青縣志八卷 清沈聯芳 同治重刊本 箱四九 四册
青縣志十六卷 今人萬震霄 民國刊本 箱四九 一〇册
滄州志十六卷 清徐時作 乾隆刊本 箱四九 六册
曾原志十六卷 今人張鳳瑞 民國排印本 箱四九 一二册

南皮縣志十四卷卷首一卷 今人王德乾 同上 箱四九 八册
鹽山縣志十六卷首末二卷 清王福謙 同治刊本 箱五〇 八册
慶雲縣志十四卷 清潘國詔 嘉慶刊本 箱五〇 四函
河間府志二十卷 清杜甲 乾隆刊本 箱五〇 一〇册
河間縣志六卷 清吳山鳳 同上 箱五〇 六册
獻縣志二十卷沿革表一卷 清萬廷蘭 同上 箱五〇 一二册
肅寧縣志殘存七卷 清尹侃 同上 箱五〇 四册
任邱縣志十二卷卷首一卷 清劉統 同上 箱五〇 一〇册
交河縣志七卷 清高鑛 康熙刊本 箱五〇 二册
寧津縣志稿八卷 清程紹昌 同上 箱五〇 八册
寧津縣志十二卷卷首一卷 清祝嘉庸 光緒刊本 箱五〇 四册
吳橋縣志十卷 清任先覺 康熙刊本 箱五〇 八册
吳橋縣志十二卷 清倪昌燮 光緒刊本 箱五〇 四册
故城縣志殘存四卷 清蔡維義 雍正刊本 箱五〇 四册
東光縣志八卷 清白為璣 康熙刊本 箱五〇 四册

十五

遵化直隸州志十二卷 清劉靖 乾隆刊本 箱五〇 四函
遵化通志殘存四十八卷 清何崧泰 光緒刊本 箱五〇 二〇册
又一部殘存四十一卷 同上 同上 箱五〇 一九册
又一部殘存三十四卷 同上 同上 箱五〇 一六册
又一部殘存二十五卷 同上 同上 箱五〇 二一册
又一部殘存二十三卷 同上 同上 箱五〇 一〇册
玉田縣志八卷 清王光謨 康熙刊本 箱五〇 四册
玉田縣志三十卷 清夏子鎏 光緒刊本 箱五〇 六册
豐潤縣志八卷 清吳慎 乾隆刊本 箱五〇 四册
永平府志七十二卷首末二卷 清游智開 光緒刊本 箱五〇 三二册
盧龍縣志六卷卷首一卷 清常之謨 康熙刊本 箱五〇 四册
遷安縣志二十卷 清韓耀光 同治刊本 箱五〇 六册
撫寧縣志十二卷 清趙端 康熙刊本 箱五〇 五册
撫寧縣志十六卷卷首一卷 清張上龢 光緒刊本 箱五〇 六册
昌黎縣志八卷 清何崧泰 同治刊本 箱五〇 四册

灤州志十卷 清吳士鴻 嘉慶刊本 箱五〇 八册
樂亭縣志十四卷首末二卷 清陳金駿 乾隆刊本 箱五〇 六册
臨榆縣志二十四卷卷首一卷 清趙允祜 光緒刊本 箱五〇 一〇册
保定府志二十九卷 清紀弘謨 康熙刊本 箱五〇 一二册

右河北之屬 六十五部五百八十八册

山西之屬

寧武府志十二卷卷首一卷 清周景柱 乾隆刊本 箱四三 六册
代州直隸州志六卷 清吳重光 同上 箱四三 八册
五台縣志八卷 清王秉韜 同上 箱四三 四册
繁峙縣志六卷 清吳其均 道光刊本 箱四三 六册
忻州直隸州志二十四卷 清方戊昌 光緒刊本 箱四三 八册
定襄縣補志十三卷 清鄭繼修 同上 箱四三 八册
靜樂縣志十卷 清黃圖昌 雍正刊本 箱四三 八册
保德州直隸州志十二卷卷首二卷 清王秉韜 乾隆刊本 箱四三 一〇册
河曲縣志四卷 清曾眷麗 道光刊本 箱四二 二册

十六

右山西之屬　九部五十六冊

陝西之屬

西安府志八十卷　清舒其紳　乾隆刊本　箱四三　四〇冊
長安縣志三十六卷　清張聰賢　嘉慶刊本　箱四三　六冊
咸陽縣志殘存十六卷　清臧應桐　乾隆刊本　箱四三　三冊
臨潼縣志九卷　清史傳遠　同上　箱四三　八冊
嘉靖高陵縣志七卷　明呂柟　光緒重刊本　箱四三　二冊
高陵縣續志八卷　清程維雍　光緒刊本　箱四三　二冊
藍田縣志十六卷附文徵錄一卷　清胡元煐　道光刊本　箱四三　五冊
富平縣志八卷　清吳六鰲　乾隆刊本　箱四三　六冊
同官縣志十卷　清袁仁觀　排印本　箱四三　六冊
嘉靖耀州志十一卷　明李廷寶　乾隆刊本　箱四三　二冊
續耀州志十一卷附五台山志一卷　清汪灝　同上　箱四三　二冊
同州府志三十四卷首末二卷附文徵錄三卷　清文廉　咸豐刊本　箱四三　二四冊
大荔縣志二十六卷卷首一卷　清賀雲鴻　乾隆刊本　箱四三　八冊

十七

正德朝邑縣志二卷　明王道　嘉慶刊本　箱四三　一冊
又一部二卷　同上　同上　箱四三　一冊
澄城縣志二十卷　清戴治　乾隆刊本　箱四三　六冊
郃陽縣志四卷　清席奉乾　同上　箱四三　四冊
韓城縣志十六卷卷首一卷　清傅應奎　同上　箱四三　六冊
韓城縣續志五卷　清冀蘭泰　嘉慶刊本　箱四三　一冊
蒲城縣志十五卷　清張心鏡　乾隆刊本　箱四三　六冊
潼關衛志三卷　清唐咨伯　康熙刊本　箱四三　二冊
潼關廳續志三卷　清向淮　嘉慶刊本　箱四三　二冊
雒南縣志十二卷附一卷　清范啓源　乾隆刊本　箱四三　四冊
正德武功縣志三卷　明康海　乾隆重刊本　箱四三　一冊
又一部三卷　同上　嘉慶刊本　箱四三　一冊
又一部三卷　同上　武昌局刊本　箱四三　一冊
武功縣續志五卷　清張樹勳　嘉慶刊本　箱四三　三冊
鳳翔府志十二卷卷首一卷　清達靈阿　乾隆刊本　箱四三　一六冊

岐山縣志八卷　清胡升猷　光緒刊本　箱四三　四冊
寶雞縣志十二卷　清鄧夢琴　乾隆刊本　箱四三　三冊
扶風縣志十八卷卷首一卷　清宋世犖　嘉慶刊本　箱四三　四冊
郿縣志十八卷卷首一卷　清李帶雙　乾隆刊本　箱四三　四冊
汧陽縣志十二卷卷首一卷　清羅曰璧　道光刊本　箱四三　四冊
漢中府志三十三卷　清嚴如熤　嘉慶刊本　箱四三　一六冊
續修南鄭縣志七卷　今人郭鳳洲　民國刊本　箱四三　七冊
城固縣志十卷　清王穆　光緒重刊本　箱四三　四冊
定遠廳志二十六卷卷首一卷　清余修鳳　光緒刊本　箱四三　六冊
寧羌州志五卷　清馬毓華　同上　箱四三　五冊
留壩廳志十卷附文徵錄四卷　清賀仲瑊　道光刊本　箱四三　六冊
興安府志三十卷　清李國麒　乾隆刊本　箱四三　六冊
又一部三十卷　同上　道光重刊本　箱四三　六冊
續興安府志八卷　清葉世倬　嘉慶刊本　箱四三　二冊
又一部八卷　同上　同上　箱四三　二冊

十八

又一部八卷　同上　道光重刊本　箱四三　二冊
漢陰廳志十卷卷首一卷　清錢鶴年　嘉慶刊本　箱四三　六冊
平利縣志四卷　清[illegible]　乾隆刊本　箱四三　四冊
洵陽縣志十四卷　清鄧夢琴　同上　箱四三　四冊
延安府志殘存八十二卷　清洪蕙　嘉慶刊本　箱四三　一四冊
鄜州志十一卷　[illegible]　民國石印本　箱四三　二冊
葭縣志三卷　今人陳琯　同上　箱四三　三冊
懷遠縣志三卷　清蘇其炤　乾隆刊本　箱四三　二冊
懷遠縣志四卷　清何丙勳　民國石印本　箱四三　四冊
靖邊縣志稿四卷　清丁錫奎　石印本　箱四三　四冊
横山縣志四卷　今人劉濟南　民國石印本　箱四三　四冊
鄜州志五卷卷首一卷　清吳鳴捷　道光刊本　箱四三　五冊

右陝西之屬　五十五部二百九十六冊

甘肅之屬

蘭州府志十二卷卷首一卷　清陳士楨　道光刊本　箱四四　八冊

又一部八卷 同上 道光壹刊本 箱四三 二冊

漢陰廳志十卷卷首一卷 清錢鶴年 嘉慶六年刊本 箱四三 六冊

平利縣志四卷 清黄寬 乾隆二十□本 箱四三 四冊

洵陽縣志十四卷 清鄧夢琴 同上 箱四三 四冊

延安府志殘存七十二卷 清洪蕙 嘉慶刊本 箱四三 四冊

葭州志十一卷 清高珩 民國石印本 箱四三 二冊

葭縣志三卷 今人陳琯 同上 箱四三 三冊

懷遠縣志三卷 清蘇其炤 乾隆刊本 箱四三 二冊

懷遠縣志四卷 清何丙勳 民國石印本 箱四三 四冊

靖邊縣志稿四卷 清丁錫奎 石印本 箱四三 四冊

橫山縣志四卷 今人劉濟南 民國石印本 箱四三 四冊

鄜州志五卷卷首一卷 清吳鳴捷 道光刊本 箱四三 五冊

右陝西之屬 五十五部二百九十六冊

甘肅之屬

蘭州府志十二卷卷首一卷 清陳士楨 道光刊本 箱四三 八冊

清水縣志十六卷 清朱超 乾隆六十年 箱四三 四冊

禮縣新志四卷卷首一卷 清雷文淵 光緒刊本 箱四三 四冊

徽縣志八卷 清張伯魁 嘉慶刊本 箱四三 八冊

階州直隸州志二卷 清葛時政 乾隆刊本 箱四三 二冊

武階備志二十二卷 清吳鵬翱 同治刊本 箱四三 四冊

階州直隸州志三十三卷卷首一卷 清葉恩沛 光緒刊本 箱四三 十冊

敦煌縣志八卷 清蘇履吉 道光刊本 箱四三 四冊

右甘肅之屬 二十三部一百十六冊

寧夏之屬

寧夏府志殘存十八卷 清張金城 乾隆刊本 箱四三 六冊

朔方道志三十一卷卷首一卷 今人王之臣 民國排印本 箱四三 八冊

中衛縣志十卷 清鄭元吉 道光刊本 箱四三 四冊

右寧夏之屬 三部十九冊

右府廳州縣鄉鎮志類 三百三十九部二千三百九十二冊

泰州版本考

陸銓 撰

《泰州版本考》不分卷，陸銓撰，據上海圖書館藏一九六三年泰州市圖書館鈔本影印。

陸銓有《泰州公私藏書考略》，已著録。

此書名《泰州版本考》，以泰州、泰縣均爲古海陵地，其疆界不易區分之故。作者看到各縣志書，對地方翻刻書籍一事，往往認爲無關緊要而忽略之，只有近時纂修的《福建通志》，特辟『閩本考』一門，著録本地刻印圖書。作者甚爲欣賞其體例，乃仿《揚州版本考》之例，編爲此書。自序題『丙戌初成，己亥增訂』，分别爲一九四六年、一九五九年。本書著録之書，有與《泰縣刊版書録》相同者，如宋刻本五種全同，也有不少新增的。如《泰縣刊版書録》元刻本著録四種，此書著録六種。再如《泰縣刊版書録》清刻本止於光緒年間，此書收録至民國所印書，如民國泰州世界書局石印本《一葦航之》等。又收録民國海安啟新書局石印本《居世學佛綱要》，此因海安縣舊地本屬泰縣等地之故。本書與《揚州版本考》合一册，也題作《揚泰版本考》。

（江慶柏）

泰州版本考

卷一

泰州版本考　陸銓

翻刻書籍，注重流傳，非徒以講究版本為事。而各縣志書，往往以無關重要論，而忽略之，故著錄甚少。近時纂修福建通志，乃闢閩本考一門，其中所載，以地方為範圍。吾邑刻書，雖不及他邑之廣泛，然在宋時已有版行。如淮東倉曹之施注蘇詩，元淮張吳王，命僚屬校刻於吳，金陀粹編等，亦頗有名傳於世，迄於近代，將及百種，存佚並錄，仿揚州版本例，用資吾邑參考。不免遺漏，有待指正。丙戌初成，己亥增訂。

泰州市圖書館傳抄本

宋官刻本 以人及年代為次

資治通鑑釋文二十卷　宋靖康海陵郡齋刊本 佚

宋司諫司馬公休撰。公休溫公之子，直齋書錄解題作六卷。胡三省序：「海陵本二十卷，刻於海陵郡齋，其刊版時，當在靖康元年。桓字缺筆，即海陵本。其後史炤得公休本，增益補注，編為三十卷，成都廣都縣費氏進修堂刊行，世稱龍爪本，而海陵本遂廢。

劉賓客嘉話錄一卷　宋乾道卞圜昌化學刊本 佚

唐韋絢錄。首有大中十年自序，末有卞圜跋

泰州市圖書館傳抄本　二

：「右韋絢所錄。劉賓客嘉話錄：新唐書採用多矣，而人罕見全錄，圜家先人手校舊本，因鋟版於昌化縣學，以補博洽君子之萬一云，乾道癸巳十一月旦，海陵卞圜謹書」。按圜紹興進士，官昌化縣事，故刻於縣學。

杜詩注佚集外詩一卷　宋乾道卞圜昌化學刊本 存

宋卞圜注。乾隆浙江通志引延祐四明志，並未注卷數，乾道間刊於昌化縣學，蔡夢弼會箋本，採用圜箋，並附集外詩，題卞圜集，蔡夢弼箋」。所集諸家與工部酬唱之作，惜卞氏原本久佚，祇存集外詩有翻刻行世。

注東坡先生詩四十二卷　宋嘉泰淮東倉漕刊本

宋施元之注，據康熙邵子湘重刊蘇詩序：「其子施宿，官淮東倉漕時，以其父元之，所注蘇詩未梓，推廣年譜，山陰老民陸游為之序，同郡傅穉善歐書，俾書之鋟版於海陵任，鏤版於嘉泰二年。牧仲撫吳得此本，於江南藏書家，僅存三十卷，尚缺十二卷，以王注本補缺。」見於著錄有玄賞齋書目：「宋刊全部」。邵亭書目：「怡府藏宋刊本兩部」。北京圖書館藏周叔弢藏本（印本展覽書目）

泰州市圖書館傳抄本　三

。劉氏善齋藏殘本：存卷十一、十二、卷二十五、六，共四卷。首題「吳興施氏」。每頁十八行，行十六字。白口板，板心下記刻工姓名。

貧窗初集三十卷　宋吳子良郡齋刊本 佚

宋陳耆卿撰，嘉定六年自序，吳子良跋：「余將詣淮東，欲盡出先生文，以啟來者，甫命工以他役，乃屬海陵令謝範，館鋟初集三十卷，蓋先生四十歲以前作也」。按崇禎泰州志：「吳子良常平司幹辦，謝範海陵令」。均未詳年月，而刊版年月，遂無可考。

淮張官刻本

通鑑總類二十卷　元蔣德明官吳中刊本

宋沈樞撰。至正二十二年周伯琦序：「至正癸卯，江浙行中書省左丞，海陵蔣德明，分省於吳購得之，加其編次，重刻之蘇州郡庠」，此書雖刊於吳，實為吳王張士誠所命刻。其版至明猶存司禮監，天啟中李實因版漫漶，補刊以行。

通鑑續編二十二卷　元馬玉麟官松江刊本

元陳桱撰。首有至正十年自序，至正十八年周伯琦序：「是書既成，積歲苦貧，不能脫稿，今

行中書省，賓佐海陵馬玉麟國瑞甫；好古君子也，令長洲時，訪子桱得其稿，以祿米致筆札，飲食之資，聚諸生之能書者編錄，始成全書焉。授松江二尹，昭陽顧逖思甫鋟梓，以廣其傳」。此書刊於至正二十四年，黑口板，每頁十八行，行二十二字，板心有刻工姓名。

金陀粹編二十八卷續三十卷　元張士誠刊本

宋岳珂編，至正二十五年陳基序：「今江浙行中書省，平章政事兼樞密院事，吳陵張（士誠）公命斷事官，經歷吳郡朱文祐重刊於杭州」。世稱西湖書院本，此為最初刻。

西湖書院書目　元張士誠刊本

元陳基編。至正二十二年自序：「杭州西湖書院，南宋太學故址，至正十七年尊經閣壞，書庫亦傾圯，今江浙行中書省，平章政事兼同知樞密院事，吳陵張公賫力而新之，顧書板散佚，二十一年公命釐補之，俾左右司員外郎，陳基錢用壬率其事，庀工於是年；所重刊經史子集久缺，以板計者，九千五百六十有四，對讀校正，則餘姚判官，宇文桂等，明年七月訖工竣事，公俾為書目

，且序其首，并刻之庫中」。按淮張吳王，崇尚典籍，不惜穀米以養士。茲所列刻書，據其著錄，不僅此而已，俟有所見，再為補入。

禮經會元四卷　元潘元明刊本

宋葉時撰。至正二十五年，江浙行中書省右丞，海陵潘元明，從葉廣居處，得稿本重刊於吳郡，首有元明序，及陳基、葉廣居諸序。每頁二十二行，行二十四字，刻有點抹。

刑平編志一卷　元謝從義刊本

元禮部員外郎，新安程　　輯，陳基序：「歐

陽元揭奚斯二公遺稿，凡二十五章，并五刑獄空等論六章，裒為一卷，上稽唐律，旁引百家，析之以經義，自為之引。杭郡守，吳陵謝侯從義，請刻置西湖書院，謝侯擢太尉府咨議參軍。按此刻在至正二十一年以前，士誠尚稱太尉。

明清官刻本

酒概四卷　明天啟刊本

明震旦醧民困困編，四庫存目著録：「前有自序，則稱禍之父，困困沈沈，名號詭譎，不知何許人，每卷所署校工姓名，皆稱海陵，則刊於泰州者也」。按困即淵字別寫，沈沈字淵淵，上沈是姓，下沈是名，無錫人，曾纂修天啟志，或官泰州，此書天啟年間所刻，廬江劉氏善齋藏本。

楊忠愍公集四卷　清康熙朱永輝官沅江刊本

明楊繼盛撰。海陵後學朱永輝並庵重刊，後有永輝後跋，康熙三十三年任沅江縣，得公四世孫聰福藏本，重刊於官署。

石香祕録一卷　清嘉慶仲振履官興寧刊本

題蒲濤仲振履柘庵氏校訂，元和張錫蕃加丹目録後有振履跋：「此蔣君石香之藏本也，所論驗

泰州市圖書館傳抄本　六

傷諸條，甚為詳覈，真可補洗冤無冤録之遺缺，梓以公諸世，未知所從來，即以石香祕録名之」。此本嘉慶十五年刊於粵東興寧官署，昌皮紙硃色套印。

浮溪精舍叢書十三種五十八卷　清道光泰州學署刊本

清長洲宋翔鳳撰。伯山詩話：「于庭學博以孝廉，來泰東鐸，在學署刊刻叢書十餘種，憶山堂詩，亦清超絕俗」。按于庭道光二十一年，任泰州學正，二十五年再任，當在此時開雕。

闇然堂文稿四卷詩存九卷　清道光泰州署刊本

清錢塘應澧撰。外孫張之杲東甫校，後有道光二十七年之杲跋，按之杲二十二年任泰州事，開雕於署中。

小學集注六卷　清同治程祥棟官新繁刊本

宋高愈注。同治五年泰州程祥棟重刊序，開雕於四川新繁縣署，板存泰州本宅。

洗冤録外編二卷　清同治程祥棟官樂山刊本

卷上檢驗合參，雁門郎錦麒撰，卷下洗冤録解，長白德隊撰，程祥棟合刻并序，同治六年刊於四川樂山縣署，板存泰州本宅。

泰州市圖書館傳抄本　七

卧碑文闡繹一卷　清光緒泰州學刊本

清順治九年頒刊明倫堂，碑文凡八條，道光八年江寧布政使，賀長齡始刻板，並附闡繹，以戒士子。此重刊本，末有「賜進士出身，前刑部湖南司主事，江蘇泰州知州，桂迓衡敬刊」一行。又「板藏泰州明倫堂」一行。按迓衡光緒元年任，則刻於此時。

讀書鏡二卷　清光緒宮本昂山東刊本

明陳繼儒撰。光緒五年宮本昂重刊於山東官署。

泰州市圖書館傳抄本　八

明清私刊本

青陽先生集九卷忠節附錄二卷　明洪武張綖刊本

元余闕撰。吳陵張綖仲剛復輯後編一卷，又搜集事蹟，另爲附錄二卷。末有仲剛後跋，洪武初梓行，其後正德十年翻刻。

翠屏集四卷　明洪武石光霽刊本

明張以寧撰。門人淮南石光霽編，首有洪武已丑宋濂，劉三吾，陳南賓諸序，及光霽跋：詩爲光霽所編，文則其子孟晦彙次。洪武初刊久佚，僅有宣德三年，其孫官南雄，增以安南續稿，刊於羊城。清初梁氏傳鈔洪武本，無陳璉序。

說文解字注十二卷　清宮紫陽補明刊本

宋徐鉉注。萬曆間崇川陳大科仿宋重刊，字大悅目，其板爲宮紫陽（偉鏐）購藏於家。修補印行，左闌外有「岱雲樓補」四字，其字體較大，黑口板，每頁十四行，行十四字。

重刊說文解字五音韻譜十二卷　同上

宋李燾編，起東終甲，依韻編次。萬曆戊戌陳大科重刊序，並無宮氏序跋，僅有封面「宮紫陽先生重校」，「崇川陳氏原本」一行，又「吳陵宮氏補遺」一行，慎字避聖諱空格，惜無宮氏補刊字樣。

泰州市圖書館傳抄本　九

史略詞話二卷　清宮紫陽刊本

明楊慎撰。廣陵李清，宮偉鏐訂誤，男李蘭、宮夢仁同校。首有宋鳳翔、陰武卿、丘鍾仁、陸廷掄諸序，宮氏因坊刻訛誤，爲之正誤梓行。其書中胡奴字，皆缺右旁，如胡作古，奴作女。是指斥清朝之意，此書原名，二十一史彈詞。

初學記三十卷　清宮紫陽補明刊本

唐徐堅撰。明陳大科校。首有維揚陳大科重刻序。封面右行：「宮紫陽先生重校」，左爲「吳陵宮氏補遺」各一行。此本萬曆丁酉陳氏，重刻安國本，宫氏補刻。左闌外有「岱雲樓補」四字。字體較原本略小。按岱雲樓為春雨草堂之閣名，所稱補遺，即補刻之義。

靈隱子集六卷　見滂喜齋藏書記 同上

唐義烏駱賓王撰，萬曆丙申陳大科序。每頁二十行，行二十字，板心有刻工姓名字數。按宫紫陽購崇川陳氏刻板，加以修整印行，板存家祠，歲久散失。

泰州市圖書館傳抄本　一〇

梅花詩一卷　清程氏詠歸堂刊本

清南通州孫黍庵撰，凡七律三百首，封面題「程鼎庵先生評閲」、「吴陵詠歸堂藏板」。原書首缺數頁，失去序跋。按鼎庵名端德，字午公，休寧人，清初遷泰，見泰州志流寓傳。

日損堂詩　清鄭孝威刊本

王士禎海陵本跋：「節之詩，天才奇恣，元刻載之備矣，後屬唐畊塢、鄭孝威重刻於海陵，刪其拗句拗字，不合者不為無功，然本色亦稍減矣，即此本也，並存之，仍題數語，以眎識者」。

唐詩神韻集一卷　清繆肇甲刊本

清王士禎選，分甘餘話：「廣陵所刻，是余三十年前在揚州，啟涑兄弟初入家塾，暇日偶摘取唐律絶句，五七言授之者，頗約略而精，如皋冒丹書青岩，見而好之，手鈔一卷攜歸。其後二十年，泰州繆肇甲、黄泰來刻之，非完書也。集中有陳太史其年，及二子增入數十篇，亦非本來面目矣。按泰州志藝文，載唐詩神，脱去韻集二字，下注繆肇甲，亦非所選，乃是所刻，此係未見分甘餘話之誤。

泰州市圖書館傳抄本　一一

天傭子集二十卷　清康熙張海房刊本

明艾南英撰，海陵張符驤良御評點，首增年譜，附自撰依歸草二卷。康熙三十四年符驤重刻序：「取自刻及王仁甫本，加以校訂，刪其每篇下年月」。各篇有旁批及圈點，後附總評。遼寧圖書館有兩部，一為十卷本，一即此本。按道光六年艾氏重刻張本，悉依原式未改。

旃檀保產萬全經二卷　清乾隆汪氏誠正堂刊本

清馮兆張纂輯。專論保產方劑，附汪乾集驗新方三卷。封面繪像左面有：「乾隆九年歲次甲子春月，海陵誠正堂汪氏藏板」三行。此本為汪乾重刻，附自驗新方。

衛濟餘編十八卷一名通天曉 清道光懷德堂刊本

清趙古農選輯，經驗諸方，分為十八門，日用服食器玩等，衛生所當知，亦濟世之餘事。嘉慶丙子自序，及繆良序，道光辛丑懷德堂書坊重刊，封面題「通天曉」，「道光辛丑重刊 海陵懷德堂藏板」。

養蒙針度五卷 清道光懷德堂補刊本

清潘子聲定，後學陳樹芝校刊。雍正己酉陳樹芝刻序，楷書付梓，板心有「道榮堂」三字，封面有道光戊戌重鐫」，「泰州懷德堂藏板」二行。其板非重刊，板心無字乃係補刻。

奇門捷徑一卷 清道光潘曜三刊本

清趙雲漢演，道光二年自序於泰壩鹽署，後有蒲濤後學潘曜三刊跋。

鑑要四卷 清道光王雪颿刊本

清李玉瓚輯，泰州王鴻業雪颿校。首有道光甲辰鴻業重刊序，及原序。此本翻刻崇川陳氏原本。

學治臆說二卷續一卷佐治藥言二卷 清道光陳金詔刊本

清汪輝祖撰，泰州陳金詔古愚校，各有原序，道光甲辰徐維清後序：「僑居海陵，與古愚為文字交，因坊刻之訛，爰出家藏本，重付剞劂。

郭大理遺稿八卷 清道光魏茂林刊本

清郭尚先撰，同里魏茂林輯。道光乙巳魏茂林序，並跋於海陵大東橋之有不為齋。

普濟應驗良方八卷 清咸豐懷德堂刊本

清容山德軒氏輯。首為福幼篇，末為遂生篇，封面有「板存泰州懷德堂書坊」。

二家合課詩鈔箋略八卷 清咸豐有不為齋刊本

清吳錫麒、王芑孫撰，魏茂林箋。吳名有正味齋，王名芳草堂，淵雅堂，各編四卷，並有魏茂林序，末有咸豐乙卯其孫紹仁重刊跋。

福幼篇一卷 清咸豐松筠齋刊本

清莊一夔撰，專論治小兒慢驚諸方。一名「千金至寶」，末有「板存泰州王家橋湯松筠齋刻字店」題字。

悔廬詩鈔四卷夢溪棹謳二卷 清咸豐海陵刊本

清張崇蘭撰，門人戴啟實校刊，咸豐戊午柳榮宗序，戴啟實後序：「癸丑鎮城失守，居海陵之湖莊，謹以村居憶錄諸詩，急付諸梓」。咸豐八年刻於海陵。

岳忠武王集八卷　清咸豐陳金詔補刊本

宋岳飛撰。清汪廷儒輯，道光丁未揚州刊板。咸豐癸丑以後，為泰州陳金詔補刊。

有正味齋駢體文箋二十四卷　清咸豐青箱塾刊本

清吳錫麒撰，泰州王廣業集箋。道光乙巳高鴻飛序，許乃釗後跋。咸豐九年開雕，為段謙所寫。民國十年修補一次，末有王斯謀等校字。

鍾記室詩評三卷　清咸豐陳守吾刊本

梁鍾嶸撰。清張錫瑜校。泰州陳寶晋康甫刊，咸豐戊午翁同書序。此本為張錫瑜校勘，加以箋注。咸豐十年開雕，金陵柏繼興鐫字。

倩影樓遺稿二卷　清同治洪肖梅刊本

清陸蒨撰，同治甲子程曾洛序，洪本耀重刊跋，同治二年皖南洪氏開雕。本耀字肖梅，居泰州業茶商。

温病條辨六卷　清同治紀雲鄉刊本

清吳塘撰，同治三年程宇光、錢桂森序，紀恒慶重刊序，同治癸亥紀氏重刊葉氏本

泰州市圖書館傳抄本　一四

一字訣　王連環　清同治程石洲刊本

畢法集覽跋：「六壬非緯書也，全重占時觸應如響。余於甲子已將一字訣、王連環公諸同好，略見一斑。

温疫經補注二卷　清同治文成堂刊本

明吳有性撰，崇禎壬午自序，封面：「同治甲子新鐫，樊川文成堂藏板」。樊川泰州鄉鎮名。

遂生篇一卷　清同治松筠齋刊本

清莊一夔撰，專論治痘法，一名「娑心保赤」。封面：「同治乙丑秋重鐫，泰州湯松筠齋刻」。

吊脚痧方論一卷　清光緒朱寶善刊本

清徐子默撰，光緒乙亥海陵紅粟山莊主人序：道光某歲，江淮閒傳染此症，吾鄉患此症不少，爰亟付手民，以與世共覽」。按紅粟山莊，即朱寶善別墅名。

牛痘新書一卷　清光緒同善堂刊本

清王惇甫輯，海陵同善堂重訂。同治二年自序，光緒丙子王貽清、朱築軒序。

袁文合箋十六卷　清光緒青箱塾刊本

清袁枚撰。泰州王廣業集箋，江都于振熙参

泰州市圖書館傳抄本　一五

訂。光緒壬午王廣業跋，刻於青箱塾。

養志居僅存稿十八卷　清光緒陳克劬刊本

清陳宗敬撰，男克劬輯。小門人泰州劉震甲韓國勲同輯。光緒丁亥卞寶第序，彙輯經說，周禮車服志，考工記異字訓正，鳥獸蟲魚釋，筆記．文，詩，各為起訖，總名僅存稿，光緒乙酉開雕，板存海安本宅。

許學叢書二集九種　清光緒古均閣刊本

清海昌許頌鼎子旻編刊，光緒十三年開雕，頌鼎寓居泰州城內，好刻書籍。

泰州市圖書館傳抄本　一六

閒處光陰二卷　清光緒古均閣石印本

清彭邦鼎撰，光緒戊戌許頌鼎序：「服官膠東，得匋昌彭介石尊人，配堂日記，付諸剞劂云」。光緒二十四年，用西法石印。

武功縣志四卷　清光緒古均閣刊本

明康海撰，光緒二十年許頌鼎重刊序：「道光黨刊流布亦尠，幸家有藏本，出付手民。

了凡四訓一卷　清光緒知非子刊本

明袁黄撰，光緒丙寅海陵知非子重刊序，末詳姓名。光緒十六年孫聯元局鐫。

婦嬰至寶八卷　清光緒晚鄉吟館刊本

清徐尚慧撰，三養老人注，洪文翰增。光緒癸巳晚悔道人序於海陵晚鄉吟館。

達生篇二卷　清光緒懷德堂補刊本

清亟齋居士輯，乾隆乙未高士鑰序，封面「光緒甲午泰州懷德堂重鐫」。係舊板補刻。

格言聯璧一卷　清光緒墨稼山房刊本

不著編輯姓名，光緒己亥（二五年）仲氏墨稼山房刊行，山房是書坊名。

師竹齋經問啟蒙四卷　清光緒蕭氏刊本

泰州市圖書館傳抄本　一七

不著編輯姓名，專論論孟問答，便於課蒙，光緒壬寅壺盧生小逸序。吳陵蕭氏刊行。

霍亂新論一卷　清光緒姚梓欽刊本

清姚訓恭梓欽輯刊，光緒二十八年自序，末有「板存泰州北門外嚴家巷集賢齋刻字店」一行。

達生篇合訂二卷　清光緒于寶軒刊本

亟齋居士原本，光緒二十八年于寶軒重刊序，附保赤編，末有「板存泰州陳集賢齋」一行。

天文地理淺說各一卷　清光緒刊本

清葉瀾葉瀚撰，缺序跋，無年月可考。

椒園居士集六卷懷隱盦賸稾一卷 清光緒龍樹精舍刊本

清正定王定柱撰。曾孫耕心輯刊，光緒乙未耕心跋，賸稾輯先世遺文逸詩，封面署「光緒三十二年校刊，板存「泰州寓宅龍樹精舍」。

韓樂吾集二卷 民國李保元刊本

明興化韓貞撰，民國九年海安李保元重刊。

小學韻言二卷 同上

清湘潭羅澤南撰，民國十年李保元刊。

神效烏金丸方一卷 民國石印本

道光丁未紹衣堂原刻，民國壬戌曲塘章宏朗重刊，並自跋，本鎮胡隆昌石印。

宏道書三卷 民國止庵刊本

清費密撰，康熙乙亥門人張含章序，大關唐氏刊趙熙序，民國十三年韓國鈞跋，十五年刊於南京，板心有「止厂校刊」四字。

詳註繪圖聊齋索隱六卷 大德石印本

杭州鑄冶子撰注，丙寅海陵沈蔭松題識。

穴道拳訣二卷 沈氏石印本

不著撰人姓名，張鳴鶴序：「我師松泉陳翁，少負俠氣，遨遊海內，遍訪名家而成」。卷上少林

授身法，卷下跌打接骨方論，海陵度我氏校印，國技學社出版。

寄漚止厂詞合鈔二卷 民國楊沅石刊本

丹徒丁立棠、句容楊世沅撰，甥楊祚職刻跋，民國二十九年鶴天精舍校刊。

宗教書刻 概分三類一佛典二道經三勸善書

大悲心陀羅尼經咒一卷 清咸豐高維翰刊本

唐西天竺伽梵達摩譯，咸豐元年高維翰任趙州知州，依明藏本校刊，附咒語圖說，末有「三品銜候補知府、直隸趙州知州、高維翰敬送」一行。

大雲輪請雨經一卷 清咸豐泰州署刊本

乾隆四十七年御製序，封面署：「咸豐乙卯知泰州事許道身敬刊」一行，刻於泰州署。

金剛般若密經一卷 清咸豐泰州署梵夾刊本

唐鳩摩羅什譯，依龍藏本刊，末有「咸豐十年閏三月，揚州府糧補同知，兼泰州知州，現任淮南鹽掣同知，楚黃徐瀛敬書」，及金陵王森嚴刊刻，現寓泰州清化橋」五行題字。

心經直說一卷 清陳寶晋刊本

明德清注解。

千手千眼大悲心像陀羅神咒一卷　清陳寶晉梵夾刊本

前刻佛像，末有牌子題：「泰州信士弟子陳寶晉，爲荐先母早生西方極樂世界，敬謹栞刻，刷印施送，金陵柏繼興栞」三行。未詳年月，約在咸豐間，外縣刻工鳩集於泰，故刻書之風，可稱爲極盛時代。

高王觀世音經注釋一卷　清同治王光國刊本

清華廷相注，乾隆三十九年自跋，同治三年王光國重刊跋，及捐資姓名，板存王聯三刻字店一行。

（二〇）泰州市圖書館傳抄本

禪門日誦一卷　清光緒南山寺刊本

清寶華山編刊，末有「海陵南山寺修蓮道人法裕募資鋟板」一行。

仁王護國般若經撷要二卷　民國居士林刊本

唐不空譯，良賁疏，吳興吳倩薌撷要，後有楊志聖（沅石）校刊跋，此要二十六年來泰講述，二十七年居士林付之石印，二十八年復刊於磚橋經房。倩薌女士教授川魯師校，更創濟南蓮社。

普賢菩薩行願品一卷　民國居士林刊本

唐三藏法師般若譯，泰州居士林重刊，楊志聖繕寫，刻工精絕。

祈雨法一卷　民國仿宋印本

清紀大奎撰。民國二十一年韓國鈞序：「從河南圖書館鈔出以驗之，海安李保元發刻」。

以上佛典之屬

太上混元道德真經二册　清同治三元宮刊本

八洞仙祖分章合注，附陰符經，同治二年豫章朱子忠跋：「客海陵下榻三元宮，韓瑞圖羽士，爰及此經，欲付重刊，諸友共襄刊印，以廣久傳」。封面左有「板存泰州城内大林橋東王聯三刻字店」二行。

（二一）泰州市圖書館傳抄本

太山洞元靈寶梓潼本願真經一卷　清光緒刊本

光緒庚子八十老人閔翁跋：「單行無善本，仿照梵式，便於巾箱攜帶，從道藏鈔出小五咒冠於首。」又有「吳陵明經堂陳氏敬送」硃記。

太上感應篇纘義二册　清光緒龍樹精舍刊本

清王耕心校刊，光緒三十年重刊於泰州寓舍。

太上感應篇直講一卷　民國韓國慶刊本

清内院詞臣注，附靈驗記，宣統元年初刻於趙村巡檢，民國三年再刻於海安家祠。

太上靈補謝竈王妙經一卷　清光緒文成堂刊本
不著刻人姓名，封面有「板存姜堰文成堂書坊，光緒十九年鐫」。

敬竈全書一卷　清光緒集林齋刊本
省心道人重刊跋，封面光緒庚辰重刊，板存泰州王家橋口集林齋刻字舖」。

以上道經之屬

仁化編四冊　清陳氏百歲堂刊本
此篇彙輯勸善要言。文昌本紀，陰隲文注證，文帝聖訓各一冊，冊首題「泰州百歲堂重梓」一行。此本翻刻，乾隆乙酉京口慎修堂本，未詳年月，其板刻約嘉道間。

重鐫校正明心寶鑑正文一冊　清道光刊本
不著編輯姓名，引用經子勸善諸說，自繼善迄婦行，分為二十篇，較談果報區別，封面「道光甲午校正重鐫，板存泰州大林橋東王聯三刻字店」。

桂杏聯芳譜六卷　清咸豐黃維岱刊本
清徐謙輯，初名桂宮梯，所錄勸善諸說。會稽武林皆有刻板，咸豐元年張之杲刊於泰州署，携回浙中，黃維岱復刻之，有張之杲黃維岱重刊序。

勸修淨土切要一卷　清咸豐許樾身刊本
清真益纂述，咸豐辛酉許樾身序，原刻板存嘉興，樾身募貲重刊，末有「板存泰州北門大街，湯松筠齋刻字舖」二行。

處世錄一卷　清同治德成堂刊本
輯錄感應陰隲覺世諸篇，附神效良方，封面「同治甲子秋七月鐫，泰州北門外德成堂書坊，邗江繼修氏顏氏敬送」。

雙惜錄一卷　清同治蔣維慶刊本
首載雍正惜米上諭，所錄惜米、惜字諸說，故名雙惜，同治丁卯海陵小乘序，「里人蔣維慶及妻，重付梨棗云」。姜埝文林齋刻字。

陰隲文圖說四卷　清墨緣山房補刊本
清榮桂輯，古今善惡果報事，繪圖詳說，以元亨利貞分四集，道光十一年某重刊序，封面署「板存泰州墨緣山房」字，間有仲氏補板，未詳年月及姓名。

惠迪書六卷　清光緒龍樹精舍刊本
清王耕心輯刊，錄感應陰隲勸善諸說，分為

内外篇，光緒十年刊於泰州寓舍。

戒淫功過格一卷　清光緒繼綆書屋刊本

光緒十年海陵繼綆書屋主人識，咸豐七年存敬跋，板存泰州北門聯元齋。

增訂戒淫功過格　清光緒卌餘草堂刊本

光緒庚子汪宗沂序，丙申晚悔生重刊序，取繼綆書屋本，加以校訂，陳氏集賢齋刻字。

太微仙君功過格一卷　清光緒同善堂刊本

彙輯感應覺世及鸞書，光緒戊戌泰州孫家莊同善堂刊。馮文元刻字。

泰州市圖書館傳抄本　八二

渡人舟四卷　清光緒管岫青刊本

白雲觀壇衆真編，光緒二十八年，泰州冰鑑子管岫青重刊。

前後男女二十四孝悌圖說一卷　民國海安石印本

不著編輯姓名，民國壬戌韓國慶序，海安石印。

居世學佛綱要一卷　民國海安石印本

不著編輯姓名，民國十二年海安啟新石印。

一葦航之一卷　民國世界石印本

姜悆雁倫莊善壇乩語，民國丙子于源昌跋，泰州世界書局石印。

本書傳鈔本說明

本書系根據原稿本傳鈔。因著者已棄世，故在鈔校時，除遇有顯然筆誤處代為改正外，全文悉仍其舊，以忠于原著。特此說明。

泰州市圖書館
一九六三年六月

揚州版本攷
泰州版本攷
陸銓著
綫裝一冊　傳鈔本
原稿本藏泰州市圖書館
江蘇泰州税東街64號
每部　紙張鈔校　裝幀等費　計拾伍元
一九六三年　月　日

泰縣刊版書録

清代泰縣禁書述要

陸銓 編撰

《泰縣刊版書録》一卷《清代泰縣禁書述要》一卷，陸銓編撰，據國家圖書館藏民國油印本影印。

陸銓有《泰州公私藏書考略》，已著録。

《泰縣刊版書録》著録舊海陵地區所刻圖書三十二種。按朝代爲序編排。其中著録宋刻本五種：宋靖康元年（一一二六）海陵郡齋刻《劉賓客嘉話録》一卷、宋嘉泰間海陵刻本《施注蘇詩》四十二卷、宋吴子良官海陵刻《篔窗初集》三十卷。又著録元刻本四種、明刻本三種、清刻本二十種。清刻本止於光緒年間所刻《了凡四訓》、《椒園居士集》諸書。每一書下撰有提要，對該書内容有簡要説明。此可考見古代海陵地區的刻書情況。江蘇刻書，一般都注意於蘇南地區，對蘇北的刻書情況則瞭解甚少，所留文獻亦不足。此書正可補此缺憾。

《清代泰縣禁書述要》著録海陵籍作者之圖書被查禁者。包括明劉萬春《守官漫録》，清吴嘉紀《陋軒詩》，鄧漢儀《慎墨堂集》、《甬東集》、《天下名家詩觀》。書下各有提要，或記其版本，或記其生平事迹，或記各家書目之著録情況。此書卷端編者姓名下，有『二二、七』字様，當指寫作時間爲民國二十二年（一九三三）七月。

此爲鄭振鐸藏書，卷端鈐有『長樂鄭振鐸西諦藏書』印，卷末鈐有『長樂鄭氏藏書之印』。

（江慶柏）

泰縣刊版書錄　　泰縣陸銓次

宋刊本

資治通鑑釋文二十卷　宋靖康元年海陵郡齋刊本

宋司諫司馬康公休撰，公休温公之子也。直齋書錄解題作六卷，胡三省序云海陵本二十卷，刻於海陵郡齋。其刊版時，當在靖康元年，桓字缺筆，即海陵本。其後史炤得公休本，增益補注，編為三十卷，成都府廣都縣費氏進修堂刊行，世稱龍爪本，而海陵本遂廢。

杜工部詩箋注□□卷附集外詩一卷　宋乾道間卞圜刊本

一八刊乙

唐杜甫撰。宋海陵卞圜箋注，乾道間刊於昌化縣學。其宋刊久佚，今見蔡夢弼會箋杜詩刊本，採用圜箋，并坿刻其集外詩一卷，題卞圜集。蔡夢弼箋所集諸家與工部酬唱之作，計四十四首。惜卞氏箋刻今不傳，惟集外詩尚有翻刻行世。

劉賓客嘉話錄一卷　宋乾道九年卞圜刊本

唐韋絢錄。首有大中十年韋絢序，末有卞圜跋。其跋云：右韋絢所錄劉賓客嘉話，新唐書採用多矣，而人罕見全錄。圜家有先人手校舊本，因鋟版於昌化縣學，以補博洽君子之萬一云。乾道癸巳十一月旦海陵卞圜謹書。

施注蘇詩四十二卷　宋嘉泰間海陵刊本

宋施元之注。清康熙間邵子湘重刻蘇詩序，稱其子施宿官淮東倉曹時，以其父元之所注蘇詩未梓，推廣年譜，陸游為之序，同郡傅穉善歐書，俾書之，鋟版於海陵，任鏤版於嘉泰間。牧仲撫吳，得此本於江南藏書家，僅存三十卷，傅穉寫歐書本，尚缺十二卷，以王注本補缺云。又莫友芝稱怡府藏宋刊本兩部，今未見諸藏書家著錄。

篔窗初集三十卷　宋吳子良官海陵刊本

宋陳耆卿撰。嘉定六年自序，吳子良跋。跋云：余將詣淮東，欲盡出先生文，以啟來者，甫命工，以他役，乃屬海陵令謝範鑱鋟初集三十卷，蓋先生四十歲以前之作也。崇禎泰州志載吳子良入常平司幹辦，謝範任海陵令，均未注到任年月，而刊版年月，遂無考。

一八刊二

元刊本

通鑑總類二十卷　元至正間海陵蔣德明官吳中刊本

宋沈樞撰。至正二十二年周伯琦序，序稱至正癸卯江浙行中書省左丞海陵蔣德明，分省於吳，購得之，編閱深玩，嘉其編次，重刻之蘇州郡庠云。其版至明猶存，司禮監天啟中李實因版漫漶，增修印行。

通鑑續編二十四卷　元至正年馬玉麟官松江刊本

元陳桱編、首有至正十年自序、至正十八年陳基周伯琦楊紳諸序、伯琦序稱是書既成、積歲苦貧、不能脫稾、今行中書省賓佐、海陵馬玉麟國瑞甫、好古君子也、令長洲時訪子桱得其稾、以祿米致筆札、飲食之資、聚諸生之能書者、編錄始成全書焉、按松江二尹、昭陽顧遜思遜甫、鋟梓以廣其傳、刊於至正二十四年、黑口版、每葉十八行、行二十二字、版心有刻工姓名、

禮經會元四卷　元至正潘元明吳中刊本

宋葉時撰、至正二十五年江浙行中書省右丞海陵潘元明從葉廣居處得稾本、重刊於吳郡、首有至正乙巳中秋榮祿大夫江浙行省右丞兼同知樞密院事海陵潘元明仲遠序及陳基、葉廣居序、每葉二十二行、行二十四字、刻有點抹、又嘉慶中藤花榭仿刊本、

金陀粹編二十八卷續編三十卷　元至正年張士誠守吳刊本

宋岳珂編、至正二十五年陳基序云、今江浙行中書省平章政事兼同知樞密院事吳陵張公命斷事官經歷、吳郡朱文祐重刊於杭州、即世稱西湖書院本、明刊本

青陽先生集九卷忠節附錄二卷　明洪武年張毅刊本

元余闕撰、明郭奎子章編前八卷、吳陵張毅仲剛復輯後編一卷、又搜集青陽先生事蹟、另輯忠節附錄二卷、末有仲剛後跋、洪武初梓行、其後正統十年翻刻、按泰州志作忠節餘錄、甚誤、

翠屏集四卷　明洪武年石光霽刊本

明張以寧撰、門人淮南石光霽編刊、首有宋濂、劉三吾、陳南賓諸序、及光霽跋、詩則為光霽編、文則其子孟暉彙次、洪武間初刊以行、其後宣德三年其孫官南雄、增以安南續稾刊於羊城、陳璉為之序、入刊四

酒概四卷　明天啟年泰州刊本

明震旦醚民困困甫編、四庫存目云、前有自序、則稱禍之父困困沈沈名號詭譎、不知何許人、每卷所署校正姓名、皆稱海陵、則刊於泰州者也、其書仿陸羽茶經之體、以類酒事、一卷三目、曰酒名器、二卷七目、曰釋法造出量稱飲、三卷六目、曰評僻寄緣事異、四卷六目、曰功德戒令亂文、雜引諸書、體例叢碎、至以孔子為酒聖、阮籍陶潛王績邵雍為四配、尤為妄誕矣、按困即淵字別寫、沈沈字淵淵、上沈字是姓、下沈字是名、無錫人、嘗寓泰州、曾纂天啟泰州志、此書疑在天啟間梓行、

清刊本

重刊說文解字五音韻譜十二卷　清初宮紫陽翻陳大科刊本

宋李燾編，起東終甲，依韻編次，首有原序表牒，及萬曆戊戌崇川陳大科序，獨無宮序，惟封面署宮紫陽先生重校崇川陳氏原本，一行，又吳陵宮氏補遺一行，每葉十四行，行々十四字，注字不等，遇慎字俱空格，注御名，樣從宋本避諱，刻工精好，惜未注開雕年月

揚升庵史畧詞話二卷　清初宮氏刊本

明楊慎撰，廣陵李清宮偉鏐正誤，男李蘭宮夢仁校，首有宋鳳翔、陰武卿、丘鍾仁、陸廷掄諸序，

一八刊五

自三皇迄元代，演成彈詞十段，因坊刻訛誤，故為正誤，梓以行世，其書中胡奴字樣，皆缺其右旁，如胡奴作古女，殆指斥清朝之意歟

梅花詩一卷　清程氏詠歸堂刊本

清南通州孫泰庵著，凡七律三百首，封面署程鼎庵先生評閱，吳陵詠歸堂藏版，原書首缺數葉，惜失序跋，遂無刊版年月可考，鼎庵名端德，字午公，休寧人，由貢生授縣令，以親老不赴官，清初遷泰，泰之士大夫樂與訂交，好為詩，以陶寫性靈為主，見泰州志流寓傳

日損堂詩　清鄧孝威重刊本

王士禎海陵本日損堂詩跋云，節之詩天才奇恣，元刻載之備矣，後屬唐冊塢鄧孝威重刻於海陵，刪其拗句拗字不合者，不為無功，然本色亦稍減矣，即此本是也，并存之，仍題數語以貽識者

唐詩神韻集一卷　清繆肇甲黃泰來合刊本

清王士禎漁洋選，分甘餘話謂廣陵所刻，是余三十年前在揚州，啟涑兄弟初入家塾，日偶摘取唐律絕句，五七言授之者，頗約而精，如皋冒丹書青若見而好之，手抄一卷攜歸，其後二十年泰州繆肇甲黃泰來刻之，非完書也，集中有陳太史其年及二子增入數十篇，亦非本來面目矣，按泰州志藝文載唐

一八刊六

詩神下注繆肇甲，脫去韻集二字，亦非肇甲所選，乃係重刊，此當時未見分甘餘話之譌

楊忠愍公集四卷　清康熙年朱永輝刊本

明楊繼盛著，每卷首葉第三行，署海陵後學朱永輝芷庵重刊，首有原序勅諭，後有永輝跋，康熙三十三年永輝官湖南沅江縣，得公四世孫聰福藏本，重刊於沅江署齋

天傭子集十卷　清康熙年張海房重刊本

明東鄉艾南英千子著，海陵張符驤良御評點，首增年譜，康熙三十四年符驤重刻序云，取自刻及王仁甫刊本，加以校訂，刪其每篇下年月，每篇俱加旁批圈點及後評，此刻乾

隆間在禁燬之列，今刊本頗不易見。其後道光六年艾氏翻刻，悉依此刻，未曾改易。泰州志作張符驤著，誤矣。

仁化編四册　清陳氏百歲堂重刊本

此編彙集陰隲文、感應篇、文昌聖訓諸篇，及勸善之文，不分卷第，以册紀。每册首葉第二行署泰州百歲堂重梓，未注刊版年月及姓氏。百歲堂是泰州陳氏堂名，考其刻工亦在嘉道間，此本翻刻乾隆乙酉京口慎修堂本。

鑑要四卷　清道光年王雪飄重刊本

清閩中李玉瓚輯，泰州王鴻業雪飄校，首有道光甲辰鴻業序及原序。是編節錄通鑑大要，便於蒙誦，仿嘉慶間崇川馮氏本重刊，刻工完好。

入刊七

御製大雲輪請雨經一卷　清咸豐年泰州知州許道身刊本

首有乾隆四十七年御製序，封面署咸豐乙卯知泰州事許道身敬刊。此本則刊於泰州官署。

有正味齋駢體文箋二十四卷　清咸豐年王氏青箱塾刊本

清錢塘吳錫麒著，泰州王廣業集箋，首有道光乙巳高郵高鴻飛序及曾燠舊序，末有許乃釗跋。咸豐九年開雕，倩段謙寫樣付梓，精緻可愛。其版於民國十年補修一次。

鍾記室詩評三卷　清咸豐年陳守吾刊本

梁鍾嶸撰，清儀徵張錫瑜校，泰州陳寶晉康甫刊，首有咸豐戊午翁同書序及原序、本傳。是編為張錫瑜校勘，畧加箋注，咸豐八年守吾刊，末有金陵柏繼興鐫一行。凡遇清諱俱加圓匡以別識，刻工甚精。

溫病條辨六卷　清同治年紀雲卿重刊本

清吳塘著，同治三年程守光、錢桂森為之序，及紀恒慶雲卿序。同治癸亥泰州紀氏重刊，葉氏本

小學集注六卷　清同治年程小松重刊本

宋高愈注，同治五年程祥棟重刊，序，祥棟刊於四川新繁縣署，版存該縣文昌宮

入刊八

洗冤錄外編二卷　清同治年程小松刊本

卷上檢驗合參，雁門郎錦麒著，卷下洗冤錄解，長白德豫著，程祥棟合編并序，同治六年刊於四川樂山縣署

梅溪節烈雙褒錄一卷　二十四孝圖說一卷

增訂戒淫功過格一卷　清同治年洪筱園刊本

流寓歙縣洪文翰輯刊，自同治初年至光緒間陸續開雕。

袁文合箋十六卷　清光緒年王氏青箱塾刊本

清錢塘袁枚著，泰州王廣業集箋，江都于振煦參訂，首有石韞玉序及本傳，光緒壬午廣業後跋，光緒八年開雕於家塾，寫刻俱工。

了凡四訓一卷　清光緒年知非子重刊本
明袁黄著、首有光緒庚寅海陵知非子重刊序、
未詳姓名、光緒十六年刊、孫聯元鐫、

太上感應篇纘義二册　清光緒年王氏龍樹精
舍刊本
光緒三十年、正定王耕心校刊於泰州寓宅、版
存龍樹精舍、按王耕心字道農、即今名宿雷夏
先生之長兄也、

椒園居士集六卷懷隱盦賸稾一卷　同上刊本
清正定王定柱著、曾孫耕心輯、光緒乙未耕心
序并跋、賸稾則哀輯其先世遺文佚詩、卷首封
面署光緒三十二年校刊、版存泰州寓宅龍樹
精舍字様、
一六九

清代泰縣禁書述要

泰縣 陸銓 初編 二七一

守官漫錄　明劉萬春著　見軍機處奏准全燬書目　今未見

嘉慶揚州府志卷五十二，陳佐傳下注，採劉忠孚守官漫錄，

嘉慶補刊心齋疏傳類編卷上，彙選標題注，劉衷孚先生選入守官漫錄，

此書檢諸藏書家目錄，各圖書館目錄，均未見著錄，而全燬書目亦未注刊本與抄本，惜未獲悉，故無可考

禁一

按劉萬春先生字延之（一字忠孚（一作衷孚））萬曆丙辰進士，授戶部江西司主事，管西三倉，擢崇文門稅，仍以羨金繳上，歷兵部員外郎郎中，往例武選一缺，自邊帥以下，悉納綺，萬春獨一無所取，時吳甡官侍郎，疏請王艮易名從祀，萬春具應謚名賢二揭，謂王艮、胡獻林、春、宗臣、顧養謙、邱度六人，又秀儒劉永澄、王納諫三人，皆明代名賢，應請賜謚，士論韙之，升浙江參政，温處道，所至有聲（見泰州志）。

陋軒詩　清吳嘉紀著　見全燬書目　今存

續違礙書目稱，內有送屈翁山詩二首，且有違礙語句，應請銷燬，

四庫總目別集存目，陋軒詩四卷，江蘇巡撫採進本，提要云，嘉紀字賓賢，號野人，泰州人，泰州多以煮海為業，嘉紀獨食貧，吟咏屏處東淘，自名所居曰陋軒，因以名集，其詩頗為王士禎所稱，後刊版散失，此本乃其友人方于雲哀集重刊者也，其詩風骨頗遒，運思亦復礉刻，而生於明季，遭逢荒亂，不免多哀咽之音，

禁二

按方于雲重刊陋軒詩六卷，未止四卷，撿卷五首有送屈翁山之白門，為當時應禁抽燬，此本係進呈四庫館者，因有禁忌，故刪去兩卷，後世遂稱四卷，今據提要明言方刊，以證誤傳，

〇周亮工賴古堂初刊本一卷　退庵筆記稱陋軒詩以周櫟園司農所刻為最初本，康熙改元司農來揚州，因汪舟次知野人，為序其詩梓而行之，名曰陋軒詩，司農所命也，是集首有康熙元年周亮工序，及汪楫、王士禎諸序，詩以體編次，凡百首，各體另為起訖，間有補詩，每頁十六行，

行十九字，楷書付雕，周序板心下有賴古堂鐫四字，此刻頗不易覯，

○東臺分司汪芾斯續刊本　今未見　退庵筆記云：康熙六年錢塘汪芾斯分東淘，雅重先生，為裒其全集，得詩四百首，首續梓以行，吳周祚序言之甚詳，汪公當自有序，惜不傳

○方于雲重刊本六卷　合先生前後詩，重付剞劂，汪懋麟序稱其刊刻精好，今世所傳原刊即此本，其詩一千首，首有計東、吳周祚、陸廷掄、汪懋麟諸序，每葉二十行，行二十字，板心上下小黑口，開雕於康熙十八年，其版在乾隆間猶存，為邑人陳燦（字倥侗）補刊，後有

禁三

陳燦後序，悉依原本，未加增刪，嘉慶間栟茶繆中（字竹癡）校刊本，亦翻方刊本，析分為十二卷，詩中違礙語句，一律避諱，俱作空匡，其版仍在後歸夏氏，為之補刊，又信芳閣活字本，及近時揚氏刻本，均在乾隆四十三年禁書之後所刻，例不列入

慎墨堂集　清鄧漢儀著　見外部務咨應燬書目

○江都鄭熙續校刊本不分卷　首缺序跋，標題慎墨堂詩前集，自甲申（順治元年）起，迄壬辰止，以年編紀，另為起訖，每年末注詩若干首，先刪再刪各存若干首，綜計再刪者一百八十三首，為鄭熙續所刪刻，當有後集，惜未得見，按熙續字懋嘉，康熙時人，著有含英閣詩鈔等集，亦見應燬書目

甬東集　清鄧漢儀著　見違礙書目注云：失名，係鈔本　今未見

此集游越之作，一名甬上游草，甬上李鄴嗣為之序，序見杲堂文鈔及海陵文徵附錄，

天下名家詩觀　清鄧漢儀評選　見違礙書目

○四庫全書寫本詩觀十四卷別集二卷　提要云：選國初遺老之作，別集則閨閣詩也，按此本與刻本殊異，

○慎墨堂刊本，初二三集四十一卷　初集十二卷，二集十四卷，別集一卷，三集十四卷，別集一卷，各集有自序，第三集有張潮序，別集則方外閨秀之詩，惟初集無別集，則附於各卷末，康熙十一年開雕，至二十八年告竣，乾隆十三年如皋仲蒼璧先生來吾邑購詩觀全版去，殘缺修補，版復完好，印本盛行，其修補盡出胡西垞先生手，後因書禁嚴，仲氏舉版繳縣解司，然集內祇因有應禁之人，奉旨柚

（禁四）

甘燬，原書仍准行世，惜仲氏懼禍，竟未領回，聞其版久貯江寧夫子廟中，洪羊兵燹，恐已悉為煨燼矣，今世傳本首有仲之琮序者，則為仲氏所印

按揚州府志、國朝詩別裁集，皆稱詩觀四集，後人遂有四集之疑，考孝感先生於康熙九年選初集，十一年梓行，十三年選二集，十七年梓行，二十四年選三集，二十八年梓行，時先生已先歿，不及見選事，皆先生三子勵相王政，安得復有四集之選邪，

禁五

又按先生字孝感，一字舊山，又號舊山農，舊山叟，梅農，舊山梅農（見詩觀）先世姑蘇人，徙居於，博洽通敏，尤工於詩，與太倉吳偉業主盟風雅殆數十年，康熙十八年舉博學宏詞，以年老授中書舍人，與修揚州府志，江南通志，皆以其言為論定，著有淮陰集，官梅集，過嶺集，濠梁集，燕台集，甬東集，被徵集，皆逐年編緝手自刪訂，詩餘一帙，各體古文數百篇，等身著作藏於家，所選有天下詩觀初二三集，康熙己巳卒於家，年七十有三（見發幽錄）

通揚禁書録

陸銓　撰

《通揚禁書録》一卷，陸銓撰，據泰州圖書館藏手稿本影印。

陸銓有《泰州公私藏書考略》，已著録。

卷首有己亥年（一九五九）自序，略謂，清乾隆年間修《四庫全書》，凡遇書中有字句狂悖，及語含譏刺，俱被禁燬查辦。其間如徐述夔案，即爲典型之例。因其書中被查出違礙之處，已故之徐述夔被戮屍，其親族及官吏亦受牽連。陸銓此書即著録通州、揚州兩地被禁圖書目録，其中包括泰州籍作家之著作。徐述夔生於栟茶，栟茶今屬南通如東，清代尚屬泰州，故亦收録其中。其他有通州静海鄉丁有煜《雙薇園集》，江都王醇《寶蕊棲詩》，興化王仲儒《西齋集》，儀征江恂《蔗畦集》，興化吴甡《續丙丁龜鑒》、《憶記》、《柴庵疏集》等。作者著明其所見禁書目録之卷數，有作者小傳。

（江慶柏）

与秋集二卷首有乾
隆辛巳自序，及八十
自言，姚遇奇林圈評
点，並識，孫男肇明
以跋，高家大父自選
各体詩又百首，蓋己
笥篋已三載矣，先以
五律付梓」云

通揚禁書錄

泰州陸銓

清代乾隆三十九年，纂修四庫全書，廣徵海內遺書備選。命館臣進行審核，書中有字句狂悖，及語含譏刺，俱在觸犯之逆，同時應禁查辦，並飭各省大吏嚴禁極酷。其書抽燬或全燬，而民間畏罪，恐將書籍自焚，不啻秦火之厄。吾郡就栟搽場，徐氏極慘、被受刑戮屍，而辜涉親族及官吏，徐即述夔，歿於乾隆七年、其時尚未分東台縣，仍隸泰州。茲編依據禁書目錄，摘其揚通兩屬人，詳析攷記，俾其明着述而不泯沒，此乃區々之微意。

已亥秋六一翁力疾稿

仲氏墨耕齋

雙薇園集八卷　與秋詩集二卷　存　清　丁有煜著

清代禁燬書目索引卷四引：「外部移咨應燬書目」。抱經堂（廿一年）書目，「雙薇園集四冊，乾隆刊本」。[illegible]同治南通州志：「雙薇園集八卷，與秋詩二卷，有徐懋存。按，有煜詩，選入崇川各家詩鈔，自彙存。有煜字麗中，南通州靜海鄉人，諸生，自號个道人，居双薇園，幅巾寬袖，鬚眉如雪，望之若仙，其卒也，袁枚聞之歎曰、「个老之江北無名士矣」，見通志。

寶蕊栖詩八卷　明　王醇著　未見

索引卷四引：「違礙書目」，「全燬書目」。千頃堂書目：「五卷」。乾隆江都志作「八卷」。按醇字先民，揚州人，萬历進士，偏遊吳越山水，日參內典，歸廣陵之慧雲庵，顏其室曰寶蕊棲，見「揚州府志」。

西齋集十八卷　存　清　王仲儒著

索引卷二引：「全燬書目」，「續違礙書目」。販書偶記：「康熙間夢花山房刊」，此編年詩，按總目起辛丑至丁丑，以某年至某年，凡詩若干首作一卷，合計十八卷。按感舊集誤夢華山房集，因為扳心下有夢華山房字樣。仲儒字景州，別号夢花山人，興化人，工舉子業，淹貫經史，中年絕意場屋，專肆力於詩，見感舊集」。

仲氏墨耕齋

蒸畦集　清　江恂著　未見

索引卷四：「應燬書目」。儀徵志作「詩集」。按恂字于九，号蒸畦，儀真人，乾隆拔貢生，授湖南清泉縣，擢嶽州府，以勞卒于官，見揚州府志。

續丙丁龜鑑　明　吳甡著　未見

仲氏墨耕齋

索引卷四引：「應燬書目」，又「違碍書目」汪貴
池吳非著」。

憶記四卷　明吳甡著　存

索引卷四引：「違碍書目」，「全燬書目」。敗書
偶記「四卷，崇弘間刊本」。

柱下贅言　公移副墨　明吳甡著

索引卷二引：「違碍書目」，「應燬書目」。

柴菴疏集二十卷　寤言二卷　明吳甡著　存

索引卷二引：「全燬書目」，敗書偶記：「崇禎
弘光間刊」。

柴庵詩集　兩朝遺詩　吳甡著　未見

索引卷二引：「全燬書目」，「違碍書目」。

西河文告　同上

索引卷一引：「違碍書目」、「全燬書目」作「文選」
。按甡字鹿友，号柴庵，興化人，万历進士。

陋軒詩[illegible]卷　清吳嘉紀著　存目

仲氏墨耕齋

索引卷二引：「全燬書目」，「續違碍書目」汪：
內有送屈大均詩二首，且有違碍語句，應請銷
燬」。四庫存目「四作卷」：其詩頗為王士禎所称，
，後刊版散佚，此本乃其友人方千雲，裒集重
刻者也，其詩風骨頗遒，運思亦復劉刻，而生
於明季，遭逢荒亂，不免多怨咽之音」。按方刻
本、卷五首即送屈大均之白門詩，進呈時抽去兩
卷，幸八存目。方刻於康熙十八年，合先生前
後詩，一千多首，有陸廷掄、汪懋麟、計東、吳
周祚諸序。方刻以前有賴古堂本止一卷，汪芾
斯刊本，得詩四百首最罕見，乾隆三十年陳瑑
補方刊本，亦在抽禁之列。方刊應抽之處，劉下
：卷一，二十六頁，一餞行贈林茂之，乃是先
朝萬历錢，「先朝萬历」，翻刻作空框，以下同例
。卷三，十二頁，日落，何當復似万历時，万
历二字。卷四，四十六頁，舉世無知者和贈吳
蒼二，山河此何時，「山河」二字，卷五，一頁，
送屈翁山之白門，改送友人，三十七頁，李家
孃第三解，「䁾雜」二字，「穹廬」二字。嘉紀字野人
，泰州人，泰州多以煮海為業，嘉紀独食貧，
吟詠屏處東淘，自銘所居曰陋軒（見提要）。

南北史合注一百九十一卷　清李清著　存

索引卷二引：「應燬書目」，[illegible]作書目：一百九十一卷，八十冊，兩淮鹽政呈送。販書偶記：益都馮溥，江都汪懋麟同參。光緒間木犀軒藍格鈔本。

南唐書合訂四冊　清李清著　未見

索引卷二引：「應燬書目」。「進呈書目」作「合注」，四本，兩淮鹽政呈送。

甲乙編年錄　清李清著　未見

索引卷一引：「全燬書目」，「應燬書目」兩見。按甲申乙酉，記南都事。

諸史同異錄　清李清著　未見

索引卷四引：「應燬書目」。

歷代不知姓名錄十卷　清李清編　存

索引卷四引：「應燬書目」。「進呈書目」：「十卷，兩淮鹽政呈送。」販書偶記：「十四卷，昭陽李清編，舊鈔本。卷一孝子三十九條，忠臣七十條，烈士（婦女附）二十三條。卷二義士（婦女）八十條，義激八條，直臣四十八條。卷三智士（婦女）一百二十九條，能吏十條。卷四學人十二條，文人（婦女）二十九條，策士四十五條，說客二十五條。卷五騰蒿九條，好生八條，執者五條，達者十七條，端人（婦人）二十八條，長者十一條。卷六俠客二十條，力者二十二條，神人四十八條。卷七異人七十二條。卷八術士一百九條。卷九快人二十三條，規諷十八條，滑稽二十三條，友民十條，報恩十四條，啣冤十一條，韻人十四條，巧人十八條。卷十方外五十一條。卷十一奇僻五十二條，間諜六條，倖獲五條，自新十五條，憨人二十條，庸流二十一條。卷十二儉人四十一條，諛人十九條，媚子十一條，貪夫九條，謠人八條，忍人十二條。卷十三妖妄十九條，夷人十六條，鬼物十二條，叛賊五條，逆賊五條。卷十四補遺十四條。此書首鈐有曾在王鹿鳴處六字朱印，後有雪苑王家藏書八字朱印。又：「十卷，傳鈔本，分類凡五十有四，惟卷數互異，且原缺卷九十四卷，即奇僻等十七類，并補遺」十四條。

賜環疏

諫垣疏草　李清著　未見

索引卷四引：「違碍書目」，「全燬書目」。敘論邊事，語有違碍。浙江奏繳應燬書目。

三垣筆記四卷　清李清著　存

索引卷一引：「外部務咨應燬書目」。國學圖書館藏書目：「鈔本八千卷樓舊藏，又上下兩卷、朱筆校過，其篇次稍有異同。嘉業堂翻刊本六卷，有自序，五世孫詳序。按清字心水，号映碧，興化人，崇禎進士，

金湯借箸十二籌十二卷　明　李盤著　存

索引卷二引：「違礙書目」鈔本。又全燬書目作金湯借箸。按南京蘇州圖書館，藏有舊抄本，琉璃廠有翻刊本。按盤改名長科，字小有，興化人，萬歷副榜，按安徽懷集縣，見府志。

廣仁品二集八本　明　李長科輯　存

「抽燬書目」：書內經史果報中、宋趙顯後豐一條，甚屬誕謬，應抽燬。

讀易臆譚　清　李驎著　未見

索引卷四引：「應燬各家著作書目」。

蚓峯集　蚓峯雜著　外集　清　李驎著　存

索引卷二引：「全上」，「違礙書目」。販書偶記：「蚓峯文集二十卷，康熙庚辰刊本，卷一賦，卷二至十三詩，卷十四史論，卷十五至二十雜文」。按驎字，興化人。

定齋詩鈔　清　李光國著　未見

索引卷二引：「全燬書目」，「續違礙書目」。按光國字智周，一字定齋，興化人，由副榜授祁門教諭，詩文富贍，詠史諸作，多古未發，尤善懸肘書，見清朝書画錄。

林蕙堂集二十六卷　清　吳綺著　存

索引卷二引：「外部咨務應燬書目」。康熙庚辰原刻本之文集十二卷，續集六卷，亭皋詩鈔四卷，藝香詞鈔四卷。按綺字薗次，江都人，由拔貢生，出知湖州府，罷歸，貧無田宅，見府志。

遺民詩十六卷　清　卓尔堪輯　存

索引卷四引：「全燬書目」，「應燬書目」作遺民書。國學圖書館藏有康熙張山來刻本，附目著近青堂詩。按尔堪字子任，一字鹿墟，江都人，年未二十，从李文襄公，南征閩逆，為右軍前鋒，从軍七年，大功垂成，聞母病乞歸，見府志。

同人集十二卷　明　冒襄輯　存

熙 索引卷二引：全燬書目，續違礙書目。泰
原刊本：文四卷、詩詞八卷。當時名流吟詠
於冰繪圖之作。樓襄字辟疆，號巢民，一號樸
菴，如皋人，崇禎副貢生，官浙江台州府未就
。家風豐裕，襲文書名流，詩酒自娛，書法晉
唐，逼真才子筆，見清書函錄。

守簽一卷 明冒起宗著 未見

索引卷二引：全燬書目，違礙書目。明史
藝文志作「五卷」，引：南通志「二卷」、有自序。按起宗
字宗起，如皋人，崇禎進士，官湖廣布政參議
，見南通志。

仲氏墨耕齋

存笥小草 明冒日乾著 未見

索引卷 引：全燬書目，違礙書目。南通
志又有儀餘集，遼左方畧五卷，在禁書錄外。
按日乾字孺文，如皋人，隆慶舉人，知安陸擢
永平同知，見南通志。

邊畧五卷 明高拱輯 未見

索引卷四引：續違礙書目、進呈書目二本
河南省呈送。明史藝文志：「五卷」。按拱字

已刻一柱樓編年詩六本和陶詩一本小題詩一本

時文 清徐述夔著 未見

索引卷一引：應燬各家著作書目，違礙書
目。掌故从編二：徐述夔詩案引，乾隆四十三年
八月，江蘇學政劉墉、兩江總督薩載等奏稱，
泰州已故舉人徐述夔所作一柱樓詩，均屬悖
逆不法，應嚴究重治，以彰國憲。九月又据藩
司稟報，一柱樓詩六本，和陶詩一本，小題詩
一本，書板三百四十八塊。按述夔著作專案處
理，與一般不同，僅刻上列四種，一併銷燬。

仲氏墨耕齋

又東台葉文瀚刊外集，係搜集野菊詩稿，七律
三十首（缺二首），并附詩獄始末：其禍者則為一
柱樓詩，如鼠嚙衣云，毀我衣冠真恨事，搗除
巢穴在明朝。詠宣德酒盃云，大明天子重相見
，且把壺兒擱半邊。牡丹云，奪朱非正色，胡
乃亦稱王。詠鶴立雞羣云，明朝期振翮，一舉去
清都等句。皆隱示指斥，無所回護，弟子徐首
發，沈成濯梓行其詩。

已刻學庸講義一本論語摘要二本想詒瑣筆二本

蓬堂雜著一本拼茶場志古文詩餘 清徐述夔著 未見

索引卷一引：「應燬各家著作書目」、「違碍書目」，「掌故从編：徐述夔詩案」。按以各書，僅學康講義刊行，其餘均未刻稿。想貽瑣筆，貽字或治字之誤。

五色石傳奇八卷 清徐述夔著 存

索引卷一引：「應燬各家著作書目」。「中國俗通俗小說書目」：「五色石」八卷存，原刊本，揷圖，半頁九行，行二十字（大連圖書館藏）。又日本千葉掬香，日本明治十八年刊，服部誠一評点本，名「偏金地」四卷，即五色石前四卷，改題書名，署名仍依原書，晉哈哈道士序。按原書題「筆

仲氏墨耕齋

鍊閣主」編述又，自序署筆鍊閣主人題於白雲深處，著每卷演一故事。日本秋水閣主人小說字彙：著錄此書，又載八洞天八卷，原刊本，北京大學圖書館藏鈔本，封面題：「五色石主人新編，首自序後署：「五石色主人題於筆鍊閣」，每卷演一故事。此書與五色石主人係徐述夔所作無疑，而禁書目未見著錄，因題名別号，故未題明，幸尚留流存於世。

徐述夔傳一本 清沈德潛著 未見

索引卷从編：徐述夔詩案刊、江蘇巡撫揚魁摺，又沈德潛撰傳一本，其傳內伊弟妄罹大辟

等語，此外無悖逆。按述夔字賡野，栟茶場人，康熙五十八年入學（泰州學案），乾隆戊午舉人（乾隆益法志），是科制藝，為君使臣以禮，磨勘有礼者君所自重者也句，以不敬論，罰停会試，遭此屏斥，辱於不第，其抑鬱憤懣，流露於楮墨，長洲沈德潛為同年生，年六十一而遭，子懷祖，字念哉。述夔父子，剖棺戮屍，子孫永為旗奴，牵涉藩司知府知縣等，均死罪。

學孔精舍彙稿（十二卷）三本 明孫應鰲著 存

索引抽燬書目：書內世史正綱序、谷音序，張浚諸篇，語多偏駁，應抽燬。南通志：無卷

仲氏墨耕齋

數，明史藝文志作十六卷。万历刊本，首有万历己卯劉伯變序。光緒独山莫友芝重刻。按應鼇字山甫，貴州清平籍，如皋人，嘉靖進士，南京工部尚書，謚文恭，見南通志。

溉堂前集九卷後集六卷續集六卷 清孫枝蔚著 存

索引卷四引：「外部移咨應燬書目」（注三集）。販書偶記：「康熙甲子刊」，有外文集五卷、詩餘二卷，為禁書目所未載，刻於揚州、鄭漢儀等評語。按枝蔚字豹人，三原人，幼為諸生，遭流寇乃走江都，閉戶讀經史，肆力詩古文，康熙以博學宏詞，徵授中書，見府志。

心齋聊復集　筆歌　奚囊寸錦　清張潮著　未見

索引卷一引：「外部穆宮應燬書目」。按潮字山來，號心齋，歙人，居揚州。

虞初新志二十卷　清張潮輯　存

抽燬書目：內有錢謙益著作，應鏟除抽禁。○

蕭然吟　程穆倩詩　清程邃著　未見

索引卷四引：浙江奏繳應燬書目，「違碍書目」，「全燬書目」。按邃字穆倩，號江東布衣，又號垢道人，歙縣人，博學工詩文，精金石篆刻，善畫山水，工隸書，晚年僑居揚州，函芬錄。

一木堂詩集十二卷　清黃生著　存

索引卷一引：「違碍書目」，「全燬書目」。販書偶記：「康熙刊」集作稿。按生字扶孟，歙縣人，明諸生，寓居揚州，見府志。

掣鯨堂詩集十三卷　清費錫璜著　存

索引卷四引：「全燬書目」，「續違碍書目」。販書偶記：「康熙精刊，樂府，五古、古各三卷，七古，

五律、七律、七排、五絕、七絕各一卷」。按錫璜字滋衡，密子，居野田莊，續江都志。

媚幽閣文娛（不分卷）　明鄭元勳著　存

索引卷三引：「全燬書目」，儀徵志作十二卷，北京圖書館藏明刊本。

媚幽閣文娛二集　又文選　同上　未見

索引卷三引：「全燬書目」，「違碍書目」。按元勳字超宗，號惠來，江都人，崇禎進士，兵部職方司主事，莊烈帝殉社稷，流寇東下，破產招集義旅，告以忠孝，見府志。

艾陵詩鈔二卷文鈔十六卷　清雷士俊著　存

索引卷二引：「全燬書目」，「違碍書目」。乾隆江都志：「文集二十卷」，南京圖書館書目：康熙華興草堂刊本，文抄十六卷，詩抄二卷。按士俊字伯籲，其先涇陽人，居江都之艾陵湖，明諸生，隱居不仕，熟悉古今治亂得失之故，見府志。

含芙閣詩鈔一本　花嶼詩鈔一本　晚香詞二本　蕊樓詞二本　清鄭熙績著　未見

索引卷三引：外部移咨應繳書目。
按熙績字懋嘉，江都人。

休園詩餘一本 清鄭俠如着 未見
索引卷二引：外部移咨應繳書目。按俠如字士介，其先歙人，徙於揚遂隸江都，才藻過人，官工部司務，謝職家居，杜門課子，見府志。

休園省録一本 清鄭俠如輯 存
抽燬書目：內錄世祖章皇帝、論宏覺師數條，應行抽燬。

仲氏墨耕齋

三修休園詩文集一本 清鄭俠如輯 存
抽燬書目：內有錢謙益，沈口口序，並龔鼎孳等作，應抽燬。

揚州休園志四本 清鄭慶祜輯 存
抽燬書目：內有錢謙益序，並龔鼎孳、金堡姓名，抽燬。

慎墨堂集一冊 清鄭漢儀着 存
索引卷三引：外部移咨應繳書目，按此集未注卷數，康熙江都鄭熙績刊本，題慎墨堂詩前集。為熙績刪存編年詩，由甲申（順治元年）至壬辰，以年編次為起訖，稱先刪再刪，計存詩一百八十三首。此其前集，或有後集，刊行與否，不可確定。熙績與漢儀友善，故刊其集。

甬東集 無撰人姓名 未見
索引卷二引：應繳書目，違礙書目失名抄本。按此集鄧漢儀編年詩，游越之作。有甬東集一名甬上游草，李鄴嗣為之序。違礙書目注抄本，或為未刻稿。

天下名家詩觀三集 清鄧漢儀輯 存

仲氏墨耕齋

索引卷一引：違礙書目。卷三引抽燬書目：皆選國朝詩凡五百餘人，內除錢謙益、屈大均、金堡等詩，其他人亦間有詞含憤激之作：均應抽燬外，餘應請毋庸全燬。○啟書偶記集：詩觀初集十二卷、二集十四卷、別集一卷、三集十三卷，別集一卷，康熙十一年至二十八年慎墨堂刊，乾隆十三年仲之琮、深柳讀書堂重刊。
退庵筆記：詩觀無四集，揚州府志、國朝詩別裁集，皆稱詩觀凡四集，後遂有四集之疑。按孝威先生於康熙九年、庚戌選初集，十一年壬子梓行，十三年甲寅選二集，十七年戊午梓行，是年秋，范鴻博入都，十八年五月謝恩还山，止十四年乙丑後至郡，寓董子祠選三集，開雕於二十八年，時公已先没不及見。三集選事，皆先生三子，勵相主之選政，安得有四集之選邪。乾隆十三年，如皋仲蒼壁来泰吾邑，購全版去，發者補之杉者易之，後因書禁嚴，，仲氏舉版繳縣解司、然集内祇范禁之人抽燬，惜抽燬後，悉歸燬燼矣。披版心下有「深柳讀書堂」，像仲氏補刊。漢儀字孝咸，一字為山，又另為山叟，梅叟、為山梅農（見詩觀），先世姑蘇，徒居於泰，博洽通敏，尤工於詩，康熙舉鴻博，以年老授中書舍人，見泰州志。

仲氏墨耕齋

守官漫録五卷　明劉萬春輯　存

索引卷二引：全燬書目、違礙書目作劉若愚撰，均未註卷册數。南京圖書館覆續善本書目：「五」卷，劉萬春撰，萬曆刊本。按原書題廣陵澹然居士劉萬春延之甫輯，有萬历庚申蔣秉銓序，分内外篇，採輯所聞近事，衍以已見，与仕學規範等書同，故称守官。萬春字延之，萬历進士，历官浙江參政溫處道，纂修崇禎邑志，見道光泰州志。

泰州報刊調查録

陸銓 著

《泰州報刊調查録》一卷，陸銓著，據泰州圖書館藏手稿本影印。

陸銓有《泰州公私藏書考略》，已著録。

卷首有作者『引言』，謂：『我縣《泰報》，創始於五四運動後，到現在有四十多年的歷史。由間日刊，逐步的發達到日刊，從石印到鉛印，不僅城市發行，鎮市有姜埝、曲塘、海安出版的，也有文藝期刊，互相競争。所稱爲小報，究竟有多少，從來没有綜計，就其聞見，包括期刊，臚列約有百種，分類編録，述其大略。』所著録報刊分爲新聞、公報、黨務、教育、社會、工業建設、醫學、宗教、考古、文藝十類。每一種報刊著録其名稱、總期數、刊期、印刷形式、紙張種類、開本等，有的還介紹該報刊的内容。如《淮南報》記道：『四〇〇期，日刊，石印，油光連，對開。』又介紹該報紙道：『朿哲主編。民國五年（一九一六年），最初在姜堰發行，十二月黄立（仲憲）繼任，遷移城市上真殿發行，未及二年停刊。此爲泰州最初的報紙。』又寫道：『分爲時評、轉載選電要聞、本縣外縣新聞、各地通訊等專欄。附刊文藝小品。』也有的介紹較爲簡單，如《泰縣評論》記道：『一八期，週刊，鉛印，十六開，訂册。』其介紹該刊基本情况道：『黄節厂、鄒雲同編。二十二年四月出版，評介地方社會言論，頗爲新穎。』這些介紹有助於對這些報刊的瞭解，也可以看到民國時期泰州文化事業的發展情况。

（江慶柏）

泰州報刊調查録　　六一叢稿之三

引言　　陸銓

我國新聞事業早就有紀録，始於周漢代的官報，唐宋時期的京報，邸報，實已發現萌芽之初，由於國家所辦，未能傳播於後世。到了清朝道光末年，海禁初開，外國牧師紛々來華，藉以傳教為名，創刊華文報紙，以侵畧文化，多為外人所經營。同治十一年三月，上海創設申報，中外日報，新聞報等，均為我國人民所辦，從此獲得新聞事業的權利。

晚清時期至五四運動，人民推翻帝制，鼓動革命，藉以報刊宣傳，各地普遍設報社，因此發展於縣市，由新聞轉變期刊，雜誌的類型，以政治為中心，包括文藝作品。

地方組織報社和通訊社，以文化交通而發展。我縣泰報，創始於五四運動後，到現在有四十多年的歷史，由間日刊，逐步的發達到日刊，從石印到鉛印，不僅城市發行，鎮市有姜埝，曲塘，海安出版的，也有文藝期刊，互相競爭。所稱為小報，究竟有多少，從來沒有綜計，就其聞見，包括期刊，臚列約有百種，分類編録，述其大畧，當然不夠全面，俾能補充修訂，臻於完善。

泰州報刊調查録

新聞類

淮南報四〇〇期　日刊　石印　油光連對開

東哲主編，民國五年（一九一六年），最初在姜堰發行，十二月黃立（仲蕙）繼任，遷移城市上真殿發行，未及二年停刊，此為泰州最初的報紙。內容包括地區很廣，鎮江揚州，以及如皋，泰興，東台，興化，高郵，鹽城各埠，故以淮南定名，即古地名稱，範圍較廣。分為時評，轉載選電要聞，本縣外縣新聞，各地通訊等專欄，附刊文藝小品。

此報停刊原因，六年六月十五日新聞載：「倪某與產運動警察分所長缺」，發生控訴襲擊泰縣知事鄭輔東很極力，該知事動怒勒令封閉報社，停刊發行。

通揚日報三〇〇期　日刊　石印　報紙四開

汪寄生吳清權主編，繼淮南報之後，民國八年（一九一九年）九月姜堰發行，內容分六欄，轉載中央要聞，地方新聞（包括寧鎮通揚如泰高東本城），姜堰（本埠新聞），文藝，雜俎，商情。發行約二百多期，自興乍息，續後在十三年，東哲主辦，改名新通揚報，出版不定，乍興乍息。

復興盛

泰報 五六〇〇期 日刊 石印改鉛印 紙 對開四開 油光 報

袁祖成王國謀陳啟彤創始，民國九年（一九二〇年）十二月二十二日發行，以本縣新聞為主，撰有社評或小言，間日刊，油光紙石印，未及一年李寅生主編，新聞以四字標題，本城個定四條，十八年一月改組，武國良主編，改日刊，報紙四開鉛印。二十四年擴大篇幅，改[復]對開，主編人無定，至二十七年停刊，每期最多印一千一百份，此報出版最久，將近二十年。

江淮日報 三二〇期 鉛印兩張 對開

程太玄主編，民國十五年（一九二六年）三月，城市發行，自備鉛印機的開始，主要內容：專電要聞，各大埠快信，各縣新聞，本縣新聞，教育，實業，交通，公佈，商情，餘波（諷刺小品文藝）十一類，冠以時評。十六年（一九二七年）為宣傳國民黨北伐，登載袁康侯致聯軍孫傳芳投降電，本城一度被攻破，因此停刊。此本市規模較大的報紙，也是最早的鉛印發行。

江東通訊稿 一七二期 三日刊 油印兩開三頁 改良連八

周松筠姜東光合編，民國十九年（一九三〇年）五月二十日，就縣政公報處發行，採訪泰東興鹽阜通如靖八縣新聞，通訊社的組

織，二十六年月改名江東報

江東 二〇〇〇期 日刊 鉛印 四開

姜東光主編，民國二十年（一九三一年）六月一日發行，自一七三號起，即開始為第一期，包括泰東興鹽阜五縣，增闢「濤聲」一欄，為小品文藝，每期出版，最多七百份，與泰報相爭。

海（安）報 期 三日刊 鉛印 八開

民國二十年（一九三一年）八月三日，海安市發行，初為石印，後改鉛印，二十四年停刊。

江泰日報 二〇〇〇期 日刊 鉛印、 四開

繆賦笛編，民國二十一年（一九三一年）十月十日發行，內容分國內要聞，城市新聞，鄉鎮新聞，社論，藝林，公佈，商情七欄，藝林後改前路，每期出版二百十份。

淮東報 一二〇期 間日刊 石印 四開

東哲主編，民國二十一年六月發行，繼續通揚日報之後，偏重外埠新聞，二十二年停刊。

醒報 一〇期 間日刊 鉛印 四開

劉哲生主編，民國二十一年（一九三一年）十一月十二日，曲塘發行，後改鳴報。

泰縣晚報 期 三日刊起 鉛印 四開

武簡侯主編，民國二十二年(一九三三年)一月一日發行，分欄新穎：顯微鏡，社會縮影，病菌陳列室，公有林，觔石。二十三年四月二日，改日刊，內容包括短言，國內外要聞，城鄉區新聞，簡訊，市聲，公有林七欄，每期出版五百份。

新泰日報　二一〇期後改三日刊　鉛印　四開

潘魯主編，民國二十二年(一九三三年)八月二十三日發行，至一一二期改三日刊，二十三年停刊，出版四百份。

姜聲　期間日刊　石印　四開

黃漢主編，二十二年八月二十三日，姜埝發行，繼淮東報之後，主要姜埝擾市，附文藝為明月之夜。

泰縣市報　期間日刊　鉛印　八開

民國二十二年九月十二日發行，主要偏重商業，內容：本區簡訊，小園林，小茶園，市聲四欄。

泰縣快報　四〇期日刊　鉛印　四開

高毓樹黃節盦主報，二十二年十月十日發行，內容：黨政，社會，教育，新聞四欄，十一月停刊。

大江日報　期日刊　鉛印　四開

王一知主編，二十二年十二月發行，未出十期即停刊。

鳴報　期五日刊　鉛印　四開

劉霜鶴楊彬元丁心雨主編，二十三年(一九三四)三月一日，曲塘發行，內容：自由鐘，攝影箱，心弦之音三欄。

晨報　期日刊　鉛印　四開

孔立中潘法曾主編，二十三年十月十日發行，三日刊，改組為新泰日報，文藝定名晨光。

工商日報　三八〇期日刊　鉛印　四開

顧伯奮主編，二十四年(一九三五)一月一日發行，內容：國內要聞，本縣新聞，滬市及本市商情，另闢公園為文藝，二十五年改名泰縣日報。

新海安　期日刊　鉛印　四開

韓少石主編，二十四年海安發行，未及一年停刊。

泰州公報　三〇期日刊　鉛印　四開

周景中(文亮)主編，二十四年五月一日發行，文藝以蘆洲標名，六月停刊。

海陵日報　期　油印

施濟剛主編，二十四年十一月十五日發行。

江北通訊　八期日刊　油印

嚴執文主編，二十四年十二月二十四日發行。

泰縣日報 二二〇期 日刊 鉛印 四開後改對開

顧伯奮主編，二十五年(一九三六)，就工商日報改名，二十七年 月改對開，二十九年停刊，三十六年(一九四七)復刊，至三十八年(一九四九)停刊，在這時期反動言論。

新江蘇報 日刊 鉛印 對開

包明善主編，二十七年(一九三八)一月，還移泰州出版發行，至淪陷後停刊

戰報 五一期 日刊 鉛印 對開

魯蘇皖戰區及保安團政訓處合編，二十七年一月淮陰出版，二十八年(一九三九) 月遷移泰州北門外時家巷出版，附抗戰文藝，在泰發行五一期。

蘇北公報 期 月刊 鉛印

王鼎主編，二十九年(一九四〇)，在泰州下河出版，發行很少。

國民新聞 期 日刊 鉛印

民國二十八年八月，在城市發行，約次年停刊。

新聲報 四〇期 日刊 鉛印

盧印泉主編，，二十九年，在泰州下河發行。

文 復興(八)盛

揚子江日報 期 鉛印

楊善夫主編，三十一年(一九四二)，在泰州九區許望出版。

蘇北日報 期 鉛印 對開

民國三十一年三月，本城設偽蘇北行營，發行的報刊，三十三年十月縮小篇幅為八開，文藝為和光，三十四年九月停刊。

新華日報 期 鉛印

民國三十三年(一九四四)三月一日，偽泰州發行。

蘇北新聞 一四二期 鉛印 四開

社址設時敏中學，內容包括通如海啟泰興、等縣新聞，偽蘇北行營的範圍，三十一年一月二十九日，已出一四二期。

文商週報 七期 鉛印 八開

夏華主編，三十四年(一九四五)五月本城發行。

泰州日報 期 鉛印 八開

社址天滋路發行，據三十四年六月十日，已出臨時板一一九五號。

泰訊 二〇期 不定期 鉛印 八開四板

泰縣旅渝同鄉會主編，三十四年重慶出版，三十五年二月已出十六期，三十六年在南京改京版第一期，未久即停刊。

文 復興(八)盛

新斡部　期不定期　鉛印
江蘇省訓練團泰縣聯絡站發行，三十六年（一九四七）十月出版，此為反動刊物。

鉄血旬刊　期　鉛印
王家國主編，三十七年（一九四八）八月，泰縣五二三九部隊政工處出版，反動刊物。

江海導報　七八〇期　鉛印　四開
蘇中導報社，華中一分區主編，一九四五年（三四年）十二月十一日創刊。四九年二月八日移曲塘出版，改五日刊，七五二號起，三月八日遷泰州改四開，七六三號至七八〇號止，四月改併新華門日報停刊，本報範圍很廣，包括高郵，寶應，東台，海安，鹽城，通州，如皋，海門，啟東，靖江泰興，泰州等，所名江海包有十多縣市，內容戰爭資料很多。

新華日報　三〇期　鉛印　四開
華中版一九四五年十二月九日創刊，發行於抗战期中，出版地址無定，都是在解放區，與汪偽新華報同名，而內容不同，四九年四月，遷移泰州出版，五月一日遷南京改號。

蘇北日報　二四四期　鉛印　對開四
一九三九年五月一日創刊，統蘇北地區範圍，原為華中新華分社，四九年六月一日新華社發行，設泰州市北門外板橋口出版，至五〇年一月一日移揚州蘇北行署出版，從二四五號起。

人民畫報　二一二期　三日刊　鉛印　八開
一九四七年（三十六年）三月十日創刊，蘇北區出版，五〇年一月十二日移泰州市，繼續出版，至九月十日停刊，以工農為中心簡單文字和圖畫，大眾化的報刊。

工農畫報　一三六期　三日刊後改週刊　同上
蘇北泰州分區主編，一九四八年元旦創刊，四九年二月設泰城出版，改週刊彩色圖畫，背面泰州分區新聞，由六四號起，遷泰縣出版改三日刊，五〇年一月併入人民畫報。

新泰州報　九一期　日刊　四開
泰州市委主編，一九五一年四月二十日，發行臨時版四號，五月一日正式出版，八月改泰州報。

泰州報　二六二期　日刊　三日刊　四開八開
泰州市委主編，一九五一年八月一日發行，自九二號起，至一二二號止，九月二日改城市版，和農村版，為三日刊，城市版一二三號至二六二號止，農村版至一一八。

號止，五三年二月二十八日遷揚州，改為
揚州農民報。
市站通訊九期 十日刊 八開
新華社泰州市站通訊站編，一九四九年六
月發行。
工農通訊一〇期 五日刊 十六開
泰州市支社編，一九四九年五月發行。
泰州市報一一〇期 每週三次 四開
泰州市委主編，一九五七年十一月二十五
日試刊，五八年一月二日正式出版，至十
月一日，兩泰合併，改為日刊。
泰州日報 每週三次 四開
泰州市委主編，五八年十一月出版。
泰縣大家三〇四期 間日刊 四開
一九五六年四月六日姜埝出版，五八年十
月十三日，與泰州市報合併，出九期。
泰州公社報一一期 間日刊 八開
一九五八年十二月試刊七期，五九年一月
正式，已出四期。
姜堰大家五期 逢二五刊 八開兩張
一九五八年十二月一日出版。
蘇陳消息三六期 日刊 油印八開
五八年十一月發行，蘇陳鄉委會出版。
蘇陳報九期 三日刊 油印八開

十一 復興盛

蘇陳鄉委會，五八年十二月一日發行，就
消息改名
張甸消息一八期 油印四開
張甸公社，五八年十一月出版。
情況簡報四期 油印八開
張甸公社，五八年十二月供社員參致。

公報類

泰縣縣政公報八三期 旬刊訂冊 半月刊 十六開
縣政公報處發行，十七年（一九二八年）十一
月出版，包括本縣行政各項法令，以及要
聞，試行旬刊，至三十一期以後，改半月
刊，裝訂成冊，出版開數亦不一致，累經
改易。
市鄉行政週刊八期 四開單頁
城市行政局發行，十七年八月出版，以法
令政策為主，分評言，規程，計劃，政令
，雜俎，政聞，表格，編者言各闌，後併
入縣公政報。
區政半月刊一期 四開單頁
海安區公所曹平仲編，十九年一月出版，
宣傳自治，開通民智為宗旨，專載法令。
蘇北行營公報期 旬刊 八開訂冊
偽蘇北行營公報處編，三十一年 月，本
城出版發行。

十二 復興盛

方向 期 週刊 三十二開訂册
中共蘇北泰州區地委宣傳部編，一九四八
年游擊時期發行，准區級黨員幹部，党内
刊物，不得外傳，内容包括泰州區各市縣
，各行政消息報導。本縣博物館征集，五
八期（四九年九月），至六七期。
大會快報 四期 日刊 八開单頁
泰州市各界代表大會編，一九四九年九月
，第一屆代表大會發行，宣傳方針政策、
及代表宣言。

黨務類
進攻週刊 一七期 四開

十二 復興盛

泰縣党務指導委員會宣傳部編，十七年（一
九二八年）七月出版，包括論文，訓政，短
評，党務，文藝，通訊六欄，附刊訓練專
號三期。十八年一月停刊。
民衆呼聲 二期 週刊
泰縣党務執監委員會宣傳部編，十八年四
月出版。
泰縣党報 一五期 半月刊 四開
縣党部編，十八年五月改組出版。
泰縣民衆 一四期 週刊 四開
〃 〃，二十一年五月出版，以党化兼社
會的宣傳，九月停刊，改名泰縣。

泰縣 期 週刊 四開
縣党部編，二十一年十月三日出版，稱為
党報，對外發行。

教育類
教育旬刊 八三期 旬刊 三十二開訂册
泰縣教育局編，十九年（一九三〇年）九月出
版，專載教育法令，以及本縣教育紀録。
泰縣教育 一期 月刊 八開单頁
泰縣教育局編，二十二年五月出版。
又二五六期 旬刊 八開单頁
同上，二十五年出版。
泰縣民衆 三期 月刊 十六開訂册

十三 復興盛

泰縣々立民衆教育館編，十九年五月出版
，宣傳社會教育，分為言論，常識，新聞
，樂園、雜俎五欄。
民衆半月刊 三四期 石印四開
同上陳李明繪寫，十九年八月出版，图画
文字並重，以党義，常識，文藝，歌謡，四欄
民衆讀物 五五期 不定期 彩色紙小張
同上編印，十九年八月出版，文字图画對
照，片段小讀物，取意簡短，通俗語言，
如識字運動，除三害（烟賭娼）等唱小調，另
印小册。
新泰月刊 一〇册 鉛印十六開

同上二十一年十月出版，以言論，生計，党義，衛生常識，民間傳說五欄。

民衆教育館月刊六期　　鉛印十六開

同上，二十二年九月出版。

民衆月刊一期　　鉛印訂冊

同上，二十三年七月出版，衛生專號。

農民半月刊二六期　　鉛印三十二開

姜堰農民教育館編，十九年九月出版，圖畫文字兼備，以農事為主要，包括農業常識，格言歌謠之類，後改農友。

農友泰縣　期　月刊　　同上

同上，二十一年九月出版。

復興盛

民衆業餘運動會日刊三期　　鉛印四開

泰縣教育局體育場合編，十八年四月出版，為體育運動專號，開始的刊物。

社會類

競社月刊一〇期　　鉛印十六開訂冊

旅京學生會，黃質明、孟雄飛、蘇宗武同編，十四年三月北京出版，以社會理論為宗旨，附文藝名海潮。

海燈一期　月刊　　鉛印三十二開訂冊

泰縣旅平同鄉會主編，十八年四月北平出版，主要以本縣党政文化，和社會建設的文藝作品。

戰地文化　期　半月刊　　鉛印十六開訂冊

孫梃字編輯，二十九年七月出版，社址設泰縣弘園，內容政治、經濟、文化綜合性刊物。（已見至第三期）

時輪二期　半月刊　　鉛印十六開訂冊

黃節厂主編，二十一年十二月姜堰出版，諷刺社會言論，後改泰縣評論。

泰縣評論一八期　週刊　　同上

黃節厂、鄒雲同編，二十二年四月出版，評介地方社會言論，頗為新穎。

抗戰文輯三期　月刊　　同上

泰縣社會服務處主編，二十九年八月出版，內容以國際，政治，經濟，文化為主。

大道月刊五期　　鉛印十六開訂冊

偽蘇北行營楊義宣編，三十二年（一九四三年）一月出版，在泰縣府西街四七號發行。

掃蕩八期　旬刊　　鉛印三十二開訂冊

偽一百軍政治部編，三十五年（一九四六年）四月出版，在泰縣發行。

蘇北天地八期　半月刊　　鉛印十六開訂冊

偽中統錢蓀康編，三十五年四月出版，綜合性反動刊物，包括時事，政治經濟，科學文化之類。

工業建設類

鋼鐵戰報一六期　日刊　　鉛印八開

泰州鋼鐵生產指揮部編，五八年九月出版，後改工業战報。

工業战報五六期　日刊　　同上

復興盛

泰州人民公社編，五八年十一月出版。

泰州水利二七期　五日刊　鉛印八開

通揚運河泰州工程總隊政治部處，後改泰縣水利指揮部，五八年十一月十一月出版。

醫學類

泰東衛生會報一九期　月刊　石印三十二開

中華衛生公會泰東分會丁秋碧主編，十年八月東台勉莊出版，第三期以後，姜堰出版，包括東台縣，故稱泰東分會，以提倡衛生，研究醫藥為主，內容分言論，著述，紀載，問答，雜纂，小說，遺編，特撰八類，每期十六版，印成書式，十二年七月停刊。

泰縣醫報三期　月刊　鉛印四開

泰縣醫學研究會編，二十二年一月出版，內容言論，學說，醫案，雜錄，問答，案牘等六類。

醫學半月刊　十期　鉛印十六開

泰縣中醫師公會鄒竹崖編，三十六年八月出版，包括介紹批評文件，驗方試效，治愈有發明諸論等作品。

宗教類

佛化周刊　期　鉛印十六開

泰縣居士林錢誠善編，十五年出版，宣傳佛教為宗旨，後改海潮音。

海潮音三六期　月刊　鉛印十六開訂冊

同上，十七年二月上海出版，泰縣居士林發行。

攷古類

攷古从刊一期　不定期　石印對開兩張

泰縣古物保存〔管〕支會主編，二十七年八月出版，專載本縣史蹟，分論說，史傳，文苑，雜俎，本會紀事，時事述聞六類。

文藝類

校友雜誌一期　不定期　油印訂冊

吳埜仰主編，泰縣英算專修館校友會發行，民國四年出版，內容分論說，文苑，學術，本館大事記，校友姓名錄，通訊，成績，英文等類。

消閒周刊九〇期　石印對開

王光國等編，十一年三月姜堰出版，以詩詞小說為主，都是小品文字。

友聲月刊　期　石印對開

華樹年王喋蟬等編，十二年五月一日，泰報出版，以保存國粹，提倡道德為宗旨，分為詩藪，新諧，詞林，筆記，雜俎，小說等七類。

濤聲　期　週刊　石印

，創刊二版，分文苑，詩藪，詞林，小說，筆記，雜俎六類。
鄒公坦主編，十二年七月出版，社址頭巷
挑之華　期　旬刊　石印對開
袁治安等編，十二年　月出版，社址顧家巷，創刊二版。
鶯花七期　半月刊　鉛印
王天恨曹蝶仙編，十二年十一月出版，無錫代印，新穎小品文字。
曲水二四期　月刊　石印對開
丁秋碧編，十三年一月曲塘出版
文光三〇期　石印

十六　復興盛

劉蘢隱等編，十三年三月姜堰出版。
集秀一六期　石印
宮采鸞女士編，十三年五月姜堰出版。
海棠花片七期　石印
章狂笑編，十四年曲塘出版。
素心一〇期　石印
李鉄民編，十四年姜埝出版。
素月一〇期　石印
丁君英編，十四年姜埝出版。
文風　期　月刊　石印訂冊
王紹实王配乾合編，十五年姜埝出版，詩文詞雜作，未及數期停刊。

夢痕一期　月刊　鉛印訂冊
王天恨曹夢魚編，十五年上海出版，詩文小說作品。
心聲六期　半月刊　石印對開
章星園閻震中編，十七年二月出版。
青年文藝一〇期　月刊　石印
十八年五月海安出版。
琳光雜誌一〇期　月刊　鉛印訂冊
時敏學生自治會葉蔭坤編，二十一年五月出版，內容論壇，文藝，記事，雜俎。
涓滴一期　週刊　鉛印
二十四年出版，諷刺作品。

十九　復興盛

江海前線二八期　週刊　鉛印訂冊
蘇北第一軍分區政治部編印，一九四九年二月，从二〇期至二八期，泰州發行。
工人俱樂部五期　月刊　鉛印訂冊
蘇北新華書店編印，一九四九年泰州出版，內容經驗介紹，和創作歌劇故事。
蘇北周刊二三期　鉛印訂冊
同上，一九四九年六月出版，五〇年一月遷揚州出版，自第二卷一期止。
青光文藝月刊三期　鉛印訂冊
澄如編，二十五年一月，泰成印刷所代印

新泰州學案

柳詒徵 撰

《新泰州學案》，民國柳詒徵撰，據泰州圖書館藏景幼南鈔本影印。

柳詒徵（一八八〇—一九五六），字翼謀，號知非，晚年號劬堂，江蘇丹徒人。曾隨繆荃孫往日本考察。回國後先後在南京高等師範學校（後改爲國立東南大學）、清華大學、北京女子大學、東北大學等高校任教，講授國文、歷史。一九二九至一九三七年，就任江蘇省立國學圖書館館長。抗戰期間任教於重慶中央大學。抗戰勝利後回南京，任中央研究院院士。一九四九年後，出任文物管理委員。

此爲太谷學派學案。太谷學派爲周太谷所創，外界稱『崆峒派』或『太谷派』。因太谷學派的第二代傳人李光炘講學於泰州多年，學派中泰州人衆多，集大成者黄葆年及助其講學者蔣文田又均是泰州人，所以有人稱太谷學派爲『新泰州學派』，以别於明代的『泰州學派』。柳詒徵作《新泰州學案》，以與王艮之泰州學派區分。内中關於周太谷、張積中、黄葆年等人的傳記、軼事和評論採自多種方志及文集。一九九二年泰州圖書館編《泰州圖書館柒拾年（一九二二—一九九二）》有《館藏太谷學派遺書目録》，著録著作三十九種，多爲鈔本。

（顔　萍）

新泰州學案

鎮江柳翼謀先生遺稿

近人輯清儒學案，自順康迄光宣師儒几備，獨遺泰州黃氏。字內傳述者往往隱祕，夫真觀自清季以來，考據訓詁，科旨派別，熾盛文詞，壇坫尤戰，遠西教學闌入中夏，主奴清猾。黃氏當斯時，篤守儒先，以授學者原情性而斂身心，闇然獨延一脈，著錄弟子無慮悅釋閭閻，不可謂非異朝學案之闕也。爰舉其講貫要指，輯泰州學案次料，以俟後世考鏡。泰州之先河，太谷、石琴、晴峯別為篇。

黃葆年傳　泰縣志稿人物四

黃葆年，字錫朋，號希平，工制藝及詩古文辭。清同治癸酉舉人，光緒庚辰科進士，官山東臨淄知縣，以經術飾吏治，不拘固有武城弦歌之風。調署淄陽，有仇教案，奸民欲毀教堂，道府幾為所動，葆年力持不可，曰：教民有罪，教堂何罪？時群情洶洶，教士大懼，葆年曰：某在斯，毋恐。畢奉大府通牒保護。辛未饑大獄，又署萊陽、滕縣。滕縣為山東優缺，歲可十萬金，孝鹽荷

私鹽蒂年終任無所取而对私販鹽升斗者寬貸不究大府檄其
廑凋福山福山故有閔華洋雜處蒂年奮蘐理監督遇
中外交涉開诚布公僑商皆悦服補泗水值大旱兩巨災
傾解賑濟全活甚衆三年循聲卓著例送部引見蒂年
遽乞假逕致仕不出移家蘇州聚徒講學從游者衆高明
篤厚之士一見蒂年無不願執贄為弟子其学与舊所謂泰州
学派不衡结且殊途蓋進溯各宗教之源而纳之於儒術者
惟其精微之旨門弟子多難言之世以為憾焉光緒三十四年十
蘇撫陳啟泰以碩学通儒荐辭不就卒年八十
論曰蒂年之師為儀徵李晴峯晴峯之師為石埭周太谷
蒂年之師承雖出於此然至蒂年已純入儒者正軌而益恩
横而大之洵近世東南理学一大師也政治之章特其末事者已

志稿 陳席儒主筆 單孝毅總纂

書曾子固宜黃縣學記後

黃葆年

堯舜作而學校興於上，夏后殷周繼焉；孔孟作而學校興於下，濂洛關閩繼焉。由夏后殷周而上稽堯舜之法，由濂洛關閩而上傳孔孟之心，謹庠序之教，申之以孝弟之義，人人親其親，長其長，而天下平矣。秦漢而後，或廢或興，其廢也若棄弁髦，其興也若存餼羊。蓋自科舉行而學校不可復興矣。廢科舉，興而崇學校，時也，宜也，如之何其盡棄堯舜孔孟之學而學異國之學也？先王之立學也，因地制宜，其法古也；因時制宜，雖極法良意美，不強人以所難也。今以中夏學異國之學，而一切不顧者，何歟？曰：將以求富強也。夫中夏者，列聖相傳之中夏也。以列聖相傳之中夏，又舍仁義而言富強，即使僥倖于一時，而久安長治之道蕩然盡矣。有識者深慮遠計，如不以彼易此，又況求富愈貧，求強愈弱，求治迺亂，求存且將速其亡乎！今天下游學之士紛紛藉藉，吾知其何為，吾亦不忍言其究竟。然試問朝廷竭全力而圖之，其所求於士者果如是乎？父母竭全力而圖之，其所求於子者果如是乎？

學者違父母捐妻子犯霜露波濤梯航數十萬里竭全力而圖之其所求於學者果如是乎需如是也則列聖所傳之天下遂為蠶食兼并之天下列聖相傳之天下遂為無父無君之天下且列聖相傳之天下遂為無父無君之天下遂為洪水猛獸之天下嗚呼學校廢而虞夏商周之治遠科學識而土崩瓦解之勢成君子觀於今日之學校不能不歎息痛恨於謀國者之不忠而言時務者之無近識也然則如之何而救之曰惟法堯舜之法而心孔孟之心足以救之法堯舜之法立愛惟親立敬惟長始于家邦終于四海而已矣心孔孟之心無[illegible]信愛眾親仁行有餘力則以學文而已矣於各國之善則節取之於各國之弊則盡去之立學以達中國之極焉立學以會萬國之極焉夫然後可以遊歷各國而為學夫然後可以不必遊歷各國而為學夫然後可以各國之學補參中夏之學夫然後可以中夏聖人之學統一各國之學夫然後君得其所以為君臣得其所以為臣父得其所以為父子得其所以為子夫得其所以為夫婦得其所以為婦農工商賈得其所以為農工商賈大小強弱諸國得其所以為大

大小强弱諸國夫然後禮讓可得而興也夫然後祥和可得而布也當斯時也用斯道也以視夫竭一身之力竭一家之力竭一國之力竭天下之力學善戰學善陳學遠諸侯學開草萊學侵土地逆子學無父學無君其勢之甚也學洪水猛獸學呼堯舜非孔孟獲罪名教而爲高天厚地之所不容此其孰是孰非孰得孰失天下後世賢公卿大夫以及老師宿儒與有志向學之士必有能熟察于事後而早辨于事前者乎庚辰長至日讀曾子固宜黄縣學記感而書此

甲午春鍾山君以此文示我遂錄之以見黄先生之議辯然一出於正無非常異義可怪之說也

古文學餘序

皇帝御極之三十有三年夏慶蕃恭承簡命提學江蘇提學者學部所新設之官采風四遠蓋將復古學於多聞多見之餘者也慶蕃自維迂闊恐或隕越以忝君命且爲江左士夫之羞受事以來夙夜祗懼私念救時弊維風氣莫先道德文章

故每与各學諸生相見輒就己所知者不憚再三諄切言之訓飭所屬並如斯猶竊見士習冒[illegible]陵國文蕪廢學部課本未定各學以意掇拾紛紛藉藉雜出不倫雖有聰穎向上之士其何資而考焉大懼聲名文物之區漸流鄙野上負朝廷之望並失大府憂勤之士林之心亟思有以提倡而齊一之事繁政拙無須臾間今年春始餘檀弓以下唐宋以上各体文若干篇管窺所及略加點注歷夏及經秋甫成編帙而慶藩奉命將赴甘涼矣於是申告諸生曰文者古人之餘也雖然文顧不重乎哉無孝弟謹信愛衆親仁之本而言文不得謂之文也得孝弟謹信愛衆親仁之旨而為文則凡有氣者所以莫不尊親也三代而上言拜而有苗格三代而下書問南而南粤平文獻不重乎哉且夫科學者各國之所致精也我國之所未及也道德文章者自古在昔先民有作之所致精也各國之所未及也重各國之所致精而遺我國之所致精豈非失其本歟遺我國之所致精即無由知各國之所致精可不返其本歟古人三餘讀書是故學文者修德之餘也千古之學也願諸生固其本

而及其餘也今學會言國文科學之餘也當時之學也願諸生因其餘而及其本也且慶藩愚無一知識今所稱述者所學於師友之緒餘也故以古文學餘名篇實願諸生餘力學文處處為良士出為通材以少答國恩於萬一更有望者端覓而後觀樂以還夏道之南久矣流風餘韻輝映湖山其尤有原原本本擇精語詳者匡慶藩之所未逮者乎朝命其不可留也而俯仰古今沈吟與學校乎斯緒也眷眷乎有餘思也已光緒三十有四年秋九月望新授甘肅布政使江蘇提學使毛慶蕃序

紀張七先生事　闕名　見吳俠魂輯秘史秘錄

諸記載家言黃厓山寨事者大抵皆歸（民國七年上海文通書局排印本）咎閻文介之輕聽妄殺
而以張氏為無辜被屠戮今讀無錫薛季懷先生青萍軒文錄
乃知張氏實有通賊謀反情事而文介之用兵固出於不得已
季懷為叔耘先生介弟學道愛人必能曲筆淆是非以逢當道
之意旨者其言固宜為信史矣黃厓山跨長清肥城之交東毗泰山
支麓西直孝里鋪當孔道由孝里至黃厓十餘里鳥道斗折峻絕
險峭通人事勞衣食以養而生者無所為而至此以故山中無儔
咸同間儀徵張七先生來居之張七先生者名積中儀徵貢生
兄積功以知州官山東殉臨清難家盡死焉獨積中以子紹陵
為兄後襲雲騎尉捐知縣候補山東其宗戚往往歷官大僚積中
所與游亦皆當世達官貴人積中工詞章講說理學語納亡命習技
擊術方兄官歷城時積中恢詭守高不肯入公署然歷城有強暴
凡招募事輒使積中為之嘗曰儒者通性命之理將以致諸實用
臨大事不能有濟此迂儒非知性命者也儒者固當達事變通權

總督周文忠天爵聞其名疏薦之朝有旨發兩江總督陸建瀛差遣委用未幾雷侍郎以誠黄制府宗漢皆高其為人辟就幕職然所如不合未久輙去積中既去諸公行則載妻子適居黄崖結石寨山顛周十餘里堅若北邑城謂所親曰寇至從我士大夫游宦齊魯者莫不高積中行又驚其才侯補知府吳載勛等十餘人皆攜家之黄崖依積中肥城長清間名讀書者皆執弟子禮誦四書退思録云受積中性命之説觀諸秘世莫得聞其書之可見者則謂易稱后以財成天地之道何以聚人曰財此賢聖微旨之秘旨非占畢之儒所能曉也從積中游者人人皆自謂得師晚自武定及登萊青諸郡中奸民私衛鹽梟及為盗者往往亦著籍於弟子願盡死同治四年十月濰縣人王小華犯法欲往依積中不識途誤至所謂黄家圩者求張七先生不得乃被吏捕濰令固徵閻肥城長清向有立寨聚衆事訊之小華不能言其詳乃以其事上大府文介時為東撫使候補知縣徐禧往廉之禧因緣得至黄崖詣積中宗入其室圖書盈四壁與之言容貌辭氣粹如也禧復命

識

而候補道黃良楷在亦得積中所致書上之曰張君學道人某固可以百口保之也五年九月十八日益都令何毓福臨朐令何紹璧等捕得翼宗華等十餘人事頗涉積中窮詰之徵得其謀並及陰通洪楊任賴諸逆狀時文介督師防運河任柱賴文光謀突河防甚急無暇究黃厓事乃檄召鋸陵諸行營撤來至東平政使已下長清令捕治令至山積中匿不出令見山中人意態甚惡即徵服從間道逸而從人皆被殺令歸急以狀上聞而用兵之議遂決積中自令去即盡徙其人入山使其黨焚掠旁近村居文介因報飭諸將以兵疾進十月朔參將姚紹修首入山賊列隘守紹修戰甚力賊死傷頗眾會游擊王正起由東道至合擊之奪隘入所獲旂幟號衣皆用洪氏諱號明日王正起在賊寨而軍斷其汲道知府王成謙亦東張分軍廣里下巴又明日文介至軍以副將王心安屯其東五眼井莊凡諸軍亦要隘及絕賊間道者合萬餘人部署既定文介令吳載勳為書諭積中出載勳者積中之表弟亦居黃厓莊積中稱兵有日始賂吳載勳

識

書既達積中復書曰必約積中出着積中出而就死耳積中再
大丈夫也伏劍而死則可桎梏而死則不可文介得書尚猶豫不爲
手書諭之終不屈得賊諜富知積中已飛書召武定各縣鹽梟
來援而防河諸軍毋飛報河西捻匪謀度河救黃崖文介撫膺
曰此方民不可救矣乃下令以四千人進攻賊壘石擲清師師命之傷
姚紹修攻其西守備曹正榜以奇兵躍屋而登王正起搗其東益勇
紹修正起毀寨入賊皆殊死鬬短兵接無一反顧者積中闔室自
焚寄居之官僚及其弟子男女二百餘人皆爲灰燼無一人肯生降
尚存婦人幼稚四百餘意形色洒然笑語如恒向之則皆云積中弟子
惟求速死從師爲快嘻異已積中以九月二十六日至十月六日破
積中年六十餘美髭頦髯儀狀甚偉道光初有游士周星垣者
客揚州講性命道引之說聚徒至數千人獨奇積中盡以術
授之因亡去及積中居黃崖周復出時時入山爲其徒講學力士前後
擁護者常五六十人既反諸將或得其弟子韓甲使賫書諭積中
出降文介聞召詢之謂曰若無往余恐若師之殺若也甲曰不然一

此身得為師所殺，榮何如之！敢不行邪？及事平，計賊眾力戰死者千六七百人，其得人心、為致死如此。寨既克，觀其室，居帷帳類王者。居石室如營卡者數百間。凡積中手所書記，皆燒絕，惟得其弟子所錄師說一冊，中有積中手記數則，記旁近州縣村鎮為致送軍械者日日不絕。山東境內名捕賊，歷歲月不克能得者，往往匿寨中。始積中未舉事時，文介以王小華事，時時從人詢積中蹤跡，譽之者皆不容口。洎事敗，乃頗有人言其藏奸猜通髮捻狀。文介奏報報略言：積中本無才名，祇以僞託詩書，乃至縉紳為之延譽。愚民受其欺，眾來東不過數載，遂能踞郡連鄉，嘯集亡命。從其教者，富者傾家挾資往赴，生供以財，死為盡命，實不解所操何術。匪以前，訪問官紳，無不稱為讀書有道之士，若匪自懸[illegible]瞑寧，亦人心風俗之憂（節略）

周穀傳

皖志列傳卷之

周穀字星垣一字太谷自號空同子石埭人也宗世資歷不可考或傳為池州府屬庠生或以其膂力兼人故疑為武庠生穀為孤母盡付以家財恣所往不問以是求師訪道足迹遍海內初師福州韓子俞仰瑜南昌陳少華一泉一泉宗釋氏教而仰瑜治老氏學其後穀自入山求道道成而仰瑜一泉更棄所學北面奉穀為師穀晚年居揚州其傳道不拘守型式時以醫治人疾性樂易鄰舍童子見穀來輒跳躍就之穀或與為蹴踘意戲無忤也士大夫傳若以為穀能煉氣辟穀通陰陽奇偶符圖詈咒役鬼隱形文穀人取精玄牝為容成秘戲兩江總督百齡聞而收繫之旋釋出穀之為學大抵貫穴孔孟旁通老釋而自闢門戶時時涉以理數與林三教程雲莊之說似同而異其於方術小道時不自拘檢而遊戲三昧於儔人中以是驚世識其後穀弟子儀徵張石琴積中授徒山東肥城西北六十里黃崖用古衣冠祀孔時江表大亂而捻冦亦深入東疆積中壘大砦山巔引水環山麓市亭

弩甲仗為備兵餘不加四方來歸者衆多亦有負氣輕俠者歐
助戰守於是蜚語大作巡撫閻敬銘檄積中至不則以礮毁其居
積中欲出其徒持不可兵至乃闔户與其徒自燔死者千餘人敬
銘遂以積中唱妖教圖不軌入告世所稱謂黄厓冤獄也積中以
咸豐丙辰客博山旋徙黄厓先後十年至同治丙寅而及於禍積中
同邑李晴峯光炘於穀山下年最少儀徵去揚七十里穀病
使呂光炘曰必斯人至我乃死光炘至侍湯藥百日而穀歿由是穀
之道一傳於光炘光炘年甫逾冠亦以傳道自任時客遊四方學者
稱為龍川先生其學再傳泰州黄隱朋葆年葆年為泗水縣丞卒
被薦入都棄官歸講學于蘇州穀遺言為弟子所記者號太谷遺
太谷經有黄厓龍川兩定本其徒矜重之不輕襮於外自積中以
奇禍喪其生為穀之學者益自閟世既莫睹其閫奥則揣聲
侔色者愈相詭以為怪隱此誣之甚也穀嘗為十三經或問序其
言科道伏羲堯舜禹湯文武孔顏曾思孟下至濂洛伊川紫陽
而繼之曰天之賦我曰命父母賦我曰身合德曰性性非學不成

不習亦不能達也學猶格也故仁與禮格曰知止知止則不睹不睹是
忿懥之有義與知格亦曰知止知止則不聞不聞矣恐懼之有止而后
仁與知格而后定定而后仁義禮知格於信而后靜靜而后性盡㦲
命而后安安至善也安也者己欲立而立人也安而后能慮慮也者己
欲達而達人也慮而后能得得也者睟然見於面盎於背也其常也然
敢竊九經四子之意為或問十三篇仰是予也非予也以俟夫後之君子
穀又嘗為進學解訓門弟子所以自勵其志學之塗者陳義甚高
凡十節穀生長皖南皖南之弟子有婺源汪全泰全德全泰身任
一字大竹官中書鐵分刑部著有潛虛翼與鐵孟居士詩全德字
竹素一字小竹而欽吳燕泰與學載動並師積中先折雅德汪竹溪
時琛則不及事先折而私淑艾者數子皆闇修實行不鶩聲名
蓋自黃厓獄後先折之徒大抵守明哲之戒慎默斂退韓暌二子
亦隱遁不知所終蔣年講道於蘇希援納士大夫風裁簡亢尤錯
業術穀不登流俗觀聽穀既歿葬儀徵之青山子少吾附先
於末

愧生叢録 李詡

李龍川先生

揚子李晴峯先生自張積中黄崖山被禍後先生遁居泰州講學談藝弟子著録者數百人先生之學無所不包有來問者大叩大鳴小叩小鳴人人得其意以去每自泰州北門外儲之懿坊左右茶肆小集以兩桌拼坐先生居上弟子分列兩旁氣象蕭穆有東漢師弟之風一日使弟子言志或曰矯飾有某言弟子不好色先生呵之曰非人情曷狗彘之不若耶先生有僕後為庖人精治饌此僕乃咸豐初由江寧賊中逃出甫十餘歲先生收之終身依先生有暇則聽先生講學漸能識字讀書作文皆知其姓名今忘之矣先生故後僕作一長聯挽之余僅記其上下末語云徐甲髮膚非己有劉安雞犬向人間隸事工切使文人操觚不過如此先生之學世名為泰州教人多不知其詳余友高果卿袁[illegible]皆李門弟子每為余言之故余能舉其大略云

龍川李夫子諱光炘字晴峯號平山道號羣玉山人晚號
龍川老人江蘇揚州府儀徵縣人
生於清嘉慶八年戊辰二月初一日
終於光緒十一年乙酉十一月初三日
享壽七十有八歲

癸未科會墨

知其說者之於天下也其如示諸掌乎

黃葆年

禘之說通乎天下誠未易言知矣夫當世非不用禘也而說究未明于天下則以無知之故也子以是示或人意深哉今夫蘊之而深与悏之而廣無二理也達之於上与行之於下無二情也之幽之明惟誠乃[illegible]於此於彼有感斯通儒者議禮紛紛如而龐治均平轉若判乎其不相入庸詎知廟中若境內之象徵之顯即遠之近固有不出戶而[illegible]知者而何容輕置一論也禘之說吾不知吾思夫知其說之難而轉[illegible]能知之者之無難也吾又思夫能知之者之無難而益覺知其說之難也時至今日而知其說者誰哉備物備聲之故不惟其事而惟其情此非淺識所能窺也然而其界可想也神明之感召以意象求之夫固不難默契矣盡倫盡制之精不惟其數而惟其義此非聰見所能測也然而其德可思也精微之極改以廣大明之夫固不難顯陳矣吾思夫能知之者之無難而益歎知其說之難也吾又思夫知其說之難而[illegible]信能知之者之無難也吾今念夫禘而不禁穆然於知其說者之於天下也

精誠足以通冥漠精誠即足以動遐限無曰親疏有別也自仁率親推之既即仁育萬物自義率祖擴之即義正萬民此其道無待於求也聲膚香足以感鬼神聲膚香即足以成至治無曰遠邇攸分也以萬方之奉奉其先爲承宗之全子以大孝之治治其國即達經之聖人此其功無庸外索也天下本散也而知其説則見其聚不見其散蓋散者其形不散者其氣吾壹吾氣以假有廟而古先王之靈爽爲新形聲之遠隔精神貫之矣知其在血氣之倫也夫敬宗尊祖王者亦自盡其孝思耶必有教民反始之意然而功致神焉矣讀長發而知殷之盛讀束雝而知周之興夫不有明明可覩者乎天下本離也而知其説者則見其合不見其離蓋離者其迹不離者其心吾盡吾心以要先靈而數十世之音容如在迹象之難彝親情性聯之矣知其爲聲教所至也夫礼樂政刑王政原自有其敷布豈盡在愾聞僾見之餘然而德化先焉矣文止孝而光四方武善繼而清四海夫不有歷歷可徵者乎其如示諸斯乎知乎此而禘之説若可知矣知乎此而禘之説愈患難言矣

周易大象簡象注卷首　泰縣繆篆

師弟朋友紀略

周穀字太谷，石埭人　生於乾隆，書成于道光之際

陳一泉，南昌人

韓仰瑜，福州人　陳韓与周互為師友

李光炘字晴峯，一字平山，儀徵人，講學于龍川（即江都縣仙女廟）

張積中字石琴，儀徵人，講學于山東黃崖　李張均周之弟子

黃葆年字錫朋，一字希平，泰州人，講學于蘇州歸羣草堂，數十載，蔣氏毛氏從之

民國甲子歲終，壽八十餘，子三壽彤壽珍壽三，孫十四玉驄玉驊

玉驥玉騏玉瑾玉駰玉瑜玉玙玉珮玉琳玉桂玉珩玉本玉松，曾孫

八詩起詩正詩興詩溫詩柔詩敦詩厚詩解

蔣子明字子明，泰州人　居龍溪（即泰州姜堰鎮附近），光緒末終

毛慶蕃字賁君，豐城人　民國甲子歲，先黃先生七十日，壽七十九終

黃蔣毛均李之弟子

易之象始于包羲，成於文王，篆按此以包羲作八卦，文王作六十四卦也

易之辭始于周公，成于孔子

卦言文言皆商周之擬議
數也愚敢竊包羲文王周公孔子之意而述易簡之理是我也非
擬也以俟夫後之君子　以上自序
我太谷生羲文數千載之後發言釋羲皆生民罕見之言
言易則曰乾一陽氣也坤二陰氣也屯三氣交於下也蒙三氣
凝於上也需訟者寒暑也師比者建藏國而分井區也斯言也
可謂發羲文未發之言
言性則曰天之賦我曰命父母賦我曰身合德曰性斯言也亦可謂
發孔孟未發之言
釋格物則曰格　句　格諸視听言動之物也夫視繫於目目外物也
目繫於肝肝內物也肝繫于心心繫于背易曰艮其背君子以思
不出其位故視思明明足以致知听思聰聰亦足以致知致知而後
格弗格則易爲空慌言如是動亦如之
釋放心則曰人之始生也知夫視動而視動之心已放矣心知言听而言听之心
亦放矣欲求其放者必得非礼勿視動非礼勿言听言近乎听言認明

不問視近手動動无妄則不睹厥後已放之心可復其初也斯義
可謂釋程朱莫釋之義

問君子則曰無愧而已矣

問修身曰其始也以易洗心其終也退藏于密而已矣

問事親曰知曾閔之心知大舜之順而已矣

問事君曰知伊尹之心知周公之無倦而已矣

問知曰君知臣而已尔知人而已

問仁曰堯舜之帥天下也以不忍人之心行不忍人之政而已矣又曰
予之立身也以不忍人之心行不忍人之事而已矣

若斯之言也有功于聖學者不知凡幾先生之功其可謂不在禹下

泉游先生之门幾四十年矣聞先生之道不啻仰之弥高鑽之弥堅也

惜乎今之學者未能知也道光辛卯三月甲子日及门陳一泉再拜書

讀太谷之乾乃知大赤之氣外包運日星而不墜曰天

讀太谷之坤乃知深黑之氣內孚載山海而不減曰地

讀太谷之屯知坎中之陽乃大赤之氣下凝而為山陵原隰嚮四斷

而涵萬川下震二陽爲純奇二陰爲純偶奇偶相繼升而雷降而
雨天地之化育自茲始焉
孔子而後不知易者蓋不視乾爲純奇坤爲純偶直視坎爲水
震爲雷耳
先生雖述羲文周孔之義而開物成務其功不亞於作者易曾
復扶十二經之旨其開物成務幾希文傳乎作瑜游先生之門幾
四十年矣觀先生之學不啻仰觀于天俯觀乎地海矣道光辛卯胃月
甲申日及门韓仰瑜再拜[illegible]
平山夫子復友人書曰先師有言天之賦我曰命猶乾父母賦我
曰身猶坤合德曰性猶易也雖夫婦之愚無不可解也而漢晉唐
宋諸儒或知之近在同门自陳韓兩先生以下能知其奧者鮮矣
予家平里世莫能盡其說約而言之人之生也有身命而後有性
所謂乾坤毀則無以見易是也人之生也不知性則身命終非我
有所謂易不可見則乾坤或幾乎熄是也其功無他合德曰性而
已矣

此言甚易知甚易行然而天下莫能知莫能行何也知德者鮮矣好合者愈鮮矣夫志猶水也氣猶金也兩相和同而人道立焉然志猶人也氣猶天也欲違天德舍氣而無由釋氏謂之轉識成智孟子謂之舍己從人皆非移情者不能也知移情則知人德矣

又曰乾金坤土非艮兌無以妙竅之了艮兌而乾坤之能事畢矣故曰天之賦我曰命父母賦我曰身合德曰性合德者艮也其分道者則兌也孔子而後不得其傳者蓋知合德曰性而不知分道曰情也不知分道曰情則知伏羲予人之性而不知伏羲予人之仁也不知伏羲予人仁則是知文王之否而不知文王之泰知周公之貞而不知周公之亨知孔子之立而不知孔子之達也不知孔子之達而又奚言博約也嗚呼易之辭隱莫隱乎此論語之意微莫微乎此漢晉唐宋諸儒欲發其義辭之不逮可勝歎哉

又言夫道猶路也天地萬物之所共由也人也者天地萬物之心也人之有志是乃所謂人心也人之有氣是乃所謂道心也志有心也有心故曰

惟危氣無心也無心而後可以見天地萬物之心故曰惟微志能帥氣故曰惟一舍志從氣故曰惟精允執厥中者志氣合德故時措之宜也嗚呼道猶路也志人路也氣天路也人能弘道非天天必生德于人道德經所謂吾言甚易知甚易行天下莫能知莫能行者此也志得氣而全其氣得志而充要心經所謂能降一切苦真實不虛者亦此也吾欲説此義窮年累世不能盡然只此數十語汝累劫用之令劫修之必定可成也能用吾言如與吾朝夕相親不能用吾言雖一室猶千里也

又云養氣直其詮合配義與道而無則配義與道只是集義所生集義所生要是須翔而後集翔而後集須識得山梁雌雉時哉時哉自有生民以來知此者謂之道不知此雖周公才美其知不足稱也已

又云易曰龍戰于野其血玄黃龍猶欲也野猶理也其血氣血也玄黃者性情之别名也乾坤毀裂而後見阴生理欲戰故而後性情出氣血者一陰一陽乾坤赤裹之氣也二氣交于下欲也理也也二氣凝于上理也欲之帶也需訟有孚者諸欲戰故赤裏之變遷也師貞比吉者邦畿千里惟民所止立一静而天地之位可與

幾也綿蠻黃鳥止于邱隅者黃鳥一動而萬物之青可與存幾也開物開於性也成務成于情也於戲我太谷之發言釋義自備于此

子黃子復友人書云承問不睹不聞疑義蓋于視聽睹聞字義未能分析耳視聽在我睹聞在物視而睹聽而聞正孟子所謂物交物之時也由視聽而入于睹聞則博而溺于物之幾也返觀聽以謹其言動則約而索諸己之幾也轉智成識轉識成智只一反覆手間云言謹動無妄則收視返聽之極功而視與動於言字聽於而反于誠矣不聞耳誠也不睹目誠也由民視民聽而達諸天視天聽也人生只言動二事求其異名之所同出則念頭是也念頭本來無妄其入于妄者覺性之迷也覺則無妄矣書惟聖罔念作狂惟狂克念作聖壇經曰前念迷即凡夫後念悟即佛可謂直截了當二乘人不明此義以妄祛妄而妄又生妄矣故曰不患念起只患覺遲遲速係于性之近遠性豈可須臾離哉道也者視聽言動往來之路也視聽言動本乎

言者念也念有起滅所謂輪迴種子也覺無起滅所謂佛性也念之方起覺即至焉所謂存其心也念之未起覺亦至焉所謂養其性也念之既建覺忽開之所謂有過則改也念之已舊覺忽新之所謂見善則遷也念生于心覺寄于息心心相印則言動无妄息息相依則不睹不聞言動无妄如魚之得水也不睹不聞如雞之抱卵也

又復友人書言學者實為自己身命起見則心自日危氣自日斂不睹不聞之中其所為提撕警覺者自在然後聞人之言雖至平至婉至微細無警而皆如談虎者之變色又如聲聲打入家所謂言言近乎聽也反是則陽陷陰中而為心病陰浮于外而為耳病則大聲疾呼適足以激之怒而重其過是故聽言難聽言亦難言者而知聽者之難斯可謂善言聽者而知言者之難斯可謂善聽也

子黄子曰我平山夫子嘅斯道之晦盲振墜緒于鄒魯其師大谷也三月受書百年繼志弟道古未聞也其友石琴也守先

待後一德一心乙巳贈答詩全書／玉振琴瑟同音矣其後還道于北傳道于南日月齊明死生不貳友道古未聞也其誨我以人也天地父母之心循循善誘之意無智愚賢不肖皆樂匡直輔翼振德而使自得之蓋非謝說之所能盡也若予者沐師恩于再造出死入生洗心換骨益非謝說之所能盡也龍川講學以來數十年由博反約夜以繼日不啻寶藏之于山而貨財之殖于海也每義當至精辭當至達必顧予而屬之予女為我留贈後人嗚呼豈非嘉惠後學無已之心有不可得而隱者矣

子黄子謂以弟子曰嗚乎人不可以無友也子之不德也以能親近有德之子故不忘終諭于少人予泰州鄉人也其幼也于鄉則有蔣子王子丁子孫子丹徒姚子吾族黄子姚子以避亂居吾鄉蔣子則龍溪子明從父館于吾鄉者也予之知有夫子也姚子始啟之而蔣子終成之也嗚乎蔣子踰乎始終一人而已既冠從夫子于龍川則有吉人館子子若江子寶甫顔子石溪謝子其年高者

德則有竹山顔子於泰州則有建安陳子晝堂王子友文　子皆將命
之交也其同學之相厚者則有泰州王氏諸子曹子周子陳子寧子
盧子方子龍川劉子周子饒子真州方子李子揚州吳子丹徒李子
徐子靖江方子太平二崔子子師內則長兄少年獨行多藝予所
尊也四兄季平直心熱腸予所親厚也二弟異南夫子之姪也
循循孝悌而以兄事予老而益篤者也其後則有壽張劉子如皋
康子錢塘唐子海陵高子丹徒劉子是皆有其不可及者其年
輩最先則有南豐吳子壯遊京師與當世賢士大夫相交遊其志
在聖賢之學者舊同學則有蓬萊王子王子仲述入門最先而于予
最厚者也新同學則有六合達子盱眙李子揚州張子宿遷揚子
其由新而舊由共學適道而獨立者則有江右豐城寧貫君毛子
於北方之學者初見則有萊蕪吳子呂吳子先輩也伯允盧子
鳴岐趙子葆真楊子伯允人傑也繼見則有伯言趙子玉川朱子
蓮峰米子式堯許子不貳其心者也最後則有季升盧子學
諸子皆各有其令德予心知之予因而自知其不德者十之七八

因而漸化其不德者十之二三予亦心知之惟所造不同然皆一鄉之士一國之士天下之士也其進也乃不愧于古人若其善信性生自成絕德者其惟書堂王子乎書堂率妻及女致敬孜孝以貧賤事夫子而夫子安之者幾二十年 年實目接身與而心悅服之嗚呼至矣其相從不畔者則有其甥真州趙子諸君皆遯世无悶矣假予以言然予心耿耿不能忘也予於諸君子無能為役而樂善好友亦生平得力之所在可為有心人告也昔者夫子誨予曰得友者昌失友者亡予年幾七十矣積人已得失之感信斯言之痛也小子識之

或問濂溪周子重師友之義其重也奚如

子黄子曰周子之心孔孟之心也觀師取友之義事親從兄之義亦

子游問孝子曰今之孝者是謂能養至于犬馬皆能有養不敬何以別乎孟子曰食而弗愛豕交之也愛而不敬獸畜之也

子夏問孝子曰色難有事弟子服其勞有酒食先生饌曾是以為孝乎 孟子曰恭敬而無實君子不可虛拘

孔子論孝之旨孟子以養賢發之而若合符節然則仁義禮樂之實其可知也已　孟子知孔子之心故事親從兄之實傳周子知孔孟之心故親師取友之義重

曰親師取友之義與事親從兄之義同乎

曰同也有異焉父兄天而人也師友人而天也天而人則恩勤鞠育以恩爲義矣人而天則責難陳善以義爲恩矣

知事親從兄然後可以爲子知親師取友然後可以爲人師友者天與我以賢父兄也求則得之舍則失之得之則生舍之則死周子曰必人至難得者有於身非師友則不可得也已信夫

子黄子謂弟子曰學不以男女異也觀國風可知也學不以遠近異觀游民可知也學不以死生異也觀曾子子貢可知也學不以富貴貧賤異也觀王侯世子及國之俊選皆入大學可知也噫古今無異道也古今無異學也貳心者自異之也詩曰上帝臨女無貳乃心嗚乎無貳乃心上帝臨之矣

或問曰子之爲文也其將以傳世而行遠乎

予黄子曰君子之為文也欲其傳也又懼其或傳也何也傳世行遠非以為名也明先聖之道以遠後之學者也有一言之非道非義者乎懲世誣民其罪深矣　予之為文也不足以言文也將以為講習討論之資也云爾是故言予之非而因而去之者吾師也疑予之非而因而改之者吾友也得吾師與吾友寡乃尤寡悔其庶幾乎不別蹊蹊別妄矣烏足以傳世而行遠哉

蔣先生與李祖峰書云夫為學之道時為大　時天道也義也者中人達天之道也經云天有時地有宜義者宜也孔子曰學而時習之又曰君子義以為質吾觀周易繫辭凡言時時大矣哉三卦頤也大過也解也革也言時用大矣哉三卦坎也睽也蹇也言時義大矣哉者五卦豫也隨也遯也姤也旅也然則不知時者其可以知易乎不知義者其可以學易乎

毛先生云嗚乎伊古聖人教育之心一天地父母之心也如見其先九域而照百世也子思子之言曰君子尊德性而道問學致廣大而盡精微極高明而道中庸嗚乎惟我同志其敬念之哉

泰州學案資料　仲蔡藏本

龍川先生詩鈔　光緒十四年戊子七月

受業門人王啟俊 黄蒸年敬校

自東夷採　西夷採　起已見雁來紅雜志

至湖上吟以下闕

雨中過鸞脰湖即景攄懷　贈西湖鐵秋峴

題维摩經後

天有時地有宜晨鐘未動晚雞啼　十日雨五日風秋水長天月滿空
空々洞々無窮妙々妙裏玄機竅中竅妙々玄々人不知觀音痛哭
文殊笑西風吹冷白蓮花金粟如來雨髮異華般若玄宗無一字菩提
妙相迴非誇花紅柳綠好菩提蔬綠鶯啼波若溪間說果真蓬
意十方魔女盡皈依维摩居士守匡牀斗宮金蓮動地香聖眾
廣登獅子座天花飄墮五銖衣龐眉詩客老文殊笑向维摩詢
起居解說人天無漏果蓮花不怕污泥污此時同會法王家不二宗中
轉法華文字語言無著處若教開口即全差三摩地位隱須彌別緣

騰騰佛眼迷一聲雷震黃龍出回首東天法雨依

牆東曲　一作花柳牆東月

無生歌

無生山不見頂步步行來步步穩不曾動脚已登山動了脚時陷阱

無生山徹底平撒手游行荊棘林水月道場清是生無遮無礙任

縱橫無生山無人我無是無非皮拘管彈指聲中寶塔開金蓮正湧天

花隨上無生山道路窮非南非北非當中有人勘破無生事不信人間有

色空晝夜金風動地雷無生山下放牛歸逝水林囊回春草不二句中

牛掩廊歸來更不言離別人人會當無生決要識無生無不生子規

叫破三更月

題秦雲樓武陵春色圖

乙巳出都至河南客金寄和徐元穆居之作兼寄石琴

贈金陵孟子孟華

題楊蓮陽臨山谷帖　客舟聽雨燒燭命筆

庚戌春初寓西湖蘇公祠　歌以記之即贈秋岨吾友西湖僥秋岨

秋風引 癸卯作　贈張石樵明經詩　僕今歲歸臥西山
夏罰月偶過城西茶社邂逅張君石樵　平生論詩少所許可
濂洛五星壓崆峒 三唯明斯人傳絕學吾道有中行泗水金鐘韻
東山木鐸聲 還將宣聖澤 留与魯諸生
送石琴之山左
離興四首　湖上　癸卯冬日与海山伯兄潤允季子論文感而賦此
觀荷　贈歌者李袁孃　題張寄琴鶴樓雅集圖
湖上感懷　甲寅初春感懷 時避乱家居吴菱湖
丁巳夏日送石琴北上感而賦此
兵氣連山歲驚心 六月寒天戈頻挫 飢國步多太艱難 東魯傷
宰大南天雁影單 銅駝荊棘淚盈与爾同看
名世徒虛耳 休言王者師 情猶詩舊雨 畢木懷多時 年我中年總
兵戈未了期 相逢向軍旅 俎豆亦何如
永夜不成寐 匡山舊夢長 白蓮三伏雨 紅葉九秋霜 此別一揮手 天涯紙
靜竹臨風 五首有詠 影多影帶 亂添恨

長兒洪章赴襄陽詩以示之　下廬山　黃崖雨後觀瀑

聞雁有感　杏花　弔小青墓　弔蘇小小墓

訪朱淑真墓不得湖上遇雨　西湖弔古　贈吳慕渠

和友人山居閒詠　丁未八月寄和張寄琴表兄甦園偶成

戊申九月登滕王閣　偶成

廬山吟

希夷一夢到華定，再拜崆峒向起居。素女觀傳彭祖術，青帝曾讀老君書。忍拋舊雨听新雨，莫指今吾說故吾。贏得群仙齊拍手，此君軀行未能除。

辛亥七月重游西湖訪秋帆錢君

曾從西湖六月舟，曾听殘雪上南樓。曾同閬苑花前醉，曾共元都觀裏游。三度懷人尋舊雨，一年好景怕新秋。山川氣滿風雲壯，耿耿長虹射斗牛。

斗牛

斗牛望氣使人驚，陽了龍吟虎嘯聲。不用然藜占太乙，已看英魂抱長庚。紅羊劫海千年影，白馬江萬乘迎。定有群仙能指

識五雲深處是瑤京

海上濤聲動地來，祥雲冉冉護三台。玉龍捧日占王氣，金鳳凌煙感霸才。五百歲看名世降，三千年見聖功開。蒼生救待斯人出，莫把西湖當釣台。

我是崆峒第一流，偶持丹訣下丹邱。饒他黃鶴題詩筆，還我青蛇換酒籌。且喜太陽新復旦（是歲改元），況教明月再中秋（是歲閏八月）。與君略說滄桑事，彈指光陰兩日頭。

癸丑紀事詩

哭挽張寄琴表兄臨清殉難　寓觀音寺　詠白鶴咸豐八年秋九月初八日自嶗山歸呈詩索和　秋蘭口占　題王十五畫蘭紈扇　觀書　首夏閑吟　李龜年琵琶口占　蘭花吟　雨中聞笛　登葛嶺　偶成　和友口占　西湖採蓮曲　感懷

口占寓意

壬寅春日貧不能支，口占一絕聊以解嘲

簞瓢陋巷好生涯，石上藤蘿映月華。說與斷炊渾不管，日挾殘

醉看梅花

寄人　題庵石琴兩君子乞花兼繫以詩　行住坐卧詩呈石琴

感愧二首　癸卯夏日西山詠史　和張石琴山居八詠

題尚書卿墨蘭　寄汪蘭甫　題李香君梅花圖　真如寄畫扇

題王伯陽太守棠陰遺愛圖 記守松江日　寄人代柬　湖上閒吟

吳慕渠聽泉圖　寄汪蘭甫　返梓奎江贈郭仲叔

華士宛芍藥圖　海山伯乞抱孫圖　壬戌長至對雪

謝石溪綠肥紅瘦畫　素心蘭　題江生扇　題佛經

題丁生畫幅　戊辰九日題牧馬歸羣圖　杏林春燕一首

杏林春燕畫　庚午春日見杏花　贈蔣生子明

有道能知天爵貴青瞳方骨本天生郤留青眼贈孫子不愧家聲

是子明

贈黃煜朋

汝南晨雞喔喔鳴平醫頭角獨崚嶒可能他日為吾長不愧天生

黃煜朋

吋

蕪城懷舊錄　董玉書

李晴峯祠在倉巷北陰陽巷內祠中二石晴峯手書與人
峯以勒石晴峯名克圻號龍川儀徵人與張石琴爲石埭
周太谷弟子著有龍川集見周穀傳
周穀字星垣一字太谷自号空同子石埭人也丞孤毋盡付以家貲遊
所往不問以是求師訪道足跡遍海內初師福州韓子俞仰瑜南雷
陳少華一泉一泉宗釋氏教而仰瑜治老氏學其後穀自入山求道
道成而仰瑜一泉更棄所學北面奉穀爲師穀晚年居揚州其傳
道不拘守形式時以醫治人疾性樂易鄰舍童子見穀來輒跳
躍就之穀或與蹴踘意錢戲無忤也士大夫傳者以爲穀能煉氣
辟穀通陰陽奇偶符圖罡咒役鬼隱形又數人取精玄牝爲容成
秘戲兩江總督百齡聞而收繫之旋釋出穀之爲學大抵貫穴孔孟
旁通老釋而自闢門戶時時以理數言揉三教程朱莊之說以同
而異其於方術小道時不自拘檢而游戲三昧於傳人中以是最叢
世詬儀徵張石琴積中與李晴峯克圻皆穀弟子初積中授徒

山東肥城西北六十里，黃厓用古衣冠祀孔。時江表大亂，而捻匪亦深入東疆，積中壘大砦山巔，引水環山麓，市弓弩甲仗為備，兵鋒不加。四方來歸者既多，又亦有負氣輕俠者願助戰守，於是訾謗大作。巡撫閻敬銘檄積中至省，否則以礮毀其居。積中欲出，其徒持不可。兵至，乃圍之，與其徒自焚死者千餘人。敬銘遂以積中唱妖教，圖不軌入告，世所稱黃厓冤獄也。積中以咸豐丙辰客博山，旋徙黃厓，先後十年，至同治丙寅而及於禍。同邑李晴峯光炘於穀以下年最少，儀徵去揚七十里，穀病，使召光炘，曰：光斯人至，我乃死。光炘至，云侍湯藥百日，穀穀歿，由是穀之道一傳於光炘。光炘年甫弱冠，亦以傳道自任，時書遊四方，學者稱為龍川先生。其學再傳泰州黃隰朋葆年，葆年為郡縣十年，被薦入都，棄官歸，講學蘇州。穀遺言為弟子所記者號太谷經。太谷經有黃厓、龍川兩定本，其徒矜重之，不輕暴露於外。自積中嘗奇禍，喪其生，為穀之學者益自匿，世既莫得觀其閫奧，則捕聲傅會者愈相詫，以為怪隱，以誣之甚也。積中、光炘受穀教，為文章甚異。道光乙巳，光炘北行，積中送之，將

濟河喟然而歎乃作歌曰天道之昭昭兮我實墜之荒其弗幸
天實厭之天德之統兮我實困之遏其無度天將棄之道之行與
天與人與道之廢與人與天與我躬之發將敬慎與歲在辛卯日維仲
冬兮予偕往往役崆峒偈城逝矣於悒師終其在於今厥惟一紀朝斯
夕斯罔或失墜不德逾於天猶未棄我友其仁其仁肫肫正己也恭修
德也文希顏希孔希孟希曾尼山徂矣論精於於濂洛降矣罔或
知之吁嗟疾矣將安振之維我崆峒纘羲之緒禮訂其和樂昭其序
夫子誨予開物成務我友于德尊義而行我公傷悲余失其群執子之
手語焉無倫送子及河悲焉如醉我公傷悲徂車是對班馬有聲其鳴
也遂先逝和之曰予心之耿耿兮生之多艱豈斯氏之作惡兮嗟嗟德
其使然予友之惓惓兮勉予志之不衰苟吾道之果非兮吾作好之
能諧皇天兮生我父母兮撫我夫子仁聖兮術術以誘我時斯日斯
斯歲斯老冉冉其將及兮寧食粟以終斯尼山徂矣泰山其崩誰
與襄之我友子中疊疊子中令儀令則條理金聲休暢玉色疊疊子中
犯而不校來助予周淵淵浩浩濟濟嗟嗟子中斯文其興何彼蒼天奪我哲人

5

鳳凰鳴矣于彼高岡將翱將翔我思孔邇與〻于飛朞藥其華〻咟子
行役未有宮宗陽彼東山顧瞻周道哲人云亡心焉孔悴之子援琴舞
我好音如彼春風實獲我心河水洋〻慶思罔極之子永懷其儀不忒
穀生長皖南皖南之第子有婺源汪全泰全德全泰字竹海一字泰竹
官中書識分刑部著有借庵翼鐵孟居士詩全德字竹亭一字小竹
而歙縣吳基渠戴勳並師積中光炘諸德汪竹溪時琛則不齒手竹
而黝漱叉若數于昔周修曹行不檢實犛氣蓋自黃厓獄後光炘之徒
大抵守明哲之戒韓陳之子亦隱遁不知所終蘇年講道於蘇希援總
士大夫風裁簡尤掮韋術數不聳流俗觀聽云

純常子枝語　文廷式

道光向有所謂崆峒教者泰州周氏創之周彭澤人或云池州人其徒蘇
執中若遊京師與王公大臣交接後伏法張姓者居山東黃巖山為會黨
飢所殺李姓者最老壽遊江湖間卒於光緒十年以後徒眾殆三四千人士
大夫亦有歸之者李之徒有蔣姓者余嘗見之述其師宗旨云心息相依
轉識成智此僅用禪波羅密諸門其說派論說甚多余不欲贅論也

太極圖說旁注

古人言畫前有易，是故包羲氏之易無畫而有畫，文王周公孔子之易無名而有名，無辭而有辭，無象而有象也。孟子曰：萬物皆備于我矣。我也者，無我而有我也。夫何疑？由無極而太極，陰陽五行，無形而有形也，形而下也；由五行陰陽而太極無極，有形而無形也，形而上也，是為反本。男女二氣也，成男成女，一而二也；交感化生，二而一也。中庸曰：其為物不貳，則其生物不測，此之謂也。以中定禮，覆非禮之禮之害禮也；以正定智，覆非智之智之害智也，其意深矣。合則萬物育曰達，分別天地位曰立，雖聖人能合之，而惟聖人能分之。死生者，有端之太極也；原始反終，則有端之太極還為無端之太極，故曰原始反終，故知死生之說。

予既錄通書，粗為解說，繼思太極圖說者，通書之綱領也；愛蓮說者，通書之性情也。因以圖序其始，而以說要其終焉。鳴乎！周子深于易，故讀太極圖說而其精妙合，想見其天；周子深于詩，故讀愛蓮說而光風霽月，想見其人也。有急于聖賢之學者，其念諸。

開篇一語，遂啟宋陸異同之根，實則日月經天，江河行地，列聖相傳

無老延可解不知有何疑義象山嘗譏謂其出自老子屬謂周子無多
議老子本無可議也孔子向孔子老子無所用其諱更何所用其疑
唐以後闢佛闢老以明聖人之道雖累千萬語終莫辨其指歸
子曰竊比于我老彭子貢曰夫子焉不學而亦意見之私焉足以明
聖人之大哉學者其鑒之
五性感動而善惡分萬事出矣聖人定之以中庸而主靜立人
極焉故聖人與天地合其德
中正語經先師訂正觀周子之言可知宋學源流若先師所訂正則千
聖不易之經也語孟而後僅見此篇又經辭之以達者為之立其
幹而通其意學者何幸而與聞之然未敢為外人道也錄而藏之
以示吾同志者共研說焉辛亥九月下旬黃葆年謹記
此記在序之前

通書跋

通書始于乾元蠢然文周孔所以心心相印也終于崇艮止崇啓崇所以後後而傳也崇艮作而通書止矣著艮之所以終始萬物也識為物之終始通書之作蓋成言于艮而已矣是故通書作而易始通韓以三代兩漢為宗其所得者兩漢而已矣柳以漢魏六朝為宗其所得者漢魏六朝而已矣歐以韓為宗其所得者韓而已矣曾以歐為宗其所得者歐而已矣斯四者皆唐宋成体之文也而皆不能為三代以上之文無他學不足也嗚呼三代而下而有三代而上之文其惟自我濂溪周子始乎周子依乎中庸遯世不見知而不悔其學其文視荀董楊王其精醇詳略過之蓋孟子而後一人而已矣嗚呼有三代而上之學然後有三代而上之文予於周子信之矣

通書者無不通之書也由此書而通之而天下無不通之書也書之難通久矣孟子曰盡信書則不如無書書之不能盡通也學如荀楊未通于性才如屈馬未通于天道人之不能盡通于書也書之難通也久矣周子以無欲養其心百思無不通以至誠養其性而學無不

通以依乎中庸遯世不見知而不悔養其天而通無不通是故通書作而天下無不通之書也語盡而後斯為繼矣無不通之書爲傳之無不通之人人未求所以通者當先求所以不通者禮以義路之不通也患得患失故也周情孔思之不通也以怨天尤人故也書不盡言言不盡意聖人之意三不通也以偕斯言而不能近取譬故也書之不通也人蔽之也人之不通也書又蔽之也求書以通人求人以通書周子曰非師友則不可得也已年也愚謹寫所聞于師者為通書粗解大義以就正于同學諸君子

宣統三年辛亥夏五月泰州後學黃葆年謹跋

記言

太谷曰學如學孔子不知孟子其孰知學　又曰孟子而後無孟子之言

少谷曰孔子之辭辭之全者也義深而旨遠非顏曾不能體

子俞曰易之辭隱論語之意微漢晉唐宋諸儒欲發其意者患乎辭之不達也

嗚呼斯文之將喪也二千五百有餘歲矣我平山夫子憫斯道之晦首振隊緒于鄒魯

其師太谷也三月受書百年繼志承道古未聞也

其友石琴也守先待後一德一心乙巳贈答詩金聲玉振琴瑟同音矣其從還道于北傳道于南日月麗明死生不貳友道古未聞也

其誨我門人也天地父母之心循循善誘之意無智愚賢不肖皆安樂匡直輔翼振德而使自得之蓋非講說所能盡也

若平者承師恩于再造出死入生洗心換骨蓋非誦說所能盡也

其學也窮理盡性淵乎其孔顏可以至于命焉

其氣也至大至剛浩乎其孔孟又親炙聖人養之以太和氣氤氳焉

故其發而為言也，肫肫乎包蘊天地，合古今而夫婦之愚，夫婦之
不肖皆可與知而與能焉。
鄒嶧而後道學不明，得夫子一言而明；秦漢而後是非莫定，得
夫子一言而定。
患得患失，鄙夫也，人莫能平其心也，得夫子一言而平。
好仁蔽愚，好知蔽蕩，莫能成其美也，得夫子一言而成。
詩書執禮之精，易象春秋之奧，莫能盡通其奧也，得夫子一言而
如聞古人之言，如見古人之心，如與古人相契，以性情
誦讀之下，如覯周孔焉，言行之間，如飲堯舜焉，不睹不聞之中，如能
上帝焉。嗚呼，言傳以來，於斯為盛矣。
昔者陳韓稱太谷之言，今皆見于遺書，平山之言，許矣，而見之于者
不及千萬之一，蓋謹益加謹也。然發前古所未發，釋前古所未
釋，開物成務，皆生民罕見之言，終有不可得而隱焉。
嘗自言向無不答，實則力不能，向而語之者為多。以講學以來
數十年，由博反約，良以繼日，不啻寶藏之興于山，而貨財之殖于海也

周子書序

道之明也以性情貫學識道之塞也以學識蔽性情論語以游藝次道德學詩先禮樂蓋學識之終始性情之終始也嗚呼不以性情為終始則有半塗而廢不得其門而入已矣秦漢而下毋貫性情學識而一之者其有宋濂溪先生乎先生之學莫詳其所自來故太極通書奧旨也知者蓋鮮若愛蓮說之言近而旨遠則又以為無與于學而置之其德隱矣然當其時或知或不知而先生之光風霽月久而愈明追其後不能無異同而先生之風月無邊庭草交翠久而愈馨蓋天下後世罕能知先生者先生之性情達于人之所共見也天下後世無不可與知先生者先生之性情立于人之所不見也年也幸沐龍川之澤故能讀先生之書竊以為繇學識而窺圖書之奧雖老師宿儒猶將半塗而廢也繇性情而觀愛蓮之心凡有血氣心知之倫皆可得其門而入也得其門而性始移情焉得其門而情終宰性焉得其門而性情與學識相為終始焉吾惡知過此以往無極之真通書之精不化而為蓮花之妙也哉愛則化矣吾願偕暮春童冠南村素心人相與

溯洄游泳于瀍溪之上而一觀其化也

宣統辛亥嘉平月立春後三日泰州後學黃葆年謹序

黃先生時年六十七

太極圖說眉批

無極者包孕萬有空洞無極也空洞無極而包孕萬有故曰無極而太極

互為根者陰陽之流行也無端之太極也易曰易行于其中矣兩儀之著

陰陽之定位也有端之太極也書曰日生東而月生西也

無極之真理也以无妄故曰真二五之精氣也以不貳故曰精精故

真故妙合也者理寓于氣也理寓于氣故曰無極而太極言四端

仁義禮智言兩儀則中庸而已矣言兩儀曰中庸言太極則率性

而已矣孟子曰君子所性仁義禮智根于心周子之言性自根于心始

故曰立靜立人極　合其吉凶者吉凶与民同患神以知來智以藏往也

合吉凶而為太極曰聖人分吉凶而為陰陽曰小人曰君子原始者始于

無始反終者終于無終始于無始者始始于終終于無終者終終

于始死生陰陽也原始反終陰陽一太極也太極本無極也

每義當已精詳，當已達，必斂年而屬之，可以爲我留贈後人。嗚呼！豈非嘉惠後學無已之心，今不可得而終隱者乎？痛年也。蓋德非行言之無文不足以承之也。往與吾儕二三子日侍左右，問所未問，退而相與紬繹之，相與說學之，相與俯仰歎息之，自後人不復得聞矣。吁！聖人不出，既出矣又不能永其傳，非小子之責而誰責歟？天地間微言大義，數千載而一明，幸及身而親受之，前斂無窮，後斂無窮，一息尚存，其敢以不德不文自畫乎哉？用謹記其所聞，以俟知言君子。

宋元學案卷十一濂溪學案先通書而後太極圖說
蕺山黎洲于其圖皆不謂然已謂千古大道陸沈總緣誤解
太極 劉靜修曰宋子發謂周子太極圖得于穆伯長而胡仲
因之遂妄謂穆特周子學之一師 陸子靜因之遂以朱錄為有考
然穆死于明道元年周子時年十四矣潘作潘志知圖為周子所自
作而非有所受于人也
黃宗炎曰河上公本圖名太極圖魏伯陽得之以著參同契鍾
離權得之以授呂洞賓洞賓後與陳圖南同隱華山而以授陳
陳刻之華山石壁陳又得先天圖于麻衣道者以授种放以
授穆修與僧壽涯作偈曰有物先天地無形本寂寥
能為萬象主不逐四時凋 壽涯乃鶴林寺僧 又謂元公初與東林
總游久之無所入總教之靜坐月餘忽有得呈詩曰書堂兀坐萬
機休日暖風和草自幽誰道二千年遠事而今只在眼睛頭總
肯之印與結青松社 游定夫遂有周茂叔窮禪客之語
此宗[illegible]案待攷

馬叙倫　石屋餘瀋

大成教魁

沈瓞民談大成教曰黄錫朋曾在張勤果曜山東巡撫幕甚彰
行極好官知縣亦極清廉然其學則儒合三教而實則歸于道道
又為漢魏以來之道教而非黄老也上下無所不有達官貴人至于
販夫走卒男女老幼無不收錄清末大僚如毛慶蕃樂慶近時則
倪嗣冲王占元皆出其門受業者先以占卜卜皆應其人是以甚神之
既執贄則授以真言甚祕其弟子事之如嚴父偶違師言則長跪
謝罪一日慶蕃侍其游杭州偶失大旨即跪從者如雲不敢避也其教
統則自伏羲炎黄以迄雒文王孔子不得与真自周敦頤得濂溪之
傳者即周太谷也太谷嘗在廬山設教有人來窺夜發其隱來從
受道既而其人驟然不見索之池畔得贄帖乃曰此龍王來受教也
人共震之從之者遂眾錫朋實得其傳馬錫朋說論語學而一章
謂隱藏麟鳳龜龍四字其怪誕皆類此居蘇州里中人莫非其
徒錫朋知余宗蘇州欲來會余以父執也先之既而未報弟子塞途

皆從于興後隨氏又曰老殘游記中之三教大會即寫此事蓋鐵雲亦此中人矣

崆峒教

文廷式純常子枝語記崆峒教即余前記之大成教也其說云道光間有所謂崆峒教者泰州周氏則之周彭澤人或云池州人其徒薛執中者遊京師與王公大臣交後伏法張姓者居山東黃巖為閻敬銘所殺李姓者最老壽游江湖間卒于光緒十年以後徒衆號三四千人士大夫亦有歸之者李之徒有蔣姓者余嘗見之述其師宗旨云心息相依轉識成智此僅用禪波羅密法與其流派論說紛紛余不欲贅論也

窮究釋迦室隨筆　同声雜誌第三卷十一号　夏敬觀

日本荒尾精中國通商綜覽第一期第一卷三中國宗教事謂近日之大成以爲儒教變派其教附會孔孟歷代聖賢飛升變化多引大學中庸按陶弘景真位業圖有太極上真公孔某臨晨侍郎三天司真顔回大成教言聖賢飛升蓋即此類荒尾精又云義主革命常懷不軌之謀惟此以爲然按大成教鼻祖周太谷者或云彭澤人或言石埭人先是有一傳一道者竊其祖墓云當生聖人遂於其旁築携太谷去至廬山洞中使之瞑向石壁坐數十日石壁忽開得廣囊遺書於是游江淮間授徒故又名崆峒教弟子皆以中字爲派其高者三人薛執中受誅于京師張積中被僇于山東李健中者獨壽考光緒丙戌丁亥間尚存世又傳言太谷爲明遺老之後宜以光復舊物爲志而其弟子薛執中張積中皆見誅僇故疑爲義主革命然辛亥以來未聞大成教徒出露頭角則不然也又聞其教有所謂明眼人者每年春間祭神則神必降一人或村夫或童子閉目娓娓數百言是協韵語其言若可解若不可解而一年之事往往應驗其

祭祀明眼人主之故同教數百人惟明眼人之命是听亦頗用符籙
等事其教中人言入教者雖盛暑死三五日而尸不腐亦不僵硬故
信從者衆每年有大祭一二次將祭則服藥使大泄瀉言洗凈臟腑
乃可就神云今大成教派獨李健中之徒為盛又謂之平三教故世
称李平三余友人少時嘗見李健中問其字說釋論語子曰二字
子為了一曰為包一釋中庸修道之謂教教從土從子以土生萬物為教
即中央鍊己之道又有周太谷刪改周易竄亂章句加以曲說其言人之
祖始于豕故彖象家等字皆從豕可謂鄙僻虛造矣
世每以大成大乘音同誤為一教其實兩教固有分別大成教合儒釋
道為一又名平三教者是也大乘教則奉佛為多
道光十二年五月二十九日諭稱嘉慶十六年間直隸審辦大乘教
是官書皆作大乘而所謂大成教者尚未牽于刑章

清文宗實錄卷七

道光三十年四月丙寅諭內閣侍讀學士董瀛山奏弭盜誅奸一摺稱邪教盜賊在在皆有其流蔓延近又結黨成羣如江蘇盛行哭佛名目而淮安一帶尤甚直隸盛行在理名目而天津靜海等處尤甚在官人役多習教之人妄言禍福煽惑鄉愚於世道人心大有關繫又如直隸滄州一帶匪徒往往與山東滕嶧嶧山蘭山等處教犯以盜賊為生業甚至父子習傳師徒授受近來廣西貴州均有大股劫搶拒捕之案直隸山東均有劫奪罪犯奏本摺著之案其直隸山東山西河南安徽湖北陝西四川江西廣東湖南廣西各省交界之處盜賊以行此奸彼竄地方官吏巧為推諉之詞行旅商民苦無控訴之所著各督撫嚴密察訪

又卷十八

道光三十年六月甲戌諭刑部奏現審案內牽涉大員並御史職名等語此案殷尚書薛執中以治病為名編造妖言現經該城訪獲交部據供有傳授道術等情著文慶福濟曁紳據實明白回奏

御史謝學墉侍衛宗室海校刑部主事宗室載鏗均暫行解任
並宗室英紀著宗人府飭傳會同刑部質訊在京候選之刑部郎中
長鱗著該旗查傳送部備質　又諭軍机本日據刑部奏現審書吏
韋尚大炅等已令文慶等明白回奏此案據醫官薛執中所供前在
新疆改換道裝在將軍衙門傳授延年益壽之術並經明諭慶伊
至吐魯番見領隊大臣海校拜伊為師等語著薩迎阿即照該犯
所供各情據實明白回奏並傳旨令參贊大臣英山總兵穆特布
前往葉爾羌幫辦大臣遮泰各自具摺明白回奏毋稍隱飾奉
前經奉旨令其來京倘已啟程在途即著琦善查明該員行抵
何處即傳旨令其查照犯供明白回奏甘肅按察使明道著門基
飭其親供奏明送部覈辦至該犯所供前至蘇州遇大學士潘世恩
之在籍長子傳授道術等語並著傳繩勸查明取供具奏刑部原
摺均鈔給閱看將此各諭令知之　乙亥據文慶福濟豐紳太監
摺明白回奏著將原摺發交刑部即提該犯薛執中逐層研鞫
務得確情其另案革職之南營守備全國治著一併歸案審訊

云該犯薛執中又名薛精一並有蘇生一黃魯香等姓名若無詭秘不法情事何以屢易姓名並著刑部悉心究詰毋任嬌飾支摩登答請嚴議〻處治罪之處著俟定案時再降諭旨　辛巳諭內閣薛執中編造妖言一案著派軍機大臣會同宗人府刑部嚴行審訊並著將此案之給事中德泰常林暨一併會審辦理

卷十三

七月丁酉國子監祭酒勝保奏薛執中編造妖言一案書寫悖逆言語妄談禍福因而遣路聞傳人心聳動奸徒玩法之漸啟愚民覬上之心至其牽涉大員醫術惑眾猶屬案中枝節要端為邪教所由開妖言為叛逆所自始先天化日之下固不慮其惑世誣民而履霜堅冰不可不防其漸傳旨此摺深合今日之案情著現審之王公大臣公同閱看務期無枉無縱執法嚴鞫真訊究何難水落石出夫懲惡勸善固國家之大經也卿等慎之

卷十四

七月丙辰諭此案薛執中以道士屢次改名易裝藉醫招搖行蹤

詭秘到處煽惑人心所寫書信撰議時政妄談休咎情詞尤為悖逆
即立正典刑亦屬罪無可逭惟念朕御極之初諸外施仁稍從末減薛執中
着從寬仍為斬監候秋後處決仍着刑部隨時查察如該犯在監
復有不法情事即行奏明正法已革致力雲騎尉李若昌徐文慶
妻今查拏知而不捕着照部議杖一百徒三年宗室奕紀以已革大學士
經獲咎釋回乃復不知自愛輒從薛執中學習坐靜按摩工夫復聽
其在伊家求雨實屬任意妄為着照宗人府所擬實發吉林交該將軍
嚴加管束已革御史謝學棣以風憲官吏輒與薛執中講求坐靜並
並有往來投契褻瀆實屬不自檢束已革候補通判葉廷樞亦
薛執中講究坐靜工夫時相往來實屬比匪該二員業已革職均毋
庸議吏部尚書文慶延請該犯治病學習按摩身任步軍統領
與戶部侍郎左翼總兵福濟既察知該犯詭秘情形商同飭拏何以
不立時緝獲究辦其回奏不實不盡之處姑帶保究即此遷延疏縱
均屬有乖職守護軍統領豐紳前在新疆辦事大臣任內既因該犯
講按摩法募給銀兩到京後復與見面二次且回奏亦甚含混文慶福濟

豐紳均身受重恩不知自愛如不立予嚴懲何以飭官方而儆將來著一併革職毋庸再交部議頭等侍衛宗室海枚身任邊隘大吏既知前在吐魯番該犯登與把總無難立即拏獲到案乃復縱該犯擅逃往執並不呈送究辦實屬糊塗荒謬亦著照宗人府所擬即行革職仍罰養贍銀一年刑部主事載鏗優聽薛執中講說坐靜工夫盛京刑部郎中長照令薛執中用藥治病並代覓鋪房幇給錢均有不合著與接收薛執中之書信對聯隨即燒燬之文舉人宗室隆璋一併交吏部分別議處餘俱照刑部所擬辦理

清文宗實錄　卷二十一

道光三十年十一月戊戌諭內閣前據刑部奏審覈明道親供与杏供不符令將明道解送部質訊茲據該部訊明明道延請薛執中治病講論擦摩工夫並布施銀兩轉薦他處行醫雖係薛執中未經改裝更名之前究屬不合其前次親供聲敘未能詳盡亦屬含混明道著交部嚴加議處飭令回旗聽候部議

清穆宗實錄　卷一百八十六

同治五年十月乙未　諭內閣　閻敬銘奏肥城縣匪徒滋事將兵
剿滅一摺　山東肥城縣屬黃崖山匪首張積中竟敢勾結匪徒謀
叛逆　經閻敬銘親督兵勇馳往剿辦　分路攻入山口　將該逆巢寨立
時平毀　殲除匪党一千六七百名　墮崖藏洞者無算　匪首張積中
及其子張紹陵均伏誅　此次辦理迅速　甚屬可嘉　閻敬銘著賞還
頭品頂帶　其尤為出力之知府王成謙著免補知府　以道員儘先
補用　並賞加按察使銜　其餘出力員弁　准其擇尤保奏　毋許冒濫
另片奏請將知府吳載勳革職治罪　其子張紹陵世職可否另行議處
等語　吳載勳與逆首張積中戚屬　而與同居黃崖山內　雖無通匪
實據　惟事前既不舉發　又於委員前往查拏之時　以張積中業已
他往　誑言相告　實屬有意庇護　僅予發往軍台不足蔽辜　吳載勳
著即革職　永不敘用　並發往黑龍江充當苦差　張積功之姪子張
紹陵　隨從本生父張積中為逆　與別項有蹟迴異　其所襲雲騎尉
世職　著不准其另支承襲　諭軍機大臣等　閻敬銘奏肥城縣屬

黃崖山匪徒滋事督兵圍剿殲滅一摺覽奏甚為欣慰匪首張積中以職官號召集叛逆勾結黨與甚眾該地方文武員弁平日漫無覺察實難辭咎此次該撫督兵剿辦尚屬迅速第恐餘黨伏匿仍思勾結滋蔓斷不可令漏網以致餘燼復然閻敬銘回東手後即著嚴飭藩司丁寶楨認真搜捕毋留餘孽此外有無潛伏未發之匪徒並著該撫嚴飭各屬隨時留心並辦以靖閭閻倘有諱飾不報者即著隨時嚴參毋許稍有徇隱將此由四百里諭令知之 以山東肥城剿滅匪徒賞參將姚紹修遊擊王正起守備曹正榜千總萬步青巴圖魯名號都司楊殿邦等花翎千總鄭良弼等藍翎餘加銜升敘有差

又卷一百八十八

同治五年十一月戊午山東巡撫閻敬銘因病請假以布政使丁寶楨暫署巡撫 以山東黃崖山剿匪出力賞副將宋延德巴圖魯名號守備張鳳岐等花翎訓導樊鑑庚等藍翎餘加銜升敘有差

甲子諭內閣閻敬銘奏籌辦黃崖善後各事宜並詳陳逆首張積中罪狀請旨嚴禁邪說一摺匪首張積中以職官號召集叛逆前經閻敬銘

督兵剿辦，今全數就殲。茲覽該撫查明張積中舉事之日，業于武定
一帶勾結盜匪數百名入山，黃河水次亦有匪船為送軍械，並
遣逆匪黨赴河西勾結捻股，令捷運河。其附近被擾之各村莊均紛紛
懇求進兵逐剿。迨官兵破寨之時，該逆滿寨俱裹紅巾，拚命死鬥，
無一生降。所居偽殿層疊列陛，上結黃幔帳，鋪設均僭用黃色，實屬
逆跡顯然。該逆偽託詩書，傾動流俗，以致衣冠族類咸為盡力，招集
亡命，跨郡連鄉，狂悖情形，實駭觀聽。現雖長惡就誅，難保無餘黨
在逃，復謀煽惑。著閻敬銘通飭各屬一併查拏，以絕根株。其張積中
平素交遊及書札往還，尚非實在從逆者，概免追究，以安反側。該省士民
當曉然於邪說詖行之惑人，決無生理，除邪歸正，各保身家，萬不可再蹈覆轍，
相尋自取誅戮。如有執迷不悟，暗習邪教之匪，即著閻敬銘隨時
密速查拏，按律嚴懲，毋使滋蔓。各屬州縣有隱匿不報、養癰
貽患者，並著該撫即行查明參處，以靖地方而遏亂源。

卷一百八十九

十一月庚午，諭閻敬銘奏特參知縣各員一摺。山東肥城縣知縣鄭

在任數年於黃崖山匪徒滋事毫無覺察形同聾瞶調署鉅野知縣齊東縣知縣劄飭催令赴任遽聞賊警遲延行告病回省巧為規避均著即行革職

清史稿　二百二十五

閻敬銘字丹初陝西朝邑人道光二十五年進士　同治元年署山東鹽運使擢署巡撫　五年有張積中者結寨肥城黃崖集衆自保以不受撫夷之

清詩匯　一百五十九

李光炘字晴峯號平山儀徵人有龍川詩鈔　詩話道咸之間石埭周太谷星垣講學於揚州晴峯與同邑張石琴積中並為高第同治初石琴居山東黃崖山中聚徒講學時值寇亂黃崖地僻陰避亂者歸之遂成都聚其徒用古衣冠祭孔子蜚語大作閻文介公為巡撫疑之出畏罪不應遂兵及殲戮甚慘文介後深悔之光緒間喬茂萱右丞官諫垣為奏請昭雪晴峯當時亦匿迹韜晦其學尊良知尚實行近于陽明文通佛老向附讖緯故世謂其出王心齋泰州學派士大夫

多有以下藉著而書稿不傳晴峯詩具風調且流連花月不似講學人語句不剛其感懷詩似即為石琴作又有贈黃隱朋詩隱朋傳其學者也

蜷廬隨筆　王伯恭

溧陽謝石溪廣文名逢源為儀徵李晴峯入室弟子晴峯先生名光炘設教龍川今之文中子也得其門者無不心悅誠服石溪長余二十年訂交後極殷懃引余從學先母以事非留見棄弗許然李先生過揚州時余輒往觀見頗崇愛余則終為私淑而已先生歸道山後繼起傳學者為蔣子明蔣物故主持壇坫者為黃隱朋隱朋其門下近萬人可謂盛矣石溪言蔣先生教勝於養黃先生養勝于教甲申年龍川先生客游上海石溪隱朋及諸弟子皆從余適道出上海時時遊讌焉

骨董瑣記 鄧之誠

泰州教

世傳泰州教乃儀徵李晴峯所創晴峯與張積中同師積中兄
於山東肥城黃崖山晴峯處爲人疑徙居泰州其教讀書學道
不改儒風惟傳教極秘密相傳有諸異術能搬運法於揚州園爲詩
運使喬松年衣晴峯行法爲政飽食作餉晴峯傳與高城毛慶蕃
泗州楊蔚先泰州黃葆年及高年庚午庚弟子袁街派流繁衍奉之者
遍東南喬樹枏于光緒末葉上奏爲張積中雪冤事下東撫楊士驤
議得旨昭雪喬楊皆奉泰州教者也今葆年尚居蘇州巍然爲彼教
大師

北平研究院史學集刊第二期

黃崖教匪案質疑 劉厚滋

附錄 御史喬樹枏片奏

同治五六年間山東黃崖教匪一案至今人言尚有異同臣嘗來往東
後省官紳有及見其事者僉謂故撫臣閻敬銘誤信人言用兵進剿時

内疚於心旋即引疾歸田不敢再膺封疆之任而當時奏報反覆辯
辯至再至三一若深畏人言而不得不詳加剖析者推原其故蓋由是時
山東匪勢甚熾各營將弁既多以黃崖通匪為言誠恐劉辦稍涉
醞成巨禍其心非不可諒而其勢遂無可回某某結之後奏報傳聞
是該省所撰軍事官書亦遂據為定論並而已今傳聞所尚有異詞若
則斯民直道之不可掩也在黃崖距山東省城並非寫遠四山縈抱中為
平時江南諸生張積中乃閉門絢難距請知州張某之胞弟其子紹
出嗣伊兄為山東候補知縣張積中避髮捻之亂講學山中至六十餘年
祇其地匪蹤不測宜讀宜耕東南客籍官幕之徒挾資財攜眷屬
以相依者遂不乏人以性情論之官幕中人或不免營私圖利斷未有敢于
通匪者且作亂之人必先置身家妻子於不顧亦斷未有將謀作亂而獨
挾資財攜眷屬以相從者一時公論僉謂閻敬銘性情稍急用兵稍
驟而張積中自恃並無通匪情事謬執士可殺不可辱之義閉門深拒
以得一死致成玉石俱焚之禍論者蓋兩惜之且當時所以罪狀張積中者
邪教也伏讀仁宗睿皇帝御製邪教說但治從逆不治從一教之文

張積中之所學是否邪教自有一定之是非即使實係邪教亦迥然與叛逆殊科乃以白髮儒生空山講學被誅夷之慘死蒙叛逆之名斯誠聖慈之所心惻矣臣亦知事隔多年文報具存豈容異議然亦不敢謂歷年風聞之語尚屬可憑第念我朝厚澤深仁慎重疑獄雖匹夫匹婦之命尚且不憚詳求惟有不揣冒昧籲懇天恩飭下山東巡撫將此案始末原由博采周咨務求徵信如果張積中僅止講學異同並無叛逆實迹仍懇聖恩特詔湔雪除張積中叛逆之名使天下之人咸知皇太后皇上至聖至明無微不照雖以數十年之疑案尚且清問及之則談講學之徒罔不益加感奮似亦宣化承流之一助臣迂愚之見是否有當謹附片上陳伏乞聖鑒謹奏

張石琴先生遺詩

煙霞四面擁山樹日日看花心不去山頭紅雨滿空飛絲裊一碧留春住

石牀風細洞中花幾度耕雲閲歲華食桃曼倩居廛市為訪東方走塵車迎雲鶴鶴樹蒼蒼江北江南空斷腸先生一飲濂溪水可與張騫話短長

碑傳集補卷七　閔爾昌

學部左丞喬君墓表　馬其昶

學部左丞喬君丁巳春考終京師君華陽人諱樹枏字茂萱年六十八其初為御史即進論同治時以兵事張穆中黃崖坐死千數百人穆中學道君子被惡名宜湔洗事下山東巡撫格不行穆中字石琴儀貢生先是道咸間石埭周先生星垣講性命之學推以致用石琴嘗同邑李光炘晴峰皆從之游晴峰再傳泰州黃葆年錫朋所謂太谷學派者也太谷者周先生字也其徒尊其所為書號太谷經既以世亂聚徒衆黃崖抗官府罹巨禍晴峰亦老死而黃先生後起獨為大師君之友毛君慶蕃嘗棄官從黃先生講學蘇州君是君亦往兩人年年覲黃先生等也皆折節師事焉君留蘇州一年還京師獨棲法源寺日課誦佛號疾作家人迎之歸一日呼寺僧至曰吾行矣俄而逝屬言以僧服殮子爾卒孫曾勛曾佑皆官教育部

簷醉雜記卷三　蘇何聖生　民國十六年十一月中華書局排印本

道咸之間石埭周太谷星垣講學於揚州其學尊良知尚實踐於陸王爲近又旁通老佛諸説弟子記其遺言號太谷經故世又稱爲太谷教以儀徵李晴峯張石琴福建韓子俞安徽陳子華爲高弟太谷殁傳道於晴峯世稱龍川先生再傳於泰州黃隱朋保年秋在蘇州講學歷久及門多顯達者當咸同之際張石琴別講學於山東四方來歸者甚衆所居黃崖山儼成都市其徒用古衣冠祭孔子讕語由是大作巡撫閻文介公敬銘以檄召石琴且曰不來當加以兵石琴揮涕謝遣學者欲子身出而自白衆擁之不得出獄益急乃與其徒闔戶自焚兵至死者數千人當時稱奇冤焉光緒三十二年泗州楊文敬公巡撫山東奉寄諭有人奏同治五六年間黃崖山教匪一案事今人言尚有異詞請飭查訪等語著楊士驤將此案詳細情形確查具覆欽此文敬屬余草奏其略云此案頗未具載官書考據奏報之文幾成鐵案採稗官所記誠有異詞但騎戰士民至千百人之多在當日自因信讞至于反疑獄於四十年以後在今日祗取與許自新

略迹原心知人論世蓋不能識是獄也同治初年山東捻亂方熾黃崖山當肥城西北為賊蹤所不到張積中即張石琴由省城徙居是山避地自娛弦誦不輟一時東南士紳下至販夫廝養胥遭亂離而相附約數十百家張積中同是僑寓度不過從此相依當無所用其勾結之謀迨匪徒王小花被獲於濰縣冀宗華被獲於益都皆供有勾通黃崖山之事雖訊無確據而事屬可疑其時前撫臣閻敬銘督兵東平州勦匪正急究辦不容不嚴於是有馳檄黃崖山之舉山中之人本為避亂而來則平日增市兵仗練團習戰亦為禦寇而設倉猝既衆疑懼自不能齊乃聞大兵驟臨群情急迫其中桀悍不馴之輩遂起挺而走險之心於是有黃崖山匪徒抗官之事張積中之在黃崖雖負物望閻敬銘亦深知之屢經派員招致實不忍其竄身匪黨玉石難分張積中自信無他初亦擬奮身表白而山中徒衆以死攀留不得自出相持既久疑忌交乘陷逆就殲被兵而傷亡者至於無算於是張積中遂被黃崖匪首之名是案詳細情形博訪周諮隱曲略具大抵黃崖山實有抗官之舉而張積中委無悖逆之形閒其當

3

年避亂入山優游講學人皆比於魏禧之在翠微峯孫奇逢之居
五公山聲稱已今未沫即其發明性理尊尚良知亦以儒覺陸王為宗
而不可與邪説惑民同日而語擬懇准照原奏雪降張積中叛逆之名
以順輿情而伸幽抑既脱稿自謂尚屬平允文敬宅心忠厚以案情
過重恐與文介身後以非常之遺罔置未發樞府亦未催詢也
據原奏係喬慕莘宗卿樹柟所上華卿相國主之

一九五七夏景劬南鈔贈

泰州市圖書館